精品课

EXCELLENT COURSE

U0777757

高等院校精品课程系列教材

计量经济学

ECONOMETRICS

|第2版|

主　编　马成文
副主编　郑丽琳　夏万军

机械工业出版社
CHINA MACHINE PRESS

本书通过系统地介绍计量经济学的基本理论、基本思想、基本方法及应用，使读者了解计量经济学的学科性质，掌握计量经济学的基本理论和方法，熟练应用 EViews 软件，以具备利用计量经济学方法分析和研究现实经济问题的基本能力。本书简化了数学公式，并结合实际案例，在帮助读者巩固计量经济学理论知识的同时，教会他们用计量经济学理论知识解释经济现象，力争让读者对本书内容学以致用，从而提升本书的实践和应用价值，更好地为社会发展服务。

本书不仅适合作为高等院校经济类、管理类、统计类等专业本科生和研究生的教材，还适合作为在社会实践中参与经济研究和决策的工作人员的参考读物。

图书在版编目(CIP)数据

计量经济学 / 马成文主编 .—2 版 .—北京：机械工业出版社，2024.6(2025.7 重印)
高等院校精品课程系列教材
ISBN 978-7-111-75696-5

Ⅰ. ①计… Ⅱ. ①马… Ⅲ. ①计量经济学-高等学校-教材 Ⅳ. ①F224.0

中国国家版本馆 CIP 数据核字(2024)第 086170 号

机械工业出版社(北京市百万庄大街 22 号 邮政编码 100037)
策划编辑：张有利　　责任编辑：张有利
责任校对：张雨霏　李　婷　　责任印制：张　博
北京机工印刷厂有限公司印刷
2025 年 7 月第 2 版第 3 次印刷
185mm×260mm · 23 印张 · 568 千字
标准书号：ISBN 978-7-111-75696-5
定价：65.00 元

电话服务　　网络服务
客服电话：010-88361066　　机　工　官　网：www.cmpbook.com
010-88379833　　机　工　官　博：weibo.com/cmp1952
010-68326294　　金　书　网：www.golden-book.com

机工教育服务网：www.cmpedu.com

第 2 版前言

PREFACE

《计量经济学》自第 1 版出版以来，受到广大读者的欢迎和肯定。计量经济学作为定量分析经济问题的重要工具之一，近年来模型方法发展较快，在现实经济研究中的应用深度和广度也在不断扩展。为反映其学科发展和现实应用状况，必须及时更新教材内容知识体系。第 2 版在以下方面进行了修订和完善。

第一，更新了案例和习题数据。我国经济发展方式正在由高速度转向高质量，新情况、新应用不断涌现，我们对教材中的部分案例、习题及其数据进行了更新，使课程模型方法的应用更贴近现实，并在案例分析中增添了课程思政元素和内容。

第二，增加了主成分回归。主成分回归是多元统计分析与一般回归分析的有效结合，可以避免消除多重共线性的经典方法的局限性，这次修订在第 4 章增加了主成分回归分析的内容，并在案例分析中详细说明了 EViews 软件的实现步骤。

第三，增加了空间计量模型。区域经济发展战略使得区域间的经济联系更加密切，大量空间溢出效应、空间集聚特征等需要借助空间计量模型进行分析，为此第 2 版增加了第 12 章，介绍空间计量模型的基本知识及其应用。

第四，增加了政策评估模型。经济政策是调控经济波动和发展的重要手段，进行经济政策效应评估是近年来计量经济学最新的应用领域之一，为此第 2 版增加了第 13 章，介绍了匹配法、双重差分法等经济政策效应评估模型及其应用。

第五，更新了应用软件版本。软件应用为建立和修正计量经济模型提供了便捷高效的手段，EViews 12.0 比 EViews 9.0 的界面更友好、功能更先进，第 2 版将案例分析中的软件实现更新为 EViews 12.0。

本次修订由马成文负责审阅和定稿，各章修订的具体分工是：第 1 章，马成文；第 2 章，石绍炳、彭现美；第 3 章，郑丽琳；第 4 章，郑兵云、李旭辉；第 5 章，汪卫霞、满讲义；第 6 章，张小雪、李侠；第 7 章，柯健；第 8 章，朱艳玲、顾玉萍；第 9 章，夏万军；第 10 章，马瑞祺、马成文；第 11 章，方国斌；第 12 章，马瑞祺；第 13 章，卢二坡。

在第 2 版出版之际，向为本次修订提出宝贵意见与建议的许多读者、教师和专家致以敬意，向为本书付出辛勤劳动的机械工业出版社的责任编辑和有关老师表示感谢。

由于水平有限，书中可能还存在许多不足，敬请读者批评指正。

编　者

2024 年春

第1版前言

PREFACE

计量经济学是以经济理论为基础，以经济统计数据为依据，运用数学和统计学的方法，通过建立计量经济模型来研究经济现象数量关系和变化规律的一门应用经济学学科，它在经济结构分析、经济政策评价、经济理论验证、经济发展预测等方面的应用日益广泛和深入，并以其特有的分析方法推动着相关经济学学科的发展。计量经济学于20世纪80年代初被引入中国，1998年教育部经济学教学指导委员会将其确定为普通高等院校经济学类各本科专业的8门共同核心课之一，目前计量经济学已成为高等院校经济管理类各专业的必修课程。

本书主要为高等院校经济类、管理类、统计类等专业计量经济学课程而编写。本书通过系统地介绍计量经济学的基本理论、基本思想、基本方法及应用，使读者了解计量经济学的学科性质，掌握计量经济学的基本理论和方法，熟练应用EViews 9.0软件，从而具备利用计量经济方法分析和研究现实经济问题的基本能力。本书主要由11章内容组成，分别是：第1章绪论，第2章一元线性回归模型，第3章多元线性回归模型，第4章多重共线性，第5章异方差性，第6章自相关性，第7章滞后变量模型，第8章虚拟变量模型，第9章协整与误差修正模型，第10章向量自回归模型，第11章面板数据模型。

本书在总结教学改革成果、借鉴现有同类教材长处、吸收学科最新发展成果、优化教学内容的基础上编写而成。与其他同类教材相比，本书具有如下特点。

一是简明扼要，通俗易懂。本书主要面向财经高校经管类专业本科生和研究生，考虑到计量经济学课时安排普遍较少、学生数学基础相对薄弱，以及着眼于学生应用能力培养等因素，本书用简洁、通俗的语言介绍了每种计量方法的基本原理、软件实现，以及应用步骤、注意问题等，模型估计、检验方法的推导过程一般不做详细介绍。

二是内容由浅入深，由经典到现代。本书内容既考虑到计量经济学知识体系的内在联系，又注意吸收本学科的现代发展成果，对教材内容体系结构进行了优化，适当压缩了经典部分的内容，尤其是没有纳入在现实应用中受限较多的经典联立方程模型；吸收了现代计量经济学的基本方法，如协整与误差修正模型、向量自回归模型和面板数据模型，以期为学生进一步学习中级、高级计量经济学奠定基础。

三是方法原理与实际应用并重。本书每章内容由案例导引、方法原理、案例分析、软件实现和思考与练习等构成。案例导引精选经济管理中的相关现实问题，引出每章所要介绍的计量理论与方法。方法原理部分主要介绍有关计量理论与方法的基本原理。案例分析主要基于《中国统计年鉴》或部分省、直辖市、自治区统计年鉴的实际数据并将思政元素融入其中，介绍具体计量经济模型的估计、检验、结果分析等相关步骤，利用计量模型实证结果解释经济现象，分析经济问题，验证经济理论，等等，以期培养学生应用本书理论和方法分析与解决现实经济问题的能力。软件实现主要基于案例数据并借助 EViews 9.0 软件实现计量模型的建立、估计方法选择、检验方法甄别、数据结果图表化显示等，使学生熟悉并掌握高效率、高质量建立计量经济模型的工具。思考与练习主要以简述题、单选题、多选题、判断题、填空题、计算题等形式呈现，有助于学生理解和掌握计量经济学的基本理论与方法。

本书由马成文任主编，郑丽琳、夏万军任副主编，由马成文、郑丽琳统纂定稿。各章编写具体分工为：第 1 章由马成文编写，第 2 章由石绍炳、彭现美编写，第 3 章由郑丽琳编写，第 4 章由郑兵云、李旭辉编写，第 5 章由汪卫霞、满讲义编写，第 6 章由张小雪、李侠编写，第 7 章由柯健编写，第 8 章由朱艳玲、顾玉萍编写，第 9 章由夏万军编写，第 10 章由马瑞祺、马成文编写，第 11 章由方国斌编写。

本书在编写过程中参考并吸收借鉴了一些教材的有益成果，也得到了安徽财经大学和机械工业出版社的大力支持，在此一并表示感谢。由于编者水平有限，本书肯定还存在一些不足之处，敬请读者批评指正。

编　者

2021 年春

目 录

CONTENTS

第 2 版前言

第 1 版前言

第 1 章 绪论 …… 1

案例导引 转换新旧动能 实现经济高质量发展 …… 1

1.1 计量经济学的学科性质 …… 1

  1.1.1 什么是计量经济学 …… 1

  1.1.2 计量经济学的发展 …… 3

  1.1.3 计量经济学与其他学科的关系 …… 5

1.2 计量经济研究的基本步骤 …… 7

  1.2.1 模型设定 …… 7

  1.2.2 参数估计 …… 10

  1.2.3 模型检验 …… 12

  1.2.4 模型应用 …… 13

思考与练习 …… 14

第 2 章 一元线性回归模型 …… 18

案例导引 凯恩斯消费理论在我国具有适用性吗 …… 18

2.1 回归分析的基本概念 …… 19

  2.1.1 相关分析与回归分析 …… 19

  2.1.2 回归函数 …… 20

2.2 一元线性回归模型的估计 …… 25

  2.2.1 普通最小二乘估计 …… 25

  2.2.2 一元线性回归的经典假设 …… 28

  2.2.3 普通最小二乘估计量的统计性质 …… 31

  2.2.4 参数估计量的概率分布与随机误差项的方差估计 …… 33

2.3 一元线性回归模型的统计检验 …… 35

  2.3.1 拟合优度检验 …… 35

  2.3.2 参数的区间估计与假设检验 …… 38

2.4 一元线性回归模型的预测 …… 39

  2.4.1 被解释变量的点预测 …… 39

  2.4.2 被解释变量均值 E(y_f)的区间预测 …… 40

  2.4.3 被解释变量个值 y_f 的区间预测 …… 42

2.5 案例分析 …… 43

  2.5.1 样本选取 …… 44

  2.5.2 模型设定 …… 46

  2.5.3 模型估计 …… 46

2.5.4 模型检验 …………………… 47
2.5.5 模型应用 …………………… 48
思考与练习 ……………………… 53

第 3 章 多元线性回归模型 ………… 60
案例导引 什么造成了中国高储蓄 …… 60
3.1 多元线性回归模型及其经典假定 … 61
3.1.1 多元线性回归模型……………… 61
3.1.2 多元线性回归模型的经典假定 ……………………… 63
3.2 多元线性回归模型的估计 ……… 64
3.2.1 估计方法 …………………… 64
3.2.2 随机误差项方差的估计 ……… 68
3.3 多元线性回归模型的统计检验 …… 69
3.3.1 拟合优度检验 ……………… 69
3.3.2 偏回归系数的显著性检验 …… 72
3.3.3 回归模型的总体显著性检验 … 74
3.4 多元线性回归模型预测 ………… 77
3.4.1 被解释变量的点预测 ………… 77
3.4.2 被解释变量均值 E (y_f) 的区间预测 ……………………… 77
3.4.3 被解释变量 y_f 区间值预测 … 78
3.5 案例分析……………………… 78
3.5.1 样本选取 …………………… 78
3.5.2 参数估计 …………………… 80
3.5.3 模型检验 …………………… 82
思考与练习 ……………………… 86

第 4 章 多重共线性 ……………… 93
案例导引 工业增加值会阻碍公共预算收入增加吗 ………………… 93
4.1 多重共线性的含义及成因 ……… 94
4.1.1 多重共线性的含义…………… 94
4.1.2 多重共线性的成因…………… 94
4.2 多重共线性产生的后果 ………… 95
4.2.1 完全多重共线性产生的后果 … 95
4.2.2 不完全多重共线性产生的后果 ……………………… 96
4.3 多重共线性的检验 …………… 96
4.3.1 简单相关系数法 …………… 96
4.3.2 辅助回归模型法 …………… 97
4.3.3 方差膨胀因子法 …………… 97
4.3.4 经验判断法 ………………… 97
4.4 多重共线性的修正 …………… 97
4.4.1 剔除次要变量 ……………… 98
4.4.2 利用先验信息 ……………… 98
4.4.3 变换模型形式 ……………… 98
4.4.4 逐步回归法 ………………… 99
4.4.5 主成分回归法 ……………… 99
4.5 案例分析 ……………………… 100
4.5.1 样本选取 ………………… 100
4.5.2 模型估计 ………………… 101
4.5.3 多重共线性检验 …………… 101
4.5.4 多重共线性的修正 ………… 103
思考与练习……………………… 107

第 5 章 异方差性……………………… 113
案例导引 高技术产业各行业开发经费支出对新产品销售收入的影响一致吗 ………………… 113
5.1 异方差性的含义、类型及产生原因 ……………………………… 114
5.1.1 异方差性的含义 …………… 114
5.1.2 异方差性的类型 …………… 114
5.1.3 异方差性的产生原因 ……… 115
5.2 异方差性的后果 ……………… 115
5.2.1 参数的 OLS 估计量仍具无偏性，但非有效 ……………………… 116
5.2.2 无法正确估计参数的标准误差 ……………………… 116
5.2.3 参数显著性检验的可靠性降低 ……………………… 116

5.2.4 预测失效 …… 117
5.3 异方差性的检验 …… 117
5.3.1 图示检验法 …… 117
5.3.2 G-Q 检验法 …… 118
5.3.3 White 检验法 …… 119
5.3.4 Park 检验法 …… 120
5.3.5 Glejser 检验法 …… 121
5.3.6 ARCH 检验法 …… 121
5.4 异方差性的修正 …… 122
5.4.1 模型变换法 …… 123
5.4.2 加权最小二乘法 …… 124
5.5 案例分析 …… 126
5.5.1 样本数据和模型设定 …… 126
5.5.2 利用 OLS 法估计模型 …… 127
5.5.3 异方差性检验 …… 128
5.5.4 异方差性的修正 …… 134
思考与练习 …… 139

第 6 章 自相关性 …… 146

案例导引 城镇居民收入与中国对外贸易进口之间有着怎样的相关关系 …… 146
6.1 自相关性的含义及产生的原因 …… 147
6.1.1 自相关性的含义 …… 147
6.1.2 自相关性产生的原因 …… 148
6.2 自相关性的后果 …… 148
6.2.1 自相关性对参数估计的影响 …… 149
6.2.2 自相关性对模型检验和预测的影响 …… 150
6.3 自相关性的检验 …… 150
6.3.1 图示检验法 …… 150
6.3.2 DW 检验法 …… 151
6.3.3 偏相关系数检验法 …… 152
6.3.4 B-G 检验法 …… 154
6.4 自相关性的修正 …… 155
6.4.1 广义差分法 …… 155
6.4.2 自相关系数 ρ 的确定 …… 156
6.5 案例分析 …… 157
6.5.1 样本选取 …… 157
6.5.2 模型估计 …… 158
6.5.3 模型检验 …… 159
6.5.4 结果说明 …… 162
思考与练习 …… 162

第 7 章 滞后变量模型 …… 168

案例导引 宏观经济政策具有滞后效应吗 …… 168
7.1 滞后变量模型的意义 …… 169
7.1.1 滞后效应 …… 169
7.1.2 滞后变量模型的类型和作用 …… 170
7.2 分布滞后模型 …… 171
7.2.1 分布滞后模型的意义 …… 171
7.2.2 分布滞后模型的估计 …… 172
7.3 自回归模型 …… 175
7.3.1 自回归模型的形式 …… 175
7.3.2 自回归模型的检验和估计 …… 176
7.4 案例分析 …… 178
7.4.1 样本选取 …… 178
7.4.2 模型估计 …… 179
思考与练习 …… 184

第 8 章 虚拟变量模型 …… 190

案例导引 性别对家务劳动时间有显著影响吗 …… 190
8.1 虚拟解释变量模型 …… 191
8.1.1 虚拟变量的概念和作用 …… 191
8.1.2 虚拟解释变量的设置原则 …… 192
8.1.3 虚拟解释变量的设置方式 …… 193
8.1.4 虚拟解释变量的应用 …… 195
8.2 虚拟被解释变量模型 …… 202
8.2.1 线性概率模型 …… 202

8.2.2 Probit 模型 …………………… 203
8.2.3 Logit 模型 …………………… 205
8.3 案例分析 …………………………… 208
8.3.1 建立线性概率模型 ………… 208
8.3.2 建立 Probit 模型 …………… 209
8.3.3 建立 Logit 模型 …………… 211
8.3.4 拟合优度检验 ……………… 213
8.3.5 期望-预测检验 …………… 214
思考与练习 …………………………… 214

第 9 章 协整与误差修正模型 ………… 221
案例导引 中国进口与出口之间存在均衡变动关系吗 ……………… 221
9.1 平稳性检验 ………………………… 221
9.1.1 单位根过程 ………………… 221
9.1.2 平稳性检验方法 …………… 223
9.2 协整模型 …………………………… 226
9.2.1 协整的概念 ………………… 226
9.2.2 协整检验 …………………… 227
9.3 误差修正模型 ……………………… 227
9.4 格兰杰因果关系检验 ……………… 228
9.4.1 格兰杰因果关系 …………… 228
9.4.2 格兰杰因果关系检验的实施 ………………………… 229
9.5 案例分析 …………………………… 230
9.5.1 样本选取 …………………… 230
9.5.2 变量序列的平稳性检验 …… 230
9.5.3 变量的协整关系检验 ……… 232
9.5.4 建立误差修正模型 ………… 233
9.5.5 变量的格兰杰因果关系检验 ………………………… 233
思考与练习 …………………………… 234

第 10 章 向量自回归模型 …………… 241
案例导引 文化产业与经济增长存在相互促进关系吗 ……………… 241
10.1 向量自回归模型概述 …………… 241
10.1.1 基本形式 ………………… 242
10.1.2 VAR 模型建立的前提条件 ………………………… 243
10.2 向量自回归模型的估计 ………… 244
10.3 向量自回归模型的检验 ………… 245
10.3.1 平稳性检验 ……………… 245
10.3.2 因果关系检验 …………… 246
10.3.3 滞后阶数选择 …………… 247
10.4 向量自回归模型的应用 ………… 249
10.4.1 脉冲响应分析 …………… 249
10.4.2 方差分解分析 …………… 250
10.5 案例分析 ………………………… 251
10.5.1 样本选取 ………………… 251
10.5.2 模型估计与检验 ………… 252
10.5.3 模型应用 ………………… 256
思考与练习 …………………………… 261

第 11 章 面板数据模型 ……………… 265
案例导引 居民消费水平和收入水平之间的关系存在区域或动态差异性吗 ……………… 265
11.1 面板数据模型概述 ……………… 265
11.1.1 面板数据 ………………… 265
11.1.2 面板数据模型的一般形式 … 267
11.1.3 面板数据模型的分类 …… 267
11.1.4 面板数据模型的特点 …… 268
11.2 面板数据模型的选择与估计 …… 269
11.2.1 面板数据模型的选择 …… 269
11.2.2 面板数据模型的估计 …… 270
11.3 面板数据模型的检验 …………… 274
11.3.1 面板数据的单位根检验 … 274
11.3.2 面板数据模型的协整检验 … 275
11.4 案例分析 ………………………… 277
11.4.1 样本选取 ………………… 277
11.4.2 模型估计 ………………… 280
11.4.3 模型选择性检验 ………… 286

11.4.4 结果说明 …………………… 287

思考与练习 …………………………… 289

第 12 章 空间计量模型 …………… 294

案例导引 能源与环境对我国经济增长具有约束效应吗 …………… 294

12.1 空间计量模型概述 …………… 294

12.2 空间权重矩阵与空间自相关 …… 295

12.2.1 空间权重矩阵 …………… 295

12.2.2 空间自相关 ……………… 297

12.3 空间计量模型设定 …………… 299

12.3.1 空间自回归模型 ………… 300

12.3.2 空间误差模型 …………… 301

12.3.3 空间杜宾模型 …………… 301

12.3.4 面板数据空间计量模型 …… 302

12.4 案例分析 ……………………… 302

12.4.1 模型构建 ………………… 303

12.4.2 实证分析 ………………… 305

思考与练习 …………………………… 310

第 13 章 政策评估模型 …………… 315

案例导引 碳排放权交易政策促进了中国的碳减排吗 …………… 315

13.1 政策评估模型概述 …………… 316

13.1.1 政策评估 ………………… 316

13.1.2 潜在结果模型 …………… 317

13.2 匹配法 ………………………… 320

13.2.1 匹配法的基本思想和假设条件 ………………………… 320

13.2.2 匹配法的基本步骤………… 321

13.2.3 匹配法的优点及局限性 …… 325

13.3 双重差分法 …………………… 325

13.3.1 双重差分法的基本思想和假设条件 ……………………… 325

13.3.2 双重差分的估计 ………… 328

13.3.3 平行趋势假设检验………… 330

13.3.4 双重差分法的拓展………… 331

13.4 案例分析 ……………………… 332

13.4.1 样本选取 ………………… 332

13.4.2 模型估计 ………………… 335

13.4.3 事前平行趋势检验………… 338

思考与练习 …………………………… 340

附录 A t 分布临界值表 ………… 345

附录 B χ^2 分布临界值表 ………… 348

附录 C F 分布临界值表 ………… 350

附录 D DW 检验临界值表 ………… 351

附录 E ADF 分布临界值表 ………… 353

参考文献 ……………………………… 354

第1章
CHAPTER1

绪　　论

□ 案例导引

转换新旧动能　实现经济高质量发展

目前我国经济正由高速增长阶段转向高质量发展阶段。许多研究认为，自改革开放以来，我国经济高速增长主要依靠资源要素高投入驱动，但伴随着资源供给日趋紧张、人口红利不断减弱、生态环境约束逐渐增强，这种旧动能难以实现经济高质量发展。培育壮大新动能，加快新旧动能转换，应成为支撑经济高质量发展的重要着力点。新动能是以技术创新为重要支撑、以制度变革为基本保证、以转型升级为核心内容的新型变革力量。为此，国家和许多地区也相继出台了加快新旧动能转换的政策措施。新动能在推动经济高速持续增长、降低能源资源消耗、维护生态平衡、促进劳动就业、提升人民生活质量等方面确实比旧动能有效吗？如何定量测度新旧动能对经济增长或经济发展的影响？由于在产业基础、人力资本、管理机制等方面存在区域差异性，新动能对经济发展的影响在空间上是否存在非平衡性和溢出效应？利用计量经济分析方法将有助于对上述现实经济问题进行分析和解释，进而为国家或地方政府部门制定相关政策提供现实参考依据。

计量经济学是现代经济学的一个主要分支学科，本章将对计量经济学的基本问题进行说明，主要包括计量经济学的学科性质、计量经济学与其他学科的关系、计量经济研究的基本步骤等内容。

1.1　计量经济学的学科性质

1.1.1　什么是计量经济学

计量经济学(econometrics)这个学科名称是由挪威经济学家、首届诺贝尔经济学奖获得者拉格纳·弗里希(R. Frisch)于1926年仿照生物计量学(biometrics)一词首先提出的。弗里希后来与简·丁伯根(J. Tinbergen)、费雪(Fisher)等经济学家于1930年在美国发起成立了计量经济学学会(Econometric Society)，为推进对计量经济学这一新兴学科的研究，该学会于1933年开始定期出版《计量经济学》(*Econometrica*)期刊。一般认为，计量经济学学会的成立和《计量经济学》期刊的出版，标志着计量经济学作为一门独立学科的正式诞生。

关于什么是计量经济学，一些诺贝尔经济学奖获得者从不同角度进行了定义。弗里希在《计量经济学》期刊创刊号上指出，“对经济的数量研究有好几个方面，其中任何一个就其本身来说都不应该和计量经济学混为一谈，计量经济学与经济统计学绝不是一样的。它也不等于一般的经济理论，即使这种理论中有很大部分具有确定的数量特征，也不应该把计量经济学的意义与经济学中的应用数学看成一回事。经验表明，统计学、经济理论和数学这三者对于真正了解现代经济生活中的数量关系来说，都是必要条件，但本身都不是充分条件。这三者的统一才是强有力的工具，这三者的结合便构成了计量经济学”。萨缪尔森(P. A. Samuelson)、库普曼斯(T. C. Koopmans)和斯通(R. Stone)将计量经济学定义为“根据理论和观测的事实，运用合适的推理方法使之联系起来同时推导，对实际经济现象进行的数量分析”。劳伦斯·罗·克莱因(L. R. Klein)认为，“计量经济学是数学方法、统计技术和经济分析的综合，就其字义而言，计量经济学不仅是指对经济现象加以测量，而且包含根据一定的经济理论进行计算的意思”。

上述几种计量经济学的代表性定义虽然表述有所不同，但都具有相同的观点，即计量经济学在研究实际经济现象时都必须用到经济学、数学和统计学的相关理论或方法，许多著名经济学家都具有相同或相近的观点。因此，把计量经济学看作由经济学、数学和统计学相结合而成的一门综合性学科，已成为人们的普遍共识。

那么，计量经济学的学科性质是什么？是属于经济数学、社会科学，还是归类于经济学？对此，在该学科发展过程中曾出现过不同的认识。但随着计量经济学学科内容体系的不断丰富和方法体系的日益完善，它在微观经营管理预测与决策、宏观经济调控政策中的应用逐渐广泛深入，计量经济学作为一门经济学的学科属性逐步确立。瑞典皇家科学院于1969年首设诺贝尔经济学奖，并把该奖项颁发给了挪威经济学家弗里希和荷兰经济学家丁伯根，获奖理由是他们对计量经济学学科的创立、应用和发展做出了巨大贡献。截至2019年，共有84位经济学家获得诺贝尔经济学奖，其中1/3以上是因创新计量经济学理论和方法或在应用计量经济方法研究现实经济问题方面取得重大影响而获奖。譬如，美国经济学家萨缪尔森采用多种数学工具发展了数理和动态经济理论，将经济学的分析研究提高到新的高度(1970年)；俄裔美国人华西里·里昂惕夫(Wassily Leontief)创建了投入产出方法并用于实证分析经济内部各产业之间的相互依赖关系(1973年)；美国经济学家克莱因以凯恩斯宏观经济理论为基础，根据现实经济数据较早建立宏观计量模型，并据此进行经济波动和经济政策分析(1980年)；英国经济学家斯通发展了国民账户体系，显著改善了实证经济分析的基础(1984年)；美国经济学家罗伯特·默顿·索洛(Robert Merton Solow)对经济增长理论做出了卓越贡献，并在实证分析中认为长期的经济增长主要依靠技术进步而不是依靠资本和劳动力投入的增加(1987年)；挪威经济学家特里夫·哈维默(Trygve Haavelmo)建立了现代计量经济学的基础性指导原则，阐明了计量经济学的概率性基础并分析了联立经济结构(1989年)；美国经济学家詹姆斯·赫克曼(James Heckman)和丹尼尔·麦克法登(Daniel McFadden)分别提出了选择性样本理论和方法、离散抉择理论和方法，开启了对个人、家庭、企业等微观领域经济行为进行计量经济分析的新时代(2000年)；美国经济学家罗伯特·恩格尔(Robert Engle)提出了具有时间波动性的时间序列分析方法(ARCH模型)；英国经济学家克莱夫·格兰杰(Clive W. J. Granger)提出了具有非平稳性的时间序列分析方法(协整理论)(2003年)；美国经济学家克里斯托弗·西姆斯(Christopher A. Sims)和托马斯·萨金特(Thomas J. Sargent)创建了向量自回归模型，为分析经济如何受到经济政策临时性变化和其他因素影响提供了方法与手段(2011年)。计量经济理论和方法在经济研究应用层面不断扩展，不仅可用于实现经济结构分析、进行经济政策评价、验证传统经济理论，还可以利用新的定量分析方法推动其他经济学科发展。正因如此，克莱茵在其《计量经济学》教科书中认为，“计量经济学已在经济科学中居于最重要的地位”“在大多数高等院校中，计量经济学的讲授已成为经济学课程表中最有权威的一部分”，萨缪尔森认为“第二次世界大战后的经济学时代是计量经济学的时代”。

计量经济学于20世纪80年代初被引入中国。1980年，中国社会科学院举办全国计量经济学讲习班，邀请克莱因等国际著名计量经济学家来华讲学，为我国培养了首批计量经济学骨干教师和学科带头人，随后我国便陆续引进、翻译和编写出版了一些计量经济学著作与教材，同时计量经济学课程在我国部分高校也相继开设。1998年，教育部经济学教学指导委员会将计量经济学确定为普通高等院校经济学类本科各专业的8门共同核心课之一。目前在高等院校经济学门类、管理学门类各专业也大都将计量经济学作为本科生、硕士生、博士生的必修课程。计量经济分析方法现已成为实证经济研究不可或缺的重要工具，在《经济研究》《管理世界》《数量经济技术经济研究》等经济类、管理类期刊上发表的论文中，利用计量经济模型分析研究我国现实问题的论文占有较大比重。按照目前我国学科分类标准，计量经济学被归属到经济学门类下的三级学科，属于应用经济学的一个分支学科，即经济学门类—应用经济(一级)—数量经济学(二级)—计量经济学(三级)，无论是在学科建设、理论研究，还是在队伍建设、实际应用方面，计量经济学都是改革开放以来我国发展比较快的经济学分支学科之一。

至此，可给出计量经济学的一般定义：计量经济学是以经济理论为基础、以经济统计数据为依据，运用数学和统计学的方法，通过建立计量经济模型来研究经济现象数量关系和变化规律的一门应用经济学学科。从该定义可知，计量经济学作为一门学科，其研究对象是经济现象，学科性质属于经济学的分支学科，构成要素为经济理论、统计数据、数学方法，研究手段或表现形式为建立计量经济模型，研究目的在于测度经济现象之间的数量关系及其变动规律。

1.1.2 计量经济学的发展

作为经济研究不可或缺的工具，计量经济学自诞生之日起就表现出强大的生命力，同时伴随着数理统计方法的不断创新及其在经济领域的深度应用，计算机应用软件的开发又进一步助推了计量经济学的快速发展。就整体而言，计量经济学的发展大体可分为两个阶段：经典计量经济学阶段和现代计量经济学阶段。

1. 经典计量经济学阶段

从时间上看，这个阶段在20世纪30年代至20世纪70年代。计量经济学在该阶段发展的特征主要表现为：

（1）20 世纪 30 年代主要以生产者、消费者、家庭和厂商等微观经济单位活动作为研究对象，研究内容偏重于从微观上定量分析需求与供给之间的关系；20 世纪 40 年代后逐步转向以宏观经济总体为研究对象，研究内容侧重于国民收入、就业、产业部门之间的联系等宏观经济活动方面的计量分析。

（2）计量经济模型设定主要以经济理论为导向，模型中包含的方程、变量和参数都必须符合经济理论所揭示的经济运行机制和规律的内在要求；模型的估计和检验以经典假定为约束条件，只有满足经典假定条件所得到的参数估计量才是最优的。

（3）模型形式主要为线性模型或可转化为线性形式的非线性模型，以反映变量之间的随机因果关系；模型估计使用的数据类型为时序数据或截面数据；模型参数的估计方法主要有最小二乘法和极大似然估计法。

（4）模型应用主要在于对经济现象变化进行结构分析和发展预测，即利用计量经济模型进行边际、弹性和乘数等分析，以说明影响因素对经济系统的定量影响，或者利用计量经济模型模拟经济系统的变化规律，对市场的供给、需求和价格状况以及经济周期变化等进行外推预测。

2. 现代计量经济学阶段

从时间上看，该阶段为 20 世纪 70 年代以后。由于建立经典计量经济模型要求的经典假定条件过于严格，现实经济应用研究往往难以满足，因而要求创新计量经济模型理论与方法。计量经济学在此阶段发展的特征主要表现为：

（1）在研究对象上宏观经济活动与微观经济活动并重，微观经济活动的计量分析近年来又逐渐成为新的研究热点；在研究内容上较之前更加广泛和深入，如经济现象间的因果关系分析、经济系统的长期均衡变化与短期波动分析、政策变化对经济系统的冲击传导效应分析、经济现象的空间依赖性和空间溢出效应分析、微观社会因素（如性别、文化程度、职业等）对经济系统的影响效应分析等。

（2）计量经济模型设定主要以数据结构为导向，基于数据结构特征设定适宜的模型形式，如选择性样本模型、离散选择模型、自回归条件异方差模型、向量自回归模型、面板数据模型等；模型的估计和检验不再局限于经典假定条件。

（3）模型估计使用的数据类型，微观经济计量分析中以截面数据或面板数据为主，宏观经济分析中以时序数据为主；模型的估计与检验方法更加丰富和先进，如广义矩估计方法、贝叶斯估计法、非参数估计法、协整关系检验法、因果关系检验法等；基于建模方法的发展路线不同，现代计量经济学已形成时间序列计量经济学（time series econometrics）、非参数计量经济学（nonparametric econometrics）、微观计量经济学（micro-econometrics）和面板数据计量经济学（panel data econometrics）（含空间计量经济学）等多个分支学科。

（4）在模型应用上侧重于进行经济政策评估、验证和发展经济理论。

经典计量经济学是现代计量经济学的基础。本书在主要介绍经典计量经济学理论与方法的同时，也适当介绍目前现实经济研究中应用较多的有关现代计量经济学理论与方法。

经过近一个世纪的发展，计量经济学的内容体系日益丰富、研究领域不断拓展，可以按照不同标志对其进行分类。

按照研究内容的侧重点不同，可将计量经济学分为理论计量经济学和应用计量经济学。理论计量经济学侧重于研究计量经济模型的数理基础、参数估计与模型检验的理论和方法，以使得所建立的模型具有优良的数学性质，能够更好地揭示经济变量之间的数量关系，这部分研究内容与数学、数理统计学的关系最为密切。应用计量经济学是以具体领域的经济理论为指导，利用理论计量经济学所提供的理论方法，侧重于探讨如何设定和应用具体经济领域的计量经济模型(如生产函数、消费函数、投资函数、国际贸易函数等)，以从定量方面揭示该具体领域经济变量之间的变化规律，这部分研究内容与部门经济理论、经济统计学关系较为密切。

按研究范围的不同，可将计量经济学分为宏观计量经济学和微观计量经济学。宏观计量经济学是以宏观经济学理论为指导，利用计量经济学的理论方法和宏观经济统计数据，通过建立宏观经济计量模型，定量分析研究宏观经济领域经济变量(如国民收入、投资、消费、政府支出、就业等)之间的关系。微观计量经济学就是以微观经济理论以及有关社会学理论等为基础，利用计量经济学的理论方法和微观统计调查数据，通过建立微观经济计量模型，对微观单位(居民个人或家庭、厂商)经济行为与其影响因素之间的关系进行定量经验分析。

1.1.3 计量经济学与其他学科的关系

由上述定义可知，计量经济学是经济理论、统计学与数学相结合的一门综合性学科，它与相关学科存在着密切的关系。下面着重说明计量经济学与经济理论、经济统计学和数理统计学之间的区别与联系。

1. 计量经济学与经济理论的区别和联系

计量经济学与经济理论的区别主要表现在以下三个方面。

一是表达方式。经济理论通常可以用语义模型、几何模型、数理经济模型等多种方式表达，而计量经济学则以计量经济模型为表达方式。譬如，凯恩斯绝对收入消费理论用语义模型表述为：在短期内，居民消费支出完全取决于其可支配收入并且两者呈同方向变化，但随着收入水平的提高，消费增量占收入增量的比例(即边际消费趋向)呈下降趋势；用几何模型表示如图 1-1a 和图 1-1b 所示，用数理经济模型表示则为 $C=f(Y)$，如果消费与收入成线性变动关系，则 $C=a+bY$，其中 a 为自发性消费支出，b 为边际消费倾向且取值范围在 0 到 1 之间。计量经济学中的消费函数表达式为 $C=f(Y, \varepsilon)$，线性表达式为

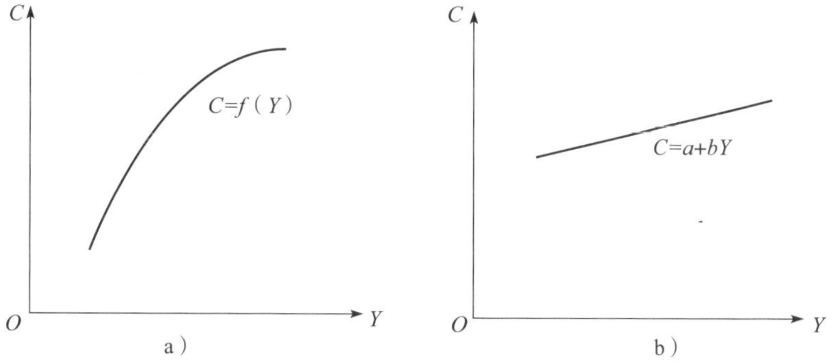

图 1-1 经济学中的消费函数

$C=a+bY+\varepsilon$，其中 ε 为随机误差项，反映除收入以外的其他各种因素（如消费者的性别、文化程度、消费偏好、消费环境以及家庭生命周期等）对消费支出的综合影响。

二是变量性质和变量间的关系。在一般经济理论的分析中，将自变量和因变量均视为确定性变量，变量之间的关系被看作函数因果关系；而在计量经济学分析中，将自变量视为确定性变量（如为随机变量，必须与随机误差项相互独立）、因变量视为随机变量，变量之间的关系表现为随机（相关）因果关系。

三是模型参数估计。数理经济模型作为经济理论的数学化、公式化表达，其参数是不可估计的，仅对其取值范围做一般性规定（如消费函数中的边际消费倾向取值为 0 到 1 之间），因为因变量的统计分布未知。而计量经济学模型中的参数是可以利用样本数据和数理统计方法加以具体估计的（如 $\hat{C}=348.46+0.42Y$），因为在估计参数时通常假定因变量服从某种统计分布，并且对这种统计分布假定恰当与否还可以进行数理检验。

计量经济学与经济理论的联系主要表现为：一方面，经济理论为计量经济学提供了理论基础，经济理论揭示了经济现象的本质联系、运行机制和变动规律，经济理论既是计量经济模型设定的基本依据，又是对计量经济模型进行合理性检验的重要标准，例如在各种消费理论中，收入都是影响消费的最重要因素，应该作为解释变量纳入模型之中，其回归系数的符号必须为正。另一方面，计量经济学可以验证和发展经济理论，例如，利用样本时序数据或截面数据建立居民消费函数模型，可以验证边际消费倾向递减规律、恩格尔定律的合理性；2003 年诺贝尔经济学奖获得者罗伯特·恩格尔提出的 ARCH 模型为验证和发展股票市场价格波动理论、金融市场风险理论提供了方法工具，克莱夫·格兰杰创建的协整理论、因果关系原理为分析宏观经济变量之间是否存在长期均衡关系、因果关系提供了技术手段。

2. 计量经济学与经济统计学的关系

经济统计学是一门经济学与统计学相结合的学科，主要研究对经济现象进行指标设计、统计调查、统计整理和统计分析的相关理论与方法；它主要采用统计指标和描述性分析方法从总体上反映经济现象在一定时间、空间所达到的规模、速度、结构、比例、密度和强度，并以统计图或统计表的形式加以直观表述。经济统计学所研究的统计分析方法侧重于一般时间序列分析、指数分析和相关分析等，用以揭示经济现象变动所蕴含的长期趋势、季节变化、循环变动、结构因素变动影响、统计相关性等，但对经济现象变化的因果关系不做定量测度研究。

计量经济学主要研究关于计量经济模型设定、估计、检验和应用的理论与方法。它以经济理论为指导、以经济统计数据为事实依据、选用适宜的数学（尤其是数理统计学）方法建立计量经济模型，对经济现象之间的随机因果关系进行定量测度。

经济统计学为计量经济学提供经济变量名称（统计指标）以及收集、整理经济统计数据的方法。计量经济学对经济统计数据进行深层次挖掘和开发利用，利用计量经济模型揭示经济现象之间相互联系的本质特征和变化规律。

3. 计量经济学与数理统计学的关系

数理统计学是一门以概率论为基础、研究随机现象变动统计规律性的数学学科，它为社会、经济、自然等诸多领域中的随机现象研究提供一般方法论，以关于随机现象的概率分布、抽样估计、假设检验、方差分析和统计推断等为主要研究内容。计量经济学则主要探讨经济领域变量之间的随机因果关系，并通过建立样本回归模型近似反映总体现象的平均变化规律性。

数理统计学为计量经济学提供数学方法基础，计量经济模型的估计、检验以及应用于发展预测都必须以数理统计学中的相关方法原理为依据。但是，计量经济学对现实经济问题研究的深入、细化对数理统计学方法提出了更高级、更复杂的要求，从而推动了数理统计学的发展。

1.2 计量经济研究的基本步骤

计量经济模型是对经济现象之间因果关系的一种数学模拟，通常是由描述经济现象变化过程的回归方程构成。若仅含有一个方程，称为单方程计量经济模型；若含有两个及以上具有内在联系的回归方程，则称为联立方程计量经济模型。模型中的每个回归方程一般由变量、参数和随机误差项等要素所构成。变量是指所研究的经济现象及其重要影响因素，要求具有可观测性，能够利用一定的统计调查方式方法获得观测数据；参数是指方程中变量的系数，反映变量之间依存关系的方向和数值大小，它一般不能直接观测，但可以利用适当的数学方法和样本数据加以估计；随机误差项(又称随机扰动项)是指模型或方程中没有作为独立影响因素加以反映的、其他各种因素的综合，在估计参数时通常需假定其服从某种统计分布。

应用计量经济学理论与方法对现实经济问题进行研究是以计量经济模型为手段和工具而逐步展开的，一般包括模型设定、参数估计、模型检验和模型应用四个环节。

1.2.1 模型设定

模型设定是进行计量经济研究的首要环节，模型设定恰当与否直接关系到计量经济模型建立的科学性和有用性。模型设定就是根据特定研究目的，依据有关经济理论以及样本数据的可得性、变动结构，选择重要的影响因素及恰当的变量，并用适当的数学表达式描述变量间随机因果关系的过程。

1. 研究经济理论

在利用计量经济模型研究现实经济问题时，必须以经济理论所揭示经济现象间的本质联系及运行机制为基础来构建模型，这是因为计量经济模型中的每个变量、参数及方程都应该具有明确而具体的经济学意义，它不同于一般的数学表达式。例如，揭示产出与要素投入之间的技术经济联系需要依据生产函数理论，研究居民消费问题则需要借助消费函数理论，研究股票价格变动则需要应用股票市场的相关理论，建立宏观经济计量模型需要依据国民收入决定理论等。

基于经济理论所揭示经济现象影响因素的复杂程度不同，模型设定可选择为单方程计量经济模型或联立方程计量经济模型。如单纯研究某行业投入与产出之间的数量技术经济联系，可依据柯布-道格拉斯(Cobb-Douglas)生产函数将模型设定为

$$Y = AK^{\alpha}L^{\beta}e^{\varepsilon} \tag{1-1}$$

其中，Y 为有效产出，K 为物质资本投入，L 为劳动投入，ε 为随机误差项。该方程为单方程计量经济模型。

若反映宏观经济系统中变量之间的复杂决定关系，可依据凯恩斯国民收入决定理论将模型设定为

$$C_t = \alpha_0 + \alpha_1 Y_t + \varepsilon_{1t} \tag{1-2}$$

$$I_t = \beta_0 + \beta_1 Y_t + \beta_2 Y_{t-1} + \varepsilon_{2t} \tag{1-3}$$

$$Y_t = C_t + I_t + G_t \tag{1-4}$$

其中，C 为居民消费，I 为投资，G 为政府支出，Y 为国民收入，ε 为随机误差项。这三个方程存在着内在联系，为联立方程计量经济模型，式(1-2)为消费函数、式(1-3)为投资函数，式(1-4)为定义方程。

在设定单方程计量经济模型时，对于同一经济问题，由于依据的经济理论不同，揭示的重要影响因素也存在差异，进而模型设定所选择的解释变量就会有所不同。例如，研究居民长期消费问题时，凯恩斯绝对收入假说认为居民消费当期支出完全取决于其当期收入；杜森贝里相对收入假说则认为，居民消费当期支出不仅取决于其当期收入，还与其过去时期的最高收入有关，即消费存在棘轮效应。依据这两种假说设定的模型分别如式(1-5)和式(1-6)所示。

$$C_t = a + bY_t + \varepsilon_t \tag{1-5}$$

$$C_t = a + b_1 Y_t + b_2 Y^{*}_{t-s} + \varepsilon_t \tag{1-6}$$

其中，C 为居民人均消费支出，Y 为居民人均可支配收入，Y^{*} 为过去时期居民人均可支配最高收入，ε 为随机误差项。

2. 选取模型中的变量

变量是构成计量经济模型的基本要素，变量选择恰当与否，直接关系着建模的结果和质量。

(1) 区分纳入模型中的变量性质。

按照不同的划分标志，模型中的变量可分为不同的类型。常见的分类有以下几种。

1) 解释变量与被解释变量。这是根据变量所表征的是原因还是结果进行的划分，并且主要是对单方程计量经济模型中的变量而言的。**解释变量**(explanatory variable)用以表征引起研究对象变化的重要影响因素，其作为原因变量而放置在方程等号的右边，一个方程中可以包含多个解释变量，如式(1-1)中的物质资本投入 K、劳动投入 L。**被解释变量**(explained variable)用以表征研究对象，其作为结果变量而放置在方程等号的左边，一个方程中只能含有一个被解释变量，如式(1-1)中的有效产出 Y。

2) 内生变量和外生变量。这是根据变量数值是否由模型系统决定进行的分类，主要针对联立方程计量经济模型。**内生变量**(endogenous variable)是指其数值由模型系统决定但同时影响模型系统的变量，它是服从一定概率分布的随机变量，如式(1-2)、式(1-3)和式(1-4)中的 C、I、Y，三者在国民经济系统中相互决定，均为内生变量。**外生变量**(exogenous variable)是指其数值由模型系统以外的因素决定而又对模型系统产生影响的变量，一般为非随机变量，如式(1-4)中的 G。在联立方程计量经济模型中，内生变量既可以作为被解释变量也可以作为解释变量，而外生变量只能作为解释变量。

(2) 萃取解释变量。

影响所研究经济现象的因素很多，但由于主客观条件限制，人们不可能把所有影响因素都作为解释变量纳入模型之中，而是需要基于研究目的和某些准则从中加以选择。为了提高模型的解释能力和代表性，通常需要将那些对所研究经济变量起主要作用、经常发生作用、可定量观测并有统计数据支持的影响因素作为解释变量纳入模型，而通常将那些次要的、偶然发生作用的、定性的、缺乏统计数据支持的因素放入随机扰动项。例如，建立某种商品需求函数模型，可以将消费者收入、该商品价格、相关商品价格等影响因素作为解释变量，而将消费者性别、文化、偏好、家庭等个体特征差异以及消费环境、地理气候等因素放入随机扰动项。

需要注意的是，建立计量经济模型的目的不同，对解释变量选取的要求也会有所差异。例如，如果建立模型用于结构分析或政策评估，则要求解释变量之间不能存在较强的线性相关关系，否则参数估计不仅难以正确反映每个解释变量对被解释变量的单独影响，而且其符号还有可能出现错误；但若建立模型的目的是发展预测，则对解释变量之间的相关性一般不做特别要求。

(3) 选用恰当的统计指标。

在建模过程中，无论是解释变量还是被解释变量都必须选用具体的统计指标予以表示。在选取统计指标时需要注意：一是能够正确体现变量的基本范畴，如在建立某行业生产函数模型时，可以选用总产值或增加值作为产出指标，以资本总额或固定资本、变动资本作为资本投入指标，以从业人数、工资总额或者劳动时间作为劳动投入指标；二是保证指标数据具有较强的可得性、可靠性和完备性；三是指标形式具有合理的匹配性，当被解释变量为总量指标时，解释变量中至少要有一个为总量指标，当被解释变量为平均(或相对)指标时，解释变量中至少要有一个为平均(或相对)指标。

(4) 慎重使用虚拟变量。

虚拟变量(dummy variable)是指反映定性因素变化、数值只取 0 和 1 的人工变量。现实中影响所研究经济现象变化的重要因素不仅仅有定量因素，往往还包括定性因素，如体制、季节、性别、地区、学历等。在建立模型的过程中，如果单纯将定量因素作为解释变量引入模型，而将定性因素全部归入随机扰动项，则可能会造成模型的解释能力不强。例如，在构建职工工资水平模型时，影响职工工资水平的因素有工龄、学历、岗位、职称(职务)等，若仅选用工龄作为解释变量，则会造成估计的样本回归模型解释能力较低，需要将学历、岗位、职称(职务)作为解释变量以一定方式引入模型，但注意建立模型时不宜引入过多的定性因素，否则就可能落入“虚拟变量陷阱”。虚拟变量也可以作为被解释变量纳入模型。

3. 选择模型的数学形式

所研究经济现象与其影响因素之间的随机因果关系需要借助一定的数学表达式予以反映，因而必须进一步明确模型中各方程的具体数学形式。对模型中所包含的方程可以从不同的视角进行分类。

根据所反映变量间关系的内容不同，分为行为方程、技术方程、制度方程和定义方程。行为方程反映经济行为人活动的结果与影响因素，如式(1-2)为消费函数，式(1-3)为投资函数；技术方程主要反映产出与投入要素之间的技术经济联系，如式(1-1)为生产函数；制度方程反映由制度规定的变量间的联系，如应纳税额＝税率×应税收入，其中税率是由国家制度规定的；定义方程反映由经济理论所定义的变量之间的联系，如式(1-4)，它通常存在于联立方程计量经济模型之中。

根据所反映变量间相关的形式不同，分为线性方程和非线性方程。线性方程表明被解释变量与各个解释变量均成线性变动关系，如式(1-5)；非线性方程是指被解释变量与方程中的某个或某些解释变量成某种非线性变动关系，如式(1-1)。

根据所反映变量间关系的性质不同，分为确定性方程和随机性方程。确定性方程中不含随机扰动项，被解释变量与解释变量成函数关系，主要表现为由经济理论或经济统计学所规定的定义方程、平衡方程，如式(1-4)；随机性方程中含有随机扰动项，被解释变量与解释变量成统计相关关系，如式(1-2)和式(1-3)。

对于随机性方程形式的确定，基本途径有两个：一是依据经济行为理论，在数理经济模型的基础上直接添加随机扰动项，如数理经济模型中的生产函数为$Y=AK^{\alpha}L^{\beta}$，以此为基础加入随机扰动项，则变为计量经济模型中的生产函数$Y=AK^{\alpha}L^{\beta}e^{\varepsilon}$；二是利用样本数据和绘图软件绘制散点图(相关图或趋势图)，根据图形的几何走向大体确定方程的具体函数形式。在被解释变量与解释变量相关的形式不明显时，可多设定几种函数形式，待参数估计完成后，再基于相关检验标准，从中选择最为满意的一种形式。计量经济模型中必须包含一个或一个以上随机性方程。

4. 设定模型参数的符号和理论期望值范围

计量经济模型中的参数都具有特定的经济学含义，在模型参数估计之前必须基于相关经济理论或经济实践设定待估参数的符号及理论期望值范围，以便为以后判断参数估计结果的合理性提供依据。譬如，在式(1-1)中，参数A、α、β分别表示全要素生产率、资本的产出弹性和劳动的产出弹性，生产函数理论要求其取值范围为$A>0$，$\alpha>0$，$\beta>0$；在式(1-5)中，参数b为边际消费倾向，消费函数理论要求其取值范围为$0<b<1$。

1.2.2 参数估计

上述模型设定为理论计量经济模型，若要测度出特定时间或空间范围内经济变量之间的实际数量依存关系，必须利用收集到的变量数据和恰当的数学方法将模型中的参数估计出来。

1. 样本数据

现实中，人们往往难以获取关于经济现象总体变化的数据，多数情况下也不必花费大量时间和财力收集总体数据(如居民家庭调查采取抽样方式，因相同的收入阶层往往具有相近的消费行为模式)，而是从总体中随机抽取一定容量的样本，利用样本数据估计总体模型参数，以近似反映变量之间的数量依存关系。为使参数估计值接近其真实值，一方面要求样本分布尽可能与总体分布相同，另一方面要求样本容量要足够大且数据必须完备、真实、可靠。

常用的样本数据主要包括时序数据、截面数据、面板数据和虚拟变量数据等类型。

时序数据(time series data)是指按发生时间先后顺序排列而成的同一指标数据。按反映的时期长短或时点间隔不同，时序数据分为年度数据、半年度数据、季度数据、月度数据和周数据等，例如，不同年份的国内生产总值、消费水平、固定资产投资额、从业人数，不同月度的销售额、货运量等。利用此类数据时需注意：第一，同一变量各项数据在所反映的时间长度、空间范围、计量单位等口径上要保持前后一致；第二，对于受价格因素变动影响的价值指标时序数据，需要利用相关价格指数予以平减，以按不变价计算的价值指标数据估计模型参数，例如在估计居民消费函数模型时，不同时间的居民消费支出数据需要利用定基 CPI 指数进行平减，以反映居民实际消费支出的变化；第三，时序数据容易使模型产生自相关性，关于其识别方法和修正方法将在后续章节专门进行讨论。

截面数据(cross sectional data)是指在同一时间、不同空间或个体的同一指标数据，如经济普查数据、农业普查数据、居民家庭调查数据等。利用此类数据时需要注意的问题是：第一，样本分布与总体分布的一致性要高，否则，估计的样本回归模型对总体回归模型的代表性就低；第二，截面数据易使模型产生异方差性，导致使用普通最小二乘法得到的参数估计值缺乏有效性等。

面板数据(panel data)是时序数据与截面数据的混合，具有个体、指标、时间三维结构，如利用 31 个省、直辖市、自治区 2000—2018 年居民消费支出与可支配收入数据建立模型。使用此类数据建立模型不仅可以弥补单一类型数据样本容量不足的缺陷，还可以同时从纵向、横向上测度各因素对研究对象的定量影响效应。建立面板数据模型，尤其是空间面板计量模型，是现代计量经济学发展的一个重要领域。

虚拟变量数据(dummy variable data)是对定性因素的取值，只有 0 或 1。在虚拟变量作为解释变量时，一般认为定性因素在呈现某种属性或状态时取值为 1，呈现其他属性或状态时取值为 0，或者在现象发生异常波动时取值为 1，在现象正常变化时取值为 0。

2. 模型识别

在建立联立方程计量经济模型时，需要识别其全部结构式参数能否从参数体系方程组中得到求解。在建立现代计量模型时，主要是识别模型是否存在 ARCH 效应或变量间是否存在协整关系等问题。一旦出现上述问题，需要对模型进行重新设定或者采用特别的参数估计方法，以保证估计参数具有良好的统计性质，这些专门问题将在后面各章分别予以介绍。

3. 估计方法

参数估计方法有很多种。对于单方程计量经济模型，常用的方法有普通最小二乘法、广义最小二乘法、极大似然估计法等；对于联立方程计量经济模型，估计方法有间接最小二乘法、二阶段最小二乘法等。参数估计方法的选择，应视所估计模型的类型、样本数据特点而定，例如，对于线性回归模型，在符合古典假定条件时，可直接使用普通最小二乘法估计其参数，当模型存在异方差时，则需应用加权最小二乘法或广义最小二乘法进行估计。

选用一定方法所估计得到的参数称为参数估计量，所估计得到的模型(或方程)称为样本回归模型(或方程)。例如，采用普通最小二乘法得到式(1-1)的估计式为 $\hat{Y}=\hat{A}K^{\hat{\alpha}}L^{\hat{\beta}}$，其中 $\hat{A}$、$\hat{\alpha}$、$\hat{\beta}$ 分别为总体参数 A、α、β 的估计量。利用特定样本所得到参数估计量的具体数值称为参数的估计值，从总体中抽得的样本不同，所得到的参数估计值也会不同。由于样本是从总体中随机抽取的，所以参数估计值、样本回归模型（或方程）均具有随机性。各种参数估计方法及其应用条件将在后续章节中具体介绍。

4. 应用软件

计量经济模型的建立与修正往往需要大量复杂的数据运算，而计算机应用软件的开发与推广为提高计量经济学建模效率和质量提供了极大的便利，可以说在一定程度上推动着计量经济学的发展和计量经济模型的广泛应用。目前可用于建立计量经济模型的应用软件有很多，如 SPSS、EViews、SAS、STATA、R 等，不同应用软件各有其特点，本书主要介绍 EViews 12.0 在计量经济模型估计、检验等方面的应用。

1.2.3 模型检验

参数估计以后，还必须基于一定准则对模型进行检验，合乎要求后方能进行具体应用。不同类型的计量经济模型，其检验的内容、方法往往存在差异。现就经典计量经济模型检验的内容与方法进行简要说明。

1. 经济检验

经济检验为基于经济理论准则进行的检验，主要判断参数估计值的符号和数值大小在经济意义上是否合理。假设利用 2000—2018 年某地区某制造行业总产值、固定资产原值、从业人数数据和普通最小二乘法估计得到的样本回归模型为 $\ln\hat{Y}_t=-1.9826+0.7858\ln K_t-0.2061\ln L_t$，在该模型中，$\ln L$ 的系数为劳动的产出弹性，经济理论要求它必须为正数，否则违背理性经济人假设，而实际估计结果为 -0.2061，显然其经济意义不合理。

只有当估计模型中所有解释变量系数的估计值均能通过经济检验时，方可对估计模型做其他方面的检验，否则应终止其他检验，此时需返回以上建模步骤，查明检验通不过的原因，重新选择解释变量，改进模型形式或优化参数估计方法。

2. 统计推断检验

统计推断检验是基于数理统计推断准则，在一定置信水平保证下，通过构建原假设和计算相关统计量对模型参数估计结果的可靠性进行判别。此类检验包括拟合优度检验、方程显著性检验、变量显著性检验三个方面。

拟合优度检验可用于检验样本回归模型对样本观测值的拟合程度，说明所选择解释变量对被解释变量的解释能力，进而推断解释变量选择和模型数学形式设定的正确性。拟合优度检验所采用的方法是计算统计量——判定系数（可决系数）R^2 值，R^2 值越接近 1，表明样本回归模型的拟合优度越好，R^2 值越接近于 0，意味着样本回归模型的拟合优度越差。

方程显著性检验是指在一定的显著性水平下检验所有解释变量的参数值是否同时为 0，说明所选择的解释变量在总体上是否恰当，进而推断样本回归方程对总体回归方程是否具有充分的代表性。方程显著性检验所采用的方法为 F 检验法，F 统计量值越大或它对应的伴随概率越小，则表明所估计的样本回归方程越显著。

变量显著性检验是指在一定的显著性水平下检验某个解释变量的参数值是否为 0，说明该解释变量是否对被解释变量有显著影响，进而判断选择该解释变量以及相应设定形式的正确性。变量显著性检验的方法为 t 检验法，t 统计量绝对值越大或它对应的伴随概率越小，表明所检验的解释变量对被解释变量的影响越显著；如果检验通不过，需要采取剔除该解释变量、变换模型或变量形式等措施对原模型予以修正。

3. 计量经济学检验

计量经济学检验主要基于计量经济学准则来判断估计模型是否满足经典假定条件。此类检验主要包括随机误差项的正态性检验、自相关性检验、异方差性检验和多重共线性检验四个方面。正态性检验的方法主要为JB法；自相关性检验的方法主要有DW、偏自相关系数、B-G等方法；异方差性检验的方法主要有G-Q、White、Park、Gleiser等方法；多重共线性检验的方法主要有简单相关系数、方差膨胀因子等方法。如果上述任何一项检验通不过，则会对上述统计推断检验结果的可靠性产生严重的消极影响，参数估计量不具有优良的数学性质，从而难以正确说明变量之间的实际数量依存关系，因而需查明原因，采取改进模型形式、变换估计方法、重新选择样本等修正措施。计量经济学检验是经典计量经济学研究的主要内容。

4. 预测性检验

预测性检验就是检验估计模型对样本范围以外变量间数量依存关系的解释能力，如果解释能力强，表明模型参数估计量具有优良的稳定性。检验方法主要有两个：一是扩大样本容量或变换样本，利用在模型中加入虚拟变量的方式或者采用CHOW检验法，判别来自不同样本数据的估计模型的参数值是否有显著性差异，若不存在显著性差异，则可以利用该估计模型进行外推预测；二是将样本范围以外的解释变量数据代入所估计模型，如果所产生的预测误差在允许范围以内，则表明该估计模型具有良好的预测能力。

1.2.4　模型应用

当估计模型经过检验符合有关标准以后，就可以应用于结构分析、政策评估、验证理论和发展预测等方面。

结构分析是根据估计出的模型参数值分析说明解释变量对被解释变量在特定时空条件下的实际影响效应，这是对经济变量之间的数量联系进行实际“计量”的结果。例如，若估计的是线性回归模型 $\hat{y}_i=\hat{\beta}_0+\hat{\beta}_1x_{1i}+\cdots+\hat{\beta}_kx_{ki}$，解释变量系数 $\hat{\beta}_j(j=1, 2, \cdots, k)$ 即为边际，表示在其他因素不变的条件下，解释变量 x_i 变动1个单位，被解释变量 y 将平均变动 $\hat{\beta}_j$ 个单位；若估计的为双对数回归模型 $\ln\hat{y}_i=\hat{\beta}_0+\hat{\beta}_1\ln x_{1i}+\cdots+\hat{\beta}_k\ln x_{ki}$，解释变量系数 $\hat{\beta}_j(j=1, 2, \cdots, k)$ 即为弹性，反映在其他因素不变的条件下，解释变量 x_i 变动1%，被解释变量 y 将平均变动 $\hat{\beta}_j$%；若估计的为分布滞后模型 $\hat{y}_t=\hat{\alpha}+\hat{\beta}_0x_t+\hat{\beta}_1x_{t-1}+\cdots+\hat{\beta}_px_{t-p}$，解释变量系数 $\hat{\beta}_j(j=0, 1, \cdots, p)$ 即乘数，反映在其他因素不变的条件下，解释变量 x 滞后 j 期对被解释变量 y 的平均影响。

政策评估就是利用计量经济模型评估政策变量变化对经济系统运行的定量影响效应，为经济决策提供不同的政策方案。在利用经济政策调控宏观经济运行时，可将宏观经济目标作为被解释变量，经济政策变量作为解释变量，利用计量经济模型模拟经济政策对经济目标的影响效果，以选取最满意的经济政策方案。例如，将利率作为政策变量，测算利率提高或降低一个百分点，将对GDP、就业率等宏观经济变量产生多大的数量影响。进行政策评估比较传统的计量模型法主要有工具-目标法、模拟法和最优控制法：工具-目标法就是给定目标变量的预期值，利用估计模型求解出政策变量的值；模拟法就是利用计量经济模型对不同的政策方案进行仿真模拟计算，对目标值进行比较，进而选择较满意的决策方案；最优控制法就是将计量经济模型与最优化方法有机结合起来，选择使目标达到最优的政策或政策组合。进行政策评估比较现代的计量模型法主要有工具变量法、断点回归法、双重差分法、倾向匹配法等，运用这些方法往往需要掌握较高深的数学知识，但随着计量经济模型的发展和相应计算机软件的开发，它们在各领域经济政策效应评估中的应用正逐渐增多。

验证理论就是利用计量经济模型验证经济理论假说的正确性。经济理论假说源于经济实践，其合理性、正确性与否必须接受经济实践的检验。如果按照某种经济理论假说建立的计量经济模型能够很好地拟合不同时间或空间样本的实际观察数据，则表明该假说是符合客观事实的，可以上升为科学的经济理论。

发展预测就是利用计量经济模型对经济现象在未来的发展进行定量推断。估计出的计量经济模型反映了特定时空条件下经济变量之间的实际数量联系，如果经过预测性检验认为各解释变量在预测期对被解释变量所发挥作用的方向、结构、力度与样本期相同，则可以将解释变量预测期的数值代入估计模型，即可得到被解释变量在预测期的点估计值以及在一定置信水平下的区间预测值，从而为编制国民经济计划或规划提供依据。

思考与练习

一、简述题

1. 计量经济学的学科性质。
2. 经典计量经济学与现代计量经济学的区别和联系。
3. 计量经济学与经济理论、经济统计学、数理统计学的区别和联系。
4. 计量经济模型的构成要素。
5. 若建立猪肉需求计量模型，请谈谈如何设定理论模型。
6. 经典计量经济模型的检验通常包括哪些内容？
7. 计量经济模型可用于哪些经济研究领域？

二、单选题

1. 计量经济学是(　　)的一个分支学科。
   A. 统计学　　B. 数学　　C. 经济学　　D. 数理统计学
2. 截面数据是指(　　)。
   A. 同一时间不同统计单位、相同统计指标组成的数据
   B. 同一时间相同统计单位、相同统计指标组成的数据
   C. 同一时间相同统计单位、不同统计指标组成的数据
   D. 同一时间不同统计单位、不同统计指标组成的数据

3. 同一统计单位的同一统计指标按时间顺序记录形成的数据为(　　)。

A. 时期数据　　B. 混合数据　　C. 时序数据　　D. 截面数据

4. 在计量经济模型中，由模型系统内部因素决定，表现为具有一定概率分布的随机变量，其数值受模型中其他变量影响的变量是(　　)。

A. 内生变量　　B. 外生变量　　C. 滞后变量　　D. 前定变量

5. 计量经济模型的被解释变量一定是(　　)。

A. 控制变量　　B. 政策变量　　C. 随机变量　　D. 外生变量

6. 计量经济研究的基本步骤是(　　)。

A. 模型设定、参数估计、模型检验、模型应用

B. 模型设定、参数估计、模型检验、模型评价

C. 个体设计、总体设计、估计模型、检验模型

D. 理论分析、估计模型、检验模型、应用模型

7. 变量数值由模型系统以外因素决定的变量为(　　)。

A. 外生变量　　B. 内生变量　　C. 前定变量　　D. 滞后变量

8. 描述行为主体变化的方程称为(　　)。

A. 随机方程　　B. 行为方程　　C. 联立方程　　D. 非随机方程

9. 下列各种数据中，不应该作为计量经济分析使用的数据是(　　)。

A. 时序数据　　B. 截面数据

C. 计算机随机生成的数据　　D. 虚拟变量数据

10. (　　)侧重于研究如何估计和检验计量经济模型。

A. 理论计量经济学　　B. 广义计量经济学

C. 应用计量经济学　　D. 狭义计量经济学

11. 在模型检验中，判断变量系数的符号和期望变动范围是否合理的检验是(　　)。

A. 经济检验　　B. 统计检验　　C. 计量经济学检验　　D. 预测性检验

12. (　　)是建立和评价计量经济模型的事实依据。

A. 经济理论　　B. 统计数据　　C. 数理统计方法　　D. 经济统计方法

13. 在(　　)中，为了全面描述经济变量之间的关系，合理构造模型体系，有时需要引入一些非随机的恒等方程。

A. 单一方程模型　　B. 联立方程模型　　C. 静态模型　　D. 动态模型

14. (　　)侧重于讨论如何设定和应用计量经济模型。

A. 广义计量经济学　　B. 狭义计量经济学

C. 理论计量经济学　　D. 应用计量经济学

15. 对所估计的模型，判定其在经济理论上是否合理、在统计上是否显著等属于(　　)的主要内容。

A. 模型设定　　B. 参数估计　　C. 模型检验　　D. 模型应用

三、多选题

1. 计量经济学是由以下哪些学科相结合的综合性学科？(　　)

A. 统计学　　B. 数理经济学　　C. 经济统计学　　D. 数学　　E. 经济学

2. 根据研究内容的侧重点不同，计量经济学可分为(　　)。

A. 理论计量经济学　　B. 狭义计量经济学

C. 应用计量经济学　　D. 广义计量经济学
E. 金融计量经济学

3. 从变量的因果关系看，变量可分为(　　)。
A. 解释变量　　B. 被解释变量　　C. 内生变量　　D. 外生变量
E. 控制变量

4. 根据变量值是否由模型系统内部决定，变量可分为(　　)。
A. 解释变量　　B. 被解释变量　　C. 内生变量　　D. 外生变量
E. 控制变量

5. 一个计量经济模型通常由以下哪些部分所构成？(　　)
A. 变量　　B. 参数　　C. 随机误差项　　D. 方程式
E. 虚拟变量

6. 计量经济模型的应用在于(　　)。
A. 结构分析　　B. 发展预测　　C. 政策评估
D. 检验和发展经济理论　　E. 设定和检验模型

7. 在下列各种数据中，可以作为计量经济分析所用数据的有(　　)。
A. 时序数据　　B. 截面数据　　C. 计算机随机生成的数据
D. 虚拟变量数据　　E. 面板数据

8. 根据模型中所包含方程个数的多少，计量经济模型可分为(　　)。
A. 单方程模型　　B. ARCH 模型　　C. 联立方程模型
D. VAR 模型　　E. 面板数据模型

9. 正确地选择解释变量的原则包括(　　)。
A. 依据经济学理论和经济行为规律
B. 确定纳入模型中的变量的性质
C. 一般将影响研究对象最主要的、定量的、经常发生作用的、有统计数据支持的因素纳入模型
D. 慎重使用虚拟变量
E. 选取恰当的统计指标

10. 计量经济学检验主要是检验模型是否符合经典假定条件，它主要包括(　　)。
A. 随机误差项与解释变量相关性检验　　B. 异方差性检验
C. 多重共线性检验　　D. 自相关性检验
E. 变量的显著性检验

11. 利用计量经济模型进行经济结构分析，主要包括(　　)。
A. 边际分析　　B. 弹性分析　　C. 乘数分析　　D. 相关分析
E. 因果分析

12. 计量经济学所研究的经济变量之间关系具有的特征为(　　)。
A. 相关关系　　B. 因果关系　　C. 随机关系　　D. 函数关系
E. 恒等关系

13. 对计量经济模型进行统计显著性检验，包括(　　)。
A. 拟合优度检验　　B. 方程的显著性检验
C. 变量的显著性检验　　D. DW 检验
E. 异方差性检验

四、判断题

1. 计量经济学模型研究的经济关系具有两个基本特征：随机关系和相关关系。(　　)
2. 模型的经济检验，即检验参数估计值的符号与数值大小是否符合经济理论的要求。(　　)
3. 计量经济学是经济学的一个分支学科，是由经济学、统计学和数学三者相结合的学科。(　　)
4. 计量经济模型检验主要包括经济意义检验、统计检验、计量经济学检验。(　　)
5. 行为方程都是随机方程。(　　)
6. 在计量经济分析中，模型参数一旦被估计出来，即可直接进行应用。(　　)
7. 计量经济学模型中必须含有确定性的数学方程。(　　)
8. 应用计量经济学侧重于研究如何设定和应用计量经济模型。(　　)
9. 计量经济模型的数学形式可以是单一方程，也可以是联立方程组，视研究的目的和经济系统的复杂程度而定。(　　)
10. 不含有随机扰动项的模型不是计量经济模型。(　　)
11. 面板数据是指时序数据与截面数据相结合的数据。(　　)
12. 选择变量和确定变量之间联系的数学形式是计量经济模型设定的主要内容。(　　)
13. 参数反映计量经济模型中经济变量之间的数量联系，通常具有不稳定性。(　　)
14. 应用计量经济学的中心内容是参数估计和模型检验。(　　)
15. 模型设定是计量经济学的起点，也是整个计量经济分析过程中最为关键的一步。(　　)
16. 在联立方程计量经济模型中，外生变量数值的变化能够影响内生变量的变化，而内生变量却不能反过来影响外生变量。(　　)
17. 在建立计量经济模型时，选择变量必须考虑其可观测性。(　　)

五、填空题

1. 应用计量经济学研究的核心内容是模型________和模型应用。
2. 计量经济学模型应用前一般需进行________检验、________检验、________检验和________检验。
3. 常用的三类样本数据是________、截面数据和面板数据。
4. 计量经济学是以揭示经济活动中客观存在的数量关系为内容的分支学科，经济学家弗里希将其定义为经济理论、________和数学三者的结合。
5. 构成计量经济模型的基本要素有：经济变量、待确定的参数和________。
6. 计量经济学根据研究内容侧重点的不同可分为________和________。
7. ________是计量经济学研究的起点，也是整个计量经济分析过程中最为关键的一步。
8. 计量经济学研究的经济变量之间关系要具有两个特征：一是________，二是________。
9. 经济检验主要是检验参数估计值的________和________在经济意义上是否合理。
10. ________检验主要是利用数理统计中的统计推断方法，对估计结果的可靠性进行检验。
11. 预测性检验主要检验估计模型对________以外变量间数量依存关系的解释能力。
12. 根据变量值是否由模型系统内部决定，可以把变量分为________和________。
13. 在联立方程模型中，为了全面描述经济变量之间的关系，合理构造模型体系，有时需要引入一些非随机的________方程。

第 2 章
CHAPTER2

一元线性回归模型

□ 案例导引

凯恩斯消费理论在我国具有适用性吗

居民消费一直是经济学家和各国政府关注的重要问题。从微观层面来看，居民消费水平是居民生活质量的主要方面，是家庭幸福感的重要影响因素；从宏观层面来看，居民消费是一个国家总消费的重要组成部分，是经济增长的重要推动力。凯恩斯消费理论认为，居民收入是决定居民消费的最主要因素，两者呈同方向变化，并且随着居民收入水平的提高，居民消费支出增量占其收入增量的比重却呈逐步降低趋势，即存在边际消费倾向递减规律。那么，凯恩斯消费理论在我国具有适用性吗？有学者研究认为“我国居民的边际消费倾向目前仍高于50%”。如何利用计量经济学模型对凯恩斯消费理论和该学者的观点进行验证呢？

回归模型是计量经济学研究经济变量之间随机因果关系的重要模型。按照模型中包含解释变量个数的不同，回归模型分为一元回归模型和多元回归模型；按照模型中被解释变量与解释变量的关系形式不同，回归模型又分为线性回归模型和非线性回归模型。本章将主要介绍一元线性回归模型(又称简单线性回归模型)的相关理论与方法，主要包括回归分析中的基本概念、一元线性回归模型的估计方法和经典假定、一元线性回归模型的统计显著性检验、一元线性回归模型的预测等内容，并通过案例说明一元线性回归模型和 EViews 12.0 软件的应用。

2.1　回归分析的基本概念

2.1.1　相关分析与回归分析

1. 相关分析

相关分析是研究变量之间数量依存关系的常用统计分析方法。进行相关分析的目的在于说明变量之间的相关程度、相关方向和相关形式。

依据不同的分类标志，可将变量间的相关关系划分为不同的类型。根据考察的变量个数不同，可将相关关系分为简单相关、复相关和典型相关。两个变量之间的相关称为简单相关，如居民消费与居民可支配收入的相关关系；一个变量与一组变量间的相关关系称为复相关，如地区生产总值与资本投入、劳动投入之间的相关关系；两组变量间的相关关系称为典型相关，如身体形态(身高、体重、胸围和肩宽等)与身体机能(肺活量、脉搏、舒张压和收缩压等)之间的相关关系。依据相关形式不同，可将相关关系分为线性相关和非线性相关。线性相关是指变量间的数量依存关系大体上呈线性变动，非线性相关是指变量间的数量依存关系大体上呈某种非线性变动(如指数曲线、圆锥曲线等)。根据相关方向不同，相关关系可分为正相关和负相关。正相关意味着变量间变化的方向大体相同，负相关表明变量间变化的方向大体相反。根据相关程度的大小，可将相关关系分为完全相关、不完全相关和不相关。完全相关是指变量之间存在严格的数量依存关系或函数关系，不完全相关是指变量之间存在非严格的数量依存关系，即变量间的数量依存关系不是一一对应关系，不相关是指变量之间不存在任何关系。

在相关分析中，对于所考察的变量在性质上都是随机变量且关系对等，即无论将哪个变量作为解释变量或被解释变量都不会影响分析结果，即变量间相关的形式、方向、程度等均不会发生改变。

在相关分析中，所使用的方法手段主要是相关图表法和相关系数法。相关图表法较为直观，但准确性不高。当变量之间大体存在线性相关关系时，相关系数法应用较多。

对于两个变量 x 和 y 的线性相关程度常用 Pearson 相关系数进行度量，其计算公式为

$$\rho_{xy}=\frac{\mathrm{Cov}(x,\ y)}{\sqrt{\mathrm{Var}(x)\mathrm{Var}(y)}} \tag{2-1}$$

式中，$\mathrm{Cov}(x,\ y)$为变量 x 和 y 的协方差，$\mathrm{Var}(x)$和 $\mathrm{Var}(y)$分别为变量 x 和 y 的方差。ρ_{xy} 的取值在-1 到 1 之间。当 $\rho_{xy}>0$ 时，变量 x 和 y 呈正相关，当 $\rho_{xy}<0$ 时，变量 x 和 y 呈负相关，$\rho_{xy}=0$ 表示变量 x 和 y 不相关，$|\rho_{xy}|$越大，变量 x 和 y 越相关，若$|\rho_{xy}|=1$，变量 x 和 y 完全相关，即变量 x 和 y 之间为函数关系。

一个变量与多个变量之间的相关可用复相关系数和偏相关系数来度量，两组变量间的相关关系可用一个或多个典型相关系数度量。有关计算公式，请参见其他相关教材。

2. 回归分析

回归分析也是研究变量之间数量依存关系的一种常用的统计分析方法，但它所考察的变量之间不仅存在相关关系，还存在着明确的因果关系。回归分析的目的在于研究变量之

间的数量依存关系，并根据自变量的数值变化去推测因变量的数值变化。

在现实经济生活中，人们在研究变量之间的关系时，通常不仅要研究其相关关系，而且要判断其是否存在因果关系以及具体的数量依赖关系。例如，在研究居民家庭收入与消费支出的关系时，若只限于研究家庭收入与家庭消费支出的相关形式、相关程度大小与相关方向显然是不够的，还需要考察居民家庭收入发生变动对居民家庭消费支出所产生的冲击，此时就需要应用回归分析来完成这一任务。

在回归分析中，所考察的变量性质是不同的，往往要基于特定的研究目的和相关理论，将解释变量作为确定性变量(可控变量)，将被解释变量视为随机变量。当变量之间互为因果关系时，将某个变量作为解释变量与作为被解释变量所得到的回归分析结果(回归方程系数)不仅在数量上存在差别，而且经济意义也完全不同。

回归分析所采用的方法手段是建立回归方程。回归方程中的变量系数反映了变量之间的具体数量依存关系。在满足一定假定条件下，可以利用样本数据对回归模型参数进行估计，在估计的回归方程通过有关检验后，可将其用于回归预测，即用解释变量的变化值去推测被解释变量的变化值。

进行回归分析时，通常要利用相关分析的结果选择回归模型中的被解释变量、解释变量和模型形式。

回归分析是计量经济学方法论的基础，其主要内容包括：

(1) 根据样本观测值和参数估计方法，获得样本回归方程；

(2) 对样本回归方程进行统计显著性及计量经济学检验；

(3) 利用通过各种相关检验的样本回归方程对社会经济问题进行分析、预测及评估。

2.1.2 回归函数

1. 条件期望与条件方差

在回归分析中，解释变量 x 通常是给定的原因变量，被解释变量 y 是与解释变量 x 对应的结果变量。在给定解释变量 x 时，被解释变量 y 的分布称为条件分布，被解释变量 y 的期望和方差分别称为被解释变量的条件期望和条件方差，分别用 $\mathrm{E}(y|x)$ 和 $\mathrm{Var}(y|x)$ 表示，条件期望又称为条件均值。

例 2-1 假设有一个由 50 户家庭组成的社区，现已搜集了社区全部 50 户家庭在 8 月份的数据，按人均可支配收入分组整理后如表 2-1 所示。

表 2-1 某社区家庭人均可支配收入与人均消费支出数据(一)

分组	第 1 组	第 2 组	第 3 组	第 4 组	第 5 组
户数	8	12	14	10	6
人均可支配收入(x)	1 000	1 500	2 000	2 500	3 000
人均消费支出(y)	840	880	940	1 050	1 130
	890	900	980	1 100	1 290
	910	930	1 020	1 180	1 350
	930	970	1 060	1 240	1 450
	930	1 000	1 110	1 280	1 580

（续）

分组	第 1 组	第 2 组	第 3 组	第 4 组	第 5 组
人均消费支出(y)	940 950 970	1 020 1 060 1 090 1 120 1 150 1 170 1 190	1 150 1 190 1 200 1 220 1 230 1 250 1 270 1 290 1 330	1 310 1 360 1 390 1 430 1 460	1 600
条件概率 $P(y\|x)$	1/8	1/12	1/14	1/10	1/6
条件期望 $\mathrm{E}(y\|x)$	920	1 040	1 160	1 280	1 400
条件方差 $\mathrm{Var}(y\|x)$	1 425.0	10 416.7	13 571.4	17 120.0	27 066.7

从表 2-1 可知，具有相同人均可支配收入的家庭，其人均消费支出有所不同，但只要以等概率随机抽样，每户家庭被抽中的条件概率均为本组户数的倒数，由此可求出此特定人均可支配收入条件下的人均消费支出的条件期望与条件方差。条件期望和条件方差反映了在给定人均可支配收入条件下，人均消费支出的平均水平及离散程度。在第 1 组中，人均可支配收入 $x=1\,000$ 元的家庭共有 8 户，如果是以等概率随机抽样，每户家庭被抽中的概率均为 $P(y|x=1\,000)=1/8$，这 8 户家庭人均消费支出的均值为 $\mathrm{E}(y|x=1\,000)=920$ 元，这 8 户家庭人均消费支出的方差为 $\mathrm{Var}(y|x=1\,000)=1\,425.0$。其他组在给定人均可支配收入时，人均消费支出的条件期望和条件方差与此类似。

2. 总体回归函数

若要研究例 2-1 社区中家庭人均可支配收入与人均消费支出之间具体的数量依存关系，比如，就整个社区而言，如果家庭人均可支配收入增加 1 元，那么家庭人均消费支出在平均意义上将如何变动？为回答这个问题，考虑到在家庭人均可支配收入与人均消费支出的关系中，家庭人均可支配收入变动是人均消费支出变动的原因，人均消费支出变动是人均可支配收入变动的结果，因此将人均消费支出作为被解释变量，人均可支配收入作为解释变量，建立家庭人均消费支出关于家庭人均可支配收入变动的数量关系式。

根据表 2-1 中数据绘制的散点图如图 2-1 所示。从图中可见，随着人均可支配收入的增加，该社区的家庭人均消费支出表现为增长趋势，同时人均消费支出的离散程度随着可支配收入的增加不断扩大。若将家庭人均消费支出的条件均值按照人均可支配收入从小到大的顺序用短线连接起来，可得到一条曲线（见图 2-1 中的连线），将这条线称为**总体回归线**(population regression line)。总体回归线反映了被解释变量的条件期望 $\mathrm{E}(y|x)$ 随着解释变量变动而变动的轨迹。

显然，这一总体回归线可用函数进行描述，将描述总体被解释变量条件期望 $\mathrm{E}(y|x)$ 变动轨迹的函数称为**总体回归函数**(population regression function，PRF)，也可称为**总体回归模型**(population regression model，PRM)，或**总体回归方程**(population regression equation，PRE)，可记为

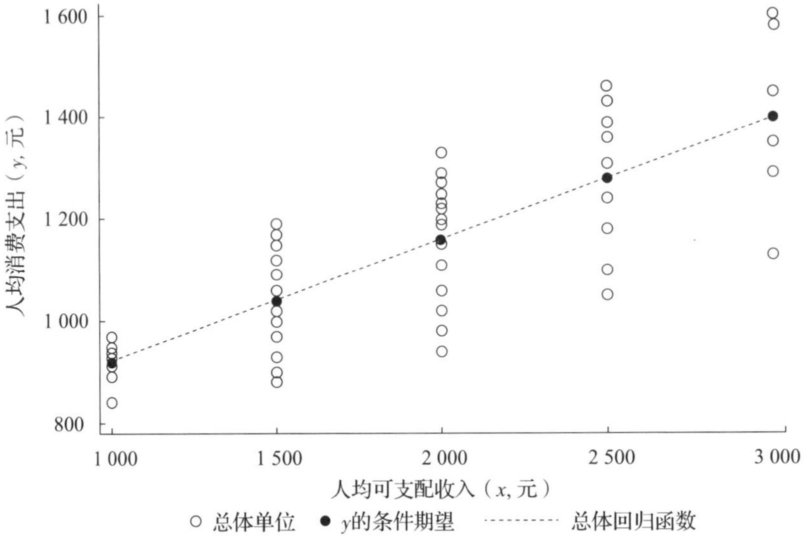

图 2-1 人均消费支出关于人均可支配收入的散点图(一)

$$E(y|x)=f(x) \tag{2-2}$$

式(2-2)可称为总体回归函数的期望值设定形式。总体回归函数反映了被解释变量的总体条件期望 $E(y|x)$ 随解释变量 x 变化而变化的规律。

关于总体回归函数，有以下几点需要注意：①总体回归函数的具体形式，如函数中包括哪些变量、变量间的数学函数关系及参数值大小等，是由现象本身的内在特征决定的，是确定不变且唯一的；②只有通过总体回归函数才能对社会经济现象进行分析研究，然而总体回归函数在实践中却是未知的，由于总体数据无法全部获取或出于某种考虑无须全部获取，因此只好从总体中抽取随机样本，以样本携带的数据信息来获得总体回归函数的近似估计物——样本回归函数；③在获得总体回归函数的近似估计物(样本回归函数)之前，需要根据相关理论、已有研究、样本的数据信息，以及个人研究经验，对总体回归函数的形式进行“猜想”，即设定总体回归函数——确定总体回归函数中的变量及其函数形式；④设定的总体回归函数只是真实总体回归函数的“概括”，只需要概括出所研究问题的本质，能达到分析问题的目的即可；⑤下面提及的总体回归函数或总体回归模型，若没有特别说明，指的是设定的总体回归函数或总体回归模型。

假设将例 2-1 中的家庭人均消费支出(y)看成是家庭人均可支配收入(x)的线性函数，则式(2-2)可表示为

$$E(y|x)=\beta_0+\beta_1 x \tag{2-3}$$

式中，β_0、β_1 被称为**总体回归系数**(population regression coefficient)或**回归参数**(regression parameter)。其中，β_0 称为截距项、常数项或截距系数；β_1 称为斜率系数。式(2-3)也称为线性总体回归函数、线性总体回归模型或线性总体回归方程。

总体回归函数描述了所研究总体的被解释变量的条件均值随解释变量变化而变化的规律，但给定解释变量值时，对于总体中的个别单位而言，被解释变量的实际观测值与此条件下被解释变量的平均值之间往往存在一定的偏离，如例 2-1 中社区的第 1 组中，有一户家庭的人均消费支出为 890 元，这一数值与同组全部 8 户家庭人均消费支出的平均值 920 元有 30 元的偏离，当该社区中所有家庭实际消费支出数值无法全部获取时，其均值就是未

知的，这个偏离也就成了不可观测的随机变量，称为随机误差项，也可简称为误差项或干扰项，记为 ε，此时式(2-2)可改写为

$$y_i = \mathrm{E}(y \mid x_i) + \varepsilon_i \tag{2-4}$$

式中，下标 i 表示第 i 个观测单位。

式(2-4)一般被称为**总体回归函数的随机设定形式**，或**总体回归函数的个值表示形式**，它表明了某个观测的被解释变量(y)既受到解释变量(x)的系统性影响 $\mathrm{E}(y \mid x_i)$，同时也受到其他因素的**随机影响**(ε)。

将式(2-3)的随机设定形式记为

$$y_i = \beta_0 + \beta_1 x_i + \varepsilon_i \tag{2-5}$$

由于计量经济学中的回归基本上是给定解释变量条件下的回归，$\mathrm{E}(y \mid x)$是以给定解释变量 x 为条件的被解释变量 y 的条件期望。出于书写简洁和表达精简的目的，在后面没有强调给定的条件时，$\mathrm{E}(y \mid x)$会被简写为 $\mathrm{E}(y)$，被解释变量的期望指的就是给定解释变量条件下被解释变量的条件期望。于是式(2-3)可简化为

$$\mathrm{E}(y_i) = \beta_0 + \beta_1 x_i \tag{2-6}$$

而式(2-4)则记为

$$y_i = \mathrm{E}(y_i) + \varepsilon_i \tag{2-7}$$

总体回归函数中的随机误差项是一个可正可负的随机变量，其值不可观测，但可以采用一定方法加以估计。在估计模型时，通常要假定随机误差项服从一定的统计分布，如正态分布等。总体回归模型中的随机误差项一般包括以下几个方面的内容。

(1) 模型函数形式设定误差。一方面，由于社会经济现象的复杂性，现象间真实的函数形式是未知的；另一方面，在能达到分析目的的条件下，出于对模型简洁性的考虑而往往将模型设定为更简洁的函数形式。因此，实际设定的模型形式与真实的模型形式之间存在偏差，这种模型函数形式设定误差所带来的影响归入了随机误差项。

(2) 数据测量误差。在搜集社会经济数据时，由于各种主观与客观的原因，所观测到的数据不可避免地会存在误差，例如，测量工具存在偏差所导致的系统性测量误差，测量环境变化导致的偶然性测量误差，以及数据录入的登记性误差等，通常将这些测量误差的影响归入随机误差项。

(3) 无法取得数据的已知影响因素的影响。在实践中，虽然有一些影响因素已经被认定对被解释变量有显著影响，但由于某些原因无法获得这些影响因素的观测数据，因而不能将这些因素单独作为解释变量纳入模型，只好将其影响归入随机误差项。例如，在研究居民家庭消费支出时，虽然相关的经济理论指出，家庭财富数量对家庭消费支出是有影响的，但一般情况下要获得家庭财富数量数据比较困难，此时不得不在回归模型的解释变量中省略家庭财富，而将它对家庭消费支出的影响归入随机误差项。

(4) 未知影响因素的影响。由于对所研究的社会经济现象总体的认识并不完备，尚存在一些未知或不能确定的影响因素，无法将其引入回归模型，此时这些影响因素对被解释变量的影响只能归入随机误差项。

(5) 众多微弱影响因素的综合影响。虽然一些影响因素已被认识，其数据也有可能获得，但它们对被解释变量的影响比较小，在能够实现分析目的的条件下，为了保证模型的简洁性及减少数据搜集等所带来的建模成本，通常将这些因素对被解释变量的微弱影响归入随机误差项之中。

(6) 现象内在和外在随机因素的影响。社会经济活动是由人参与的，由于人的行为并不总是理性的，而是具有一定的即景性、冲动性，因此，人的经济行为可能会导致后果具有一定的不确定性或随机性。例如，人们的消费行为还受到消费时的心情、消费环境等一些不可控、不可重复和不可预测的因素影响，这些影响同样被归入随机误差项。还有一些影响研究对象的外在因素也往往不受人们控制且很难预期，如自然灾害、地缘政治冲突、恐怖事件、新型传染疾病等，其影响也要归入随机误差项之中。

3. 样本回归函数

对于现实社会的经济问题，由于各种原因，总体信息往往并不会全部获悉，因此，总体回归函数虽然客观存在，但无法直接获得。通常的做法是：先对总体进行随机抽样得到随机样本，再通过样本信息来估计出样本回归函数，最后用样本回归函数近似“替代”总体回归函数，并用于分析研究社会经济问题。

例 2-2　假如无法收集到例 2-1 中社区 50 个居民家庭的收支数据，可以从这个由 50 个家庭组成的总体中，在每组可支配收入下随机抽取两个家庭，组成一个包含 10 个家庭的随机样本，相关信息如表 2-2 所示。

表 2-2　某社区家庭人均可支配收入与人均消费支出数据(二)

分组	第 1 组	第 2 组	第 3 组	第 4 组	第 5 组
户数	8	12	14	10	6
人均可支配收入(x)	1 000	1 500	2 000	2 500	3 000
人均消费支出(y)	890	970	1 060	1 180	1 290
	940	1 120	1 290	1 430	1 580
条件均值 $\overline{y}\|x$	915	1 045	1 175	1 305	1 435
条件方差 Var($y\|x$)	625	5 625	13 225	15 625	21 025

如同总体一样，根据表 2-2 也可以计算出每个家庭人均可支配收入下人均消费支出的条件均值($\overline{y}|x$)，并按照人均可支配收入从小到大的顺序用短线连接起来，得到一条样本连线(见图 2-2 中的连线)，这条连线称为**样本回归线**(sample regression line)。

这条样本回归线也可用函数来表示，将样本中这条描述被解释变量的条件均值($\overline{y}|x$)变动轨迹的函数称为**样本回归函数**(sample regression function，SRF)，也可称为**样本回归模型**(sample regression model，SRM)，或**样本回归方程**(sample regression equation，SRE)。

在例 2-2 中，若将家庭人均消费支出(y_i)看成是家庭人均可支配收入(x_i)的线性函数，此时的样本回归函数为

$$\hat{y}_i=\hat{\beta}_0+\hat{\beta}_1 x_i \tag{2-8}$$

式中，$\hat{y}$ 为样本回归函数上与解释变量(x)相对应的被解释变量(y)的条件均值，作为总体条件期望 E(y_i)的估计值；$\hat{\beta}_0$、$\hat{\beta}_1$ 为样本回归函数的回归系数，分别作为总体回归系数 β_0 和 β_1 的估计值。

与总体回归函数类似，式(2-8)为样本回归函数的均值设定形式，它也有随机设定形式：

$$y_i=\hat{\beta}_0+\hat{\beta}_1 x_i+e_i \tag{2-9}$$

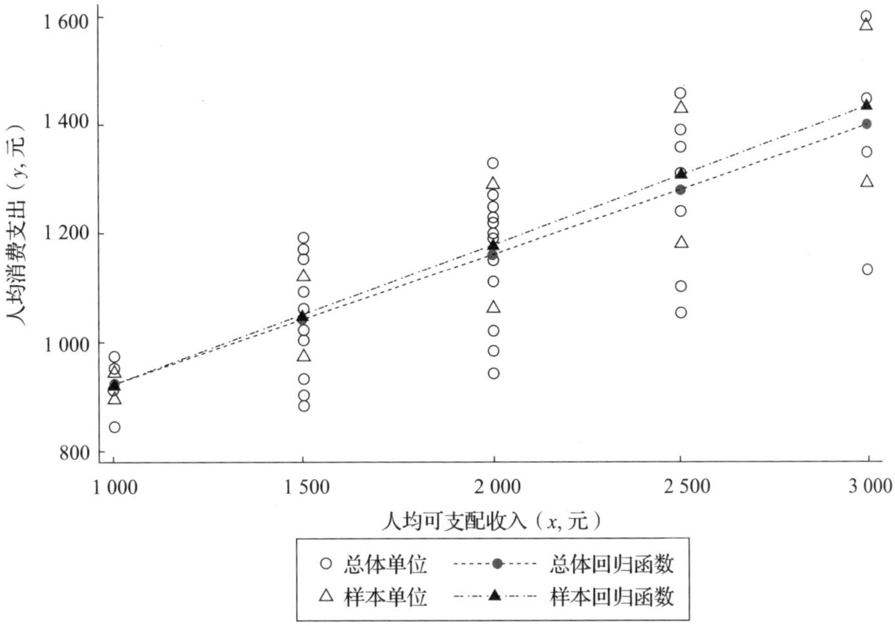

图 2-2　人均消费支出关于人均可支配收入的散点图(二)

其中 e_i 称为残差项或剩余项(residual)，它代表被解释变量的样本实际观测值 y_i 与样本条件均值 $\hat{y}_i$ 之间的偏离，可视为随机误差项 ε_i 的估计值。

关于样本回归函数，需要进一步明确的是：①样本回归函数不是唯一的，因为样本是从总体中随机抽取的，不同的样本可获得不一样的样本回归函数，所以样本参数估计值是随机的，样本估计方程也是随机的；②样本回归函数的形式应与设定的总体回归函数的形式一致；③样本回归函数反映样本被解释变量条件均值的变动轨迹，它是总体回归函数的近似反映；④样本回归函数中的残差项 e_i 在一定条件下是可以计算出来的。

2.2　一元线性回归模型的估计

2.2.1　普通最小二乘估计

在取得样本数据后，可通过某些特定的“规则和方法”来获得样本回归线，这些“规则和方法”有很多种，如普通最小二乘法(ordinary least squares，OLS)、极大似然法(maximum likelihood，ML)、矩估计法(method of moment，MM)等。由于普通最小二乘法原理简单、易于计算且计算量相对较小，在满足一些基本假定时，参数估计量具有良好的统计性质，因此，普通最小二乘法是计量经济分析中最基本、最常用的参数估计方法。

下面以例 2-2 中的数据为例，介绍普通最小二乘法拟合样本回归线的原理，样本回归模型如下：

$$y_i=\hat{\beta}_0+\hat{\beta}_1 x_i+e_i \tag{2-10}$$

例 2-2 变量数据的散点图如图 2-3 所示，从图中可以看出，最佳的拟合策略是使所有点到样本回归线的距离之和最小。由于样本回归线上的点 $\hat{y}_i$ 与观测值 y_i 之差 e_i 可正可负，

如果直接求和将会产生正负抵消的情况，考虑到距离的平方 e_i^2 与绝对距离 $|e_i|$ 具有相似的性质，在后期的计算处理上距离的平方要优于绝对距离本身，因此，最佳的拟合策略是使点到样本回归线距离的平方和最小，即各残差平方和达到最小。用公式表达：

$$\min Q=\sum_{i=1}^{n}e_i^2=\sum_{i=1}^{n}(y_i-\hat{\beta}_0-\hat{\beta}_1x_i)^2 \tag{2-11}$$

式(2-11)表明，在给定了样本数据$\{(x_i,\ y_i):i=1,\ 2,\ \cdots,\ n\}$时，在$(\hat{\beta}_0,\ \hat{\beta}_1)$的多种组合中，选取使各残差平方和最小的那对组合$(\hat{\beta}_0,\ \hat{\beta}_1)$作为样本回归系数。由此可见，普通最小二乘法的原理是在由参数估计量组成的多种组合中，选择使得当前样本残差平方和最小的那对参数估计量，即选择使得当前样本残差平方和最小的样本回归线。

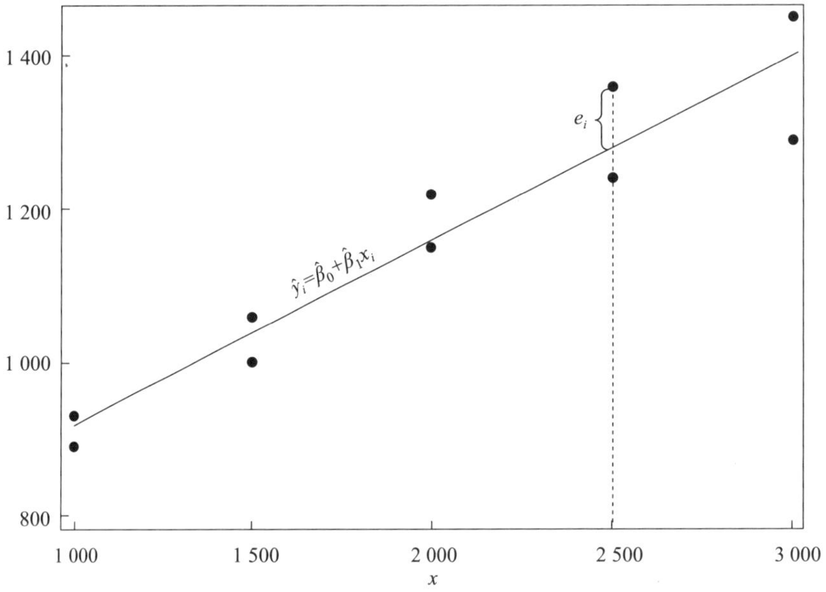

图 2-3 最小二乘法原理示意图

根据微积分相关知识可知，使 Q 最小的$(\hat{\beta}_0,\ \hat{\beta}_1)$可由以下方程组求解得出：

$$\begin{cases}\dfrac{\partial Q}{\partial\hat{\beta}_0}=0\\[2ex]\dfrac{\partial Q}{\partial\hat{\beta}_1}=0\end{cases} \tag{2-12}$$

可推得用于计算 $\hat{\beta}_0$ 和 $\hat{\beta}_1$ 的方程组如下：

$$\begin{cases}\sum\limits_{i=1}^{n}(y_i-\hat{\beta}_0-\hat{\beta}_1x_i)=0\\[2ex]\sum\limits_{i=1}^{n}(y_i-\hat{\beta}_0-\hat{\beta}_1x_i)x_i=0\end{cases} \tag{2-13}$$

这些用于求解回归参数的方程组被称为**正规方程组**(normal equation)。解此正规方程组得：

$$\begin{cases}\hat{\beta}_1=\dfrac{\sum(x_i-\overline{x})(y_i-\overline{y})}{\sum(x_i-\overline{x})^2}=\dfrac{n\sum y_ix_i-\sum y_i\sum x_i}{n\sum x_i^2-(\sum x_i)^2}\\[2ex]\hat{\beta}_0=\overline{y}-\hat{\beta}_1\overline{x}\end{cases} \tag{2-14}$$

记 x_i 和 y_i 的离差形式为

$$\dot{x}_i = x_i - \overline{x}$$

$$\dot{y}_i = y_i - \overline{y}$$

则式(2-10)的离差形式为

$$\dot{y}_i = \hat{\beta}_1 \dot{x}_i + e_i \tag{2-15}$$

式(2-14)可以写为：

$$\begin{cases} \hat{\beta}_1 = \dfrac{\sum \dot{x}_i \dot{y}_i}{\sum \dot{x}_i^2} \\ \hat{\beta}_0 = \overline{y} - \hat{\beta}_1 \overline{x} \end{cases} \tag{2-16}$$

由于 $\hat{\beta}_0$ 和 $\hat{\beta}_1$ 是根据最小二乘法原理得到的，所以将 $\hat{\beta}_0$ 和 $\hat{\beta}_1$ 称为 OLS 估计量。

由式(2-14)与式(2-16)可知，估计量 $\hat{\beta}_0$ 和 $\hat{\beta}_1$ 可以表示为被解释变量 y 的函数，而被解释变量 y_i 又是随机误差项 ε_i 的函数，所以也可以说估计量 $\hat{\beta}_0$ 和 $\hat{\beta}_1$ 是随机误差项 ε_i 的函数，因此，估计量是随机变量，可以将它看成是关于被解释变量 y 的表达式，或者是关于随机误差项 ε_i 的表达式。由一个具体样本观测值，根据参数估计量表达式计算得到的具体数值，称之为估计值或点估计值，它是参数估计量在特定样本下的一个具体数值。由此可见估计量与估计值是有区别的。

例 2-3　若从一个假想社区的 50 个居民家庭中，在每组可支配收入下随机抽取两个家庭，组成另一个包含 10 个家庭的随机样本，数据如表 2-3 所示。

表 2-3　某社区家庭人均可支配收入与人均消费支出数据(三)

分组	第 1 组	第 2 组	第 3 组	第 4 组	第 5 组
户数	8	12	14	10	6
人均可支配收入(x)	1 000	1 500	2 000	2 500	3 000
人均消费支出(y)	890	1 000	1 150	1 240	1 290
	930	1 060	1 220	1 360	1 450
条件均值 $\overline{y}\mid x$	910	1 030	1 185	1 300	1 370
条件方差 $\mathrm{Var}(y\mid x)$	400	900	1 225	3 600	6 400

利用最小二乘法估计模型 $y_i = \beta_0 + \beta_1 x_i + \varepsilon_i$ 的参数 β_0 和 β_1。

模型参数估计量的计算可通过表 2-4 进行。

表 2-4　参数估计量计算表

项目	x_i	y_i	x_i^2	$\dot{x}_i$	$\dot{y}_i$	$\dot{x}_i^2$	$\dot{y}_i^2$	$\dot{x}_i\dot{y}_i$
1	1 000	890	1 000 000	−1 000	−269	1 000 000	72 361	269 000
2	1 000	930	1 000 000	−1 000	−229	1 000 000	52 441	229 000
3	1 500	1 000	2 250 000	−500	−159	250 000	25 281	79 500
4	1 500	1 060	2 250 000	−500	−99	250 000	9 801	49 500
5	2 000	1 150	4 000 000	0	−9	0	81	0
6	2 000	1 220	4 000 000	0	61	0	3 721	0
7	2 500	1 240	6 250 000	500	81	250 000	6 561	40 500
8	2 500	1 360	6 250 000	500	201	250 000	40 401	100 500

（续）

项目	x_i	y_i	x_i^2	$\dot{x}_i$	$\dot{y}_i$	$\dot{x}_i^2$	$\dot{y}_i^2$	$\dot{x}_i\dot{y}_i$
9	3 000	1 290	9 000 000	1 000	131	1 000 000	17 161	131 000
10	3 000	1 450	9 000 000	1 000	291	1 000 000	84 681	291 000
求和	20 000	11 590	45 000 000	0	0	5 000 000	312 490	1 190 000
平均	2 000	1 159						

由式(2-16)计算可得：

$$\begin{cases}\hat{\beta}_1=\dfrac{\sum\dot{x}_i\dot{y}_i}{\sum\dot{x}_i^2}=\dfrac{1\ 190\ 000}{5\ 000\ 000}=0.238\\ \hat{\beta}_0=\overline{y}-\hat{\beta}_1\overline{x}=1\ 159-0.238\times 2\ 000=683\end{cases}$$

因此，由该样本观测值得到的样本回归模型为

$$\hat{y}_i=683+0.238x_i$$

2.2.2 一元线性回归的经典假设

前面介绍了在给定样本的条件下，如何应用普通最小二乘法使样本回归函数“很好地”拟合样本观测值，并没考虑到获得的样本回归函数是否“接近”总体回归函数。显然，如果样本回归函数“接近”总体回归函数，那么将其作为总体回归函数的一个近似，并应用于分析研究是恰当的，否则将偏离总体回归函数较大的样本回归函数用来估计总体回归函数是不合适的，若将其应用与分析研究将得到有偏的研究结论，甚至可能得到与事实相反的结论。

因此，在采用普通最小二乘法拟合样本回归函数时，不仅要能获得样本回归函数，同时还希望获得的样本回归函数要尽可能“接近”总体回归函数。为此，在用普通最小二乘法估计一元线性回归模型时，需要满足以下经典假设。

假定 1：回归模型是“正确”设定的线性回归模型。

这一假设包括两个方面的内容：一是所设定的总体回归函数能概括出真实总体回归函数的必要信息，实践中主要体现在变量及变量函数形式的设置上能满足研究需求；二是模型是“参数线性”回归模型。

在计量经济学模型中，“线性”有两种含义：一是模型就变量而言是线性的，二是模型就参数而言是线性的。

模型就变量而言是线性的，是指被解释变量的期望 E(y)与解释变量 x 之间成线性变化关系：

$$\Delta \mathrm{E}(y)=C\Delta x \tag{2-17}$$

式中，C 为非零常数。式(2-17)表明，从被解释变量 y 与解释变量 x 之间的关系来看，无论解释变量 x 在取值范围内取任何值，只要解释变量的变动程度 Δx 相同，被解释变量 y 期望的变动程度 $\Delta\mathrm{E}(y)$都相等。在平面坐标系中，被解释变量的期望 E(y)与解释变量 x 之间的关系表现为一条直线。

模型就参数而言是线性的，意味着被解释变量某函数的期望 $\mathrm{E}[G(y)]$与回归参数 β 之间是线性关系：

$$\Delta E[G(y)]=C\Delta\beta_j,\ j=0,\ 1 \tag{2-18}$$

式(2-18)中，C 为非零常数，β_j，$j=0$，1 为模型回归参数，$G(y)$为关于 y 的不含任何未知参数的函数。式(2-18)表明，被解释变量某函数的期望 $E[G(y)]$与参数 β 之间为线性关系。也就是说，在随机误差项以加法方式进入回归方程中时，回归参数都是 1 次幂，不存在回归参数相乘或相除，自身也不包含其他的函数形式，如 $G(y)=\beta_0+\beta_1 f(x)+\varepsilon$ 参数线性模型。

例 2-4　以 $\ln y$ 和 $\ln x$ 分别表示对变量 y 和 x 取自然对数，参数为 β_0 和 β_1，试分析以下模型中哪些是变量线性模型，哪些是参数线性模型。

(1) $E(y)=\beta_0+\beta_1 x$

(2) $\ln y=\beta_0+\beta_1 x+\varepsilon$

(3) $y=\ln(\beta_0)+e^{\beta_1}\ln x+\varepsilon$

(4) $y=\beta_0+\beta_0\beta_1 x+\varepsilon$

解：

(1) 在模型 $E(y)=\beta_0+\beta_1 x$ 中，被解释变量的期望 $E(y)$与解释变量 x 之间的关系为线性关系，而且被解释变量的期望 $E(y)$与 β_0、β_1 之间均为线性关系，所以模型 $E(y)=\beta_0+\beta_1 x$ 不仅是变量线性模型，也是参数线性模型。

(2) 模型 $\ln y=\beta_0+\beta_1 x+\varepsilon$ 可改写为 $y=e^{\beta_0+\beta_1 x+\varepsilon}$，所以被解释变量的期望 $E(y)$与解释变量 x 之间的关系为非线性关系，但 $E(\ln y)$与 β_0、β_1 之间均为线性关系，因此模型 $E(\ln y)=\beta_0+\beta_1 x+\varepsilon$ 是参数线性模型，但不是变量线性模型，而是变量非线性模型。

(3) 在模型 $y=\ln(\beta_0)+e^{\beta_1}\ln x+\varepsilon$ 的期望形式为 $E(y)=\ln(\beta_0)+e^{\beta_1}\ln x$ 中，被解释变量的期望 $E(y)$与解释变量 x 之间为非线性关系，被解释变量的期望 $E(y)$与 β_0、β_1 之间也是非线性关系，所以模型 $y=\ln(\beta_0)+e^{\beta_1}\ln x+\varepsilon$ 是变量非线性模型和参数非线性模型。

(4) 在模型 $y=\beta_0+\beta_0\beta_1 x+\varepsilon$ 的期望形式为 $E(y)=\beta_0+\beta_0\beta_1 x$ 中，被解释变量的期望 $E(y)$与解释变量 x 之间为线性关系，但被解释变量的期望 $E(y)$与 β_0、β_1 之间是非线性关系，因此模型 $y=\beta_0+\beta_0\beta_1 x+\varepsilon$ 虽然是变量线性模型，却是参数非线性模型。

假定 2： 随机误差项的期望为 0，即

$$E(\boldsymbol{\varepsilon}_i)=0 \tag{2-19}$$

这一假设是指当考虑随机误差项 ε_i 的全部可能值时，其总体均值为 0。只有当这一假设成立时，才能从总体上保证正规方程组式(2-13)中第 1 个方程成立，如果从总体上不成立，在样本回归中强行令其成立，将导致估计结果产生系统性偏差。此假设在有常数项的回归模型中都能得到满足，因而在实践中，在没有理论支持回归模型为无常数项回归模型时，模型通常要包含常数项。

假定 3： 随机误差项与解释变量相互独立，即

$$\mathrm{Cov}(x_i,\ \varepsilon_i)=E(x_i\varepsilon_i)=0 \tag{2-20}$$

这一假设是指任意观测点上的解释变量 x_i 都与随机误差 ε_i 不相关。只有当这一假设成立时，才能从总体上保证 OLS 正规方程组式(2-13)中第 2 个方程成立。如果总体中解释变量 x_i 与随机误差 ε_i 相关，此时 OLS 估计会把一些实际由随机误差项 ε_i 所引起的被解释变量 y_i 的变异归结为由解释变量 x_i 所引起。例如，如果随机误差项与解释变量正相关，

OLS 估计会错误地把由误差项造成被解释变量的变异划归为解释变量，从而导致此时的 OLS 估计值要比没有正相关时更大。

从图 2-4 可以直观地看出，当 $E(x_i\varepsilon_i)\neq 0$ 时，参数 β_1 的 OLS 估计量 $\hat{\beta}_1$ 与参数 β_1 之间存在偏误。当解释变量 x_i 与随机误差项 ε_i 正相关时（情形 1），OLS 估计的回归系数 $\hat{\beta}_1$ 会大于总体参数 β_1，呈系统性向上偏误；当解释变量 x_i 与随机误差 ε_i 负相关时（情形 2），OLS 估计的回归系数 $\hat{\beta}_1$ 会小于总体参数 β_1，呈系统性向下偏误。导致偏误的原因是 OLS 估计程序会错误地把由随机误差 ε_i 引起的被解释变量 y_i 的变异归因于解释变量 x_i，因此，确保解释变量 x_i 与误差项 ε_i 不相关在 OLS 估计中是重要的。

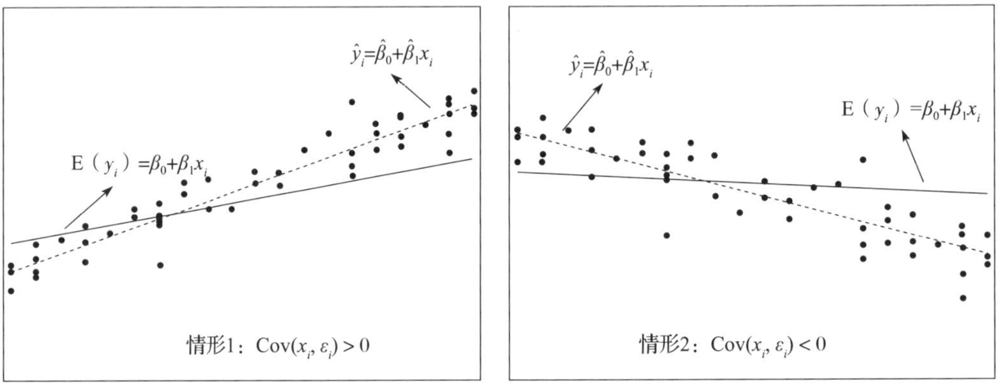

图 2-4　解释变量 x_i 与随机误差项 ε_i 相关时的 OLS 估计

假定 4：给定解释变量 x_i 任何值的条件下，随机误差项 ε_i 同方差且无自相关：

$$Var(\varepsilon_i)=E(\varepsilon_i^2)=\sigma^2 \tag{2-21}$$

$$Cov(\varepsilon_i,\ \varepsilon_j)=E(\varepsilon_i\varepsilon_j)=0,\ i\neq j \tag{2-22}$$

假设式（2-21）意味着随机误差项 ε_i 的方差不依赖于解释变量 x_i，也就是随机误差项 ε_i 的“观测值”是从方差为 σ^2 的分布中抽取的，这种情形被称为同方差，不满足同方差的情形被称为异方差。利用截面数据估计模型，通常会违背同方差假定。

由于 $y_i=\beta_0+\beta_1x_i+\varepsilon_i$，给定解释变量 x_i 任何值的条件下，有：

$$Var(y_i|x_i)=Var(\beta_0+\beta_1x_i+\varepsilon_i|x_i)=Var(\varepsilon_i|x_i)$$

所以给定解释变量 x_i 条件下，被解释变量 y_i 的方差等于随机误差项 ε_i 的方差，表 2-1 中最后一行被解释变量 y_i 的条件方差随着解释变量 x_i 的变化而变化，因此随机误差项 ε_i 不满足同方差假设。

假设式（2-22）意味着在给定解释变量 x_i 条件下，随机误差项 ε_i 是相互独立抽取的，即任意两个不同观测点的随机误差项互不相关，这种情形被称为误差项无自相关或无序列相关，否则称之为误差项存在自相关或序列相关。如果利用时序数据估计模型，那么模型会经常存在自相关。

假定 5：随机误差项 ε_i 服从正态分布即

$$\varepsilon_i\sim N(0,\sigma^2) \tag{2-23}$$

尽管已经假定了随机误差项 ε_i 具有零均值（假定 2）、同方差和无自相关（假定 4），但没有谈及它的分布形状，假定 5 认为随机误差项 ε_i 的观测值是从正态分布中抽取的。

假定 5 并不是普通最小二乘估计本身所需要的，它主要是为了在有限样本（即样本容量不充分大)中，通过样本回归函数对总体回归函数进行统计推断(区间估计和假设检验)而提出的。

以上 5 个假定称为**经典假定**、**古典假定**(classical assumption)，或**高斯-马尔可夫假定**(Gauss-Markov assumption)，满足该假定的线性回归模型被称为经典(古典)线性回归模型(classical linear regression model，CLRM)。但从目前国内外的计量经济学教材来看，古典假定的内容尚未统一，主要争议在假定 1 和假定 5。

从抽取的样本来看，如果要想获得参数估计值，那么样本中的解释变量观测值要有差异，而且具有不同观测值的样本单位数不得小于待估参数个数，要能够得出参数估计量的标准误差，具有不同观测值的样本单位数至少要大于待估参数个数。

2.2.3　普通最小二乘估计量的统计性质

由于抽样的波动，基本假设满足的完备程度，以及估计方法的不同，得到的参数估计值与总体参数真值之间总是有差异的，所以考察参数估计量的统计性质成为衡量参数估计量“好坏”的主要手段。

在满足经典假定 1～假定 4 的情况下，普通最小二乘估计量是最佳线性无偏估计量(best linear unbiased estimator，BLUE)。这就是著名的高斯-马尔可夫定理(Gauss-Markov theorem)。①线性性，即参数估计量是随机误差项 ε 的线性函数。②无偏性，即参数估计量的期望值等于其总体真值。③有效性，在所有的无偏估计量中，此无偏估计量的方差最小。这三个标准也被称为估计量的有限样本性质或小样本性质(small-sample property)，它不随样本容量大小而改变。在有限样本情形下，有时难以找到最佳线性无偏估计量，这就需要扩大样本容量，考虑样本容量充分大后的渐近性质，即估计量的大样本渐近性质(large-sample asymptotic property)[㊀]。在估计量的大样本渐近性质中关注较多的是一致性。④一致性，即在样本容量趋于无穷大时，估计量依概率收敛于其总体真值。

下面给出高斯-马尔可夫定理的简要证明。

1. 线性性

线性性是指参数估计量为被解释变量 y_i 或者随机误差项 ε_i 的线性函数。

记 $k_i=\dfrac{\dot{x}_i}{\sum\dot{x}_i^2}$，由式(2-16)可知：

$$\begin{aligned}\hat{\beta}_1&=\frac{\sum\dot{x}_i\dot{y}_i}{\sum\dot{x}_i^2}=\frac{\sum\dot{x}_i(y_i-\bar{y})}{\sum\dot{x}_i^2}=\frac{\sum\dot{x}_iy_i}{\sum\dot{x}_i^2}-\frac{\bar{y}\sum\dot{x}_i}{\sum\dot{x}_i^2}=\sum k_iy_i-\bar{y}\sum k_i=\sum k_iy_i\\&=\sum k_i(\beta_0+\beta_1x_i+\varepsilon_i)=\beta_0\sum k_i+\beta_1\sum k_ix_i+\sum k_i\varepsilon_i\end{aligned}$$

由于$\sum k_i=0$，$\sum k_ix_i=1$，于是得：

$$\hat{\beta}_1=\beta_1+\sum k_i\varepsilon_i \tag{2-24}$$

记 $w_i=\left(\dfrac{1}{n}-\bar{x}k_i\right)$，有：

㊀ 估计量的大样本渐近性质除了一致性外，还有渐近无偏性和渐近有效性，这两个性质请参见相关教材。

$$\hat{\beta}_0=\overline{y}-\hat{\beta}_1\overline{x}=\frac{\sum y_i}{n}-\overline{x}\sum k_i y_i=\sum\left(\frac{1}{n}-\overline{x}k_i\right)y_i$$

$$=\sum w_i(\beta_0+\beta_1 x_i+\varepsilon_i)=\beta_0\sum w_i+\beta_1\sum w_i x_i+\sum w_i\varepsilon_i$$

由于$\sum w_i=1$，$\sum w_i x_i=0$，于是得：

$$\hat{\beta}_0=\beta_0+\sum w_i\varepsilon_i \tag{2-25}$$

2. 无偏性

无偏性是指 OLS 估计量的期望值等于其总体真值。

当满足假设 3 时，有 $\mathrm{E}(k_i\varepsilon_i)=0$，$\mathrm{E}(w_i\varepsilon_i)=0$，

$$\mathrm{E}(\hat{\beta}_1)=\mathrm{E}(\beta_1+\sum k_i\varepsilon_i)=\beta_1+\mathrm{E}(\sum k_i\varepsilon_i)=\beta_1+\sum[\mathrm{E}(k_i\varepsilon_i)]=\beta_1$$

$$\mathrm{E}(\hat{\beta}_0)=\mathrm{E}(\beta_0+\sum w_i\varepsilon_i)=\beta_0+\mathrm{E}(\sum w_i\varepsilon_i)=\beta_0+\sum[\mathrm{E}(w_i\varepsilon_i)]=\beta_0$$

3. 有效性

有效性是指在所有的无偏估计量中，OLS 估计量的方差为最小。

$$\mathrm{Var}(\hat{\beta}_1)=\mathrm{E}[\hat{\beta}_1-\mathrm{E}(\hat{\beta}_1)]^2=\mathrm{E}[\hat{\beta}_1-\beta_1]^2=\mathrm{E}(\sum k_i\varepsilon_i)^2=\mathrm{E}\left(\frac{\sum\dot{x}_i\varepsilon_i}{\sum\dot{x}_i^2}\right)^2$$

$$=\mathrm{E}\left[\frac{\sum(\dot{x}_i\varepsilon_i)^2+2\sum\limits_{i\neq j}\dot{x}_i\varepsilon_i\dot{x}_j\varepsilon_j}{(\sum\dot{x}_i^2)^2}\right]=\frac{\sum\dot{x}_i^2\mathrm{E}(\varepsilon_i^2)+2\sum\limits_{i\neq j}\dot{x}_i\dot{x}_j\mathrm{E}(\varepsilon_i\varepsilon_j)}{(\sum\dot{x}_i^2)^2}$$

当满足假定 4 时，$\mathrm{E}(\varepsilon_i^2)=\sigma^2$，$\mathrm{E}(\varepsilon_i\varepsilon_j)=0$，有：

$$\mathrm{Var}(\hat{\beta}_1)=\frac{\sum\dot{x}_i^2}{(\sum\dot{x}_i^2)^2}\sigma^2=\frac{1}{\sum\dot{x}_i^2}\sigma^2 \tag{2-26}$$

类似地，可以导出：

$$\mathrm{Var}(\hat{\beta}_0)=\frac{\sum x_i^2}{n\sum\dot{x}_i^2}\sigma^2 \tag{2-27}$$

假设有 β_1 的另一个无偏估计量 $\hat{\beta}_1^*$：

$$\hat{\beta}_1^*=\beta_1+\sum(k_i+d_i)\varepsilon_i=\beta_1+\sum k_i\varepsilon_i+\sum d_i\varepsilon_i$$

由于 $\hat{\beta}_1^*$ 是 β_1 的一个无偏估计量，有 $\mathrm{E}(\hat{\beta}_1^*)=\beta_1$，$d_i$ 不全为 0。

$$\mathrm{Var}(\hat{\beta}_1^*)=\mathrm{E}[\hat{\beta}_1^*-\mathrm{E}(\hat{\beta}_1^*)]^2=\mathrm{E}[\hat{\beta}_1^*-\beta_1]^2=\mathrm{E}(\sum k_i\varepsilon_i+\sum d_i\varepsilon_i)^2$$

$$=\mathrm{E}(\sum k_i\varepsilon_i)^2+2\mathrm{E}\left(\sum_{i\neq j}k_i d_j\varepsilon_i\varepsilon_j\right)+\mathrm{E}(\sum d_i\varepsilon_i)^2$$

$$=\mathrm{E}(\sum k_i\varepsilon_i)^2+2\mathrm{E}\left(\sum_{i\neq j}k_i d_j\varepsilon_i\varepsilon_j\right)+\mathrm{E}\left[\sum(d_i\varepsilon_i)^2+2\sum_{i\neq j}d_i d_j\varepsilon_i\varepsilon_j\right]$$

$$=\mathrm{E}(\sum k_i\varepsilon_i)^2+\sum d_i^2\mathrm{E}(\varepsilon_i^2)$$

$$=\mathrm{Var}(\hat{\beta}_1)+\sigma^2\sum d_i^2$$

由于 d_i 不全为 0，有$\sum d_i^2>0$，所以：

$$\mathrm{Var}(\hat{\beta}_1^*)=\mathrm{Var}(\hat{\beta}_1)+\sigma^2\sum d_i^2>\mathrm{Var}(\hat{\beta}_1)$$

假设有 β_0 的另一个无偏估计量 $\hat{\beta}_0^*$，类似地，可以导出：

$$\mathrm{Var}(\hat{\beta}_0^*)>\mathrm{Var}(\hat{\beta}_0)$$

4. 一致性

一致性是指当样本容量趋于无穷大时，OLS 估计量依概率收敛于其总体真值：

$$\begin{aligned}\underset{n\to\infty}{P\lim}(\hat{\beta}_1) &= \underset{n\to\infty}{P\lim}(\beta_1+\sum k_i\varepsilon_i)=\underset{n\to\infty}{P\lim}(\beta_1)+\underset{n\to\infty}{P\lim}(\sum k_i\varepsilon_i)\\ &=\beta_1+\underset{n\to\infty}{P\lim}\left(\frac{\sum \dot{x}_i\varepsilon_i}{\sum \dot{x}_i^2}\right)=\beta_1+\frac{\underset{n\to\infty}{P\lim}(\sum \dot{x}_i\varepsilon_i/n)}{\underset{n\to\infty}{P\lim}(\sum \dot{x}_i^2/n)}\end{aligned}$$

$\underset{n\to\infty}{P\lim}(\sum \dot{x}_i\varepsilon_i/n)$是样本协方差的概率极限，等于总体协方差 $E(x_i\varepsilon_i)$，当假定 3 成立时 $E(x_i\varepsilon_i)=0$，$\underset{n\to\infty}{P\lim}(\sum \dot{x}_i^2/n)$为样本方差的概率极限，等于解释变量 x_i 的总体方差，记为 Q，因此：

$$\underset{n\to\infty}{P\lim}(\hat{\beta}_1)=\beta_1+\frac{\underset{n\to\infty}{P\lim}(\sum \dot{x}_i\varepsilon_i/n)}{\underset{n\to\infty}{P\lim}(\sum \dot{x}_i^2/n)}=\beta_1+\frac{0}{Q}=\beta_1$$

类似地，可以导出：

$$\underset{n\to\infty}{P\lim}(\hat{\beta}_0)=\beta_0$$

2.2.4　参数估计量的概率分布与随机误差项的方差估计

1. 参数估计量的概率分布

由于参数估计量是随机误差项 ε_i 的线性函数，在假定 1～假定 5 成立时，参数估计量也服从正态分布，根据 OLS 估计量统计性质的推导，可得：

$$\hat{\beta}_1\sim N\left(\beta_1,\ \frac{1}{\sum \dot{x}_i^2}\sigma^2\right) \tag{2-28}$$

$$\hat{\beta}_0\sim N\left(\beta_0,\ \frac{\sum x_i^2}{n\sum \dot{x}_i^2}\sigma^2\right) \tag{2-29}$$

式(2-28)和式(2-29)表明回归系数 OLS 估计量 $\hat{\beta}_1$ 和 $\hat{\beta}_0$，分别服从以真值 β_1 和 β_0 为中心、$\frac{1}{\sum \dot{x}_i^2}\sigma^2$ 和$\frac{\sum x_i^2}{n\sum \dot{x}_i^2}\sigma^2$ 为方差的正态分布。

2. 随机误差项的方差估计

在参数估计量 $\hat{\beta}_0$ 和 $\hat{\beta}_1$ 的方差表达式中，都含有随机误差项的方差 σ^2，事实上 σ^2 是未知的，这使得 $\hat{\beta}_0$ 和 $\hat{\beta}_1$ 的方差无法直接计算，但可以进行估计。就单个观测点来说，由于该观测点的随机误差 ε_i 可用其对应的残差 e_i 近似估计，而该点的残差平方 e_i^2 反映了该观测点残差值与其均值 0 之间的离散程度——方差，因而可用该点的残差平方 e_i^2 作为该点随机误差方差 $E(\varepsilon_i^2)$的近似估计。对于所有观测点，在随机误差具有同方差假定下，可用所有点残差平方 e_i^2 的“平均值”作为随机误差项方差的估计值，即

$$\hat{\sigma}^2=\frac{\sum e_i^2}{n-2} \tag{2-30}$$

式中，$n-2$ 为 OLS 估计下模型 $y_i=\beta_0+\beta_1 x_i+\varepsilon_i$ 残差平方和的自由度(degree of freedom，df)，n 为样本容量。

因此，可得参数估计量 $\hat{\beta}_1$ 和 $\hat{\beta}_0$ 的方差估计量为

$$\mathrm{Var}(\hat{\beta}_1)=\frac{1}{\sum \dot{x}_i^2}\hat{\sigma}^2 \tag{2-31}$$

$$\mathrm{Var}(\hat{\beta}_0)=\frac{\sum x_i^2}{n\sum \dot{x}_i^2}\hat{\sigma}^2 \tag{2-32}$$

例 2-5 在例 2-3 的基础上，计算样本回归模型的残差 ε_i，计算误差项方差的估计值及估计量 $\hat{\beta}_0$ 和 $\hat{\beta}_1$ 的标准误差。

为了便于计算，先计算表 2-5。

表 2-5 模型残差、误差项方差的估计值及估计量标准误差的计算表

项目	x_i	y_i	x_i^2	$\dot{x}_i$	$\dot{y}_i$	$\dot{x}_i^2$	$\dot{y}_i^2$	e_i	e_i^2
1	1 000	890	1 000 000	−1 000	−269	1 000 000	72 361	−31	961
2	1 000	930	1 000 000	−1 000	−229	1 000 000	52 441	9	81
3	1 500	1 000	2 250 000	−500	−159	250 000	25 281	−40	1 600
4	1 500	1 060	2 250 000	−500	−99	250 000	9 801	20	400
5	2 000	1 150	4 000 000	0	−9	0	81	−9	81
6	2 000	1 220	4 000 000	0	61	0	3 721	61	3 721
7	2 500	1 240	6 250 000	500	81	250 000	6 561	−38	1 444
8	2 500	1 360	6 250 000	500	201	250 000	40 401	82	6 724
9	3 000	1 290	9 000 000	1 000	131	1 000 000	17 161	−107	11 449
10	3 000	1 450	9 000 000	1 000	291	1 000 000	84 681	53	2 809
求和	20 000	11 590	45 000 000	0	0	5 000 000	312 490	0	29 270
平均	2 000	1 159							

计算残差：

$$e_i=y_i-(\hat{\beta}_0+\hat{\beta}_1 x_i)=y_i-(683+0.238x_i)$$

其结果如表 2-5 的从右数第 2 列所示。

由式(2-30)，可得误差项方差的估计值为：

$$\hat{\sigma}^2=\frac{\sum e_i^2}{n-2}=\frac{29\ 270}{10-2}=3\ 658.75$$

根据式(2-31)和式(2-32)，可得参数估计量 $\hat{\beta}_1$ 和 $\hat{\beta}_0$ 的方差估计量分别为

$$\mathrm{Var}(\hat{\beta}_1)=\frac{1}{\sum \dot{x}_i^2}\hat{\sigma}^2=\frac{1}{5\ 000\ 000}\times 3\ 658.75=0.000\ 731\ 75$$

$$\mathrm{Var}(\hat{\beta}_0)=\frac{\sum x_i^2}{n\sum \dot{x}_i^2}\hat{\sigma}^2=\frac{45\ 000\ 000}{10\times 5\ 000\ 000}\times 3\ 658.75=3\ 292.875$$

所以参数估计量 $\hat{\beta}_1$ 和 $\hat{\beta}_0$ 的标准误差分别为

$$S(\hat{\beta}_1)=\sqrt{\mathrm{Var}(\hat{\beta}_1)}=\sqrt{0.000\ 731\ 75}\approx 0.027\ 1$$

$$S(\hat{\beta}_0)=\sqrt{\mathrm{Var}(\hat{\beta}_0)}=\sqrt{3\ 292.875}\approx 57.383\ 6$$

2.3　一元线性回归模型的统计检验

2.3.1　拟合优度检验

1. 总离差平方和的分解

在获得容量为 n 的样本观测值$\{(x_i, y_i): i=1, 2, \cdots, n\}$后，应用普通最小二乘法得到样本回归模型：

$$\hat{y}_i=\hat{\beta}_0+\hat{\beta}_1 x_i$$

此时，对于任意的单个观测点 i，被解释变量观测值 y_i 与样本均值 $\bar{y}$ 的离差可以分解为

$$y_i-\bar{y}=(\hat{y}_i-\bar{y})+(y_i-\hat{y}_i) \tag{2-33}$$

式(2-33)各项的关系如图 2-5 所示，$(\hat{y}_i-\bar{y})$是样本回归拟合值与观测值均值的离差，是$(y_i-\bar{y})$中由样本回归线解释的部分；$(y_i-\hat{y}_i)$是实际观测值与样本回归拟合值的离差，是$(y_i-\bar{y})$中样本回归线不能解释的部分，即残差 e_i。显然，如果 y_i 落在样本回归线上，表明该点完全拟合，观测值 y_i 与样本均值 $\bar{y}$ 的离差全部来自样本回归拟合值与观测值均值的离差，即 $y_i-\bar{y}=\hat{y}_i-\bar{y}$，此时观测值与样本回归拟合值的离差，即残差 $e_i=y_i-\hat{y}_i=0$。

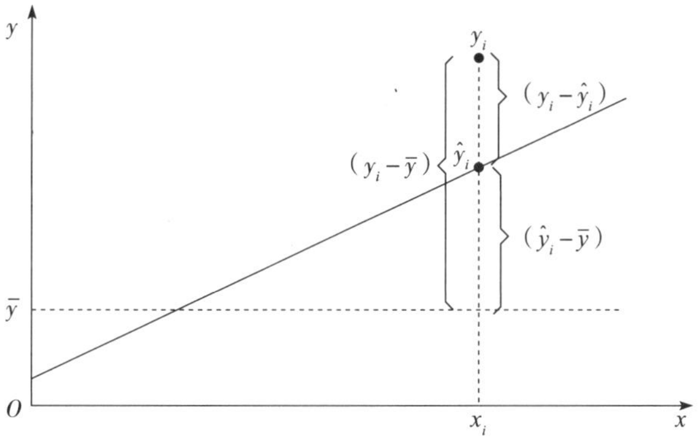

图 2-5　离差分解图

在考虑所有的观测点时，对式(2-33)两边平方求和，由于$\sum \hat{y}_i e_i=0$，$\sum e_i=0$，可得：

$$\sum(y_i-\bar{y})^2=\sum(\hat{y}_i-\bar{y})^2+\sum(y_i-\hat{y}_i)^2 \tag{2-34}$$

即

$$\sum \dot{y}_i^2=\sum \dot{\hat{y}}_i^2+\sum e_i^2 \tag{2-35}$$

记为

$$\text{TSS}=\text{ESS}+\text{RSS} \tag{2-36}$$

式(2-36)中，记 $\text{TSS}=\sum(y_i-\bar{y})^2=\sum \dot{y}_i^2$，称之为**总离差平方和**(total sum of squares，TSS)，反映了样本观测值总离差的大小；记 $\text{ESS}=\sum(\hat{y}_i-\bar{y})^2=\sum \dot{\hat{y}}_i^{\,2}$，称之为**回归平方和**或**解释平方和**(explained sum of squares，ESS)，反映了由模型中解释变量所解释的那部分离差大小；记 $\text{RSS}=\sum(y_i-\hat{y}_i)^2=\sum e_i^2$，称之为**残差平方和**(residual sum of squares，RSS)，反映样本观测值偏离回归拟合值的大小，也是模型中解释变量不能解释

的那部分离差大小。

式(2-34)、式(2-35)和式(2-36)表明，样本中被解释变量 y_i 的观测值围绕其均值的总离差平方和 TSS 可以分解为两部分：一部分是被回归线解释的回归平方和 ESS，另一部分是无法被回归线解释的残差平方和 RSS。

2. 可决系数 R^2 统计量

显然，样本回归线对样本观测值 y_i 拟合越好，观测值 y_i 越靠近样本回归线，此时被回归线解释的回归平方和越大，在总离差平方和中所占的比重就越大，所以可以用回归平方和占总离差平方和的比重来度量样本回归线对样本观测值的拟合程度，这一比例称为可决系数或判定系数，用 R^2 表示，即

$$R^2=\frac{\text{ESS}}{\text{TSS}}=1-\frac{\text{RSS}}{\text{TSS}} \tag{2-37}$$

由式(2-37)可知，可决系数的取值范围为 $0\leqslant R^2\leqslant 1$，它是一个随着样本不同而不同的非负统计量。当 $R^2=0$ 时，说明回归平方和为 0，即解释变量无法解释被解释变量的变动；R^2 越大，说明模型拟合程度越高，各观测点离回归线的垂直距离越近，当 $R^2=1$ 时，说明各观测点完全落在回归线上，此时回归平方和等于总离差平方和，而残差平方和为 0，即解释变量全部解释了被解释变量的变动。

可决系数 R^2 的大小反映了模型中解释变量对被解释变量的解释能力。其意义在于：模型中被解释变量 y 变动的 $100R^2\%$是由模型中解释变量 x 的变动所引起的。

在实践中，当设定的回归模型与真实的总体回归模型严重不符时，例如，错误地将模型设定为无常数项模型，分析软件可能会报告可决系数小于 0 或大于 1 的情形。例如，根据图 2-6 所示的数据拟合无常数项模型时，如果采用可决系数式 $R^2=1-\frac{\sum e_i^2}{\sum(y_i-\bar{y})^2}$计算，得到的 R^2 将小于 0，若采用 $R^2=\frac{\sum(\hat{y}_i-\bar{y})^2}{\sum(y_i-\bar{y})^2}$计算，得到的 R^2 将大于 1。

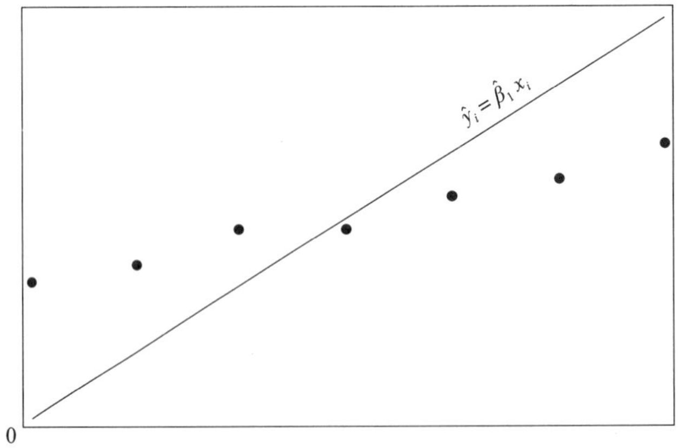

图 2-6 模型设定错误导致 R^2 异常

模型的可决系数 R^2 等于解释变量与被解释变量的复相关系数[1]的平方。对于有常数项

[1] 复相关系数 R 的取值范围为 $0\leqslant R\leqslant 1$。

的一元线性回归模型来说，模型的可决系数 R^2 正好等于解释变量 x_i 与被解释变量 y_i 的简单相关系数的平方。

$$R^2=\frac{\text{ESS}}{\text{TSS}}=\frac{\sum(\hat{y}_i-\overline{y})^2}{\sum(y_i-\overline{y})^2}=\frac{\sum(\hat{\beta}_0+\hat{\beta}_1x_i-\hat{\beta}_0-\hat{\beta}_1\overline{x}_i)^2}{\sum(y_i-\overline{y})^2}=\hat{\beta}_1^2\frac{\sum(x_i-\overline{x}_i)^2}{\sum(y_i-\overline{y})^2} \tag{2-38}$$

在获得样本回归系数后，也可用式(2-38)计算可决系数。根据 $\hat{\beta}_1$ 的估计式(2-14)，得：

$$R^2=\hat{\beta}_1^2\frac{\sum(x_i-\overline{x}_i)^2}{\sum(y_i-\overline{y})^2}=\left[\frac{\sum(x_i-\overline{x})(y_i-\overline{y})}{\sum(x_i-\overline{x})^2}\right]^2\frac{\sum(x_i-\overline{x}_i)^2}{\sum(y_i-\overline{y})^2}=\frac{[\sum(x_i-\overline{x})(y_i-\overline{y})]^2}{\sum(x_i-\overline{x})^2\sum(y_i-\overline{y})^2}$$

所以有：

$$R^2=\rho_{yx}^2 \tag{2-39}$$

需要注意的是，虽然可决系数反映了样本回归线[㊀]对样本观测值的拟合程度，但仅仅是反映对当前样本数据的拟合程度，如果还有另一个样本，此时的可决系数又会是另一个数值，所以在实践中，通常并不在意模型对当前样本数据的拟合效果，而更关注模型对所有样本的拟合程度，换而言之，建模时不必过于看重可决系数的大小，而应关注整个模型的显著性检验。

例 2-6　在例 2-3、例 2-5 的基础上，计算样本回归模型的可决系数 R^2 及变量 y_i 与 x_i 的相关系数。

由表 2-4 知，总离差平方和为

$$\text{TSS}=\sum(y_i-\overline{y})^2=\sum\dot{y}_i^2=312\,490$$

由表 2-5 知，残差平方和为

$$\text{RSS}=\sum e_i^2=29\,270$$

根据式(2-37)，可得：

$$R^2=1-\frac{\text{RSS}}{\text{TSS}}=1-\frac{29\,270}{312\,490}\approx 0.906\,3$$

根据表 2-4 的第 6、第 7 和第 8 列[㊁]，可知：

$$\sum\dot{x}_i^2=5\,000\,000$$

$$\sum\dot{y}_i^2=312\,490$$

$$\sum\dot{x}_i\dot{y}_i=1\,190\,000$$

所以，变量 y_i 与 x_i 的相关系数为

$$\rho_{yx}=\frac{\sum\dot{x}_i\dot{y}_i}{\sqrt{\sum\dot{x}_i^2}\sqrt{\sum\dot{y}_i^2}}=\frac{1\,190\,000}{\sqrt{5\,000\,000}\times\sqrt{312\,490}}\approx 0.952\,0$$

因为有：

$$\rho_{yx}^2=0.952\,0^2\approx 0.906\,3=R^2$$

因此，在一元回归中式(2-39)成立。

㊀ 严格来说是系数 $\hat{\beta}_1$ 不为 0 的样本回归线，模型 $y_i=\hat{\beta}_0+\varepsilon_i$ 的 R^2 始终为 0。

㊁ 表中列序号从 0 开始计，如“序号”列为第 0 列，依此类推。

2.3.2 参数的区间估计与假设检验

1. 参数的区间估计

在估计样本回归模型后，虽然得到样本回归系数的点估计值 $\hat{\beta}_j$，但无法判断它在多大程度上可以“接近”总体参数真值 β_j，此时还需要构造一个以样本回归系数点估计值为中心的区间，用来考察它以多大的概率包含总体参数，这就是回归参数的**区间估计**(interval estimation)。

当经典假设都满足时，回归参数 $\hat{\beta}_1$ 和 $\hat{\beta}_0$ 服从正态分布，分别如式(2-28)和式(2-29)所示。由于误差项的方差 σ^2 未知，在有限样本条件下采用式(2-30)的 $\hat{\sigma}^2$ 进行估计，对于一元回归模型，有：

$$t_j=\frac{\hat{\beta}_j-\beta_j}{S(\hat{\beta}_j)}\sim t(n-2) \quad j=0,\ 1 \tag{2-40}$$

式中，$S(\hat{\beta}_j)$ 为参数估计量 $\hat{\beta}_j$ 的标准误差。

根据数理统计知识，如果给定置信水平 $1-\alpha$，β_j 的置信区间为

$$[\hat{\beta}_j-t_{\alpha/2}S(\hat{\beta}_j),\ \hat{\beta}_j+t_{\alpha/2}S(\hat{\beta}_j)] \quad j=0,\ 1 \tag{2-41}$$

式中，$t_{\alpha/2}$ 为自由度等于 $n-2$ 的 t 分布的上 $\alpha/2$ 分位数。

例 2-7 在例 2-3、例 2-5、例 2-6 的基础上，计算参数 β_1 在 95% 置信水平下的区间。

当 $\alpha=1-0.95=0.05$，自由度为 $10-2=8$ 时，查表得 $t_{0.025}=2.306$，因此在给定95%的置信水平下，参数 β_1 置信区间的上下限为

$$\begin{aligned}\hat{\beta}_1\pm t_{\alpha/2}S(\hat{\beta}_1)&=0.238\pm 2.306\times 0.0271\\&\approx 0.238\pm 0.0625\end{aligned}$$

所以给定 95%的置信水平时，根据样本计算得到参数 β_1 的置信区间为[0.175 5，0.300 5]。

2. 参数的假设检验

区间估计与假设检验既有联系又有区别，参数的区间估计是回答以某个可靠性保证包含总体参数真值的区间是什么样的置信区间，而参数的**假设检验**是以给定的显著性水平验证总体参数与某个与其有关的假设是否一致。

通常利用式(2-40)对单个回归参数进行检验，检验的假设有：

$$H_0:\ \beta_j=\delta, \quad H_1:\ \beta_j\neq\delta \quad j=0,\ 1 \tag{2-42}$$

$$H_0:\ \beta_j=\delta, \quad H_1:\ \beta_j<\delta \quad j=0,\ 1 \tag{2-43}$$

$$H_0:\ \beta_j=\delta, \quad H_1:\ \beta_j>\delta \quad j=0,\ 1 \tag{2-44}$$

式中，δ 为已知常数。该检验可称为回归系数的显著性检验。

对于模型 $y_i=\beta_0+\beta_1x_i+\varepsilon_i$，当检验假设为 $H_0:\ \beta_1=0$，$H_1:\ \beta_1\neq 0$ 时，也可称为**变量的显著性检验**，因为当总体斜率系数等于 0 时，意味着对应解释变量 x_i 的变化不会对被解释变量 y_i 产生影响。检验解释变量的变动是否会对被解释变量产生影响，是计量经济学的重要应用之一。

在假设检验时可以根据临界法或区间法进行比较判断，但在实践中临界法与区间法较

少使用，由于统计分析软件通常会给出检验的伴随概率 P 值，因此 P 值法更常用。所谓的 P 值是指根据当前样本拒绝原假设而犯第 1 类错误的最大概率。

***P* 值法：**

$$\begin{cases} P<\alpha, & \text{样本提供的证据足以拒绝原假设} \\ P\geqslant\alpha, & \text{样本提供的证据不足以拒绝原假设} \end{cases}$$

例 2-8　在例 2-3、例 2-5、例 2-6、例 2-7 的基础上，在 5%的显著性水平下，检验解释变量 x_i 的变动是否对被解释变量 y_i 产生影响。

根据前面的例子发现，样本中解释变量 x_i 的变动对被解释变量 y_i 是有影响的，在总体中，解释变量 x_i 的变动有可能对被解释变量 y_i 没有影响，但由于抽样具有随机性，使得此样本有可能是个具有偶然性的极端样本，正好表现出解释变量 x_i 的变动对被解释变量 y_i 是有影响的。因此，很有必要通过应用数理统计知识，推断总体中的解释变量 x_i 的变动是否会导致被解释变量的变动。

(1) 根据问题，提出假设：

$$H_0: \beta_1=0, \ H_1: \beta_1\neq 0$$

(2) 根据样本观测值，计算 t 统计量的值：

$$t_1=\frac{\hat{\beta}_1-\beta_1}{S(\hat{\beta}_1)}=\frac{0.238-0}{0.0271}\approx 8.7823$$

(3) 比较判断。

临界值法：给定显著性水平 $\alpha=0.05$，查自由度 $n-2=8$ 的 t 分布表。对于一个双侧检验，选择分布临界值要使 t 分布两端的面积各为 $\alpha/2=0.025$，得到 $t_{0.025}(8)=2.306$，由于 $|t|=8.7823\geqslant t_{0.025}(8)=2.306$，因此，在给定显著性水平下可以拒绝 H_0：$\beta_2=0$，即在 5%的显著性水平下，样本提供的证据足以否定总体中解释变量 x_i 的变动对被解释变量 y_i 没有影响。

P 值法：由于在自由度为 8 的分布上，$t_1=8.7823$ 时此检验的伴随概率 $P\approx 0.000$，又由于 $P\approx 0.000<\alpha=0.05$，因此在 5%的显著性水平下可以拒绝 H_0：$\beta_2=0$，即样本提供的证据足以否定总体中解释变量 x_i 的变动对被解释变量 y_i 没有影响。

2.4　一元线性回归模型的预测

计量经济模型的重要应用之一就是经济预测，对于一元线性回归模型：

$$y_i=\hat{\beta}_0+\hat{\beta}_1 x_i+e_i$$

在给定解释变量的观测值 x_f 时，可以得到被解释变量的预测值 $\hat{y}_f$。经济预测可分为样本内预测和样本外预测，如果解释变量的观测值 x_f 为回归样本的观测值，则称为样本内预测；若解释变量的观测值 x_f 不是回归样本的观测值，则称为样本外预测。

严格来说，被解释变量的预测值问题实质是对被解释变量进行估计的问题，预测可分为点预测和区间预测、均值预测和个值预测。

2.4.1　被解释变量的点预测

对被解释变量进行点预测，无论是具体进行均值预测，还是进行个值预测，均值

$E(y_f)$和个值 y_f 的无偏估计均为拟合值 $\hat{y}_f$。

1. 拟合值 $\hat{y}_f$ 是均值 $E(y_f)$的无偏估计

当 $x=x_f$ 时，总体回归函数中 y 的条件均值为

$$E(y_f)=\beta_0+\beta_1 x_f$$

在 $x=x_f$ 时，样本回归函数的拟合值为

$$\hat{y}_f=\hat{\beta}_0+\hat{\beta}_1 x_f \tag{2-45}$$

对式(2-45)两边求期望，得：

$$E(\hat{y}_f)=E(\hat{\beta}_0+\hat{\beta}_1 x_f)=E(\hat{\beta}_0)+x_f E(\hat{\beta}_1)=\beta_0+\beta_1 x_f=E(y_f) \tag{2-46}$$

式(2-46)表明，样本拟合值 $\hat{y}_f$ 是总体均值 $E(y_f)$的一个无偏估计。

2. 拟合值 $\hat{y}_f$ 是个值 y_f 的无偏估计

当 $x=x_f$ 时，样本回归函数的个值可表示为

$$y_f=\hat{y}_f+e_f=\hat{\beta}_0+\hat{\beta}_1 x_f+e_f$$

所以有：

$$e_f=y_f-\hat{y}_f \tag{2-47}$$

式中，e_f 是真值 y_f 与预测值 $\hat{y}_f$ 之间的误差，被称为**预测误差**(forecast error)，它是一个随着样本不同而不同的随机变量。

由式(2-46)可知 $E(\hat{y}_f)=E(y_f)$，所以：

$$E(e_f)=E(y_f-\hat{y}_f)=E(y_f)-E(\hat{y}_f)=0 \tag{2-48}$$

由此可得：

$$E(\hat{y}_f)=E(\hat{\beta}_0+\hat{\beta}_1 x_f)=E(\hat{\beta}_0+\hat{\beta}_1 x_f)+E(e_f)=E(\hat{\beta}_0+\hat{\beta}_1 x_f+e_f)$$

有：

$$E(\hat{y}_f)=E(y_f)=y_f \tag{2-49}$$

式(2-49)表明，样本拟合值 $\hat{y}_f$ 是个值 y_f 的一个无偏估计。

2.4.2 被解释变量均值 $E(y_f)$的区间预测

由式(2-24)和式(2-25)，参数估计量 $\hat{\beta}_0$ 和 $\hat{\beta}_1$ 的协方差为

$$\begin{aligned}\mathrm{Cov}(\hat{\beta}_0,\hat{\beta}_1)&=\mathrm{Cov}(\beta_0+\sum w_i\varepsilon_i,\ \beta_1+\sum k_i\varepsilon_i)=\mathrm{Cov}(\sum w_i\varepsilon_i,\ \sum k_i\varepsilon_i)\\&=\sum_{i\neq j} w_i k_j \mathrm{Cov}(\varepsilon_i,\ \varepsilon_j)\ +\sum w_i k_i \mathrm{Cov}(\varepsilon_i,\ \varepsilon_i)\end{aligned}$$

在假设 4 下有 $\mathrm{Var}(\varepsilon_i)=\sigma^2$，$\mathrm{Cov}(\varepsilon_i,\ \varepsilon_j)=0$，得：

$$\mathrm{Cov}(\hat{\beta}_0,\hat{\beta}_1)=0+\sigma^2\sum w_i k_i=\sigma^2\sum\left(\frac{1}{n}-\bar{x}k_i\right)k_i=\sigma^2\left[\frac{1}{n}\sum k_i-\bar{x}\sum k_i^2\right]$$

由于 $\sum k_i=0$，$\sum k_i^2=\sum\left(\frac{\dot{x}_i}{\sum\dot{x}_i^2}\right)^2=\frac{1}{\sum\dot{x}_i^2}$，所以

$$\mathrm{Cov}(\hat{\beta}_0,\hat{\beta}_1)=-\frac{\bar{x}}{\sum\dot{x}_i^2}\sigma^2 \tag{2-50}$$

在假设 5 成立时，被解释变量的拟合值 $\hat{y}_f$ 是正态分布变量 $\hat{\beta}_0$ 和 $\hat{\beta}_1$ 的线性组合 $\hat{y}_f=$

$\hat{\beta}_0+\hat{\beta}_1 x_f$，所以 $\hat{y}_f$ 服从正态分布，方差为

$$\begin{aligned}
\operatorname{Var}(\hat{y}_f) &= \operatorname{Var}(\hat{\beta}_0+\hat{\beta}_1 x_f)=\operatorname{Var}(\hat{\beta}_0)+\operatorname{Var}(\hat{\beta}_1 x_f)+2\operatorname{Cov}(\hat{\beta}_0,\hat{\beta}_1 x_f) \\
&= \operatorname{Var}(\hat{\beta}_0)+x_f^2\operatorname{Var}(\hat{\beta}_1)+2x_f\operatorname{Cov}(\hat{\beta}_0,\ \hat{\beta}_1) \\
&= \frac{\sum x_i^2}{n\sum \dot{x}_i^2}\sigma^2+x_f^2\ \frac{1}{\sum \dot{x}_i^2}\sigma^2+2x_f\left(-\frac{\sigma^2\overline{x}}{\sum \dot{x}_i^2}\right) \\
&= \frac{\sigma^2}{\sum \dot{x}_i^2}\left[\frac{1}{n}\sum x_i^2-\overline{x}^2+(\overline{x}^2+x_f^2-2x_f\overline{x})\right] \\
&= \frac{\sigma^2}{\sum \dot{x}_i^2}\left[\frac{1}{n}(\sum x_i^2-n\overline{x}^2)+(x_f-\overline{x})^2\right] \\
&= \frac{\sigma^2}{\sum \dot{x}_i^2}\left[\frac{1}{n}(\sum x_i^2-2nx_i\overline{x}+n\overline{x}^2)+(x_f-\overline{x})^2\right] \\
&= \frac{\sigma^2}{\sum \dot{x}_i^2}\left[\frac{1}{n}\sum (x_i^2-2x_i\overline{x}+\overline{x}^2)+(x_f-\overline{x})^2\right] \\
&= \frac{\sigma^2}{\sum \dot{x}_i^2}\left[\frac{1}{n}\sum (x_i-\overline{x})^2+(x_f-\overline{x})^2\right]
\end{aligned}$$

得：

$$\operatorname{Var}(\hat{y}_f)=\sigma^2\left[\frac{1}{n}+\frac{(x_f-\overline{x})^2}{\sum \dot{x}_i^2}\right] \tag{2-51}$$

因此有

$$\hat{y}_f\sim N\left\{\mathrm{E}(y_f),\sigma^2\left[\frac{1}{n}+\frac{(x_f-\overline{x})^2}{\sum \dot{x}_i^2}\right]\right\} \tag{2-52}$$

由于 σ^2 未知，用式(2-30)中的 $\hat{\sigma}^2$ 进行估计，有：

$$\operatorname{Var}(\hat{y}_f)=\hat{\sigma}^2\left[\frac{1}{n}+\frac{(x_f-\overline{x})^2}{\sum \dot{x}_i^2}\right] \tag{2-53}$$

$$\hat{y}_f\sim N\left\{\mathrm{E}(y_f),\hat{\sigma}^2\left[\frac{1}{n}+\frac{(x_f-\overline{x})^2}{\sum \dot{x}_i^2}\right]\right\} \tag{2-54}$$

所以：

$$t=\frac{\hat{y}_f-\mathrm{E}(y_f)}{S(\hat{y}_f)}\sim t(n-2) \tag{2-55}$$

式中，$S(\hat{y}_f)$ 为估计量 $\hat{y}_f$ 的标准误差。

根据数理统计知识，如果给定置信水平 $1-\alpha$，$\mathrm{E}(y_f)$ 的置信区间为

$$[\hat{y}_f-t_{\alpha/2}S(\hat{y}_f),\ \hat{y}_f+t_{\alpha/2}S(\hat{y}_f)] \tag{2-56}$$

例 2-9 在例 2-3、例 2-5、例 2-6、例 2-7 的基础上，计算当 $x_f=3\,500$ 元时，被解释变量均值 $\mathrm{E}(y_f)$ 在 95% 置信水平下的区间。

由式(2-45)，有：

$$\hat{y}_f=\hat{\beta}_0+\hat{\beta}_1 x_f=683+0.238\times 3\,500=1\,516$$

根据表 2-4 中第 1 列和第 6 列，由式(2-53)得：

$$S(\hat{y}_f)=\sqrt{\mathrm{Var}(\hat{y}_f)}=\sqrt{\hat{\sigma}^2\left[\frac{1}{n}+\frac{(x_f-\overline{x})^2}{\sum\dot{x}_i^2}\right]}$$

$$=\sqrt{3\ 658.75\times\left[\frac{1}{10}+\frac{(3\ 500-2\ 000)^2}{5\ 000\ 000}\right]}\approx 44.858\ 8$$

当 $\alpha=1-0.95=0.05$，自由度为 $10-2=8$ 时，查表得 $t_{0.025}=2.306$，因此在给定95%的置信水平，被解释变量均值 $\mathrm{E}(y_f)$ 置信区间的上下限为

$$\hat{y}_f\pm t_{\alpha/2}S(\hat{y}_f)=1\ 516\pm 2.306\times 44.858\ 8$$

$$\approx 1\ 516\pm 103.444\ 4$$

所以给定95%的置信水平时，根据样本计算得到被解释变量均值 $\mathrm{E}(y_f)$ 的置信区间为[1 412.555 6，1 619.444 4]。

2.4.3　被解释变量个值 y_f 的区间预测

由于 $y_f=\beta_0+\beta_1x_f+\varepsilon_f$，有：

$$y_f\sim N(\beta_0+\beta_1x_f,\sigma^2) \tag{2-57}$$

因为 $\mathrm{E}(y_f)=\beta_0+\beta_1x_f$，所以由式(2-52)和式(2-57)可得：

$$y_f-\hat{y}_f\sim N\left\{0,\sigma^2\left[1+\frac{1}{n}+\frac{(x_f-\overline{x})^2}{\sum\dot{x}_i^2}\right]\right\} \tag{2-58}$$

即

$$e_f\sim N\left\{0,\sigma^2\left[1+\frac{1}{n}+\frac{(x_f-\overline{x})^2}{\sum\dot{x}_i^2}\right]\right\} \tag{2-59}$$

由于 σ^2 未知，用式(2-30)中的 $\hat{\sigma}^2$ 进行估计，有：

$$e_f\sim N\left\{0,\hat{\sigma}^2\left[1+\frac{1}{n}+\frac{(x_f-\overline{x})^2}{\sum\dot{x}_i^2}\right]\right\} \tag{2-60}$$

此时有：

$$t=\frac{y_f-\hat{y}_f}{S(e_f)}\sim t(n-2) \tag{2-61}$$

式中，$S(e_f)$ 为预测误差 e_f 的标准误差。

根据数理统计知识，如果给定置信水平 $1-\alpha$，个值 y_f 的置信区间为

$$[\hat{y}_f-t_{\alpha/2}S(e_f),\ \hat{y}_f+t_{\alpha/2}S(e_f)] \tag{2-62}$$

例2-10　在例2-3、例2-5、例2-6、例2-7、例2-9的基础上，计算当 $x_f=3\ 500$ 元时，被解释变量个值 y_f 在95%置信水平下的区间。

由式(2-45)，有：

$$\hat{y}_f=\hat{\beta}_0+\hat{\beta}_1x_f=683+0.238\times 3\ 500=1\ 516$$

根据表2-4中第1列和第6列，由式(2-53)得：

$$S(e_f)=\sqrt{\mathrm{Var}(e_f)}=\sqrt{\hat{\sigma}^2\left[1+\frac{1}{n}+\frac{(x_f-\overline{x})^2}{\sum\dot{x}_i^2}\right]}$$

$$=\sqrt{3\,658.75\times\left[1+\frac{1}{10}+\frac{(3\,500-2\,000)^2}{5\,000\,000}\right]}\approx 75.306\,5$$

当 $\alpha=1-0.95=0.05$，自由度为 $10-2=8$ 时，查表得 $t_{0.025}=2.306$，因此在给定 95%的置信水平时，被解释变量个值 y_f 置信区间的上下限为

$$\begin{aligned}\hat{y}_f\pm t_{\alpha/2}S(\hat{y}_f)&=1\,516\pm 2.306\times 75.306\,5\\&\approx 1\,516\pm 173.656\,7\end{aligned}$$

所以给定 95%的置信水平时，根据样本计算得到被解释变量个值 y_f 的置信区间为[1 342.343 3，1 689.656 7]。

从对被解释变量的均值区间预测与个值区间预测，可以看出影响区间宽窄的因素主要有：

(1) 误差项方差 σ^2 的大小。从式(2-52)和式(2-59)可知，误差项方差 σ^2 越小，$\hat{y}_f$ 和 e_f 的方差就越小，预测区间越窄。

(2) 置信水平 $1-\alpha$。从式(2-56)和式(2-62)可知，置信水平 $1-\alpha$ 越大，α 越小，$t_{\alpha/2}$ 就越大，预测区间就越宽。

(3) 样本容量 n。一方面，样本容量 n 越大，样本所提供的信息就越多，此时 $\sum \dot{x}_i^2$ 的值就越大，由式(2-52)和式(2-59)可知，$\hat{y}_f$ 和 e_f 的方差就越小，从而预测区间越窄；另一方面，样本容量 n 越大，模型残差平方和的自由度越大，$t_{\alpha/2}$ 就越小，预测区间就越窄。

(4) 预测时解释变量的给定值 x_f。从式(2-56)和式(2-62)可知，当给定值 x_f 越靠近回归样本解释变量的均值 $\bar{x}$，$(x_f-\bar{x})^2$ 就越小，式(2-56)和式(2-62)中 $\hat{y}_f$ 和 e_f 的方差就越小，从而预测区间越窄。图 2-7 显示了被解释变量均值与个值的预测区间。

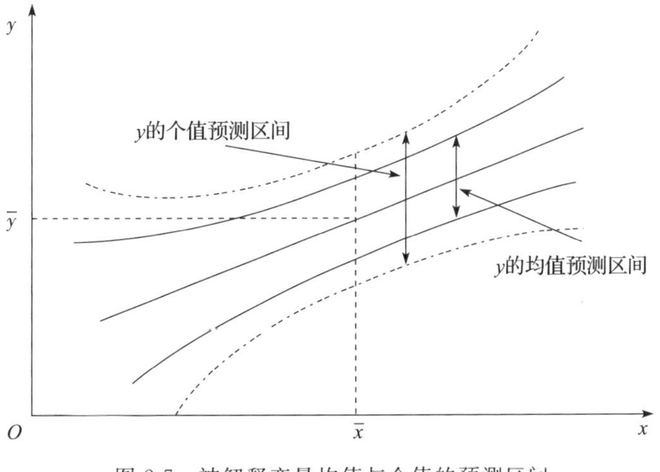

图 2-7　被解释变量均值与个值的预测区间

2.5　案例分析

凯恩斯消费理论认为，居民收入是决定居民消费的最主要因素，两者呈同方向变化，并且随着居民收入水平的提高，居民消费支出增量占其收入增量的比重却呈逐步降低趋

势，即存在边际消费倾向递减规律。改革开放以来，我国经济社会发展取得举世瞩目的成就，居民收入水平增长迅速，居民消费支出结构明显改善，那么，凯恩斯消费理论在我国具有适用性吗？有学者研究认为“我国居民的边际消费倾向目前仍高于50%”，试根据2021年我国居民人均可支配收入与人均消费支出的数据建立我国居民消费计量模型，对凯恩斯消费理论中的部分理论和该学者的研究结论进行验证，并对在居民人均可支配收入达到60 000元时的居民人均消费支出个值与均值进行区间预测(检验的显著性水平取1%，置信水平取99%)。

2.5.1 样本选取

居民人均消费支出作为被解释变量(y_i)，居民人均可支配收入作为解释变量(x_i)，现选取2021年中国31个省级行政区居民人均可支配收入与居民人均消费支出这两项指标数据作为样本，数据来自《中国统计年鉴2022》，具体数据如表2-6所示。

表2-6 我国2021年31个省级行政区居民人均可支配收入与人均消费支出

省级行政区	人均可支配收入 x_i(元)	人均消费支出 y_i(元)	省级行政区	人均可支配收入 x_i(元)	人均消费支出 y_i(元)
北京市	75 002.2	43 640.4	湖北省	30 829.3	23 846.1
天津市	47 449.4	33 188.4	湖南省	31 992.7	22 798.2
河北省	29 383	19 953.6	广东省	44 993.3	31 589.3
山西省	27 425.9	17 191.2	广西壮族自治区	26 726.7	18 087.9
内蒙古自治区	34 108.4	22 658.3	海南省	30 456.8	22 241.9
辽宁省	35 111.7	23 830.8	重庆市	33 802.6	24 597.8
吉林省	27 769.8	19 604.6	四川省	29 080.1	21 518
黑龙江省	27 159	20 635.9	贵州省	23 996.2	17 957.3
上海市	78 026.6	48 879.3	云南省	25 666.2	18 851
江苏省	47 498.3	31 451.4	西藏自治区	24 949.9	15 342.5
浙江省	57 540.5	36 668.1	陕西省	28 568	19 346.5
安徽省	30 904.3	21 910.9	甘肃省	22 066	17 456.2
福建省	40 659.3	28 440.1	青海省	25 919.5	19 020.1
江西省	30 609.9	20 289.9	宁夏回族自治区	27 904.5	20 023.8
山东省	35 705.1	22 820.9	新疆维吾尔自治区	26 075	18 960.6
河南省	26 811.2	18 391.3			

资料来源：国家统计局，《中国统计年鉴2022》。

1. 建立工作文件

先启动EViews 12.0软件(见图2-8)，在弹出的窗口中选择“Create a new EViews workfile”，打开“Workfile Create”对话框，在“Workfile structure type”下选择数据结构“Unstructured/Undated”，在“Observations”文本框中输入样本容量“31”(见图2-9)，再单击“OK”按钮。

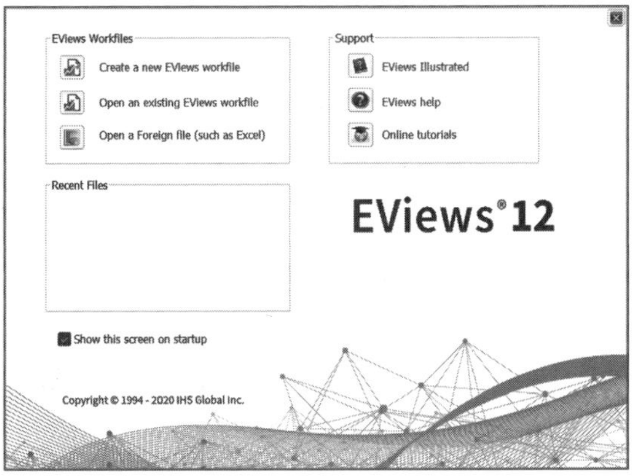

图 2-8　启动 EViews 12.0 软件

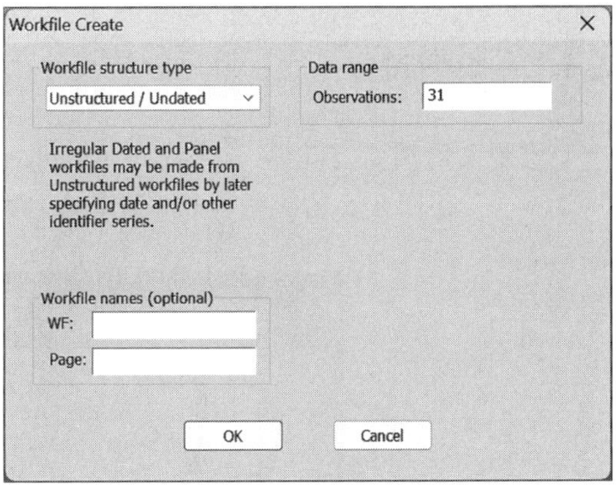

图 2-9　选择数据结构与样本容量

先在命令窗口“Command”中输入“data y x”并回车，再在弹出的数据组窗口“Group”中录入或粘贴数据(见图 2-10)，关闭数据组窗口“Group”。

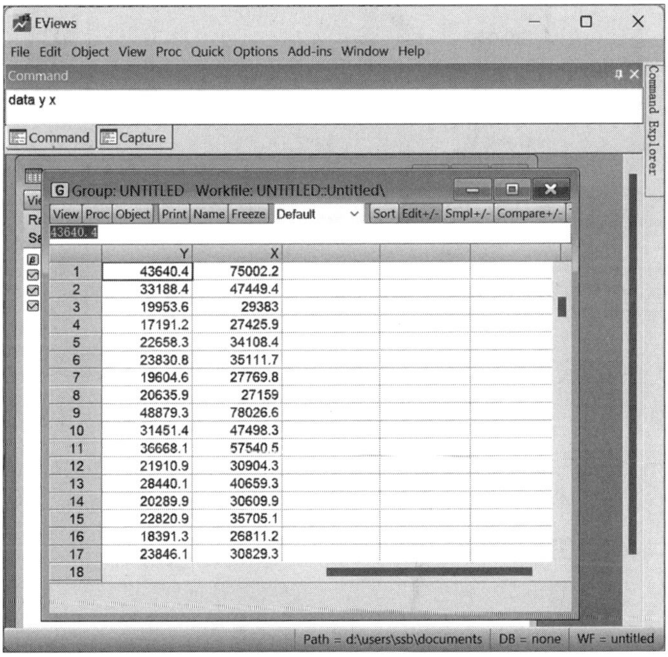

图 2-10　录入数据

2. 保存工作文件

单击主菜单中的“File”，在下拉菜单中单击“Save”，在弹出的保存对话框中选择保存目录，输入文件名后单击“保存”，在弹出的对话框中直接单击“OK”按钮(见图 2-11)。

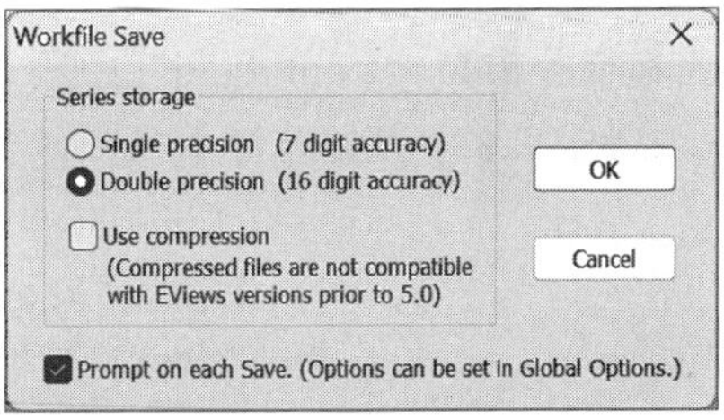

图 2-11　保存工作文件

2.5.2 模型设定

绘制人均消费支出关于人均可支配收入的散点图。在命令窗口“Command”中输入“scat x y”并回车，得到散点图(见图 2-12)。

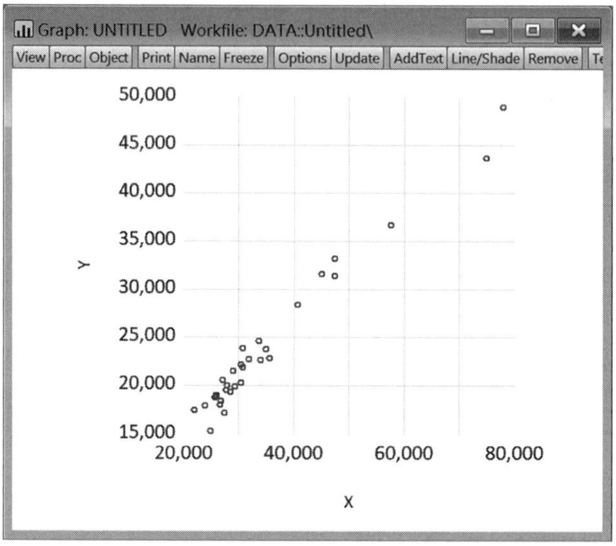

图 2-12 人均消费支出关于人均可支配收入的散点图

由散点图可知，人均消费支出关于人均可支配收入大体呈线性变动，因此总体回归模型可设定为

$$y_i=\beta_0+\beta_1 x_i+\varepsilon_i$$

式中，y_i、x_i 分别为第 i 个省级行政区的人均消费支出与人均可支配收入，ε_i 为随机误差项，β_0 和 β_1 为待估参数，其中 β_0 在模型中反映了自发性消费，在收入等于 0 时为满足基本生活的消费支出，是一个大于 0 的常数，β_1 为收入的边际消费倾向，即在增加的收入中用于消费的比例，取值范围为 $0<\beta_1<1$。

2.5.3 模型估计

采用 OLS 估计模型

在命令窗口“Command”中输入“ls y x c”并回车，得到模型估计结果(见图 2-13)。从图 2-13 中可知，样本回归函数为：

$$\hat{y}_i=4\ 125.086+0.566x_i$$
$$S=(679.917)(0.018)$$
$$t=(6.067)(31.170)$$
$$R^2=0.971\quad \bar{R}^2=0.970\quad F=971.572\quad \mathrm{DW}=1.848$$

在估计模型后，在“Equation”框中单击“Resids”，查看回归结果图(见图 2-14)，图中从左到右，按照观测单位的排列顺序，列出被解释变量的残差项(Residual)、实际值(Actual)以及拟合值(Fitted)。

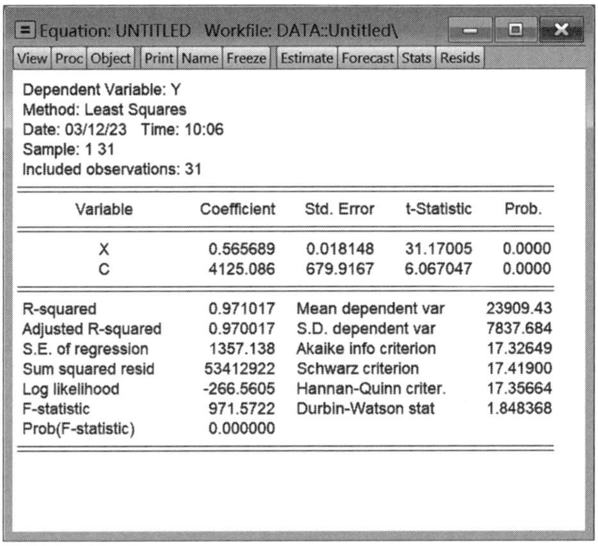

Equation: UNTITLED Workfile: DATA::Untitled\

View | Proc | Object | Print | Name | Freeze | Estimate | Forecast | Stats | Resids

Dependent Variable: Y
Method: Least Squares
Date: 03/12/23 Time: 10:06
Sample: 1 31
Included observations: 31

Variable	Coefficient	Std. Error	t-Statistic	Prob.
X	0.565689	0.018148	31.17005	0.0000
C	4125.086	679.9167	6.067047	0.0000

R-squared	0.971017	Mean dependent var	23909.43
Adjusted R-squared	0.970017	S.D. dependent var	7837.684
S.E. of regression	1357.138	Akaike info criterion	17.32649
Sum squared resid	53412922	Schwarz criterion	17.41900
Log likelihood	-266.5605	Hannan-Quinn criter.	17.35664
F-statistic	971.5722	Durbin-Watson stat	1.848368
Prob(F-statistic)	0.000000		

图 2-13　模型估计结果

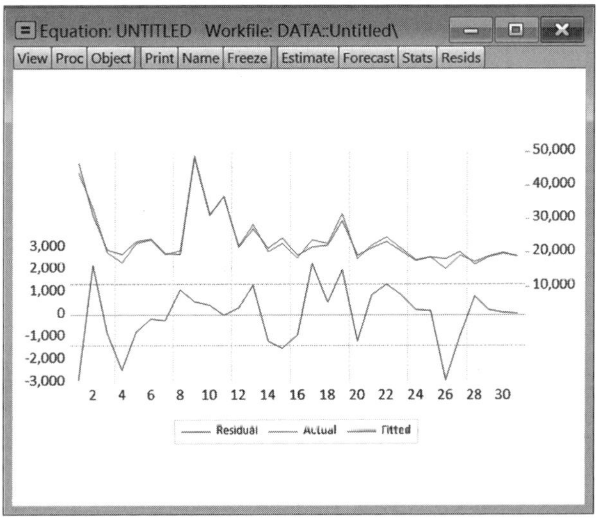

图 2-14　回归结果图

2.5.4　模型检验

1. 经济意义检验

样本估计结果显示，$\hat{\beta}_0=4\ 125.086$，说明居民的人均基本消费支出，即自发性消费为 4 125.086 元，与符号预期相符；斜率系数 $\hat{\beta}_1=0.566$，说明居民的人均可支配收入每增加

1 元，一般来说居民的人均消费支出将增加 0.566 元，即边际消费倾向为 0.566 元，大于 0 且小于 1，样本与凯恩斯消费理论相符。

2. 拟合优度与统计检验

可决系数为 0.971，说明样本中居民人均可支配收入的变动能解释人均消费支出变动的 97.1%，表明样本回归模型对样本数据的拟合程度很好。

居民人均可支配收入是否对居民人均消费支出有影响，可以从回归斜率系数 $\hat{\beta}_1$ 的 t 检验的伴随概率 P 值得知，由于 P 值近似为 0，小于显著性水平 0.01，所以认为居民人均可支配收入对居民人均消费支出有显著的线性影响。

2.5.5 模型应用

1. 验证假说

验证的问题“我国的边际消费倾向仍高于 50%”，若多数人认为我国的边际消费倾向不高于 50%，则问题可直接转化为与回归参数有关的假设：

$$H_0: \beta_1 \leqslant 0.5, \quad H_1: \beta_1 > 0.5$$

要检验此假设，在“Equation”框中单击“View”→“Coefficient Diagnostics”→“Wald Test-Coefficient restrictions…”，在弹出的“Wald Test”窗口中的相应位置输入“c(1)=0.5”[⊖]（见图 2-15），单击“OK”按钮得到回归系数检验结果（见图 2-16）。

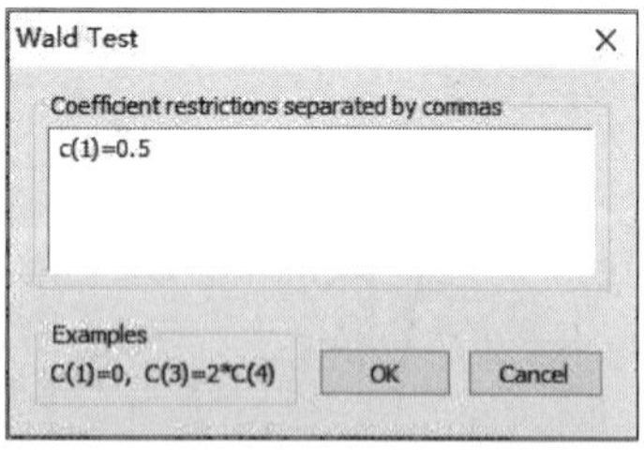

图 2-15 回归系数检验文本框

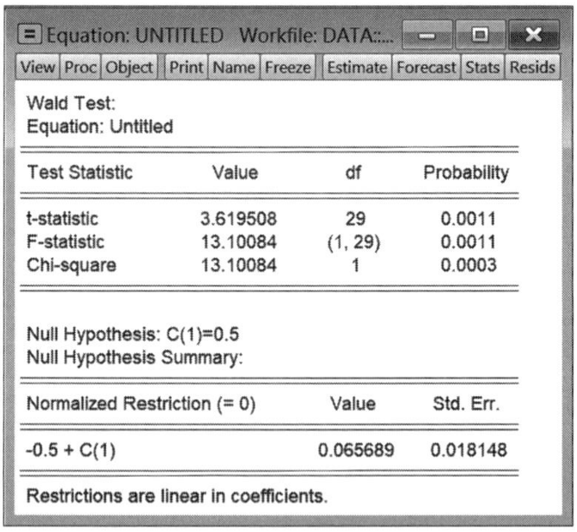

图 2-16 回归系数检验结果

从图 2-16 的结果可以看出，检验得到的 t 统计量为 3.620，在自由度为 29 时检验 $H_0: \beta_1 = 0.5$，$H_1: \beta_1 \neq 0.5$ 的伴随概率 P 近似为 0.001。由于案例所需的检验 $H_0: \beta_1 \leqslant 0.5$，$H_1: \beta_1 > 0.5$，为单侧检验，所以进一步计算所需的检验 P 值：在原假设 $H_0: \beta_1 \leqslant 0.5$ 成立时，样本回归模型的 $\hat{\beta}_1$ 越大于 0.5，样本提供的证据就越有利于拒绝 H_0，所以检验 P 值在 t 密度函数图中的面积为阴影部分，如图 2-17 所示，于是可得 $P = P_{双}/2 \approx 0.001/2 =$

⊖ “c(1)”是指 EViews 回归模型中的第 1 个回归系数。

0.0005，小于显著水平 α，因此，在 $\alpha=0.01$ 的水平下可以拒绝 H_0：$\beta_1\leqslant 0.5$，即样本提供的证据足以拒绝“我国的边际消费倾向不高于 50%”的假设，我国的边际消费倾向仍高于 50%。

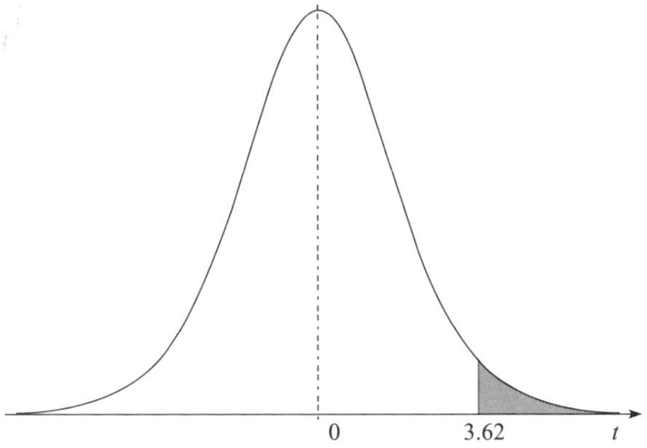

图 2-17　单侧检验 P 值计算

2. 进行预测

假设居民人均基本消费支出与人均可支配收入的关系不变，若居民人均可支配收入达到 60 000 元时，计算置信水平 99% 下的居民人均消费支出个值与均值的预测区间。

(1) 录入给定的解释变量值。

在命令窗口中输入“expand 1 32”，即扩展数据到 32，回车。

在命令窗口中输入“data x”，x 为解释变量名，输入好后回车，在序列的最后一行的相应位置录入“60000”(见图 2-18)。

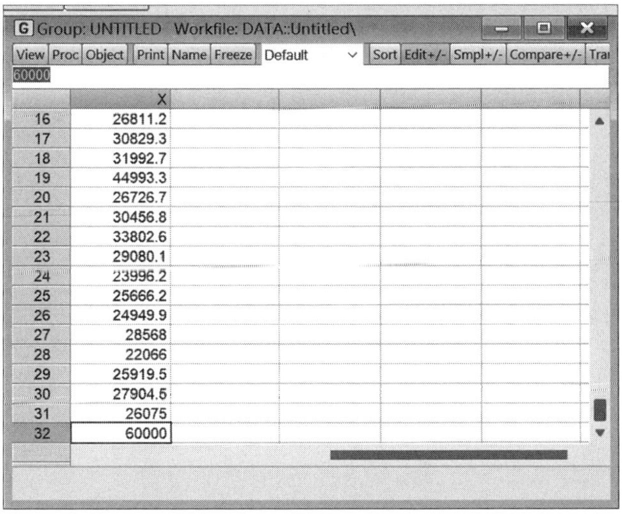

图 2-18　录入给定的解释变量值

(2) 居民的人均消费支出个值的预测区间。

在“Equation”框中单击“Forecast”，在弹出的“Forecast”窗口中的“Forecast

name”文本框中输入点预测结果的变量名“yf”，在“S. E. (optional)”文本框中输入个值预测标准误差的变量名“sef”（见图 2-19），单击“OK”按钮，即可得到个值预测结果(见图 2-20)。

在图 2-20 中给出了包括给定解释变量值在内的所有图形结果，为了得到数值区间，在命令窗口中输入“genr yf_l=yf−@qtdist(0. 995，29) * sef”，回车后得到个值预测的下限变量序列“yf_l”；在命令窗口中输入“genr yf_u=yf+@qtdist(0. 995，29) * sef”，回车后得到个值预测的上限变量序列“yf_u”。

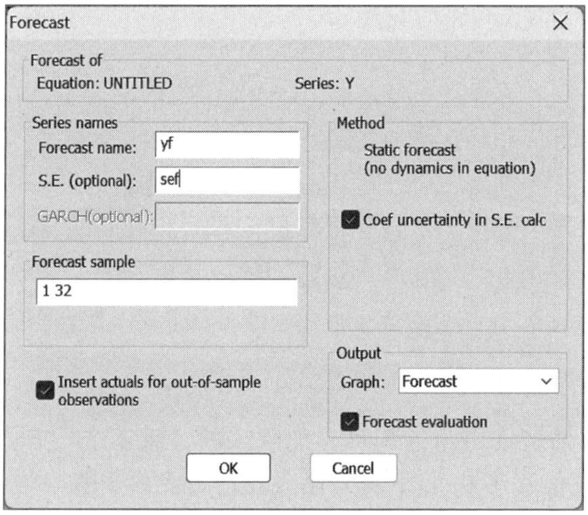

图 2-19　个值预测输入

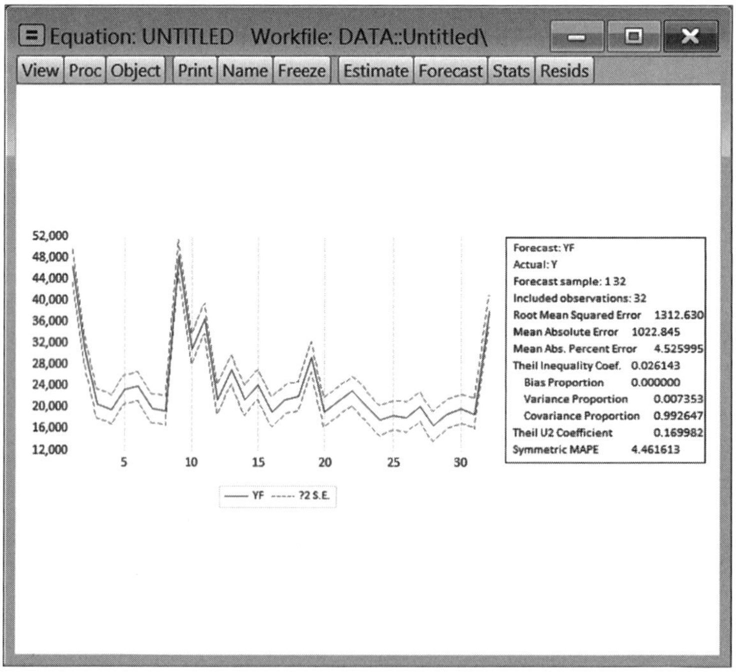

图 2-20　个值预测结果(一)

在“Workfile”窗口中单击“Show”，在弹出的“Show”对话框中输入解释变量名“x yf sef yf_l yf_u”（见图 2-21），单击“OK”按钮，结果如图 2-22 所示。

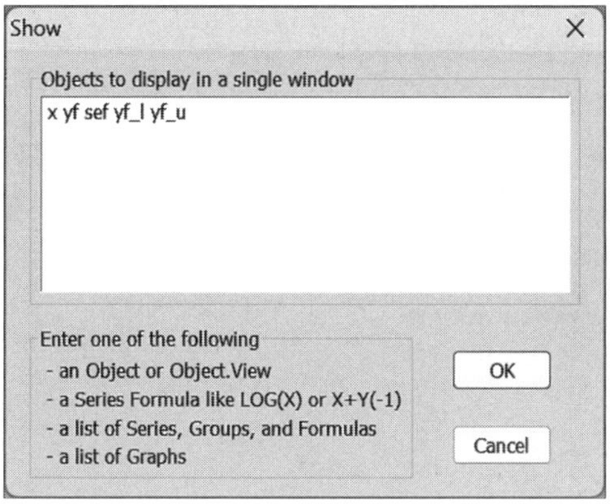

图 2-21　个值预测结果序列名

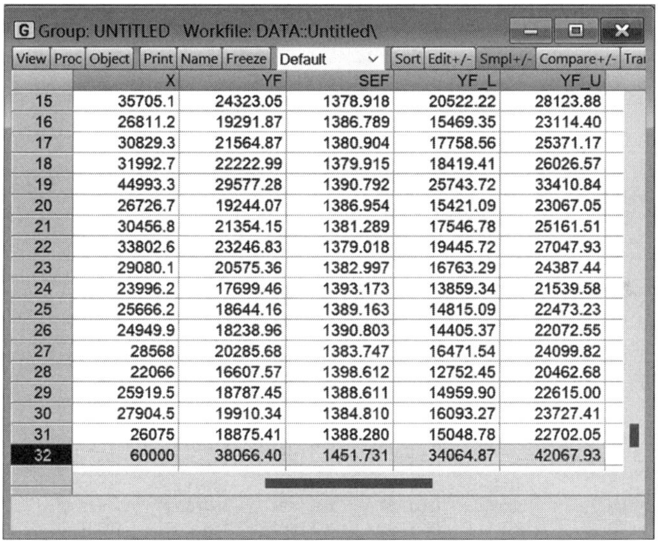

	X	YF	SEF	YF_L	YF_U
15	35705.1	24323.05	1378.918	20522.22	28123.88
16	26811.2	19291.87	1386.789	15469.35	23114.40
17	30829.3	21564.87	1380.904	17758.56	25371.17
18	31992.7	22222.99	1379.915	18419.41	26026.57
19	44993.3	29577.28	1390.792	25743.72	33410.84
20	26726.7	19244.07	1386.954	15421.09	23067.05
21	30456.8	21354.15	1381.289	17546.78	25161.51
22	33802.6	23246.83	1379.018	19445.72	27047.93
23	29080.1	20575.36	1382.997	16763.29	24387.44
24	23996.2	17699.46	1393.173	13859.34	21539.58
25	25666.2	18644.16	1389.163	14815.09	22473.23
26	24949.9	18238.96	1390.803	14405.37	22072.55
27	28568	20285.68	1383.747	16471.54	24099.82
28	22066	16607.57	1398.612	12752.45	20462.68
29	25919.5	18787.45	1388.611	14959.90	22615.00
30	27904.5	19910.34	1384.810	16093.27	23727.41
31	26075	18875.41	1388.280	15048.78	22702.05
32	60000	38066.40	1451.731	34064.87	42067.93

图 2-22　个值预测结果（二）

从图 2-22 中最后一行可知，当给定居民人均可支配收入 $x_f=60\ 000$ 元时，居民人均消费支出为 $\hat{y}_f=38\ 066.40$ 元，个值预测的标准误差 $S(e_f)=1\ 451.731$，当置信水平为 99%时，居民人均可支配收入个值预测的下限为 34 064.87 元，上限为 42 067.93 元，即区间为[34 064.87，42 067.93]。

(3) 居民的人均消费支出均值的预测区间。

由于个值预测标准误差 $S(e_f)$ 与均值预测标准误差 $S(\hat{y}_f)$ 之间存在如下关系：

$$S(e_f)^2=S(\hat{y}_f)^2+\hat{\sigma}^2$$

因此，可得

$$S(\hat{y}_f)=\sqrt{S(e_f)^2-\hat{\sigma}^2}$$

在命令窗口中输入“genr sep=sqr(sef^2－@se^2)”并回车，得到均值预测标准误差

$S(\hat{y}_f)$序列。

在命令窗口中输入“genr yp_l=yf−@qtdist(0.995，29)*sep”，回车后得到均值预测的下限变量序列“yp_l”；在命令窗口中输入“genr yp_u=yf+@qtdist(0.995，29)*sep”，回车后得到均值预测的上限变量序列“yp_u”。

在“Workfile”窗口中单击“Show”，在弹出的“Show”对话框中输入解释变量名“x yf sep yp_l yp_u”（见图 2-23），单击“OK”按钮，结果如图 2-24 所示。

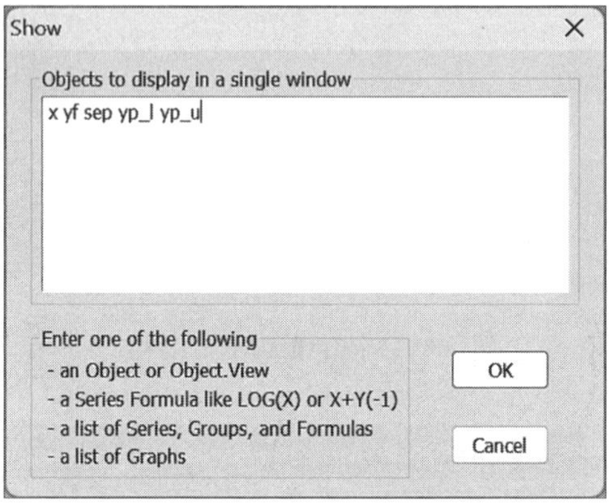

图 2-23　均值预测结果序列名

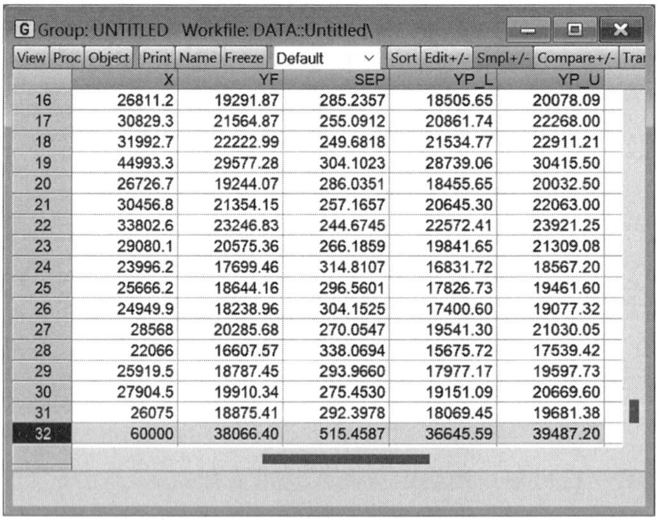

	X	YF	SEP	YP_L	YP_U
16	26811.2	19291.87	285.2357	18505.65	20078.09
17	30829.3	21564.87	255.0912	20861.74	22268.00
18	31992.7	22222.99	249.6818	21534.77	22911.21
19	44993.3	29577.28	304.1023	28739.06	30415.50
20	26726.7	19244.07	286.0351	18455.65	20032.50
21	30456.8	21354.15	257.1657	20645.30	22063.00
22	33802.6	23246.83	244.6745	22572.41	23921.25
23	29080.1	20575.36	266.1859	19841.65	21309.08
24	23996.2	17699.46	314.8107	16831.72	18567.20
25	25666.2	18644.16	296.5601	17826.73	19461.60
26	24949.9	18238.96	304.1525	17400.60	19077.32
27	28568	20285.68	270.0547	19541.30	21030.05
28	22066	16607.57	338.0694	15675.72	17539.42
29	25919.5	18787.45	293.9660	17977.17	19597.73
30	27904.5	19910.34	275.4530	19151.09	20669.60
31	26075	18875.41	292.3978	18069.45	19681.38
32	60000	38066.40	515.4587	36645.59	39487.20

图 2-24　均值预测结果

从图 2-24 中最后一行可知，当给定居民人均可支配收入 $x_f=60\,000$ 元时，居民人均消费支出为 $\hat{y}_f=38\,066.40$ 元，均值预测的标准误差 $S(\hat{y}_f)=515.458\,7$，当置信水平为 99%时，居民人均可支配收入均值预测的下限为 36 645.59 元，上限为 39 487.20 元，即区间为[36 645.59，39 487.20]。

思考与练习

一、简述题

1. 相关分析与回归分析的区别和联系。
2. 总体回归函数与样本回归函数的区别和联系。
3. 总体回归函数为什么要引入随机误差项？
4. 普通最小二乘法的原理。
5. 采用 OLS 估计模型时对模型有什么要求？

二、单选题

1. 对于线性回归模型 $y_i=\beta_0+\beta_1x_i+\varepsilon_i$，以 e_i 表示残差项，采用 OLS 估计时会得到正规方程，下列方程中不属于正规方程的是(　　)。

   A. $\sum(y_i-\hat{\beta}_0-\hat{\beta}_1x_i)=0$　　B. $\sum(y_i-\hat{\beta}_0-\hat{\beta}_1x_i)x_i=0$

   C. $\sum(y_i-\hat{\beta}_0-\hat{\beta}_1x_i)^2=0$　　D. $\sum e_ix_i=0$

2. 模型 $y_i=\hat{\beta}_0+\hat{\beta}_1x_i+e_i$，以 $\hat{\sigma}$ 表示回归标准误差，ρ 表示 y_i 与 x_i 的相关系数，则(　　)。

   A. 当 $\hat{\sigma}=0$ 时，$\rho=1$　　B. 当 $\hat{\sigma}=0$ 时，$\rho=-1$

   C. 当 $\hat{\sigma}=0$ 时，$\rho=0$　　D. 当 $\hat{\sigma}=0$ 时，$|\rho|=1$

3. 在对模型 $y_i=\beta_0+\beta_1x_i+\varepsilon_i$ 中的变量 x_i 进行显著性检验时，检验 t 统计量为(　　)。

   A. $t=\dfrac{\beta_1}{\sqrt{\mathrm{Var}(\hat{\beta}_1)}}$　　B. $t=\dfrac{\hat{\beta}_1}{\sqrt{\mathrm{Var}(\hat{\beta}_1)}}$

   C. $t=\dfrac{\beta_1}{\mathrm{Var}(\beta_1)}$　　D. $t=\dfrac{\hat{\beta}_1}{\mathrm{Var}(\beta_1)}$

4. 在采用 OLS 估计模型 $y_i=\beta_0+\beta_1x_i+\varepsilon_i$ 时，下列等式中不成立的是(　　)。

   A. $\sum(y_i-\hat{y}_i)=0$　　B. $\sum(y_i-\overline{y}_i)=0$

   C. $\sum e_i\neq0$　　D. $\sum\hat{y}_ie_i=0$

5. 反映模型中解释变量所解释的那部分离差平方和的是(　　)。

   A. 总离差平方　　B. 回归平方和

   C. 残差平方和　　D. 总离差平方和及回归平方和

6. 两变量间相关系数 ρ 的取值范围是(　　)。

   A. $-1\leqslant\rho\leqslant0$　　B. $0\leqslant\rho\leqslant1$

   C. $-1\leqslant\rho\leqslant1$　　D. $0\leqslant\rho\leqslant4$

7. 随机误差项是指(　　)。

   A. 不可观测的因素所形成的误差

   B. 被解释变量的测量误差

   C. 样本中被解释变量观测值与其拟合值之间的偏差

   D. 总体中被解释变量个别值与其期望值之间的离差

8. 以 n 表示样本容量，在对模型 $y_i=\beta_0+\beta_1x_i+\varepsilon_i$ 进行统计检验时，通常假定随机误差项 ε_i 服从(　　)。

A. $N(0, \sigma^2)$ B. $t(n-1)$ C. $N(0, \sigma_i^2)$ D. $t(n)$

9. 用 y_i 表示被解释变量的实际观测值，用 $\hat{y}_i$ 表示 y_i 的拟合值，样本回归线 $\hat{y}_i=\hat{\beta}_0+\hat{\beta}_1 x_i$ 满足( )。

A. $\sum(y_i-\hat{y}_i)=0$ B. $\sum(\hat{y}_i-\overline{y}_i)^2=0$

C. $\sum(y_i-\hat{y}_i)^2=0$ D. $\sum(y_i-\overline{y}_i)^2=0$

10. 用 OLS 估计线性回归方程 $y_i=\beta_0+\beta_1 x_i+\varepsilon_i$，样本回归线通过点( )。

A. (x_i, y_i) B. $(x_i, \overline{y})$ C. $(\overline{x}, \overline{y})$ D. $(\overline{x}, y_i)$

11. 用 OLS 估计样本容量为 29 的模型 $y_i=\beta_0+\beta_1 x_i+\varepsilon_i$，在 0.05 的显著性水平下检验 H_0：$\beta_1=2$，H_1：$\beta_1\neq 2$ 时，拒绝原假设 H_0 的条件是 t 统计量的绝对值大于( )。

A. $t_{0.05}(29)$ B. $t_{0.025}(29)$ C. $t_{0.05}(27)$ D. $t_{0.025}(27)$

12. 在回归分析中，用来反映样本回归模型拟合程度的统计量为( )。

A. 相关系数 B. 回归系数

C. 判定系数 D. 回归系数标准误差

13. 在对线性回归模型的被解释变量进行区间预测时，随机误差项的方差越大，则( )。

A. 预测期间越宽，预测误差越小 B. 预测期间越宽，预测误差越大

C. 预测期间越窄，预测误差越小 D. 预测期间越窄，预测误差越大

14. 在一元线性回归模型中，以 Y 和 X 分别表示被解释变量和解释变量，U 表示误差，e 表示残差，$\hat{\beta}_1$ 和 $\hat{\beta}_2$ 分别表示总体参数 β_1 和 β_2 的估计值，下标"i"表示个体单位，则总体回归方程可表示为( )。

A. $Y_i=\beta_1+\beta_2 X_i+U_i$ B. $Y_i=\beta_1+\beta_2 X_i+e_i$

C. $Y_i=\hat{\beta}_1+\hat{\beta}_2 X_i+U_i$ D. $Y_i=\hat{\beta}_1+\hat{\beta}_2 X_i+e_i$

15. 在下列提法中，正确的是( )。

A. 总体回归函数随着样本的变动而变动

B. 样本回归系数是唯一且固定不变的

C. 参数线性回归模型只能采用 OLS 估计

D. 采用 OLS 估计线性回归模型时，能保证残差项的平方和达到最小

三、多选题

1. 对于经典线性回归模型，回归系数的 OLS 估计量的优良性质有( )。

A. 无偏 B. 线性 C. 方差最小 D. 非线性

E. 方差最大

2. 对于模型 $y_i=\beta_0+\beta_1 x_i+\varepsilon_i$，误差项 ε_i 服从正态分布，R^2 为样本回归判定系数，则以下结论中正确的有( )。

A. R^2 越大，样本中 y_i 与 x_i 之间的线性相关程度越高

B. R^2 接近 0，样本中 y_i 与 x_i 之间的线性相关程度越低

C. $R^2=0$ 时，总体中 y_i 与 x_i 一定相互独立

D. $R^2=0$ 时，样本中 y_i 与 x_i 一定不相关

E. $R^2=0$ 时，总体中 y_i 与 x_i 一定不相互独立

3. 回归平方和等于( )。

A. 被解释变量的观测值 y_i 与其平均值 $\overline{y}_i$ 的离差平方和

B. 被解释变量的拟合值 $\hat{y}_i$ 与其平均值 $\overline{\hat{y}}_i$ 的离差平方和

C. 被解释变量的总离差平方和与残差平方和之差
D. 解释变量联合变动所引起的被解释变量变动的平方和
E. 随机因素影响所引起的被解释变量的离差大小

4. 假设线性回归模型满足全部经典假定，则其 OLS 回归得到的参数估计量具备(　　)。
A. 可比性　B. 一致性　C. 线性性　D. 无偏性
E. 有效性

5. 利用 OLS 估计得到的样本回归线 $y_i=\hat{\beta}_0+\hat{\beta}_1x_i+e_i$，具有以下特点(　　)。
A. 样本回归线必然通过均值点($\overline{x}$，$\overline{y}$)
B. $\hat{y}_i$ 的平均值与 y_i 的平均值相等
C. 残差的均值为 0
D. 残差与解释变量不相关
E. 残差和为 0

6. 在下列模型中，(　　)既不属于变量线性模型，也不属于参数线性模型。
A. $y_i=\beta_0+\beta_1\ln x_i+\varepsilon_i$　B. $\ln y_i=\beta_0+\beta_1\ln x_i+\varepsilon_i$
C. $y_i=\beta_0+\beta_0\beta_1x_i+\varepsilon_i$　D. $y_i=\beta_0+\dfrac{\beta_0}{\beta_1x_i}+\varepsilon_i$
E. $y_i=\beta_0+\beta_0(1-x_i^{\beta_1})+\varepsilon_i$

7. 在下列模型中，(　　)属于变量线性模型。
A. $y_i=\beta_0+\beta_1\ln x_i+\varepsilon_i$　B. $\ln y_i=\beta_0+\beta_1\ln x_i+\varepsilon_i$
C. $y_i=\beta_0+\beta_0\beta_1x_i+\varepsilon_i$　D. $y_i=\beta_0+\dfrac{\beta_0}{\beta_1}x_i+\varepsilon_i$
E. $y_i=\beta_0+\beta_0(1-x_i^{\beta_1})+\varepsilon_i$

8. 在下列模型中，(　　)属于参数线性模型。
A. $y_i=\beta_0+\beta_1\ln x_i+\varepsilon_i$　B. $\ln y_i=\beta_0+\beta_1\ln x_i+\varepsilon_i$
C. $y_i=\beta_0+\beta_0\beta_1x_i+\varepsilon_i$　D. $y_i=\beta_0+\dfrac{\beta_0}{\beta_1x_i}+\varepsilon_i$
E. $y_i=\beta_0+\beta_0(1-x_i^{\beta_1})+\varepsilon_i$

9. 以 y_i 表示家庭消费支出(元)，以 x_i 表示家庭可支配收入(元)，则在模型 $y_i=\beta_0+\beta_1x_i+\varepsilon_i$ 中，误差项 ε_i 反映了(　　)。
A. 所有未知影响因素对家庭消费支出的影响
B. 所有无法取得数据的已知影响因素对家庭消费支出的影响
C. 模型函数设定误差的影响
D. 变量观测误差对家庭消费支出的影响
E. 经济现象本身所包含的内在随机性对家庭消费支出的影响

10. 在模型 $\ln y_i=\beta_0+\beta_1\ln x_i+\varepsilon_i$ 中，(　　)。
A. y 与 x 是非线性的　B. y 与 β_1 是非线性的
C. $\ln y$ 与 β_1 是线性的　D. $\ln y$ 与 $\ln x$ 是线性的
E. y 与 $\ln x$ 是线性的

11. 在一元线性回归模型 $y_i=\beta_0+\beta_1x_i+\varepsilon_i$ 中，经典假定包括(　　)。
A. $E(\varepsilon_i)=0$　B. $Var(\varepsilon_i)=\sigma^2$(常数)
C. $Cov(\varepsilon_i, \varepsilon_j)=0(i\neq j)$　D. $\varepsilon_i\sim N(0, 1)$

E. $\text{Cov}(x_i, \varepsilon_i)=0$

12. 以“^”表示估计值，ε 表示随机误差项，e 表示残差，如果 y 与 x 存在不完全线性相关，则下列表达式正确的有（　　）。

A. $y_i=\beta_0+\beta_1 x_i$　　B. $y_i=\beta_0+\beta_1 x_i+\varepsilon_i$

C. $y_i=\hat{\beta}_0+\hat{\beta}_1 x_i+\varepsilon_i$　　D. $y_i=\hat{\beta}_0+\hat{\beta}_1 x_i+e_i$

E. $\hat{y}_i=\hat{\beta}_0+\hat{\beta}_1 x_i$

13. TSS、ESS 和 RSS 分别表示总离差平方和、回归平方和与残差平方和，下列有关可决系数 R^2 的提法中正确的有（　　）。

A. $R^2=1-\frac{\text{ESS}}{\text{TSS}}$　　B. $R^2=1-\frac{\text{RSS}}{\text{TSS}}$

C. $R^2=\frac{\text{ESS}}{\text{TSS}}$　　D. $R^2=\frac{\text{RSS}}{\text{TSS}}$

E. $R^2=\frac{\text{RSS}}{\text{ESS}}$

14. 利用 OLS 估计模型 $y_i=\alpha+\beta x_i+u_i$ 得到 α 和 β 的估计值分别为 $\hat{\alpha}_1$ 和 $\hat{\beta}_1$，若将变量 y_i 计量单位保持不变，而将变量 x_i 的计量单位变为原来的 100 倍，即 x_i 的变量值变为原来的 1%，重新估计模型得到 α 和 β 的估计值分别为 $\hat{\alpha}_2$ 和 $\hat{\beta}_2$，两次估计得到的回归系数估计之间的关系有（　　）。

A. $\hat{\beta}_1=\hat{\beta}_2$　　B. $\hat{\beta}_1=\hat{\beta}_2/100$　　C. $\hat{\beta}_1=100\hat{\beta}_2$　　D. $\hat{\alpha}_1=\hat{\alpha}_2$

E. $\hat{\alpha}_1\neq\hat{\alpha}_2$

15. 利用 OLS 估计模型 $y_i=\alpha+\beta x_i+\varepsilon_i$ 得到 α 和 β 的估计值分别为 $\hat{\alpha}_1$ 和 $\hat{\beta}_1$，若将变量 y_i 计量单位保持不变，而将变量 x_i 的计量单位变为原来的 100 倍，即 x_i 的变量值变为原来的 1%，重新估计模型得到 α 和 β 的估计值分别为 $\hat{\alpha}_2$ 和 $\hat{\beta}_2$，两次估计得到的回归系数标准误差估计之间的关系有（　　）。

A. $S(\hat{\beta}_1)=S(\hat{\beta}_2)$　　B. $S(\hat{\beta}_1)=S(\hat{\beta}_2)/100$

C. $S(\hat{\beta}_1)=100S(\hat{\beta}_2)$　　D. $S(\hat{\alpha}_1)=S(\hat{\alpha}_2)$

E. $S(\hat{\alpha}_1)\neq S(\hat{\alpha}_2)$

四、判断题

1. OLS 估计法是使残差平方和最小化的参数估计方法。（　　）
2. 在模型 $y_i=\hat{\beta}_0+\hat{\beta}_1 x_i+e_i$ 中，y_i 的平均值 $\overline{y_i}$ 等于其拟合值的平均值 $\overline{\hat{y}_i}$。（　　）
3. OLS 估计量的最小方差性是指在所有用其他估计方法得到的线性无偏估计量中，OLS 估计量的方差最大。（　　）
4. OLS 回归模型的可决系数 $R^2=\frac{\text{ESS}}{\text{ESS}+\text{RSS}}$，其中 ESS 为回归平方和，RSS 为残差平方和。（　　）
5. 对于线性回归模型，误差项的期望值等于 0 的假设都能得到满足。（　　）
6. 回归参数估计量是随机变量，但总体参数是确定不变的。（　　）
7. 回归系数的显著性检验一定是用来检验解释变量对被解释变量有无显著统计解释能力的。（　　）
8. 计量经济学中的线性回归模型意味着变量是线性的。（　　）

9. 两个变量的协方差与其相关系数同号。(　　)
10. 根据同一样本拟合线性回归模型，在给定解释变量时，分别对被解释变量的均值和个值进行区间预测，均值的预测区间不小于个值预测区间。(　　)
11. 如果原假设 H_0：$\beta_1=0$，在显著性水平 $\alpha=0.05$ 下不被拒绝，则总体中的 β_1 一定等于0。(　　)
12. 若两个随机变量相互独立，则其相关系数必定为0。(　　)
13. 参数估计量是随机变量，参数估计量的方差也是随机变量。(　　)
14. 随机误差项与残差项是同一概念的不同表述。(　　)
15. 线性模型的OLS估计量是最优线性无偏估计量，而且仅当估计量的抽样分布是正态分布时成立。(　　)
16. 在一元回归 $y_i=\beta_0+\beta_1x_i+\varepsilon_i$ 中，两变量相关系数的符号一定与斜率系数的符号相同。(　　)
17. 总体回归函数刻画了总体中被解释变量随着解释变量和其他因素变动而变动的轨迹。(　　)
18. 样本回归函数刻画了样本中被解释变量随着解释变量和其他因素变动而变动的轨迹。(　　)

五、填空题

1. 已知样本回归模型 $y_i=5.2+0.56x_i$ 的可决系数为0.64，则解释变量与被解释变量间的线性相关系数为________。
2. 在给定相同解释变量的条件下，总体中某个被解释变量的观测值与此时所有被解释变量观测值的平均值之间存在一定的偏离，这个偏离被称为________。
3. 在给定相同解释变量的条件下，样本中某个被解释变量的观测值与此时所有被解释变量观测值的平均值之间存在一定的偏离，这个偏离被称为________。
4. 对于模型 $\ln y_i=\beta_0+\beta_1x_i+\varepsilon_i$ 来说，估计量的线性性是指参数估计量可以表示为________的线性函数。
5. 如果参数估计量的期望等于参数总体真值，则称此估计量具有________性。
6. 在所有的无偏估计量中，如果某一个参数估计量的方差最小，则称此估计量具有________性。
7. 总体回归函数刻画了总体中被解释变量的________随着解释变量变动而变动的轨迹。
8. 样本回归函数刻画了样本中被解释变量的________随着解释变量变动而变动的轨迹。
9. 有一个容量为48的样本，应用OLS估计模型 $y_i=\alpha+\beta x_i+\varepsilon_i$，得出总离差平方和为65 480，回归平方和为45 210，则残差平方和为________，误差项的方差估计值为　　　　(保留3位小数)。
10. 有一容量为45的样本，应用OLS估计模型 $y_i=\alpha+\beta x_i+\varepsilon_i$，得回归平方和为456 780，残差平方和为78 540，则可决系数为________(保留3位小数)。
11. 对一容量为37的样本，用OLS估计模型 $y_i=\beta_0+\beta_1x_i+\varepsilon_i$，得到 $\hat{\beta}_1=1.220$，$S(\hat{\beta}_1)=0.822$，采用 t 检验法检验 H_0：$\beta_1=0$，H_1：$\beta_1\neq0$ 得到的 t 统计量为________(保留3位小数)。
12. 对一容量为37的样本，用OLS估计模型 $y_i=\beta_0+\beta_1x_i+\varepsilon_i$，得到 $\hat{\beta}_1=1.220$，$S(\hat{\beta}_1)=0.822$，采用 t 检验法检验 H_0：$\beta_1=2.8$，H_1：$\beta_1\neq2.8$ 得到的 t 统计量为________(保留3位小数)。
13. 应用OLS估计模型，得到样本回归模型 $\hat{y}_i=2.84+0.61x_i$，在此模型的基础上，预测当

$x_i=32.1$ 时，被解释变量 y_i 的均值点预测值为________（保留3位小数），被解释变量 y_i 的个值点预测值为________（保留3位小数）。

14. 应用 OLS 估计模型 $y_i=\beta_0+\beta_1 x_i+\varepsilon_i$，得到 $\hat{\beta}_0=0.88$，$S(\hat{\beta}_0)=0.46$，$\hat{\beta}_1=0.81$，$S(\hat{\beta}_1)=0.33$，$\mathrm{Cov}(\hat{\beta}_0, \hat{\beta}_1)=-0.014$，回归标准误差 $\hat{\sigma}=1.06$，若要预测 $x_f=20$ 时，y_i 均值预测的标准误差 $S(\hat{y}_f)=$________（保留3位小数），y_i 个值预测的标准误差 $S(e_f)=$________（保留3位小数）。

15. 若已知家庭人均消费支出（y_i，元）与人均可支配收入（x_i，元）的样本回归模型为：$\hat{y}_i=2\,100+0.6x_i$，样本中人均可支配收入的平均值 $\overline{x}_i=3\,800$ 元，现有两个家庭的人均可支配收入分别为3 500元与4 000元，若对两个家庭的人均消费支出进行区间预测，则人均可支配收入为3 500元的家庭的预测区间要________人均可支配收入为4 000元的家庭的预测区间。

六、计算题

1. 根据表2-7所附数据，用时间变量 t 的两种不同设定方法，拟合恒定增长率模型 $\ln y_t=\beta_0+\beta_1 t+\varepsilon_t$，式中 $\ln y$ 表示对变量 y 取自然对数。

表2-7 2013—2019年我国居民人均消费支出

年度	时间变量 t 的设定方法		人均消费支出（元）
	第1种	第2种	
2013	1	−3	13 220.4
2014	2	−2	14 491.4
2015	3	−1	15 712.4
2016	4	0	17 110.7
2017	5	1	18 322.1
2018	6	2	19 853.1
2019	7	3	21 558.9

资料来源：国家统计局，《中国统计年鉴2020》。

要求：

(1) 估计我国居民人均消费支出的年平均增长率（年平均增长率 $=\beta_1\times 100\%$）。

(2) 在5%显著性水平下检验 H_0：$\beta_1\geqslant 0.084$，H_1：$\beta_1<0.084$。

(3) 估计2020年我国居民人均消费支出在95%的置信区间。

2. 现代投资分析的特征线方程如下：

$$r_t=\beta_0+\beta_1 r_{m,t}+\varepsilon_t$$

式中，r_t 为股票或债券的收益率，$r_{m,t}$ 为市场有价证券的收益率（用市场指数表示），β_1 为股票的 beta 系数，用于度量市场的风险程度，即市场对公司财富的影响，ε_t 为随机误差。

Fogler 和 Ganapathy 根据1956—1976年240个月的数据，得到 IBM 股票的回归方程，市场指数采用芝加哥大学建立的市场有价证券指数：

$$\hat{r}_t=0.726\,4+1.059\,8r_{m,t}$$
$$S=(0.300\,1)(0.072\,8)$$
$$R^2=0.4710$$

要求：

(1) 解释估计的斜率与截距。

(2) 解释 R^2 的经济意义。

(3) 若 beta 系数大于 1 的证券称为不稳定证券。建立适当的假设以检验该股票是否为不稳定证券，并用 t 检验法进行假设检验($\alpha=0.05$)。

3. 根据 2020 年我国 31 个省级行政区农村居民人均可支配收入及消费支出数据，如表 2-8 所示，建立模型：$y_i=\beta_1+\beta_2 x_i+\mu_i$，$\mu_i$ 为随机误差项。

表 2-8　2020 年我国 31 个省级行政区农村居民人均可支配收入及消费支出

省级行政区	人均可支配收入 x_i(元)	人均消费支出 y_i(元)	省级行政区	人均可支配收入 x_i(元)	人均消费支出 y_i(元)
北京市	30 125.7	20 912.7	湖北省	16 305.9	14 472.5
天津市	25 690.6	16 844.1	湖南省	16 584.6	14 974.0
河北省	16 467.0	12 644.2	广东省	20 143.4	17 132.3
山西省	13 878.0	10 290.1	广西壮族自治区	14 814.9	12 431.1
内蒙古自治区	16 566.9	13 593.7	海南省	16 278.8	13 169.3
辽宁省	17 450.3	12 311.2	重庆市	16 361.4	14 139.5
吉林省	16 067.0	11 863.6	四川省	15 929.1	14 952.6
黑龙江省	16 168.4	12 360.0	贵州省	11 642.3	10 817.6
上海市	34 911.3	22 095.5	云南省	12 841.9	11 069.5
江苏省	24 198.5	17 021.7	西藏自治区	14 598.4	8 917.1
浙江省	31 930.5	21 555.4	陕西省	13 316.5	11 375.7
安徽省	16 620.2	15 023.5	甘肃省	10 344.3	9 922.9
福建省	20 880.3	16 338.9	青海省	12 342.5	12 134.2
江西省	16 980.8	13 579.4	宁夏回族自治区	13 889.4	11 724.3
山东省	18 753.2	12 660.4	新疆维吾尔自治区	14 056.1	10 778.2
河南省	16 107.9	12 201.1			

资料来源：国家统计局，《中国统计年鉴 2021》。

要求：

(1) 估计收入边际消费倾向在 95%置信水平下的置信区间。

(2) 以 5%的显著性水平检验 H_0：$\beta_2 \geqslant 0.6$，H_1：$\beta_2 < 0.6$。

(3) 若农村居民的人均可支配收入达到 35 000 元时，在 95%置信水平下，估计此时农村居民人均消费支出的置信区间。

第 3 章
CHAPTER3

多元线性回归模型

□ 案例导引

什么造成了中国高储蓄

中国是全球国家总储蓄水平最高的经济体之一。1990—2001 年，国民储蓄率为 GDP 的 35%～40%；自 2001 年加入世贸组织后，对外贸易增长使得国民储蓄率快速上升，2010 年达到历史峰值，约为 GDP 的 50.7%。此后国民储蓄率出现下降，但相比国际平均水平，中国的储蓄率仍然高于全球大多数国家。新冠疫情对中国家庭收入及家庭储蓄率的影响较为明显，2019—2022 年，平均家庭储蓄率分别为 29.9%、34.1%、31.4%、33.5%，疫情导致中国家庭储蓄率上升。高国民储蓄率对资本形成是一个重要支撑，也为中国未来经济增长提供了重要的要素支撑。

国民储蓄涉及三大块，一是家庭部门储蓄，二是企业部门储蓄，三是政府部门储蓄。每个储蓄部门均涉及多项原因，例如家庭储蓄更依赖于人口结构变化、社会保障体系、“房改”等；企业及政府部门则依赖于进出口贸易、财政收入等。20 世纪 70 年代末开始执行的计划生育政策、20 世纪 90 年代实施的社会保障体系改革，使得生育率及社保覆盖率降低，社会抚养比提升，由此加大了居民预防性储蓄动机。此外，市场化住房改革使得更多的居民用家庭储蓄买房以提升住房自有率，这成为很多家庭增加储蓄的主要原因。经济快速发展为企业及政府部门提供了投资、消费及储蓄来源。

简单线性回归模型无法实现这类多因素问题研究，从而需要引入包含多个解释变量的回归分析方法。

第 2 章主要讨论如何使用一元线性回归模型，然而在现实经济管理领域中，一个变量往往与其他多个变量产生联系，由此多元回归分析更具有适用性。本章将把第 2 章讨论的结论推广到包含多个解释变量的多元回归模型中，主要介绍多元回归模型的经典假定、参数估计与假设检验等内容，并通过案例分析说明多元线性回归模型和 EViews 软件的应用。

3.1 多元线性回归模型及其经典假定

3.1.1 多元线性回归模型

1. 多元线性回归模型的基本形式

社会经济现象是复杂多样的，通常最简单且直接的表达形式就是一个被解释变量与多个解释变量间存在线性关系。例如，在现代市场经济条件下，政府通常使用货币政策和财政政策来调控宏观经济，因此可以考虑建立以下计量经济学模型，以研究货币政策与财政政策对经济增长的影响效应。

$$y_i=\beta_0+\beta_1 x_{1i}+\beta_2 x_{2i}+\varepsilon_i \tag{3-1}$$

式中，y_i 为国内生产总值(GDP)，x_{1i} 为货币供应量(M2，代表货币政策)，x_{2i} 为财政支出总额(FE，代表财政政策)，ε_i 为随机误差项。

在计量经济学中，若用总体回归函数描述一个被解释变量与多个解释变量之间的线性关系，由此设定的回归模型称为**多元线性回归模型**(multiple linear regression model)，在总体中其一般随机设定形式可以写成：

$$y_i=\beta_0+\beta_1 x_{1i}+\beta_2 x_{2i}+\cdots+\beta_k x_{ki}+\varepsilon_i \tag{3-2}$$

$(x_{1i}, x_{2i}, \cdots, x_{ki}, y_i)(i=1, 2, \cdots, n)$为第 i 次样本观测值，$\beta_j\ (j=0, 1, 2, \cdots, k)$为模型参数，$\varepsilon_i$ 为随机误差项。在实际分析中只能观察到样本观测值$(x_{1i}, x_{2i}, \cdots, x_{ki}, y_i)$，而 ε_i 是观察不到的。因此，这个反映 x，y 总体真实关系的式子是无法真正求得的。在$E(\varepsilon_i|x_{1i}, x_{2i}, \cdots, x_{ki})=0$ 的条件下，多元线性总体回归模型的条件均值设定形式为

$$E(y_i)=\beta_0+\beta_1 x_{1i}+\beta_2 x_{2i}+\cdots+\beta_k x_{ki} \tag{3-3}$$

它是被解释变量关于解释变量的多元线性函数，称为多元线性总体回归方程。由式(3-3)可知，总体上 y_i 的均值将会落在多维空间直线 $y_i=\beta_0+\beta_1 x_{1i}+\beta_2 x_{2i}+\cdots+\beta_k x_{ki}$ 上。总体回归方程只是反映了总体的平均变化规律。

可以将式(3-2)改写为

$$y_i=E(y_i)+\varepsilon_i \tag{3-4}$$

由式(3-4)可知，个体 y_i 的数值主要受以下两部分影响：一是总体 $E(y_i)$的平均值，其变化由模型中的解释变量来决定，即 $\beta_0+\beta_1 x_{1i}+\beta_2 x_{2i}+\cdots+\beta_k x_{ki}$，可以称之为“系统内影响”；二是随机误差项 ε_i，它主要反映了那些对 y_i 有影响但又未能包括到回归模型中的所有因素的综合影响，可以称之为“系统外影响”。

在多元线性总体回归方程中，参数的真实值 β_0，β_1，$\cdots$，β_k 是未知的，只能通过样本观测值近似求得参数估计值 $\hat{\beta}_0$，$\hat{\beta}_1\cdots$，$\hat{\beta}_k$，用样本回归方程推断总体回归方程，将不确定的随机模型转化为确定性的数学模型，得到多元线性样本回归方程：

$$\hat{y}_i=\hat{\beta}_0+\hat{\beta}_1 x_{1i}+\hat{\beta}_2 x_{2i}+\cdots+\hat{\beta}_k x_{ki} \tag{3-5}$$

被解释变量估计值 $\hat{y}_i$ 与实际观测值 y_i 之间通常存在偏差，这一偏差就是残差 e_i。与式(3-3)对应，多元线性样本回归模型的随机设定形式为

$$y_i=\hat{\beta}_0+\hat{\beta}_1x_{1i}+\hat{\beta}_2x_{2i}+\cdots+\hat{\beta}_kx_{ki}+e_i \tag{3-6}$$

在实际经济分析中，人们往往不能取得总体的变量值，通常采用随机抽样方式，选择样本近似代替总体反映客观经济联系，用样本回归模型来推断总体回归模型。

2. 多元线性回归模型的矩阵形式

为了行文及后续分析的简便，我们将利用矩阵形式表示多元线性回归模型。设 n 组观测样本所遵从的 n 个随机方程式的方程组形式为

$$\begin{cases} y_1=\beta_0+\beta_1x_{11}+\beta_2x_{21}+\cdots+\beta_kx_{k1}+\varepsilon_1 \\ y_2=\beta_0+\beta_1x_{12}+\beta_2x_{22}+\cdots+\beta_kx_{k2}+\varepsilon_2 \\ \vdots \\ y_n=\beta_0+\beta_1x_{1n}+\beta_2x_{2n}+\cdots+\beta_kx_{kn}+\varepsilon_n \end{cases}$$

利用矩阵运算，表示为：

$$\begin{pmatrix} y_1 \\ y_2 \\ \vdots \\ y_n \end{pmatrix}=\begin{pmatrix} 1 & x_{11} & x_{21} & \cdots & x_{k1} \\ 1 & x_{12} & x_{22} & \cdots & x_{k2} \\ \vdots & \vdots & \vdots & \ddots & \vdots \\ 1 & x_{1n} & x_{2n} & \cdots & x_{kn} \end{pmatrix}\begin{pmatrix} \beta_0 \\ \beta_1 \\ \vdots \\ \beta_k \end{pmatrix}+\begin{pmatrix} \varepsilon_1 \\ \varepsilon_2 \\ \vdots \\ \varepsilon_n \end{pmatrix} \tag{3-7}$$

记 $\boldsymbol{Y}=\begin{pmatrix} y_1 \\ y_2 \\ \vdots \\ y_n \end{pmatrix}_{n\times 1}$ 为被解释变量观测值向量，$\boldsymbol{X}=\begin{pmatrix} 1 & x_{11} & x_{21} & \cdots & x_{k1} \\ 1 & x_{12} & x_{22} & \cdots & x_{k2} \\ \vdots & \vdots & \vdots & \ddots & \vdots \\ 1 & x_{1n} & x_{2n} & \cdots & x_{kn} \end{pmatrix}_{n\times(k+1)}$ 为包括常数项在内的解释变量观测值矩阵，通常称之为数据矩阵，$\boldsymbol{B}=\begin{pmatrix} \beta_0 \\ \beta_1 \\ \vdots \\ \beta_k \end{pmatrix}_{(k+1)\times 1}$ 为总体回归参数向量，$\boldsymbol{\varepsilon}=\begin{pmatrix} \varepsilon_1 \\ \varepsilon_2 \\ \vdots \\ \varepsilon_n \end{pmatrix}_{n\times 1}$ 为随机误差项向量。由此，多元线性总体回归模型随机设定形式用矩阵表达则为

$$\boldsymbol{Y}=\boldsymbol{XB}+\boldsymbol{\varepsilon} \tag{3-8}$$

类似地，多元线性总体回归方程矩阵表示为式(3-9)，以反映总体变量间的依存规律：

$$\mathrm{E}(\boldsymbol{Y})=\boldsymbol{XB} \tag{3-9}$$

同理，反映样本显示的变量关系的多元线性样本回归模型随机设定形式用矩阵表示为

$$\boldsymbol{Y}=\boldsymbol{X\hat{B}}+\boldsymbol{e} \tag{3-10}$$

而代表样本变量间依存规律的多元线性样本回归方程用矩阵表示为

$$\boldsymbol{\hat{Y}}=\boldsymbol{X\hat{B}} \tag{3-11}$$

式中，$\hat{\boldsymbol{B}}=\begin{pmatrix}\hat{\beta}_0\\\hat{\beta}_1\\\vdots\\\hat{\beta}_k\end{pmatrix}$，$\boldsymbol{e}=\begin{pmatrix}e_1\\e_2\\\vdots\\e_n\end{pmatrix}$，$\hat{\boldsymbol{Y}}=\begin{pmatrix}\hat{y}_1\\\hat{y}_2\\\vdots\\\hat{y}_n\end{pmatrix}$分别为回归参数估计值向量、残差向量和 $\boldsymbol{Y}$ 的样本估计值向量。

3. 偏回归系数的含义

模型参数 $\beta_j(j=0, 1, 2, \cdots, k)$被称为**偏回归系数**(partial regression coefficients)或**偏斜率系数**(partial slope coefficients)。β_j 度量了在其他解释变量 $x_i(i\neq j)$不变时，x_j 单位变动引致的 y 的均值 $\mathrm{E}(y)$的变化量。在多元线性回归分析中，人们试图知道 y 的均值 $\mathrm{E}(y)$的变化有多大比例“直接”来自 x_j，这对理解多元回归的内在逻辑十分重要。

假设存在如下总体回归函数：

$$\mathrm{E}(y_i)=10-0.8x_{1i}+1.5x_{2i} \tag{3-12}$$

若令 $x_{2i}=10$，代入式(3-12)，则 $\mathrm{E}(y_i)=10-0.8x_{1i}+1.5\times10=25-0.8x_{1i}$。此时，$\beta_1=-0.8$ 表示 x_{2i} 为常数时(若取其他常数也一样)，x_{1i} 每增长 1 个单位，y 的均值 $\mathrm{E}(y)$将减少 0.8 个单位。这个斜率就是偏回归系数。

简而言之，偏回归系数反映了当模型中其他解释变量为常数时，某个解释变量对被解释变量均值的影响。多元回归分析使我们能在非实验环境中进行自然科学家在受控实验中所能做的事情：保持其他因素不变。多元回归分析的这个独特性质不但能够引入多个解释变量，而且能够“分离”出每个解释变量 x_j 对被解释变量 y 的影响。

3.1.2　多元线性回归模型的经典假定

在多元回归分析中，为了使参数估计量具有良好的统计性质，便于对模型进行相关统计检验，常常需要对模型中的随机误差项和解释变量做一些假定。在一元线性回归模型基本假定的基础上，扩展形成多元线性回归模型经典假定。

假定 1：随机误差项的期望为 0，即 $\mathrm{E}(\varepsilon_i)=0(i=1, 2, \cdots, n)$。

多元回归中矩阵形式表示为

$$\mathrm{E}(\varepsilon)=\mathrm{E}\begin{pmatrix}\varepsilon_1\\\varepsilon_2\\\vdots\\\varepsilon_n\end{pmatrix}=\begin{pmatrix}\mathrm{E}(\varepsilon_1)\\\mathrm{E}(\varepsilon_2)\\\vdots\\\mathrm{E}(\varepsilon_n)\end{pmatrix}=\begin{pmatrix}0\\0\\\vdots\\0\end{pmatrix}$$

假定 2：随机误差项的方差为一个常数，即 $\mathrm{Var}(\varepsilon_i)=\sigma^2(i=1, 2, \cdots, n)$。

假定 3：随机误差项之间相互独立，即 $\mathrm{Cov}(\varepsilon_i, \varepsilon_j)=0(i\neq j)$。

在多元线性回归模型中，假定 2 和假定 3 可利用随机误差项的方差-协方差矩阵进行表述：

$$\mathrm{Var}(\boldsymbol{\varepsilon})=\mathrm{E}[(\varepsilon_i-\mathrm{E}\varepsilon_i)(\varepsilon_j-\mathrm{E}\varepsilon_j)]=\mathrm{E}(\boldsymbol{\varepsilon\varepsilon}')$$

$$
=\begin{pmatrix} E(\varepsilon_1\varepsilon_1) & E(\varepsilon_1\varepsilon_2) & \cdots & E(\varepsilon_1\varepsilon_n) \\ E(\varepsilon_2\varepsilon_1) & E(\varepsilon_2\varepsilon_2) & \cdots & E(\varepsilon_2\varepsilon_n) \\ \vdots & \vdots & \ddots & \vdots \\ E(\varepsilon_n\varepsilon_1) & E(\varepsilon_n\varepsilon_2) & \cdots & E(\varepsilon_n\varepsilon_n) \end{pmatrix}
$$

$$
=\begin{pmatrix} \sigma^2 & 0 & \cdots & 0 \\ 0 & \sigma^2 & \cdots & 0 \\ \vdots & \vdots & \ddots & \vdots \\ 0 & 0 & \cdots & \sigma^2 \end{pmatrix} = \sigma^2 \begin{pmatrix} 1 & 0 & \cdots & 0 \\ 0 & 1 & \cdots & 0 \\ \vdots & \vdots & \ddots & \vdots \\ 0 & 0 & \cdots & 1 \end{pmatrix} = \sigma^2 \boldsymbol{I}_n
$$

假定 4：随机误差项与解释变量不相关，即 $\mathrm{Cov}(x_{ji}, \varepsilon_i)=0(i=1, 2, \cdots, k)(j=1, 2, \cdots, n)$。通常假定 x_{ji} 为非随机变量时，这个假定自动成立，此时的解释变量被称为外生解释变量。

多元回归中矩阵形式表示为 $\mathrm{Cov}(\boldsymbol{X}', \boldsymbol{\varepsilon})=\boldsymbol{0}_{(k+1)\times 1}$

假定 5：模型中不存在多重共线性，即解释变量之间不存在线性关系，或者说解释变量的观测值之间线性无关。这个假定的目的在于避免 x_1，x_2，…，x_k 中某一个解释变量被其他解释变量线性表达，从而对参数 β_0，β_1，…，β_k 的估计取得唯一的结果。

多元线性回归模型中此假定表示为解释变量观测值矩阵 $\boldsymbol{X}$ 列满秩，即方阵 $\boldsymbol{X}'\boldsymbol{X}$ 满秩：

$$
\mathrm{rank}(\boldsymbol{X}'\boldsymbol{X})=k+1
$$

从而 $\boldsymbol{X}'\boldsymbol{X}$ 可逆，即 $(\boldsymbol{X}'\boldsymbol{X})^{-1}$ 存在。

假定 6：随机误差项 $\boldsymbol{\varepsilon}$ 服从多元正态分布，即 $\boldsymbol{\varepsilon}\sim N(0, \sigma^2\boldsymbol{I}_n)$。这个假定实际上包含了假定 1、假定 2、假定 3。

上述假定条件被称为多元线性回归模型的经典假定。在实际经济问题中，这些假定条件有时可能不成立。如何识别这些假定条件是否满足以及假定条件不成立时如何进行参数估计和检验，后续章节将进行介绍。在本章如下内容的介绍中，我们假定以上条件均成立。

3.2 多元线性回归模型的估计

在对模型进行经典假定的基础上，对多元线性回归模型的结构参数进行估计，进而讨论参数估计的一些性质。最常用的方法即普通最小二乘法。

3.2.1 估计方法

1. 参数的最小二乘估计

根据样本观测值估计未知参数，应按照某些优良性准则来进行。为了使样本回归函数尽可能地接近总体回归函数，对于每个特定的样本而言，要使样本回归方程的拟合值与实际观测值之间的误差或残差越小越好。由于残差有正有负，简单的代数加总会相互抵消，为了便于数学上的处理和扩大数据灵敏度，现采用残差平方和最小准则来估计参数。

设$(x_{1i},\ x_{2i},\ \cdots,\ x_{ki},\ y_i)$为第$i$次样本观测值$(i=0,\ 1,\ 2,\ \cdots,\ n)$，为使残差

$$e_i=y_i-\hat{y}_i=y_i-(\hat{\beta}_0+\hat{\beta}_1x_{1i}+\hat{\beta}_2x_{2i}+\cdots+\hat{\beta}_kx_{ki})$$

的平方和达到最小，

$$\min\sum e_i^2=\min\sum(y_i-\hat{y}_i)^2=\min\sum[y_i-(\hat{\beta}_0+\hat{\beta}_1x_{1i}+\hat{\beta}_2x_{2i}+\cdots+\hat{\beta}_kx_{ki})]^2$$

则遵循微分求极值原理，令：

$$\frac{\partial\sum e_i^2}{\partial\hat{\beta}_j}=0\quad(j=0,\ 1,\ 2,\ \cdots,\ n)\tag{3-13}$$

即

$$\begin{cases}\dfrac{\partial\sum e_i^2}{\partial\hat{\beta}_0}=-2\sum[y_i-(\hat{\beta}_0+\hat{\beta}_1x_{1i}+\hat{\beta}_2x_{2i}+\cdots+\hat{\beta}_kx_{ki})]=-2\sum e_i=0\\\dfrac{\partial\sum e_i^2}{\partial\hat{\beta}_1}=-2\sum[y_i-(\hat{\beta}_0+\hat{\beta}_1x_{1i}+\hat{\beta}_2x_{2i}+\cdots+\hat{\beta}_kx_{ki})]x_{1i}=-2\sum e_ix_{1i}=0\\\vdots\\\dfrac{\partial\sum e_i^2}{\partial\hat{\beta}_k}=-2\sum[y_i-(\hat{\beta}_0+\hat{\beta}_1x_{1i}+\hat{\beta}_2x_{2i}+\cdots+\hat{\beta}_kx_{ki})]x_{ki}=-2\sum e_ix_{ki}=0\end{cases}\tag{3-14}$$

上述$k+1$个一阶偏导条件形成正规方程。用矩阵表示为

$$\begin{pmatrix}\sum e_i\\\sum e_ix_{1i}\\\vdots\\\sum e_ix_{ki}\end{pmatrix}=\begin{pmatrix}1&1&1&\cdots&1\\x_{11}&x_{12}&x_{13}&\cdots&x_{1n}\\\vdots&\vdots&\vdots&\ddots&\vdots\\x_{k1}&x_{k2}&x_{k3}&\cdots&x_{kn}\end{pmatrix}\begin{pmatrix}e_1\\e_2\\\vdots\\e_n\end{pmatrix}=\boldsymbol{X}'\boldsymbol{e}=\boldsymbol{0}\tag{3-15}$$

对样本回归模型，式(3-10)$\boldsymbol{Y}=\boldsymbol{X}\hat{\boldsymbol{B}}+\boldsymbol{e}$两边同乘以样本观测值矩阵$\boldsymbol{X}$的转置$\boldsymbol{X}'$，即

$$\boldsymbol{X}'\boldsymbol{Y}=\boldsymbol{X}'\boldsymbol{X}\hat{\boldsymbol{B}}+\boldsymbol{X}'\boldsymbol{e}$$

将正规方程应用于上式，有：

$$\boldsymbol{X}'\boldsymbol{Y}=\boldsymbol{X}'\boldsymbol{X}\hat{\boldsymbol{B}}\tag{3-16}$$

根据假定5可知$(\boldsymbol{X}'\boldsymbol{X})^{-1}$存在，因此用$(\boldsymbol{X}'\boldsymbol{X})^{-1}$左乘式(3-16)，可得参数向量$\hat{\boldsymbol{B}}$的最小二乘估计表达式：

$$\hat{\boldsymbol{B}}=(\boldsymbol{X}'\boldsymbol{X})^{-1}\boldsymbol{X}'\boldsymbol{Y}\tag{3-17}$$

要估计多元线性回归模型参数，除采用普通最小二乘法外，还可以采用极大似然估计法和矩估计法等。

例3-1　一国政府通常使用货币政策和财政政策来干预宏观经济，斯蒂格利茨(1997)指出，由于货币政策和财政政策工具的有效性不同，因此对产出构成的影响作用大小及范围也不同，因此可考虑建立如下计量经济学模型研究货币政策与财政政策对经济增长的影响效应。

$$y_i=\beta_0+\beta_1x_{1i}+\beta_2x_{2i}+\varepsilon_i$$

其中，y_i为国内生产总值，x_{1i}为财政收入，x_{2i}为货币供应量(M2)。我国的相关数据如表3-1所示。

表 3-1　1996—2022 年国内生产总值及财政收入、货币供应量数据（单位：亿元）

年份	国内生产总值 y	财政收入 x_1	货币供应量 (M2) x_2	年份	国内生产总值 y	财政收入 x_1	货币供应量 (M2) x_2
1996	71 813.60	7 407.99	76 094.90	2010	412 119.30	83 101.51	725 851.80
1997	79 715.00	8 651.14	90 995.30	2011	487 940.20	103 874.43	851 590.90
1998	85 195.50	9 875.95	104 498.50	2012	538 580.00	117 253.52	974 148.80
1999	90 564.40	11 444.08	119 897.90	2013	592 963.20	129 209.64	1 106 524.98
2000	100 280.10	13 395.23	134 610.30	2014	643 563.10	140 370.03	1 228 374.81
2001	110 863.10	16 386.04	158 301.90	2015	688 858.20	152 269.23	1 392 278.11
2002	121 717.40	18 903.64	185 006.97	2016	746 395.10	159 604.97	1 550 066.67
2003	137 422.00	21 715.25	221 222.80	2017	832 035.90	172 592.77	1 690 235.31
2004	161 840.20	26 396.47	254 107.00	2018	919 281.10	183 359.84	1 826 744.20
2005	187 318.90	31 649.29	298 755.70	2019	986 515.20	190 390.08	1 986 488.82
2006	219 438.50	38 760.20	345 577.90	2020	1 013 567.00	182 913.88	2 186 795.89
2007	270 092.30	51 321.78	403 442.21	2021	1 149 237.00	202 554.64	2 382 899.56
2008	319 244.60	61 330.35	475 166.60	2022	1 210 207.20	203 703.00	2 664 000.00
2009	348 517.70	68 518.30	610 224.50				

资料来源：国家统计局网站(http://www.stats.gov.cn/)。

被解释变量观测值向量和解释变量观测值矩阵为

$$\boldsymbol{Y}=\begin{pmatrix}71\,813.60\\79\,715.00\\\vdots\\1\,210\,207.20\end{pmatrix},\quad \boldsymbol{X}=\begin{pmatrix}1 & 7\,407.99 & 76\,094.90\\1 & 8\,651.14 & 90\,995.30\\\vdots & \vdots & \vdots\\1 & 203\,703.00 & 2\,664\,000.00\end{pmatrix}$$

估计参数所需要的有关矩阵为

$$\boldsymbol{X}'\boldsymbol{X}=\begin{pmatrix}24 & 2\,406\,953.25 & 24\,043\,902.33\\2\,406\,953.25 & 3.48067\text{E}11 & 3.60568\text{E}12\\24\,043\,902.33 & 3.60568\text{E}12 & 3.81726\text{E}13\end{pmatrix}$$

$$(\boldsymbol{X}'\boldsymbol{X})^{-1}=\begin{pmatrix}0.106\,494\,662 & -1.93281\text{E}-06 & 1.15490\text{E}-07\\-1.93281\text{E}-06 & 1.68697\text{E}-10 & -1.47172\text{E}-11\\1.15490\text{E}-07 & -1.47172\text{E}-11 & 1.32436\text{E}-12\end{pmatrix}$$

$$\boldsymbol{X}'\boldsymbol{Y}=\begin{pmatrix}1\,252\,285.8\\1.79131\text{E}12\\1.87890\text{E}13\end{pmatrix}$$

借助普通最小二乘法所得参数向量估值式(3-17)，得：

$$\hat{\boldsymbol{B}}=(\boldsymbol{X}'\boldsymbol{X})^{-1}\boldsymbol{X}'\boldsymbol{Y}=\begin{pmatrix}41\,548.734\,41\\1.457\,63\\0.328\,36\end{pmatrix}$$

因此，样本回归方程为：

$$\hat{y}_i=41\,548.734\,4+1.457\,6x_1+0.328\,4x_2$$

借助于 EViews 12.0 实现表 3-1 中数据建模估计参数，具体步骤为

(1) 建立工作文件。启动 EViews，单击“File”，出现下拉菜单，单击“New/Workfile”，

出现“Workfile Range”对话框，在“Workfile frequency”中选择默认的“Dated-regular frequency”，在“Start date”和“End date”对话框中分别输入 1996 和 2022，单击 OK 按钮，生成工作文件窗口。

（2）输入样本数据。在命令行中输入命令：DATA　Y　X1　X2。（命令行中的命令不区分大小写。）

（3）观察解释变量与被解释变量散点图。在命令行中输入命令：SCAT　X1　Y

SCAT　X2　Y

（4）建立回归方程。在命令行中输入命令：LS　Y　C　X1　X2。

显示的回归结果窗口如图 3-1 所示。软件计算回归分析结果与前面使用公式直接计算的结果是一致的。

Dependent Variable: Y
Method: Least Squares
Date: 03/27/23　Time: 09:11
Sample: 1996 2022
Included observations: 27

Variable	Coefficient	Std. Error	t-Statistic	Prob.
C	41548.73	5330.838	7.794034	0.0000
X1	1.457632	0.212171	6.870094	0.0000
X2	0.328358	0.018935	17.34127	0.0000

R-squared	0.998169	Mean dependent var	463899.5
Adjusted R-squared	0.998016	S.D. dependent var	366740.1
S.E. of regression	16335.47	Akaike info criterion	22.34450
Sum squared resid	6.40E+09	Schwarz criterion	22.48849
Log likelihood	-298.6508	Hannan-Quinn criter.	22.38732
F-statistic	6540.349	Durbin-Watson stat	1.061451
Prob(F-statistic)	0.000000		

图 3-1　回归结果窗口

2. 最小二乘估计量的统计性质

式(3-17)中提到的最小二乘估计量是样本观测值的函数。因此，参数估计量会伴随抽样的变化而变化。类似一元线性回归模型，在满足经典假定的前提下，多元线性回归模型的参数最小二乘估计也具有线性性、无偏性、最小方差性和正态性的优良性质。

（1）线性性。

$$\begin{aligned}\hat{\boldsymbol{B}} &= (\boldsymbol{X}'\boldsymbol{X})^{-1}\boldsymbol{X}'\boldsymbol{Y} = (\boldsymbol{X}'\boldsymbol{X})^{-1}\boldsymbol{X}'(\boldsymbol{X}\boldsymbol{B}+\boldsymbol{\varepsilon}) \\ &= (\boldsymbol{X}'\boldsymbol{X})^{-1}\boldsymbol{X}'\boldsymbol{X}\boldsymbol{B} + (\boldsymbol{X}'\boldsymbol{X})^{-1}\boldsymbol{X}'\boldsymbol{\varepsilon} \\ &= \boldsymbol{B} + (\boldsymbol{X}'\boldsymbol{X})^{-1}\boldsymbol{X}'\boldsymbol{\varepsilon}\end{aligned} \tag{3-18}$$

由此证明参数估计量 $\hat{\boldsymbol{B}}$ 既是被解释变量 $\boldsymbol{Y}$ 的线性组合，也是随机误差项 $\boldsymbol{\varepsilon}$ 的线性组合，具有线性性特质。

（2）无偏性。

$$\mathrm{E}(\hat{\boldsymbol{B}}) = \mathrm{E}(\boldsymbol{B} + (\boldsymbol{X}'\boldsymbol{X})^{-1}\boldsymbol{X}'\boldsymbol{\varepsilon}) = \boldsymbol{B} + (\boldsymbol{X}'\boldsymbol{X})^{-1}\boldsymbol{X}'\mathrm{E}(\boldsymbol{\varepsilon}) = \boldsymbol{B} \tag{3-19}$$

参数估计量 $\hat{\boldsymbol{B}}$ 的均值等于总体参数真值。

（3）最小方差性。

证明：设 $\boldsymbol{B}^*$ 是 $\boldsymbol{B}$ 的任意线性无偏估计，若协方差矩阵之差：

$$\mathrm{E}[(\boldsymbol{B}^* - \boldsymbol{B})(\boldsymbol{B}^* - \boldsymbol{B})'] - \mathrm{E}[(\hat{\boldsymbol{B}} - \boldsymbol{B})(\hat{\boldsymbol{B}} - \boldsymbol{B})']$$

为半正定矩阵，则称最小二乘估计 $\hat{\boldsymbol{B}}$ 是 $\boldsymbol{B}$ 的最小方差线性无偏估计。

由于 $\boldsymbol{B}^*$ 是 $\boldsymbol{B}$ 的线性无偏估计，因此令 $\boldsymbol{B}^*=\boldsymbol{AY}$，考虑到无偏性，应有：

$$\mathrm{E}(\boldsymbol{B}^*)=\mathrm{E}(\boldsymbol{AY})=\mathrm{E}[\boldsymbol{A}(\boldsymbol{XB}+\boldsymbol{\varepsilon})]=\boldsymbol{AXB}=\boldsymbol{B}$$

需 $\boldsymbol{AX}=\boldsymbol{I}$。据此，有：

$$\boldsymbol{B}^*-\boldsymbol{B}=\boldsymbol{AY}-\boldsymbol{B}=\boldsymbol{A}(\boldsymbol{XB}+\boldsymbol{\varepsilon})-\boldsymbol{B}=\boldsymbol{A\varepsilon}$$

$$\mathrm{E}[(\boldsymbol{B}^*-\boldsymbol{B})(\boldsymbol{B}^*-\boldsymbol{B})']=\mathrm{E}[\boldsymbol{A\varepsilon}(\boldsymbol{A\varepsilon})']=\mathrm{E}[\boldsymbol{A\varepsilon\varepsilon}'\boldsymbol{A}']=\boldsymbol{A}\sigma^2\boldsymbol{IA}'=\sigma^2\boldsymbol{AA}'$$

对于最小二乘估计 $\hat{\boldsymbol{B}}$，由于：

$$\hat{\boldsymbol{B}}=\boldsymbol{B}+(\boldsymbol{X}'\boldsymbol{X})^{-1}\boldsymbol{X}'\boldsymbol{\varepsilon}$$

则

$$\hat{\boldsymbol{B}}-\boldsymbol{B}=(\boldsymbol{X}'\boldsymbol{X})^{-1}\boldsymbol{X}'\boldsymbol{\varepsilon}$$

故：

$$(\hat{\boldsymbol{B}}-\boldsymbol{B})(\hat{\boldsymbol{B}}-\boldsymbol{B})'=[(\boldsymbol{X}'\boldsymbol{X})^{-1}\boldsymbol{X}'\boldsymbol{\varepsilon}][(\boldsymbol{X}'\boldsymbol{X})^{-1}\boldsymbol{X}'\boldsymbol{\varepsilon}]'=[(\boldsymbol{X}'\boldsymbol{X})^{-1}\boldsymbol{X}'\boldsymbol{\varepsilon}][\boldsymbol{\varepsilon}'\boldsymbol{X}(\boldsymbol{X}'\boldsymbol{X})^{-1}]$$

$$\mathrm{E}[(\hat{\boldsymbol{B}}-\boldsymbol{B})(\hat{\boldsymbol{B}}-\boldsymbol{B})']=(\boldsymbol{X}'\boldsymbol{X})^{-1}\boldsymbol{X}'\boldsymbol{X}\sigma^2\boldsymbol{I}(\boldsymbol{X}'\boldsymbol{X})^{-1}=\sigma^2(\boldsymbol{X}'\boldsymbol{X})^{-1} \tag{3-20}$$

$$\mathrm{E}[(\boldsymbol{B}^*-\boldsymbol{B})(\boldsymbol{B}^*-\boldsymbol{B})']-\mathrm{E}[(\hat{\boldsymbol{B}}-\boldsymbol{B})(\hat{\boldsymbol{B}}-\boldsymbol{B})']=\sigma^2(\boldsymbol{AA}'-(\boldsymbol{X}'\boldsymbol{X})^{-1})$$

由于：

$$[\boldsymbol{A}-(\boldsymbol{X}'\boldsymbol{X})^{-1}\boldsymbol{X}'][\boldsymbol{A}-(\boldsymbol{X}'\boldsymbol{X})^{-1}\boldsymbol{X}']'=\boldsymbol{AA}'-(\boldsymbol{X}'\boldsymbol{X})^{-1}\boldsymbol{X}'\boldsymbol{A}'-\boldsymbol{AX}(\boldsymbol{X}'\boldsymbol{X})^{-1}+(\boldsymbol{X}'\boldsymbol{X})^{-1}$$

借助 $\boldsymbol{AX}=\boldsymbol{I}$：

$$[\boldsymbol{A}-(\boldsymbol{X}'\boldsymbol{X})^{-1}\boldsymbol{X}'][\boldsymbol{A}-(\boldsymbol{X}'\boldsymbol{X})^{-1}\boldsymbol{X}']'=\boldsymbol{AA}'-(\boldsymbol{X}'\boldsymbol{X})^{-1}$$

由线性代数知识可知，对任意非奇异矩阵 $\boldsymbol{C}$，$\boldsymbol{CC}'$ 为半正定矩阵。可将 $[\boldsymbol{A}-(\boldsymbol{X}'\boldsymbol{X})^{-1}\boldsymbol{X}']$视为 $\boldsymbol{C}$，$\boldsymbol{AA}'-(\boldsymbol{X}'\boldsymbol{X})^{-1}$ 为半正定矩阵。所以最小二乘估计 $\hat{\boldsymbol{B}}$ 是 $\boldsymbol{B}$ 的最小方差线性无偏估计。

因此，在古典回归模型的若干假定成立的情况下，最小二乘估计是所有线性无偏估计量中的有效估计量。它强调最小二乘估计是“最佳线性无偏估计量”，这也是最小二乘估计被广泛使用的原因之一。这就是著名的高斯-马尔可夫定理。

（4）正态性。

参数最小二乘估计 $\hat{\boldsymbol{B}}$ 服从正态分布：

$$\hat{\boldsymbol{B}}\sim N(\boldsymbol{B},\sigma^2(\boldsymbol{X}'\boldsymbol{X})^{-1}) \tag{3-21}$$

由于：

$$\hat{\boldsymbol{B}}=\boldsymbol{B}+(\boldsymbol{X}'\boldsymbol{X})^{-1}\boldsymbol{X}'\boldsymbol{\varepsilon}$$

$$\mathrm{E}(\hat{\boldsymbol{B}})=\boldsymbol{B}$$

$$\mathrm{E}[(\hat{\boldsymbol{B}}-\boldsymbol{B})(\hat{\boldsymbol{B}}-\boldsymbol{B})']=\sigma^2(\boldsymbol{X}'\boldsymbol{X})^{-1}$$

所以 $\hat{\boldsymbol{B}}$ 服从正态分布。记 $\boldsymbol{C}=(\boldsymbol{X}'\boldsymbol{X})^{-1}$ 的第 j 个主对角线元素为 c_{jj}，则：

$$\hat{\beta}_j\sim N(\beta_j,\sigma^2c_{jj}) \tag{3-22}$$

3.2.2 随机误差项方差的估计

参数估计量的方差或标准差是衡量参数估计量偏离参数真值的重要指标，由此可以推断参数估计量的可靠性。然而在 $\hat{\beta}_j$ 正态分布中，随机误差项的方差 σ^2 是未知的，由此可知参数估计量 $\hat{\beta}_j$ 的方差就是未知的。因此，需要对随机误差项的方差 σ^2 进行估计。在回归分析中，样本残差作为随机误差项的无偏估计，需计算残差方差对随机误差项方差 σ^2 的无偏估计量。

证明：$\boldsymbol{e}=\boldsymbol{Y}-\hat{\boldsymbol{Y}}=\boldsymbol{Y}-\boldsymbol{X}\hat{\boldsymbol{B}}=\boldsymbol{Y}-\boldsymbol{X}(\boldsymbol{X}'\boldsymbol{X})^{-1}\boldsymbol{X}'\boldsymbol{Y}=[\boldsymbol{I}-\boldsymbol{X}(\boldsymbol{X}'\boldsymbol{X})^{-1}\boldsymbol{X}']\boldsymbol{Y}$

$$=[\boldsymbol{I}-\boldsymbol{X}(\boldsymbol{X}'\boldsymbol{X})^{-1}\boldsymbol{X}'](\boldsymbol{X}\boldsymbol{B}+\boldsymbol{\varepsilon})=[\boldsymbol{I}-\boldsymbol{X}(\boldsymbol{X}'\boldsymbol{X})^{-1}\boldsymbol{X}']\boldsymbol{\varepsilon}$$

记：

$$\boldsymbol{Q}=[\boldsymbol{I}-\boldsymbol{X}(\boldsymbol{X}'\boldsymbol{X})^{-1}\boldsymbol{X}']$$

则：

$$\boldsymbol{e}=\boldsymbol{Q}\boldsymbol{Y}=\boldsymbol{Q}\boldsymbol{\varepsilon}$$

容易验证 $\boldsymbol{Q}$ 是对称等幂矩阵，即 $\boldsymbol{Q}=\boldsymbol{Q}^2$

因此，残差向量的方差-协方差矩阵为

$$\mathrm{Var}(\boldsymbol{e})=\mathrm{E}(\boldsymbol{e}\boldsymbol{e}')=\mathrm{E}[\boldsymbol{Q}\boldsymbol{\varepsilon}(\boldsymbol{Q}\boldsymbol{\varepsilon})']=\boldsymbol{Q}\mathrm{E}(\boldsymbol{\varepsilon}\boldsymbol{\varepsilon}')\boldsymbol{Q}'=\boldsymbol{Q}\sigma^2\boldsymbol{I}\boldsymbol{Q}'=\boldsymbol{Q}\sigma^2$$

利用矩阵迹的性质，有：

$$\sum e_i^2=\boldsymbol{e}\boldsymbol{e}'=\mathrm{tr}(ee')$$

因此 $\mathrm{E}(\boldsymbol{e}\boldsymbol{e}')=\mathrm{E}(\mathrm{tr}(\boldsymbol{e}\boldsymbol{e}'))=\mathrm{tr}(\mathrm{E}(\boldsymbol{e}\boldsymbol{e}'))=\mathrm{tr}(\boldsymbol{Q}\sigma^2)=\sigma^2\mathrm{tr}[\boldsymbol{I}-\boldsymbol{X}(\boldsymbol{X}'\boldsymbol{X})^{-1}\boldsymbol{X}']$

$$=\sigma^2(\mathrm{tr}\boldsymbol{I}_n-\mathrm{tr}(\boldsymbol{X}(\boldsymbol{X}'\boldsymbol{X})^{-1}\boldsymbol{X}')_{k+1})=\sigma^2(n-k-1)$$

而残差向量的方差-协方差矩阵 $\mathrm{E}(\boldsymbol{e}\boldsymbol{e}')$ 的主对角线元素之和为 $\sum e_i^2$，故：

$$\mathrm{E}(\sum e_i^2)=\sigma^2(n-k-1) \tag{3-23}$$

因此，$\dfrac{\sum e_i^2}{n-k-1}$ 是 σ^2 的无偏估计。令 $\hat{\sigma}^2=\dfrac{\sum e_i^2}{n-k-1}$，$\mathrm{df}=n-k-1$ 是含有 n 个观测值、k 个自变量的普通最小二乘问题的自由度，则 $\hat{\sigma}^2$ 是随机误差项方差 σ^2 的无偏估计。$\hat{\sigma}$ 被称为**回归标准误差**(standard error of the regression，SER)。SER 是随机误差项的标准差的估计量，这个估计值通常由回归软件包提供。

对于给定样本，在方程中增加一个解释变量时，$\hat{\sigma}$ 可能减少也可能增加。这是因为增加一个解释变量时残差平方和会下降，但同时自由度也会减少一个，这使得 $\hat{\sigma}$ 变化方向不确定。

3.3 多元线性回归模型的统计检验

对已估计出参数的多元线性回归模型，需对其参数估计值的可靠性进行统计检验。统计检验主要包括：拟合优度检验、偏回归系数的显著性检验(t 检验)、回归模型的总体显著性检验(F 检验)。

3.3.1 拟合优度检验

如果所有观测值都落在样本回归线上，那么称之为完全拟合。一般情况下，观测值往往围绕在样本回归线周围，由此会出现或正或负的离差。通过对这些离差的分析，有助于衡量样本回归线拟合样本点的程度。在一元线性回归模型中，我们使用可决系数 R^2 衡量估计模型对观测值的拟合程度。推及多元线性回归模型，同样需要讨论所估计的模型对样本观测值的拟合程度。

1. 多重可决系数

多元线性回归模型对样本观测值的拟合情况，可以考察在 y 的总变差中能由解释变量解释的那部分变差的比重，即回归平方和占总离差平方和的比值，这个比值称为多重可决系数，也用 R^2 表示。

类似于一元线性回归模型，多元线性回归有如下总变差分解式：

$$\sum(y_i-\overline{y})^2=\sum[(y_i-\hat{y}_i)+(\hat{y}_i-\overline{y})]^2=\sum e_i^2+2\sum e_i(\hat{y}_i-\overline{y})+\sum(\hat{y}_i-\overline{y})^2$$

其中，$\sum e_i(\hat{y}_i-\overline{y})=\hat{\beta}_0\sum e_i+\hat{\beta}_1\sum e_i x_{1i}+\hat{\beta}_2\sum e_i x_{2i}+\cdots+\hat{\beta}_k\sum e_i x_{ki}-\overline{y}\sum e_i$

借助普通最小二乘求极值所得的正规方程，$\sum e_i(\hat{y}_i-\overline{y})=0$，

因此有：

$$\sum(y_i-\overline{y})^2=\sum(y_i-\hat{y}_i)^2+\sum(\hat{y}_i-\overline{y})^2$$

记 $\text{TSS}=\sum(y_i-\overline{y})^2$，$\text{RSS}=\sum(y_i-\hat{y}_i)^2$，$\text{ESS}=\sum(\hat{y}_i-\overline{y})^2$，则有：

$$\text{TSS}=\text{RSS}+\text{ESS} \tag{3-24}$$

其中，TSS 为总离差平方和，即被解释变量 y 的总变差(即方差)大小，反映被解释变量观测值总的变异程度；RSS 为残差平方和，反映未被回归线解释的部分，由所有解释变量对 y_i 影响以外的随机因素造成；ESS 为回归平方和，即被解释变量回归估计值总的变异程度，反映由回归线所解释的部分。

所谓自由度是数理统计中的一个概念。统计量的自由度，是指统计量自由变化的样本观测值的个数，等于样本观测值个数减去对观测值的约束条件个数。所有平方和都涉及自由度问题。式(3-24)从自由度来看也是平衡的。$\text{TSS}=\sum(y_i-\overline{y})^2$，自由度为 $n-1$。$\text{RSS}=\sum(y_i-\hat{y}_i)^2$，自由度为 $n-k-1$。$\text{ESS}=\sum(\hat{y}_i-\overline{y})^2$，自由度为 k。

式(3-24)中 RSS 和 ESS 呈现此消彼长的状态，若回归平方和 ESS 越大，残差平方和 RSS 越小，从而总离差平方和 TSS 中能由解释变量解释的那部分变差就越大，模型对观测值的拟合程度就越高，反则反之。因此定义多重可决系数为

$$R^2=\frac{\text{ESS}}{\text{TSS}} \tag{3-25}$$

或者表示为

$$R^2=\frac{\text{TSS}-\text{RSS}}{\text{TSS}}=1-\frac{\text{RSS}}{\text{TSS}}=1-\frac{\sum e_i^2}{\sum(y_i-\overline{y})^2} \tag{3-26}$$

多重可决系数表示在 y 的总离差平方和中解释变量 x_{1i}，x_{2i}，…，x_{ki} 联合解释的百分比。它是介于 0 与 1 之间的某个数。R^2 越大，模型对观测值的拟合程度越好，解释变量对被解释变量的解释能力越强。当 $R^2=1$ 时，被解释变量变化的 100% 由回归线解释，所有观测值都落在回归线上。当 $R^2=0$ 时，解释变量与被解释变量之间没有任何线性关系。R^2 的平方根称为多元相关系数 R，它度量了 y 与所有解释变量的线性相关程度。不过实际运用中很少使用 R。

2. 修正的可决系数

在实际运用中，人们经常发现伴随着解释变量数量的增加，多重可决系数 R^2 的值往往会变大，即 R^2 是模型中解释变量个数的不减函数(由于残差平方和往往会伴随解释变量个数的增加而减少，至少不会增加)，从 R^2 的数值看，这增加了模型的拟合程度。这就给人们一个错觉，认为只要能找到足够多的解释变量就可以形成具有良好拟合结果的回归模型。而这样的操作一方面会在样本容量一定的情况下，造成自由度的衰减；另一方面会给实际搜寻数据增加更多的难度。若增加引入一个不重要的解释变量使得 $\sum e_i^2$ 降低程度不明显，那么自由度 $n-k-1$ 的下降使得 $\hat{\sigma}^2=\dfrac{\sum e_i^2}{n-k-1}$ 增大，这对待估参数的置信区间或被解

释变量的预测区间估计都不利，会导致推测精度的下降。因此次要的解释变量不应该引入模型，也不应该利用 R^2 是否增大来决定是否应引入某解释变量。

为了比较含有不同解释变量个数的模型的拟合程度，现引入修正的可决系数，其计算公式为

$$\overline{R}^2=1-\frac{\mathrm{RSS}/(n-k-1)}{\mathrm{TSS}/(n-1)}=1-\frac{\sum e_i^2/(n-k-1)}{\sum(y_i-\overline{y})^2/(n-1)} \tag{3-27}$$

这是对多重可决系数中明确自由度的残差平方和及总离差平方和进行自由度调整。修正的可决系数具备原指标的特征，同时还与解释变量个数 k 和样本容量 n 有关。修正的可决系数不随解释变量个数的增加而增加，具有不确定性。当增加一个对被解释变量有较大影响的解释变量时，残差平方和 $\sum e_i^2$ 的减小程度比自由度 $n-k-1$ 的减小程度更显著，修正的可决系数会增加；当增加一个对被解释变量没多大影响的解释变量时，残差平方和 $\sum e_i^2$ 的减小程度没有自由度 $n-k-1$ 的减小程度那么明显，修正的可决系数会减少。

引入修正的可决系数 $\overline{R}^2$ 的作用在于：① $\overline{R}^2$ 克服了 R^2 是 k 的不减函数的不足，为在一个模型中另外增加解释变量施加了惩罚，比 R^2 能够更准确地测度拟合效果；②对于包含不同解释变量个数的模型，可以通过修正的可决系数直接比较不同模型间的拟合效果。

修正的可决系数与未经修正的可决系数之间有如下关系：

$$\overline{R}^2=1-\frac{n-1}{n-k-1}(1-R^2) \tag{3-28}$$

修正的可决系数具有如下特点：

(1) 修正的可决系数不大于未经修正的可决系数。利用式(3-28)可推导出 $\overline{R}^2=R^2-\frac{k}{n-k-1}(1-R^2)$，所以 $\overline{R}^2\leqslant R^2$。

(2) 修正的可决系数可能为负。若 $R^2<\frac{k}{n-k-1}$，则 $\overline{R}^2<0$。此时使用 $\overline{R}^2$ 就失去了意义，可人为将其设置为0。

值得注意的是，可决系数只是对模型拟合程度的度量。$\overline{R}^2$ 和 R^2 数值越大，只说明列入模型的解释变量对被解释变量影响程度越大，并未说明模型中各个解释变量对被解释变量的影响程度都是显著的。较大的 $\overline{R}^2$ 和 R^2 是一个良好模型的充分但非必要条件，在一些特殊领域的特殊应用中甚至会出现 $\overline{R}^2<0$ 的状况(例如某些金融学领域的文献)。因此选择模型时，不能单纯凭借可决系数的高低判定模型的优劣，有时要通盘考虑模型的可靠性及模型进行结构分析的经济意义，由此可适当降低对可决系数的要求。例3-1利用EViews软件计算的可决系数 $R^2=0.998\,2$，修正的可决系数 $\overline{R}^2=0.998\,0$。可见，$\overline{R}^2$ 和 R^2 都大于0.99，说明模型的拟合程度非常高。

3. 赤池信息准则、施瓦茨准则和汉南-奎因准则

除了可决系数能衡量多元回归模型的拟合程度外，常用的标准还有赤池信息准则(Akaike information criterion，AIC)、施瓦茨准则(Schwarz criterion，SC)和汉南-奎因准则(Hannan-Quinn criterion，HQC)，这三个准则的定义为

$$\mathrm{AIC}=-\frac{2L}{n}+\frac{2(k+1)}{n} \tag{3-29}$$

$$SC=-\frac{2L}{n}+\frac{k+1}{n}\ln n \tag{3-30}$$

$$HQC=-\frac{2L}{n}+\frac{2(k+1)}{n}\ln(\ln n) \tag{3-31}$$

这三个准则建立在最大似然估计的基础上，其中 $L=-\frac{n}{2}\left(1+\ln(2\pi)+\ln\frac{\sum e_i^2}{n}\right)$ 为对数似然函数。当增加某解释变量能够降低 AIC、SC 和 HQC 的数值时，在原模型中增加这个变量才是有意义的。与可决系数一样，若增加的这个解释变量没有解释能力，则对残差平方和的降低没有什么帮助，却同时增加了待估参数的个数，此时会导致 AIC、SC 和 HQC 数值的上升。不同模型间优劣的比较，可借助 AIC、SC 和 HQC，数值越小越好。

在两个非嵌套模型间进行选择时，无论是利用 $\overline{R}^2$ 还是利用 AIC、SC 和 HQC，都有一个重要的局限性：我们不能用它们在被解释变量的不同函数形式之间进行选择，例如 y 与 $\log(y)$。因为无论回归中被解释变量是什么形式，R^2 所度量的都是被解释变量总变异中能被解释的比例，而 y 与 $\log(y)$ 的总变异总是不同的，将被解释变量不同的回归所得到的 $\overline{R}^2$、AIC、SC 和 HQC 进行比较，不能帮助我们判断哪个模型拟合程度更好。这些模型拟合的是完全不同的被解释变量。

3.3.2 偏回归系数的显著性检验

偏回归系数的显著性检验又称解释变量的显著性检验，即对总体回归函数中某单个参数的假设进行的检验，常用的检验方法为 t 检验。

1. t 检验

对于总体线性回归模型随机设定形式：

$$y_i=\beta_0+\beta_1x_{1i}+\beta_2x_{2i}+\cdots+\beta_kx_{ki}+\varepsilon_i$$

假定满足多元线性回归模型经典假定，OLS 得到参数估计量是 BLUE。然而我们无法确定参数 β_j 的总体未知特征，因此只能对其值进行假设，然后通过统计推断来检验事先的假定。

利用 OLS 法估计的样本参数估计值 $\hat{\beta}_j$ 只是一个点估计值，为了更准确地反映参数的取值情况，可以按一定的可靠性确定参数的取值范围，即在一定的置信水平下，求得参数的置信区间。当随机误差项方程 σ^2 为已知值时，式(3-22)成立，即 $(\hat{\beta}_j-\beta_j)/s(\hat{\beta}_j)\sim N(0,1)$；当随机误差项方程 σ^2 未知且为小样本时，σ^2 由随机变量 $\hat{\sigma}^2$ 无偏替代，随机变量 $\hat{\beta}_j$ 的标准化式 $(\hat{\beta}_j-\beta_j)/s(\hat{\beta}_j)$ 不再服从正态分布，经证明其是服从自由度为 $n-k-1$ 的 t 分布。

多元回归分析中对各个偏回归系数的统计显著性检验的目的是检验当其他解释变量不变时，该回归系数对应的解释变量对被解释变量是否有显著影响。检验方法与一元线性回归的检验基本相同。其基本过程为

（1）提出双侧备择假设[⊖]。

$$H_0:\beta_j=0\quad(j=0,1,2,\cdots,k)$$

⊖ 在实际应用中还包括单侧备择假设检验，例如 $H_0:\beta_j=0$，$H_1:\beta_j>0$。本节仅讨论双侧备择假设下的检验过程。

$H_1：\beta_j \neq 0$

在这个假设中，x_j 对 y 具有未明确说明是正是负的影响。当经济理论（或常识）没有很好地说明 β_j 的符号时，这是一个恰当的备择假设。即使我们知道 β_j 在对立假设中是正是负，采取双侧检验通常也是明智的。这种方式避免检查估计方程并根据 $\hat{\beta}_j$ 的符号而提出备择假设。经典统计推断要求我们在看到数据之前就先表述原假设及备择假设，因此，试图使用回归估计值来帮助我们表述原假设和备择假设的做法是不允许的。

（2）根据样本观测值，计算 t 统计量的值。

$$t=\frac{\hat{\beta}_j-\beta_j}{s(\hat{\beta}_j)}\sim t(n-k-1) \tag{3-32}$$

在 H_0 成立时：

$$t=\frac{\hat{\beta}_j}{s(\hat{\beta}_j)}=\frac{\hat{\beta}_j}{\hat{\sigma}\sqrt{c_{jj}}}\sim t(n-k-1)$$

其中，$\hat{\sigma}^2=\dfrac{\sum e^2}{n-k-1}$。

（3）比较判断。

给定显著性水平 α，查自由度 $n-k-1$ 的 t 分布表。对于一个双侧检验，选择分布临界值要使 t 分布两端的面积各为 $\alpha/2$，即找到 $t_{\alpha/2}(n-k-1)$。若 $|t|\geqslant t_{\alpha/2}(n-k-1)$，就拒绝 $H_0：\beta_j=0$。换句话说，若 $\alpha=0.05$，我们找到的双侧临界值要使 t 分布两端的面积各等于 2.5%。例 3-1 中 $n-k-1=27-2-1=24$，双侧检验在 5% 显著性水平下，临界值为 2.063 9。图 3-2 给出了这个分布的一个说明。

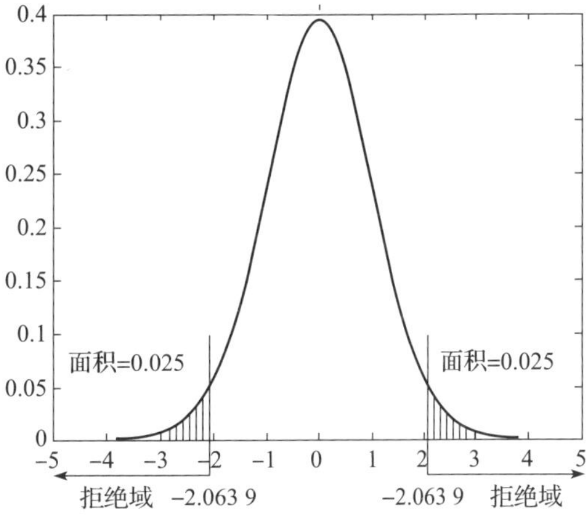

图 3-2　自由度为 24、显著性水平为 5%时，备择假设为 $H_1：\beta_j\neq 0$ 的拒绝法则

在没有明确说明的情况下，本书余下的部分认为备择假设都是双侧的。由此，在进行计量经济分析时，明确备择假设和显著性水平是十分必要的。若在显著性水平 5%下拒绝 H_0，我们通常说："x_j 是统计显著的，或在显著性水平 5%时统计上显著异于零。"如果 H_0 未被拒绝，我们就说："x_j 在显著性水平 5%时的统计上是不显著的。"

值得注意的是，当 H_0 未被拒绝时，我们喜欢说"在显著性水平 5%上，我们不能拒绝 H_0"，而不是说"在显著性水平 5%上，我们接受了 H_0"。前者比后者具有更强的解释力度。

在例 3-1 中，$t_1=\dfrac{\hat{\beta}_1}{s(\hat{\beta}_1)}=\dfrac{1.457\,6}{0.212\,2}=6.869\,0$，$t_2=\dfrac{\hat{\beta}_2}{s(\hat{\beta}_2)}=\dfrac{0.328\,4}{0.018\,9}=17.375\,7$，显然两个解释变量各自的 t 统计量值均大于临界值 2.063 9，拒绝各自系数为 0 的原假设，说明在显著性水平为 5%时，x_1、x_2 是统计显著的，即财政收入、货币供应量对国内生产总值的变动影响统计上显著异于零。

2. t 检验的 p 值

使用上述经典方法进行假设检验，存在一个随意成分，即事先我们应选择好一个显著性水平。不同的研究者根据特定的应用，会偏好不同的显著性水平，因而不存在一个“正确”的显著性水平。需要指出的是，事前指定一个显著性水平，可能隐藏假设检验结果的有关信息。例如，用双侧备择假设检验某参数为零的原假设，计算自由度为40时所得的 t 统计量值为1.85。若按5%显著性水平下临界值为2.021，不能拒绝原假设；而选择10%显著性水平时，临界值为1.684，则拒绝原假设，表明该变量对因变量影响显著异于零。

与其在不同的显著性水平上进行检验，不如提供一种更加直接的判定工具——p 值，即给定统计量观测值后能拒绝原假设的最小显著性水平。它是一个概率，介于0和1之间，几乎所有的回归类软件都直接提供该数据。p 值很好地总结了经验证据拒绝原假设的强弱，小 p 值是拒绝原假设的证据，而大 p 值不能提供拒绝原假设的证据。例如 $p=0.3$，说明在原假设正确时，我们将在30%的随机样本中，观察到一个 t 统计量值至少和我们计算所得的 t 统计量一样大，这是拒绝 H_0 的相当弱的证据。例3-1中财政收入的 $t_1=6.8690$，在自由度=24时，计算的 p 值为

p 值 $=P(|T|>6.8690)=2P(T>6.8690)=2\times4.1816\text{E-}07=0.0000$(保留四位小数)

这意味着在原假设正确时，在8.3632E-05%的随机样本中观察到一个 t 统计量值至少和计算所得的 t 统计量一样大，这显然为拒绝 H_0 提供了相当强的证据。

一旦 p 值被计算出来，在任何理想的显著性水平下都能进行经典检验。如果用 α 表示显著性水平，那么 $p\leqslant\alpha$，则拒绝原假设；$p>\alpha$ 时，不能拒绝原假设。不仅 t 检验会使用 p 值，未来介绍的其他统计量也会有对应的 p 值，判断原则是一致的。

3.3.3 回归模型的总体显著性检验

回归模型的总体显著性检验，就是检验模型中被解释变量与解释变量间的线性关系在总体上是否显著成立，或者说检验模型中所有解释变量对被解释变量的共同影响是否显著。这是一个多重假设检验(multiple hypotheses test)或联合假设检验(joint hypotheses test)，即所有解释变量联合起来作为一个整体对被解释变量有无联合影响。常用的检验方法为 F 检验。

1. F 检验

F 检验的基本步骤为

(1) 提出原假设及备择假设。

对于多元线性回归模型

$$y_i=\beta_0+\beta_1x_{1i}+\beta_2x_{2i}+\cdots+\beta_kx_{ki}+\varepsilon_i$$

解释变量的参数是否显著不为0。按照假设检验的原理与程序，提出原假设和备择假设：

$$H_0: \beta_1=\beta_2=\cdots=\beta_k=0$$

$$H_1: \beta_j(j=0, 1, 2, \cdots, k)\text{不全为}0$$

原假设其实是 k 个 $\beta_j=0$ 约束条件的联合形式，由此可见回归模型的总体显著性检验

是一个多重假设检验或联合假设检验。由于 y_i 服从正态分布，根据数理统计学中的定义，y_i 的一组样本平方和服从 χ^2 分布，因此有：

$$\text{ESS}=\sum(\hat{y}_i-\overline{y})^2/\sigma^2\sim\chi^2(k)$$

$$\text{RSS}=\sum(y_i-\hat{y}_i)^2/\sigma^2\sim\chi^2(n-k-1)$$

即回归平方和及残差平方和分别服从于自由度为 k、$n-k-1$ 的 χ^2 分布。将自由度考虑进去进行方差分析，有如下方差分析表(见表 3-2)。

表 3-2　方差分析表

变差来源	平方和	自由度	方差
源于回归	ESS	k	$\frac{\text{ESS}}{k}$
源于残差	RSS	$n-k-1$	$\frac{\text{RSS}}{n-k-1}$
总变差	TSS	$n-1$	

(2) 根据样本观测值，计算 F 统计量的值。

按照数理统计学中的定义，可以证明在 H_0 成立的条件下，统计量：

$$F=\frac{\text{ESS}/k}{\text{RSS}/(n-k-1)} \tag{3-33}$$

服从第一自由度为 k 和第二自由度为 $n-k-1$ 的 F 分布。

(3) 比较判断。

给定显著性水平 α，在 F 分布表中找到第一自由度为 k 和第二自由度为 $n-k-1$ 的临界值 $F_\alpha(k, n-k-1)$，比较计算所得的样本回归 F 统计量与临界值 $F_\alpha(k, n-k-1)$，若 $F\geqslant F_\alpha(k, n-k-1)$，拒绝原假设 H_0，说明回归方程总体显著，解释变量对被解释变量的线性影响是显著的；若 $F<F_\alpha(k, n-k-1)$，不能拒绝原假设 H_0，说明回归方程总体不显著，解释变量对被解释变量的线性影响是不显著的。当然我们可以借助软件提供的 F 统计量值对应 p 值进行判断。

在例 3-1 中，$F=6\,540.349$，$k=2$，$n-k-1=24$，查 F 分布表找到 $F_\alpha(2, 24)=3.40$，很显然 $F>F_\alpha(k, n-k-1)$，因此模型总体是显著的，即财政收入及货币供应量联合起来对国内生产总值的影响是显著的。

2. F 检验与拟合优度检验的关系

F 检验与拟合优度检验都是基于总变差的分解公式，将总变差分解为残差平方和及回归平方和，并在此基础上构造统计量，区别于 F 检验有精确的分布，拟合优度检验并没有。一般来说，模型对观测值的拟合程度越高，模型总体线性关系的显著性越强。因此，通过两个检验统计量之间的数量关系，在实际应用中相互验证，更具实际意义。

F 统计量与可决系数 R^2 和修正的可决系数 $\overline{R}^2$ 之间具有如下关系：

$$F=\frac{n-k-1}{k}\cdot\frac{R^2}{1-R^2} \tag{3-34}$$

因此，若 $R^2=1$，则 F 为无穷大；若 $R^2=0$，则 $F=0$，$R^2\uparrow\Rightarrow F\uparrow$。由式(3-34)可反向推导得：

$$R^2=\frac{kF}{n-k-1+kF} \tag{3-35}$$

将 $\overline{R}^2=1-\frac{n-1}{n-k-1}(1-R^2)$ 代入，得到：

$$\overline{R}^2=1-\frac{n-1}{n-k-1+kF} \tag{3-36}$$

由此可知，当 $F\uparrow\Rightarrow R^2\uparrow$，$F\uparrow\Rightarrow\overline{R}^2\uparrow$。这说明二者具有一致性。但是可决系数及修正的可决系数只是提供了一种模糊的推测，它们的值要达到多大才能算模型通过检验，并没有明确的界限。而 F 检验不同，只要给定显著性水平，就能给出统计意义上是否显著的结论。

3. F 检验与 t 检验的关系

多元回归分析的目的，不仅是获得较高拟合效果的模型，也不仅是要寻求方程整体的显著性，还要求对模型中各个总体回归参数做出有意义的估计。因此，从总体看 F 检验是必要的，而从局部看 t 检验是必要的。

在一元线性回归分析中，由于只有一个解释变量，不存在多个解释变量间的联合影响检验，实际上并不需要进行 F 检验。事实上，在一元线性回归的情况下，F 检验与 t 检验是一致的。它们存在如下关系：

$$F=\frac{\text{ESS}/1}{\text{RSS}/(n-2)}=\frac{\sum(\hat{y}_i-\overline{y})^2}{\sum e_i^2/(n-2)}=\frac{\sum[(\hat{\beta}_0+\hat{\beta}_1x_i)-(\hat{\beta}_0+\hat{\beta}_1\overline{x})]^2}{\sum e_i^2/(n-2)}$$

$$=\frac{\sum\hat{\beta}_1^2(x_i-\overline{x})^2}{\sum e_i^2/(n-2)}=\frac{\hat{\beta}_1^2\sum(x_i-\overline{x})^2}{\hat{\sigma}^2}=\left[\frac{\hat{\beta}_1}{se(\hat{\beta}_1)}\right]^2=t^2$$

$$F=t^2 \tag{3-37}$$

即 F 统计量值等于 t 统计量值的平方，也就是说，在一元情形下，F 检验与 t 检验是等价的。但在多元情形下，此关系不成立。首先，二者原假设不同；其次，当每个解释变量的 t 检验均显著时，F 检验也是显著的；但当 F 检验是显著的，并不意味着每一个回归系数的 t 检验均显著。

4. 参数置信区间

参数的假设检验用来判断所考察的解释变量是否对被解释变量有显著的线性影响，但没有回答在一次抽样中，所估计的参数值离参数真值有多“近”。这就需要进一步通过对参数的置信区间估计来考察。

在解释变量的显著性检验（t 检验）中：

$$t=\frac{\hat{\beta}_j-\beta_j}{s(\hat{\beta}_j)}\sim t(n-k-1)$$

因此，在 $1-\alpha$ 的置信水平下，β_j 的置信区间为

$$[\hat{\beta}_j-t_{\alpha/2}(n-k-1)\times s(\hat{\beta}_j),\hat{\beta}_j+t_{\alpha/2}(n-k-1)\times s(\hat{\beta}_j)]$$

在实际应用中，置信水平越高，置信区间越大。例如在例 3-1 中，$\hat{\beta}_1=1.457\,6$，$\hat{\beta}_2=0.328\,4$，$t_{0.025}(24)=2.063\,9$，$s(\hat{\beta}_1)=0.212\,2$，$s(\hat{\beta}_2)=0.018\,9$，可以计算出 β_1、β_2 的置信区间分别为[1.019 7，1.895 5]、[0.289 3，0.367 4]。

3.4　多元线性回归模型预测

所谓预测是指在给定解释变量数值 $\boldsymbol{X}_f=(1,\ x_{1f},\ x_{2f},\ \cdots,\ x_{kf})$的情况下，对被解释变量 y 的相应值 y_f 和 $\mathrm{E}(y_f)$做出估计。所进行的估计可分为点估计和区间估计，从而存在点预测和区间预测。

3.4.1　被解释变量的点预测

点预测是根据给定的解释变量值，预测相应的被解释变量的一个可能值。设多元线性回归模型为

$$y_i=\beta_0+\beta_1 x_{1i}+\beta_2 x_{2i}+\cdots+\beta_k x_{ki}+\varepsilon_i$$

则对样本以外扩展所得的解释变量数值 $\boldsymbol{X}_f=(1,\ x_{1f},\ x_{2f},\ \cdots,\ x_{kf})$，$y$ 个别值 y_f 和均值 $\mathrm{E}(y_f)$分别为

$$y_f=\boldsymbol{X}_f\boldsymbol{B}=\beta_0+\beta_1 x_{1f}+\beta_2 x_{2f}+\cdots+\beta_k x_{kf}+\varepsilon_f$$

$$\mathrm{E}(y_f)=\boldsymbol{X}_f\boldsymbol{B}=\beta_0+\beta_1 x_{1f}+\beta_2 x_{2f}+\cdots+\beta_k x_{kf}$$

若观察样本观测值已经估计出参数向量$\hat{\boldsymbol{B}}$，且模型通过检验，获得样本回归模型：

$$\hat{y}_i=\hat{\beta}_0+\hat{\beta}_1 x_{1i}+\hat{\beta}_2 x_{2i}+\cdots+\hat{\beta}_k x_{ki}$$

将样本以外扩展所得的解释变量数值 $\boldsymbol{X}_f=(1,\ x_{1f},\ x_{2f},\ \cdots,\ x_{kf})$，$y_f$ 拟合值为

$$\hat{y}_f=\boldsymbol{X}_f\hat{\boldsymbol{B}}=\hat{\beta}_0+\hat{\beta}_1 x_{1f}+\hat{\beta}_2 x_{2f}+\cdots+\hat{\beta}_k x_{kf} \tag{3-38}$$

对上式两边取期望，得：

$$\mathrm{E}(\hat{y}_f)=\mathrm{E}(\hat{\beta}_0+\hat{\beta}_1 x_{1f}+\hat{\beta}_2 x_{2f}+\cdots+\hat{\beta}_k x_{kf}) \tag{3-39}$$

$$\mathrm{E}(\hat{y}_f)=\mathrm{E}(y_f)$$

说明 $\hat{y}_f$ 是 $\mathrm{E}(y_f)$的无偏估计，从而可以用 $\hat{y}_f$ 作为 y_f 和 $\mathrm{E}(y_f)$的点预测值。

3.4.2　被解释变量均值 E(y_f)的区间预测

点预测值可能对应了样本中某个实际数据，也可能没有哪个实际数据可与之对应。预测值与实际值之间就存在误差，而这种误差有多大，点预测无法提供相关信息。如果我们想要对这个预测值的不确定性进行某种度量，自然而然的办法是，以点预测值为中心，为点预测值构造某个置信区间，使得预测的被解释变量取值在一定的可能范围内。

$\mathrm{E}(y_f)$的区间预测是以 $\hat{y}_f$ 的概率分布为基础的。为了得到 $\mathrm{E}(y_f)$的区间预测，首先要得到 $\hat{y}_f$ 的方差：

$$\begin{aligned}\mathrm{Var}(\hat{y}_f)&=\mathrm{E}[(\hat{y}_f-\mathrm{E}(\hat{y}_f))]^2=\mathrm{E}[(\boldsymbol{X}_f\hat{\boldsymbol{B}}-\mathrm{E}(\boldsymbol{X}_f\hat{\boldsymbol{B}}))]^2\\&=\mathrm{E}[(\boldsymbol{X}_f\hat{\boldsymbol{B}}-\boldsymbol{X}_f\boldsymbol{B})^2]=\mathrm{E}[\boldsymbol{X}_f(\hat{\boldsymbol{B}}-\boldsymbol{B})]\end{aligned}$$

其中，$\boldsymbol{X}_f(\hat{\boldsymbol{B}}-\boldsymbol{B})$是标量，因此

$$\boldsymbol{X}_f(\hat{\boldsymbol{B}}-\boldsymbol{B})=[\boldsymbol{X}_f(\hat{\boldsymbol{B}}-\boldsymbol{B})]'=(\hat{\boldsymbol{B}}-\boldsymbol{B})'\boldsymbol{X}_f'$$

代入上式，得：

$$\mathrm{Var}(\hat{y}_f)=\boldsymbol{X}_f\mathrm{E}[(\hat{\boldsymbol{B}}-\boldsymbol{B})(\hat{\boldsymbol{B}}-\boldsymbol{B})']\boldsymbol{X}_f'=\boldsymbol{X}_f\mathrm{Var}(\hat{\boldsymbol{B}})\boldsymbol{X}_f'$$

$$\text{Var}(\hat{y}_f)=\sigma^2 \boldsymbol{X}_f(\boldsymbol{X}'\boldsymbol{X})^{-1}\boldsymbol{X}'_f$$

因此，$\hat{y}_f$ 服从均值为 $\text{E}(\hat{y}_f)=\text{E}(y_f)=\boldsymbol{X}_f\boldsymbol{B}$、方差为 $\sigma^2\boldsymbol{X}_f(\boldsymbol{X}'\boldsymbol{X})^{-1}\boldsymbol{X}'_f$ 的正态分布，即

$$\hat{y}_f \sim N(\boldsymbol{X}_f\boldsymbol{B},\sigma^2\boldsymbol{X}_f(\boldsymbol{X}'\boldsymbol{X})^{-1}\boldsymbol{X}'_f) \tag{3-40}$$

用 $\hat{\sigma}^2$ 无偏替代 σ^2，构造如下形式统计量：

$$t=\frac{\hat{y}_f-\text{E}(y_f)}{\hat{\sigma}\sqrt{\boldsymbol{X}_f(\boldsymbol{X}'\boldsymbol{X})^{-1}\boldsymbol{X}'_f}} \tag{3-41}$$

该统计量服从自由度为 $n-k-1$ 的 t 分布。

给定显著性水平 α，得自由度为 $n-k-1$ 的 t 分布临界值 $t_{\alpha/2}(n-k-1)$，则 $\text{E}(y_f)$在置信水平 $1-\alpha$ 下的预测区间为

$$\left[\hat{y}_f-t_{\alpha/2}(n-k-1)\times\hat{\sigma}\times\sqrt{\boldsymbol{X}_f(\boldsymbol{X}'\boldsymbol{X})^{-1}\boldsymbol{X}'_f},\ \hat{y}_f+t_{\alpha/2}(n-k-1)\times\hat{\sigma}\times\sqrt{\boldsymbol{X}_f(\boldsymbol{X}'\boldsymbol{X})^{-1}\boldsymbol{X}'_f}\right] \tag{3-42}$$

3.4.3 被解释变量 y_f 区间值预测

预测误差 $e_f=y_f-\hat{y}_f$ 服从正态分布。根据式(3-39)，$\text{E}(e_f)=\text{E}(y_f-\hat{y}_f)=0$，

$\text{Var}(e_f)=\text{Var}(y_f)+\text{Var}(\hat{y}_f)=\sigma^2+\sigma^2\boldsymbol{X}_f(\boldsymbol{X}'\boldsymbol{X})^{-1}\boldsymbol{X}'_f=\sigma^2[1+\boldsymbol{X}_f(\boldsymbol{X}'\boldsymbol{X})^{-1}\boldsymbol{X}'_f]$㊀

所以预测误差服从均值为 0、方差为 $\sigma^2[1+\boldsymbol{X}_f(\boldsymbol{X}'\boldsymbol{X})^{-1}\boldsymbol{X}'_f]$的正态分布，即

$$e_f=y_f-\hat{y}_f\sim N(0,\sigma^2(1+\boldsymbol{X}_f(\boldsymbol{X}'\boldsymbol{X})^{-1}\boldsymbol{X}'_f)) \tag{3-43}$$

用 $\hat{\sigma}^2$ 无偏替代 σ^2，构造如下形式统计量：

$$t=\frac{y_f-\hat{y}_f}{\hat{\sigma}\sqrt{(1+\boldsymbol{X}_f(\boldsymbol{X}'\boldsymbol{X})^{-1}\boldsymbol{X}'_f)}} \tag{3-44}$$

该统计量服从自由度为 $n-k-1$ 的 t 分布。

给定显著性水平 α，得自由度为 $n-k-1$ 的 t 分布临界值 $t_{\alpha/2}(n-k-1)$，则在置信水平 $1-\alpha$ 下 y_f 的预测区间为

$$\begin{gathered}\left[\hat{y}_f-t_{\alpha/2}(n-k-1)\times\hat{\sigma}\times\sqrt{(1+\boldsymbol{X}_f(\boldsymbol{X}'\boldsymbol{X})^{-1}\boldsymbol{X}'_f)},\right.\\ \left.\hat{y}_f+t_{\alpha/2}(n-k-1)\times\hat{\sigma}\times\sqrt{(1+\boldsymbol{X}_f(\boldsymbol{X}'\boldsymbol{X})^{-1}\boldsymbol{X}'_f)}\right]\end{gathered} \tag{3-45}$$

比较个别值 y_f 与均值 $\text{E}(y_f)$预测区间的大小，个别值 y_f 的预测区间比均值 $\text{E}(y_f)$的预测区间更宽。

3.5 案例分析

3.5.1 样本选取

《经济增长、人口结构变化与中国高储蓄》㊁一文中提及从经济增长与人口结构变化的

㊀ $y_f=\beta_0+\beta_1x_{1f}+\beta_2x_{2f}+\cdots+\beta_kx_{kf}+\varepsilon_f$ 中 ε_f 与样本预测中每个 $\hat{\beta}_j$ 都不相关，即 ε_f 与 $\hat{y}_f$ 不相关，因此预测误差的方差是二者的方差之和。

㊁ 汪伟．经济增长、人口结构变化与中国高储蓄[J]. 经济学(季刊)，2010，9(1)：29-52.

角度来分析中国目前的高储蓄现象。从20世纪70年代末开始，中国实行改革开放政策。而几乎与此同时，中国还实行了“只生一个孩子”的计划生育政策，改革开放促进了经济的快速增长，而计划生育政策推动了中国人口年龄结构的迅速转型。从长期来看，中国要想实现由固定资产投资与出口驱动向消费驱动的经济增长方式的转变、实现可持续增长，就必须考虑对经济增长和储蓄具有长期影响的人口政策。人口结构变化与储蓄率的关系集中反映在生命周期理论中。生命周期理论的基本思想是，个体将根据自己一生的预期总收入来平滑自己在各期内的消费，从而实现整个生命周期中的效用最大化。因此，一个人在未成年期和老年期的消费高于收入，进行负储蓄；在成年期的消费低于收入，进行储蓄。就一个国家而言，如果该国的未成年人抚养比率和老年人抚养比率较高，储蓄率将会较低，反之则较高。

大量文献考察了人口结构、经济增长与储蓄的关系。凯利和施密德(1996)㊀通过对89个国家20世纪60年代、20世纪70年代和20世纪80年代三组横截面数据的分析，发现储蓄率在人均GDP较高的国家中比较高，在人均GDP增长率较高的国家也比较高。李杨等(2007)认为，剩余劳动力由农业向工业(工业化)、由农村向城市(城市化)、由国有向非国有(市场化)的持续转移是中国经济能够长期高速增长的关键，而高储蓄率和高投资率是这种增长模式的必然结果。因此一些描述经济增长及结构的变量也将对储蓄率产生影响。

因此，建立国民储蓄率函数来讨论经济增长、人口结构变化对它的影响状况。被解释变量：国民储蓄率(Y)，用(1－最终消费率)近似。解释变量：①总抚养比(X_1)，包括少儿抚养系数和老人抚养系数；②经济增长水平(X_2)，用人均GDP；③其他潜在影响国民储蓄率的变量，包括工业GDP占GDP的比例(反映产业结构的变迁和企业储蓄变化的影响，X_3)、政府财政支出占GDP的比例(反映政府支出的影响，X_4)等。样本取自国家统计局数据库(见表3-3)。

表3-3 1990—2021年国民储蓄率、人口结构

年份	国民储蓄率(%)	总抚养比(%)	人均国内生产总值(万元)	第二产业增加值占三产比例(%)	财政支出占GDP比重(%)
1990	36.7	49.8	0.166 3	41.0	16.30
1991	38.1	50.8	0.191 2	41.5	15.36
1992	40.2	51.0	0.233 4	43.1	13.75
1993	41.5	49.9	0.302 7	46.2	13.04
1994	41.5	50.0	0.408 1	46.2	11.93
1995	40.7	48.8	0.509 1	46.8	11.31
1996	39.7	48.8	0.589 8	47.1	11.21
1997	40.1	48.2	0.648 1	47.1	11.72
1998	39.3	47.9	0.686 0	45.8	12.88
1999	37.1	47.7	0.722 9	45.4	14.76
2000	36.1	42.5	0.794 2	45.5	16.04

㊀ Kelley A C, Schmidt R M. Saving, dependency and development[J]. Journal of population economics, 1996, 9(4): 365-386.

（续）

年份	国民储蓄率（%）	总抚养比（%）	人均国内生产总值（万元）	第二产业增加值占三产比例（%）	财政支出占 GDP 比重（%）
2001	37.8	42.1	0.871 7	44.8	17.30
2002	38.8	42.3	0.950 6	44.5	18.30
2003	41.9	42.1	1.066 6	45.6	18.05
2004	44.6	41.0	1.248 7	45.9	17.65
2005	45.7	38.8	1.436 8	47.0	18.24
2006	47.5	38.3	1.673 8	47.6	18.46
2007	49.1	37.9	2.049 4	46.9	18.39
2008	50.0	37.3	2.410 0	47.0	19.49
2009	49.8	36.9	2.618 0	46.0	21.93
2010	50.7	34.2	3.080 8	46.5	21.90
2011	49.4	34.4	3.627 7	46.5	22.60
2012	48.9	34.9	3.977 1	45.4	23.44
2013	48.6	35.3	4.349 7	44.2	23.84
2014	47.7	36.2	4.691 2	43.1	23.56
2015	46.3	36.9	4.992 2	40.8	25.65
2016	44.9	37.9	5.378 3	39.6	25.28
2017	44.9	39.3	5.959 2	39.9	24.44
2018	44.7	40.4	6.553 4	39.7	24.14
2019	44.2	41.5	7.007 8	38.6	24.28
2020	45.3	45.9	7.182 8	37.8	24.43
2021	45.9	46.3	8.137 0	39.3	21.57

资料来源：国家统计局网站(http://www.stats.gov.cn/)。

3.5.2 参数估计

现利用 EViews 12.0 软件，说明估计模型参数的过程。

1. 建立工作文件

选择数据类型 Dated-regular frequency，在 Frequency 中选择 Annual，在 Start date 中输入 1990，在 End date 中输入 2021(见图 3-3)。

或者直接在命令栏里输入命令行：CREATE A 1990 2021。

2. 输入数据

在 Workfile 窗口单击 Objects 按钮，选择 New Object，出现新窗口，随后选择对象种类为 Series，并在 Name for object 中输入需输入的单一变量名(见图 3-4)。

或直接在命令栏里输入命令行：DATA Y X1 X2 X3 X4。

随后在数据组窗口中输入所有被解释变量、解释变量数据(见图 3-5)。

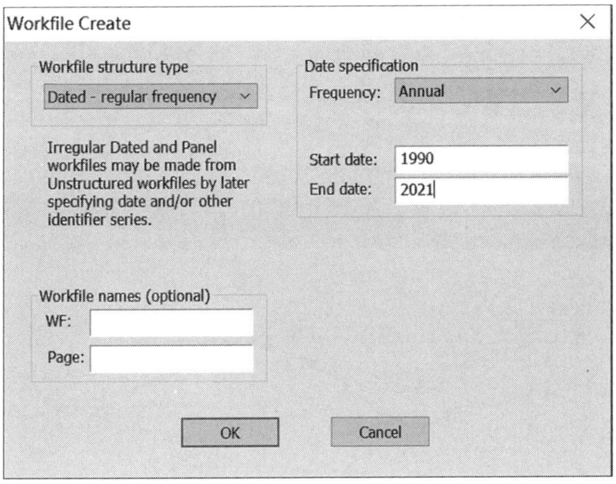

图 3-3　Workfile 生成窗口

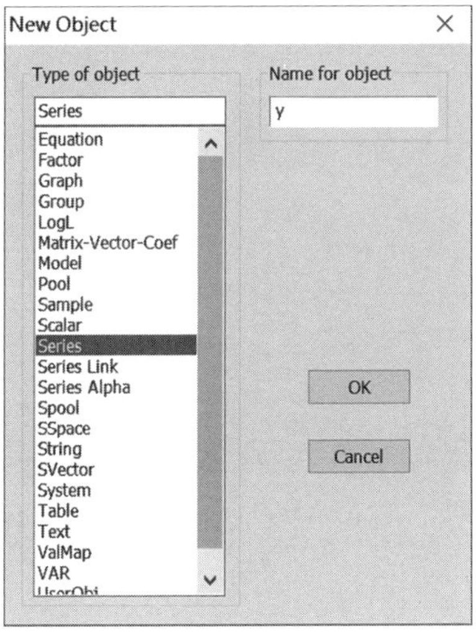

图 3-4　生成新对象窗口

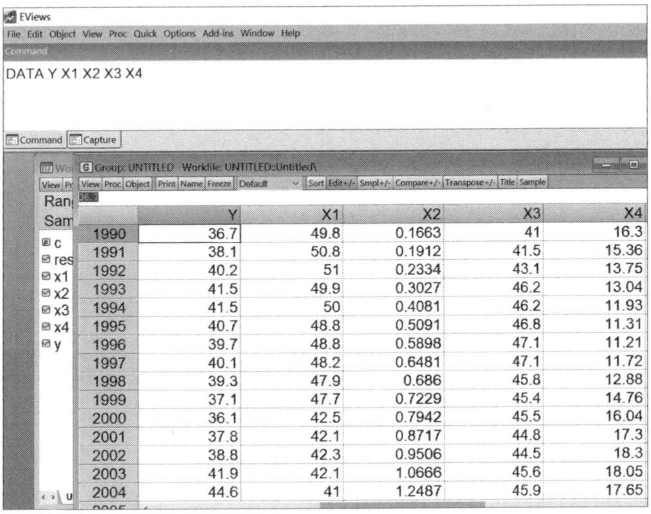

	Y	X1	X2	X3	X4
1990	36.7	49.8	0.1663	41	16.3
1991	38.1	50.8	0.1912	41.5	15.36
1992	40.2	51	0.2334	43.1	13.75
1993	41.5	49.9	0.3027	46.2	13.04
1994	41.5	50	0.4081	46.2	11.93
1995	40.7	48.8	0.5091	46.8	11.31
1996	39.7	48.8	0.5898	47.1	11.21
1997	40.1	48.2	0.6481	47.1	11.72
1998	39.3	47.9	0.686	45.8	12.88
1999	37.1	47.7	0.7229	45.4	14.76
2000	36.1	42.5	0.7942	45.5	16.04
2001	37.8	42.1	0.8717	44.8	17.3
2002	38.8	42.3	0.9506	44.5	18.3
2003	41.9	42.1	1.0666	45.6	18.05
2004	44.6	41	1.2487	45.9	17.65

图 3-5　数据组输入窗口

3. 观察趋势变动

在命令栏里输入命令行：PLOT Y X1 X3 X4。

因为 X2 与其他变量的量纲及数量级别不同，因此没有放在同一张趋势图中，可另行观察，其他所有变量趋势图如图 3-6 所示。或者选择单一序列 series 或某些变量组成的数据组 group，单击 View/Graph/Line/ok。

可以看出，我国国民储蓄率及其影响因素的差异明显，但其变化方向具有一定的相似性，相互之间可能存在一定的相关性。此外根据生命周期理论，模型为多元线性回归方程，得：

$$y_i=\beta_0+\beta_1 x_{1i}+\beta_2 x_{2i}+\beta_3 x_{3i}+\beta_4 x_{4i}+\varepsilon_i \tag{3-46}$$

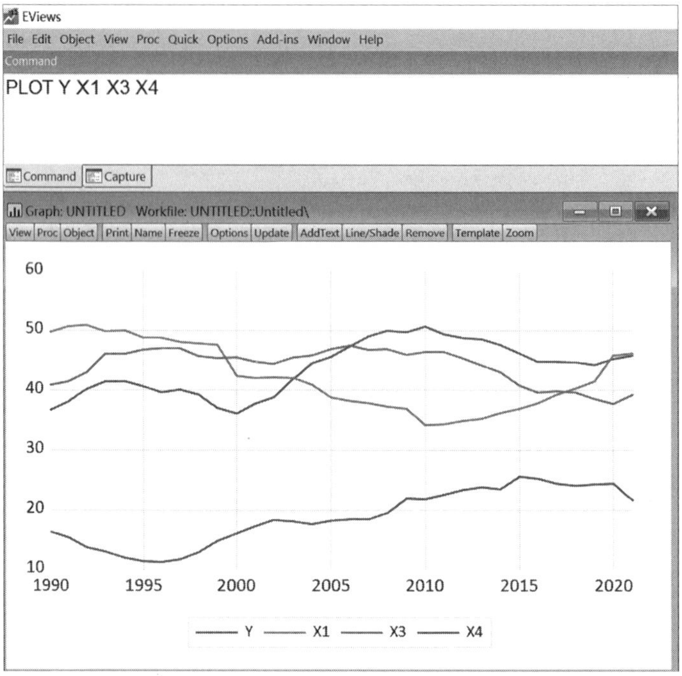

图 3-6 主要变量趋势

3.5.3 模型检验

在命令栏里输入命令行：LS Y C X1 X2 X3 X4。

或者在被解释变量及解释变量形成的数据组（见图 3-5）中单击 Proc/Make Equation，在 Equation specification 里输入需要进行回归的变量名系列，在 Method 下拉列表框中选择合适的方法，单击确定按钮（见图 3-7）。

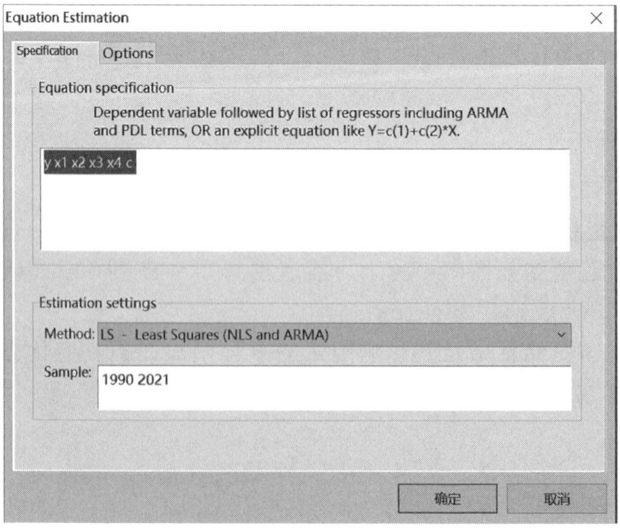

图 3-7 回归方程设置窗口

利用普通最小二乘法估计式(3-46)，估计结果如图 3-8 所示，中国国民储蓄率函数为

$$\hat{y}=-92.144\,5+0.516\,8x_1+1.061\,7x_2+1.941\,7x_3+1.353\,3x_4$$

$$s=(0.365\,5)\quad(0.356\,0)\quad(0.517\,5)\quad(0.572\,4)$$

$$t=(1.413\,8)\quad(2.982\,2)\quad(3.751\,9)\quad(2.364\,2)$$

$$R^2=0.810\,6\quad \overline{R}^2=0.782\,5\quad F=28.880\,8\quad \mathrm{DW}=0.607\,7\quad n=32$$

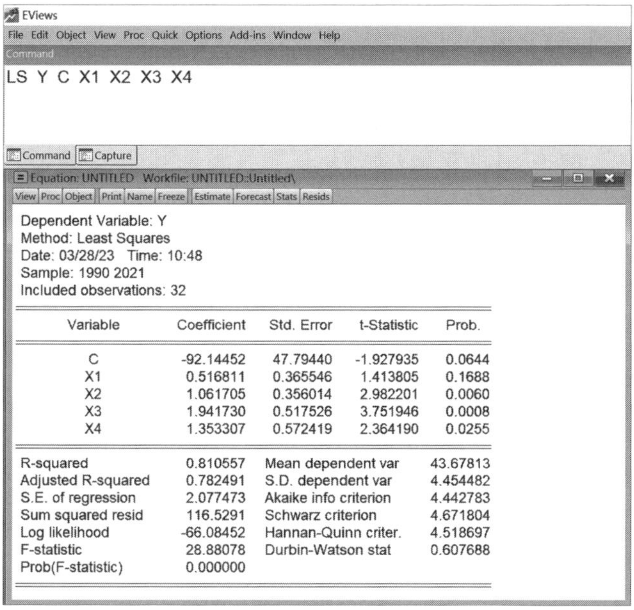

Variable	Coefficient	Std. Error	t-Statistic	Prob.
C	-92.14452	47.79440	-1.927935	0.0644
X1	0.516811	0.365546	1.413805	0.1688
X2	1.061705	0.356014	2.982201	0.0060
X3	1.941730	0.517526	3.751946	0.0008
X4	1.353307	0.572419	2.364190	0.0255

R-squared	0.810557	Mean dependent var	43.67813
Adjusted R-squared	0.782491	S.D. dependent var	4.454482
S.E. of regression	2.077473	Akaike info criterion	4.442783
Sum squared resid	116.5291	Schwarz criterion	4.671804
Log likelihood	-66.08452	Hannan-Quinn criter.	4.518697
F-statistic	28.88078	Durbin-Watson stat	0.607688
Prob(F-statistic)	0.000000		

图 3-8　多元回归估计结果

1. 经济意义检验

偏回归系数 0.516 8 表示总抚养比对国民储蓄率的边际影响，即在其他影响因素不变的前提下，中国总抚养比系数每增加 1 个百分点，国民储蓄率将增加 0.516 8 个百分点；类似地，在其他影响因素不变的前提下，人均 GDP 每增长 1 万元，国民储蓄率将增加 1.061 7 个百分点；第二产业增加值占三产比例每增加 1 个百分点，国民储蓄率将增加 1.941 7 个百分点；财政支出占 GDP 比重每增加 1 个百分点，国民储蓄率将增加 1.353 3 个百分点。

2. 统计推断检验

可决系数 $R^2=0.810\,6$，修正的可决系数 $\overline{R}^2=0.782\,5$，表明总抚养比系数、人均 GDP、第二产业增加值占三产比例、财政支出占 GDP 比重四个解释变量对国民储蓄率的解释能力为 81.06%。

总体显著性检验 $F=28.880\,8$，针对原假设 H_0：$\beta_1=\beta_2=\cdots=\beta_k=0$，给定显著性水平 $\alpha=0.05$，在 F 分布表中查出自由度 $k=4$ 和 $n-k-1=27$ 时临界值 $F_\alpha(4,27)=2.73$。$F=28.880\,8>F_\alpha(4,27)$，应拒绝原假设 H_0。此外，从伴随概率看，F 统计量对应 $p=0.000\,0<\alpha$，同样表明拒绝 H_0：$\beta_1=\beta_2=\cdots=\beta_k=0$ 的原假设。因此，四个解释变量联合起来对国民储蓄率的影响在统计意义上是显著的。

偏回归系数显著性检验统计量值分别为 $t=1.413\,8$、2.982 2、3.751 9、2.364 2，针对

原假设 H_0：$\beta_j=0(j=1, 2, \cdots, k)$，给定显著性水平 $\alpha=0.05$，在 t 分布表中查出自由度 $n-k-1=27$ 时临界值 $t_{\alpha/2}(27)=2.051\,8$。可见，除解释变量总抚养比系数 x_1 以外，其他解释变量的检验统计量值 $>t_{\alpha/2}(27)$，拒绝 H_0：$\beta_j=0$ 的原假设。此外，从伴随概率看，解释变量各自的 t 统计量对应的 p 值分别为 0.168 8、0.006 0、0.000 8、0.025 5，除总抚养比系数 x_1 以外，其他解释变量的 t 统计量对应的 p 值小于 α。表明人均 GDP x_2、第二产业增加值占三产比例 x_3、财政支出占 GDP 比重 x_4 的回归参数的显著性检验均通过，而总抚养比系数 x_1 对国民储蓄率 y 无显著影响。

3. 进行预测

考虑到新冠疫情，假设 2022 年解释变量 x_1，x_2，x_3，x_4 的数值相较于 2021 年的 x_1 增长 2%、x_2 增长 3%、x_3 增长 1%、x_4 增长 2%，得到 2022 年解释变量设定值 x_f。将 x_f 带入图 3-8 所得的中国国民储蓄率函数，计算 2022 年点预测值为 48.012 3%。在显著性水平为 5%时，根据式(3-42)和式(3-45)计算国民储蓄率均值 $E(y_f)$ 和个别值 y_f 在置信水平 $1-\alpha$ 下的预测区间。

其中 $\hat{\sigma}$ 见图 3-8 中的 S. E. regression，$\hat{\sigma}=2.077\,5$。

$$\boldsymbol{X}_f(\boldsymbol{X}'\boldsymbol{X})^{-1}\boldsymbol{X}_f'=[1\quad 47.23\quad 8.38\quad 39.70\quad 22.00]$$

$$\begin{bmatrix} 528.255\,2 & -3.977\,2 & 0.707\,4 & -5.619\,3 & -6.047\,5 \\ -3.977\,2 & 0.030\,9 & -0.007\,3 & 0.041\,1 & 0.046\,6 \\ 0.707\,4 & -0.007\,3 & 0.029\,4 & -0.002\,1 & -0.020\,5 \\ -5.619\,3 & 0.041\,1 & -0.002\,1 & 0.062\,0 & 0.061\,3 \\ -6.047\,5 & 0.046\,6 & -0.020\,5 & 0.061\,3 & 0.075\,8 \end{bmatrix}\begin{bmatrix} 1 \\ 47.23 \\ 8.38 \\ 39.70 \\ 22.00 \end{bmatrix}$$

$$=0.612\,8$$

因此，$E(y_f)$ 的预测区间为 $[48.012\,3\pm 2.051\,8\times 2.077\,5\times\sqrt{0.612\,8}]=[44.675\,5, 51.349\,1]$，$y_f$ 的预测区间为 $[48.012\,3\pm 2.051\,8\times 2.077\,5\times\sqrt{(1+0.612\,8)}]=[42.598\,9, 53.425\,7]$。

预测功能在 EViews 12.0 中的实现过程为：双击 Workfile 窗口中的 Range 区域，弹出 Workfile Structure，在 End date 文本框中输入需要预测的年份(2022)(见图 3-9)。随后增加解释变量在待预测年份的数值(见图 3-10)。然后进行 OLS 回归，在回归结果界面选择 Forecast 按钮进行相关预测(见图 3-11)，软件预测的结果是个别值 y_f 的预测区间，图 3-12 显示的实线表示 y_f 序列，是系统自动生成的关于被解释变量 y 的预测序列，包括 2022 年的点预测值及 1990—2021 年的估计值 $\hat{y}$，两条虚线表示 y_f 序列的预测区间大小，此区间为[42.741 0，53.299 1]，与[42.598 9，53.425 7]存在微弱差异。[⊖]

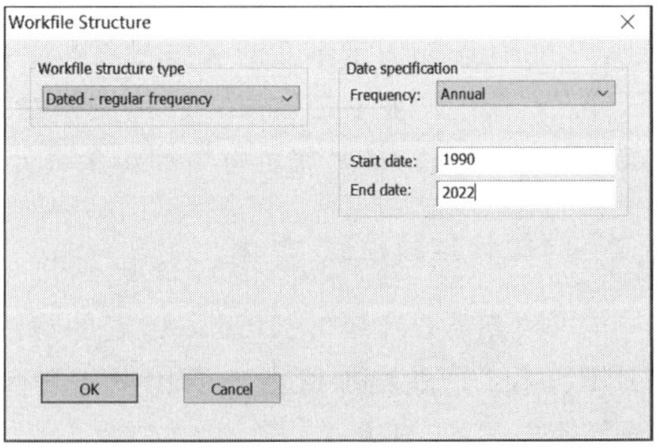

图 3-9 待预测年份

⊖ 软件计算的预测区间是 $2\times\hat{\sigma}\times\sqrt{(1+\boldsymbol{X}_f(\boldsymbol{X}'\boldsymbol{X})^{-1}\boldsymbol{X}_f')}$。软件将 $t_{\alpha/2}(n-k-1)$ 统一规定为 2。

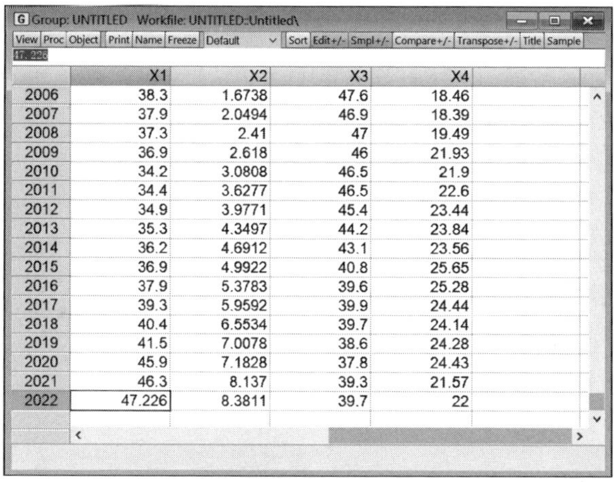

图 3-10　待预测年份的解释变量输入图

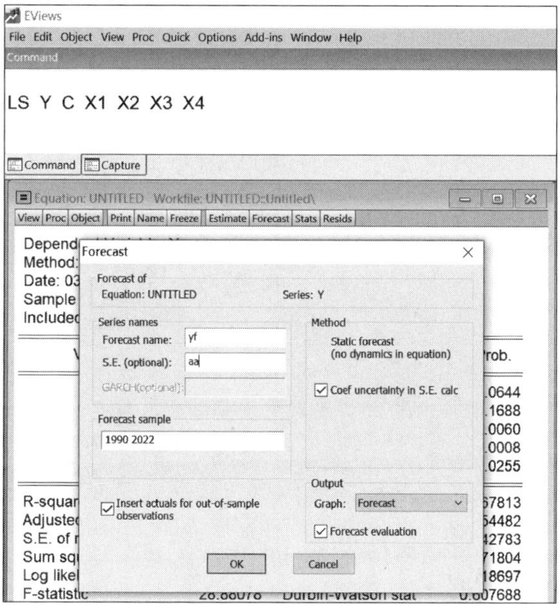

图 3-11　预测界面

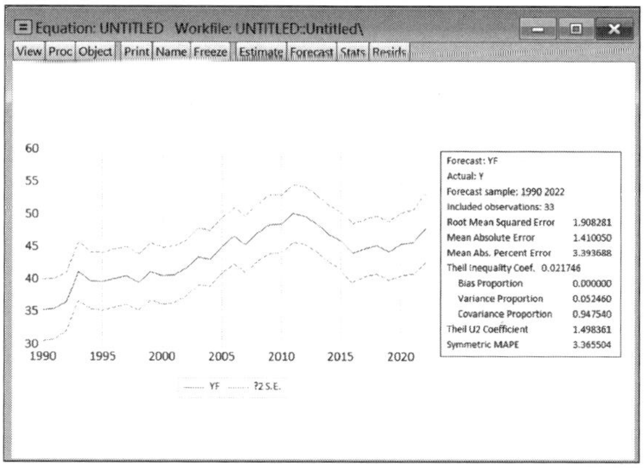

图 3-12　预测结果

思考与练习

一、简述题

1. 多元回归模型古典假定包括哪些内容？与一元线性回归模型相比，有哪些变动？
2. 多元回归模型中系数的经济学意义该如何描述？
3. 多元回归模型引入修正的可决系数 $\overline{R}^2$ 的作用是什么？
4. 不同模型间优劣的比较可借助哪些检验统计量？
5. F 检验与拟合优度检验、t 检验的关系如何？

二、单选题

1. (　　)表示由解释变量所解释的部分，表示 x 对 y 的线性影响。
   A. 回归平方和　　B. 残差平方和
   C. 剩余平方和　　D. 总离差平方和
2. 参数 β 的估计量 $\hat{\beta}$ 具备有效性是指(　　)。
   A. $\mathrm{Var}(\hat{\beta})=0$　　B. $\mathrm{Var}(\hat{\beta})$为最小
   C. $(\hat{\beta}-\beta)=0$　　D. $(\hat{\beta}-\beta)$为最小
3. 以 Y 表示实际观测值，$\hat{Y}$ 表示回归估计值，则普通最小二乘法估计参数的准则是使(　　)。
   A. $\sum(Y_i-\hat{Y}_i)=0$　　B. $\sum(Y_i-\hat{Y}_i)^2=0$
   C. $\sum(Y_i-\hat{Y}_i)=$最小　　D. $\sum(Y_i-\hat{Y}_i)^2=$最小
4. 用一组有43个观测值的样本估计模型 $y_t=b_0+b_1x_{1t}+b_2x_{2t}+\varepsilon_t$ 后，在0.05的显著性水平下对 b_1 的显著性进行 t 检验，则 b_1 显著地不等于零的条件是其统计量 t 的绝对值大于等于(　　)。
   A. $t_{0.025}(40)$　　B. $t_{0.025}(38)$　　C. $t_{0.025}(37)$　　D. $t_{0.025}(1, 38)$
5. 线性回归模型 $y_t=b_0+b_1x_{1t}+b_2x_{2t}+\cdots+b_kx_{kt}+\varepsilon_t$ 中，检验 $H_0: b_i=0(i=0, 1, 2, \cdots, k)$时，所用的统计量 $t=\dfrac{\hat{\beta}_i}{\sqrt{\mathrm{Var}(\hat{\beta}_i)}}$服从(　　)。
   A. $t(n-k+1)$　　B. $t(n-k-2)$　　C. $t(n-k-1)$　　D. $t(n-k+2)$
6. 在回归分析中，用来检验模型拟合优度的统计量是(　　)。
   A. 可决系数　　B. t 统计量　　C. F 统计量　　D. 以上三个都是
7. 在估计线性回归模型时，可以将总平方和分解为回归平方和与残差平方和，其中回归平方和表示(　　)。
   A. 被解释变量的变化中可以用回归模型来解释的部分
   B. 被解释变量的变化中未被回归模型解释的部分
   C. 解释变量的变化中可以用回归模型来解释的部分
   D. 解释变量的变化中未被回归模型解释的部分
8. 下列说法中正确的是(　　)。
   A. 如果模型的 R^2 很高，我们可以认为此模型的质量较好
   B. 如果模型的 R^2 较低，我们可以认为此模型的质量较差
   C. 如果某一参数不能通过显著性检验，我们应该剔除该解释变量

D. 如果某一参数不能通过显著性检验，我们不应该随便剔除该解释变量

9. 设 k 为回归模型中的解释变量个数，n 为样本容量。对多元线性回归方程进行显著性检验时，所用的 F 统计量可表示为(　　)。

A. $\dfrac{\text{ESS}/(n-k-1)}{\text{RSS}/k}$　　B. $\dfrac{R^2/k}{(1-R^2)/(n-k-1)}$

C. $\dfrac{R^2/(n-k-1)}{(1-R^2)/k}$　　D. $\dfrac{\text{ESS}/(k-1)}{\text{TSS}/(n-k)}$

10. 流动性偏好函数 $M=\beta_0+\beta_1 Y+\beta_2 r+\varepsilon$ 中，M 表示货币需求量，Y 表示收入水平，r 表示利率，设 $\hat{\beta}_1$、$\hat{\beta}_2$ 分别为 β_1、β_2 的估计值，则根据经济理论，一般有(　　)。

A. $\hat{\beta}_1$ 应为正值，$\hat{\beta}_2$ 应为正值　　B. $\hat{\beta}_1$ 应为正值，$\hat{\beta}_2$ 应为负值

C. $\hat{\beta}_1$ 应为负值，$\hat{\beta}_2$ 应为正值　　D. $\hat{\beta}_1$ 应为负值，$\hat{\beta}_2$ 应为负值

11. 已知五元标准线性回归模型估计的残差平方和为 $\sum e_t^2=800$，样本容量为46，则随机误差项 ε_t 的方差估计量 $\hat{\sigma}^2$ 为(　　)。

A. 33.33　　B. 40　　C. 38.09　　D. 20

12. 在模型 $Y_t=\beta_0+\beta_1 X_{1t}+\beta_2 X_{2t}+\varepsilon_t$ 的回归结果分析中，有 $F=263\,489.23$，对应的 p 值为0.000 0，这表明(　　)。

A. 解释变量 X_{1t} 对被解释变量 Y_t 的影响是显著的

B. 解释变量 X_{2t} 对被解释变量 Y_t 的影响是显著的

C. 解释变量 X_{1t}、X_{2t} 对被解释变量 Y_t 的联合影响是显著的

D. 解释变量 X_{1t}、X_{2t} 对被解释变量 Y_t 的影响均不显著

13. 在经典假定成立的条件下用普通最小二乘估计，得到的参数估计量具有(　　)的统计性质。

A. 有偏特性　　B. 最小方差特性　　C. 非线性特征　　D. 非一致性特性

14. 在多元回归分析中，F 检验用来检验(　　)。

A. 回归模型的总体线性关系是否显著

B. 回归模型的各回归系数是否显著

C. 样本数据的线性关系是否显著

D. 回归方程的预测结果是否显著

15. 多元线性回归模型参数向量 $\hat{\boldsymbol{\beta}}$ 的方差-协方差矩阵 Var-Cov($\hat{\boldsymbol{\beta}}$)为(　　)。

A. $\sigma^2(\boldsymbol{X}'\boldsymbol{X})^{-1}$　　B. $\sigma^2(\boldsymbol{X}\boldsymbol{X}')^{-1}$　　C. $(\boldsymbol{X}\boldsymbol{X}')^{-1}\sigma^2$　　D. $(\boldsymbol{X}'\boldsymbol{X})^{-1}\sigma^2$

三、多选题

1. 对于线性回归模型，小样本情况下，各回归系数的普通最小二乘估计具有的优良特性有(　　)。

A. 无偏性　　B. 有效性　　C. 一致性　　D. 不一致性

E. 有偏性

2. 对模型 $y_t=b_0+b_1 x_{1t}+b_2 x_{2t}+\varepsilon_t$ 进行总体显著性检验，如果检验结果的总体线性关系是显著的，则有(　　)。

A. $b_1=b_2=0$　　B. $b_1\neq 0$，$b_2=0$　　C. $b_1=0$，$b_2\neq 0$　　D. $b_1\neq 0$，$b_2\neq 0$

E. $b_1=b_2\neq 0$

3. 在多元线性回归分析中，定义(　　)。

A. 解释变量是随机变量　　B. 被解释变量是随机变量

C. 解释变量是非随机变量　　D. 被解释变量是非随机变量
E. 解释变量与被解释变量的随机性不确定

4. 若模型 $Y_i=b_0+b_1X_{1i}+b_2X_{2i}+\varepsilon_i$ 满足经典假定，则下列各式成立的有（　）。
A. $\sum\varepsilon_i=0$　　B. $\sum\varepsilon_iX_{1i}=0$　　C. $\sum\varepsilon_iX_{2i}=0$
D. $\sum\varepsilon_iY_i=0$　　E. $\sum X_{2i}X_{1i}=0$

5. 普通最小二乘估计的直线具有以下哪些特性？（　）
A. 通过样本均值点($\overline{X}$，$\overline{Y}$)　　B. $\sum Y_i=\sum\hat{Y}_i$
C. $\sum(Y_i-\hat{Y}_i)^2=0$　　D. $\sum e_i=0$
E. $\mathrm{Cov}(X, e_i)=0$

6. 下列属于二元线性回归模型 $y_t=b_0+b_1x_{1t}+b_2x_{2t}+\varepsilon_t$ 中的经典假定的有（　）。
A. 随机误差项的期望为零　　B. 不同的随机误差项之间相互独立
C. 随机误差项的方差为一个常数　　D. 随机误差项与解释变量不相关
E. 随机误差项为服从正态分布的随机变量

7. 对可决系数 R^2 与修正的可决系数 $\overline{R}^2$ 之间关系的描述中，不正确的有（　）。
A. R^2 与 $\overline{R}^2$ 均为非负数
B. $\overline{R}^2$ 可能大于 R^2
C. 判断多元线性回归模型拟合程度时，使用 $\overline{R}^2$
D. 模型中包含的解释变量的个数越多，$\overline{R}^2$ 与 R^2 相差越大
E. 只要模型中包括的截距项在内的参数个数大于1，则 $\overline{R}^2<R^2$

8. 关于多重可决系数 R^2，以下说法中正确的有（　）。
A. 多重可决系数 R^2 被定义为回归方程已经解释的变差与总变差之比
B. $0\leqslant R^2\leqslant 1$
C. 多重可决系数 R^2 反映了样本回归线对样本观测值拟合优劣程度的一种描述
D. 多重可决系数 R^2 的大小不受到回归模型中所包含的解释变量个数的影响
E. 以上说法均不正确

9. 剩余变差(或残差平方和)是指（　）。
A. 随机因素影响所引起的被解释变量的变差
B. 解释变量变动所引起的被解释变量的变差
C. 在被解释变量的变差中，回归方程不能做出解释的部分
D. 被解释变量的总变差与回归平方和之差
E. 被解释变量的实际值与回归值的离差平方和

10. 模型中引入一个无关的解释变量，下列说法中错误的有（　）。
A. 对模型参数估计量的性质不产生任何影响
B. 导致普通最小二乘估计量有偏
C. 导致普通最小二乘估计量精度下降
D. 导致普通最小二乘估计量有偏，同时精度下降
E. 导致普通最小二乘估计量有偏，但精度无影响

11. 一个好的计量模型应具备的条件包括（　）。
A. 尽可能少地解释变量个数
B. 能得到模型中参数的唯一估计值
C. 能很好地解释手头的数据

D. 所得到的参数估计值的符号与理论预期相符

E. 有较强的预测能力

12. 对于柯布-道格拉斯生产函数模型 $Y=AL^{\alpha}K^{\beta}e^{\mu}$，下列说法中正确的有（　　）。

A. 参数 A 反映了广义的技术进步水平

B. 资本要素的产出弹性 $E_K=\beta$

C. 劳动要素的产出弹性 $E_L=\alpha$

D. $\alpha+\beta$ 必定等于1

E. $\alpha+\beta$ 不一定等于1

13. 对于线性生产函数 $Y=\alpha_0+\alpha_1K+\alpha_2L+\varepsilon$，下列说法中正确的有（　　）。

A. 假设资本 K 与劳动 L 之间是完全可替代的

B. 资本要素的边际产量 $MP_K=\alpha_1$

C. 劳动要素的边际产量 $MP_L=\alpha_2$

D. 劳动和资本要素的替代弹性 $\sigma=\infty$

E. 以上说法均不正确

14. 多元线性回归模型的统计检验包括（　　）。

A. 拟合优度检验　B. 偏相关系数检验　C. F 检验　D. t 检验

E. Chow 检验

15. 影响预测精度的因素包括（　　）。

A. 样本容量越大，预测的方差越小，预测的精度越大

B. 样本中解释变量的离均差的和越大，预测的方差越小，预测的精度越大

C. 内插预测的精度比较有把握，外推预测的预测能力显著下降，预测精度难以把握

D. 当样本容量 n 相当大，而预测点的取值 X_0 接近于 X 的平均值时，预测的方差最小，预测的精度最大

E. 残差标准差的估计值越小，回归预测的精度越精确，所以常常把残差标准差的估计值作为预测精度的标志

四、判断题

1. 在模型 $y_t=b_0+b_1x_{1t}+b_2x_{2t}+\cdots+b_kx_{kt}+\varepsilon_t$ 中，检验 H_0：$b_1=0$ 时，所用的统计量 $\dfrac{\hat{b}_1-b_1}{s(\hat{b}_1)}$ 服从 $\chi^2(n-2)$。（　　）

2. 使用普通最小二乘法估计模型时，所选择的回归模型使得所有观测值的残差和达到最小。（　　）

3. 调整后的可决系数是关于解释变量个数的单调递增函数。（　　）

4. 当 $\sum(y_t-\overline{y})^2$ 确定时，$\sum(\hat{y}_t-\overline{y})^2$ 越小，表明模型可决系数越大。（　　）

5. 所有的 t 检验都不显著，则说明模型总体是不显著的。（　　）

6. 简单线性回归模型与多元回归模型的经典假定是相同的。（　　）

7. 经典线性回归模型中的随机误差项不服从正态分布，普通最小二乘估计量将是有偏的。（　　）

8. 在多元线性回归模型中，对回归模型整体的显著性检验与斜率系数的显著性检验是一致的。（　　）

9. 随机误差项的方差与随机误差项方差的无偏估计没有区别。（　　）

10. F 检验和拟合优度检验没有区别。( )
11. 在模型 $Y_t=\beta_0+\beta_1 X_{1t}+\beta_2 X_{2t}+\varepsilon_t$ 的回归结果分析中，有 $F=263\,489.23$，对应的 p 值为 0.000 0，则表明解释变量 X_{1t} 对被解释变量 Y_t 的影响是显著的。( )
12. 一旦模型中的解释变量是随机变量，则违背了经典假定，使得模型的普通最小二乘估计量有偏且不一致。( )
13. 当回归模型中解释变量彼此正交时，多元回归模型的估计量与一元回归模型的估计量相同。( )
14. 总离差平方和由残差平方和及回归平方和组成。( )
15. 在柯布-道格拉斯生产函数 $Y=AL^{\alpha}K^{\beta}$ 中，A 和 α 都表示弹性。( )

五、填空题

1. 在现实经济活动中，若一个研究对象的变动受多个因素影响，且表现为线性函数形式，此类模型被称为________。
2. 在多元回归模型中，为了克服可决系数会随着解释变量的增加而增大的缺陷，提出了________。
3. 在多元线性回归模型 $y_i=\beta_0+\beta_1 x_{1i}+\beta_2 x_{2i}+\cdots+\beta_k x_{ki}+\varepsilon_i$ 中，回归系数 $\beta_j(j=1, 2, \cdots, k)$表示的是当控制其他解释变量不变的条件下，第 j 个解释变量的单位变动对被解释变量平均值的影响，这样的回归系数被称为________。
4. 在由 $n=30$ 的一组样本估计的包含 3 个解释变量的线性回归模型中，计算得到可决系数为 0.850 0，则修正的可决系数为________。
5. 在经典假定都满足的条件下，多元线性回归模型的最小二乘估计式是________。
6. 在证明最小二乘估计的________时，利用了解释变量非随机或与随机误差项不相关的经典假定。
7. 在多元线性回归模型中，采用________来检验回归模型的显著性问题。
8. 最小二乘准则是指用估计的________最小的原则确定样本回归系数。
9. 模型中有 k 个解释变量，多元回归模型中数据矩阵列方向维度为________。
10. 多元回归模型经典假定中同方差假定及无自相关假定成立可保证最小二乘估计量具有________。
11. 修正的可决系数与可决系数的关系用公式表示为________。
12. F 统计量与可决系数 R^2 的关系用公式表示为________。
13. 某样本为包含 3 个解释变量 30 年期的年度数据，对某市 2020 年地区生产总值进行预测的点预测值为 59 700 万，区间预测回归标准差为 246，则该市 2020 年地区生产总值的 95% 的置信区间是________。
14. 由判定系数 R^2 与 F 统计量之间的关系可知，样本容量为 35，解释变量个数为 4 个，当 $R^2=0.987\,4$ 时，F 统计量值为________。
15. TSS=328.772 3，RSS=57.368 9，$n=33$，$k=2$，修正的可决系数为________。

六、计算题

市盈率是最常用来评估股价水平是否合理的指标之一。区块链板块是投资领域较为热门的板块之一。利用国泰君安数据库中 51 只区块链板块股票 2019 年一季报数据，讨论市盈率与部分财务指标(总资产净利润率 ROA、营业利润增长率、前期市盈率、财务杠杆)之间的关系(见表 3-4)。

表 3-4　区块链板块相关企业财务数据

股票代码	市盈率 (Y)	总资产净利润率(X_1)	营业利润增长率(X_2)	前期市盈率 (X_3)	财务杠杆 (X_4)
000066	29.379 3	0.003 7	0.898 7	34.681 7	1.254 6
000607	34.864 0	−0.002 3	0.483 3	26.152 2	1.061 0
000851	107.530 2	−0.002 3	−0.310 4	41.920 3	2.194 5
000961	15.239 9	0.002 2	0.279 0	30.653 1	1.141 7
000977	49.484 1	0.003 5	−0.965 9	45.105 0	1.092 2
002010	31.026 7	0.005 1	−1.168 5	74.818 8	1.464 7
002024	9.241 9	0.000 5	0.967 8	101.897 8	8.892 5
002063	47.349 3	0.000 8	−1.399 5	32.347 5	0.579 5
002104	38.198 1	0.011 0	−0.525 5	37.442 0	0.979 2
002117	27.729 6	0.031 9	−0.669 8	24.743 3	0.998 6
002152	22.430 5	0.016 3	−0.442 3	17.989 9	0.993 9
002195	19.621 6	0.040 3	−0.985 3	20.530 4	1.014 4
002268	201.700 7	−0.014 2	−0.129 6	136.544 0	0.665 0
002316	11.241 1	0.022 4	−0.701 1	83.160 1	1.136 1
002339	38.853 7	−0.014 1	−0.958 5	35.992 9	1.414 3
002401	39.297 3	0.013 3	−0.659 5	43.644 3	0.920 8
002453	122.588 9	0.003 2	0.010 7	289.285 2	1.572 3
002530	28.157 0	0.003 2	−0.252 8	46.683 5	1.041 5
002587	22.881 3	0.016 7	−1.002 4	31.737 6	1.128 2
002649	21.916 7	0.009 1	−0.816 4	27.872 7	1.276 1
300002	133.321 2	−0.016 8	−0.897 9	142.043 9	1.553 9
300033	84.676 6	0.024 4	−0.957 2	38.450 1	0.756 6
300089	14.751 6	0.000 8	−0.374 1	195.438 0	2.937 0
300099	51.646 3	−0.002 6	−0.975 0	104.935 7	0.956 3
300130	33.548 3	0.014 6	−1.092 9	61.356 1	1.159 9
300168	74.534 9	0.001 8	−1.072 1	50.873 9	2.321 5
300170	38.733 1	0.016 4	0.150 0	221.026 3	1.113 4
300248	45.723 2	0.001 1	−0.734 5	143.885 3	1.643 3
300268	50.780 7	0.003 4	−1.446 0	41.583 9	2.747 3
300297	21.301 9	0.007 3	0.149 5	37.921 8	1.476 4
300339	33.443 5	0.007 2	−0.604 7	44.602 3	1.362 8
300379	55.738 1	0.007 5	−0.370 8	70.886 6	1.087 0
300386	43.536 0	0.001 2	−0.546 4	143.604 0	1.243 9
300465	37.820 0	0.001 1	−0.702 8	49.723 5	5.751 2
300468	51.657 2	0.011 5	−1.532 4	116.978 3	1.048 2
300541	64.131 0	0.000 0	2.498 7	102.464 7	5.209 9
300542	64.507 6	−0.003 1	−2.263 6	97.306 8	1.095 6
300550	135.972 6	0.005 7	−0.848 5	43.615 2	1.091 3
300562	115.420 9	0.002 1	−0.185 6	65.652 7	1.708 1

（续）

股票代码	市盈率（Y）	总资产净利润率（X_1）	营业利润增长率（X_2）	前期市盈率（X_3）	财务杠杆（X_4）
300612	195.817 7	−0.027 6	−0.929 3	102.432 3	0.994 3
300663	182.250 5	−0.013 0	−0.663 0	158.534 3	1.601 0
300676	73.997 7	0.018 6	−0.706 2	78.734 1	1.003 5
300682	87.681 1	−0.017 0	−0.969 2	19.211 1	0.959 8
600093	19.261 9	0.013 6	−2.041 9	11.935 6	1.102 1
600208	12.579 6	0.005 6	−0.808 6	19.321 0	1.692 9
600271	18.763 8	0.030 8	−1.149 8	64.647 3	1.020 6
600570	79.743 8	0.061 0	−0.417 0	99.850 4	1.001 4
600588	80.231 6	0.006 9	0.389 4	25.785 1	1.280 6
600797	53.097 2	0.009 7	−1.985 8	22.705 6	1.107 3
603000	106.295 6	−0.007 5	0.646 5	116.765 1	0.988 1
603888	44.918 3	0.009 7	−1.129 6	40.018 8	0.821 6

要求：

（1）建立多元线性模型，分析主要解释变量对市盈率经济影响的效应大小。

（2）讨论多元线性模型中的统计检验。

（3）变换函数形式，建立 $\ln y=\beta_0+\beta_1 x_1+\beta_2 x_2+\beta_3 \ln x_3+\beta_4 \ln x_4+\mu$，比较模型发生的变化。

第 4 章
CHAPTER4

多重共线性

□ 案例导引

工业增加值会阻碍公共预算收入增加吗

财政收入是衡量一国政府财力的重要指标。政府在社会经济活动中提供公共物品与服务的范围和数量，在很大程度上取决于财政收入的充裕状况。大多数相关研究文献中都把总税收、国内生产总值这两个指标作为影响财政收入的基本因素，还有一些文献中也提出了其他一些变量，比如其他收入、经济发展水平、就业人数等。为了分析各要素对国家财政收入的影响，我们建立以一般公共预算收入(Y)为被解释变量，以国内生产总值(X_1)、税收收入(X_2)、就业人数(X_3)和工业增长值(X_4)为解释变量的多元线性回归模型。从《中国统计年鉴》获取 2000—2019 年的统计数据，采用 OLS 估计得到如下估计模型。

$$\hat{Y}_i=-83\,313.59+0.034\,0X_{1i}+1.364\,1X_{2i}+1.156\,1X_{3i}-0.211\,1X_{4i}$$

$$(60\,018.68)\quad(0.015\,6)\quad(0.107\,6)\quad(0.829\,1)\quad(0.060\,4)$$

$$t=(-1.388\,1)\quad(2.177\,2)\quad(12.681\,3)\quad(1.394\,3)\quad(-3.494\,0)$$

$$R^2=0.999\,5\qquad \bar{R}^2=0.999\,4\qquad F=7\,414.819\qquad n=20$$

回归结果发现，模型的可决系数为 0.999 5，修正的可决系数为 0.999 4，模型拟合效果好。F 统计量为 7 414.819，表明在显著性水平为 0.05 的条件下，回归方程整体是显著的。t 检验发现，X_1、X_2、X_4 对 Y 的影响都是显著的，但是 X_4 的回归系数为负值，表明工业增长值越大，财政收入越少，这与我们对经济的认识不符。为什么会出现这个违反常理的结果呢？如果模型设定合理、数据真实，那么可能是什么原因导致的呢？

线性回归模型的基本假定之一为无多重共线性假定，即解释变量之间不存在完全的线性关系。然而，实际上由于种种原因，计量经济学模型的解释变量之间往往存在不同程度的线性关系，这就会出现违背前述基本假定的情况。本章将在认识多重共线性含义的基础上，分析多重共线性产生的原因和后果、多重共线性的检验及修正方法，并通过案例分析说明如何检验和修正多重共线性，以及 EViews 软件的相关实现。

4.1 多重共线性的含义及成因

4.1.1 多重共线性的含义

对于多元线性回归模型：

$$Y_i=\beta_0+\beta_1 X_{1i}+\cdots+\beta_k X_{ki}+\varepsilon_i \tag{4-1}$$

如果模型的解释变量之间存在较强的线性相关关系，或者说，存在一组不全为零的常数 λ_1，λ_2，…，λ_k，使得

$$\lambda_1 X_{1i}+\lambda_2 X_{2i}+\cdots+\lambda_k X_{ki}+v_i=0 \tag{4-2}$$

其中，v_i 是一个随机误差项，则称模型存在着多重共线性(multi-collinearity)。它可分为两种情况：完全多重共线性和不完全多重共线性。

若 $v_i=0$，模型存在完全多重共线性，即解释变量之间存在严格的线性关系。解释变量之间存在完全多重共线性在现实生活中是非常少见的。

若 $v_i\neq0$，模型存在不完全多重共线性，即解释变量之间存在一定的线性相关关系。

4.1.2 多重共线性的成因

回归模型存在多重共线性的成因主要表现在以下 4 个方面。

1. 经济变量之间内在的联系

在现实经济活动中，经济变量之间往往存在着一定的内在联系。这是模型产生多重共线性的主要原因。例如，研究商品需求量与价格、商品质量水平、居民收入水平的关系，而商品价格与商品质量就存在内在关系；研究国外投资 FDI 与中国 GDP 之间的关系，可能将国内投资 DDI 引入模型，而 DDI 与 FDI 也是有内在关系的。因而，多重共线性是计量经济模型中不可避免的问题，只是影响程度有所不同而已。

2. 经济变量之间变化的共同趋势

对于时间序列的样本数据，在一定条件下，某些变量的行为方式相同，其变化方向的一致性(同步增长或同步下降)使得变量的样本数据高度相关。例如，在经济繁荣时期，各种主要经济指标都在增长，但在经济下滑时期，这些经济指标又几乎一致地放缓增长速度。如果把这些有共同趋势的变量作为解释变量同时引入模型，则它们之间极有可能存在很强的相关性。

3. 样本数据的原因

由于有些模型所需要的样本数据很难搜集，无法进行重复试验，只能被动接受现有样本数据，如样本中解释变量的个数大于观测次数，在有限的范围内搜集数据。多重共线性

有时是一种样本现象，并不是自变量之间存在关联，而是由于数据搜集时造成的近似现象的关系所致。

4. 引入滞后变量

分布滞后变量模型通常存在多重共线性。由于当期解释变量与前期解释变量往往存在相关关系，因此容易使模型产生多重共线性。

4.2　多重共线性产生的后果

如果模型中存在多重共线性，将会对回归模型的估计、检验和应用带来一些不良后果。

4.2.1　完全多重共线性产生的后果

1. 参数的估计值不确定

对于 k 元线性回归模型 $Y_i=\beta_0+\beta_1 X_{1i}+\cdots+\beta_k X_{ki}+\varepsilon_i$，完全多重共线性可以用矩阵形式进行描述。设解释变量矩阵 $\boldsymbol{X}$ 为

$$\boldsymbol{X}=\begin{pmatrix} 1 & X_{11} & X_{21} & \cdots X_{k1} \\ 1 & X_{12} & X_{22} & \cdots X_{k2} \\ \vdots & \vdots & \vdots & \vdots\ \vdots \\ 1 & X_{1n} & X_{2n} & \cdots X_{kn} \end{pmatrix} \tag{4-3}$$

由于解释变量之间存在完全线性关系，即 $\mathbf{rank}(\boldsymbol{X})<\boldsymbol{k}+1$，因此 $|\boldsymbol{X}'\boldsymbol{X}|=0$，由于 $(\boldsymbol{X}'\boldsymbol{X})^{-1}$ 不存在，参数的估计向量 $(\boldsymbol{X}'\boldsymbol{X})^{-1}\boldsymbol{X}'\boldsymbol{Y}$ 也就不存在，无法利用 OLS 法估计出参数的值。

2. 参数估计值的方差无限大

对于二元线性回归模型

$$Y_i=\beta_0+\beta_1 X_{1i}+\beta_2 X_{2i}+\varepsilon_i \tag{4-4}$$

可以证明，$\hat{\beta}_1$、$\hat{\beta}_2$ 的方差为

$$\mathrm{Var}(\hat{\beta}_1)=\frac{\sigma^2}{\sum(X_{1i}-\overline{X}_1)^2}\times\frac{1}{1-r_{12}^2} \tag{4-5}$$

$$\mathrm{Var}(\hat{\beta}_2)=\frac{\sigma^2}{\sum(X_{2i}-\overline{X}_2)^2}\times\frac{1}{1-r_{12}^2} \tag{4-6}$$

其中，r_{12} 为 X_1、X_2 的相关系数。式(4-6)中等号右边第二项因子被称为**方差膨胀因子**(variance inflating factor，VIF)。

$$\mathrm{VIF}=\frac{1}{1-r_{12}^2} \tag{4-7}$$

从方差膨胀因子可以看出，OLS 估计量的方差随着多重共线性的出现而“膨胀”起来。当 X_1、X_2 完全相关(即 $r_{12}=1$)时，$\mathrm{VIF}\to+\infty$。

4.2.2 不完全多重共线性产生的后果

1. 难以分析每个解释变量的单独影响

应用计量经济模型进行结构分析、政策评价时，需要分别分析每个解释变量的单独影响，并进行比较讨论。但在多元线性回归模型中，偏回归系数 β_i 表示在其他变量保持不变的条件下，X_i 变化一个单位将使 Y 平均变化 β_i 个单位。然而，当模型存在多重共线性时，解释变量之间的线性相关使得此条件不再满足，从而无法进行解释变量的单独影响分析。

2. 增大 OLS 估计的方差

以二元线性回归模型式(4-4)为例，通过上述参数方差计算公式可以发现：参数 $\hat{\beta}$ 的方差随着解释变量之间的线性程度的增加而增加。一般地，如果 VIF＞10，可认为模型存在较为严重的多重共线性。

3. t 检验的可靠性降低

当模型中存在多重共线性时，回归系数的方差和估计误差增大。根据 t 统计量的计算公式 $t=\hat{\beta}/SE(\hat{\beta})$，$t$ 统计量值将减小。这就可能造成一种后果：某个回归系数的 t 统计量值原本比 $t_{\alpha/2}$ 临界值大，因多重共线性的影响使得 t 统计量值减小到小于 $t_{\alpha/2}$ 临界值，得出其回归系数不显著的结论。这样，t 检验的可靠性就会降低。更为极端的情况是可能使估计的回归系数符号相反，得出完全错误的结论。

4. 预测失去意义

模型参数的估计值缺乏稳定性，方差也增大，其预测区间扩大，从而降低预测精度。

4.3 多重共线性的检验

如果模型存在较为严重的多重共线性，就会产生上面所阐述的一系列不利影响。常用的多重共线性检验方法有简单相关系数法、辅助回归模型法、方差膨胀因子法、经验判断法及特征值法等。下面主要介绍前四种方法。

4.3.1 简单相关系数法

如果模型中有 k 个解释变量，可以计算它们两两之间的相关系数，如果其中存在相关系数的绝对值大于 0.8 的现象，则模型中存在多重共线性的可能性很大。此时需要注意，相关系数只反映变量间两两的线性相关关系，它只是判断有无多重共线性的充分条件，而不是必要条件。

在 EViews 软件中可以直接计算解释变量间的相关系数矩阵。

1. 命令方式

COR 解释变量 1 解释变量 2… 解释变量 k

2. 菜单方式

将所有解释变量设置成一个数组，并在数组窗口中单击 View/Covariance Analysis，然后在弹出的对话框中选中 Correlation。

4.3.2　辅助回归模型法

若多元线性回归方程有 k 个解释变量，分别建立每一个解释变量对其他剩余解释变量的线性回归方程，可以获得 k 个辅助方程。

$$X_i = f(X_1,\ X_2,\ \cdots,\ X_{i-1},\ X_{i+1},\ \cdots,\ X_k,\ \varepsilon_i)\quad (i=1,\ 2,\ \cdots,\ k)$$

如果其中某些方程的 F 检验结果是显著的，则表明存在多重共线性，所对应的原解释变量可以近似地用其他解释变量线性表示。

4.3.3　方差膨胀因子法

对于多元线性回归模型，能够证明参数估计 $\hat{\beta}_i$ 的方差可以写为

$$\mathrm{Var}(\hat{\beta}_i) = \frac{\sigma^2}{\sum(X_i-\overline{X})^2} \times \frac{1}{1-R_i^2} = \frac{\sigma^2}{\sum(X_i-\overline{X})^2} \times \mathrm{VIF}_i \tag{4-8}$$

$$\mathrm{VIF}_i = \frac{1}{1-R_i^2} \tag{4-9}$$

式中，R_i^2 表示 X_i 关于其他解释变量辅助回归模型的可决系数，VIF_i 为方差膨胀因子。VIF 值越大，模型中多重共线性的程度就越严重。一般当 VIF>10 时(此时 $R_i^2>0.9$)，可以认为模型存在较严重的多重共线性。

4.3.4　经验判断法

根据经验，通常以下 3 种情况的出现可能提示存在多重共线性的影响。

(1) 当增加或剔除一个解释变量时，若回归参数的估计值发生较大变化，则回归模型可能存在严重的多重共线性。

(2) 定性分析认为某个或某些解释变量重要，但对其偏回归系数进行 t 检验后发现不显著，此时可以怀疑不显著是由于模型存在多重共线性所导致的。

(3) 当所估计的解释变量系数的符号与经济理论分析设定不一致时，模型可能存在多重共线性。

4.4　多重共线性的修正

对于存在多重共线性的回归方程，为了能获得较好的分析结果，要设法消除或减弱多

重共线性的不利影响，但并不是所有的多重共线性都必须处理。对于下列情况，即使存在多重共线性问题也可以不进行处理：一是多重共线性不严重，不会从根本上给模型估计带来非常严重的后果；二是如果应用模型进行预测，只要模型的拟合程度较高，并且解释变量的相关类型在预测期内保持不变，则可以忽略多重共线性的问题。

下面介绍常用的几种修正多重共线性的方法。

4.4.1 剔除次要变量

当回归方程中存在严重的多重共线性时，可以剔除引起多重共线性的不重要的解释变量。一般是直接剔除存在如下情况的解释变量：①与被解释变量的相关系数绝对值较小；②偏回归参数 t 检验不显著；③方差膨胀因子(VIF)较大；④估计的回归参数符号与经济理论或实际相背离。但在采用此方法时要采取审慎态度，避免产生新的问题，如剔除这些变量后是否影响模型经济意义的相对完整性，是否会引发模型产生异方差性或自相关性。

4.4.2 利用先验信息

先验信息是指从经济理论或实际资料中获得的关于解释变量间的关系的信息。把这种先验信息作为约束条件对原模型进行变形，以间接减少解释变量个数，进而消除模型中的多重共线性。

例如以柯布-道格拉斯生产函数为基础建立计量模型：

$$Y=AL^{\alpha}K^{\beta}\mathrm{e}^{\varepsilon} \tag{4-10}$$

其中，劳动力投入量 L 与资金投入量 K 之间往往是高度相关的，回归参数 $\alpha+\beta$ 的经济意义为规模报酬，如果对所研究问题假定规模报酬不变(即 $\alpha+\beta=1$)，则可将式(4-10)变形为 $\frac{Y}{L}=A\left(\frac{K}{L}\right)^{\beta}\mathrm{e}^{\varepsilon}$。

记 $y=Y/L$，$k=K/L$，

则柯布-道格拉斯生产函数可以表示成：$y=Ak^{\beta}\mathrm{e}^{\varepsilon}$。

利用 OLS 法估计出 $\hat{A}$、$\hat{\beta}$，进而得到 $\hat{\alpha}=1-\hat{\beta}$。

4.4.3 变换模型形式

1. 差分法处理

对于二元回归方程：

$$Y_t=\beta_0+\beta_1X_{1t}+\beta_2X_{2t}+\varepsilon_t \tag{4-11}$$

各变量进行差分变化，得到差分模型：

$$\Delta Y_t=\beta_1\Delta X_{1t}+\beta_2\Delta X_{2t}+\Delta\varepsilon_t \tag{4-12}$$

由于 ΔX_{1t}、ΔX_{2t} 变量之间的线性相关性大大减弱，从而差分模型的多重共线性问题将减轻甚至消除，此时可以估计差分方程。但差分变化会带来信息损失的问题，特别是均值信息将损失，另外，差分方程可能会存在自相关性问题，所以，在实际运用中需要谨慎处理。

2. 对数变换处理

用宏观经济数据建立模型时，可以对变量进行对数变换，建立双对数模型。对数变换后的新变量之间的相关性大大减弱，用新变量建立的回归模型的多重共线性程度会大大降低。

此外，对数变换还可以解决模型异方差性问题和时间序列数据平稳性问题，是实际应用中效果比较好的一种数据处理方法。

4.4.4　逐步回归法

逐步回归法的原理是：先选择与被解释变量相关关系最为密切的解释变量建立一元模型，然后将其他解释变量逐个引入模型，分别建立二元、三元、…、k 元模型。每引入一个变量，需对模型进行经济检验和统计显著性检验，并从中选择一个相对最优的模型，这样逐步引入—剔除—引入，直到模型之外所有变量均不显著时为止。目前许多统计分析软件都有逐步回归程序，但计算机软件自动挑选的模型主要着眼于统计显著性，没有考虑到估计参数的符号在经济意义上是否合理，这一点在选择模型时需要注意。

4.4.5　主成分回归法

主成分分析(principal component analysis，PCA)是一种统计方法。该方法通过正交变换将一组可能存在相关性的变量转换为一组线性不相关的变量，转换后的这组变量叫主成分。主成分回归法(principal component regression，PCR)是以主成分为自变量进行回归分析的一种参数估计方法，因为主成分之间没有线性相关性，所以可以解决多重共线性问题。

主成分回归法的具体步骤如下：

(1) 对原始数据(Y，X_1，X_2，…，X_k)进行标准化处理，结果为(Y^*，X_1^*，X_2^*，…，X_k^*)。

(2) 利用 SPSS 等软件提取解释变量 X_1^*，X_2^*，…，X_k^* 的 k 个主成分，记为 Z_1，Z_2，…，Z_k，这 k 个主成分互不相关。

$$\begin{cases} Z_1=\mu_{11}X_1^*+\mu_{12}X_2^*+\cdots+\mu_{1k}X_k^* \\ Z_2=\mu_{21}X_1^*+\mu_{22}X_2^*+\cdots+\mu_{2k}X_k^* \\ \vdots \\ Z_k=\mu_{k1}X_1^*+\mu_{k2}X_2^*+\cdots+\mu_{kk}X_k^* \end{cases} \tag{4-13}$$

(3) 建立被解释变量 Y^* 与前 m 个主成分的线性回归模型，前 m 个主成分的方差贡献率大于 85%。

$$\hat{Y}^*=\alpha_1 Z_1+\alpha_2 Z_2+\cdots+\alpha_m Z_m \tag{4-14}$$

(4) 根据式(4-13)中前 m 个主成分与解释变量的关系，将其代入式(4-14)得到：

$$\hat{Y}^*=\hat{\gamma}_1 X_1^*+\hat{\gamma}_2 X_2^*+\cdots+\hat{\gamma}_k X_k^* \tag{4-15}$$

(5) 设欲估计的回归方程为 $\hat{Y}=\hat{\beta}_0+\hat{\beta}_1 X_1+\hat{\beta}_2 X_2+\cdots+\hat{\beta}_k X_k$，有：

$$\hat{\beta}_i=\frac{\delta_Y}{\delta_{X_i}}\hat{\gamma}_i，\ i=1，2，\cdots，k \tag{4-16}$$

$$\hat{\beta}_0 = \overline{\gamma} - \sum_{i=1}^{k} \hat{\beta}_i \overline{X}_i \tag{4-17}$$

其中，δ_Y 和 δ_{X_i} 分别为 Y 和 X_i 的标准差。这样，可以估计出 k 元线性回归模型中的参数，进而得到：

$$\hat{Y} = \hat{\beta}_0 + \hat{\beta}_1 X_1 + \hat{\beta}_2 X_2 + \cdots + \hat{\beta}_k X_k \tag{4-18}$$

4.5 案例分析

4.5.1 样本选取

财政收入是衡量一国政府财力的重要指标。政府在社会经济活动中提供公共物品和服务的范围与数量，在很大程度上取决于财政收入的充裕状况。大多数相关的研究文献都把总税收、国内生产总值这两个指标作为影响财政收入的基本因素，还有一些文献中也提出了其他一些变量，比如其他收入、经济发展水平、就业人数等。现以国内生产总值、税收总额、工业增加值和就业人数作为影响财政收入的主要研究因素，建立我国财政收入的计量经济模型，具体数据如表 4-1 所示。

表 4-1　2000—2019 年财政收入及其影响因素数据

年　份	一般公共预算收入 Y（亿元）	国内生产总值 X_1（亿元）	税收总额 X_2（亿元）	就业人数 X_3（万人）	工业增加值 X_4（亿元）
2000	13 395.23	100 280.1	12 581.51	72 085	40 259.7
2001	16 386.04	110 863.1	15 301.38	72 797	43 855.6
2002	18 903.64	121 717.4	17 636.45	73 280	47 776.6
2003	21 715.25	137 422	20 017.31	73 736	55 363.8
2004	26 396.47	161 840.2	24 165.68	74 264	65 776.8
2005	31 649.29	187 318.9	28 778.54	74 647	77 960.5
2006	38 760.2	219 438.5	34 804.35	74 978	92 238.4
2007	51 321.78	270 232.3	45 621.97	75 321	111 693.9
2008	61 330.35	319 515.5	54 223.79	75 564	131 727.6
2009	68 518.3	349 081.4	59 521.59	75 828	138 095.5
2010	83 101.51	413 030.3	73 210.79	76 105	165 126.4
2011	103 874.4	489 300.6	89 738.39	76 420	195 142.8
2012	117 253	540 367.4	100 614.3	76 704	208 905.6
2013	129 209.6	595 244.4	110 530.7	76 977	222 337.6
2014	140 370	643 974	119 175.3	77 253	233 856.4
2015	152 269.2	689 052.1	124 922.2	77 451	236 506.3
2016	159 605.97	744 127.2	130 360.7	77 603	247 860.1
2017	172 592.8	832 035.9	144 369.9	77 640	275 119.3
2018	183 359.8	919 281.1	156 402.9	77 586	301 089.3
2019	190 382.2	990 865.1	157 992.2	77 471	317 108.7

资料来源：历年《中国统计年鉴》。

4.5.2　模型估计

初步设定了如下形式的计量经济模型：

$$Y_i = \beta_0 + \beta_1 X_{1i} + \beta_2 X_{2i} + \beta_3 X_{3i} + \beta_4 X_{4i} + \varepsilon_i$$

利用 EViews 软件，生成 Y、X_1、X_2、X_3、X_4 等数据，采用 OLS 法估计模型参数，得到的回归结果如图 4-1 所示。

Dependent Variable: Y
Method: Least Squares
Date: 07/11/23　Time: 09:22
Sample: 2000 2019
Included observations: 20

Variable	Coefficient	Std. Error	t-Statistic	Prob.
C	-83313.59	60018.68	-1.388128	0.1854
X1	0.034015	0.015624	2.177151	0.0458
X2	1.364080	0.107567	12.68126	0.0000
X3	1.156084	0.829146	1.394307	0.1835
X4	-0.211107	0.060420	-3.494009	0.0033

R-squared	0.999495	Mean dependent var	89019.75
Adjusted R-squared	0.999360	S.D. dependent var	62084.29
S.E. of regression	1570.972	Akaike info criterion	17.76909
Sum squared resid	37019301	Schwarz criterion	18.01803
Log likelihood	-172.6909	Hannan-Quinn criter.	17.81769
F-statistic	7414.819	Durbin-Watson stat	1.933593
Prob(F-statistic)	0.000000		

图 4-1　OLS 回归方程结果

该模型 $R^2 = 0.999\,5$，$\bar{R}^2 = 0.999\,4$，可决系数很高，F 统计量为 7 414.819，模型显著。当显著性水平 $\alpha = 0.05$ 时，解释变量 X_1、X_2、X_4 系数的 t 检验均显著，X_3 系数的 t 检验不显著。但是从经济意义上看，X_4 参数估计值的符号与预期相反，表明工业增加值越多，一般公共预算收入将会越少，结果不合理。这表明模型很可能存在严重的多重共线性。

4.5.3　多重共线性检验

1. 简单相关系数法

为证实是否存在多重共线性，计算各解释变量相互之间的相关系数，在 EViews 中选择 X_1、X_2、X_3、X_4 的相关数据，单击 View/Covariance Analysis，在对话框中选择 Correlation/OK，即可得到相关系数矩阵（见图 4-2）。

	X1	X2	X3	X4
X1	1.000000	0.994916	0.913609	0.992418
X2	0.994916	1.000000	0.935558	0.996695
X3	0.913609	0.935558	1.000000	0.945956
X4	0.992418	0.996695	0.945956	1.000000

图 4-2　相关系数矩阵

由相关系数矩阵可以看出，各解释变量相互之间的相关系数较高，这表明确实存在严重的多重共线性。

2. 辅助回归模型法

为了进一步了解多重共线性的性质，我们使用辅助回归模型法，即将每个 X 变量分别作为被解释变量对其余的 X 变量进行回归，分别建立各个解释变量的辅助模型，观察辅助回归模型及修正可决系数。建立的 4 个辅助回归模型的结果如表 4-2 所示。

表 4-2　辅助回归模型结果

辅助回归模型	X_1	X_2	X_3	X_4	F 检验
$X_1=f(X_2, X_3, X_4)$		3.736 0 (1.445 8) ***	−31.948 0 (−3.015 6) ***	1.621 0 (0.877 8) **	827.232 8 ***
$X_2=f(X_1, X_3, X_4)$	0.078 8 (2.584 1) ***		1.090 7 (0.571 7)	0.290 0 (2.411 3) ***	1 234.836 ***
$X_3=f(X_1, X_2, X_4)$	−0.011 3 (−3.015 6) ***	0.018 4 (0.571 7)		0.043 2 (2.947 7) ***	80.766 4 ***
$X_4=f(X_1, X_2, X_3)$	0.108 4 (1.846 8) **	0.919 2 (2.411 4) ***	8.121 1 (2.947 7) ***		1 253.651 ***

注：*** 表示在 0.01 显著性水平下显著，** 表示在 0.05 显著性水平下显著。

上述每个回归方程的 F 统计量都非常显著，可以认为原方程存在严重的多重共线性。

3. 方差膨胀因子法

为了进一步了解多重共线性的性质，我们做了辅助回归，将每个 X 变量分别作为被解释变量对其余的 X 变量进行了回归，计算可决系数和方差膨胀因子。

根据以上辅助回归模型的 R^2 值并利用 VIF 的计算公式，可以得到 $\text{VIF}_1=156.1037$、$\text{VIF}_2=232.5581$、$\text{VIF}_3=16.1436$、$\text{VIF}_4=236.0718$，它们都远远大于 10，因此，解释变量 X_1、X_2、X_3、X_4 之间存在较为严重的多重共线性。

在 EViews 中，也可以直接计算解释变量的方差膨胀因子，在 Equation 回归结果中单击 View/Coefficient Diagnostics/Variance Inflation Factors 即可，其中 Centered VIF 就是方差膨胀因子(见图 4-3)。

Variance Inflation Factors
Date: 07/11/23　Time: 09:26
Sample: 2000 2019
Included observations: 20

Variable	Coefficient Variance	Uncentered VIF	Centered VIF
C	3.60E+09	29192.14	NA
X1	0.000244	542.1231	156.1061
X2	0.011571	774.1060	232.5318
X3	0.687483	31930.08	16.14369
X4	0.003651	997.0974	236.0596

图 4-3　VIF 菜单计算结果

经验表明，如果方差膨胀因子 $\text{VIF}_j \geqslant 10$，通常说明该解释变量与其余解释变量之间有严重的多重共线性，这里 4 个解释变量的方差膨胀因子都远大于 10，表明存在严重的多重共线性问题。

4.5.4　多重共线性的修正

1. 利用逐步回归法

(1) 利用 EViews 软件命令(COR Y　X1　X2　X3　X4)得到被解释变量 Y 与解释变量的相关系数矩阵(见图 4-4)，发现 X_2 是与被解释变量关系最密切的解释变量，以此可建立一元回归方程。

	Y	X1	X2	X3	X4
Y	1.000000	0.995213	0.999498	0.932226	0.994702
X1	0.995213	1.000000	0.994916	0.913609	0.992418
X2	0.999498	0.994916	1.000000	0.935558	0.996695
X3	0.932226	0.913609	0.935558	1.000000	0.945956
X4	0.994702	0.992418	0.996695	0.945956	1.000000

图 4-4　相关系数矩阵

(2) 将 X_1、X_3、X_4 分别引入一元回归方程，估计三个二元回归方程，估计结果如表 4-3 所示。从表中可以看出，回归方程 $Y=f(X_2, X_4)$中两个解释变量 X_2 和 X_4 的 t 检验都能显著通过，R^2 有所提高，此二元回归方程应该保留。

(3) 以 $Y=f(X_2, X_4)$为基础回归方程，分别引入 X_1 和 X_3 建立两个三元回归方程，结果发现这两个三元回归方程都不能保证所有解释变量的显著性检验通过。

表 4-3　逐步回归模型结果信息

模型	X_1	X_2	X_3	X_4	R^2	$\bar{R}^2$
$Y=f(X_2)$		1.214 5 (133.873 3) ***			0.999 0	0.998 9
$Y=f(X_2, X_1)$	0.016 9 (1.062 8)	1.119 6 (12.472 6) ***			0.999 0	0.998 9
$Y=f(X_2, X_3)$		1.240 6 (48.551 7) ***	−0.815 8 (−1.091 3)		0.999 0	0.999 0
$Y=f(X_2, X_4)$		1.488 5 (15.902 6) ***		−0.153 3 (−2.937 1) ***	0.999 3	0.999 3
$Y=f(X_2, X_4, X_1)$	0.020 9 (1.628 0)	1.385 3 (12.641 8) ***		−0.161 1 (−3.219 1) ***	0.999 4	0.999 3
$Y=f(X_2, X_4, X_3)$		1.491 2 (14.858 4) ***	0.069 4 (0.094 3)	−0.156 0 (−2.556 0) **	0.999 3	0.999 2

注：*** 表示在 0.01 显著性水平下显著，** 表示在 0.05 显著性水平下显著。

所以，建立的多元回归模型为

$$\hat{Y}_i = 474.7738 + 1.4885X_{2i} - 0.1533X_{4i}$$
$$(1\,453.943)\quad(0.0936)\quad(0.0522)$$
$$t = (0.3265)\quad(15.9026)\quad(-2.9371)$$
$$R^2 = 0.9993\quad \bar{R}^2 = 0.9993\quad F = 12\,762.08\quad n = 20$$

在 EViews 12.0 中，也可以直接用菜单方式获取逐步回归模型的最终结果。在主窗口中选择 Quick/Estimate Equation，弹出方程设定对话框，通过估计方法的下拉菜单选择逐步最小二乘法（VARSEL-Variable Selection and Stepwise Least Squares），EViews 将显示逐步最小二乘法的设定（Specification）标签页，输入被解释变量 Y C，解释变量 X1　X2　X3　X4；打开选项（Options），其中选择模型（Selection Method Options）为默认的前向有进有出法（Forwards），选择显著性水平为 0.05，把“回归变量的个数”（Number of search regressors）选项设定为 4，其余采用默认设置，回归结果如图 4-5 所示。

Dependent Variable: Y
Method: Variable Selection
Date: 07/11/23 Time: 09:50
Sample: 2000 2019
Included observations: 20
Number of always included regressors: 1
Number of search regressors: 4
Selection method: Stepwise forwards
Stopping criterion: p-value forwards/backwards = 0.05/0.05

Variable	Coefficient	Std. Error	t-Statistic	Prob.*
C	474.7738	1453.943	0.326542	0.7480
X2	1.488545	0.093604	15.90259	0.0000
X4	-0.153265	0.052183	-2.937093	0.0092

R-squared	0.999334	Mean dependent var	89019.75
Adjusted R-squared	0.999256	S.D. dependent var	62084.29
S.E. of regression	1693.317	Akaike info criterion	17.84425
Sum squared resid	48744467	Schwarz criterion	17.99361
Log likelihood	-175.4425	Hannan-Quinn criter.	17.87340
F-statistic	12762.08	Durbin-Watson stat	1.945242
Prob(F-statistic)	0.000000		

图 4-5　前向有进有出法逐步回归结果

需要说明的是，在本例中，逐步回归法在处理多重共线性时没有考虑经济意义，这点在实际运用中应予以关注。

2. 利用主成分回归法

（1）对原始数据（Y，X_1，X_2，X_3，X_4）进行标准化处理，结果为 ZY，ZX_1，ZX_2，ZX_3，ZX_4。

在命令栏中分别输入：

```
GENR  ZY= (Y- @ mean(Y))/@ stdev(Y)
GENR  ZX1= (X1- @ mean(X1))/@ stdev(X1)
GENR  ZX2= (X2- @ mean(X2))/@ stdev(X2)
GENR  ZX3= (X3- @ mean(X3))/@ stdev(X3)
GENR  ZX4= (X4- @ mean(X4))/@ stdev(X4)
```

（2）用 SHOW X1 X2 X3 X4 命令显示解释变量数组（或用 SHOW ZX1 ZX2 ZX3 ZX4），在该数组窗口单击 View/Principal Components，随后弹出的窗口如图 4-6 所示。

（3）选择默认参数，单击“确定”按钮，主成分提取结果如图 4-7 所示。可以看出第一主成分的方差贡献率为 97.26%，表明第一主成分已提取 97.26%的信息，故只保留第一主成分，将第一主成分命名为 Z_1，可写出第一主成分函数（本例中，计算过程均保留四位小数，若界面显示小数点不够四位，按实际显示保留）：

$$Z_1=0.5016ZX_1+0.5049ZX_2+0.4875ZX_3+0.5059ZX_4$$

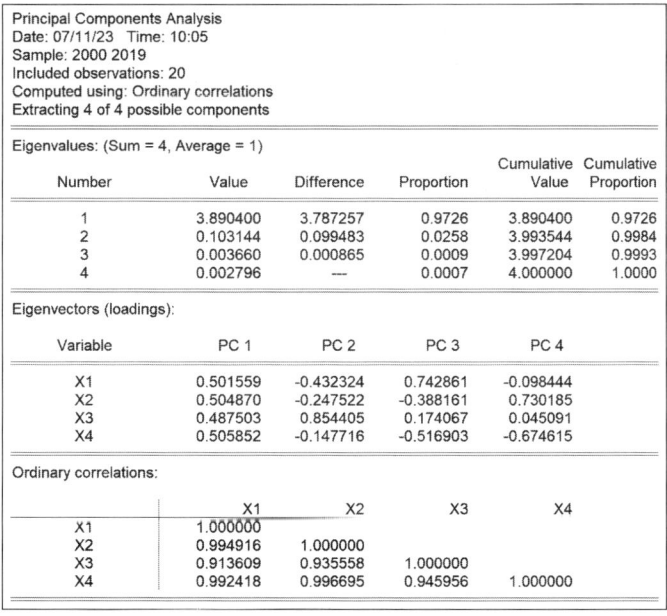

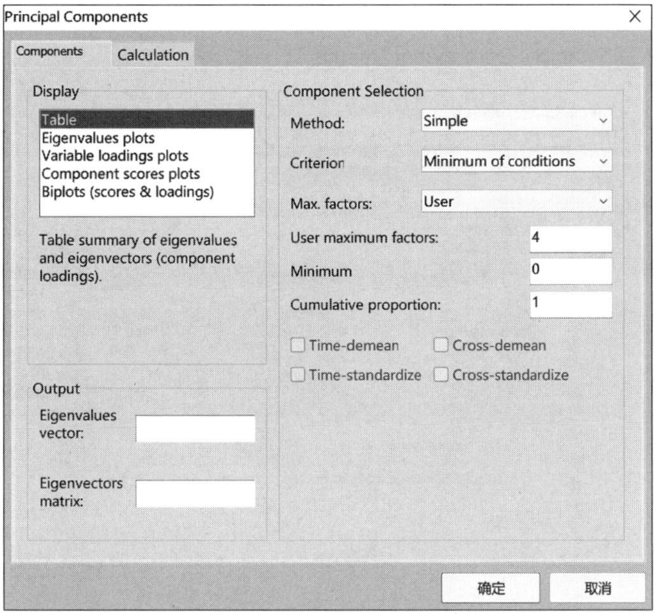

图 4-6　主成分选择菜单

Principal Components Analysis
Date: 07/11/23　Time: 10:05
Sample: 2000 2019
Included observations: 20
Computed using: Ordinary correlations
Extracting 4 of 4 possible components

Eigenvalues: (Sum = 4, Average = 1)

Number	Value	Difference	Proportion	Cumulative Value	Cumulative Proportion
1	3.890400	3.787257	0.9726	3.890400	0.9726
2	0.103144	0.099483	0.0258	3.993544	0.9984
3	0.003660	0.000865	0.0009	3.997204	0.9993
4	0.002796	---	0.0007	4.000000	1.0000

Eigenvectors (loadings):

Variable	PC 1	PC 2	PC 3	PC 4
X1	0.501559	-0.432324	0.742861	-0.098444
X2	0.504870	-0.247522	-0.388161	0.730185
X3	0.487503	0.854405	0.174067	0.045091
X4	0.505852	-0.147716	-0.516903	-0.674615

Ordinary correlations:

	X1	X2	X3	X4
X1	1.000000			
X2	0.994916	1.000000		
X3	0.913609	0.935558	1.000000	
X4	0.992418	0.996695	0.945956	1.000000

图 4-7　主成分提取结果

(4) 计算各主成分的综合得分。在解释变量数组窗口单击 Proc/Make Principal Components，随后会弹出一个窗口，如图 4-8 所示，在图 4-8 中 Output 空白区域输入 z1，单击“确定”按钮，可以得到每个样本的主成分得分。

(5) 建立 ZY 与 Z_1 得分的线性回归模型，回归模型无截距项。命令为：

```
LS  YZ  Z1
```

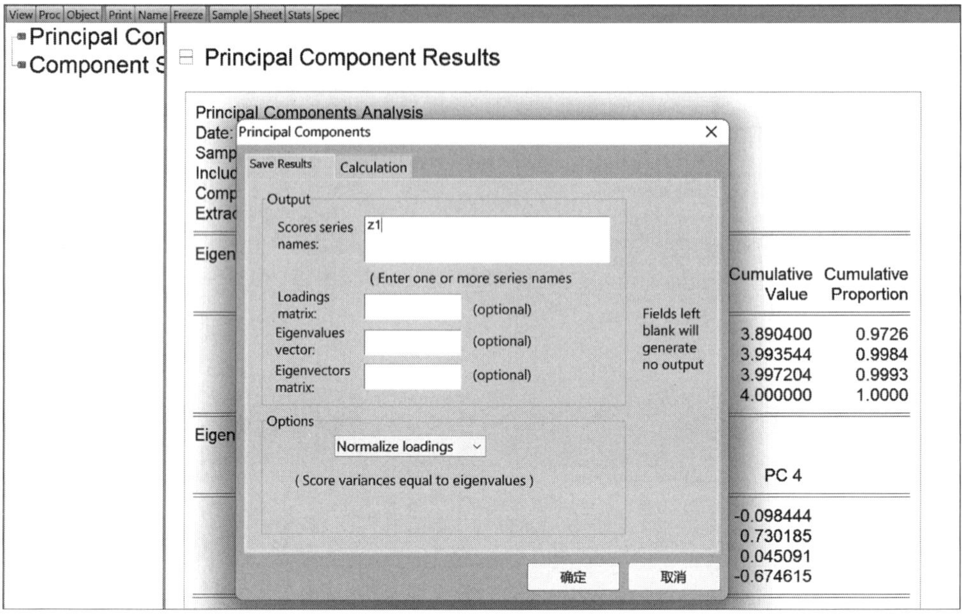

图 4-8 主成分得分

得到的相关方程式为

$$Z\hat{Y}=0.4914Z_1$$

此模型 Z_1 回归系数的 t 统计量为 41.099 6，在 0.05 显著性水平下检验显著。线性回归模型结果如图 4-9 所示。

Dependent Variable: ZY
Method: Least Squares
Date: 07/11/23 Time: 22:30
Sample: 2000 2019
Included observations: 20

Variable	Coefficient	Std. Error	t-Statistic	Prob.
Z1	0.491401	0.011956	41.09955	0.0000

R-squared	0.988877	Mean dependent var	6.66E-17
Adjusted R-squared	0.988877	S.D. dependent var	1.000000
S.E. of regression	0.105466	Akaike info criterion	-1.612157
Sum squared resid	0.211337	Schwarz criterion	-1.562370
Log likelihood	17.12157	Hannan-Quinn criter.	-1.602438
Durbin-Watson stat	0.181634		

图 4-9 线性回归模型结果

（6）将 Z_1 主成分表达式代入回归方程中，得到标准化变量的回归模型。

$$Z\hat{Y}=0.2465ZX_1+0.2481ZX_2+0.2396ZX_3+0.2486ZX_4$$

（7）将标准化的变量还原为原变量，得到原变量回归模型。在如图 4-10 所示的窗口中，单击 Views/Descriptive stats/Common sample 菜单，得到变量的描述性统计信息，图 4-10 中的 Mean 是变量的均值信息，Std. Dev. 是变量的标准差信息。

由图 4-10 可知：

$$ZY=(Y-89\,019.75)/62\,084.29$$

$$ZX_1=(X_1-44\,179.4)/288\,217.9$$

$$ZX_2=(X_2-75\ 998.50)/51\ 092.29$$
$$ZX_3=(X_3-75\ 685.50)/1\ 746.474$$
$$ZX_4=(X_4-160\ 390)/91\ 648.06$$

View | Proc | Object | Print | Name | Freeze | Sample | Sheet | Stats | Spec

	Y	X1	X2	X3	X4
Mean	89019.75	441749.4	75998.50	75685.50	160390.0
Median	75809.91	381055.9	66366.19	75966.50	151611.0
Maximum	190382.2	990865.1	157992.2	77640.00	317108.7
Minimum	13395.23	100280.1	12581.51	72085.00	40259.70
Std. Dev.	62084.29	288217.9	51092.29	1746.474	91648.06
Skewness	0.267468	0.441058	0.241873	-0.571603	0.159155
Kurtosis	1.585728	1.919917	1.593497	2.157839	1.681262
Jarque-Bera	1.905269	1.620590	1.843551	1.680128	1.533658
Probability	0.385723	0.444727	0.397812	0.431683	0.464484
Sum	1780395.	8834988.	1519970.	1513710.	3207801.
Sum Sq. Dev.	7.32E+10	1.58E+12	4.96E+10	57953261	1.60E+11
Observations	20	20	20	20	20

图 4-10　变量描述性统计分析

将上述 5 个关系式代入第(6)步的回归方程中，或用式(4-16)和式(4-17)，即可得到最终回归方程。

$$\hat{Y}=-629\ 004.044\ 6+0.053\ 1X_1+0.301\ 5X_2+8.517\ 4X_3+0.168\ 4X_4$$

思考与练习

一、简述题

1. 简述多重共线性的类型和含义。为什么会产生多重共线性？
2. 不完全多重共线性对回归参数的估计、检验都有哪些影响？
3. 判断线性回归模型是否存在多重共线性的方法有哪些？
4. 解决多重共线性问题的具体措施有哪些？
5. 逐步回归法的基本思想是什么？它的具体实施步骤是什么？

二、单选题

1. 在线性回归模型中，若解释变量 X_1 和 X_2 的样本观测值相关系数为 1，则表明模型中存在(　　)。

   A. 异方差　　B. 多重共线性　　C. 自相关　　D. 内生性

2. 分布滞后变量模型最容易出现(　　)问题。

   A. 自相关　　B. 异方差　　C. 多重共线性　　D. 内生性

3. 当模型存在完全多重共线性时，下列判断不正确的是(　　)。

   A. 参数无法估计　　B. 参数估计值的方差无限大

   C. 可以计算模型的拟合优度　　D. 参数的置信区间无法判断

4. 如果线性回归模型存在不完全多重共线性，则 OLS 估计量将(　　)。

   A. 有偏，方差变小　　B. 有偏，方差变大

   C. 无偏，方差变小　　D. 无偏，方差变大

5. 下列说法错误的是(　　)。
A. 多重共线性产生的原因之一是模型中可能采用了大量的滞后变量
B. 多重共线性是样本现象
C. 检验是否存在多重共线性的方法有 DW 检验法
D. 修正多重共线性可以采用增加样本容量的方法
6. 为了考虑“性别”(男性、女性)因素对被解释变量人均支出的影响，现引入两个虚拟变量形成含有截距项的线性回归模型，则模型会产生(　　)。
A. 多重共线性　B. 异方差　C. 自相关　D. 内生性
7. 假设 X_1、X_2 为解释变量，下列两个解释变量关系中会导致模型存在完全多重共线性的是(　　)。
A. $X_1 \ln X_2 = 0$　B. $X_1 e^{X_2} = 0$
C. $X_1 - 4X_2 = 3$　D. $X_1 + 5X_2 + \varepsilon = 0$($\varepsilon$ 为随机误差项)
8. 对于模型 $y_i = \beta_1 + \beta_2 x_{1i} + \beta_3 x_{2i} + \varepsilon_i$，与 $r_{12} = 0$ 相比，当 $r_{12} = 0.8$ 时，参数估计量的方差是原来的(　　)。
A. 2.77 倍　B. 1.25 倍　C. 1.56 倍　D. 1 倍
9. 既能检验又可修正模型多重共线性的方法是(　　)。
A. 逐步回归法　B. 方差膨胀因子法　C. 直观判断法　D. 岭回归法
10. 当模型中存在完全多重共线性时，下列说法错误的有(　　)。
A. $\text{rank}(\boldsymbol{X}) = k + 1$　B. $|\boldsymbol{X}'\boldsymbol{X}| = 0$
C. $(\boldsymbol{X}'\boldsymbol{X})^{-1}$ 不存在　D. 方差无穷大
11. 解释变量的简单相关系数矩阵方法主要用来(　　)。
A. 检验是否存在自相关　B. 检验是否存在多重共线性
C. 检验是否存在异方差　D. 检验是否存在内生性
12. 在不完全多重共线性下，t 检验的值会(　　)。
A. 变小　B. 变大　C. 不变化　D. 无法判断
13. 如果线性回归模型存在完全多重共线性，其参数估计的标准差会(　　)。
A. 无穷大　B. 变大　C. 变小　D. 无法判断
14. 多重共线性是指两个或两个以上变量之间存在多种准确的(　　)关系。
A. 非线性　B. 线性　C. 相关　D. 非相关

三、多选题

1. 产生多重共线性的原因有(　　)。
A. 经济变量之间存在内在的联系　B. 经济变量之间变化的共同趋势
C. 样本数据的原因　D. 引入滞后变量
2. 如果模型存在不完全多重共线性，产生的后果包括(　　)。
A. 参数估计量是有偏的　B. 参数估计值的方差会变大
C. t 检验的可靠性降低　D. 预测失去意义
3. 检验多重共线性的方法有(　　)。
A. 简单相关系数法　B. 辅助回归模型法
C. 方差膨胀因子法　D. 特征值检验法
4. 修正多重共线性的经验方法主要有(　　)。

A. 剔除变量法　B. 利用先验信息法　C. 逐步回归法　D. 加权最小二乘法

5. 有时通过对模型中的变量进行变换能够实现降低多重共线性的目的，常用的变量变换方式有(　　)。

A. 计算相对指标　B. 指标更换法

C. 将小类指标合并成大类指标　D. 改变变量的统计指标

6. 关于多重共线性相关问题，下列说法正确的有(　　)。

A. 多重共线性是一种总体现象

B. 利用截面数据建模可能会出现多重共线性

C. 解释变量不存在多重共线性并不能说明它们之间无关

D. 解释变量之间的相关系数很小则必然不存在多重共线性

7. 下列说法正确的有(　　)。

A. 方差膨胀因子越接近于 0，多重共线性越弱

B. 方差膨胀因子越接近于 1，多重共线性越弱

C. 当容许度大于 0.1 时，认为模型存在较严重的多重共线性

D. 当容许度小于 0.1 时，认为模型存在较严重的多重共线性

8. 利用变换模型形式可解决多重共线性问题，其变换模型形式包括(　　)。

A. 差分法　B. 变换模型的函数形式

C. 主成分法　D. 指标更换法

9. 下列关于简单相关系数矩阵检验多重共线性的说法中，正确的有(　　)。

A. 简单相关系数较高是多重共线性存在的充分条件，而不是必要条件

B. 简单相关系数检验只适用于两个解释变量之间存在线性相关的检验

C. 简单相关系数很大则必然存在多重共线性

D. 简单相关系数较低并不意味着一定不存在多重共线性

10. 下列哪些回归分析中很可能出现多重共线性？(　　)

A. 资本投入和劳动力投入，这两个变量同时作为生产函数的解释变量

B. 施肥量、施肥量的平方，这两个变量同时作为小麦亩产量的解释变量

C. 本期收入和前期收入，这两个变量同时作为消费的解释变量

D. 某班的平均成绩、总成绩，这两个变量同时作为兼职收入的解释变量

11. 下列说法错误的有(　　)。

A. 在完全多重共线性中，无法对显著性检验做出判断

B. 尽管有完全的多重共线性，OLS 估计量仍然是 BLUE

C. 如果某辅助回归结果显示出高值，则多重共线性很有可能发生

D. 如果其他条件不变，VIF 越高，OLS 估计量的标准差越小

12. 多重共线性的检验可通过(　　)的结合来判断。

A. DW 检验　B. t 检验　C. F 检验　D. White 检验

13. 当模型中存在完全多重共线性时，下列说法正确的有(　　)。

A. $\mathrm{rank}(\boldsymbol{X})>k+1$　B. $|(\boldsymbol{X}'\boldsymbol{X})|=0$

C. $(\boldsymbol{X}'\boldsymbol{X})^{-1}$ 不存在　D. $\mathrm{rank}(\boldsymbol{X})<k+1$

14. 关于多重共线性，下列说法正确的有(　　)。

A. 在现实经济活动中，经济变量之间往往存在着一定的相互联系。这是模型产生多重共线性的主要原因

B. 如果把具有共同趋势的变量作为解释变量同时引入模型，则极有可能存在多重共线性
C. 多重共线性有时是一种样本现象，是由数据收集时造成的近似现象的关系所导致的
D. 模型的构造和设定等方面的问题也可能引起多重共线性

15. 下面属于多重共线性导致的直接后果有（　　）。
A. 回归参数估计的方差变大
B. 区间估计的置信区间会变宽
C. 假设检验容易导致错误的判断
D. 估计量的无偏性不受影响

四、判断题

1. 在严重的多重共线性下，OLS 估计量仍然是最佳线性无偏估计量。（　　）
2. 将截面数据和时序数据并用可以作为解决多重共线性的一个方法。（　　）
3. 只有使用截面数据才有可能出现多重共线性。（　　）
4. 多重共线性问题是随机误差项违背经典假定引起的。（　　）
5. 多重共线性问题可以通过增加样本信息得到改善。（　　）
6. 不完全多重共线性产生的后果之一是使参数估计值的方差增大。（　　）
7. 有时通过对模型中的变量进行变换能够实现降低多重共线性的目的。（　　）
8. 如果应用模型进行预测，只要模型的拟合优度较高，并且解释变量的相关类型在预测期内保持不变，则可以忽略多重共线性的问题。（　　）
9. 所谓完全多重共线性，是指线性回归模型中的若干解释变量或全部解释变量的样本观测值之间具有某种严格的线性关系。（　　）
10. 变换模型的函数形式，如将线性模型转换成双对数模型、半对数模型、多项式模型等，可以解决多重共线性问题。（　　）
11. 常用的多重共线性检验方法包括简单相关系数法、辅助回归模型法、方差膨胀因子法、经验判断法及特征值法等。（　　）
12. 应用相关系数矩阵判断多重共线性，相关系数小，则一定不存在多重共线性。（　　）
13. 容许度和方差膨胀因子都是检验多重共线性的重要指标。（　　）
14. 一般当容许度小于 0.1 时，则认为模型存在较严重的多重共线性。（　　）
15. 当增加或剔除一个解释变量，或者改变一个观测值时，回归参数的估计值发生较大变化，回归方程可能存在严重的多重共线性。（　　）

五、填空题

1. 在经济计量分析实践中，多重共线性最常见的情形是解释变量之间存在着________。
2. 在不完全多重共线性下，对参数进行区间估计时，置信区间趋于________。
3. 如果解释变量之间的关系用矩阵表示，并且矩阵是满秩的，那么解释变量________（填“存在”或“不存在”）多重共线性。
4. 方差膨胀因子（VIF）作为检验多重共线性的一个重要指标，一般当 VIF 大于________时，可以认为模型存在较严重的多重共线性。
5. 在 EViews 软件中可以直接计算解释变量间的相关系数矩阵，其命令是________。
6. 如果当期解释变量与前期解释变量存在相关关系，该模型最容易产生________问题。
7. ________方法的基本思想是将变量逐个引入模型，每引入一个解释变量后，都要进行 F 检

验，并对已经选入的解释变量逐个进行 t 检验，当原来引入的解释变量由于后面解释变量的引入而变得不再显著时，将其剔除。

8. 在只有两个自变量构成的多元线性回归模型中，如果辅助回归的可决系数为0.6，那么方差膨胀因子的值为________。
9. 在构建模型时，解释变量相关系数矩阵中的多数简单相关系数比较高，一般情况下大于________时则可认为模型存在严重的多重共线性。
10. 当模型存在不完全多重共线性时，OLS估计量________(填“具备”或“不具备”)有效性。
11. ________是指从经济理论或实际资料中取得的关于解释变量间的关系的信息。
12. 如果回归模型中解释变量的简单相关系数等于1，代表模型存在________。
13. 所谓________，是指线性回归模型中的若干解释变量或全部解释变量的样本观测值之间具有某种严格的线性关系。

六、计算题

1. 表4-4给出了安徽省城镇居民人均消费支出 Y 和相关影响因素(城镇居民人均可支配收入 X_1、地区生产总值 X_2、零售商品价格指数 X_3 以及人口自然增长率 X_4)的数据。

表4-4　2003—2018年安徽省城镇居民人均消费支出及相关影响因素的数据

年份	城镇居民人均消费支出 Y(元)	城镇居民人均可支配收入 X_1(元)	地区生产总值 X_2(亿元)	零售商品价格指数 X_3(%)	人口自然增长率 X_4(‰)
2003	5 064.34	6 778.03	3 923.10	101.3	5.20
2004	5 711.09	7 511.43	4 759.30	102.7	5.50
2005	6 367.67	8 470.68	5 350.17	100.6	6.20
2006	7 294.73	9 771.05	6 131.10	100.8	6.30
2007	8 531.90	11 473.58	7 364.18	104.5	6.35
2008	9 524.04	12 990.35	8 874.17	106.3	6.45
2009	10 233.98	14 085.74	10 062.82	99.0	6.47
2010	11 512.55	15 788.17	12 359.33	103.2	6.75
2011	13 181.46	18 606.13	15 300.65	105.3	6.32
2012	15 012.00	21 024.00	17 212.05	102.1	6.86
2013	16 285.17	23 114.22	19 229.34	101.2	6.82
2014	16 107.07	24 838.52	20 848.75	100.4	6.97
2015	17 233.53	26 935.76	22 005.63	99.7	6.98
2016	19 606.25	29 155.98	24 117.89	100.8	7.06
2017	20 740.00	31 640.00	27 018.00	101.7	8.17
2018	21 523.00	34 393.00	30 006.82	101.9	6.45

资料来源：《安徽省统计年鉴》(2004—2019年)。

(1) 利用上述数据构建回归模型，并根据回归结果判断是否存在多重共线性问题。

(2) 如果对上述构建的模型部分变量或者全部变量做对数变换，并对变换后的模型进行估计，请根据回归结果判断是否还存在多重共线性问题。

2. 表4-5是2018年我国31个省级行政区财政卫生医疗支出 Y 及相关影响因素(人口、GDP总额、卫生机构数量、财政收入)的数据。

表 4-5 2018 年我国 31 个省级行政区财政卫生医疗支出及相关影响因素的数据

地区	财政卫生医疗支出 Y(亿元)	人口 X_1(万人)	GDP 总额 X_2(亿元)	卫生机构数量 X_3(个)	财政收入 X_4(亿元)
北京市	490.09	2 154	33 105.97	10 058	5 785.92
天津市	192.76	1 560	13 362.92	5 686	2 106.24
河北省	691.33	7 556	32 494.61	85 088	3 513.86
山西省	358.99	3 718	15 958.13	42 079	2 292.70
内蒙古自治区	315.62	2 534	16 140.76	24 610	1 857.65
辽宁省	350.62	4 359	23 510.54	36 029	2 616.08
吉林省	281.22	2 704	11 253.81	22 691	1 240.89
黑龙江省	301.00	3 773	12 846.48	20 349	1 282.60
上海市	470.12	2 424	36 011.82	5 293	7 108.15
江苏省	845.32	8 051	93 207.55	33 254	8 630.16
浙江省	626.20	5 737	58 002.84	32 754	6 598.21
安徽省	627.10	6 324	34 010.91	24 925	3 048.67
福建省	441.7	3 941	38 687.77	27 590	3 007.41
江西省	585.47	4 648	22 716.51	36 545	2 373.01
山东省	885.15	10 047	66 648.87	81 470	6 485.40
河南省	928.95	9 605	49 935.90	71 351	3 766.02
湖北省	575.74	5 917	42 021.95	36 486	3 307.08
湖南省	627.10	6 899	36 329.68	56 239	2 860.84
广东省	1 407.51	11 346	99 945.22	51 451	12 105.26
广西壮族自治区	546.52	4 926	19 627.81	33 742	1 681.45
海南省	144.46	934	4 910.69	5 325	752.67
重庆市	372.79	3 102	21 588.80	20 524	2 265.54
四川省	880.89	8 341	42 902.10	81 537	3 911.01
贵州省	481.80	3 600	15 353.21	28 066	1 726.85
云南省	575.42	4 830	20 880.63	24 954	1 994.35
西藏自治区	106.93	344	1 548.39	6 844	230.35
陕西省	455.31	3 864	23 941.88	35 300	2 243.14
甘肃省	313.53	2 637	8 104.07	27 897	871.05
青海省	141.60	603	2 748.00	6 396	272.89
宁夏回族自治区	105.55	688	3 510.21	4 450	436.52
新疆维吾尔自治区	286.14	2 487	12 809.39	18 450	1 531.42

资料来源：国家统计局．中国统计年鉴 2019[M]．北京：中国统计出版社，2019.

要求：

(1) 利用以上数据建立回归模型，根据回归结果直观判断是否存在严重的多重共线性。

(2) 分别用简单相关系数法和方差膨胀因子法检验模型是否存在多重共线性。

(3) 用逐步回归法对模型进行修正，并对修正后的结果从经济意义上进行讨论。

第 5 章
CHAPTER5

异方差性

□ 案例导引

高技术产业各行业开发经费支出对新产品销售收入的影响一致吗

高技术产业体现了国家科技竞争力，展现了国家实力。我国一直高度重视高技术产业，国家科技水平不断提高。党的二十大报告明确提出加快实施创新驱动发展战略，构建新一代信息技术、人工智能、生物技术等一批新的增长引擎。我国正逐步构建以高技术产业为主体的现代化产业体系。为了解高技术产业研发投入对其产出的影响，现选取高技术制造业R&D经费支出 X 作为解释变量，新产品销售收入 Y 作为被解释变量，样本为2020年我国高技术制造业分行业数据，建立的新产品销售收入关于R&D经费支出的回归模型为

$$\hat{Y}_i=-3\ 973\ 238+17.033\ 5X_i$$
$$(-0.689\ 7)\quad(10.076\ 7)$$
$$R^2=0.856\ 6,\quad \overline{R}^2=0.848\ 2,\quad F=101.539\ 8,\quad \mathrm{DW}=1.808\ 8$$

从回归模型估计结果来看，可决系数和修正的可决系数较高，F 检验和 t 检验显著，表明R&D经费支出对新产品销售收入有显著影响。估计的模型参数表明：R&D经费支出每增加1 000万元，各行业新产品销售收入将平均增长1 306.026 2万元。

然而，从2020年高技术产业各行业R&D经费支出和新产品销售收入实际数据来看，这一结论可能并不可靠。尽管随着R&D经费支出的增加，新产品销售收入平均水平也不断增加，但其离散程度也随之增加。当R&D经费支出较低时，不同行业的新产品销售收入差距较小；而当R&D经费支出较高时，不同行业的新产品销售收入差距较大。在这种情况下，建立的模型可能存在异方差性，而存在异方差的模型估计结果不可靠。为什么估计模型会存在异方差性？为何用OLS估计存在异方差的模型得到的结果不可靠？又该如何消除异方差性呢？

在第2章和第3章中得知，在模型满足经典假定的条件下，最小二乘法估计结果是优良估计，然而，在实际的经济活动中，这些模型的经典假定往往难以满

足。本章将讨论违背同方差基本假定，即出现异方差性的相关问题，主要内容包括异方差性的含义、产生原因和后果、检验和修正，并通过案例分析说明如何检验和修正异方差性以及 EViews 软件的相关实现。

5.1 异方差性的含义、类型及产生原因

5.1.1 异方差性的含义

对于线性回归模型

$$Y_i = \beta_0 + \beta_1 X_{1i} + \cdots + \beta_k X_{ki} + \varepsilon_i \quad (i=1, 2, \cdots, n) \tag{5-1}$$

在模型经典假定中，要求随机误差项 ε_i 具有同方差性，即对所有的随机误差项 ε_i 偏离其均值的离散程度均相同，用公式表达为

$$\mathrm{Var}(\varepsilon_i) = \mathrm{E}(\varepsilon_i - \mathrm{E}(\varepsilon_i))^2 = \sigma^2 = \text{常数} \tag{5-2}$$

若上述假定不成立，则对于不同样本点，随机误差项离散程度各不相同或者说不再是一个固定的常数，即

$$\mathrm{Var}(\varepsilon_i) = \sigma_i^2 \neq \text{常数} \tag{5-3}$$

则称模型存在异方差性(heteroscedasticity)。

由于随机误差项方差随样本点不同而不同，因而可以将异方差性看成是解释变量的某种函数形式，即

$$\mathrm{Var}(\varepsilon_i) = \sigma_i^2 = \sigma^2 f(X_i) \tag{5-4}$$

5.1.2 异方差性的类型

模型中的异方差性主要有以下三种类型：

1. 单调递增型

单调递增型异方差性，是指随机误差项 ε_i 的方差随着解释变量 X_i 的增大而增大。例如，居民家庭储蓄与收入情况之间的关系，对于低收入类型居民家庭，其家庭储蓄水平相差不大，而对于高收入类型居民家庭，其家庭储蓄水平则往往相差较大，也就是说随着居民家庭收入水平的提高，家庭储蓄水平的差异将逐渐增大。企业利润与企业规模之间也存在这种状况，一般来说，企业规模越大，则企业间利润差异也越大。

2. 单调递减型

单调递减型异方差性，是指随机误差项的方差随着解释变量 X_i 的增大而减小。例如，打字出错率与练习时间之间的关系，一般打字时间越长，人们的打字出错率越低，打字出错率波动幅度随打字时间的增加会越来越小，在这种情况下，方差 σ_i^2 随着 X_i 增大而越来越小。

3. 复杂型

复杂型异方差性，是指随机误差项的方差随着解释变量 X_i 的增大而呈现出复杂的变

化形式。例如，我国收入分配的变化，在改革开放之初，社会收入差距非常小，而改革开放后，随着经济发展，收入差距逐步增大，目前我国政府采取了相应的政策如精准扶贫，以逐步缩小收入差距。可见，我国社会收入差距随着经济发展似橄榄球形变化，在这种情况下，方差 σ_i^2 随着 X_i 先增大再减小，呈现出倒V形变化。

5.1.3 异方差性的产生原因

1. 遗漏了某些重要解释变量

随着家庭可支配收入的增加，家庭储蓄存款差异逐渐扩大。为什么会出现这种情况呢？这是因为，随着收入水平的提高，居民对家庭收入的分配方式有了更多的选择，既可以用于家庭消费，也可以用于储蓄。也就是说，影响居民储蓄行为的因素增多，不仅有收入因素的影响，而且往往还受到家庭的生命周期、消费习惯等重要因素的影响。如果在建立储蓄函数时，仅将收入作为解释变量，把其他重要因素归入随机误差项，而收入与未作为解释变量的遗漏变量存在一定程度的关联，由此便可能造成模型中存在异方差性。利用横截面数据建立模型往往会出现异方差性。

2. 模型函数形式设定误差

在进行理论模型设定时，人们通常依据样本数据绘制散点图设定模型的形式，如果所获取的样本数据不足或者被解释变量受到不确定因素影响较大，那么根据样本数据绘制的相关图或趋势图难以充分显示被解释变量与解释变量之间真实的数量依存关系，就有可能将它们之间真实的非线性关系设定为线性关系，或者将线性关系设定为非线性关系，从而使得在给定解释变量数值时所得到被解释变量的估计值与其实际值的误差增大，导致异方差性的产生。

3. 测量误差的变化

样本数据的测量误差有时会随着时间的推移或观察范围的扩大而增大或减小。例如，在利用时序数据建立生产函数模型时，随着观测技术的进步，观测误差将逐渐减小；同时，部分解释变量会伴随时间推移出现测量误差的积累，例如生产函数中包含的投入要素——固定资产存量，此时随机误差项的方差可能由于测量误差积累而呈现递增的特征。

4. 随机因素影响

军事冲突、政治事件、自然灾害等一些随机因素的突然出现，会造成金融市场上股票价格指数大幅异常波动，因而在建立股票价格指数模型时往往会产生异方差性。在这种情况下，利用时间序列数据建模也可能存在异方差性。

5.2 异方差性的后果

在计量经济分析中，若模型存在异方差性，则会对模型估计、检验及预测产生以下几种影响后果。

5.2.1 参数的 OLS 估计量仍具无偏性，但非有效

以一元线性回归模型 $Y_i=\beta_0+\beta_1X_i+\varepsilon_i$ 为例，由第 2 章参数 OLS 估计的无偏性证明可知，$\hat{\beta}_1=\beta_1+\sum\frac{(X_i-\overline{X})}{\sum(X_i-\overline{X})^2}\varepsilon_i$，在解释变量非随机和 $\mathrm{E}(\varepsilon_i)=0$ 假定满足的情况下，推得 $\mathrm{E}(\hat{\beta}_1)=\beta_1+\sum\frac{(X_i-\overline{X})}{\sum(X_i-\overline{X})^2}\mathrm{E}(\varepsilon_i)=\beta_1$，同理得 $\mathrm{E}(\hat{\beta}_0)=\beta_0$，证明参数 OLS 估计量具有无偏性，可见，模型存在异方差性并不影响参数 OLS 估计的无偏性。

而从参数 OLS 估计量的方差最小证明中可得，随机误差项为同方差是其重要的前提条件之一，若模型存在异方差性，则无法保证参数的 OLS 估计量的方差最小。

由第 2 章相关证明可知，若模型满足同方差性假定，则 $\mathrm{Var}(\hat{\beta}_1)=\sigma^2/\sum(X_i-\overline{X})^2$，若模型存在异方差性，假设参数估计值为 β_1^*，$\mathrm{Var}(\varepsilon_i)=\sigma_i^2=\lambda_i\sigma^2$，则 $\mathrm{Var}(\hat{\beta}_1^*)=\sum\frac{(X_i-\overline{X})^2}{(\sum(X_i-\overline{X})^2)^2}\sigma_i^2=\sum\frac{(X_i-\overline{X})^2}{(\sum(X_i-\overline{X})^2)^2}\lambda_i\sigma^2=\mathrm{Var}(\beta_1)\times\sum\frac{(X_i-\overline{X})^2}{\sum(X_i-\overline{X})^2}\lambda_i$，比较上述异方差和同方差结果，当 $\sum\frac{(X_i-\overline{X})^2}{\sum(X_i-\overline{X})^2}\lambda_i>1$ 时，$\mathrm{Var}(\hat{\beta}_1^*)>\mathrm{Var}(\hat{\beta}_1)$，这表明模型若存在异方差性，则难以确保 OLS 估计量的方差最小。同理，$\hat{\beta}_0$ 也无法保证其有效性。

5.2.2 无法正确估计参数的标准误差

由前述可知，在同方差性假定下，$\mathrm{Var}(\hat{\beta}_1)=\sigma^2/\sum(X_i-\overline{X})^2$，如果将 σ^2 以无偏估计 $\hat{\sigma}^2$ 代替，则得到参数的估计标准误差 $s(\hat{\beta}_1)=\sqrt{\frac{\hat{\sigma}^2}{\sum(X_i-\overline{X})^2}}$；而在模型存在异方差性的情况下，假定 $\sigma_i^2=\lambda_i\hat{\sigma}^2$，可得：

$$s(\hat{\beta}_1^*)=\sqrt{\sum\frac{(X_i-\overline{X})^2}{(\sum(X_i-\overline{X})^2)^2}\lambda_i\hat{\sigma}^2}=\sqrt{\sum\frac{\hat{\sigma}^2}{\sum(X_i-\overline{X})^2}}\times\sqrt{\sum\frac{\lambda_i(X_i-\overline{X})^2}{\sum(X_i-\overline{X})^2}}$$

若此时仍用 $\sqrt{\frac{\hat{\sigma}^2}{\sum(X_i-\overline{X})^2}}$，则 $s(\hat{\beta}_1^*)$ 将产生偏差，偏差大小取决于 $\sqrt{\sum\frac{\lambda_i(X_i-\overline{X})^2}{\sum(X_i-\overline{X})^2}}$ 的大小，当它大于 1 时，则会低估参数估计的标准误差，反之，则会高估。

5.2.3 参数显著性检验的可靠性降低

若模型存在异方差性，此时可能高估或低估参数的估计标准误差，则据此计算的 t 统计量 $t=\frac{\hat{\beta}}{s(\hat{\beta})}$ 也不正确，此时，用错误的 t 统计量进行参数显著性检验，则很有可能得到不正确的结论，t 检验失效。F 检验也是如此。

5.2.4　预测失效

若模型存在异方差性，σ_i^2 随着 X_i 的变化而变化，$\mathrm{Var}(\hat{\beta}_i)$也在不断变化，则 Y 预测区间将难以确定，此外，$\mathrm{Var}(\hat{\beta}_i)$不正确，预测误差增大，$Y$ 的预测精度将降低。

5.3　异方差性的检验

鉴于异方差性的存在将会对回归模型的估计、检验和预测产生一系列消极的影响后果，因而在建立回归模型时必须检验其是否存在异方差性。

异方差性检验的基本思路是：异方差性是指对于不同样本点(即不同的解释变量观测值)，随机误差项的方差各不相同，但是随机误差项的方差及其分布状况是未知的，在实际检验中通常利用 OLS 法估计模型产生的残差及其平方或者绝对值来替代随机误差项的方差，根据残差的分布图或者建立残差平方(或绝对值)关于原模型中解释变量的辅助回归方程来判定其是否存在异方差性。

5.3.1　图示检验法

1. 被解释变量与解释变量相关图

由第 2 章相关内容可知，被解释变量的方差等于随机误差项的方差，因此可以根据被解释变量值在不同解释变量水平下的离散程度，大致判断所估计模型是否存在异方差性。利用样本数据和 scat 命令绘制相关图，如果随着解释变量的增加，被解释变量 Y_i 的散点分布区域逐渐变宽(或变窄)，则可初步诊断为模型存在递增型(或递减型)异方差性(见图 5-1)，不过，需要注意的是在绘制相关图时需要利用 sort 命令先对 X_i 进行排序。

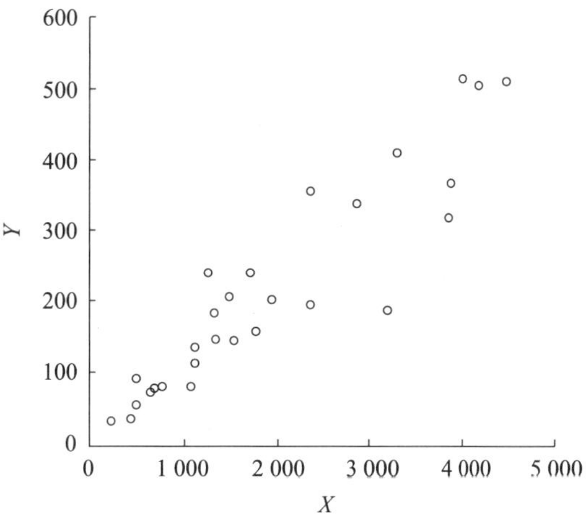

图 5-1　相关图(递增型)

2. 残差平方 e_i^2 或者残差绝对值 $|e_i|$ 与 X 相关图

首先，对解释变量值进行排序。EViews 软件命令格式为：SORT X。

其次，利用 OLS 法估计回归模型。EViews 软件命令格式为 LS Y C X，进而利用序列生成命令计算得到残差的平方 e_i^2 或者残差绝对值 $|e_i|$。

Genr　z1＝resid^2　　　($z1=e_i^2$)

Genr　z2＝abs(resid)　　($z2=|e_i|$)

最后，绘制出 e_i^2 或者 $|e_i|$ 对 X_i 的散点图。若随着 X_i 的变化，e_i^2 或者 $|e_i|$ 大体在两条水平线内变动(见图 5-2a)，则表明随机误差项方差为同方差；若随着 X_i 的变化，e_i^2 或者 $|e_i|$ 也发生变化(见图 5-2b～图 5-2d)，则表明模型存在异方差性(递增型、递减型和复杂型)。

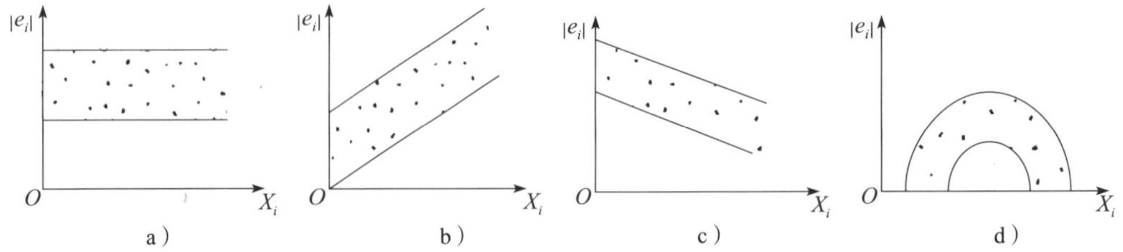

图 5-2 $|e_i|$ 与 X_i 相关图

3. 残差分布图

首先对某个解释变量 X_i 排序，输入命令 SORT X，然后估计回归模型，输入命令 LS Y C X，在方程窗口中单击 resids 按钮，得到模型的残差分布图。通过残差分布图可以看出，随着解释变量 X_i 的增加，如果模型的残差分布呈现出递增、递减或先递增再递减等明显变化趋势，则表明模型存在异方差性。

图示检验法虽然比较直观，但有时据此判断得到的结论不够准确；同时，当所建模型为多元线性回归模型时，该检验方法难以适用。

5.3.2 G-Q 检验法

1. 基本思想

1965 年戈德菲尔德和匡特提出 Goldfeld-Quandt(G-Q)检验方法。其基本思想是：对原样本按某解释变量进行排序，删除中间一定组数的数据，将容量相同的两端数据分别作为两个子样本，利用 OLS 法估计两个子样本回归模型，比较其产生的残差平方和是否具有显著差异，据此进行异方差性检验。

2. 具体步骤

(1) 数据排序。对所有样本数据按某解释变量 X_i 进行排序。若为多变量情况，可根据图示检验法判断异方差现象最明显的解释变量进行选择。

(2) 选取子样本。将排在中间的 c 组(大约 $n/4$，一般小于 $n/3$)数据删除，两端的样本数据分别作为子样本 1 和子样本 2，其样本容量均为 $(n-c)/2$(见图 5-3)。删除后所得剩余数据应为偶数，保证前后两个子样本样本量一致。

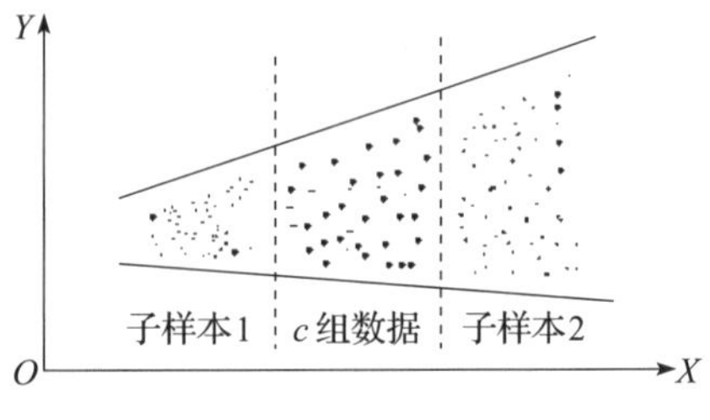

图 5-3 选取子样本

(3) 估计模型。利用 OLS 法分别对子样本 1 和子样本 2 建立回归模型，求得各自的残差平方和 $\sum e_{1i}^2$ 和 $\sum e_{2i}^2$。

(4) 提出假设。原假设为 H_0：子样本1和子样本2的方差相等，即满足同方差性假定；备择假设为 H_1：两个子样本的方差不等，即出现异方差性。

(5) 构造统计量。在原假设成立的情况下，可构造满足 F 分布的统计量：

$$F=\frac{\sum e_{2i}^2/\left[\frac{n-c}{2}-k-1\right]}{\sum e_{1i}^2/\left[\frac{n-c}{2}-k-1\right]}=\frac{\sum e_{2i}^2}{\sum e_{1i}^2}\sim F\left(\frac{n-c}{2}-k-1,\ \frac{n-c}{2}-k-1\right) \tag{5-5}$$

(6) 判断结论。给定显著性水平 α，查 F 分布表，得临界值 $F_\alpha\left(\frac{n-c}{2}-k-1,\ \frac{n-c}{2}-k-1\right)$。若 $F>F_\alpha$，则拒绝原假设 H_0，认为模型中的随机误差项存在异方差性。反之，若 $F<F_\alpha$，则接受 H_0，认为模型不存在异方差性。

模型存在递增型还是递减型异方差性，可先根据残差图初步判断，若图形初步判断为单调递减型异方差性，将式(5-5)的分子、分母对调即可。

3. 适用条件

G-Q检验法主要适用于大样本且具有递增或递减规律的异方差性的情况。G-Q检验结果往往与被删除的数据组数 c 有关，同时它仅能帮助判断是否存在异方差性，而不能判断异方差性是由哪些解释变量的哪种函数引致的。

5.3.3 White检验法

1. 基本思想

基于异方差性的定义，如果模型存在异方差性，则随机误差项的方差会随着解释变量的变化而变化。因此，可以建立残差平方关于解释变量多项式函数的辅助回归模型，并对该辅助回归模型进行统计检验，以此判断原模型是否存在异方差性。由于随机误差项的方差未知，一般用残差平方 e_i^2 近似替代。

2. 检验步骤

现以二元线性回归模型为例，即

$$Y_i=\beta_0+\beta_1X_{1i}+\beta_2X_{2i}+\varepsilon_i \tag{5-6}$$

(1) 用OLS法估计回归模型，计算残差 $e_i=Y_i-\hat{Y}_i$，并求残差的平方 e_i^2。

(2) 估计残差平方 e_i^2 对解释变量一次项、二次项和交叉乘积项的辅助回归模型：

$$e_i^2=\alpha_0+\alpha_1X_{1i}+\alpha_2X_{2i}+\alpha_3X_{1i}^2+\alpha_4X_{2i}^2+\alpha_5X_{1i}X_{2i}+v_i \tag{5-7}$$

其中，v_i 为满足经典假定的随机误差项，$X_{1i}X_{2i}$ 为交叉乘积项。

辅助回归模型实际上还可以引入解释变量的更高次方，但这样会使样本的自由度大幅度降低，故一般只引入二次多项式；当样本容量较小时，为避免自由度降低可去掉交叉乘积项。

(3) 计算统计量 nR^2，其中 n 为样本容量，R^2 为辅助回归模型的可决系数。

可以证明在同方差假定下，即在H_0：$\alpha_1=\cdots=\alpha_5=0$下，$nR^2$渐近地服从$\chi^2$分布，自由度为辅助回归模型中解释变量个数$q$(本例自由度为5)，即$nR^2\sim\chi^2_\alpha(q)$。

(4) 给定显著性水平α，查χ^2分布表得临界值$\chi^2_\alpha(q)$，若$nR^2>\chi^2_\alpha(q)$，或对应的伴随概率小于显著性水平，则拒绝原假设，认为模型存在异方差性。

3. 适用条件

White检验法不仅可以检验模型是否存在异方差性(无论何种类型的异方差)，还可以在多变量的情况下对辅助回归模型的回归系数进行t检验，判断出异方差性与哪个或哪些解释变量有关。但此方法建立辅助回归模型包含的解释变量较多，自由度损失较大，因此在实际应用中通常要求数据为大样本。

4. 软件实现

对于EViews 12.0，在利用全部样本数据和OLS法估计回归方程的窗口中，选择View/Residual Diagnostic/Heteroskedasticity Tests，在Test type中选择White，单击OK按钮后可得到检验统计量的值和辅助回归方程。

5.3.4 Park检验法

1. 基本思想

以残差平方近似随机误差项的方差，建立残差平方关于某个解释变量幂函数形式的辅助回归模型，根据辅助回归模型的统计显著性判断原模型是否存在异方差性。

2. 具体步骤

(1) 以样本数据和OLS法估计被解释变量Y_i对某个解释变量X_i的回归模型，从而得到残差e_i。

(2) 建立残差平方e_i^2对某个解释变量X_i的幂函数辅助回归方程：

$$e_i^2=\alpha X_i^{\beta}e^{v_i} \tag{5-8}$$

或

$$\ln e_i^2=\ln\alpha+\beta\ln X_i+v_i \tag{5-9}$$

(3) 应用t检验法或F检验法对某个估计辅助回归方程，即式(5-9)进行统计显著性检验，如果辅助回归方程能够通过检验，则表明原回归模型存在异方差性。

3. 软件实现

对于EViews 12.0，在利用全部样本数据和OLS法估计回归方程的窗口中，选择View/Residual Diagnostic/Heteroskedasticity Tests/Harvey，在对话窗口Regressors中加入“c log(x)”，即可得到辅助回归方程和相关检验统计量值。

Park检验法也可以直接应用于对多元回归模型的异方差性检验：利用OLS法估计被解释变量Y_i关于所有解释变量的回归模型；在估计回归方程窗口中选择View/Residual Diagnostic/Heteroskedasticity Tests/Harvey，在弹出的对话窗口Regressors中输入常数c和各解释变量的对数并以空格隔开。

5.3.5 Glejser 检验法

1. 基本思想

Glejser 检验法的基本思想与 White 检验、Park 检验大体相同，都是通过建立辅助回归模型来检验异方差性，其区别在于采用的辅助回归方程的形式不同，它建立的是残差绝对值 $|e_i|$ 关于某个解释变量 X_i 的各种函数形式的辅助回归。

2. 具体步骤

(1) 以样本数据和 OLS 法估计被解释变量 Y_i 对某个解释变量 X_i 的回归模型，从而得到残差 e_i。

(2) 建立残差绝对值 $|e_i|$ 对某个解释变量 X_i 的各种函数形式的辅助回归模型：

$$|e_i| = \alpha + \beta X_i^h + v_i \quad (h = \pm 1;\ \pm 2;\ \pm 1/2;\ \pm 1/3;\ \cdots) \tag{5-10}$$

其中 v_i 为随机误差项，满足经典假定。

(3) 对式(5-10)中 h 取不同的值并进行估计、检验方程，在一定显著性水平下，应用 t 检验法或 F 检验法对某个估计辅助回归方程进行统计显著性检验，若拒绝相关原假设，则表明原回归模型存在异方差性。

3. 适用条件

Park 检验和 Glejscr 检验也要求数据是大样本，它们不仅能对异方差性的存在进行判断，还能诊断异方差性的具体形式，即方差与某个解释变量之间的函数形式，可为后续修正异方差性提供依据。

4. 软件实现

对于 EViews 12.0，在利用全部样本数据和 OLS 法估计回归方程的窗口中，选择 View/Residual Diagnostic/Heteroskedasticity Tests/Glejser，在对话窗口 Regressors 中加入“c x^h”，即可得到辅助回归方程和相关检验统计量值。

Glejser 检验法也可以直接应用于对多元回归模型的异方差性检验：利用 OLS 法估计被解释变量 Y_i 关于所有解释变量的回归模型；在估计回归方程窗口中选择 View/Residual Diagnostic/Heteroskedasticity Tests/Glejser，在弹出的对话窗口 Regressors 中输入常数 c 和各解释变量的 h 次幂并以空格隔开。

5.3.6 ARCH 检验法

1. 基本思想

在利用金融时间序列数据建立回归模型时，其随机误差项的方差往往不仅在不同时间上存在较大差异，而且存在较强的相关性，人们把这种现象称为模型中存在 ARCH(autoregressive conditional heteroskedasticity，自回归条件异方差)效应。ARCH 效应检验方法由恩格尔(Engel)于 1982 年首先提出，其后一些学者对其进行了不同形式的拓展。该检验方法主要适用于大样本下的时间序列数据。

对于回归模型

$$Y_t=\beta_0+\beta_1 X_{1t}+\cdots+\beta_k X_{kt}+\varepsilon_t \tag{5-11}$$

如果

$$\varepsilon_t{}^2=\alpha_0+\alpha_1\varepsilon_{t-1}{}^2+\cdots+\alpha_q\varepsilon_{t-q}{}^2+\nu_t \tag{5-12}$$

成立，其中 ν_t 独立同分布，并满足 $E(\nu_t)=0$，$Var(\nu_t)=\sigma^2$，即在 α_j 中($j=1, 2, \cdots, q$)存在不为 0 的情形，则认为回归模型存在异方差性。

2. 基本步骤

(1) 利用 OLS 法估计回归模型。

(2) 建立辅助回归模型。利用 OLS 法估计残差平方 e_t^2 对滞后残差平方 e_{t-1}^2，…，e_{t-q}^2 进行回归，得到

$$\hat{e}_t{}^2=\hat{\alpha}_0+\hat{\alpha}_1 e_{t-1}{}^2+\cdots+\hat{\alpha}_q e_{t-q}{}^2 \tag{5-13}$$

(3) 提出假设。H_0：$\hat{\alpha}_1=\hat{\alpha}_2=\cdots=\hat{\alpha}_q=0$，$H_1$：$\alpha_j$ 至少有一个不为 $0(j=1, 2, \cdots, q)$。

(4) 构建统计量。可以证明在 H_0 成立的条件下，有 nR^2 渐近地服从自由度为 q 的 $\chi^2(q)$分布，即

$$nR^2\sim\chi^2(q)$$

其中，R^2 为辅助回归模型式(5-13)的可决系数，n 为样本容量，q 为滞后期长度。

(5) 判断。给定显著性水平 α，查 χ^2 分布表得到临界值 $\chi_\alpha^2(q)$，若 $nR^2>\chi_\alpha^2(q)$或对应的伴随概率 $p<\alpha$，则拒绝 H_0，表明回归模型存在 ARCH 效应，即存在异方差性；反之，则拒绝 H_1，即回归模型不存在异方差性。

注意：在进行 ARCH 检验以前，应先利用 OLS 法估计回归模型并判断其是否存在自相关性(具体方法见第 6 章)，以确立辅助方程中的 q；若回归模型存在自相关性，再进一步对回归模型进行 ARCH 检验。

3. 软件实现

在 EViews 12.0 中，可以利用如下两种方式进行操作运算。

(1) 命令方式：archtest(q)。

(2) 菜单方式：

①估计回归模型。

②在估计方程窗口中选择 View/Residual Diagnostic/Heteroskedasticity Tests/ARCH，输入检验阶数 q(系统默认为 1)，单击 OK 按钮。或者在估计方程窗口中单击 Views/Residual Diagnostic/Correlagram Squared Residuals，屏幕输出 e_t^2 与 e_{t-1}^2，…，e_{t-q}^2 的自相关系数和偏自相关系数，利用偏自相关系数大致判断回归模型是否存在 ARCH 效应。

以上检验方法各有特点，应结合实际状况加以应用。

5.4 异方差性的修正

经过上一节的检验，如果回归模型存在异方差性，应采取适当的方式对其进行修正。修正的路径主要有：一是根据异方差性产生的原因，采取相应的措施，如增加重要的解释

变量、改变模型的设定函数形式(如将线性模型转换为对数模型)等，其中，在对数模型中，对原变量取对数使得变量尺度缩小，由此估计模型得到的残差为相对误差，这些相对误差之间的差异往往比绝对误差的小，进而降低异方差程度；二是在查找不出具体的产生原因时，可以采用模型变换法或加权最小二乘法，以消除或者缓解异方差。本节主要介绍模型变换法和加权最小二乘法。

5.4.1　模型变换法

模型变换法是对存在异方差性的模型进行适当的变量变换，使之成为满足同方差假定的模型，再运用最小二乘法估计变换后的模型。模型变换法需要事先合理确定异方差性的具体形式，即 $\mathrm{Var}(\varepsilon_i)=\sigma_i^2=\sigma^2 f(X_i)$，也可以通过 Park 检验或者 Glejser 检验所提供的辅助回归结果加以确定。

现以一元线性回归模型为例予以说明。

$$Y_i=\beta_0+\beta_1 X_i+\varepsilon_i \tag{5-14}$$

(1) 若 $\mathrm{Var}(\varepsilon_i)=\sigma_i^2=\sigma^2 X_i^2$，其中 σ 为常数。

由 $\mathrm{Var}(\varepsilon_i)=\sigma^2 X_i^2$

得 $\dfrac{\mathrm{Var}(\varepsilon_i)}{X_i^2}=\sigma^2$

而 $\dfrac{\mathrm{Var}(\varepsilon_i)}{X_i^2}=\dfrac{\mathrm{E}(\varepsilon_i-\mathrm{E}(\varepsilon_i))^2}{X_i^2}=\mathrm{E}\left(\dfrac{\varepsilon_i}{X_i}-\mathrm{E}\left(\dfrac{\varepsilon_i}{X_i}\right)\right)^2=\mathrm{Var}\left(\dfrac{\varepsilon_i}{X_i}\right)=\sigma^2$

由上可知，$\mathrm{Var}(\dfrac{\varepsilon_i}{X_i})$ 等于常数 σ^2，为同方差，故对原模型式(5-14)左右两端同除以 X_i，则原模型式(5-14)变换为

$$\frac{Y_i}{X_i}=\beta_0\frac{1}{X_i}+\beta_1\frac{X_i}{X_i}+\frac{\varepsilon_i}{X_i} \tag{5-15}$$

此模型的随机误差项为 $\dfrac{\varepsilon_i}{X_i}$，它的方差为同方差 σ^2，则变换后的模型式(5-15)已变为满足同方差性假定的模型，可以运用最小二乘法估计模型。但变换后的模型式(5-15)为非标准化线性模型，故估计模型之前，需将此模型线性化，即进行变量变换，设：

$$Y_i^*=\frac{Y_i}{X_i},\quad X_i^*=\frac{1}{X_i},\quad \varepsilon_i^*=\frac{\varepsilon_i}{X_i}$$

则模型式(5-15)转换为线性模型：

$$Y_i^*=\beta_0 X_i^*+\beta_1+\varepsilon_i^* \tag{5-16}$$

此时运用最小二乘法估计参数 β_0 和 β_1。

(2) 若 $\mathrm{Var}(\varepsilon_i)=\sigma_i^2=\sigma^2 X_i$，其中 σ 为常数。

同理，因 $\dfrac{\mathrm{Var}(\varepsilon_i)}{X_i}=\dfrac{\mathrm{E}(\varepsilon_i-\mathrm{E}(\varepsilon_i))^2}{X_i}=\mathrm{E}\left(\dfrac{\varepsilon_i}{\sqrt{X_i}}-\mathrm{E}\left(\dfrac{\varepsilon_i}{\sqrt{X_i}}\right)\right)^2=\mathrm{Var}\left(\dfrac{\varepsilon_i}{\sqrt{X_i}}\right)=\sigma^2=$ 常数，故对原模型式(5-14)左右两端同除以 $\sqrt{X_i}$，则原模型式(5-14)变换为满足同方差假定的模型：

$$\frac{Y_i}{\sqrt{X_i}}=\beta_0\frac{1}{\sqrt{X_i}}+\beta_1\frac{X_i}{\sqrt{X_i}}+\frac{\varepsilon_i}{\sqrt{X_i}} \tag{5-17}$$

令 $Y_i^*=\frac{Y_i}{\sqrt{X_i}}$，$X_{0i}^*=\frac{1}{\sqrt{X_i}}$，$X_{1i}^*=\frac{X_i}{\sqrt{X_i}}=\sqrt{X_i}$，$\varepsilon_i^*=\frac{\varepsilon_i}{\sqrt{X_i}}$，则模型式(5-17)转换为同方差的二元线性模型 $Y_i^*=\beta_0X_{0i}^*+\beta_1X_{1i}^*+\varepsilon_i^*$，再运用最小二乘法估计参数 β_0 和 β_1。

(3) 若 $\mathrm{Var}(\varepsilon_i)=\sigma_i^2=\sigma^2f(X_i)$，其中 σ 为常数。

因 $\frac{\mathrm{Var}(\beta_i)}{f(X_i)}=\frac{\mathrm{E}(\beta_i-\mathrm{E}(\beta_i))^2}{f(X_i)}=\mathrm{E}\left(\frac{\beta_i}{\sqrt{f(X_i)}}-\mathrm{E}\left(\frac{\beta_i}{\sqrt{f(X_i)}}\right)\right)^2=\mathrm{Var}\left(\frac{\beta_i}{\sqrt{f(X_i)}}\right)=\sigma^2=$ 常数，故对原模型式(5-14)左右两端同除以 $\sqrt{f(X_i)}$，则原模型式(5-14)变换为同方差模型：

$$\frac{Y_i}{\sqrt{f(X_i)}}=\beta_0\frac{1}{\sqrt{f(X_i)}}+\beta_1\frac{X_i}{\sqrt{f(X_i)}}+\frac{\varepsilon_i}{\sqrt{f(X_i)}} \tag{5-18}$$

令 $Y_i^*=\frac{Y_i}{\sqrt{f(X_i)}}$，$X_{0i}^*=\frac{1}{\sqrt{f(X_i)}}$，$X_{1i}^*=\frac{X_i}{\sqrt{f(X_i)}}$，$\varepsilon_i^*=\frac{\varepsilon_i}{\sqrt{f(X_i)}}$，则模型式(5-18)转换为同方差的二元线性模型 $Y_i^*=\beta_0X_{0i}^*+\beta_1X_{1i}^*+\varepsilon_i^*$，可运用最小二乘法估计参数 β_0 和 β_1。

5.4.2 加权最小二乘法

1. 基本原理

为了便于说明问题，下面以一元线性回归模型为例。

$$Y_i=\beta_0+\beta_1X_i+\varepsilon_i \tag{5-19}$$

若随机误差项方差为 $\mathrm{Var}(\varepsilon_i)=\sigma_i^2$，则对模型式(5-19)左右两边同时除以 σ_i，得到同方差模型：

$$\frac{Y_i}{\sigma_i}=\beta_0\frac{1}{\sigma_i}+\beta_1\frac{X_i}{\sigma_i}+\frac{\varepsilon_i}{\sigma_i} \tag{5-20}$$

因此模型式(5-20)随机误差项方差为常数，即

$$\mathrm{Var}\left(\frac{\varepsilon_i}{\sigma_i}\right)=\mathrm{E}\left(\frac{\varepsilon_i}{\sigma_i}-\mathrm{E}\left(\frac{\varepsilon_i}{\sigma_i}\right)\right)^2=1$$

对同方差模型式(5-20)线性化，设 $Y_i^*=\frac{Y_i}{\sigma_i}$，$X_{0i}^*=\frac{1}{\sigma_i}$，$X_{1i}^*=\frac{X_i}{\sigma_i}$，$\varepsilon_i^*=\frac{\varepsilon_i}{\sigma_i}$，则模型式(5-20)可以写成：

$$Y_i^*=\beta_0X_{0i}^*+\beta_1X_{1i}^*+\varepsilon_i^* \tag{5-21}$$

由于模型式(5-21)为同方差线性模型，故可以利用最小二乘法估计参数，所得结果是最佳线性无偏估计量。根据最小二乘法估计参数原理，所选择的模型应该使残差平方和 $\sum e_i^{*2}$ 最小，即

$$\begin{aligned}\sum e_i^{*2}&=\sum(Y_i^*-\hat{Y}_i^*)^2=\sum(Y_i^*-\hat{\beta}_0X_{0i}^*-\hat{\beta}_1X_{1i}^*)^2=\sum\left(\frac{Y_i}{\sigma_i}-\hat{\beta}_0\frac{1}{\sigma_i}-\hat{\beta}_1\frac{X_i}{\sigma_i}\right)^2\\&=\sum\frac{1}{\sigma_i^2}(Y_i-\hat{\beta}_0-\hat{\beta}_1X_i)^2=\text{最小}\end{aligned} \tag{5-22}$$

若原模型即式(5-19)的残差记为 $e_i=Y_i-\hat{Y}_i=Y_i-\hat{\beta}_0-\hat{\beta}_1X_i$，将其代入式(5-22)中，则 $\sum e_i^{*2}=\sum\frac{1}{\sigma_i^2}(Y_i-\hat{\beta}_0-\hat{\beta}_1X_i)^2=\sum\frac{e_i^2}{\sigma_i^2}$。

令权数 $w_i=\frac{1}{\sigma_i^2}$，则上述过程使得

$$\sum e_i^{*2}=\sum\frac{e_i^2}{\sigma_i^2}=\sum w_i e_i^2=\sum w_i(Y_i-\hat{Y}_i)^2=\sum w_i(Y_i-\hat{\beta}_0-\hat{\beta}_1 X_i)^2=\text{最小} \tag{5-23}$$

从式(5-23)中可以看出，这种估计方法是在原有残差平方 e_i^2 基础上加上权数 w_i，使得加权的残差平方和即 $\sum w_i e_i^2$ 最小，这样估计的参数 $\hat{\beta}_0$ 和 $\hat{\beta}_1$ 称为加权最小二乘估计，这种求解参数估计式的方法为加权最小二乘法(weighted least square，WLS)。

2. 权数

为何将这种方法称为加权最小二乘法？$w_i=\frac{1}{\sigma_i^2}$为何称为权数？它在加权最小二乘法计算中起到了什么样的作用？

普通最小二乘法的基本原理是使残差平方和 $\sum e_i^2$ 最小，它对每一个样本点的残差 e_i^2 均同等对待，都赋予相同的权数1，这在同方差假定下是合理的，因为在同方差下样本值 Y_i 偏离其总体回归线的幅度大致相同；但在异方差下，对于不同的样本点，方差 σ_i^2 各不相同，此时，方差 σ_i^2 越小，样本值 Y_i 偏离总体回归线的幅度越小，样本点代表性越强；反之，方差 σ_i^2 越大，其样本值 Y_i 偏离总体回归线的幅度越大，样本点代表性越弱，因此，在拟合存在异方差模型的回归线时，对不同的 σ_i^2 应该区别对待。若方差 σ_i^2 越小，因其样本点代表性越强，故在拟合中应发挥更大的作用；反之，则发挥的作用较小。从样本角度而言，若残差平方 e_i^2 越小，则在拟合回归线中作用越大，赋予较大权数 w_i，而残差平方 e_i^2 越大，作用越小，赋予较小的权数 w_i，从而更好地反映 σ_i^2 对残差平方和的影响，在估计模型时使残差的加权残差平方和达到最小，即 $\sum w_i e_i^2=\sum w_i(Y_i-\hat{Y}_i)^2=$最小。这里 w_i 对残差平方起到权衡轻重的作用，使原本残差平方 e_i^2 较大的值因加上 w_i 后而波动幅度趋小，即 $w_i e_i^2$ 变小，而原本残差平方 e_i^2 较小的值，其 $w_i e_i^2$ 变大，使得不同样本点的方差或加权后的残差波动幅度大致相同，以便降低异方差程度。

一般将 w_i 取为$\frac{1}{\sigma_i^2}$，当残差平方 e_i^2 越小时，σ_i^2 越小，权数 w_i 越大，而当残差平方 e_i^2 越大时，σ_i^2 越大，权数 w_i 越小。在实际中，权数一般可以采用OLS法下的残差绝对值(或残差平方)的倒数 $1/|e_i|$(或 $1/e_i^2$)，也可以根据Park检验、Glejser检验的结果分别取 $1/X_i^{\beta}$(Park检验结果)、$1/X_i^{h}$(可决系数最大时的Glejser检验结果)。

3. 模型变换法与加权最小二乘法的关系

容易证明的是，模型变换法与加权最小二乘法实际上是等价的。

对于模型变换法，现以一元线性模型 $Y_i=\beta_0+\beta_1 X_i+\varepsilon_i$ 为例，若已知存在异方差性，且 $\mathrm{Var}(\varepsilon_i)=\sigma_i^2=\sigma^2 X_i^2$，变换后的模型为

$$\frac{Y_i}{X_i}=\frac{\beta_0}{X_i}+\beta_1+\frac{\varepsilon_i}{X_i} \tag{5-24}$$

由前面的讨论可知，式(5-24)的随机误差项$\frac{\varepsilon_i}{X_i}$已是同方差的。用OLS法估计变换后模

型式(5-24)的参数，对其残差平方和求最小值，即

$$\sum e_{1i}^{*2}=\sum\left(\frac{Y_i}{X_i}-\frac{\hat{\beta}_0}{X_i}-\hat{\beta}_1\right)^2=\sum\frac{1}{X_i^2}(Y_i-\hat{\beta}_0-\hat{\beta}_1X_i)^2 \tag{5-25}$$

对于加权最小二乘法，当对 $Y_i=\beta_0+\beta_1X_i+\varepsilon_i$ 采用加权最小二乘法时，其权数为 $w_i=1/\sigma_i^2=1/(\sigma^2X_i^2)$，$(i=1,2,\cdots,n)$，其加权残差平方和为

$$e_{2i}^{*2}=\sum w_ie_i^2=\sum\frac{e_i^2}{\sigma_i^2}=\sum\frac{1}{\sigma_i^2}(Y_i-\hat{\beta}_0-\hat{\beta}_1X_i)^2=\sum\frac{1}{\sigma^2X_i^2}(Y_i-\hat{\beta}_0-\hat{\beta}_1X_i)^2 \tag{5-26}$$

将模型变换法的残差平方和式(5-25)与加权最小二乘法的残差平方和式(5-26)比较，可以看出二者只相差一个常数因子 σ^2，当一个达到最小值时，另一个也必然达到最小值。因此，模型变换法与加权最小二乘法估计参数结果一致，这也间接证明了加权最小二乘法可以消除异方差性，模型变换法和加权最小二乘法是等价的。

4. 软件实现

利用 EViews 12.0 软件，可以很便捷地得到相关运算结果。基本操作步骤为

第一步，利用 LS 命令或菜单方式估计回归方程。

第二步，利用上述检验方法，判别估计模型是否存在异方差性。

第三步，利用 genr 生成权重变量。如

Genr　W1＝1/resid^2

第四步，利用加权最小二乘法估计模型。

命令方式：LS(W＝W1)Y　C　X。

菜单方式：①在利用普通最小二乘法估计的方程窗口单击 Estimate 按钮；②在弹出的方程说明中单击 Option 按钮；③在参数设置框中输入权重变量，单击 OK 按钮返回方程对话框，再单击 OK 按钮，系统将采用加权最小二乘法估计模型。

5.5 案例分析

5.5.1 样本数据和模型设定

2020 年我国高技术制造业新产品开发经费支出及其销售收入如表 5-1 所示，试建立回归模型分析新产品销售收入与新产品开发经费支出的数量联系。

表 5-1　2020 年我国高技术制造业新产品开发经费支出及其销售收入

（单位：万元）

行业名称	新产品开发经费支出 X	新产品销售收入 Y
化学药品制造	3 937 905	40 260 794
中成药生产	1 095 088	13 090 253
生物药品制品制造	1 701 400	9 828 506
电子工业专用设备制造	786 872	6 544 547
光纤光缆及锂离子电池制造	2 013 930	32 348 447

（续）

行业名称	新产品开发经费支出 X	新产品销售收入 Y
通信设备、雷达及配套设备制造	10 041 551	211 568 764
广播电视设备制造	457 352	6 840 964
非专业视听设备制造	1 294 512	29 019 133
电子器件制造	7 762 350	85 480 093
电子元件及电子专用材料制造	4 866 144	73 809 788
智能消费设备制造	1 144 587	20 109 568
其他电子设备制造	962 554	11 319 617
计算机整机制造	930 309	46 378 410
计算机零部件制造	568 499	11 350 538
计算机外国设备制造	467 736	7 409 817
办公设备制造	212 630	2 044 750
医疗仪器设备及器械制造	1 610 221	12 862 348
通用仪器仪表制造	1 772 367	18 483 814
专用仪器仪表制造	573 739	4 565 752

资料来源：国家统计局．中国统计年鉴 2021[M]．北京：中国统计出版社，2021.

根据新产品开发经费支出 X 和新产品销售收入 Y 的样本数据绘制的散点图，新产品开发经费支出 X 和新产品销售收入 Y 大体上呈现出线性相关关系，因而设定理论模型为

$$Y_i=\beta_0+\beta_1 X_i+\varepsilon_i \tag{5-27}$$

其中，Y_i 表示新产品销售收入，X_i 表示新产品开发经费支出。

5.5.2　利用 OLS 法估计模型

利用 EViews 12.0，在建立工作文件和输入数据后，应用 OLS 法估计模型参数。

命令方式：LS Y C X。

菜单方式：单击主菜单的 Quick/Estimate Equation，进入 Equation Specification 窗口，在空白处输入“Y C X”，单击 OK 按钮，得到样本回归估计结果(见图 5-4)。

Dependent Variable: Y
Method: Least Squares
Date: 08/24/22　Time: 09:37
Sample: 1 19
Included observations: 19

Variable	Coefficient	Std. Error	t-Statistic	Prob.
C	-3973238.	5760883.	-0.689693	0.4997
X	17.03345	1.690381	10.07670	0.0000

R-squared	0.856588	Mean dependent var	33858732
Adjusted R-squared	0.848152	S.D. dependent var	48876604
S.E. of regression	19046060	Akaike info criterion	36.46192
Sum squared resid	6.17E+15	Schwarz criterion	36.56133
Log likelihood	-344.3882	Hannan-Quinn criter.	36.47874
F-statistic	101.5398	Durbin-Watson stat	1.808839
Prob(F-statistic)	0.000000		

图 5-4　样本回归估计结果

由图 5-4 得到的估计回归模型为

$$\hat{Y}_i = -3\,973\,238 + 17.033\,5X_i$$
$$(-0.689\,7)\quad(10.076\,7) \tag{5-28}$$
$$R^2 = 0.856\,6,\quad \bar{R}^2 = 0.848\,2,\quad F = 101.539\,8,\quad DW = 1.808\,8$$

5.5.3 异方差性检验

1. 图示检验

(1) Y 对 X 的相关图。

首先，在命令栏输入"SORT X"，对 X 进行排序；然后，再绘制 Y 与 X 相关图，命令为"SCAT X Y"，操作结果如图 5-5 所示。

从图 5-5 可以看出，新产品开发经费支出 X 与新产品销售收入 Y 呈现出一种线性相关关系，大致可以看出，随着新产品开发经费支出 X 的增加，新产品销售收入 Y 的波动幅度有逐渐变大的趋势，因此判断原模型存在异方差性。

(2) $|e_i|$ 对 X_i 的相关图。

在对 X 排序("SORT X")和估计回归模型(LS Y C X)的基础上，在命令栏输入"GENR E1=ABS(RESID)"，得到 $|e_i|$ 变量序列，再输入命令"SCAT X E1"得到 $|e_i|$ 对 X_i 的相关图，如图 5-6 所示。

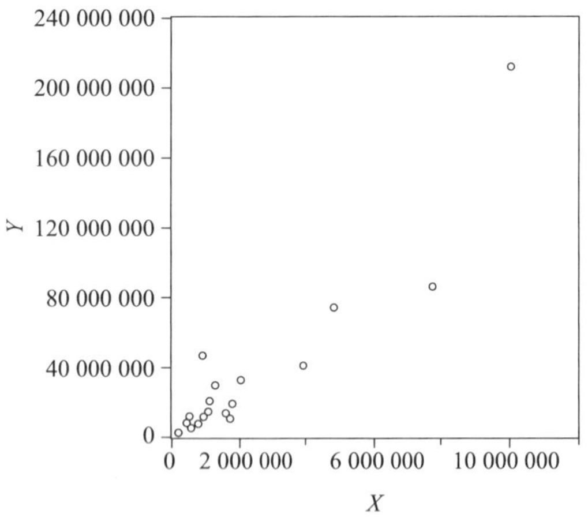

图 5-5 Y 对 X 的相关图

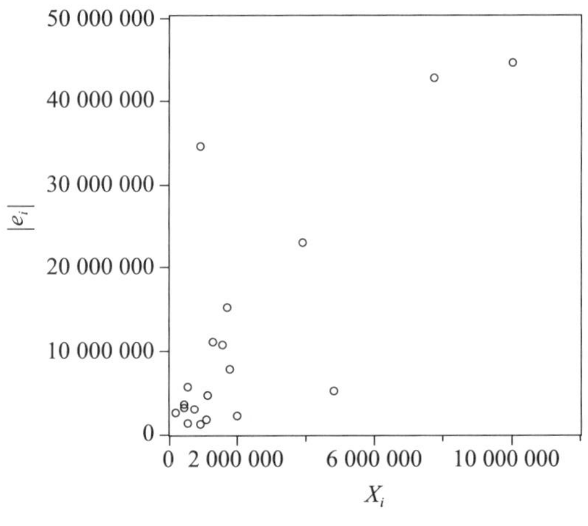

图 5-6 $|e_i|$ 对 X_i 的相关图

由图 5-6 可以看出，残差绝对值 $|e_i|$ 对解释变量 X_i 的散点图大多集中在左下角，且随着 X_i 的增加，残差绝对值有增加的趋势，初步判断模型存在递增型异方差性。

图示检验法只能初步判断模型是否存在异方差性，有时候甚至无法断定，故应通过其他更精确的方法检验异方差性。

2. G-Q 检验

(1) 对解释变量 X 排序。

菜单方式：在工作文件表中双击 X，在 X 序列窗口中单击 SORT 按钮，出现排序对话框，如果以递增型排序，选 Ascending，如果以递减型排序，则应选 Descending，单击 OK 按钮。本例选递增型排序，这时变量 Y 与 X 将以 X 按递增型排序。

命令方式：SORT X。

(2) 选取子样本 1 和子样本 2，分别建立回归模型，得到各自的残差平方和。

在本例中，样本容量 $n=19$，删除中间 C 组观测值，一般 $C=n/4=19/4=4.75$，取整数大约为 5 个观测值，剩余部分均分为样本容量 $n_1=n_2=(19-5)/2=7$ 的两个子样本，即子样本 1 和子样本 2。

利用子样本 1 估计回归方程。若采用菜单方式，则在工作文件表中单击 Sample 按钮，将区间定义为 1～7，再用 OLS 估计，结果如图 5-7 所示。若采用命令方式，则需在命令栏中分别输入“SMPL 1 7”“LS Y C X”即可。

由图 5-7 可得子样本 1 估计方程的残差平方和数据，即 Sum squared resid 的值为 $\sum e_{1i}^2=6.54\text{E}+14=6.54\times10^{14}$。

同理，在命令栏中分别输入“SMPL 13 19”“LS Y C X”，得到子样本 2 的回归结果，如图 5-8 所示。

Dependent Variable: Y
Method: Least Squares
Date: 08/24/22　Time: 15:32
Sample: 1 7
Included observations: 7

Variable	Coefficient	Std. Error	t-Statistic	Prob.
C	-15339472	12196864	-1.257657	0.2641
X	48.16224	19.97390	2.411259	0.0608

R-squared	0.537644	Mean dependent var	12162111
Adjusted R-squared	0.445172	S.D. dependent var	15351088
S.E. of regression	11434527	Akaike info criterion	35.57713
Sum squared resid	6.54E+14	Schwarz criterion	35.56168
Log likelihood	-122.5200	Hannan-Quinn criter.	35.38612
F-statistic	5.814169	Durbin-Watson stat	1.915094
Prob(F-statistic)	0.060770		

图 5-7　子样本 1 的估计结果

Dependent Variable: Y
Method: Least Squares
Date: 08/24/22　Time: 15:33
Sample: 13 19
Included observations: 7

Variable	Coefficient	Std. Error	t-Statistic	Prob.
C	-23805319	19054893	-1.249302	0.2669
X	19.89109	3.475910	5.722556	0.0023

R-squared	0.867541	Mean dependent var	67397172
Adjusted R-squared	0.841050	S.D. dependent var	69312127
S.E. of regression	27633754	Akaike info criterion	37.34193
Sum squared resid	3.82E+15	Schwarz criterion	37.32648
Log likelihood	-128.6968	Hannan-Quinn criter.	37.15092
F-statistic	32.74765	Durbin-Watson stat	2.596843
Prob(F-statistic)	0.002279		

图 5-8　子样本 2 的估计结果

由图 5-8 可得子样本 2 估计方程的残差平方和 $\sum e_{2i}^2=3.82\text{E}+15=3.82\times10^{15}$。

计算 F 统计量，$F=\dfrac{\sum e_{2i}^2}{\sum e_{1i}^2}=\dfrac{3.82\text{E}+15}{6.54\text{E}+14}=5.8410$。

给定显著性水平 α 为 0.05，查 F 分布表得临界值为 $F_{0.05}(5,5)=5.05$，由于 $F=5.8410>F_{0.05}(5,5)=5.05$，故拒绝原假设，表明模型存在异方差性。

3. White 检验

由于 G-Q 检验中对样本进行了调整，故先输入命令 SMPL 1 19 进行样本还原。之后，输入命令 LS Y C X 进行 OLS 建模，估计结果如图 5-4 所示。在方程窗口中单击 View/Residual Diagnostic/Heteroskedasticity Tests，进入异方差性检验选择框，选择 White 检验，此时，可选择 Include White cross terms 或者不选择，这里勾选 Include White cross terms(若样本容量较少，可不选择 Include White cross terms)，则 White 检验的辅助回归模型为

$$\sigma_i^2=\alpha_0+\alpha_1 x_i+\alpha_2 x_i^2+v_i \tag{5-29}$$

White 检验的操作过程如图 5-9 所示，由此得到 White 检验操作结果如图 5-10 所示。

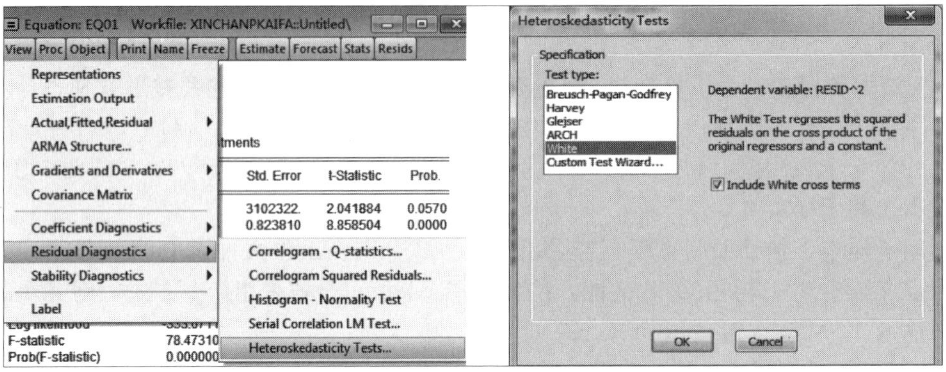

图 5-9 White 检验的操作过程

在显著性水平 α 为 0.05 的条件下，查 χ^2 分布表，得临界值 $\chi^2_{0.05}(2)=5.991\,5$[这里由于辅助回归模型式(5-29)中仅含有两个解释变量，故自由度为 2]，从图 5-10 可以看出，对于 White 检验的辅助回归模型，$nR^2=13.893\,7$，由于 $nR^2=13.893\,7>\chi^2_{0.05}(2)=5.991\,5$，其 p 值等于 0.001 也小于显著性水平 0.05，故拒绝原假设，认为模型存在异方差性。

Heteroskedasticity Test: White
Null hypothesis: Homoskedasticity

F-statistic	21.76717	Prob. F(2,16)	0.0000
Obs*R-squared	13.89370	Prob. Chi-Square(2)	0.0010
Scaled explained SS	19.56270	Prob. Chi-Square(2)	0.0001

Test Equation:
Dependent Variable: RESID^2
Method: Least Squares
Date: 03/31/23 Time: 17:55
Sample: 1 19
Included observations: 19

Variable	Coefficient	Std. Error	t-Statistic	Prob.
C	1.00E+14	1.54E+14	0.651780	0.5238
X^2	22.06202	12.15874	1.814500	0.0884
X	-14394394	1.19E+08	-0.121337	0.9049

R-squared	0.731248	Mean dependent var	3.25E+14
Adjusted R-squared	0.697654	S.D. dependent var	6.25E+14
S.E. of regression	3.44E+14	Akaike info criterion	69.92452
Sum squared resid	1.89E+30	Schwarz criterion	70.07364
Log likelihood	-661.2830	Hannan-Quinn criter.	69.94976
F-statistic	21.76717	Durbin-Watson stat	2.628335
Prob(F-statistic)	0.000027		

图 5-10 White 检验操作结果

4. Park 检验

Park 检验原理是构建辅助回归模型 $e_i^2=\alpha x_i^{\beta} e^{v_i}$，即 $\ln e_i^2=\ln\alpha+\beta\ln x_i+v_i$，检验异方差性。菜单方式和命令方式的操作步骤如下所示。

(1) 菜单方式。用最小二乘法估计模型，命令为 LS Y C X，得到如图 5-4 所示的估计结果，选择 View/Residual Diagnostic/Heteroskedasticity Tests/Harvey，在对话窗口 Regressors 中加入“c log(x)”，即可得到辅助回归方程和相关检验统计量值。Park 检验模型估计过程如图 5-11 所示。

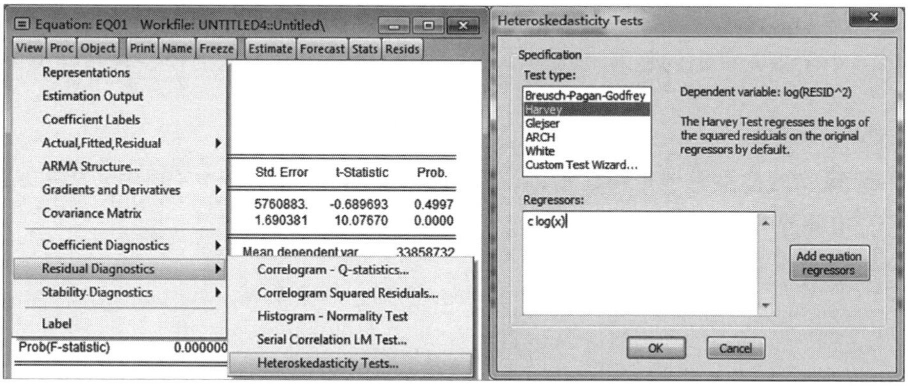

图 5-11　Park 检验模型估计过程

(2) 命令方式。命令方式的操作步骤可分为三步。

第一步，应用 OLS 估计回归模型，得到残差 e_i 序列。

输入命令：LS Y C X。

第二步，分别生成残差平方 e_i^2、对数残差平方 $\ln e_i^2$ 和 $\ln x_i$ 序列。

命令方式：

GENR E2=RESID^2

GENR LNE2=LOG(E2)

GENR LNX=LOG(X)

第三步，生成最小二乘法估计 Park 检验模型。

命令方式：LS LNE2 C LNX。

由此得到 Park 检验模型估计结果，如图 5-12 所示。

Heteroskedasticity Test: Harvey
Null hypothesis: Homoskedasticity

F-statistic	12.19432	Prob. F(1,17)	0.0028
Obs*R-squared	7.936204	Prob. Chi-Square(1)	0.0048
Scaled explained SS	8.435427	Prob. Chi-Square(1)	0.0037

Test Equation:
Dependent Variable: LRESID2
Method: Least Squares
Date: 03/31/23 Time: 18:02
Sample: 1 19
Included observations: 19

Variable	Coefficient	Std. Error	t-Statistic	Prob.
C	9.798501	6.157091	1.591417	0.1299
LOG(X)	1.520653	0.435463	3.492036	0.0028

R-squared	0.417695	Mean dependent var	31.24828
Adjusted R-squared	0.383442	S.D. dependent var	2.353003
S.E. of regression	1.847607	Akaike info criterion	4.164961
Sum squared resid	58.03209	Schwarz criterion	4.264375
Log likelihood	-37.56713	Hannan-Quinn criter.	4.181785
F-statistic	12.19432	Durbin-Watson stat	2.382542
Prob(F-statistic)	0.002792		

图 5-12　Park 检验模型估计结果

由图 5-12 可得：

$$\ln\hat{e}_i^2 = 9.7985 + 1.5207\ln x_i \tag{5-30}$$

$$R^2 = 0.4177 \quad F = 12.1943 \quad P = 0.002792$$

从图 5-12 可以看出，辅助回归模型 F 统计量为 12.194 3，其精确显著性水平 p 为 0.002 792，小于事先设定的显著性水平 0.05，故拒绝原假设，认为模型存在异方差性。

5. Glejser 检验

Glejser 检验的检验原理是构建辅助回归模型 $|e_i|=\alpha+\beta x_i^h+v_i$（其中：$h=\pm1$，$\pm2$，$\pm1/2$，…）检验异方差性。

本例构建如下辅助回归模型：

$$|e_i|=\alpha+\beta x_i+v_i \tag{5-31}$$

$$|e_i|=\alpha+\beta x_i^2+v_i \tag{5-32}$$

$$|e_i|=\alpha+\beta \frac{1}{x_i}+v_i \tag{5-33}$$

$$|e_i|=\alpha+\beta \sqrt{x_i}+v_i \tag{5-34}$$

菜单方式和命令方式的操作步骤如下所示。

（1）菜单方式。用 OLS 估计模型，输入命令 LS Y C X 可以得到如图 5-4 所示的估计结果，在方程窗口中单击 View/Residual Diagnostic/Heteroskedasticity Tests，进入异方差检验选择框，选择 Glejser 检验，此时，在对话框中依次输入“c x”“c x^2”“c 1/x”“c sqr(x)”，图 5-13 显示了 Glejser 检验的菜单操作过程。

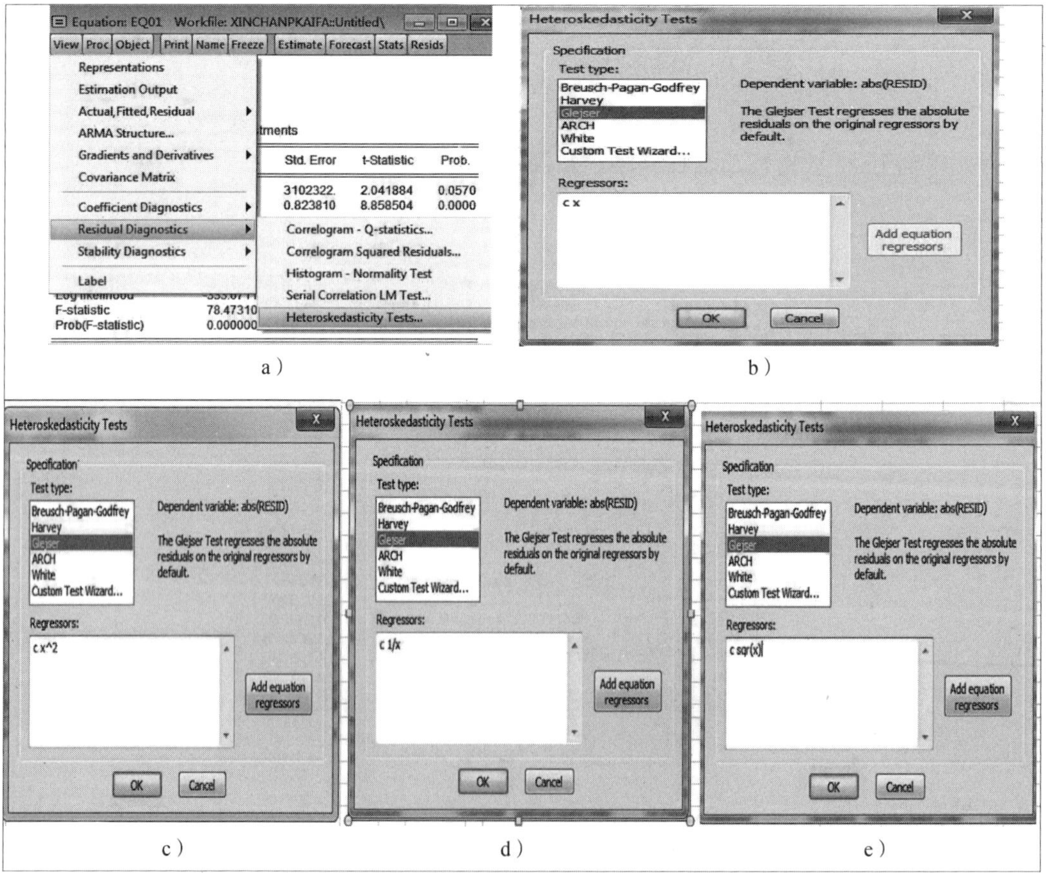

图 5-13 Glejser 检验的菜单操作过程

（2）命令方式。命令方式的操作步骤可分为三步。

第一步，应用 OLS 估计主回归模型，得到残差 e_i 序列。

命令方式：LS Y C X。

第二步，分别生成残差绝对值 $|e_i|$ 序列。

命令方式：残差绝对值 $|e_i|$ 序列 GENR E1＝abs(resid)。

第三步，最小二乘法估计 Glejser 检验模型。

命令方式：LS E1 C X

LS E1 C X^2

LS E1 C 1/X

LS E1 C X^0.5

由此得到 Glejser 检验模型的估计结果如图 5-14 所示。

Heteroskedasticity Test: Glejser
Null hypothesis: Homoskedasticity

F-statistic	26.36599	Prob. F(1,17)	0.0001
Obs*R-squared	11.55177	Prob. Chi-Square(1)	0.0007
Scaled explained SS	16.47353	Prob. Chi-Square(1)	0.0000

Test Equation:
Dependent Variable: ARESID
Method: Least Squares
Date: 03/31/23 Time: 18:12
Sample: 1 19
Included observations: 19

Variable	Coefficient	Std. Error	t-Statistic	Prob.
C	2501367.	2744991.	0.911248	0.3749
X	4.135790	0.805446	5.134783	0.0001

R-squared	0.607988	Mean dependent var	11687119
Adjusted R-squared	0.584928	S.D. dependent var	14086252
S.E. of regression	9075218.	Akaike info criterion	34.97929
Sum squared resid	1.40E+15	Schwarz criterion	35.07871
Log likelihood	-330.3033	Hannan-Quinn criter.	34.99612
F-statistic	26.36599	Durbin-Watson stat	2.590633
Prob(F-statistic)	0.000083		

a）

Heteroskedasticity Test: Glejser
Null hypothesis: Homoskedasticity

F-statistic	26.45820	Prob. F(1,17)	0.0001
Obs*R-squared	11.56757	Prob. Chi-Square(1)	0.0007
Scaled explained SS	16.49607	Prob. Chi-Square(1)	0.0000

Test Equation:
Dependent Variable: ARESID
Method: Least Squares
Date: 03/31/23 Time: 18:14
Sample: 1 19
Included observations: 19

Variable	Coefficient	Std. Error	t-Statistic	Prob.
C	6760463.	2289735.	2.952509	0.0089
X^2	4.24E-07	8.25E-08	5.143754	0.0001

R-squared	0.608820	Mean dependent var	11687119
Adjusted R-squared	0.585809	S.D. dependent var	14086252
S.E. of regression	9065585.	Akaike info criterion	34.97717
Sum squared resid	1.40E+15	Schwarz criterion	35.07658
Log likelihood	-330.2831	Hannan-Quinn criter.	34.99399
F-statistic	26.45820	Durbin-Watson stat	2.672861
Prob(F-statistic)	0.000081		

b）

Heteroskedasticity Test: Glejser
Null hypothesis: Homoskedasticity

F-statistic	4.041006	Prob. F(1,17)	0.0605
Obs*R-squared	3.649023	Prob. Chi-Square(1)	0.0561
Scaled explained SS	5.203730	Prob. Chi-Square(1)	0.0225

Test Equation:
Dependent Variable: ARESID
Method: Least Squares
Date: 03/31/23 Time: 18:18
Sample: 1 19
Included observations: 19

Variable	Coefficient	Std. Error	t-Statistic	Prob.
C	18148600	4389273.	4.134762	0.0007
1/X	-5.73E+12	2.85E+12	-2.010225	0.0605

R-squared	0.192054	Mean dependent var	11687119
Adjusted R-squared	0.144528	S.D. dependent var	14086252
S.E. of regression	13028621	Akaike info criterion	35.70250
Sum squared resid	2.89E+15	Schwarz criterion	35.80191
Log likelihood	-337.1737	Hannan-Quinn criter.	35.71932
F-statistic	4.041006	Durbin-Watson stat	1.565672
Prob(F-statistic)	0.060549		

c）

Heteroskedasticity Test: Glejser
Null hypothesis: Homoskedasticity

F-statistic	21.87877	Prob. F(1,17)	0.0002
Obs*R-squared	10.69212	Prob. Chi-Square(1)	0.0011
Scaled explained SS	15.24763	Prob. Chi-Square(1)	0.0001

Test Equation:
Dependent Variable: ARESID
Method: Least Squares
Date: 03/31/23 Time: 18:19
Sample: 1 19
Included observations: 19

Variable	Coefficient	Std. Error	t-Statistic	Prob.
C	-7269095.	4610754.	-1.576552	0.1333
X^0.5	14471.23	3093.812	4.677475	0.0002

R-squared	0.562743	Mean dependent var	11687119
Adjusted R-squared	0.537022	S.D. dependent var	14086252
S.E. of regression	9584632.	Akaike info criterion	35.08852
Sum squared resid	1.56E+15	Schwarz criterion	35.18794
Log likelihood	-331.3409	Hannan-Quinn criter.	35.10535
F-statistic	21.87877	Durbin-Watson stat	2.386582
Prob(F-statistic)	0.000216		

d）

图 5-14　Glejser 检验模型的估计结果

由图 5-14 可得 Glejser 检验模型，结果如下：

$$|e_i| = 2\,501\,367.0 + 4.135\,8X_i$$

$$R^2 = 0.608\,0,\ F = 26.366\,0,\ p(F) = 0.000\,083 \tag{5-35}$$

$$|e_i| = 6\,760\,463.0 + 4.24\times10^{-7}X_i^2$$

$$R^2 = 0.608\,8,\ F = 26.458\,2,\ p(F) = 0.000\,081 \tag{5-36}$$

$$|e_i| = 18\,148\,600.0 - 5.73\times10^{12}\frac{1}{X_i}$$

$$R^2 = 0.192\,1,\ F = 4.041\,0,\ p(F) = 0.060\,5 \tag{5-37}$$

$$|e_i| = -7\,269\,095.0 + 14\,471.23\sqrt{X_i}$$

$$R^2 = 0.562\,7,\ F = 21.878\,8,\ p(F) = 0.000\,216 \tag{5-38}$$

在上述四个模型中，除了式(5-37)外，式(5-35)、式(5-36)和式(5-38)的 F 统计量的伴随概率 p 值均小于 0.05，表明在显著性水平 0.05 下，模型存在异方差性，且这三个模型中式(5-36)的 R^2 值最大，表明这种函数形式对异方差性拟合程度最高。

6. ARCH 检验

若样本资料为时间序列数据，在检验异方差性时，可以采用 ARCH 检验，其操作步骤如下：

首先，用 OLS 估计模型，输入命令 LS Y C X；其次，在方程窗口中单击 View/Residual Diagnostic/Heteroskedasticity Tests；最后，进入异方差性检验选择框，选择 ARCH 检验，并在对话框“Number of lags”中输入滞后期长度，一般从“1”开始，逐步增加(见图 5-15)。

当 ARCH 检验得到的$(n\text{-}p)R^2$ 和对应的伴随概率 p 值均小于 0.05 时，“Number of lags”中的数字就代表了模型存在的异方差的阶数，即模型存在几阶的异方差。

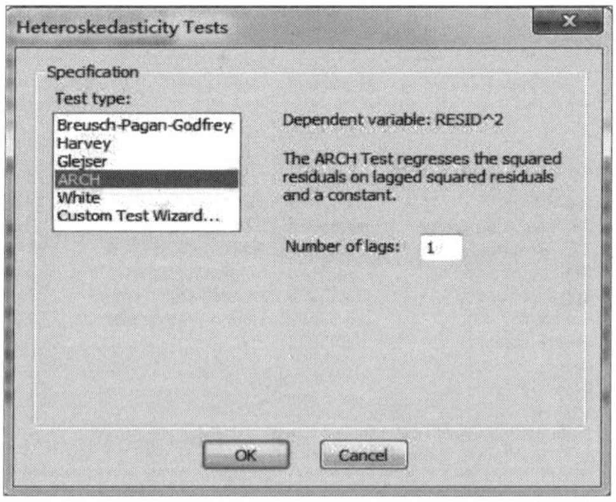

图 5-15 ARCH 检验操作窗口

5.5.4 异方差性的修正

1. 加权最小二乘法

应用加权最小二乘法(WLS)估计模型需要先确定权数，由 Park 检验估计结果选择权数 $w_{1i} = \frac{1}{X_i^{1.520\,653}}$，根据 Glejser 检验估计结果，我们选择可决系数 R^2 最大的模型，其函数形式确定了权数 $w_{2i} = \frac{1}{\sqrt{X_i}}$，此外，选择一般形式 $w_{3i} = \frac{1}{\text{abs(resid)}_i}$，$w_{4i} = \frac{1}{\text{resid}_i^2}$作为权数。菜单方式和命令方式的操作步骤如下所示。

(1) 菜单方式的操作步骤可分为三步。

第一步，用 OLS 法估计模型(LS Y C X)。

第二步，生成权数。在主菜单下单击 Quick/Generate Series，或在工作文件表中单击“genr”，得到生成序列对话框，如图 5-16 所示，在对话框中的 Enter equation 处，分别输入：w1 = 1/x^1.520 653，w2 = 1/sqr(X)，w3 = 1/abs(resid)，w4 = 1/resid^2。

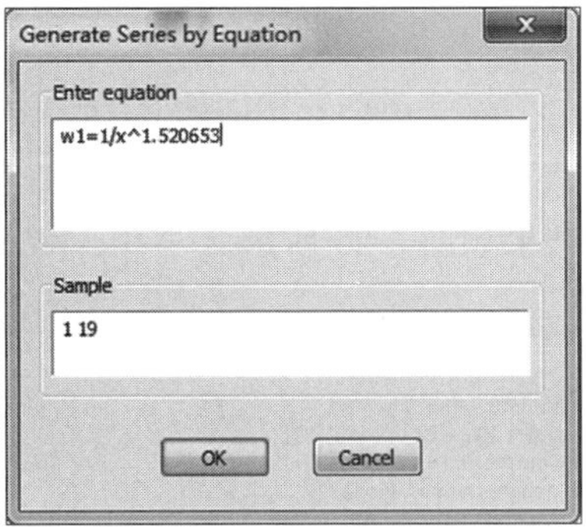

图 5-16　生成序列对话框

第三步，在主菜单下单击 Quick/Estimate Equation，在弹出方程窗口的对话框中输入“y c x”(见图 5-17)，单击右边的“Options”按钮，在“Coefficient covariance”下的“Covariance method”中选择“Ordinary”，在“Weights”下的“Type”中选择“Inverse std. dev.”，在“Weight series”中依次输入“w1”“w2”“w3”“w4”(见图 5-18)，单击“确定”按钮即可得到加权最小二乘法估计结果(见图 5-19)。

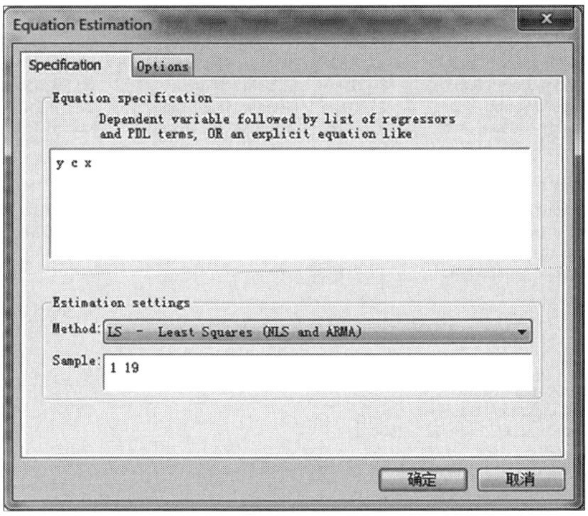

图 5-17　方程估计对话框 1

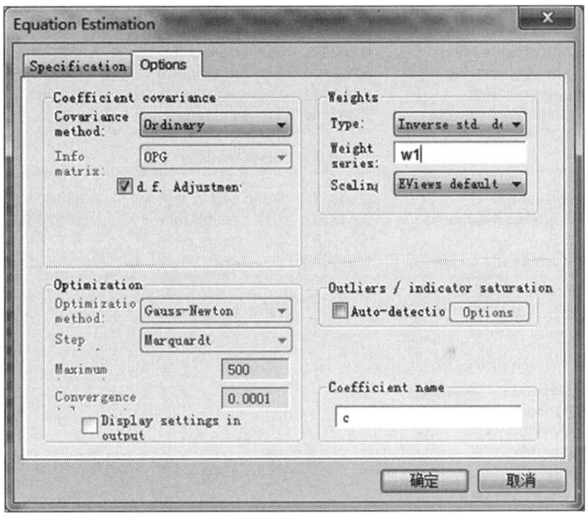

图 5-18　方程估计对话框 2

(2) 命令方式的操作步骤可分为四步。

第一步，应用 OLS 估计回归模型，得到残差序列，用命令 LS Y C X。

第二步，权数的生成过程如下。

命令方式：

GENR W1=1/X^1.520 653

GENR W2=1/X^2

GENR W3=1/ABS(RESID)

GENR W4=1/RESID^2

第三步，应用加权最小二乘法估计模型。

命令方式：

LS(W=W1)Y C X

LS(W=W2)Y C X

LS(W=W3)Y C X

LS(W=W4)Y C X

第四步，对加权最小二乘法估计结果再进行 White 检验，检验模型是否消除异方差性。

在方程窗口(见图 5-13a)中依次单击 View/Residual Diagnostic/ Heteroskedasticity Tests，进入异方差性检验选择框，选择 White 检验，本例选 Include White cross terms，结果如图 5-20 所示。

Dependent Variable: Y
Method: Least Squares
Date: 08/24/22 Time: 16:53
Sample: 1 19
Included observations: 19
Weighting series: W1
Weight type: Inverse standard deviation (EViews default scaling)

Variable	Coefficient	Std. Error	t-Statistic	Prob.
C	-1709357.	1414355.	-1.208577	0.2434
X	18.18081	3.702398	4.910548	0.0001

Weighted Statistics

Mean dependent var	9339711.	S.D. dependent var	7372682.
S.E. of regression	6347836.	Akaike info criterion	34.26443
Sum squared resid	6.85E+14	Schwarz criterion	34.36384
Log likelihood	-323.5121	Hannan-Quinn criter.	34.28125
Durbin-Watson stat	2.392484	Weighted mean dep.	-16033791

Unweighted Statistics

R-squared	0.842470	Mean dependent var	33858732
Adjusted R-squared	0.833203	S.D. dependent var	48876604
S.E. of regression	19961581	Sum squared resid	6.77E+15
Durbin-Watson stat	1.961899		

a)

Dependent Variable: Y
Method: Least Squares
Date: 08/24/22 Time: 16:53
Sample: 1 19
Included observations: 19
Weighting series: W2
Weight type: Inverse standard deviation (EViews default scaling)

Variable	Coefficient	Std. Error	t-Statistic	Prob.
C	-2032016.	971565.4	-2.091486	0.0518
X	19.20753	3.421290	5.614120	0.0000

Weighted Statistics

Mean dependent var	6926116.	S.D. dependent var	6666822.
S.E. of regression	4318696.	Akaike info criterion	33.49411
Sum squared resid	3.17E+14	Schwarz criterion	33.59352
Log likelihood	-316.1940	Hannan-Quinn criter.	33.51093
Durbin-Watson stat	2.474281	Weighted mean dep.	-48069735

Unweighted Statistics

R-squared	0.822383	Mean dependent var	33858732
Adjusted R-squared	0.811934	S.D. dependent var	48876604
S.E. of regression	21196083	Sum squared resid	7.64E+15
Durbin-Watson stat	1.732279		

b)

Dependent Variable: Y
Method: Least Squares
Date: 08/24/22 Time: 16:53
Sample: 1 19
Included observations: 19
Weighting series: W3
Weight type: Inverse standard deviation (EViews default scaling)

Variable	Coefficient	Std. Error	t-Statistic	Prob.
C	-5357600.	681615.1	-7.860155	0.0000
X	17.53990	0.718332	24.41752	0.0000

Weighted Statistics

Mean dependent var	11946163	S.D. dependent var	19063632
S.E. of regression	2037753.	Akaike info criterion	31.99189
Sum squared resid	7.06E+13	Schwarz criterion	32.09131
Log likelihood	-301.9230	Hannan-Quinn criter.	32.00872
Durbin-Watson stat	1.105968	Weighted mean dep.	-50729982

Unweighted Statistics

R-squared	0.855801	Mean dependent var	33858732
Adjusted R-squared	0.847319	S.D. dependent var	48876604
S.E. of regression	19098248	Sum squared resid	6.20E+15
Durbin-Watson stat	2.152426		

c)

Dependent Variable: Y
Method: Least Squares
Date: 08/24/22 Time: 16:53
Sample: 1 19
Included observations: 19
Weighting series: W4
Weight type: Inverse standard deviation (EViews default scaling)

Variable	Coefficient	Std. Error	t-Statistic	Prob.
C	-3704847.	1082444.	-3.422668	0.0032
X	16.31298	0.927654	17.58521	0.0000

Weighted Statistics

R-squared	0.806605	Mean dependent var	15677457
Adjusted R-squared	0.795228	S.D. dependent var	16235713
S.E. of regression	3661548.	Akaike info criterion	33.16397
Sum squared resid	2.28E+14	Schwarz criterion	33.26339
Log likelihood	-313.0577	Hannan-Quinn criter.	33.18080
F-statistic	70.90279	Durbin-Watson stat	1.895655
Prob(F-statistic)	0.000000	Weighted mean dep.	3130715.

Unweighted Statistics

R-squared	0.854272	Mean dependent var	33858732
Adjusted R-squared	0.845700	S.D. dependent var	48876604
S.E. of regression	19199249	Sum squared resid	6.27E+15
Durbin-Watson stat	2.153923		

d)

图 5-19 加权最小二乘法估计结果

Heteroskedasticity Test: White
Null hypothesis: Homoskedasticity

F-statistic	0.598103	Prob. F(3,15)	0.6260
Obs*R-squared	2.029966	Prob. Chi-Square(3)	0.5662
Scaled explained SS	7.478571	Prob. Chi-Square(3)	0.0581

Test Equation:
Dependent Variable: WGT_RESID^2
Method: Least Squares
Date: 03/31/23 Time: 18:29
Sample: 1 19
Included observations: 19

Variable	Coefficient	Std. Error	t-Statistic	Prob.
C	-5.39E+13	7.88E+13	-0.683924	0.5045
X^2*WGT^2	652.2151	508.6646	1.282210	0.2192
X*WGT^2	-3.88E+08	3.23E+08	-1.203662	0.2474
WGT^2	5.42E+13	4.80E+13	1.128508	0.2768

R-squared	0.106840	Mean dependent var	3.61E+13
Adjusted R-squared	-0.071792	S.D. dependent var	1.12E+14
S.E. of regression	1.16E+14	Akaike info criterion	67.79761
Sum squared resid	2.03E+29	Schwarz criterion	67.99644
Log likelihood	-640.0773	Hannan-Quinn criter.	67.83126
F-statistic	0.598103	Durbin-Watson stat	2.263236
Prob(F-statistic)	0.626031		

a)

Heteroskedasticity Test: White
Null hypothesis: Homoskedasticity

F-statistic	0.987557	Prob. F(3,15)	0.4251
Obs*R-squared	3.133762	Prob. Chi-Square(3)	0.3715
Scaled explained SS	10.76057	Prob. Chi-Square(3)	0.0131

Test Equation:
Dependent Variable: WGT_RESID^2
Method: Least Squares
Date: 03/31/23 Time: 18:32
Sample: 1 19
Included observations: 19

Variable	Coefficient	Std. Error	t-Statistic	Prob.
C	-1.10E+13	2.25E+13	-0.489721	0.6314
X^2*WGT^2	666.4971	395.9532	1.683272	0.1130
X*WGT^2	-4.44E+08	2.66E+08	-1.667492	0.1162
WGT^2	6.44E+13	3.92E+13	1.644560	0.1208

R-squared	0.164935	Mean dependent var	1.67E+13
Adjusted R-squared	-0.002078	S.D. dependent var	5.02E+13
S.E. of regression	5.03E+13	Akaike info criterion	66.11934
Sum squared resid	3.79E+28	Schwarz criterion	66.31817
Log likelihood	-624.1338	Hannan-Quinn criter.	66.15299
F-statistic	0.987557	Durbin-Watson stat	2.401308
Prob(F-statistic)	0.425143		

b)

Heteroskedasticity Test: White
Null hypothesis: Homoskedasticity

F-statistic	2.633384	Prob. F(3,15)	0.0879
Obs*R-squared	6.554667	Prob. Chi-Square(3)	0.0875
Scaled explained SS	5.648723	Prob. Chi-Square(3)	0.1300

Test Equation:
Dependent Variable: WGT_RESID^2
Method: Least Squares
Date: 03/31/23 Time: 18:33
Sample: 1 19
Included observations: 19

Variable	Coefficient	Std. Error	t-Statistic	Prob.
C	2.75E+12	1.31E+12	2.091942	0.0539
X^2*WGT^2	3.391481	1.302483	2.603857	0.0199
X*WGT^2	-5418578.	2407917.	-2.250318	0.0399
WGT^2	2.01E+12	1.15E+12	1.740634	0.1022

R-squared	0.344982	Mean dependent var	3.72E+12
Adjusted R-squared	0.213979	S.D. dependent var	5.60E+12
S.E. of regression	4.97E+12	Akaike info criterion	61.48967
Sum squared resid	3.70E+26	Schwarz criterion	61.68850
Log likelihood	-580.1519	Hannan-Quinn criter.	61.52332
F-statistic	2.633384	Durbin-Watson stat	0.390748
Prob(F-statistic)	0.087911		

c)

Heteroskedasticity Test: White
Null hypothesis: Homoskedasticity

F-statistic	1.077572	Prob. F(3,15)	0.3884
Obs*R-squared	3.368757	Prob. Chi-Square(3)	0.3382
Scaled explained SS	0.334298	Prob. Chi-Square(3)	0.9535

Test Equation:
Dependent Variable: WGT_RESID^2
Method: Least Squares
Date: 03/31/23 Time: 18:35
Sample: 1 19
Included observations: 19

Variable	Coefficient	Std. Error	t-Statistic	Prob.
C	1.30E+13	1.78E+12	7.282571	0.0000
X^2*WGT^2	-0.844339	0.908878	-0.928991	0.3676
X*WGT^2	3740066.	2663592.	1.404144	0.1806
WGT^2	-2.98E+12	1.77E+12	-1.678537	0.1139

R-squared	0.177303	Mean dependent var	1.20E+13
Adjusted R-squared	0.012764	S.D. dependent var	6.14E+12
S.E. of regression	6.10E+12	Akaike info criterion	61.90023
Sum squared resid	5.58E+26	Schwarz criterion	62.09906
Log likelihood	-584.0522	Hannan-Quinn criter.	61.93388
F-statistic	1.077572	Durbin-Watson stat	1.994859
Prob(F-statistic)	0.388416		

d)

图 5-20　加权最小二乘法估计结果 White 检验

由图 5-19 和图 5-20 可得式(5-39)、式(5-40)、式(5-41)、式(5-42)。

$$\hat{Y}_i = -1\,709\,357 + 18.180\,8X_i$$
$$(-1.208\,6)\quad(4.910\,5) \tag{5-39}$$
$$AIC = 34.264\,4,\quad SC = 34.363\,8,\quad nR^2 = 2.030\,0,\quad p = 0.566\,2$$

$$\hat{Y}_i = -2\,032\,016 + 19.207\,53X_i$$
$$(-2.091\,5)\quad(5.614\,1) \tag{5-40}$$
$$AIC = 33.494\,1,\quad SC = 33.593\,5,\quad nR^2 = 3.133\,8,\quad p = 0.371\,5$$

$$\hat{Y}_i = -5\,357\,600 + 17.539\,9X_i$$
$$(-7.860\,2)\quad(24.417\,5) \tag{5-41}$$
$$AIC = 31.991\,9,\quad SC = 32.091\,3,\quad nR^2 = 6.554\,7,\quad p = 0.087\,5$$

$$\hat{Y}_i = -3\ 704\ 847 + 16.313\ 0X_i$$
$$(-3.422\ 7)\quad(17.585\ 2)\qquad(5\text{-}42)$$
$$\text{AIC}=33.164\ 0,\quad \text{SC}=33.263\ 4,\quad nR^2=3.368\ 8,\quad p=0.338\ 2$$

括号中的数据为 t 统计量，nR^2 为图 5-20 的 White 检验结果，p 为 nR^2 的伴随概率。

可以看出除了式(5-41)的 nR^2 的伴随概率小于设定的显著性水平 0.1 外，其余的式(5-39)、式(5-40)和式(5-42)的 nR^2 的伴随概率均大于设定的显著性水平 0.1，表明这三个模型在应用加权最小二乘法后消除了异方差性，比较这三个模型的 AIC 值，式(5-42)的 AIC 值最小，t 检验和 F 检验均显著，故选定模型式(5-42)为理想模型，即

$$\hat{Y}_i = -3\ 704\ 847 + 16.313\ 0X_i$$
$$(-3.4\ 227)\qquad(17.585\ 2)$$
$$R^2=0.806\ 6,\quad F=70.902\ 8,\quad nR^2=3.368\ 8,\quad p=0.338\ 2$$

将这一模型与原模型式(5-28)比较可以发现：回归系数精确度有所提高，说明新产品开发经费支出每增加 1 万元，新产品销售收入平均将增加 16.313 万元，这更接近行业平均费用收入比 15.244 5，此外，AIC、SC 和 t 统计量均朝更好的方向变化，表明在不考虑其他问题的情况下，经过加权最小二乘法估计的回归模型比用最小二乘法估计的回归模型不仅在经济意义上更接近实际，而且模型对样本拟合程度更高。

2. 对数变换法

对原模型式(5-27)的变量取对数：

$$\ln Y_i = b_0 + b_1 \ln X_i + u_i \qquad (5\text{-}43)$$

应用最小二乘法估计双对数模型式(5-43)，菜单方式和命令方式的操作步骤如下所示。

(1) 菜单方式。在主菜单下单击 Quick/Estimate Equation，在弹出方程估计的对话框中输入"log(y) c log(x)"，单击"确定"按钮，可得到双对数模型式(5-43)的最小二乘法估计结果，如图 5-21 所示。

(2) 命令方式。输入 LS LOG(Y) C LOG(X)。

或者GENR LNY=LOG(Y)

GENR LNX=LOG(X)

LS LNY C LNX

再对双对数模型进行 White 检验，得到检验结果(见图 5-22)。

Dependent Variable: LOG(Y)
Method: Least Squares
Date: 08/24/22 Time: 10:03
Sample: 1 19
Included observations: 19

Variable	Coefficient	Std. Error	t-Statistic	Prob.
C	2.323327	1.675739	1.386449	0.1835
LOG(X)	1.018839	0.118517	8.596538	0.0000

R-squared	0.812982	Mean dependent var	16.69470
Adjusted R-squared	0.801981	S.D. dependent var	1.130023
S.E. of regression	0.502852	Akaike info criterion	1.562260
Sum squared resid	4.298627	Schwarz criterion	1.661675
Log likelihood	-12.84147	Hannan-Quinn criter.	1.579085
F-statistic	73.90046	Durbin-Watson stat	1.312798
Prob(F-statistic)	0.000000		

图 5-21 双对数模型估计结果

$$\ln\hat{Y}_i = 2.3233 + 1.0188\ln X_i \tag{5-44}$$
$$(1.3864) \qquad (8.5965)$$
$$R^2 = 0.8130, \quad F = 73.9005, \quad nR^2 = 0.9711, \quad p = 0.6153$$

由图 5-22 的 White 检验结果可得 $nR^2 = 0.9711$，其 p 值 0.6153 远大于事先设定的显著性水平 0.1，表明模型不存在异方差性，可见，对模型变量取对数确实可以消除异方差性，此外，双对数模型的回归系数表示的是弹性，经济意义明确，因此在实际计量分析中，人们常用取对数的方式进行计量经济分析。

Heteroskedasticity Test: White
Null hypothesis: Homoskedasticity

F-statistic	0.430923	Prob. F(2,16)	0.6572
Obs*R-squared	0.971131	Prob. Chi-Square(2)	0.6153
Scaled explained SS	1.186098	Prob. Chi-Square(2)	0.5526

Test Equation:
Dependent Variable: RESID^2
Method: Least Squares
Date: 03/31/23 Time: 19:37
Sample: 1 19
Included observations: 19

Variable	Coefficient	Std. Error	t-Statistic	Prob.
C	-14.09730	16.94956	-0.831721	0.4178
LOG(X)^2	-0.072504	0.082972	-0.873838	0.3951
LOG(X)	2.043035	2.375526	0.860035	0.4025

R-squared	0.051112	Mean dependent var	0.226244
Adjusted R-squared	-0.067499	S.D. dependent var	0.406030
S.E. of regression	0.419509	Akaike info criterion	1.244477
Sum squared resid	2.815807	Schwarz criterion	1.393599
Log likelihood	-8.822528	Hannan-Quinn criter.	1.269714
F-statistic	0.430923	Durbin-Watson stat	2.208574
Prob(F-statistic)	0.657232		

图 5-22　White 检验结果

思考与练习

一、简述题

1. 什么是异方差性？异方差性有哪些类型？
2. 简述 G-Q 检验的步骤及适用条件。
3. 说明 White 检验、Park 检验、Glejser 检验三种检验法的异同点。
4. 说明加权最小二乘法权重设定的基本思想及常用形式。

二、单选题

1. 在模型 $Y_i = \beta_1 + \beta_2 X_i + \varepsilon_i$ 中，以下哪种情况表示存在异方差性？(　　)

　A. $\mathrm{Var}(\varepsilon_i) = \sigma^2$　　B. $\mathrm{Var}(\varepsilon_i) = \sigma_i^2$　　C. $\mathrm{Var}(X_i) \neq \sigma^2$　　D. $\mathrm{Cov}(X_i, Y_i) \neq \sigma^2$

2. 若回归模型中的随机误差项存在异方差性，则参数的 OLS 估计量(　　)。

　A. 有偏、有效　　B. 无偏、非有效　　C. 无偏、有效　　D. 有偏、非有效

3. 下列说法正确的是(　　)。

　A. 异方差性是一种随机误差现象

B. 对数变换法不能用来修正异方差性

C. 检验异方差性的方法包括方差膨胀因子检验法

D. 修正异方差性的方法包括广义差分法

4. 当回归模型存在异方差性时，参数的 OLS 估计仍具有无偏性的原因是(　　)。

A. 零均值假定成立　　B. 正态性假定成立

C. 无多重共线性假定成立　　D. 无自相关假定成立

5. 关于 G-Q 检验法的应用条件的说法错误的是(　　)。

A. 检验只适用于大样本

B. 将观测值按被解释变量的大小顺序排列

C. 将排在中间的大约 1/4 观测值剔除

D. 除了同方差假定不成立外，其他假定条件均满足

6. White 检验适用于检验模型中的什么问题？(　　)

A. 解释变量是否随机　　B. 自相关性

C. 多重共线性　　D. 异方差性

7. 下列哪种方法不是检验异方差性的方法？(　　)

A. G-Q 检验　　B. White 检验　　C. Glejser 检验　　D. VIF 检验

8. 以下不属于产生异方差性原因的是(　　)。

A. 模型设定误差　　B. 模型遗漏了重要的解释变量

C. 经济变量有共同变化的趋势　　D. 样本数据观测误差的变化

9. 对某解释变量从小到大排序后，如果所得回归模型中残差分布的离散程度有逐渐减小的趋势，则模型存在(　　)。

A. 自相关　　B. 递减的异方差性

C. 递增的异方差性　　D. 高阶自相关

10. 用模型变换法修正异方差的变换结果是：$\frac{Y_i}{\sqrt{X_i}}=\frac{\beta_1}{\sqrt{X_i}}+\beta_2\frac{X_i}{\sqrt{X_i}}+\frac{\varepsilon_i}{\sqrt{X_i}}$，则 $\mathrm{Var}(\varepsilon_i)$ 是以下哪种形式？(　　)

A. $\sigma^2 X_i^2$　　B. $\sigma^2 X_i$　　C. $\sigma^2\sqrt{X_i}$　　D. σ^2/X_i

11. 对模型进行对数变换通常可降低异方差性的影响，原因在于(　　)。

A. 对数变换后的残差表示绝对误差，有更小的差异性

B. 对数变换后的残差表示相对误差，有更小的差异性

C. 能使经济意义更合理

D. 多数经济变量的关系可表示为对数模型

12. 若回归模型存在异方差性，那么对数变换后的异方差性通常会(　　)。

A. 降低　　B. 提高　　C. 不变　　D. 不确定

13. 下列说法正确的是(　　)。

A. 异方差会影响参数估计的无偏性　　B. 时间序列数据比截面数据更容易产生异方差

C. 异方差与解释变量的变化有关　　D. 时间序列数据建模不会出现异方差性

14. 当回归模型存在异方差性时，t 检验的可靠性会(　　)。

A. 降低　　B. 提高　　C. 不变　　D. 无法确定

15. ARCH 检验主要用于检验(　　)。

A. 异方差性　　B. 多重共线性　　C. 自相关　　D. 回归方程的显著性

三、多选题

1. 异方差性的常用检验方法包括（　　）。

A. VIF检验　　B. White检验　　C. Glejser检验　　D. G-Q检验

2. 异方差性产生的主要原因包括（　　）。

A. 模型中遗漏了重要的解释变量　　B. 解释变量中含有滞后变量

C. 模型函数形式的设定误差　　D. 样本数据的测量误差

3. 异方差性的影响主要有（　　）。

A. OLS估计不再是无偏估计　　B. OLS估计不再是有效估计

C. t检验和F检验的有效性降低　　D. 模型的预测精确度下降

4. 模型的对数变换有以下哪些特点？（　　）。

A. 测定变量值的尺度缩小　　B. 变换后的模型残差为相对误差

C. 变换后的模型残差为绝对误差　　D. 经济意义会更合理

5. 异方差性的修正方法包括（　　）。

A. 逐步回归法　　B. 加权最小二乘法　　C. 最小二乘法　　D. 对数变换法

6. 模型中存在异方差性时，OLS法具有如下哪些性质？（　　）

A. 线性　　B. 无偏性　　C. 最小方差性　　D. 有效性

7. 关于模型对数变换，下列说法正确的有（　　）。

A. 对模型做对数变换通常可以降低异方差性的影响

B. 如果从经济意义上看变量之间并非双对数关系，则不能简单地对变量取对数

C. 运用对数变换能使测定变量值的尺度缩小

D. 经过对数变换后的模型，其残差e_i表示相对误差

8. 关于异方差性的图示检验法，下列说法正确的有（　　）。

A. 图示检验法可以精确地判定模型是否存在异方差性

B. 图示检验法只能粗略地判定模型是否存在异方差性

C. 图示检验法主要有相关图、残差分布图

D. 可对原模型进行OLS估计后，绘制e_i^2对X_i的散点图来判断异方差性

9. 下列哪些情况可能导致异方差性？（　　）

A. 在利用截面数据构建消费函数时，遗漏了家庭财产、消费心理等影响因素

B. 在构建模型时，误将对数函数模型设成线性模型

C. 在构建模型时，解释变量中含有滞后变量

D. 受自然灾害、金融危机等随机因素的影响

10. 加权最小二乘法修正异方差性的主要原理，是通过赋予不同残差以不同权重，从而提高估计精度，下面说法错误的有（　　）。

A. 重视大误差的作用，轻视小误差的作用

B. 重视小误差的作用，轻视大误差的作用

C. 重视小误差和大误差的作用

D. 轻视小误差和大误差的作用

11. 加权最小二乘法中，参数估计量应使得（　　）最小。

A. $\sum_{i=1}^{n} w_i e_i^2$　　B. $\sum_{i=1}^{n} w_i (Y_i - \hat{\beta}_1 - \hat{\beta}_2 X_i)$

C. $\sum_{i=1}^{n} w_i (Y_i - \hat{\beta}_1 - \hat{\beta}_2 X_i)^2$　　D. $\sum_{i=1}^{n} w_i^2 (Y_i - \hat{\beta}_1 - \hat{\beta}_2 X_i)$

12. 关于 ARCH 检验，下列说法正确的有(　　)。
   A. ARCH 检验适用于检验截面数据模型中的异方差性
   B. ARCH 检验适用于检验时间序列模型中的异方差性
   C. ARCH 检验适用的异方差类型是自回归条件异方差模型
   D. EViews 12.0 可以直接进行 ARCH 检验
13. 当模型中存在异方差性时，可用加权最小二乘法修正，加权最小二乘法的估计量具有如下性质(　　)。
   A. 线性　　B. 无偏性　　C. 最小方差性　　D. 有效性
14. 以下关于 White 检验的说法正确的有(　　)。
   A. 能够检验异方差性　　B. 需要异方差的先验信息
   C. 不需要异方差的先验信息　　D. 观测值可为小样本
15. 以下关于 G-Q 检验的说法正确的有(　　)。
   A. 对样本无要求　　B. 只适用于大样本
   C. 对异方差的单调性无要求　　D. 只能用以检验递增或递减的异方差

四、判断题

1. 经验表明，采用时间序列数据做样本的计量经济模型往往存在异方差性。(　　)
2. 如果用 OLS 法估计的残差是解释变量的近似函数，则意味着原模型存在异方差性。(　　)
3. G-Q 检验适用于样本容量较大的情况，以 χ^2 检验为基础。(　　)
4. G-Q 检验可用于检验各种类型的异方差性。(　　)
5. 加权最小二乘法与模型变换法是等价的。(　　)
6. 通过相关图、残差分布图等图示检验方法可以大致判断模型是否存在异方差性。(　　)
7. 在 White 检验中，如果辅助回归模型的 nR^2 小于给定显著水平下的 χ^2 临界值，则可以推断所建模型存在异方差性。(　　)
8. Glejser 检验和 Park 检验只能用来检验单调递增或单调递减的异方差性。(　　)
9. ARCH 检验可以判断模型中是否存在异方差性，也可以确认是由哪一个变量引起的异方差性。(　　)
10. 在异方差性的检验方法中，White 检验可以判断模型中是否存在异方差性，也可以确认是由哪一个变量引起的异方差性。(　　)
11. Glejser 检验和 Park 检验可以探测异方差的具体形式。(　　)
12. 模型的数学形式设定偏误不会产生异方差。(　　)
13. 当存在异方差性时，在经典假定下用来进行统计检验的 t 统计量和 F 统计量不再服从 t 分布和 F 分布。(　　)
14. 图示检验法有时很难准确判断模型中是否存在异方差性。(　　)
15. 存在多重共线性问题的模型，仍可用 G-Q 检验来判断是否存在异方差性。(　　)

五、填空题

1. 如果模型的随机误差项满足 $\mathrm{Var}(\varepsilon_i)=\sigma_i^2$，则称该模型的随机误差项具有________性。
2. 更容易产生异方差性的数据类型是________。
3. 如果回归模型遗漏了一个重要的解释变量，且随着 X 的增加，Y 的离散程度也增加，则模型一般表现为________型异方差性。

4. 在显著性水平 $\alpha=0.05$ 的条件下，用White检验诊断模型的异方差性，得到 $nR^2=18.07$，该统计量对应的 p 值为0.000 12，说明该模型________(填“存在”或“不存在”)异方差性。
5. Glejser检验是将OLS法得到的残差________对某个或某些解释变量进行回归，再根据该辅助回归模型显著性判断异方差性存在与否。
6. 使用G-Q检验进行异方差性的检验，当所构造的 F 统计量________(填“大于”或“小于”)给定显著性水平下的临界值时，认为模型中的随机误差项存在异方差性。
7. 恩格尔提出的判定时间序列方差变动的方法是________检验法。
8. 在异方差性的修正方法中，对原模型进行变换的方法与________实际上是等价的。
9. 一元线性回归模型为 $Y_i=\beta_1+\beta_2X_i+\varepsilon_i$，使用加权最小二乘法估计模型参数，设定权重为 w_1，则EViews软件中加权最小二乘法回归命令为________。
10. 在加权最小二乘法中，参数估计量应该使得加权的残差平方和________。
11. 在EViews软件中，将数据关于解释变量 X 从小到大排序的命令为________。
12. G-Q检验是利用________统计量判断模型是否存在异方差性。
13. 异方差性是指模型中随机误差项的方差是随________的变化而变化的。
14. 在时间序列数据发生________(填“较大”或“较小”)变化的情况下，可能出现比截面数据更严重的异方差性。
15. 当模型中的随机误差项存在异方差性时，统计推断检验中的 t 检验和________(填入字母)检验会被严重破坏。

六、计算题

1. 表5-2是2021年我国31个省级行政区零售业商品销售总额 Y 及年末从业人数 X 的数据。

表5-2　2021年我国31个省级行政区零售业商品销售总额及年末从业人数

序号	地区	零售业商品销售总额 Y（亿元）	零售业年末从业人数 X（人）	序号	地区	零售业商品销售总额 Y（亿元）	零售业年末从业人数 X（人）
1	北京市	10 966.8	237 314	17	湖北省	6 160.8	295 099
2	天津市	2 167.0	74 165	18	湖南省	5 558.5	296 127
3	河北省	4 124.6	262 911	19	广东省	16 232.1	679 956
4	山西省	2 277.9	136 198	20	广西壮族自治区	2 124.6	140 974
5	内蒙古自治区	1 372.7	78 218	21	海南省	1 461.1	40 425
6	辽宁省	3 297.1	153 197	22	重庆市	3 849.1	191 847
7	吉林省	1 421.8	78 284	23	四川省	7 743.6	336 733
8	黑龙江省	1 650.0	90 224	24	贵州省	2 497.3	106 638
9	上海市	12 110.8	391 925	25	云南省	2 709.8	144 931
10	江苏省	13 383.3	520 597	26	西藏自治区	234.8	7 622
11	浙江省	10 625.3	363 710	27	陕西省	4 069.8	202 080
12	安徽省	4 867.5	247 058	28	甘肃省	1 149.5	72 154
13	福建省	7 270.9	292 345	29	青海省	237.1	15 067
14	江西省	3 233.7	179 224	30	宁夏回族自治区	340.7	24 023
15	山东省	7 921.3	417 385	31	新疆维吾尔自治区	1 353.1	74 964
16	河南省	5 679.5	361 409				

资料来源：国家统计局网站(www.stats.gov.cn)。

要求：

(1) 根据表中数据，建立零售业商品销售总额 Y 对年末从业人数 X 的回归方程。

(2) 检验模型中是否存在异方差性。

(3) 如果存在异方差性，请对其进行修正。

2. 表 5-3 为 2021 年我国规模以上工业企业管理费用 X 和利润总额 Y 的数据。

表 5-3　2021 年我国规模以上工业企业管理费用和利润总额

序号	指标	管理费用 X(亿元)	利润总额 Y(亿元)
1	煤炭开采和洗选业	2 104.72	7 168.33
2	石油和天然气开采业	770.55	1 627.02
3	黑色金属矿采选业	358.72	833.04
4	有色金属矿采选业	286.03	536.28
5	非金属矿采选业	312.00	495.73
6	开采辅助活动	118.52	−45.30
7	其他采矿业	1.43	0.44
8	农副食品加工业	1 635.32	2 240.45
9	食品制造业	1 176.83	1 738.87
10	酒、饮料和精制茶制造业	916.92	2 771.18
11	烟草制品业	849.97	1 188.09
12	纺织业	1 274.46	1 346.34
13	纺织服装、服饰业	897.37	883.92
14	皮革、毛皮、羽毛及其制品和制鞋业	608.99	674.74
15	木材加工和木、竹、藤、棕、草制品业	379.85	482.51
16	家具制造业	564.99	460.25
17	造纸和纸制品业	787.75	958.12
18	印刷和记录媒介复制业	564.39	493.28
19	文教、工美、体育和娱乐用品制造业	809.40	852.44
20	石油加工、炼焦和核燃料加工业	1 255.43	2 738.32
21	化学原料和化学制品制造业	4 363.09	8 222.42
22	医药制造业	3 051.24	6 430.68
23	化学纤维制造业	401.85	683.08
24	橡胶和塑料制品业	1 970.38	1 838.48
25	非金属矿物制品业	3 586.34	6 032.20
26	黑色金属冶炼和压延加工业	2 791.44	4 567.01
27	有色金属冶炼和压延加工业	1 688.50	3 591.43
28	金属制品业	2 612.92	2 532.38
29	通用设备制造业	3 831.04	3 356.11
30	专用设备制造业	3 357.28	3 122.96
31	汽车制造业	5 441.97	5 646.29
32	铁路、船舶、航空航天和其他运输设备	1 476.78	714.95
33	电气机械和器材制造业	5 314.95	4 756.50
34	计算机、通信和其他电子设备制造业	10 043.85	9 018.57
35	仪器仪表制造业	1 045.06	1 022.22

（续）

序号	指标	管理费用 X（亿元）	利润总额 Y（亿元）
36	其他制造业	213.61	174.75
37	废弃资源综合利用业	226.73	408.11
38	金属制品、机械和设备修理业	162.22	73.62
39	电力、热力生产和供应业	1 742.50	1 935.95
40	燃气生产和供应业	369.89	908.88
41	水的生产和供应业	399.07	452.39

资料来源：国家统计局网站（www.stats.gov.cn）。

要求：

（1）试根据表中数据，建立适当的线性回归模型。

（2）分别用G-Q检验法、White检验法和Park检验法判断模型中是否存在异方差性。

（3）如果存在异方差性，请用加权最小二乘法对其进行修正。

第 6 章
CHAPTER6

自相关性

□ 案例导引

城镇居民收入与中国对外贸易进口之间有着怎样的相关关系

党的二十大报告中指出，高质量发展是全面建设社会主义现代化国家的首要任务。居民收入持续增长能够更好释放消费潜力，是形成高质量发展合力的重要途径。本案例测算了中国城镇居民收入增长对外部消费需求的边际影响，可以为“构建以国内大循环为主体、国内国际双循环相互促进的新发展格局”的相关政策制定提供一定依据。

利用 1990—2020 年中国城镇居民家庭人均可支配收入、进口总额以及以 1989 年为基期的城镇居民消费价格指数和进口商品价格指数，采用 OLS 估计得到如下回归方程：

$$\hat{y}_t = 690.9898 + 4.9794 x_t$$
$$(22.9960)$$
$$R^2 = 0.948 \quad F = 528.826 \quad \mathrm{DW} = 0.2409$$

从上述参数估计结果可以看出，参数估计值的 t 统计量远大于 5% 显著性水平下的临界值。这表明城镇居民家庭人均可支配收入对我国对外贸易进口有显著影响。不过，有经验的计量经济工作者在利用该估计结果进行分析时往往会比较谨慎。因为采用时间序列数据建模很可能会产生自相关问题，其表现之一为参数估计值的方差会被低估，进而导致参数估计值的 t 统计量被高估。那么，用什么样的方法可以识别上述模型是否存在自相关问题呢？若存在这一问题，又应该如何修正呢？

不同样本点对应的随机误差项之间不存在相关关系是线性回归模型的经典假定之一，然而，由于人们研究的经济变量及其指标值自身的性质，这一经典假定常常得不到满足，这就产生了自相关性。本章在介绍自相关性定义的基础上，分析其产生的原因和后果，并重点介绍计量经济模型自相关性的检验及修正方法。

6.1 自相关性的含义及产生的原因

6.1.1 自相关性的含义

对于多元线性回归模型：

$$y_t=\beta_0+\beta_1 x_{1t}+\beta_2 x_{2t}+\cdots+\beta_k x_{kt}+\varepsilon_t,\ t=1,\ 2,\ \cdots,\ T \tag{6-1}$$

如果随机误差项 ε_t 有以下性质：

$$\text{Cov}(\varepsilon_t,\ \varepsilon_{t-s})\neq 0,\ s\neq 0,\ t=1,\ 2,\ \cdots,\ T \tag{6-2}$$

即不同样本点对应的随机误差项之间存在一定程度的相关性，则认为模型存在**自相关性**(auto correlation)。由于自相关性更容易出现在时间序列建模中，因此又称**序列相关性**(serial correlation)。横截面数据建模也可能产生自相关问题，一般称之为**空间自相关**(spatial auto correlation)。本章讨论的内容仅适用于时间序列数据建模。

如果只有经典假定中的无自相关假定得不到满足，即假定随机误差项仍服从零均值、同方差假定，则自相关也可以表示为

$$\text{Cov}(\varepsilon_t,\ \varepsilon_{t-s})=\text{E}[(\varepsilon_t-\text{E}(\varepsilon_t))(\varepsilon_{t-s}-\text{E}(\varepsilon_{t-s}))]=\text{E}(\varepsilon_t\varepsilon_{t-s})\neq 0$$

根据自相关性的定义可知，可以通过计算简单相关系数来判断随机误差项自相关的性质和程度。

$$\rho=\sum_{t=2}^{T}\varepsilon_t\varepsilon_{t-1}\Bigg/\sqrt{\sum_{t=2}^{T}\varepsilon_t^2}\sqrt{\sum_{t=2}^{T}\varepsilon_{t-1}^2} \tag{6-3}$$

通过式(6-3)计算的自相关系数称为一阶自相关系数，类似地，还可以计算二阶，三阶，…，p 阶自相关系数。ρ 的取值范围为[−1，1]，可根据 ρ 的大小判断随机误差项自相关的程度。

计量经济学通常以建立自回归模型的方式来讨论序列自相关的表现形式。对于描述多元线性回归模型的式(6-1)，如果随机误差项之间存在以下关系：

$$\varepsilon_t=\rho_1\varepsilon_{t-1}+\rho_2\varepsilon_{t-2}+\cdots+\rho_p\varepsilon_{t-p}+v_t \tag{6-4}$$

其中 v_t 为随机误差项且满足经典假定，则式(6-4)为随机误差项的 p 阶自回归形式，也称为 AR(p)模型。当 p 取值为 1 时，自相关形式为

$$\varepsilon_t=\rho\varepsilon_{t-1}+v_t \tag{6-5}$$

式(6-5)为一阶自回归形式，可记为 AR(1)，其中 ρ 可称为一阶自相关系数。由最小二乘法基本原理可知，式(6-5)所定义的回归模型中，回归系数 ρ 的估计式为

$$\rho=\frac{\sum\varepsilon_t\varepsilon_{t-1}}{\sum\varepsilon_{t-1}^2} \tag{6-6}$$

在随机误差项 ε_t 服从零均值的情况下，$\sum\varepsilon_t^2\approx\sum\varepsilon_{t-1}^2$。因此，由式(6-6)计算得到的回归系数 ρ 与由简单相关系数计算式(6-3)计算得到的一阶自相关系数值近似相等。这也是二者均被称为一阶自相关系数的原因。

将随机误差项各滞后期值形式 $\varepsilon_{t-1}=\rho\varepsilon_{t-2}+v_{t-1}$，$\varepsilon_{t-2}=\rho\varepsilon_{t-3}+v_{t-2}$，…，逐一代入式(6-5)中，可以得到：

$$\varepsilon_t = v_t + \rho v_{t-1} + \rho^2 v_{t-2} + \cdots + \rho^p v_{t-p} = \sum_{p=0}^{\infty} \rho^p v_{t-p} \tag{6-7}$$

这表明如果仅存在一阶自相关，随机误差项可以表示为经典误差项 v_t 的加权和，权重为一个等比数列，其公比为一阶自相关系数。此时，利用式(6-7)计算随机误差项的均值、方差和协方差，可得到：

$$E(\varepsilon_t) = \sum_{p=0}^{\infty} \rho^p E(v_{t-p}) = 0 \tag{6-8}$$

$$\mathrm{Var}(\varepsilon_t) = \mathrm{Var}(v_t + \rho v_{t-1} + \rho^2 v_{t-2} + \cdots + \rho^p v_{t-p}) = \sum_{p=0}^{\infty} \rho^{2p} \mathrm{Var}(v_{t-p}) = \frac{\sigma_v^2}{1-\rho^2} \tag{6-9}$$

其中 σ_v^2 为经典误差项 v_t 的方差。$\mathrm{Cov}(\varepsilon_t\varepsilon_{t-1}) = E[(\rho\varepsilon_{t-1} + v)\varepsilon_{t-1}] = E(\rho\varepsilon_{t-1}^2 + v_t\varepsilon_{t-1})$，由于经典误差项 v_t 和随机误差项 ε_t 不相关，则：

$$\mathrm{Cov}(\varepsilon_t\varepsilon_{t-1}) = \rho E(\varepsilon_{t-1}^2) = \rho \mathrm{Var}(\varepsilon_{t-1}) = \rho \frac{\sigma_v^2}{1-\rho^2} \tag{6-10}$$

式(6-8)～式(6-10)表明，在存在一阶自相关的情况下，随机误差项仍然满足零均值、同方差假设，但其协方差不再为零。

6.1.2 自相关性产生的原因

产生自相关的原因主要有以下 3 个方面：

(1) 模型设定误差。如果回归方程中遗漏了具有自相关的重要解释变量，或者模型函数形式设定有误，那么都可能导致自相关性。这些误差都会归入随机误差项中，可能导致随机误差项呈现自相关性。

(2) 数据处理。在利用时间序列数据建模的过程中，如果样本中个别月度或者年度数据缺失，一般需要人为采用内插法等方法对缺失数据进行补充。此外，统计部门提供的某些统计指标值也可能经过了季节调整。这些数据处理方式都有可能熨平数据波幅，使得参与建模的变量值前后期之间存在相关性，从而导致随机误差项之间具有一定程度的自相关性。

(3) 经济行为惯性和滞后性。人类的经济活动与经济行为具有持续性和连续性，从而导致一些宏观经济变量的各期数值之间具有一定的相关性。此外，由于受制于时间、空间、技术和制度等因素，人类经济行为的产出或者效应往往需要一定时间逐步形成或释放出来，从而使得描述这类行为的经济变量之间具有滞后效应，将这些经济变量作为解释变量纳入模型就可能产生自相关性。

6.2 自相关性的后果

当且仅当经典假定的“无自相关”性质得不到满足时，利用 OLS 法估计模型，将会产生一些不利后果。

6.2.1　自相关性对参数估计的影响

1. 参数估计值仍满足无偏性

假定一元线性回归模型 $y_t=\beta_0+\beta_1 x_t+\varepsilon_t$ 存在自相关性。采用最小二乘法估计 $\hat{\beta}_0$、$\hat{\beta}_1$，可以得到 $\hat{\beta}_1=\beta_1+\sum k_t\varepsilon_t$，其中 $k_t=\dfrac{x_t-\bar{x}}{\sum(x_t-\bar{x})^2}$。因此，可以证明：

$$E(\hat{\beta}_1)=\beta_1+\sum k_t E(\varepsilon_t)=\beta_1$$

同理可以证明 $E(\hat{\beta}_0)=\beta_0$。这表明当且仅当存在自相关性时，利用 OLS 估计得到的回归参数仍然满足无偏性。

2. 在大多数情况下，参数估计值不再具有最小方差性

在上例中，参数 $\hat{\beta}_1$ 的方差为

$$\begin{aligned}\mathrm{Var}(\hat{\beta}_1)&=E(\hat{\beta}_1-E(\hat{\beta}_1))^2=E(\hat{\beta}_1-\beta_1)^2=E(\sum k_t\varepsilon_t)^2\\&=E\Big(\sum k_t^2\varepsilon_t^2+2\sum_{t>j}k_t k_j\varepsilon_t\varepsilon_j\Big)\\&=\sum k_t^2 E(\varepsilon_t^2)+2\sum_{t>j}k_t k_j E(\varepsilon_t\varepsilon_j)\end{aligned}$$

由于 $\sum k_t^2=1/(x-\bar{x})^2$，$E(\varepsilon_t^2)=\sigma^2$，则存在自相关的情况下，$\hat{\beta}_1$ 的方差为

$$\mathrm{Var}(\hat{\beta}_1)=\frac{\sigma^2}{(x-\bar{x})^2}+2\sum k_t k_j E(\varepsilon_t\varepsilon_j) \tag{6-11}$$

根据式(6-10)，$E(\varepsilon_t\varepsilon_j)=\mathrm{Cov}(\varepsilon_t\varepsilon_j)=\rho^{t-j}\dfrac{\sigma_v^2}{1-\rho^2}$，因此：

$$\sum k_t k_j E(\varepsilon_t\varepsilon_j)=\frac{\sigma_v^2}{1-\rho^2}\sum\frac{x_t-\bar{x}}{\sum(x_t-\bar{x})^2}\cdot\frac{x_j-\bar{x}}{\sum(x_j-\bar{x})^2}\cdot\rho^{t-j} \tag{6-12}$$

可以看出，当 $\rho\neq 0$ 时，由式(6-12)计算出来的值也不为0。这表明，在随机误差项存在自相关性的情况下，采用 OLS 方法得到参数估计值的方差将是有偏的。大量实践经验表明，$\rho>0$ 十分常见，因此，式(6-11)右边第二项的值也将大于0，这意味着存在自相关性的情况下，$\hat{\beta}_1$ 的方差变大了，参数估计值不再满足有效性。此时，若仍采用$\dfrac{\sigma^2}{(x-\bar{x})^2}$去估计方差，则参数估计的方差很可能被低估。

3. 可能低估随机误差项的方差

以一元线性回归模型为例，在满足经典假定的情况下，随机误差项方差的无偏估计量为 $\hat{\sigma}^2=\dfrac{\sum e_t^2}{n-2}=\sigma^2$。假定随机误差项存在一阶正自相关，则可以证明：

$$E\Big(\sum e_t^2\Big)=\sigma^2\left[(n-2)-2\sum_{t>j}\rho^j\times\frac{\sum x_t x_{t-j}}{\sum x_t^2}\right] \tag{6-13}$$

前面已经说明，式(6-13)中等式右边中括号内的第二项通常为正值。这表明，在存在自相关性的情况下，残差平方和将小于 $(n-2)\sigma^2$，从而导致随机误差项的方差被低估。联

系式(6-11)可知，这将进一步导致参数估计的方差被低估。

6.2.2 自相关性对模型检验和预测的影响

由上述分析可知，在存在自相关性的情况下，参数估计的方差存在被低估的可能。参数估计的方差被低估将导致其标准误差被低估。由 t 统计量的构成 $\frac{\hat{\beta}_t}{\mathrm{SE}(\hat{\beta}_t)}$ 可知，这会使得 t 统计量被高估，导致本不能通过显著性检验的解释变量通过检验。显然，这样的 t 检验已经失去意义。

同理由式(6-13)可知，在存在自相关性的情况下，残差平方和也很可能会被低估，这会使得 $F=\frac{\mathrm{ESS}/k}{\mathrm{RSS}/(n-k-1)}$ 统计量被高估，进而使得解释变量的联合显著性检验失效。

参数估计的置信区间宽度为 $2t_{\alpha/2}\mathrm{SE}(\hat{\beta}_t)$，当参数估计的方差被低估时，置信区间将变得更窄，造成预测精度提升的假象，降低了预测的可靠性。

6.3 自相关性的检验

模型自相关性的存在将为参数估计带来上述不利后果。为此，在利用样本数据建立模型时，必须采用一定方法对模型是否存在自相关性进行检验。下面介绍几种常用的自相关性检验方法。

6.3.1 图示检验法

图示检验法主要是通过观察残差序列在二维平面上的分布情况来大致判别模型是否存在自相关性。其步骤是：①利用 OLS 估计模型参数，得到残差并将其作为随机误差项的估计值；②绘制出残差序列的散点图(相关图或趋势图)，根据图像特征判别模型是否存在自相关性。

图 6-1 为残差序列 e_t 和 e_{t-1} 的散点图。如果大部分数据点落在第一象限、第三象限，则意味着残差序列存在着正自相关。如果大部分数据点落在第二象限、第四象限，则意味着残差序列存在着负自相关。

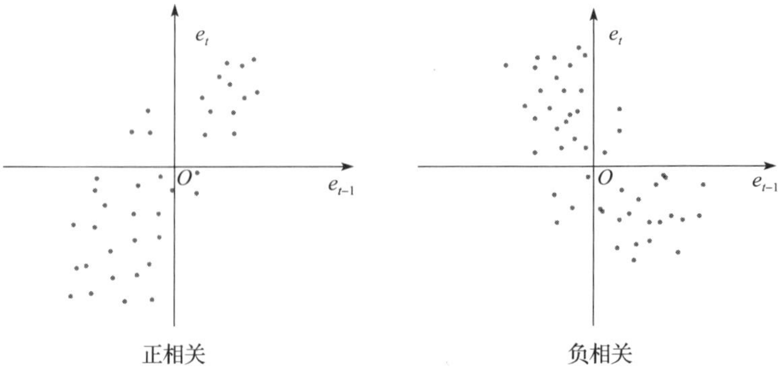

图 6-1 残差序列散点图

图6-2为残差序列的趋势图。如果随着时间t的逐期变化，残差序列的数据点呈现出锯齿状跳跃，且逐期改变正负号，则可以判断残差序列存在负相关；如果残差序列的数据点呈现出周期性变动，即连续若干期为正或连续若干期为负，则表明残差序列可能存在正相关。

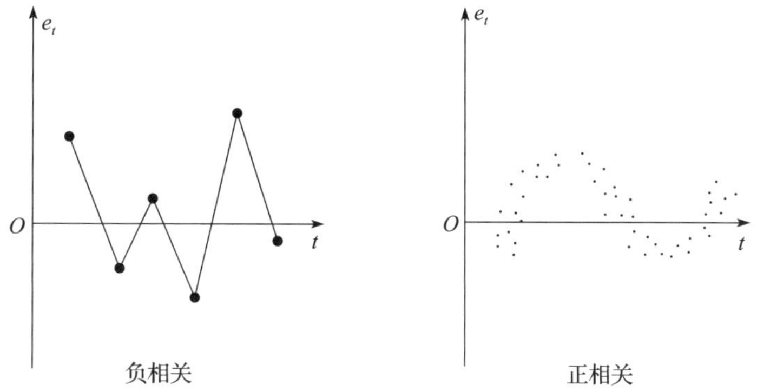

图6-2 残差序列的趋势图

6.3.2 DW检验法

DW检验法是德宾(J. Durbin)和沃森(G. S. Watson)于20世纪50年代初提出的一种自相关性检验方法。该方法应用的前提条件是：①解释变量严格外生；②模型必须包含截距项；③解释变量中不包含滞后被解释变量；④大样本；⑤仅适用于检验是否一阶自相关性。DW检验法是目前最常用的相关性检验方法，许多统计分析软件的分析结果都会报告DW统计量。

DW检验的基本步骤为

(1) 提出原假设：

$$H_0: \rho=0$$

(2) 构造统计量：

$$DW=\sum_{t=2}^{n}(e_t-e_{t-1})^2\Big/\sum_{t=1}^{n}e_t^2 \tag{6-14}$$

将式(6-14)右边展开，可得

$$DW=\left(\sum_{t=2}^{n}e_t^2+\sum_{t=2}^{n}e_{t-1}^2-2\sum_{t=2}^{n}e_te_{t-1}\right)\Big/\sum_{t=1}^{n}e_t^2 \tag{6-15}$$

在零均值、大样本假定下，可以认为

$$\sum_{t=2}^{n}e_t^2\approx\sum_{t=2}^{n}e_{t-1}^2\approx\sum_{t=1}^{n}e_t^2$$

则式(6-15)可进一步写为

$$DW\approx2\left(1-\sum_{t=2}^{n}e_te_{t-1}\Big/\sum_{t=1}^{n}e_t^2\right) \tag{6-16}$$

其中，$\sum e_te_{t-1}/\sum e_t^2$近似等于一阶自相关系数。因此，DW统计量可以表示为

$$DW\approx2(1-\hat{\rho}) \tag{6-17}$$

由一阶自相关系数取值为[−1, 1]可知，DW 统计量的取值范围为[0, 4]。在给定显著性水平、解释变量个数以及样本容量的条件下，根据德宾和沃森给出的 DW 统计量分布，可以得到 DW 统计量的两个临界值，即 d_L 和 d_U，DW 值检验规则如表 6-1 所示。

表 6-1 DW 值检验规则

DW 取值范围	自相关的性质
$0 \leqslant DW < d_L$	存在一阶正相关
$d_L \leqslant DW < d_U$	不能判定是否存在自相关
$d_U \leqslant DW < 4-d_U$	无一阶自相关
$4-d_U \leqslant DW < 4-d_L$	不能判定是否存在自相关
$4-d_L \leqslant DW \leqslant 4$	存在一阶负相关

上述检验规则也可以用图 6-3 直观表示。

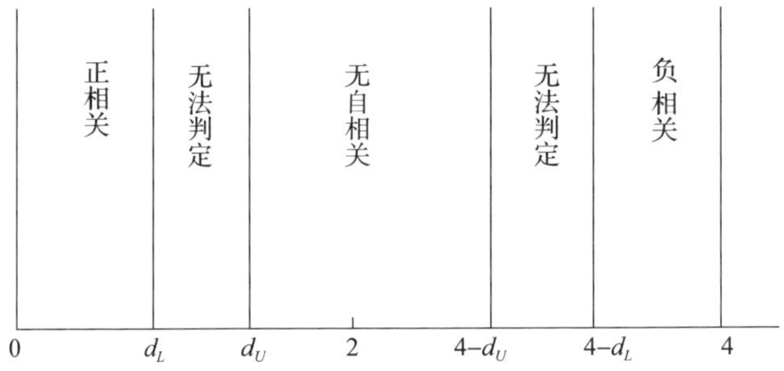

图 6-3 DW 值检验规则

需要注意的是：①DW 检验仅适用于判断模型是否存在一阶自相关性，而不能判断模型是否存在高阶自相关性；②DW 检验还存在两个无法判定的区域；③DW 检验不适用于存在滞后被解释变量的模型，因为此时 DW 统计量通常会趋向于 2。这些是用 DW 检验法判断自相关性的主要缺陷。

6.3.3 偏相关系数检验法

对于随机误差项序列 μ_t，偏相关系数衡量了给定 ε_{t-1}，ε_{t-2}，…，ε_{t-k+1} 的条件下，ε_t 与 ε_{t-k} 之间的相关性。其计算方法如下

$$\varphi_k=\begin{cases}\rho_1 & k=1\\ \rho_1-\sum_{j=1}^{k-1}\varphi_{k-1,\ j},\quad \rho_{k-j}\Big/\left(1-\sum_{j=1}^{k-1}\varphi_{k-1,\ j},\quad \rho_{k-j}\right) & k>1\end{cases} \tag{6-18}$$

ρ_k 为 k 阶自相关系数，$\varphi_{k,j}=\varphi_{k-1,j}-\varphi_{k,k}\varphi_{k-1,k-j}$。式(6-18)表明，当 $k=1$ 时，一阶偏相关系数等于一阶自相关系数；当 $k>1$ 时，k 阶偏相关系数可以由滞后阶数小于 k 的自相关系数递推得到。

利用式(6-18)得到的是偏相关系数的一致估计值。而通过建立随机误差项的 k 阶自回归模型，可以得到更为精确的偏相关系数估计值。

$$\varepsilon_t=\varphi_0+\varphi_1\varepsilon_{t-1}+\cdots+\varphi_k\varepsilon_{t-k}+v_t,\quad t=1,\ 2,\ \cdots,\ T \tag{6-19}$$

式(6-19)中除截距项之外的偏回归系数测量了随机误差项 k 期间距之间的相关性，如果能够得到 $\hat{\varphi}_k$，并检验其显著性水平，就能够对回归方程的高阶自相关性做出判断。因此，相对 DW 检验只能判断是否存在一阶自相关而言，偏相关系数检验法具有更广泛的适用性。

进行偏相关系数检验时，原假设为 $H_0: \hat{\varphi}_k = 0$，备择假设为 $H_1: \hat{\varphi}_k \neq 0$。昆纳乌利(Quenouille)证明，当样本容量 n 充分大时，样本偏相关系数近似服从均值为 0、方差为 $1/n$ 的正态分布$\left(即\ \hat{\varphi}_k \sim N\left(0,\ \frac{1}{n}\right)\right)$。根据正态分布的性质，$\hat{\varphi}_k$ 的值出现在两倍标准差之间的概率应不小于 95%，即 $P\left(-\frac{2}{\sqrt{n}} \leqslant \hat{\varphi}_k \leqslant \frac{2}{\sqrt{n}}\right) \geqslant 0.95$。所以如果样本偏相关系数落在两倍标准差范围内，则接受原假设，表明在 5%的显著性水平下偏相关系数与零值无显著差异，即不存在对应阶数的自相关性，反之，则存在相应形式的自相关性。

下面以一元线性回归模型 $y_t = \beta_0 + \beta_1 x_t + \varepsilon_t$ 为例，介绍如何利用 EViews 12.0 软件检验模型是否存在高阶自相关。

(1) 计算模型残差序列 e_t。

命令：LS　Y　C　X。

(2) 计算残差序列的偏相关系数。

命令：IDENT　RESID。

上述第二步也可以由以下 EViews 菜单实现：在由上述第一步产生的方程窗口中单击 View/Residual Diagnostic/Correlogram-Q-Statistics。在系统默认或用户指定滞后期长度 p 的条件下，EViews 12.0 软件将输出残差序列的相关系数数值 AC、偏相关系数数值 PAC 及其条形图，如图 6-4 所示。

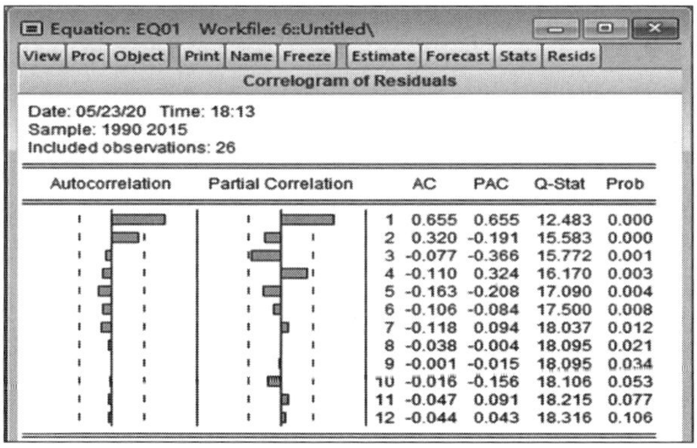

Autocorrelation	Partial Correlation		AC	PAC	Q-Stat	Prob
		1	0.655	0.655	12.483	0.000
		2	0.320	-0.191	15.583	0.000
		3	-0.077	-0.366	15.772	0.001
		4	-0.110	0.324	16.170	0.003
		5	-0.163	-0.208	17.090	0.004
		6	-0.106	-0.084	17.500	0.008
		7	-0.118	0.094	18.037	0.012
		8	-0.038	-0.004	18.095	0.021
		9	-0.001	-0.015	18.095	0.034
		10	-0.016	-0.156	18.106	0.053
		11	-0.047	0.091	18.215	0.077
		12	-0.044	0.043	18.316	0.106

图 6-4　EViews 偏相关系数检验

图 6-4 中第二列偏相关系数条形图中的左右虚线是由两倍标准差构成的，即 $\pm\frac{2}{\sqrt{n}}$。[㊀]通过观察条形图长度是否超过左右虚线可以判断出随机误差项自相关的具体形式，若条形图的长度在左右虚线之内，则表明在 5%的显著性水平下偏相关系数与零值无显著差异，即

㊀ EViews 12 Users Guide 1，Chapter 11，Series，p463-464.

不存在对应阶数的自相关性。对于那些无法用肉眼确定是否超过虚线的条形图，可以将其对应的 PAC 值与两倍标准差 $\pm\frac{2}{\sqrt{n}}$ 进行比较。图 6-4 的检验结果表明只存在一阶自相关，因为只有一阶偏相关系数(0.655)大于临界值 $\left(\frac{2}{\sqrt{26}}=0.3922\right)$。

6.3.4 B-G 检验法

布罗施-戈弗雷检验(Breusch-Godfrey test)简称 B-G 检验，在一些文献中也被称为自相关的拉格朗日乘数检验法(LM test)。其基本思想是：构建残差序列对其滞后变量的回归方程，然后通过这些滞后变量的联合显著性检验来判断残差序列是否存在自相关性。不过，在 B-G 检验辅助回归方程的解释变量中通常还会纳入原回归方程中的所有解释变量。这样，即使在解释变量不是严格外生的条件下，B-G 检验也是有效的。下面以一元线性回归模型 $y_t=\beta_0+\beta_1 x+\varepsilon_t$ 为例，介绍 B-G 检验的主要步骤以及如何利用 EViews 12.0 软件进行 B-G 检验。

(1) 计算模型残差序列 e_t。

(2) 构建辅助回归方程，计算 R^2 统计量。

$$\hat{e}_t=\hat{\beta}_0+\hat{\beta}_1 x+\hat{\rho}_1 e_{t-1}+\cdots+\hat{\rho}_p e_{t-p}$$

(3) 计算 x^2 统计量。

$$\mathrm{LM}=(n-p)R^2$$

利用步骤(2)中求得的 R^2 统计量，计算拉格朗日乘数形式的 LM 统计量，其中 n、p 分别为回归样本容量和辅助回归方程中滞后变量的个数。由于辅助回归方程中包含 p 个滞后变量，导致 LM 统计量在参数估计过程中损失了 p 个样本。因此，$(n-p)$ 实际上是辅助回归方程的自由度。不过，EViews 12.0 软件在数据处理过程中会将解释变量 x 和残差 e_t 的 p 期缺失值进行补 0 处理。因此，利用该软件进行 B-G 检验时，辅助回归方程的自由度仍为 n，拉格朗日乘数统计量优化为 $\mathrm{LM}=nR^2$。

(4) 进行推断。可以证明，在大样本条件下 nR^2 统计量渐近于自由度为 p 的 χ^2 分布。因此，在给定显著性水平 α 下，若 $nR^2>x_\alpha^2(p)$，则认为模型存在自相关性；反之，则认为不存在自相关性。EViews 12.0 软件不仅输出 nR^2 统计量，同时还给出对应的伴随概率，实践应用中，通常是将伴随概率与用户指定的显著性水平进行比较来判别模型是否存在自相关性。如果认为模型存在自相关性，再结合辅助回归方程 t 检验的结果进一步判别模型自相关性的阶数。

B-G 检验在 EViews12.0 的实现。在由上述第一步产生的方程窗口中单击 View/Residual Diagnostic/Serial Correlation LM Test。在系统默认或用户指定滞后期长度 p 条件下，EViews 软件将输出辅助回归方程参数估计结果及 nR^2 统计量的相关信息，如图 6-5 所示。

图 6-5 中第三行 Obs * R-squared 为 nR^2 统计量。可以看出，其对应的伴随概率为 0.000 8，远小于常用的显著性水平 0.05。因此，可以认为该模型存在自相关性。至于自相关性的具体形式，可以通过辅助回归方程中滞后解释变量的显著性检验来判断。本例中采用了系统默认滞后期 2，只有滞后一期残差(RESID(-1))通过了显著性检验。因此，可以认为该模型只存在一阶自相关。不过，B-G 检验的结果可能受到滞后期长度的影响。在具

体的实践过程中，可以采取逐渐增加滞后残差项的方法探索最适合的滞后期长度。

Breusch-Godfrey Serial Correlation LM Test:

F-statistic	13.19581	Prob. F(2,22)	0.0002
Obs*R-squared	14.17977	Prob. Chi-Square(2)	0.0008

Test Equation:
Dependent Variable: RESID
Method: Least Squares
Date: 05/23/20 Time: 18:08
Sample: 1990 2015
Included observations: 26
Presample missing value lagged residuals set to zero.

Variable	Coefficient	Std. Error	t-Statistic	Prob.
C	-11.23005	17.69095	-0.634791	0.5321
RSR	0.008079	0.009339	0.864992	0.3964
RESID(-1)	0.912378	0.213026	4.282949	0.0003
RESID(-2)	-0.162607	0.242997	-0.669172	0.5103

R-squared	0.545376	Mean dependent var	-2.44E-13
Adjusted R-squared	0.483382	S.D. dependent var	59.06719
S.E. of regression	42.45524	Akaike info criterion	10.47542
Sum squared resid	39653.84	Schwarz criterion	10.66897
Log likelihood	-132.1804	Hannan-Quinn criter.	10.53115
F-statistic	8.797205	Durbin-Watson stat	1.988405

图 6-5　B-G 检验结果

6.4　自相关性的修正

如果检验结果表明模型存在自相关性，则应该寻求其产生原因并采取相应措施予以修正。具体来说：如果是经济系统的惯性造成的，则需在模型中添加滞后的被解释变量；如果是遗漏了重要的影响因素所导致的，则应在模型中添加代表这些因素的解释变量；如果是模型形式设定不当导致的，则应变换模型形式；当不是上述原因造成模型存在自相关性时，可以采取如下的广义差分法加以修正。

6.4.1　广义差分法

首先以一元线性回归模型为例，说明广义差分法的基本原理。

$$y_t=\beta_0+\beta_1 x_t+\varepsilon_t \tag{6-20}$$

假定随机误差项仅存在一阶自相关，即 $\varepsilon_t=\rho\varepsilon_{t-1}+v_t$，其中 v_t 为经典误差项。

该一元线性回归方程的滞后一期形式可表达为

$$y_{t-1}=\beta_0+\beta_1 x_{t-1}+\varepsilon_{t-1} \tag{6-21}$$

在假定一阶自相关系数 ρ 已知的情况下，在式(6-20)两端同乘以 ρ，得到：

$$\rho y_{t-1}=\rho\beta_0+\rho\beta_1 x_{t-1}+\rho\varepsilon_{t-1} \tag{6-22}$$

用式(6-20)减去式(6-22)，可以得到：

$$y_t-\rho y_{t-1}=\beta_0(1-\rho)+\beta_1(x_t-\rho x_{t-1})+\varepsilon_t-\rho\varepsilon_{t-1} \tag{6-23}$$

令 $y_t^*=y_t-\rho y_{t-1}$，$x_t^*=x_t-\rho x_{t-1}$，$\beta_0^*=\beta_0(1-\rho)$，式(6-23)可以进一步改写为

$$y_t^*=\beta_0^*+\beta_1 x_t^*+v_t \tag{6-24}$$

由于式(6-24)中随机误差项满足经典假定，因此可以直接利用 OLS 法估计式(6-24)中的回归参数，且斜率 $\hat{\beta}_1$ 就是式(6-20)中待估参数 β_1 的估计值，将求解得到的截距项 $\hat{\beta}^*$ 除以 $(1-\rho)$ 得到的就是式(6-20)中待估参数 β_0 的估计值。由于 $\rho=1$ 时，$y_t^*=y_t-y_{t-1}=\Delta y_t$，$x_t^*=x_t-x_{t-1}=\Delta x_t$，$\Delta y_t$、$\Delta x_t$ 为一般意义上的一阶差分；而在多数情况下，ρ 是不等于 1 的，因此，y_t^* 和 x_t^* 可以看作是广义差分的结果。通过这种变换，使得模型中的随机误差项由存在自相关变换为不存在自相关，故将这种方法称之为广义差分法。

如果一元线性回归模型存在 p 阶自相关性，即 $\varepsilon_t=\rho_1\varepsilon_{t-1}+\rho_2\varepsilon_{t-2}+\cdots+\rho_p\varepsilon_{t-p}+v_t$，则可以进行如下形式的广义差分变换：

$$\begin{cases} y_t^*=y_t-\rho_1 y_{t-1}-\cdots-\rho_p y_{t-p} \\ x_t^*=x_t-\rho_1 x_{t-1}-\cdots-\rho_p x_{t-p} \end{cases} \tag{6-25}$$

得到满足基本经典假定的模型 $y_t^*=\beta_0^*+\beta_1 x_t^*+v_t$。

如果建立的多元线性回归模型存在 p 阶自相关性，则需要进行的广义差分变换为

$$\begin{cases} y_t^*=y_t-\rho_1 y_{t-1}-\cdots-\rho_p y_{t-p} \\ x_{1t}^*=x_{1t}-\rho_1 x_{1,t-1}-\cdots-\rho_p x_{p,t-p} \\ \qquad\vdots \\ x_{kt}^*=x_{1t}-\rho_1 x_{k,t-1}-\cdots-\rho_p x_{k,t-p} \end{cases} \tag{6-26}$$

同理得到满足基本经典假设的模型 $y_t^*=\beta_0^*+\beta_{1t}x_{1t}^*+\cdots+\beta_{kt}x_{kt}^*+v_t$。

广义差分法的 EViews 12.0 实现。对于一元线性回归模型，如果该模型仅存在一阶自相关，则需要在命令栏输入 LS　Y　C　X　AR(1)；如果存在一阶、四阶的自相关，则输入命令为 LS　Y　C　X　AR(1)　AR(4)。

6.4.2 自相关系数 ρ 的确定

1. 近似估计法

由前述讨论可知，广义差分法能够实现的关键是要事先知道一阶自相关系数 ρ 的取值。如果在大样本情况下模型的随机误差项仅存在一阶自相关，可由式(6-17)近似计算得到：

$$\hat{\rho}\approx 1-\frac{\mathrm{DW}}{2} \tag{6-27}$$

利用上式进行广义差分变换。

2. 科克伦-奥科特迭代法

利用式(6-27)只能得到一阶自相关系数的一个粗略估计结果，而科克伦-奥科特(Cochrane-Orcutt)迭代法能够得到自相关系数更精确的估计值。仍以仅存在一阶自相关性的 $y_t=\beta_0+\beta_1 x_t+\varepsilon_t$ 为例，利用科克伦-奥科特迭代法求解一阶自相关系数的过程如下：

(1) 利用 OLS 法估计模型参数，计算模型残差序列 $e_t^{(1)}$。

(2) 构建残差序列的一阶自回归模型 $e_t^{(1)}=\rho_1 e_{t-1}^{(1)}+v_t$，计算一阶自相关系数 $\hat{\rho}_1$。

(3) 利用 $\hat{\rho}_1$ 对解释变量和被解释变量实施广义差分，采用得到的新变量进行 OLS 估计，计算得到残差序列 $e_t^{(2)}$。

(4) 重复步骤(2)和步骤(3)，直到得到的一阶自相关系数 $\hat{\rho}_k$ 满足用户设定的迭代精度

或者迭代次数。

(5) 利用上述第(4)步中得到的一阶自相关系数进行广义差分，求得一元线性回归模型截距项和斜率项的估计值。

在 EViews 12.0 软件中，系统默认的迭代精度、迭代次数分别为 0.000 1 和 500，用户可以根据需要进行修改。

3. 德宾两步法

将式(6-23)进行形式变换，可以得到

$$y_t=\beta_0(1-\rho)+\beta_1 x_t-\rho\beta_1 x_{t-1}+\rho y_{t-1}+\varepsilon_t-\rho\varepsilon_{t-1} \tag{6-28}$$

第一步，可利用 OLS 法估计式(6-28)的参数。其中，滞后解释变量 y_{t-1} 的系数估计值 $\hat{\rho}$ 可以看作一阶自相关系数 ρ 的一个有偏、一致估计值。第二步，利用 $\hat{\rho}$ 进行广义差分即可对原模型做出参数估计。

6.5 案例分析

6.5.1 样本选取

改革开放以来，中国经济发展取得了举世瞩目的成绩，居民收入水平的提高，必然导致消费需求的扩大，进而促进进口贸易的增长。表 6-2 为 1990—2020 年中国城镇居民家庭人均可支配收入、进口总额以及居民消费价格指数的统计资料，共 31 个样本，数据来自国家统计局网站。为了剔除价格变动因素，利用以 1989 年为基期的城镇居民消费价格指数对历年城镇居民家庭人均可支配收入进行了平减，得到 1990—2020 年城镇居民实际家庭人均可支配收入。同理，利用 1989 年为基期的进口商品价格指数对历年进口总额进行了平减，得到 1990—2020 年实际进口总额。需要说明的是，目前中国国家统计局只公布了自 1983 年开始的，以上年为基期的进口商品价格指数，因此，为了保持数据统计口径一致，表 6-2 中以 1989 年为基期的城镇居民消费价格指数和进口商品价格指数为利用各自历年环比价格指数相乘得到。

表 6-2 1990—2020 年中国城镇居民家庭人均可支配收入、进口总额以及居民消费价格指数的统计资料

年份	城镇居民家庭人均可支配收入（元）	城镇居民消费价格指数	城镇居民实际家庭人均可支配收入（元）	进口总额（亿元）	进口商品价格指数	实际进口总额（亿元）
1990	1 510.20	101.30	1 490.82	2 574.28	96.73	2 661.30
1991	1 700.60	106.47	1 597.31	3 398.65	91.22	3 725.84
1992	2 026.60	115.62	1 752.77	4 443.33	94.19	4 717.66
1993	2 577.40	134.24	1 920.03	5 986.21	95.57	6 263.67
1994	3 496.20	167.80	2 083.59	9 960.06	100.00	9 960.44
1995	4 283.00	195.99	2 185.35	11 048.13	112.05	9 860.11
1996	4 838.90	213.23	2 269.29	11 557.43	114.50	10 094.26
1997	5 160.30	219.84	2 347.26	11 806.56	118.15	9 992.99
1998	5 425.10	218.52	2 482.60	11 626.14	117.43	9 900.59

（续）

年份	城镇居民家庭人均可支配收入（元）	城镇居民消费价格指数	城镇居民实际家庭人均可支配收入（元）	进口总额（亿元）	进口商品价格指数	实际进口总额（亿元）
1999	5 854.00	215.68	2 714.15	13 736.46	122.65	11 199.45
2000	6 255.70	217.41	2 877.38	18 638.81	135.02	13 804.07
2001	6 824.00	218.93	3 116.96	20 159.18	135.17	14 914.05
2002	7 652.40	216.74	3 530.65	24 430.27	138.32	17 661.71
2003	8 405.50	218.69	3 843.52	34 195.56	151.10	22 630.33
2004	9 334.80	225.91	4 132.09	46 435.76	171.28	27 111.63
2005	10 382.30	229.50	4 523.85	54 273.68	177.19	30 629.63
2006	11 619.70	232.90	4 989.17	63 376.86	182.78	34 674.40
2007	13 602.50	243.33	5 590.10	73 296.93	194.91	37 606.05
2008	15 549.40	256.91	6 052.47	79 526.53	225.66	35 242.00
2009	16 900.50	254.73	6 634.77	68 618.37	197.08	34 816.94
2010	18 779.10	262.88	7 143.67	94 699.50	223.85	42 305.13
2011	21 426.90	276.68	7 744.33	113 161.39	254.88	44 397.75
2012	24 126.70	284.09	8 492.52	114 800.96	253.15	45 349.03
2013	26 467.00	291.42	9 081.98	121 037.46	246.97	49 008.90
2014	28 844.00	297.43	9 697.86	120 358.03	238.69	50 423.54
2015	31 195.00	301.86	10 334.32	104 336.10	210.95	49 459.27
2016	33 616.00	308.05	10 912.65	104 967.17	205.89	50 981.98
2017	36 396.00	313.16	11 622.18	124 789.81	225.27	55 395.98
2018	39 251.00	319.80	12 273.65	140 881.31	239.01	58 943.99
2019	42 359.00	328.75	12 884.74	143 162.41	242.35	59 071.39
2020	43 833.76	337.06	13 004.73	142 936.40	234.36	60 990.56

6.5.2 模型估计

以城镇居民实际家庭人均可支配收入（x）为解释变量，以实际进口总额（y）为被解释变量，绘制散点图，结果如图 6-6 所示。从图中可以看出，城镇居民实际家庭人均可支配收入与实际进口总额之间为近似线性关系。因此，可以建立一元线性回归方程来估计二者之间的数量关系。

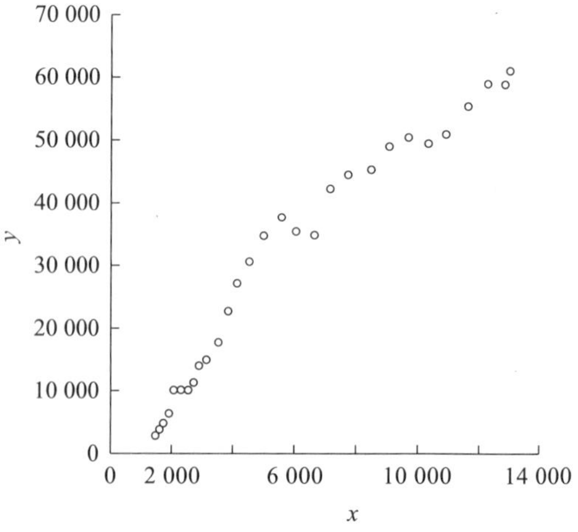

图 6-6 散点图

利用 EViews 12.0 软件进行参数估计，回归结果为

$$\hat{y}_t = 690.989\,8 + 4.979\,4x_t \tag{6-29}$$

$$(22.996\,0)$$

$R^2 = 0.948 \quad F = 528.826 \quad \mathrm{DW} = 0.240\,9$

6.5.3　模型检验

回归结果表明，我国城镇居民实际家庭人均可支配收入每增长 1 个单位，实际进口总额增长约 5 个单位。回归方程拟合优度为 0.948，解释变量系数的 t 统计量为 22.996 0，远远大于 5%显著性水平下的临界值 2.042。这说明该模型通过了经济意义检验和统计检验。

在估计方程窗口中单击 View/Actual, Fitted, Residual/Actual, Fitted, Residual Graph，得到如图 6-7 所示的结果。观察残差的分布可以看出明显的周期性变化，这表明该模型很可能存在自相关性。进一步观察 DW 统计量为 0.240 9，查表得到 5%显著性水平下的 DW 临界值为(1.363，1.496)，表明模型存在一阶正相关。

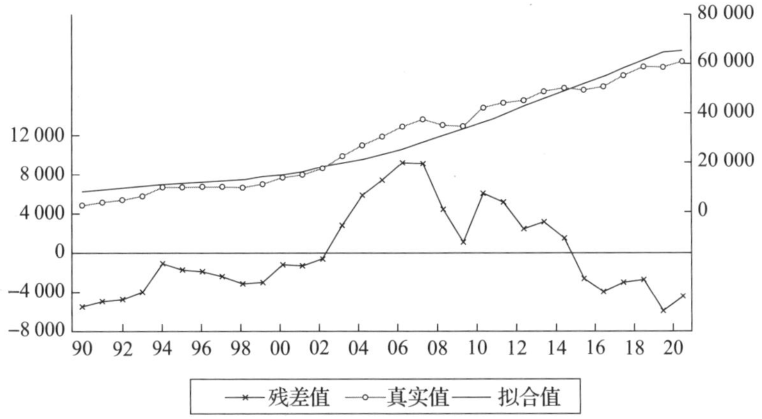

图 6-7　残差值、真实值与拟合值

在方程窗口中单击 View/Residual Diagnostic/Correlogram-Q-Statistics，得到图 6-8 所示的相关图分析结果。从偏相关系数的条形图来看，该模型存在一阶自相关。同时，也将各阶偏相关系数与临界值 $\pm 2/\sqrt{31} = \pm 0.359\ 2$ 进行比较，进一步确定该模型只存在一阶自相关。

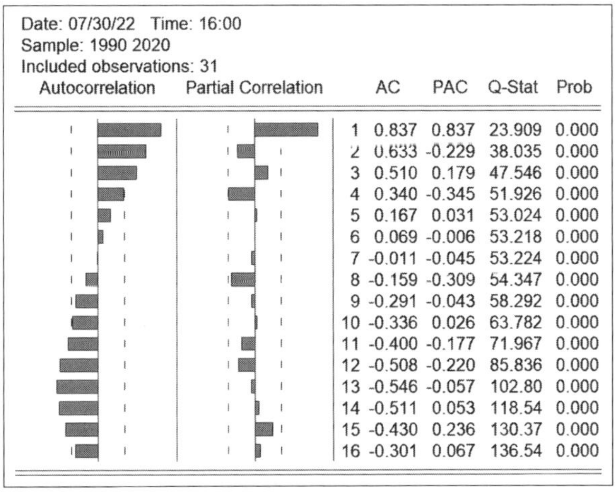

Date: 07/30/22　Time: 16:00
Sample: 1990 2020
Included observations: 31

Autocorrelation	Partial Correlation		AC	PAC	Q-Stat	Prob
		1	0.837	0.837	23.909	0.000
		2	0.633	-0.229	38.035	0.000
		3	0.510	0.179	47.546	0.000
		4	0.340	-0.345	51.926	0.000
		5	0.167	0.031	53.024	0.000
		6	0.069	-0.006	53.218	0.000
		7	-0.011	-0.045	53.224	0.000
		8	-0.159	-0.309	54.347	0.000
		9	-0.291	-0.043	58.292	0.000
		10	-0.336	0.026	63.782	0.000
		11	-0.400	-0.177	71.967	0.000
		12	-0.508	-0.220	85.836	0.000
		13	-0.546	-0.057	102.80	0.000
		14	-0.511	0.053	118.54	0.000
		15	-0.430	0.236	130.37	0.000
		16	-0.301	0.067	136.54	0.000

图 6-8　偏相关系数检验结果

在方程窗口中单击 View/Residual Diagnostic/Serial Correlation LM Test，采用软件默认滞后期长度 2，得到如图 6-9 所示的 B-G 检验结果。可以看出 nR^2 统计量为 22.960 6，对应的伴随概率为 0.000 0，并且辅助回归方程解释变量中只有 RESID(-1)通过了显著性检验，这也表明模型只存在一阶自相关。

在 EViews 12.0 软件命令栏中输入 LS Y C X AR(1)，回车可得到如图 6-10 所示的方程窗口。

Breusch-Godfrey Serial Correlation LM Test:
Null hypothesis: No serial correlation at up to 2 lags

F-statistic	38.55623	Prob. F(2,27)	0.0000
Obs*R-squared	22.96062	Prob. Chi-Square(2)	0.0000

Test Equation:
Dependent Variable: RESID
Method: Least Squares
Date: 07/30/22 Time: 16:03
Sample: 1990 2020
Included observations: 31
Presample missing value lagged residuals set to zero.

Variable	Coefficient	Std. Error	t-Statistic	Prob.
C	317.2413	802.1736	0.395477	0.6956
X	-0.070123	0.119705	-0.585797	0.5629
RESID(-1)	1.015535	0.191308	5.308386	0.0000
RESID(-2)	-0.173323	0.202616	-0.855429	0.3998

R-squared	0.740665	Mean dependent var	-2.35E-13
Adjusted R-squared	0.711850	S.D. dependent var	4423.704
S.E. of regression	2374.627	Akaike info criterion	18.50298
Sum squared resid	1.52E+08	Schwarz criterion	18.68801
Log likelihood	-282.7962	Hannan-Quinn criter.	18.56330
F-statistic	25.70415	Durbin-Watson stat	1.732278
Prob(F-statistic)	0.000000		

图 6-9 B-G 检验结果

Dependent Variable: Y
Method: ARMA Maximum Likelihood (BFGS)
Date: 07/30/22 Time: 16:05
Sample: 1990 2020
Included observations: 31
Convergence achieved after 6 iterations
Coefficient covariance computed using outer product of gradients

Variable	Coefficient	Std. Error	t-Statistic	Prob.
C	621.3114	4275.007	0.145336	0.8855
X	4.724739	0.590307	8.003869	0.0000
AR(1)	0.887143	0.100033	8.868527	0.0000
SIGMASQ	4357714.	1149892.	3.789673	0.0008

R-squared	0.988037	Mean dependent var	29468.41
Adjusted R-squared	0.986708	S.D. dependent var	19401.38
S.E. of regression	2236.806	Akaike info criterion	18.43329
Sum squared resid	1.35E+08	Schwarz criterion	18.61832
Log likelihood	-281.7160	Hannan-Quinn criter.	18.49360
F-statistic	743.3303	Durbin-Watson stat	1.607293
Prob(F-statistic)	0.000000		

Inverted AR Roots .89

图 6-10 广义差分：ML 法结果

从图 6-10 中可以看出，当用户运行上述广义差分命令时，EViews 12.0 软件默认采用的是极大似然估计法(maximum likelihood，ML)。同时还要明确的是，与解释变量 x 并列的 AR(1)和 SIGMASQ 项并不是回归方程中的解释变量，它们分别是广义差分时用到的一阶自相关系数和回归方程残差序列的方差。因此，上述回归结构用规范的形式表达如下：

$$\hat{y}_t = 621.3114 + 4.7247 x_t + [\text{AR}(1) = 0.8871] \tag{6-30}$$
$$(8.0039)$$
$$R^2 = 0.9880 \quad F = 743.3323 \quad \text{DW} = 1.6073$$

除极大似然估计法外，EViews 12.0 软件还提供了广义最小二乘法和 CLS 法两种方式估计广义差分模型的参数。在图 6-10 所示的方程窗口中单击 Estimate 菜单，再单击 Options 按钮，可以得到如图 6-11 所示的界面。单击该界面右上角 Method 选项的下拉按钮，可以选择广义最小二乘法或者 CLS 法进行参数估计，关于这三种方法的适用条件可以参考 EViews 12.0 软件的帮助文件[㊀]。

本例采用广义最小二乘法估计的结果如图 6-12 所示。

㊀ EViews 12 Users Guide Ⅱ，Chapter 24，Time Series Regression，p138.

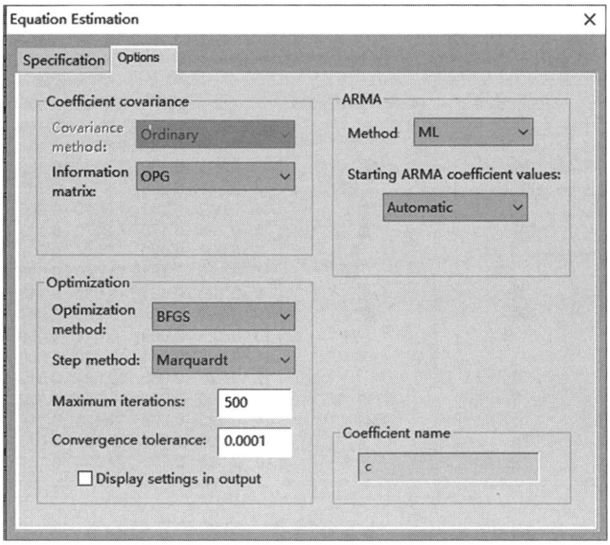

图 6-11　广义差分方程设置选项

Dependent Variable: Y
Method: ARMA Generalized Least Squares (BFGS)
Date: 07/30/22　Time: 16:14
Sample: 1990 2020
Included observations: 31
Convergence achieved after 8 iterations
Coefficient covariance computed using outer product of gradients
d.f. adjustment for standard errors & covariance

Variable	Coefficient	Std. Error	t-Statistic	Prob.
C	740.0398	5557.786	0.133154	0.8950
X	4.638601	0.728353	6.368619	0.0000
AR(1)	0.921559	0.100269	9.190870	0.0000

R-squared	0.988092	Mean dependent var	29468.41
Adjusted R-squared	0.987242	S.D. dependent var	19401.38
S.E. of regression	2191.419	Akaike info criterion	18.37529
Sum squared resid	1.34E+08	Schwarz criterion	18.51407
Log likelihood	-281.8170	Hannan-Quinn criter.	18.42053
F-statistic	1161.725	Durbin-Watson stat	1.657750
Prob(F-statistic)	0.000000		

Inverted AR Roots　.92

图 6-12　广义最小二乘法估计结果

GLS 法回归结果用规范的形式表达如下：

$$\hat{y}_t = 740.039\,8 + 4.638\,6x_t + [\mathrm{AR}(1) = 0.921\,6]$$
$$(6.368\,6)$$
$$R^2 = 0.988\,1 \quad F = 1\,161.725 \quad \mathrm{DW} = 1.657\,8 \tag{6-31}$$

对修正后的模型进行偏相关系数检验的结果如图 6-13 所示，图 6-13 表明该回归方程不存在自相关性。

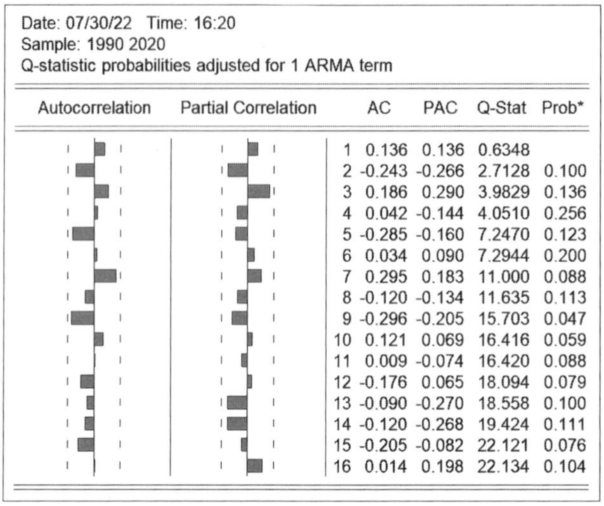
Date: 07/30/22 Time: 16:20
Sample: 1990 2020
Q-statistic probabilities adjusted for 1 ARMA term

Autocorrelation	Partial Correlation		AC	PAC	Q-Stat	Prob*
		1	0.136	0.136	0.6348	
		2	-0.243	-0.266	2.7128	0.100
		3	0.186	0.290	3.9829	0.136
		4	0.042	-0.144	4.0510	0.256
		5	-0.285	-0.160	7.2470	0.123
		6	0.034	0.090	7.2944	0.200
		7	0.295	0.183	11.000	0.088
		8	-0.120	-0.134	11.635	0.113
		9	-0.296	-0.205	15.703	0.047
		10	0.121	0.069	16.416	0.059
		11	0.009	-0.074	16.420	0.088
		12	-0.176	0.065	18.094	0.079
		13	-0.090	-0.270	18.558	0.100
		14	-0.120	-0.268	19.424	0.111
		15	-0.205	-0.082	22.121	0.076
		16	0.014	0.198	22.134	0.104

图 6-13　GLS 法差分模型的偏相关系数检验

6.5.4 结果说明

比较回归方程式(6-29)～式(6-31)，可以看出：第一，在存在自相关性的情况下，参数估计的标准差被低估，导致参数估计值的 t 统计量被高估，这与第 6.2 节的理论分析结论一致；第二，极大似然估计法和广义最小二乘法的参数估计结果极为接近，这是由于理论上广义最小二乘法仅比极大似然估计法少了一个常数项和方差-协方差矩阵的对数项，㊀在实际应用过程中推荐使用广义最小二乘法；第三，对经广义差分法修正后的模型还必须采用偏相关系数检验、B-G 检验等方法判断其是否仍存在自相关性。

思考与练习

一、简述题

1. 举例说明什么是自相关性。
2. 自相关产生的原因有哪些？什么是虚假自相关？
3. 当计量经济模型存在自相关时会产生哪些后果？
4. 请列举常用自相关的检验方法。
5. 请阐述广义差分法的基本原理。

二、单选题

1. 下列说法不正确的是(　　)。

   A. 自相关是随机误差项违反经典假定所产生的一种现象

㊀ EViews 12 Users Guide Ⅱ，Chapter 24，Time Series Regression，p160-162.

B. 自相关产生的原因有经济行为惯性和滞后性

C. 检验自相关的方法有G-Q检验法

D. 广义差分法是修正自相关的常用方法

2. 下列能够正确表达回归模型中随机误差项 ε_t 存在自相关性的是(　　)。

A. $\text{Cov}(\varepsilon_i, \varepsilon_j)\neq 0$，$i\neq j$　　B. $\text{Cov}(\varepsilon_i, \varepsilon_j)=0$，$i\neq j$

C. $\text{Cov}(X_i, X_j)=0$，$i\neq j$　　D. $\text{Cov}(X_i, \varepsilon_j)=0$，$i\neq j$

3. 下列哪项不是自相关产生的原因(　　)。

A. 经济行为的惯性作用　　B. 经济活动的滞后性

C. 模型设定误差　　D. 解释变量之间存在线性关系

4. 设 ε_t 为随机误差项，下列正确表示 ε_t 存在一阶自相关形式的是(　　)。

A. $\text{Cov}(\varepsilon_i, \varepsilon_j)\neq 0$，$i\neq j$　　B. $\varepsilon_t=\rho\varepsilon_{t-1}+v_t$

C. $\text{Cov}(\varepsilon_i, \varepsilon_j)=0$，$i\neq j$　　D. $\varepsilon_{t-1}=\rho^2\varepsilon_{t-1}+v_t$

5. 当随机误差项存在自相关时，参数估计值仍然具有无偏性的原因是(　　)。

A. 零均值假定成立　　B. 同方差假定成立

C. 无多重共线性假定成立　　D. 正态性假定成立

6. 在DW检验中，若样本回归模型中DW统计量的值为0，则表明该回归模型(　　)。

A. 存在一阶负自相关　　B. 存在一阶正自相关

C. 不存在一阶自相关　　D. 无法判断是否存在自相关

7. 若样本回归模型中DW统计量的值接近于2，则样本回归模型一阶自相关系数 ρ 近似等于(　　)。

A. 0　　B. -1　　C. 1　　D. 0.5

8. 若经检验样本回归模型存在自相关，则模型参数估计值(　　)。

A. 无偏、有效　　B. 有偏、有效　　C. 有偏、非有效　　D. 无偏、非有效

9. 当样本回归模型存在自相关时，此时 t 检验的可靠性会(　　)。

A. 增大　　B. 降低　　C. 不变　　D. 无法确定

10. DW检验法的前提条件不包括以下哪项(　　)。

A. 解释变量 X 是非随机的　　B. 被解释变量Y是非随机的

C. 回归模型中的截距项不能为零　　D. 数据序列完整无缺

11. 在DW检验中，若样本回归模型中DW统计量的值为4，则表明回归模型(　　)。

A. 存在一阶正自相关　　B. 存在一阶负自相关

C. 不存在自相关　　D. 不能判定

12. 若给定显著性水平，查DW分布表，可得DW统计量的下临界值和上临界值分别为 d_L 和 d_U，那么当 $d_L<\text{DW}\leqslant d_U$ 时，则可以判断随机误差项(　　)。

A. 存在一阶正自相关　　B. 存在一阶负相关

C. 不存在序列相关　　D. 无法判断是否存在自相关

13. 下列不能用来对样本回归模型进行高阶自相关检验的是(　　)。

A. DW检验　　B. 偏相关系数检验

C. B-G检验　　D. 拉格朗日乘数检验

14. DW的取值范围是(　　)。

A. $-1\leqslant\text{DW}\leqslant 1$　　B. $-1\leqslant\text{DW}\leqslant 4$

C. $-2\leqslant\text{DW}\leqslant 4$　　D. $0\leqslant\text{DW}\leqslant 4$

15. 下列哪项不属于自相关的修正方法(　　)。
A. 普通最小二乘法
B. 广义差分法
C. 一阶差分法
D. Durbin 两步法

三、多选题

1. 下列关于 DW 检验的说法正确的有(　　)。
A. DW 检验法有使用的前提条件
B. 模型解释变量中不能含有滞后的因变量
C. 有两个不能判定的区域
D. 只适用于一阶自相关的检验
2. 下列属于自相关产生后果的有(　　)。
A. 参数估计值仍然具有无偏性
B. 参数估计值的方差会被低估
C. 变量的显著性检验变得不可靠
D. 降低模型的预测精度
3. 下列属于回归模型自相关检验方法的是(　　)。
A. B-G 检验法　B. White 检验法　C. ARCH 检验法　D. DW 检验法
4. 下列属于自相关产生原因的有(　　)。
A. 经济行为的惯性
B. 经济活动的滞后性
C. 随机因素的影响
D. 模型设定误差
5. 下列不属于回归模型自相关检验方法的有(　　)。
A. B-G 检验法
B. White 检验法
C. 偏相关系数检验法
D. G-Q 检验法
6. 确定自相关系数 ρ 的方法有(　　)。
A. 近似估计法
B. 科克伦-奥科特迭代法
C. Durbin 两步法
D. 以上都是
7. 以下表述正确的有(　　)。
A. DW 检验可用于检验模型是否存在一阶自相关
B. 偏相关系数检验可用于检验模型是否存在一阶自相关
C. 拉格朗日乘数检验可用于检验模型是否存在一阶自相关
D. B-G 检验只能用于检验模型是否存在一阶自相关
8. 查 DW 分布表，可以得到 DW 的下限分布 d_L 和上限分布 d_U，下列属于 DW 检验中不能确定区域的是(　　)。
A. $0 \leqslant DW \leqslant d_L$
B. $d_L < DW \leqslant d_U$
C. $d_U < DW < 4-d_U$
D. $4-d_U \leqslant DW < 4-d_L$
9. 下列关于 B-G 检验表述正确的有(　　)。
A. B-G 检验的原假设是假定模型不存在自相关
B. B-G 检验是通过建立辅助回归模型来判断是否存在自相关的
C. B-G 检验中使用的 nR^2 统计量服从 χ^2 分布
D. B-G 检验需要人为确定滞后期长度
10. 若经检验模型存在自相关性，下列哪些方法可用于自相关性的修正？(　　)
A. 加权最小二乘法
B. 一阶差分法
C. 广义差分法
D. Durbin 两步法
11. 对于图示检验法检验自相关性，下列表述正确的有(　　)。
A. 图示检验法只能粗略地判断回归模型是否存在自相关性

B. 可以通过绘制解释变量和被解释变量的散点图来判断是否存在自相关性

C. 对回归模型进行 OLS 估计后，可以绘制 e_{t-1} 和 e_t 的散点图来判断自相关性

D. 对回归模型进行 OLS 估计后，可以按照时间顺序绘制残差 e_t 的图形来判断自相关性

12. 下列属于 DW 检验法前提条件的有(　　)。

A. 解释变量严格外生　　B. 模型必须包含截距项

C. 随机误差项为一阶自回归形式　　D. 数据序列无缺失项

13. 检验高阶自相关的方法有(　　)。

A. 图示检验法　　B. White 检验法

C. 偏相关系数检验法　　D. LM 检验法

14. 下列哪些情况不适合用 DW 法检验自相关？(　　)

A. 模型中解释变量是随机的　　B. 样本容量 $n<15$

C. 模型截距项为零　　D. 模型解释变量中含有滞后的被解释变量

15. 若回归模型存在自相关性，普通最小二乘估计量仍然满足(　　)。

A. 线性　　B. 无偏性　　C. 有效性　　D. 真实性

四、判断题

1. 使用 DW 检验法所检验的回归模型必须包括常数项。(　　)
2. DW 检验中的 $0\leqslant DW\leqslant 4$，其数值越小说明模型随机误差项的自相关程度越低，数值越大说明模型随机误差项的自相关程度越高。(　　)
3. 异方差、自相关都是随机误差项不满足经典假定产生的现象，但两者是有区别的。(　　)
4. DW 检验有运用的前提条件，只有符合这些条件，DW 检验才是有效的。(　　)
5. B-G 检验可以用来检验模型是否存在一阶自相关。(　　)
6. 模型设定误差与模型的自相关性无关。(　　)
7. 自相关性主要存在于横截面数据中。(　　)
8. 当回归模型存在自相关时，OLS 估计量仍然具有无偏性。(　　)
9. 当回归模型存在自相关时，一般会高估 OLS 估计值的标准误差。(　　)
10. 随机误差项存在自相关不会对模型的预测精度产生影响。(　　)
11. 用一阶差分变换消除自相关性是假定自相关系数为 1。(　　)
12. DW 检验法不适于检验模型是否存在高阶自相关。(　　)
13. B-G 检验是通过建立残差项关于所有解释变量的辅助回归模型来判断回归模型是否存在自相关的。(　　)
14. 当模型存在自相关时，广义差分法与广义最小二乘估计是等价的。(　　)
15. 若 DW 统计量接近 2，则回归模型的一阶自相关系数 $\hat{\rho}$ 近似等于 0。(　　)

五、填空题

1. 当总体回归模型的随机误差项在不同观测点上彼此相关时就产生了________问题。
2. 在按照时间顺序绘制残差 e_t 的趋势图时，如果残差 e_t 在连续的几个时期中，随着 t 的变化呈现出锯齿状跳跃，并逐期改变正负号属性，则可以判断随机误差项存在________自相关。
3. 使用时间序列数据为样本建立的计量经济模型中的随机误差项往往存在________。
4. 一阶差分法是模型存在完全________时修正自相关性的一种简单且有效的方法。
5. 假定有如下广义差分变换后的模型 $y_t=\alpha(1-\rho)+\beta(x_t-\rho x_{t-1})+\rho y_{t-1}+v_t$，若要利用

Durbin 估计法估计 ρ，则相应的 EViews 命令为________。

6. 在 DW 检验中，若样本回归模型中 DW 统计量的值为 0，则表明回归模型存在________。
7. 对回归模型进行 OLS 估计后，绘制 e_{t-1} 和 e_t 的散点图，如果大部分点落在第一、第三象限，则表明随机误差项 ε_t 存在________。
8. 对回归模型进行 OLS 估计后，绘制 e_{t-1} 和 e_t 的散点图，如果大部分点落在第二、第四象限，则表明随机误差项 ε_t 存在________。
9. 当回归模型存在自相关时，模型的预测精度会________。
10. 当回归模型存在自相关时，会________参数估计值的标准误差。
11. 在按照时间顺序绘制残差 e_t 的趋势图时，如果残差 e_t 在连续的几个时期中，随着 t 的变化呈现出周期性变动，即连续为正或连续为负，则可以判断随机误差项存在________自相关。
12. 在进行 B-G 检验时，若统计量 nR^2 的值大于 χ^2 临界值，则表明回归模型________自相关。
13. 利用近似估计法估计自相关系数 ρ 时，其计算式为 $\hat{\rho}=$________。
14. 当回归模型存在自相关时，参数估计值的方差一般会被________。
15. 在使用 B-G 检验法时，统计量 $nR^2=11.4$，伴随概率 $p=0.0033$，显著性水平 $\alpha=0.05$，则可以判定出回归模型________自相关性。

六、计算题

1. 表 6-3 为 1990—2020 年我国进出口总额 Y 与国内生产总值 X 的数据。

表 6-3 1990—2020 年我国进出口总额与国内生产总值 （单位：亿元）

年份	进出口总额 Y	国内生产总值 X	年份	进出口总额 Y	国内生产总值 X
1990	5 560.12	18 872.9	2006	140 974.74	219 438.5
1991	7 225.75	22 005.6	2007	166 924.07	270 092.3
1992	9 119.62	27 194.5	2008	179 921.47	319 244.6
1993	11 271.02	35 673.2	2009	150 648.06	348 517.7
1994	20 381.90	48 637.5	2010	201 722.34	412 119.3
1995	23 499.94	61 339.9	2011	236 401.95	487 940.2
1996	24 133.86	71 813.6	2012	244 160.21	538 580.0
1997	26 967.24	79 715.0	2013	258 168.89	592 963.2
1998	26 849.68	85 195.5	2014	264 241.77	643 563.1
1999	29 896.23	90 564.4	2015	245 502.93	688 858.2
2000	39 273.25	100 280.1	2016	243 386.46	746 395.1
2001	42 183.62	110 863.1	2017	278 099.24	832 035.9
2002	51 378.15	121 717.4	2018	305 010.09	919 281.1
2003	70 483.45	137 422.0	2019	315 504.75	990 865.11
2004	95 539.09	161 840.2	2020	322 215.2	1 015 986.2
2005	116 921.77	187 318.9			

资料来源：国家统计局，中国统计年鉴 2021[M]. 北京：中国统计出版社，2021.

要求：

(1) 试建立我国进出口总额 Y 和国内生产总值 X 的回归模型。

(2) 检验模型是否存在自相关性。

(3) 请使用广义差分法修正模型的自相关性。

2. 影响税收收入的因素众多，其中，国内生产总值是影响税收收入的重要指标之一。表6-4是2000—2020年我国税收 Y 与国内生产总值 X 的数据。

表6-4 2000—2020年我国税收与国内生产总值 （单位：亿元）

年份	税收 Y	国内生产总值 X
2000	12 581.51	100 280.1
2001	15 301.38	110 863.1
2002	17 636.45	121 717.4
2003	20 017.31	137 422.0
2004	24 165.68	161 840.2
2005	28 778.54	187 318.9
2006	34 804.35	219 438.5
2007	45 621.97	270 092.3
2008	54 223.79	319 244.6
2009	59 521.59	348 517.7
2010	73 210.79	412 119.3
2011	89 738.39	487 940.2
2012	100 614.28	538 580.0
2013	110 530.70	592 963.2
2014	119 175.31	643 563.1
2015	124 922.20	688 858.2
2016	130 360.73	746 395.1
2017	144 369.87	832 035.9
2018	156 402.86	919 281.1
2019	157 992.21	990 865.1
2020	154 312.29	1 015 986.2

资料来源：国家统计局，中国统计年鉴2021[M]. 北京：中国统计出版社，2021.

要求：

(1) 试建立税收 Y 和国内生产总值 X 的回归模型。

(2) 检验并修正模型的自相关性。

第 7 章
CHAPTER7

滞后变量模型

□ 案例导引

宏观经济政策具有滞后效应吗

构建高水平社会主义市场经济体制，既要充分发挥市场在资源配置中的决定性作用，也要有效发挥政府宏观经济政策调控作用。宏观经济政策在实施过程中容易产生滞后性，一方面是时间差问题：宏观经济政策从制定到全面实施有时间差，而从计划实施到出现效果又有一个时间差，如果在这两段时间内经济政策发生变化，宏观经济在运行过程中很难立刻对政策做出反应。例如，经济衰退时，货币当局会增加货币供应量，经济过热时，又会减少货币供应量，但是我们会发现，这些政策对同期 GDP 或者物价并未产生太大的直接影响。政策传导需要一个过程，往往在政策实施一两年后效果才显现。如果忽略滞后效应，可能会产生反向效应。例如，原来的过热经济已经开始转入衰退，可是抑制过热经济的政策正好开始产生效果，使得此时经济进一步恶化；同理，在经济萧条时期实施的刺激经济政策也可能出现同样的负向效应。另一方面，不同的宏观经济政策滞后性存在差异，财政政策和货币政策作为宏观调控目标最重要的两大经济政策，滞后性往往不同，财政政策效果相对更为明显，且产生的滞后性并不十分严重，因此政府在制定政策时，应将不同宏观经济政策的滞后性纳入考量。在现实经济活动中，这类滞后现象普遍存在，这就要求在做经济分析时应该考虑动态时滞影响。怎样才能将这类时间上滞后的经济关系在计量经济模型中加以体现呢?

前面各章介绍的回归模型大多是静态模型，即不考虑被解释变量或解释变量的以前各期数据对被解释变量的影响，研究重点是当期变量之间的作用关系。但在现实经济活动中，由于经济活动主体的决策、行为、习惯，以及环境惯性等多方面因素的影响，经济变量之间的变化往往存在时滞现象。例如货币扩张对 GDP 影响的最高点可能在政策实施以后的一到两年达到，如何将这种在时间上滞后的经济关系纳入计量经济模型呢？这时仅依靠静态计量模型方法已经不够了，需要引入滞后变量模型。本章重点介绍包含滞后变量的计量模型建模方法，包括滞后变量模型的基本概念和意义、分布滞后模型和自回归模型的检验与估计方法等内容。

7.1　滞后变量模型的意义

7.1.1　滞后效应

前面各章所使用的计量经济模型，都假定解释变量对被解释变量的影响在当期就完全体现，不考虑变量间是否存在滞后影响。但是在现实经济活动中，解释变量和被解释变量之间的关系往往会存在一定的作用时滞，即变量间的相互作用不仅仅体现在当期，还体现在未来一期或未来若干期。同时，由于经济活动存在一定的惯性，被解释变量不仅会受到解释变量当期水平的影响，还会受到解释变量或被解释变量前期水平的影响，我们将这种现象称为滞后现象或滞后效应。

滞后效应在现实经济活动中非常普遍，比如通货膨胀与货币供应量之间的关系、投资与产出之间的关系、收入与消费之间的关系、价格变化与供给和需求之间的关系等，下面举一个例子简单说明。

例 7-1　消费收入滞后效应。

消费者的消费水平取决于很多因素，有收入水平、物价水平、消费者心理和国家政策等，其中收入水平对消费水平的影响存在滞后效应。一般来说，人们不会把当期的所有收入都用于当期消费，假如某人一年收入为 50 000 元，当年花费 20 000 元，下一年花费 15 000 元，再下一年花费 10 000 元，剩余部分用于储蓄。

假设某消费者当年的收入 I 三年使用完，当年花费 β_0 万元，下一年花费 β_1 万元，再下一年花费 β_2 万元，那么就说明该消费者当年收入对当年消费产生了 β_0 的作用，对下一年消费产生了 β_1 的作用，对再下一年消费产生了 β_2 的作用。换个角度来看，滞后效应可以理解为当期指标受到当期、上期和上上期等其他指标的影响，这里可以理解成当期消费水平不仅受到当期收入的影响，还受到上期、上上期收入的影响，即该消费者当期消费水平受到当期收入水平的影响是 β_0，受到上期收入水平的影响是 β_1，受到再上一期收入水平的影响是 β_2，因此，消费函数如下：

$$C_t=\alpha+\beta_0 I_t+\beta_1 I_{t-1}+\beta_2 I_{t-2}+\varepsilon_t \tag{7-1}$$

其中，C_t 为当期消费；α 为常数项；I_t、I_{t-1} 和 I_{t-2} 分别为当期、上期和再上一期的收入；ε_t 为随机误差项。

当然，人们的消费行为一般不会严格遵循式(7-1)的函数关系，影响消费者消费行为的因素有很多，这其中不免会存在难以测量的随机干扰因素，而且很多消费者在维持自身消费水平的同时会保持相对稳定的消费倾向，即便收入水平降低，人们也会设法维持现有的消费水平和生活状态，因此，当期及未来的消费很可能不会受到收入变化太大的影响。但式(7-1)也并不是没有意义的，它反映了滞后效应的主要特征，可以此为基础对消费者的消费行为进行有针对性的研究，只要进一步了解基本消费，就可以据此对消费变化趋势和收入政策实施效果进行有效的分析与预测。

实际上，在现实经济活动中产生滞后现象的原因有很多，我们总结了以下三个相对典型的因素。

（1）心理因素。人是进行经济活动的主体，不同的人会有不同的心理活动，他们会根据自己的经验和偏好进行决策，尤其是心理预期因素，会影响人们对经济活动的判断。例如，人们在消费时，会对商品价格的变化进行预测，当他们预期商品价格会下跌时，会暂时减少购买或持币观望；当他们预期商品价格会上涨时，就会增加购买。因此，经济主体的心理因素会引发滞后效应。

（2）技术因素。由于技术限制，在日常生产活动中，投入与产出之间的关系经常存在滞后效应。例如，在农业生产中，农作物从播种到收获需要很长一段时间，而农产品的产量和价格之间的关系就存在着一定的滞后效应，当期农产品的产量会受到上期农产品价格的影响，并且会对当期农产品的价格产生一定影响。这种情况在工业和其他行业中也很常见，因此，经济活动中的技术限制也会导致滞后现象的产生。

（3）制度因素。经济活动中的制度结构、协议、契约等制度类因素也会对经济活动产生一定滞后影响。例如，直线制纵向管理体系存在较多管理层次，沟通过程较长，信息和任务的上传下达需要一定的时间，这种体系制度往往会导致交流沟通产生滞后影响，造成管理效率低下。又如，在签订某些格式合同时，产品的需求量和价格一般是提前制定的，而市场价格在不断变化，这时合同价格无法及时进行调整，也会产生一定的滞后效应。所以，当某个经济变量发生变化时，由于制度的约束，其他经济变量不能据此立即做出反应，而需要经过一段时间才能发生相应变化，这便会引起滞后效应。

7.1.2 滞后变量模型的类型和作用

1. 滞后变量模型的类型

滞后变量是指具有滞后效应的变量，即过去时期对当前被解释变量产生影响的变量，可以划分为滞后解释变量和滞后被解释变量。滞后变量模型是指在回归模型中引入滞后变量的模型。滞后变量模型的一般形式为

$$Y_t=\alpha+\beta_0X_t+\beta_1X_{t-1}+\beta_2X_{t-2}+\cdots+\beta_sX_{t-s}+\lambda_1Y_{t-1}+\lambda_2Y_{t-2}+\cdots+\lambda_kY_{t-k}+\varepsilon_t \tag{7-2}$$

对于滞后变量模型，可以从不同的角度进行分类，常见的类型有：

（1）按照滞后期长度是否有限，分为无限滞后变量模型和有限滞后变量模型。如果滞后期长度 s 或 k 是无限的，该模型称为无限滞后变量模型；如果滞后期长度 s 或 k 是有限的，该模型称为有限滞后变量模型。由于样本数据的限制，实际应用中常常建立有限滞后变量模型。本章讨论的主要是这类模型。

（2）按照模型中是否含有滞后被解释变量，分为分布滞后模型和自回归模型。如果模型中不含滞后被解释变量，该模型称为分布滞后模型，其一般形式为

$$Y_t=\alpha+\beta_0X_t+\beta_1X_{t-1}+\beta_2X_{t-2}+\cdots+\beta_sX_{t-s}+\varepsilon_t \tag{7-3}$$

其中，X_{t-s} 为解释变量的第 s 阶滞后，α 为常数项，$\beta_i(i=0,1,2,\cdots,s)$为模型回归系数，$s$ 为解释变量的滞后长度，ε_t 为随机误差项。

如果模型中含有滞后被解释变量，该模型称为自回归模型。自回归模型的一般形式为

$$Y_t=\alpha+\lambda_1Y_{t-1}+\lambda_2Y_{t-2}+\cdots+\lambda_kY_{t-k}+\varepsilon_t \tag{7-4}$$

或者

$$Y_t=\alpha+\beta_0X_t+\lambda_1Y_{t-1}+\lambda_2Y_{t-2}+\cdots+\lambda_kY_{t-k}+\varepsilon_t \tag{7-5}$$

其中，X_t 为解释变量的当期值，Y_{t-k} 为被解释变量的第 k 阶滞后项，α 为常数项，β_0 和 $\lambda_j(j=1, 2, \cdots, k)$ 为模型的回归系数，k 为自回归模型的阶数，ε_t 为随机误差项。

2. 滞后变量模型的作用

之所以要引入滞后变量模型，是因为之前使用的经典计量经济模型已经不能满足拟合某些经济现象的要求，需要对模型进行调整，以更好地估计、预测经济变量的变化趋势，发现经济现象背后的规律。滞后变量模型的作用主要体现在以下三个方面：

一是提高模型拟合优度。在现实经济活动中，很多经济变量不仅受当期因素影响，还受到过去因素的影响，当期经济活动的发展在很大程度上与过去经济活动的发展密切相关，滞后变量可以起到很好的过渡作用，滞后变量模型可以更加全面、客观地描述和分析存在滞后效应的经济现象，并且可以有效提高模型的拟合优度。

二是有效描述经济现象的动态变化过程。在进行经济活动分析时，我们往往需要采用时间序列数据，而之前所建立的回归模型大多数是静态模型，即不考虑被解释变量或解释变量的滞后期对被解释变量的影响。而滞后变量模型可以反映过去的经济活动对当期经济行为的影响，或者说可以反映当期经济活动对未来经济行为的影响，使模型成为动态模型，这样可以有效分析经济活动的动态变化过程。

三是揭示经济现象调整变化过程。对经济现象进行分析的主要目的是找出其运行规律，以更好地调整经济策略和政策实施，促进经济的稳定增长。滞后变量模型定量描述了滞后效应，据此可以模拟分析经济系统的变化和调整过程。

7.2 分布滞后模型

7.2.1 分布滞后模型的意义

对于分布滞后模型 $Y_t=\alpha+\beta_0 X_t+\beta_1 X_{t-1}+\beta_2 X_{t-2}+\cdots+\beta_s X_{t-s}+\varepsilon_t$，模型中的回归系数体现了解释变量的各个滞后期对被解释变量的不同作用程度，即乘数效应。β_0 称为短期乘数或即期乘数，反映当期解释变量变动 1 个单位对被解释变量平均变动的影响大小；$\beta_i(i=1, 2, \cdots, s)$称为延迟乘数或动态乘数，反映过去各个时期解释变量变动 1 个单位对被解释变量平均变动的影响大小；$\sum_{i=0}^{s}\beta_i$ 称为长期乘数或总分布乘数，指的是解释变量变动 1 个单位，包括解释变量的各个滞后期的变动，对被解释变量平均变动的总影响。

在讨论分布滞后模型时，通常会提出两点基本假定：

$$\sum_{i=0}^{s}\beta_i=\beta<\infty \tag{7-6}$$

$$\lim_{i\to\infty}\beta_i=0 \tag{7-7}$$

这些假定的经济学含义表现为：一是各滞后解释变量 X 对当期被解释变量 Y 的长期影响是有限的；二是随着解释变量 X 的滞后期延长，其对被解释变量 Y 的影响会逐期衰减，直至达到∞时滞后解释变量 X 对被解释变量 Y 的影响近乎为 0。在现实经济活动中，这两个假定符合一般现象。

更进一步定义为

$$\beta_i^* = \frac{\beta_i}{\sum_{i=0}^{s} \beta_i} \tag{7-8}$$

其中，β_i^* 是对β_i 的标准化，指的是动态乘数占长期乘数的比重，即某一滞后期解释变量对被解释变量的影响占总影响的比例。

7.2.2 分布滞后模型的估计

在估计分布滞后模型时，通常会遇到如下困难：一是滞后期长度难以确定；二是模型存在多重共线性，不能直接使用最小二乘法估计模型参数；三是滞后长度增加，使得有效样本容量减少，模型容易损失自由度。

由于存在这些问题，我们在估计分布滞后模型时需要想办法对参数施加约束，不过度降低模型自由度并尽可能缓解多重共线性。常用的分布滞后模型估计方法主要有经验加权估计法和阿尔蒙法。

1. 经验加权估计法

经验加权估计法是依据实际问题特点和以往经验，赋予各期变量一组确定的权数，对各期滞后变量进行加权线性组合，形成一个新的解释变量，再运用最小二乘法对模型进行参数估计。经验加权估计法的基本思路是：减少解释变量的个数，以消除或削弱多重共线性。这里权数分布的类型取决于分布滞后模型中滞后结构的类型，通常将滞后结构类型分为递减型滞后结构、不变型滞后结构与倒 V 形滞后结构三类。

（1）递减型滞后结构是假定各期权数呈递减变化，即滞后解释变量随着时间推移对被解释变量的影响越来越小。这种权数分布在实际应用中较为常见，比如各期收入对消费的影响就符合递减型滞后结构。近期收入对消费影响最大，中期收入对消费影响逐渐减小，而远期收入对当期消费的影响微乎其微，这种滞后结构用图形表示如图 7-1a 所示。

假设一个符合递减型滞后结构的分布滞后模型滞后期为 2，即

$$Y_t = \alpha + \beta_0 X_t + \beta_1 X_{t-1} + \beta_2 X_{t-2} + \varepsilon_t \tag{7-9}$$

可以假定模型中各期滞后解释变量的权数为$\frac{1}{2}$、$\frac{1}{4}$和$\frac{1}{8}$，则有：

$$\begin{aligned} Y_t &= \alpha + \beta_0\left(\frac{1}{2}X_t\right) + \beta_0\left(\frac{1}{4}X_{t-1}\right) + \beta_0\left(\frac{1}{8}X_{t-2}\right) + \varepsilon_t \\ &= \alpha + \beta_0\left(\frac{1}{2}X_t + \frac{1}{4}X_{t-1} + \frac{1}{8}X_{t-2}\right) + \varepsilon_t \end{aligned} \tag{7-10}$$

令新的线性组合变量为 $Z_t = \frac{1}{2}X_t + \frac{1}{4}X_{t-1} + \frac{1}{8}X_{t-2}$，原分布滞后模型就转化为经验加权模型：

$$Y_t = \alpha + \beta_0 Z_t + \varepsilon_t \tag{7-11}$$

（2）不变型滞后结构是假定各期权数不变，即各期滞后解释变量对被解释变量的影响程度相同，这种滞后结构用图形表示的结果如图 7-1b 所示。对于滞后期为 2 的不变型滞后

结构的分布滞后模型，可以假定模型中各期滞后解释变量的权数为$\frac{1}{3}$、$\frac{1}{3}$和$\frac{1}{3}$，则有：

$$\begin{aligned} Y_t &= \alpha + \beta_0\left(\frac{1}{3}X_t\right) + \beta_0\left(\frac{1}{3}X_{t-1}\right) + \beta_0\left(\frac{1}{3}X_{t-2}\right) + \varepsilon_t \\ &= \alpha + \beta_0\left(\frac{1}{3}X_t + \frac{1}{3}X_{t-1} + \frac{1}{3}X_{t-2}\right) + \varepsilon_t \end{aligned} \tag{7-12}$$

令新的线性组合变量为 $W_t = \frac{1}{3}X_t + \frac{1}{3}X_{t-1} + \frac{1}{3}X_{t-2}$，原分布滞后模型就转化为经验加权模型：

$$Y_t = \alpha + \beta_0 W_t + \varepsilon_t \tag{7-13}$$

（3）倒 V 形滞后结构是假定各期权数先增大后减小，即两头小、中间大，中期的滞后解释变量对被解释变量的影响较大，而近期和远期的滞后解释变量对被解释变量的影响并不大。该结构比较典型的是各期投资对产出的影响，中期投资对产出影响最大，近期和远期的投资所起到的作用较小，这种滞后结构用图形表示如图 7-1c 所示。对于滞后期为 2 的倒 V 形滞后结构的分布滞后模型，可以假定模型中各期滞后解释变量的权数为$\frac{1}{4}$、$\frac{1}{2}$和$\frac{1}{4}$，则有：

$$\begin{aligned} Y_t &= \alpha + \beta_0\left(\frac{1}{4}X_t\right) + \beta_0\left(\frac{1}{2}X_{t-1}\right) + \beta_0\left(\frac{1}{4}X_{t-2}\right) + \varepsilon_t \\ &= \alpha + \beta_0\left(\frac{1}{4}X_t + \frac{1}{2}X_{t-1} + \frac{1}{4}X_{t-2}\right) + \varepsilon_t \end{aligned} \tag{7-14}$$

令新的线性组合变量为 $V_t = \frac{1}{4}X_t + \frac{1}{2}X_{t-1} + \frac{1}{4}X_{t-2}$，原分布滞后模型就转化为经验加权模型：

$$Y_t = \alpha + \beta_0 V_t + \varepsilon_t \tag{7-15}$$

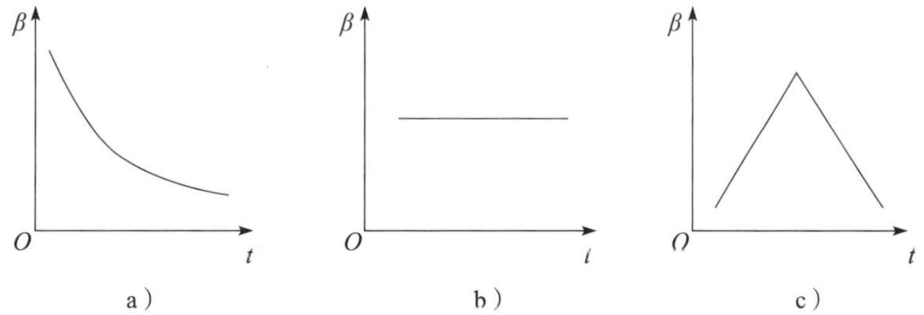

图 7-1　三种滞后结构类型

经验加权估计法的优点是：简单易懂，操作方便；可以在一定程度上减少解释变量个数，减少自由度损失；通过对解释变量重新进行线性组合可以有效避免多重共线性问题，提高参数估计精确度。但是，经验加权估计法的一个突出缺点在于权数的设置主观性较大。因此，在运用经验加权估计法时，要求研究者对经济现象有比较透彻的认识，可以根据先验信息多设置几组权数，分别估计多个模型，根据模型结果中的可决系数 R^2、F 检验值、t 检验值和 DW 值等相关指标综合判断，从中选择拟合效果最好的模型。

2. 阿尔蒙法

(1) 阿尔蒙法原理。

阿尔蒙(Almon)法也称阿尔蒙多项式法，主要适用于滞后长度较长的有限分布滞后模型。其基本思想是：利用多项式来表示滞后参数的变化结构，从而减少变量的个数，即在已知滞后期长度的条件下，滞后变量的系数可以看成相应滞后期 i 的多项式函数。

对于有限分布滞后模型：

$$Y_t=\alpha+\beta_0X_t+\beta_1X_{t-1}+\beta_2X_{t-2}+\cdots+\beta_sX_{t-s}+\varepsilon_t \tag{7-16}$$

可用一个关于 i 的 m 次多项式来表示待估参数 β_i，即

$$\beta_i=\alpha_0+\alpha_1 i+\alpha_2 i^2+\cdots+\alpha_m i^m\,(i=0,\ 1,\ 2,\ \cdots,\ s)(m<s) \tag{7-17}$$

利用阿尔蒙法估计模型参数，包括两个步骤：第一，进行阿尔蒙多项式变换，以减少模型中的变量个数；第二，在随机误差项 ε_t 满足经典假定的前提下，运用 OLS 法进行参数估计，再将得到的估计量代入 β_i 中，进而得到初始有限分布滞后模型的参数估计值。阿尔蒙法变换的具体过程是：

$$\beta_0=\alpha_0+\alpha_1 0+\alpha_2 0^2+\cdots+\alpha_m 0^m\,(i=0) \tag{7-18}$$

$$\beta_1=\alpha_0+\alpha_1 1+\alpha_2 1^2+\cdots+\alpha_m 1^m\,(i=1) \tag{7-19}$$

$$\beta_2=\alpha_0+\alpha_1 2+\alpha_2 2^2+\cdots+\alpha_m 2^m\,(i=2) \tag{7-20}$$

$$\vdots$$

$$\beta_s=\alpha_0+\alpha_1 s+\alpha_2 s^2+\cdots+\alpha_m s^m\,(i=s) \tag{7-21}$$

将上述各式代入式(7-16)中，得式(7-22)：

$$\begin{aligned}Y_t=\alpha&+(\alpha_0+\alpha_1 0+\alpha_2 0^2+\cdots+\alpha_m 0^m)X_t+\\&(\alpha_0+\alpha_1 1+\alpha_2 1^2+\cdots+\alpha_m 1^m)X_{t-1}+\\&(\alpha_0+\alpha_1 2+\alpha_2 2^2+\cdots+\alpha_m 2^m)X_{t-2}+\\&\vdots\\&(\alpha_0+\alpha_1 s+\alpha_2 s^2+\cdots+\alpha_m s^m)X_{t-s}+\varepsilon_t\end{aligned} \tag{7-22}$$

整理后得式(7-23)：

$$\begin{aligned}Y_t=\alpha&+\alpha_0(X_t+X_{t-1}+X_{t-2}+\cdots+X_{t-s})+\\&\alpha_1(X_{t-1}+2X_{t-2}+3X_{t-3}+\cdots+sX_{t-s})+\\&\alpha_2(X_{t-1}+2^2X_{t-2}+3^2X_{t-3}+\cdots+s^2X_{t-s})+\\&\vdots\\&\alpha_m(X_{t-1}+2^mX_{t-2}+3^mX_{t-3}+\cdots+s^mX_{t-s})+\varepsilon_t\end{aligned} \tag{7-23}$$

令

$$\begin{aligned}Z_{0t}&=X_t+X_{t-1}+X_{t-2}+\cdots+X_{t-s}\\Z_{1t}&=X_{t-1}+2X_{t-2}+3X_{t-3}+\cdots+sX_{t-s}\\Z_{2t}&=X_{t-1}+2^2X_{t-2}+3^2X_{t-3}+\cdots+s^2X_{t-s}\\&\vdots\\Z_{mt}&=X_{t-1}+2^mX_{t-2}+3^mX_{t-3}+\cdots+s^mX_{t-s}\end{aligned} \tag{7-24}$$

经过上述阿尔蒙法变换后可以将式(7-16)变换为式(7-25)：

$$Y_t=\alpha+\alpha_0Z_{0t}+\alpha_1Z_{1t}+\alpha_2Z_{2t}+\cdots+\alpha_mZ_{mt}+\varepsilon_t \tag{7-25}$$

利用 OLS 法估计式(7-25)，将 α，α_0，$\cdots$，α_m 代回式(7-17)，得到原分布滞后模型中各参数估计值。

在运用阿尔蒙法进行模型估计时必须首先确定两个指标：一个是滞后期长度 s，另一

个是多项式次数 m。

滞后期长度通常参考如下几种方法，综合予以确定：一是根据既有经济理论或实际经验大体确定；二是根据被解释变量与不同时期解释变量值之间的相关情况大致判断模型的滞后期长度，一般可用 CROSS 互相关分析命令计算相关系数，辅助判断一个较有可能的滞后期；三是估计具有不同滞后期的分布滞后模型，选择 $\overline{R}^2$ 最大或者 AIC、SC 最小的模型对应的滞后期长度。

(2) EViews 实现命令。

EViews 软件提供了使用阿尔蒙法估计分布滞后模型的命令，格式如下：

LS　Y　C　PDL(X，k，m，d)

其中，k 为滞后期；m 为多项式次数，多项式次数不能过大，一般为 1～4，EViews 软件中默认为 2；d 为 EViews 软件提供的可选项，用以对分布滞后特征进行控制，一般取默认值 0 即可。

7.3　自回归模型

7.3.1　自回归模型的形式

常用的自回归模型形式为

$$Y_t=\alpha+\beta_0 X_t+\lambda_1 Y_{t-1}+\lambda_2 Y_{t-2}+\cdots+\lambda_k Y_{t-k}+\varepsilon_t \tag{7-26}$$

式(7-26)中，Y_t 为被解释变量，X_t 为解释变量，ε_t 为随机误差项，k 为自回归模型的阶数。在该模型右边不仅包括其他因素作为解释变量，还包括被解释变量的若干滞后期值作为解释变量。

实际应用中，人们也通常将自适应预期模型和局部调整模型转化为自回归模型形式，以更方便地估计模型参数。

1. 自适应预期模型

在经济活动中，经济活动主体往往根据它对某些经济变量未来走势的“预期”进行决策。例如，股票投资者根据股票的未来价格走势决定自己的股票持有数量，居民家庭消费支出安排不仅仅取决于当期收入水平，也在一定程度上考虑未来预期的收入水平。自适应预期模型的形式为

$$Y_t=\alpha+\beta X_{t+1}^*+\varepsilon_t \tag{7-27}$$

式(7-27)中，X_{t+1}^* 为第 $t+1$ 期解释变量的预期值。

自适应预期模型中解释变量预期值的变化需要满足如下假定：

$$X_{t+1}^*-X_t^*=\gamma(X_t-X_t^*) \tag{7-28}$$

或者

$$X_{t+1}^*=\gamma X_t+(1-\gamma)X_t^* \tag{7-29}$$

其中，参数 γ 为预期系数或调节系数，$0\leqslant\gamma\leqslant1$。如果 $\gamma=0$，说明本期实际值被忽略，预期没有进行修正；如果 $\gamma=1$，说明以本期实际值作为预期值，本期预期与前一期预期无关。式(7-29)的调整过程为自适应过程，表明经济活动主体会根据自己过去在预期时所犯错误的程度，来修正自己以后每个时期的预期。

将式(7-28)代入式(7-27)，并经过一系列转换可得到：

$$Y_t=\alpha^*+\beta^* X_t+\gamma^* Y_{t-1}+\varepsilon_t^* \tag{7-30}$$

式中，$\alpha^*=\alpha\gamma$，$\beta^*=\beta\gamma$，$\gamma^*=1-\gamma$，$\varepsilon_t^*=\varepsilon_t-(1-\gamma)\varepsilon_{t-1}$。将式(7-30)与式(7-26)对比可发现自适应预期模型可以转化为一阶自回归模型。此时只要能够得到式(7-30)中的参数估计值，就可以根据$\alpha^*=\alpha\gamma$，$\beta^*=\beta\gamma$，$\gamma^*=1-\gamma$，$\varepsilon_t^*=\varepsilon_t-(1-\gamma)\varepsilon_{t-1}$求得原自适应预期模型，即式(7-27)中的参数估计值。

需要注意的是，自适应预期模型往往存在自相关性，因而不能直接使用OLS法估计其参数。

2. 局部调整模型

局部调整模型又称动态调整模型，它根据解释变量现值变化而调整被解释变量预期值。例如，在研究货币供给函数时，本期的实际货币需求量影响本期的预期货币供给量，本期商品实际销售量往往影响本期商品库存量的最佳预期值。局部调整模型的基本形式为

$$Y_t^*=\alpha+\beta X_t+\varepsilon_t \tag{7-31}$$

式中，Y_t^*是被解释变量在第t期的预期值，X_t为解释变量在第t期的实际值，ε_t为满足经典假定的随机误差项。

但在实际问题中，被解释变量的预期值由于技术、制度、市场以及管理等各方面的限制，往往不可能在同一时期完全得到实现，只能得到部分实现。此时，可构建局部调整方程：

$$Y_t-Y_{t-1}=\delta(Y_t^*-Y_{t-1}) \tag{7-32}$$

或

$$Y_t=\delta Y_t^*+(1-\delta)Y_{t-1} \tag{7-33}$$

式(7-33)中，δ为调整系数，$0\leqslant\delta\leqslant1$，代表调整速度。若$\delta=0$，则$Y_t=Y_{t-1}$，表明本期值与上期值一样，没有任何调整；若$\delta$越接近1，表明调整到预期最佳水平的速度越快；若$\delta=1$，则$Y_t=Y_t^*$，表明实际变动等于预期值，调整在当期完全实现。

利用局部调整方程式(7-32)可将式(7-31)转化为

$$Y_t=\alpha^*+\beta^* X_t+\gamma^* Y_{t-1}+\varepsilon_t^* \tag{7-34}$$

式中，$\alpha^*=\delta\alpha$，$\beta^*=\delta\beta$，$\gamma^*=1-\delta$，$\varepsilon_t^*=\delta\varepsilon_t$。将式(7-34)与式(7-26)对比，可发现此时局部调整模型通过局部调整方程变换为一阶自回归模型，仅包含三个参数和两个解释变量，若可以得到式(7-34)中的参数估计值，则根据$\alpha^*=\delta\alpha$，$\beta^*=\delta\beta$，$\gamma^*=1-\delta$，$\varepsilon_t^*=\delta\varepsilon_t$可计算原局部调整模型的参数估计值。

7.3.2 自回归模型的检验和估计

1. 自回归模型的检验

在自回归模型中，滞后被解释变量与随机误差项之间往往存在相关性，或者随机误差项之间存在自相关问题，因此能否利用OLS法估计模型参数需要视情况而定。对于自适应预期模型，被解释变量Y_{t-1}与随机误差项存在同期相关，而且不同期的随机误差项也存在相关性，因而不能直接利用OLS法估计模型参数；局部调整模型中的被解释变量Y_{t-1}与随机误差项之间虽然存在异期相关但不存在同期相关，因此可以直接利用OLS法估计模型参数。

在自回归模型估计之前，需要检验其是否存在自相关性。检验方法可以选用杜宾(Durbin)h 检验法和布罗施-戈弗雷提出的拉格朗日乘数检验法。

由于第 6 章的 DW 检验法不适用含有滞后被解释变量模型的自相关性检验，为此，杜宾于 1970 年提出了一个新的检验方法，即 h 检验法。

对于一阶自回归模型：

$$Y_t=\alpha+\beta_0 X_t+\beta_1 Y_{t-1}+\varepsilon_t \tag{7-35}$$

所构造的 h 统计量为

$$h=\hat{\rho}\sqrt{\frac{n}{1-n\operatorname{Var}(\hat{\beta}_1)}} \tag{7-36}$$

式中，n 为样本容量，$\operatorname{Var}(\hat{\beta}_1)$为系数 β_1 的估计量的方差，$\hat{\rho}$ 为随机误差项一阶自相关系数 ρ 的估计量，通常取 $\hat{\rho}=1-\frac{1}{2}d$，$d$ 为 OLS 估计下的 DW 统计量的值。

杜宾 h 检验法证明了在大样本及 H_0：$\rho=0$ 成立的条件下，h 统计量渐近地服从标准正态分布。给定显著性水平 α，查正态分布表，找出临界值 $Z_{\alpha/2}$，若 $|h|>Z_{\alpha/2}$，则拒绝 H_0，说明自回归模型存在一阶自相关性；若 $|h|<Z_{\alpha/2}$，则不拒绝 H_0，说明自回归模型不存在一阶自相关。

使用杜宾 h 检验法时应注意：如果 $n\operatorname{Var}(\hat{\beta}_1)\geqslant 1$，$h$ 统计量无意义，检验结果无效；如果自回归模型中包含多个解释变量和多个滞后被解释变量，杜宾 h 检验法依然适用。

拉格朗日乘数检验法的基本原理和检验准则请参见第 6 章。

2. 自回归模型的估计

当自回归模型中存在相关性问题时，通常选择工具变量法估计模型，即选择一个新变量作为工具变量去替代自回归模型中的滞后被解释变量。工具变量的选择应同时满足以下三个条件：一是与所替代的滞后被解释变量高度相关，二是与随机误差项不相关，三是与其他解释变量不相关。可以证明，工具变量法得到的估计量虽然呈现有偏、一致性，但仍优于 OLS 估计得到的有偏、不一致估计量。

在实际运用中，工具变量的选择方法有很多。在一阶自回归模型中，通常将 $\hat{Y}_{t-1}$ 作为工具变量去替代滞后被解释变量 Y_{t-1}，$\hat{Y}_{t-1}$ 是 $\hat{Y}_t$ 的滞后值，$\hat{Y}_t$ 是被解释变量 Y_t 对解释变量 X_t 及滞后值的回归，如式(7-37)所示：

$$\hat{Y}_t=\hat{\alpha}+\hat{\beta}_0 X_t+\hat{\beta}_1 X_{t-1}+\cdots+\hat{\beta}_k X_{t-k} \tag{7-37}$$

此时一阶自回归模型变化为

$$Y_t=\alpha^*+\beta_0^* X_t+\gamma_1^* \hat{Y}_{t-1}+\varepsilon_t^* \tag{7-38}$$

但在使用工具变量法时，应注意在样本容量不够大的情况下，要慎重应用工具变量法分析问题。因为随机解释变量与工具变量的相关系数的平方必然小于等于 1 减去随机解释变量与随机误差项的相关系数的平方，则当随机解释变量与随机误差项高度相关时，随机解释变量与工具变量必然相关程度不高，如果样本容量不够大，运用工具变量法得出的估计值将不稳定。

7.4 案例分析

7.4.1 样本选取

国家财政对社会产品进行分配和再分配的两个阶段及其基本形式包括国家财政资金的筹集(组织收入)和供应(安排拨付支出)，它涉及财政分配的各种形式和内容。财政既有收入也有支出，假如财政收入大于支出，节余过多，则意味着财政资金没有得到有效利用，对经济建设和社会发展不利；假如财政收入小于支出，则意味着财政支出要依靠借债来维持，对社会总需求和总供给的平衡不利，可能会引发通货膨胀；财政收入与支出相等是最理想的状态，但在现实经济生活中，财政收支相等的情况几乎不存在。随着经济的发展，中国的财政收入和财政支出规模都在不断扩大，赤字成为受到广泛关注的热点问题。

表 7-1 给出了 1978—2021 年中国国家财政收入(X)和国家财政支出(Y)的数据，现在对两者之间的关系进行研究。

表 7-1 1978—2021 年中国国家财政收入和国家财政支出数据 (单位：亿元)

年度	国家财政收入(X)	国家财政支出(Y)	年度	国家财政收入(X)	国家财政支出(Y)
1978	1 132.26	1 122.09	2000	13 395.23	15 886.5
1979	1 146.38	1 281.79	2001	16 386.04	18 902.58
1980	1 159.93	1 228.83	2002	18 903.64	22 053.15
1981	1 175.79	1 138.41	2003	21 715.25	24 649.95
1982	1 212.33	1 229.98	2004	26 396.47	28 486.89
1983	1 366.95	1 409.52	2005	31 649.29	33 930.28
1984	1 642.86	1 701.02	2006	38 760.2	40 422.73
1985	2 004.82	2 004.25	2007	51 321.78	49 781.35
1986	2 122.01	2 204.91	2008	61 330.35	62 592.66
1987	2 199.35	2 262.18	2009	68 518.3	76 299.93
1988	2 357.24	2 491.21	2010	83 101.51	89 874.16
1989	2 664.9	2 823.78	2011	103 874.43	109 247.79
1990	2 937.1	3 083.59	2012	117 253.52	125 952.97
1991	3 149.48	3 386.62	2013	129 209.64	140 212.1
1992	3 483.37	3 742.2	2014	140 370.03	151 785.56
1993	4 348.95	4 642.3	2015	152 269.23	175 877.77
1994	5 218.1	5 792.62	2016	159 604.97	187 755.21
1995	6 242.2	6 823.72	2017	172 566.6	203 330.03
1996	7 407.99	7 937.55	2018	183 359.84	220 904.13
1997	8 651.14	9 233.56	2019	190 382.23	238 874.02
1998	9 875.95	10 798.18	2020	182 913.88	245 679.03
1999	11 444.08	13 187.67	2021	202 538.88	246 322.00

资料来源：国家统计局网站(www.stats.gov.cn)。

7.4.2　模型估计

为了研究中国国家财政收入和国家财政支出之间的关系，将给出两种模型，并运用三种方法进行估计，然后比较选优，并以此进行分析。

1. 建立分布滞后模型

国家财政支出(Y)和国家财政收入(X)之间的关系可以用有限分布滞后模型表示。

(1) 预选择滞后期。

可以通过互相关分析命令 cross Y X，初步得到较大的滞后期，如图 7-2 所示。

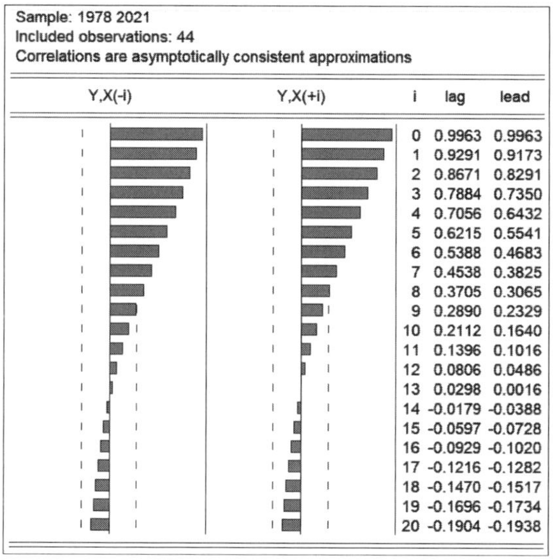

Sample: 1978 2021
Included observations: 44
Correlations are asymptotically consistent approximations

Y,X(-i)	Y,X(+i)	i	lag	lead
		0	0.9963	0.9963
		1	0.9291	0.9173
		2	0.8671	0.8291
		3	0.7884	0.7350
		4	0.7056	0.6432
		5	0.6215	0.5541
		6	0.5388	0.4683
		7	0.4538	0.3825
		8	0.3705	0.3065
		9	0.2890	0.2329
		10	0.2112	0.1640
		11	0.1396	0.1016
		12	0.0806	0.0486
		13	0.0298	0.0016
		14	-0.0179	-0.0388
		15	-0.0597	-0.0728
		16	-0.0929	-0.1020
		17	-0.1216	-0.1282
		18	-0.1470	-0.1517
		19	-0.1696	-0.1734
		20	-0.1904	-0.1938

图 7-2　国家财政收入和国家财政支出的互相关图

从图 7-2 中可见，当 $i=8$ 时，第一列的所在行的长方块仍然超过虚线，说明被解释变量和解释变量滞后 8 期仍然存在相关关系，因此，选择滞后期为 8 期，则得到滞后期长度 $s=8$，即假定中国国家财政支出(Y)依赖于当年和前 8 年的国家财政收入(X)，因此该有限分布滞后模型为

$$Y_t=\alpha+\beta_0X_t+\beta_1X_{t-1}+\beta_2X_{t-2}+\beta_3X_{t-3}+\beta_4X_{t-4}+\beta_5X_{t-5}+\beta_6X_{t-6}+\beta_7X_{t-7}+\beta_8X_{t-8}+\varepsilon_t \tag{7-39}$$

(2) 分别采用经验加权法和阿尔蒙法对模型进行估计。

1) 经验加权法。

运用经验加权法，设置三组不同的权数：① $1,\frac{1}{2},\frac{1}{3},\frac{1}{4},\frac{1}{5},\frac{1}{6},\frac{1}{7},\frac{1}{8},\frac{1}{9}$；② $\frac{1}{8},\frac{1}{8},\frac{1}{8},\frac{1}{8},\frac{1}{8},\frac{1}{8},\frac{1}{8},\frac{1}{8},\frac{1}{8}$；③ $\frac{1}{9},\frac{1}{7},\frac{1}{5},\frac{1}{3},1,\frac{1}{2},\frac{1}{4},\frac{1}{6},\frac{1}{8}$，分别对模型进行变换，运用 OLS 法估计，并从中选择最佳回归方程。根据权数的不同，新的线性组合变量分别为

$$Z_1=X_t+\frac{1}{2}X_{t-1}+\frac{1}{3}X_{t-2}+\frac{1}{4}X_{t-3}+\frac{1}{5}X_{t-4}+\frac{1}{6}X_{t-5}+\frac{1}{7}X_{t-6}+\frac{1}{8}X_{t-7}+\frac{1}{9}X_{t-8} \tag{7-40}$$

$$Z_2=\frac{1}{8}X_t+\frac{1}{8}X_{t-1}+\frac{1}{8}X_{t-2}+\frac{1}{8}X_{t-3}+\frac{1}{8}X_{t-4}+\frac{1}{8}X_{t-5}+\frac{1}{8}X_{t-6}+\frac{1}{8}X_{t-7}+\frac{1}{8}X_{t-8} \tag{7-41}$$

$$Z_3=\frac{1}{9}X_t+\frac{1}{7}X_{t-1}+\frac{1}{5}X_{t-2}+\frac{1}{3}X_{t-3}+X_{t-4}+\frac{1}{2}X_{t-5}+\frac{1}{4}X_{t-6}+\frac{1}{6}X_{t-7}+\frac{1}{8}X_{t-8} \tag{7-42}$$

计算后得到 Z_1、Z_2 和 Z_3，有关数据如表 7-2 所示。

表 7-2 Z_1、Z_2 和 Z_3 的值

年份	Z_1	Z_2	Z_3	年份	Z_1	Z_2	Z_3
1986	4 887.02	1 620.42	3 729.21	2004	55 553.56	16 771.97	39 231.97
1987	5 255.13	1 753.80	4 099.78	2005	66 152.20	19 802.14	46 603.83
1988	5 670.90	1 905.16	4 639.16	2006	79 765.66	23 565.77	54 933.03
1989	6 259.38	2 093.28	5 297.07	2007	100 631.25	28 746.50	65 294.90
1990	6 903.94	2 313.45	5 826.11	2008	122 959.27	34 982.28	78 833.38
1991	7 532.82	2 555.59	6 294.49	2009	143 995.86	41 872.67	95 034.24
1992	8 277.66	2 820.14	6 839.60	2010	172 247.21	50 212.10	115 561.29
1993	9 602.79	3 158.40	7 587.40	2011	210 555.29	60 833.45	143 288.38
1994	11 220.08	3 560.06	8 438.24	2012	247 266.79	72 775.73	172 582.84
1995	13 210.88	4 075.09	9 421.98	2013	282 855.27	85 627.38	202 012.63
1996	15 591.90	4 726.17	10 739.31	2014	317 551.37	99 217.47	238 222.61
1997	18 303.91	5 512.90	12 707.96	2015	352 619.68	113 406.10	281 089.81
1998	21 217.50	6 414.29	15 051.00	2016	382 846.03	126 941.50	319 682.64
1999	24 642.53	7 477.66	17 794.71	2017	416 442.22	140 846.03	355 438.68
2000	28 770.11	8 758.38	20 975.99	2018	449 489.36	155 201.22	389 691.41
2001	34 359.45	10 371.21	24 644.06	2019	477 991.26	168 611.31	422 346.03
2002	40 258.15	12 190.55	28 681.15	2020	488 898.03	178 491.24	448 739.12
2003	46 768.15	14 252.69	33 415.39	2021	518 066.30	189 151.91	477 813.87

由新的线性组合变量 Z_1、Z_2 和 Z_3 可以将原始模型转化为经验加权模型：

$$Y_t=\alpha+\beta Z_{kt}+\varepsilon_t\,(k=1,\ 2,\ 3) \tag{7-43}$$

运用 EViews 软件对经验加权模型分别进行回归分析，结果如下：

以权数①变换得到的经验加权模型为

$$\hat{Y}_t=1\ 042.564+0.490\ 835Z_{1t} \tag{7-44}$$

$$(1.762\ 295)(183.772\ 3)$$

$$R^2=0.998\ 994\quad F=33\ 772.24\quad \mathrm{DW}=1.312\ 094$$

以权数②变换得到的经验加权模型为

$$\hat{Y}_t=5\ 427.916+1.404\ 795Z_{2t} \tag{7-45}$$

$$(2.904\ 057)(56.502\ 19)$$

$$R^2=0.989\ 462\quad F=3\ 192.498\quad \mathrm{DW}=0.187\ 497$$

以权数③变换得到的经验加权模型为

$$\hat{Y}_t = 7\ 228.653 + 0.557\ 688Z_{3t} \tag{7-46}$$

$$(3.148\ 005\ 9)\quad (45.420\ 94)$$

$$R^2 = 0.983\ 787 \quad F = 2\ 063.062 \quad DW = 0.148\ 663$$

根据模型回归结果可以看出，在 $\alpha = 0.05$ 的显著性水平下，三个模型的拟合优度 R^2 都较高，F 检验和 t 检验都显著，从模型的 DW 值可以初步判断这三个模型的随机误差项都存在一阶正自相关，所以这三个模型都应进一步优化，可以选择更多其他可能的权数进行分析。从这里也可以看出，经验加权估计法权数的设置主观随意性较大，有时候得不到最佳的拟合方程，因此接下来使用阿尔蒙法估计模型。

2）阿尔蒙法。

运用 EViews 软件和所给数据，用阿尔蒙法对模型中的参数进行估计。

①在软件中创建新的 Workfile。使用命令 CREATE A 1978 2021 或在软件中选择 File-NewWorkfile，然后在界面中输入如图 7-3 所示的内容。

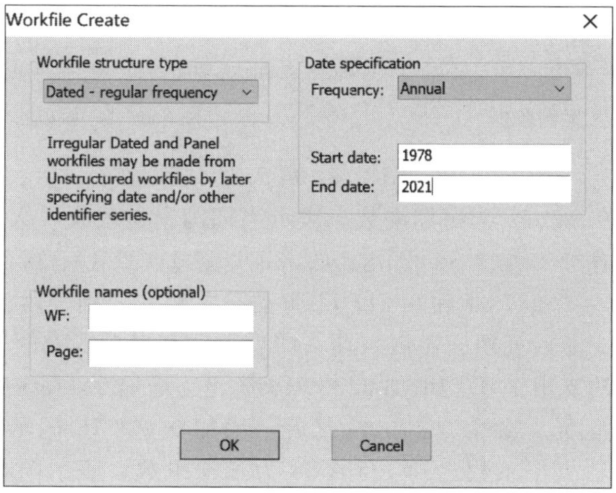

图 7-3　创建工作文件

② 将表 7-1 的数据导入软件中。使用命令 DATA Y X 或者 Object-New Object-Series，把数据复制粘贴到表格中，如图 7-4 所示。

③ 在命令栏输入命令：

LS　Y　C　PDL(X，8，2)

得到回归结果，如图 7-5 所示。

根据图 7-5 的回归结果可以得到原分布滞后模型的回归方程为

$$Y_t = 242.924\ 6 + 0.542\ 59X_t + 0.335\ 16X_{t-1} + 0.175\ 19X_{t-2} + 0.062\ 66X_{t-3} - 0.002\ 43X_{t-4} - 0.020\ 06X_{t-5} + 0.009\ 75X_{t-6} + 0.087\ 01X_{t-7} + 0.211\ 71X_{t-8} \tag{7-47}$$

根据式(7-47)可知，在 1%的显著性水平下，模型的 $\overline{R}^2$ 较高，F 检验和 t 检验总体上较为显著，所以该模型整体上看拟合程度较高。回归结果中的系数 242.924 6、0.542 59、0.335 16、0.175 19、0.062 66、−0.002 43、−0.020 06、0.009 75、0.087 01 和 0.211 71

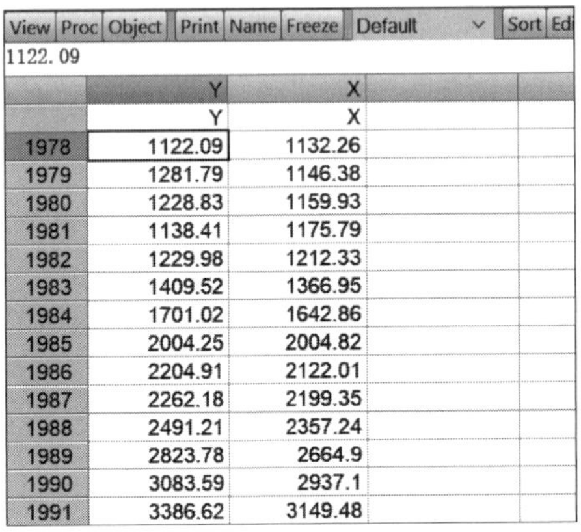

View Proc Object Print Name Freeze Default Sort Edi		
1122.09		
	Y	X
	Y	X
1978	1122.09	1132.26
1979	1281.79	1146.38
1980	1228.83	1159.93
1981	1138.41	1175.79
1982	1229.98	1212.33
1983	1409.52	1366.95
1984	1701.02	1642.86
1985	2004.25	2004.82
1986	2204.91	2122.01
1987	2262.18	2199.35
1988	2491.21	2357.24
1989	2823.78	2664.9
1990	3083.59	2937.1
1991	3386.62	3149.48

图 7-4 导入案例数据

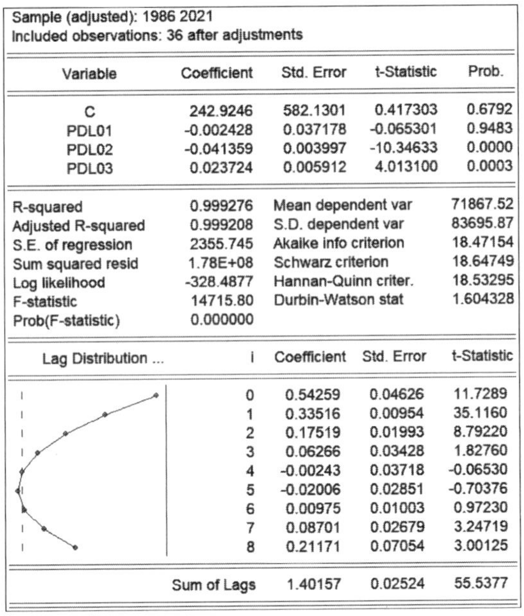

Sample (adjusted): 1986 2021
Included observations: 36 after adjustments

Variable	Coefficient	Std. Error	t-Statistic	Prob.
C	242.9246	582.1301	0.417303	0.6792
PDL01	-0.002428	0.037178	-0.065301	0.9483
PDL02	-0.041359	0.003997	-10.34633	0.0000
PDL03	0.023724	0.005912	4.013100	0.0003

R-squared	0.999276	Mean dependent var	71867.52
Adjusted R-squared	0.999208	S.D. dependent var	83695.87
S.E. of regression	2355.745	Akaike info criterion	18.47154
Sum squared resid	1.78E+08	Schwarz criterion	18.64749
Log likelihood	-328.4877	Hannan-Quinn criter.	18.53295
F-statistic	14715.80	Durbin-Watson stat	1.604328
Prob(F-statistic)	0.000000		

Lag Distribution ...	i	Coefficient	Std. Error	t-Statistic
	0	0.54259	0.04626	11.7289
	1	0.33516	0.00954	35.1160
	2	0.17519	0.01993	8.79220
	3	0.06266	0.03428	1.82760
	4	-0.00243	0.03718	-0.06530
	5	-0.02006	0.02851	-0.70376
	6	0.00975	0.01003	0.97230
	7	0.08701	0.02679	3.24719
	8	0.21171	0.07054	3.00125
Sum of Lags		1.40157	0.02524	55.5377

图 7-5 使用 PDL 函数的回归结果

分别为 β_0、β_1、β_2、β_3、β_4、β_5、β_6、β_7、β_8 和 β_9 的估计值 $\hat{\beta}_0$、$\hat{\beta}_1$、$\hat{\beta}_2$、$\hat{\beta}_3$、$\hat{\beta}_4$、$\hat{\beta}_5$、$\hat{\beta}_6$、$\hat{\beta}_7$、$\hat{\beta}_8$ 和 $\hat{\beta}_9$。其中，0.542 59 为短期乘数，表示当期国家财政收入 X 每增加一个单位，国家财政支出 Y 平均增加 0.542 59 亿元。0.335 16、0.175 19、0.062 66、−0.002 43、−0.020 06、0.009 75、0.087 01 和 0.211 71 为动态乘数，分别表示滞后一期、滞后二期、滞后三期、滞后四期、滞后五期、滞后六期、滞后七期和滞后八期的国家财政收入 X 每增加 1 个单位，国家财政支出 Y 平均增加 0.335 16 亿元、增加 0.175 19 亿元、增加 0.062 66 亿元、减少 0.002 43 亿元、减少 0.020 06 亿元、增加 0.009 75 亿元、增加 0.087 01 亿元和增加 0.211 71 亿元。九个系数之和 1.401 58 为长期乘数，表示国家财政收入 X 每增加一个单位时由于滞后效应形成的对国家财政支出总的影响，即国家财政支出 Y 平均增加 1.401 58 亿元。

④调整多项式次数及滞后期。

从图 7-5 可见，当多项式次数为 2 时，滞后期 4、5、6 对应的解释变量不能通过 t 检验，该分布滞后模型并不是典型的倒 V 形滞后结构，更有可能是递减型滞后结构，故调整多项式次数 $m=1$。且当滞后期 k 分别为 4、5、6、7 时的模型 AIC、SC、$\overline{R}^2$、原模型系数 t 检验值如表 7-3 所示。

表 7-3 不同滞后期对应的模型主要信息值

k	$\overline{R}^2$	AIC	SC	t 检验值							
				X_t	X_{t-1}	X_{t-2}	X_{t-3}	X_{t-4}	X_{t-5}	X_{t-6}	X_{t-7}
4	0.999 0	18.64	18.77	15.9	28.7	122.4	14.0	5.2			
5	0.999 0	18.63	18.76	21.5	31.3	96.7	33.2	8.9	2.4		
6	0.999 0	18.65	18.78	26.5	34.8	64.7	100.1	17.8	4.8	−0.3	
7	0.998 9	18.72	18.85	30.2	37.4	56.9	177.3	36.4	10.0	1.5	−2.6

当滞后期为 6 或 7 时，部分滞后变量不能通过 t 检验，当滞后期为 4 或 5 时，变量通过 t 检验，滞后期为 5 时，AIC 和 SC 值最小，从这个角度可以考虑如下模型，即式(7-48)：

$$Y_t = 620.9538 + 0.38984X_t + 0.32240X_{t-1} + 0.25496X_{t-2} + 0.18752X_{t-3} + 0.12008X_{t-4} + 0.05264X_{t-5}$$

$$\overline{R}^2 = 0.999070 \quad F = 19332.30 \quad DW = 1.118476 \tag{7-48}$$

2. 建立自回归模型

为了研究中国国家财政支出(Y)和国家财政收入(X)之间的关系，假设两者的关系可用一阶自回归模型表示：

$$Y_t = \alpha + \beta X_t + \gamma Y_{t-1} + u_t^* \tag{7-49}$$

采用自回归估计方法估计，再使用 LM 检验残差是否存在自相关性，若不存在自相关性，则模型可用；若模型残差存在自相关性，还需要进一步优化。

利用 EViews 软件和表 7-1 数据，输入命令：

LS　Y　C　X　Y(−1)

回归结果如图 7-6 所示。

Sample (adjusted): 1979 2021
Included observations: 43 after adjustments

Variable	Coefficient	Std. Error	t-Statistic	Prob.
C	170.5037	475.9993	0.358201	0.7221
X	0.481438	0.039673	12.13531	0.0000
Y(-1)	0.641063	0.035095	18.26660	0.0000

R-squared	0.999194	Mean dependent var	60400.57
Adjusted R-squared	0.999153	S.D. dependent var	80807.51
S.E. of regression	2351.412	Akaike info criterion	18.43063
Sum squared resid	2.21E+08	Schwarz criterion	18.55351
Log likelihood	-393.2586	Hannan-Quinn criter.	18.47595
F-statistic	24780.77	Durbin-Watson stat	1.802712
Prob(F-statistic)	0.000000		

图 7-6　最小二乘法估计结果

根据图 7-6 输出结果，得到回归方程为

$$Y_t = 170.5037 + 0.481438X_t + 0.641063Y_{t-1}$$
$$(0.3582) \quad (12.1353) \quad (18.26660)$$
$$\overline{R}^2 = 0.999194 \quad F = 24780.77 \quad DW = 1.802712 \tag{7-50}$$

由于模型中含有被解释变量的滞后期作为解释变量，通过 DW 检验无法检验序列自相关性，但可以利用 LM 检验其自相关性，在 Equation 中选择 View-Residual-Serial Correlation LM Test。使用 EViews 软件进行 LM 检验输出的结果如图 7-7 和图 7-8 所示。

Breusch-Godfrey Serial Correlation LM Test:
Null hypothesis: No serial correlation at up to 1 lag

F-statistic	0.552820	Prob. F(1,39)	0.4616
Obs*R-squared	0.601001	Prob. Chi-Square(1)	0.4382

图 7-7　LM 检验 1

Breusch-Godfrey Serial Correlation LM Test:
Null hypothesis: No serial correlation at up to 2 lags

F-statistic	2.047613	Prob. F(2,38)	0.1430
Obs*R-squared	4.183247	Prob. Chi-Square(2)	0.1235

图 7-8　LM 检验 2

由 LM 检验输出结果可知，在 1% 的显著性水平下，式(7-50)不存在一阶、二阶自相

关，所建立的自回归模型可以描述中国国家财政支出与国家财政收入之间的关系。

3. 模型对比结果

由模型检验结果可知：第一，式(7-44)、式(7-45)、式(7-46)虽然拟合优度很高，但由其DW值可知，存在明显的自相关性，则这三个模型不理想。第二，阿尔蒙法得出的分布滞后模型，即式(7-47)是显著的，拟合优度高，且由DW统计量可知，模型无自相关性，但部分系数不能通过t检验；调整多项式和滞后期的式(7-48)存在自相关性。式(7-50)可以描述中国国家财政收入与国家财政支出之间的关系，因此综合判断，可考虑选用该模型。在式(7-50)中，国家财政收入当期值的系数为正且显著，说明其对国家财政支出当期值有正向显著影响；同时，上期的国家财政支出的估计系数也为正且显著，说明其对当期的国家财政支出也有正向显著影响。

思考与练习

一、简述题

1. 什么是滞后现象？滞后现象产生的原因有哪些？
2. 为什么要引入滞后变量模型呢？该模型有何作用？
3. 滞后变量模型可分为分布滞后模型和自回归模型，这两个模型有何区别？
4. 自回归模型有哪些？这些模型之间有哪些相同之处和不同之处？
5. 什么是自适应预期模型？
6. 自回归模型估计存在什么问题？又该如何解决这些问题？

二、单选题

1. 下列模型中是分布滞后模型的是(　　)。

A. $Y_t=\alpha+\beta_0X_t+\gamma_1Y_{t-1}+\gamma_2Y_{t-2}+\cdots+\gamma_kY_{t-k}+\varepsilon_t$

B. $Y_t=\alpha+\beta_0X_t+\beta_1X_{t-1}+\beta_2X_{t-2}+\cdots+\beta_sX_{t-s}+\varepsilon_t$

C. $Y_t=\alpha+\beta_0X_t+\beta_1X_{t-1}+\gamma_1Y_{t-1}+\gamma_2Y_{t-2}+\cdots+\gamma_kY_{t-k}+\varepsilon_t$

D. $Y_t=\alpha+\beta_0X_t+\beta_1X_{t-1}+\beta_2X_{t-2}+\cdots+\beta_sX_{t-s}+\gamma_1Y_{t-1}+\varepsilon_t$

2. 下列模型中是自回归模型的是(　　)。

A. $Y_t=\alpha+\beta_0X_t+\gamma_1Y_{t-1}+\varepsilon_t$

B. $Y_t=\alpha+\beta_0X_t+\beta_1X_{t-1}+\beta_2X_{t-2}+\cdots+\beta_sX_{t-s}+\varepsilon_t$

C. $Y_t=\alpha+\beta_0X_t+\beta_1X_{t-1}+\beta_2X_{t-2}+\cdots+\beta_sX_{t-s}+\gamma_1Y_{t-1}+\varepsilon_t$

D. $Y_t=\alpha+\beta_0X_t+\beta_1X_{t-1}+\gamma_1Y_{t-1}+\gamma_2Y_{t-2}+\cdots+\gamma_kY_{t-k}+\varepsilon_t$

3. 在分布滞后模型$Y_t=\alpha+\beta_0X_t+\beta_1X_{t-1}+\beta_2X_{t-2}+\cdots+\beta_sX_{t-s}+\varepsilon_t$中，短期乘数指的是(　　)。

A. β_0　　B. β_1　　C. β_s　　D. $\sum_{i=0}^{s}\beta_i$

4. 阿尔特和丁伯根曾使用OLS法对分布滞后模型进行估计，但是直接使用OLS法会存在(　　)问题。

A. 模型滞后期长度难以确定　　B. 多重共线性

C. 序列相关　　D. 估计精度降低

5. 对于有限分布滞后模型 $Y_t=\alpha+\beta_0X_t+\beta_1X_{t-1}+\beta_2X_{t-2}+\cdots+\beta_sX_{t-s}+\varepsilon_t$，解释变量的滞后长度每增加一期，可利用的样本数据就会(　　)。

A. 增加一个　　B. 增加两个　　C. 减少一个　　D. 减少两个

6. 经验加权估计法有众多优点，但是它最大的一个缺点是(　　)。

A. 损失自由度　　B. 存在多重共线性

C. 降低估计精度　　D. 主观随意性较大

7. 对于有限分布滞后模型 $Y_t=\alpha+\beta_0X_t+\beta_1X_{t-1}+\beta_2X_{t-2}+\cdots+\beta_sX_{t-s}+\varepsilon_t$，在一定条件下，参数 β_i 可近似用一个关于滞后期 i 的多项式表示($i=0, 1, 2, 3, \cdots, s$)，其中，多项式的阶数 m 必须满足(　　)。

A. $m\leqslant s$　　B. $m>s$　　C. $m<s$　　D. $m=s$

8. 对于有限分布滞后模型 $Y_t=\alpha+\beta_0X_t+\beta_1X_{t-1}+\beta_2X_{t-2}+\cdots+\beta_sX_{t-s}+\varepsilon_t$，通过将原分布滞后模型中的参数表示为滞后期 i 的有限多项式，一般能够减弱原分布滞后模型估计中的(　　)。

A. 异方差问题　　B. 多重共线性问题

C. 序列相关问题　　D. 参数无限而无法直接估计的问题

9. 对于自适应预期模型的适用环境，以下说法正确的是(　　)。

A. 研究被解释变量不仅受同期的解释变量的影响，还受被解释变量滞后期数据的影响的情况

B. 反映被解释变量的预期水平同解释变量预期值的关联性

C. 适用于研究被解释变量的预期值是解释变量现值的线性函数的情况

D. 适用于研究被解释变量受解释变量的预期值影响的情况

10. 自适应预期模型、局部调整模型的共性是(　　)。

A. 都可以根据一定的假定条件变换为一阶自回归模型

B. 导出模型的经济背景和思想相同

C. 模型存在的问题相同

D. 都可以使用最小二乘估计

三、多选题

1. 滞后现象产生的原因很多，以下原因可以引起滞后现象产生的有(　　)。

A. 变量自身因素　　B. 心理因素　　C. 技术因素　　D. 制度因素

2. 下列不是分布滞后模型估计方法的有(　　)。

A. 逐步回归法　　B. 经验加权估计法　　C. 阿尔蒙法　　D. 局部调整法

3. 经验加权估计法的基本思路是：减少解释变量的个数，以消除或削弱多重共线性。这里权数分布的类型取决于分布滞后模型中滞后结构的类型，一般滞后结构类型主要有(　　)。

A. 递减型滞后结构　　B. 递加型滞后结构

C. 不变型滞后结构　　D. 倒V形滞后结构

4. 在运用阿尔蒙法进行模型估计时首先要确定两个指标，其中，针对滞后期长度的确定有很多种方法，以下方法可行的有(　　)。

A. 相关系数　　B. 可决系数 R^2

C. 调整的可决系数 $\overline{R}^2$　　D. 赤池信息准则

5. 在研究分布滞后模型时会提出一系列假定，使研究更具科学性，下列假定中符合要求的有(　　)。

A. $\sum_{i=0}^{s}\beta_i=\beta<\infty$　　B. $\sum_{i=0}^{s}\beta_i=1$　　C. $\lim_{i\to\infty}\beta_i=0$　　D. $\lim_{i\to\infty}\beta_i=1$

6. 若对分布滞后模型直接使用 OLS 法进行参数估计，会出现以下哪些问题？(　　)

A. 难以确定滞后变量的滞后长度　　B. 解释变量之间存在序列相关

C. 解释变量之间存在多重共线性　　D. 参数估计精度降低

7. 经验加权估计法在设置权数时带有主观因素，因此需要多设置几组权数，估计多个模型，从中选取模型拟合效果最好的，一般而言，可以从(　　)方面判断模型的好坏。

A. 可决系数 R^2　　B. F 检验　　C. t 检验　　D. DW 值

8. 对于有限分布滞后模型 $Y_t=\alpha+\beta_0X_t+\beta_1X_{t-1}+\beta_2X_{t-2}+\cdots+\beta_sX_{t-s}+\varepsilon_t$，假定参数 $\beta_i(i=0,1,2,\cdots,s)$可以近似地用滞后期 i 的二次多项式表示并代入原模型，则原模型变换的多项式滞后模型含有的解释变量包括(　　)。

A. $\sum_{i=0}^{s}X_{t-i}$　　B. $\sum_{i=0}^{s}i^mX_{t-i}$　　C. $\sum_{i=0}^{s}X_{t-i}{}^m$　　D. $\sum_{i=0}^{s}2iX_{t-i}$

9. 以下哪些模型是自回归模型？(　　)

A. 分布滞后模型　　B. 自适应预期模型

C. 局部调整模型　　D. 局部调整-自适应预期综合模型

10. 自适应预期模型的缺点有(　　)。

A. 适用范围有限，对于某些经济背景并不适用

B. 不满足经典假定，随机误差项存在自相关性

C. 在实际计算中，模型的参数估计有困难

D. 用于研究被解释变量受解释变量的预期值影响的情况

11. 以下模型属于局部调整模型的有(　　)。

A. $Y_t=\alpha+\beta_0X_t+\beta_1X_{t-1}+\cdots+u_t$　　B. $Y_t=\alpha+\beta X_{t+1}^*+u_t$

C. $Y_t^*=\alpha+\beta X_t+u_t$　　D. $Y_t=\alpha^*+\beta^*X_t+\gamma^*Y_{t-1}+u_t^*$

12. 自回归模型检验自相关性推荐使用的检验方法有(　　)。

A. 杜宾 h 检验　　B. DW 检验

C. LM 检验　　D. 方差齐性检验

13. 在存在自相关性的条件下，自回归模型的估计方法有工具变量法和广义差分法，工具变量法的使用条件有(　　)。

A. 作为替代与随机误差项存在相关性的解释变量的最基本要求是与随机误差项不相关

B. 与所替代的解释变量高度相关，这样工具变量与替代的解释变量才有足够的代表性

C. 与其他解释变量不相关，以免出现多重共线性

D. 在样本容量不够大的情况下才可以使用

四、判断题

1. 分布滞后模型的解释变量中含有滞后被解释变量。(　　)

2. 分布滞后模型中的回归系数 β_i 指的是当期解释变量变动 1 个单位对被解释变量平均变动的影响大小。(　　)

3. 若直接用 OLS 法对有限分布滞后模型进行参数估计，所得到的估计量是无偏、一致估计量。(　　)

4. 无限分布滞后模型可以运用 OLS 法。(　　)
5. 运用一次经验加权估计法就可以得到最佳估计模型。(　　)
6. 阿尔蒙法的估计思想是：利用多项式来逼近滞后参数的变化结构，从而减少变量的个数，其中多项式次数通常要小于4。(　　)
7. 阿尔蒙法在确定滞后期长度时，可以采用可决系数 R^2 来进行判断。(　　)
8. 经过阿尔蒙法变换后的模型存在与随机误差项相关的解释变量。(　　)
9. 自适应预期模型是一阶自回归模型。(　　)
10. 局部调整模型是二阶自回归模型。(　　)
11. 局部调整-自适应预期综合模型是二阶自回归模型。(　　)
12. 局部调整模型满足经典假定。(　　)
13. 在建立自回归模型时需要检验自相关性，通常采用的方法是 DW 检验。(　　)

五、填空题

1. 被解释变量受其自身或解释变量前期水平影响的经济现象称为________。
2. 滞后变量模型按照是否含有滞后被解释变量进行分类，可分为________和________两类。
3. 对于分布滞后模型 $Y_t=\alpha+\beta_0X_t+\beta_1X_{t-1}+\beta_2X_{t-2}+\cdots+\beta_sX_{t-s}+\varepsilon_t$ 来说，________是短期乘数，________是动态乘数，________是长期乘数。
4. 在估计分布滞后模型时，常用的方法有________和________。
5. 经验加权法最大的一个缺陷就是________。
6. 经验加权法中遵循“远小近大”原则的是________滞后结构。
7. 阿尔蒙法估计分布滞后模型时，需要事先确定________和________。
8. 阿尔蒙法确定滞后期长度时一般有相关系数法、调整的可决系数 $\bar{R}^2$ 和赤池信息准则 AIC 与施瓦兹准则 SC，在运用 AIC 和 SC 进行判断时，选择使得 AIC 和 SC ________的那个回归模型的滞后期长度。
9. 常见的自回归模型有：________、________、________。
10. 自适应预期模型、局部调整模型可以转化为________。
11. 在经济问题中，由于经济发展的惯性作用，建立计量经济模型时经常会遇到“________”的问题。
12. 在检验自回归模型时，推荐使用________、________方法。
13. 针对解释变量中的滞后因变量与随机误差项相关的问题，选择________解决，针对随机误差项存在自相关性的问题，可采用________来修正模型。

六、计算题

1. 根据安徽省2000—2017年固定资产投资 Y(亿元)和地区生产总额 X(亿元)的相关数据，使用 OLS 法估计得到如下模型：

$$\hat{Y}_t=-1\,038.759+0.471\,3X_t+0.674\,0Y_{t-1}$$
$$(-1.898\,8)\quad(3.554\,6)\quad(5.652\,5)$$
$$R^2=0.99\quad \text{DW}=1.87$$

试回答下列问题：

(1) 上述模型是否存在自相关性问题？

(2) 如果将上述模型看成局部调整模型的估计结果，试计算调节系数 δ。

2. 表 7-4 给出了中国 1996—2020 年批发业和零售业库存额(Y)与销售额(X)的数据。

表 7-4 中国 1996—2020 年批发业和零售业库存额与销售额 (单位：亿元)

年份	批发业和零售业库存额 Y	销售额 X	年份	批发业和零售业库存额 Y	销售额 X
1996	7 227.3	42 546.9	2009	16 024.0	201 166.2
1997	7 544.8	55 168.7	2010	19 816.8	276 635.7
1998	3 789.7	56 437.7	2011	24 979.3	360 525.9
1999	3 629.7	58 780.1	2012	29 000.6	410 532.7
2000	3 569.9	66 359.5	2013	32 422.0	496 603.8
2001	3 618.0	72 415.2	2014	38 123.8	541 319.8
2002	3 577.9	81 266.2	2015	36 591.7	515 567.5
2003	3 898.2	99 446.1	2016	38 388.6	558 877.6
2004	3 527.6	114 071.4	2017	43 397.0	630 181.3
2005	7 061.0	93 151.3	2018	42 117.2	691 162.1
2006	7 629.6	110 054.8	2019	46 410.0	782 518.3
2007	9 193.2	132 740.8	2020	52 982.9	864 261.2
2008	15 368.1	208 229.8			

资料来源：国家统计局网站(www.stats.gov.cn)。

要求：

试分别运用经验加权估计法和阿尔蒙法估计分布滞后模型。

3. 经济增长规模决定税收规模。2007 年第一季度到 2021 年第四季度中国税收收入和 GDP 数据如表 7-5 所示。

表 7-5 2007—2021 年中国税收收入和 GDP 季度数据 (单位：亿元)

季度	税收	GDP	季度	税收	GDP
2007 年第一季度	10 717.5	53 480.3	2011 年第二季度	26 589.6	110 314.2
2007 年第二季度	12 817.4	59 216.8	2011 年第三季度	21 263.8	115 223.5
2007 年第三季度	11 439.1	61 099.4	2011 年第四季度	18 428.1	127 039.6
2007 年第四季度	10 648.0	67 399.2	2012 年第一季度	25 857.8	106 938.5
2008 年第一季度	14 519.7	59 640.3	2012 年第二季度	29 073.8	118 757.4
2008 年第二季度	16 906.1	65 699.9	2012 年第三季度	22 478.5	123 917.0
2008 年第三季度	12 667.4	66 919.4	2012 年第四季度	23 190.8	137 370.4
2008 年第四季度	10 130.7	72 213.3	2013 年第一季度	27 399.2	115 342.5
2009 年第一季度	13 023.6	63 431.9	2013 年第二季度	31 861.4	127 743.9
2009 年第二季度	16 506.5	71 090.4	2013 年第三季度	25 151.5	133 751.6
2009 年第三季度	15 527.5	74 022.5	2013 年第四季度	26 084.9	147 965.2
2009 年第四季度	14 464.0	80 785.1	2014 年第一季度	30 187.8	124 032.7
2010 年第一季度	17 702.6	71 168.0	2014 年第二季度	34 080.9	137 477.3
2010 年第二季度	20 909.0	78 746.9	2014 年第三季度	26 426.4	143 448.1
2010 年第三季度	17 345.8	81 366.7	2014 年第四季度	28 462.8	158 815.7
2010 年第四季度	17 244.6	88 821.1	2015 年第一季度	30 563.3	132 883.8
2011 年第一季度	23 438.9	98 902.8	2015 年第二季度	35 943.3	147 275.4

（续）

季度	税收	GDP	季度	税收	GDP
2015年第三季度	28 124.9	153 478.9	2018年第四季度	28 915.0	234 108.3
2015年第四季度	30 260.5	169 832.9	2019年第一季度	46 706.0	197 123.0
2016年第一季度	32 954.0	161 760.5	2019年第二季度	45 718.0	218 585.4
2016年第二季度	39 282.0	179 988.0	2019年第三季度	34 546.0	227 899.1
2016年第三季度	28 645.0	188 607.2	2019年第四季度	31 022.0	248 038.7
2016年第四季度	29 473.0	205 680.8	2020年第一季度	39 029.0	183 669.3
2017年第一季度	37 793.0	173 159.5	2020年第二季度	42 961.0	224 846.8
2017年第二季度	42 281.0	192 594.3	2020年第三季度	36 886.0	238 702.1
2017年第三季度	33 027.0	201 648.3	2020年第四季度	35 434.0	263 508.9
2017年第四季度	31 259.0	219 768.2	2021年第一季度	48 723.0	244 678.9
2018年第一季度	44 332.0	185 190.0	2021年第二季度	51 738.0	267 700.7
2018年第二季度	47 297.0	205 905.5	2021年第三季度	40 241.0	277 688.8
2018年第三季度	35 857.0	215 098.8	2021年第四季度	32 029.0	305 702.7

资料来源：国家统计局网站(www.stats.gov.cn)。

要求：

试建立自回归模型测度税收和GDP之间的数量依存关系，并对模型的经济意义进行说明。

第 8 章
CHAPTER8

虚拟变量模型

□ 案例导引

性别对家务劳动时间有显著影响吗

家务劳动是家庭成员必须承担的义务，但我国传统观念认为，男主外女主内，女性承担了大部分的家务劳动。我国家务劳动时间是否存在性别差异？影响家务劳动时间的主要因素有哪些？随着科技的进步、经济的发展、受教育程度的提高以及二孩政策的放开，这种家务劳动时间分配模式是否有所改变？随着越来越多的女性参与到公共事务中来，男性群体家务劳动时间有没有发生变化？类似定性因素对人们经济行为的影响也需要加以研究。

在建立计量经济学模型的过程中，变量选择是十分重要的。有些变量是定量变量，例如个人的年收入、一个国家的 GDP、房屋价格等，这些都是数值型变量；还有一些变量为定性变量，例如个人的性别、学历、种族、文化程度、季节差异、政府更迭、制度变革、经济政策、区位差异等，如果不将这些定性因素纳入模型，单纯由定量因素构建模型，一方面可能导致模型的解释能力不强，另一方面会影响人们对经济系统运行影响因素分析的全面性。那么，由于定性因素不能准确量化，并且有些定性因素是作为人们经济行为的影响因素(如性别或攻读博士学位对家务劳动时间分配的影响)，而另一些因素是作为人们经济行为的结果(如是否购房、投资渠道选择)，那么如何把这些因素纳入模型呢？

将定性因素以一定方式纳入模型，是对经典计量经济模型的改进或变革。本章将定性因素作为虚拟变量分别介绍了如何构建虚拟解释变量模型和虚拟被解释变量模型，说明了虚拟变量的设置原则和引入方式，以及线性概率模型、Probit 模型和 Logit 模型的估计及检验方法。

8.1　虚拟解释变量模型

8.1.1　虚拟变量的概念和作用

虚拟变量(dummy variable)是指定性因素(或品质因素)、数值仅取0和1的人工变量，有时又称为哑变量或二值变量，常用D表示。

$$D=\begin{cases}1 & \text{具有某种特征}\\ 0 & \text{不具有某种特征}\end{cases}$$

关于对虚拟变量的定义理解，需要注意以下方面：一是它反映的是定性因素(品质因素)；二是其数值仅取0和1，没有第三种数值表现，且当取值为1时，表明定性因素具有某种特征(属性、状态等)，当取值为0时，表明定性因素不具有某种特征(属性、状态等)；三是其数值在现实中是无须进行统计的，且该定性因素能否作为变量纳入模型之中取决于特定的研究目的或者在主观上认为该定性因素对研究对象是否有重要影响；四是根据研究目的不同，虚拟变量既可以作为解释变量，又可以作为被解释变量；五是对定性因素特征(属性、状态等)的划分要遵循全面性和互斥性原则。

定义好虚拟变量以后，接下来关心的是如何对包含虚拟变量的回归模型参数进行估计和解释。事实上，回归模型中一旦含有虚拟变量，就自然地对样本进行了分组，虚拟变量取值为1和取值为0分别对应一类样本，也就是说将不同类别的样本全部放在一个模型框架下进行估计。这与单独对每类样本进行估计的结果是一致的，但设定虚拟变量的模型对于比较不同类别的差异更便捷。

例如，假定性别对于家务劳动时间有重要影响，设定一个简单的模型：

$$\text{housework}_i=\beta_0+\beta_1\text{female}_i+\beta_2\text{lnwage}_i+\varepsilon_i \tag{8-1}$$

其中，housework表示每天家务劳动时间，female是虚拟变量(女性取值为1，男性取值为0)，lnwage表示工资的自然对数。自然地，能够分别得到男性和女性的总体回归模型。

$$\text{男性：housework}_i=\beta_0+\beta_2\text{lnwage}_i+\varepsilon_i \tag{8-2}$$

$$\text{女性：housework}_i=(\beta_0+\beta_1)+\beta_2\text{lnwage}_i+\varepsilon_i \tag{8-3}$$

对应的总平均家务劳动时间如下。

男性平均家务时间：$E(\text{housework}_i\mid\text{lnwage}_i,\ \text{female}_i=0)=\beta_0+\beta_2\text{lnwage}_i$

女性平均家务时间：$E(\text{housework}_i\mid\text{lnwage}_i,\ \text{female}_i=1)=(\beta_0+\beta_1)+\beta_2\text{lnwage}_i$

图8-1中假设$\beta_1>0$，容易从几何意义上看出，虚拟变量female的系数β_1度量了在工资收入相同的条件下女性群体与男性群体平均劳动时间的差异，在这里也可以清晰地看出利用0-1二值变量定义虚拟变量的优势，可以令虚拟变量的回归系数得到自然的解释。这与前面介绍的回归系数的意义是截然不同的，不能再用边际或弹性(半弹性)来进行解释。在上述模型中，female的系数β_1表示两个组别均值的差异。虚拟变量的回归系数的含义得以解释之后，接下来要关心$\beta_1>0$的假设是否成立，即如何对β_1的统计显著性进行检验，以便于证实女性的确比男性承担更多的家务劳动。实际上，对β_1的统计显著性进行检验是多元线性回归模型单变量显著性检验的内容，这应该不是困难的事情了。如果拒绝原假设

H_0：$\beta_1 \leqslant 0$，将得出 $\beta_1 > 0$，即在工资收入相同的条件下，平均而言女性家务劳动时间在统计上显著高于男性。

模型中引入虚拟变量的作用主要包括：第一，能够将定性因素对被解释变量的影响数值化，如果虚拟变量取值为1，表明存在定性因素的影响；如果虚拟变量取值为0，则表明不存在定性因素的影响。第二，虚拟变量能够较精确地描述变量之间的关系，从而提高模型的精度。第三，虚拟变量还能够处理一些异常数据，例如某些突发事件，可以使用虚拟变量处理这种影响。

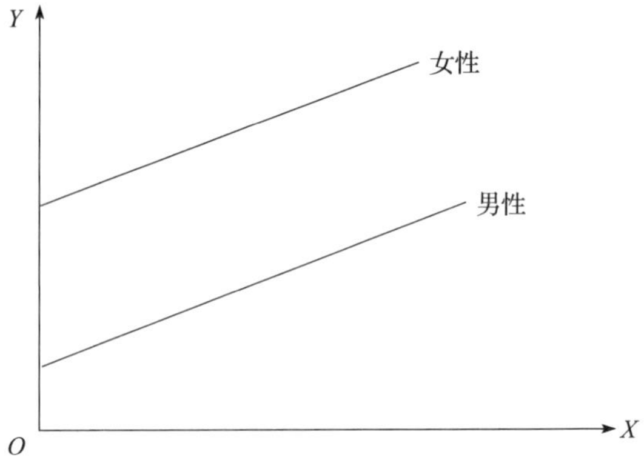

图 8-1 男性和女性的总体回归模型

8.1.2 虚拟解释变量的设置原则

1. 一个定性因素多个属性

对于具有两种属性状态的定性变量，如性别、婚姻状况等，可以按照是否具有某种特征将此定性变量定义成两个虚拟变量。以性别这个定性变量为例，定义 female 和 male 这两个虚拟变量：

$$\text{female}=\begin{cases}1 & \text{女性}\\0 & \text{男性}\end{cases}\qquad \text{male}=\begin{cases}1 & \text{男性}\\0 & \text{女性}\end{cases}$$

在带有截距项的回归模型中，仅引入其中一个虚拟变量；如果同时将两个虚拟变量放入模型，由于 female＋male≡1，会造成解释变量的完全多重共线性，掉进虚拟变量陷阱(dummy variable trap)。另外，在模型式(8-1)中加入虚拟变量达到了将样本进行分组的目的，模型中含有一个虚拟变量 female 就能够自然地将样本分成两组，如式(8-2)和式(8-3)所示。至于到底选择哪个虚拟变量进入模型取决于问题的具体研究目的，没有放入模型的虚拟变量实际上自动成为基准组。在模型式(8-1)中，选择了男性为基准组，女性为对照组。

在不含有截距项的回归模型中，将定义的所有组别虚拟变量都放入模型，不会产生虚拟变量陷阱问题，但此时检验不同组别均值的差异将变得非常复杂，而且不含截距项的模型的拟合优度计算也没有统一的方法。基于这两点，一般在设定模型时倾向于设定含有截距项的回归模型，除非经济理论支持计量模型不含截距项。

在劳动经济学中，考虑个体工资的影响因素，学历与工作年限是需要控制的变量，然而学历不再是二值变量，而是一个多类别的定性变量。那么对于多类别的定性变量，如何设置虚拟变量呢?

对于具有 m 个类别的定性变量，可以定义 m 个虚拟变量，但在含有截距项的计量模型中只引入其中的 $m-1$ 个虚拟变量，否则会出现完全多重共线性问题。以学历这个定性变量为例，假设将学历分成高中及以下、本科、硕士、博士四种类别，对于每种类别相应地可以定义一个虚拟变量：

$$D_1=\begin{cases}1 & \text{高中及以下}\\0 & \text{其他}\end{cases}\quad D_2=\begin{cases}1 & \text{本科}\\0 & \text{其他}\end{cases}\quad D_3=\begin{cases}1 & \text{硕士}\\0 & \text{其他}\end{cases}\quad D_4=\begin{cases}1 & \text{博士}\\0 & \text{其他}\end{cases}$$

将高中及以下学历的组别看作基准组，则建立计量模型如下：

$$\text{wage}_i=\beta_0+\beta_1\text{tenure}_i+\beta_2D_{2i}+\beta_3D_{3i}+\beta_4D_{4i}+\varepsilon_i \tag{8-4}$$

在上述模型满足基本假定的情形下，可以得到各个组别对应的总体回归函数。

高中及以下学历平均工资：$E(\text{wage}_i|D_{2i}=0,\ D_{3i}=0,\ D_{4i}=0)=\beta_0+\beta_1\text{tenure}_i$

本科学历平均工资：$E(\text{wage}_i|D_{2i}=1,\ D_{3i}=0,\ D_{4i}=0)=(\beta_0+\beta_2)+\beta_1\text{tenure}_i$

硕士学历平均工资：$E(\text{wage}_i|D_{2i}=0,\ D_{3i}=1,\ D_{4i}=0)=(\beta_0+\beta_3)+\beta_1\text{tenure}_i$

博士学历平均工资：$E(\text{wage}_i|D_{2i}=0,\ D_{3i}=0,\ D_{4i}=1)=(\beta_0+\beta_4)+\beta_1\text{tenure}_i$

从各个组别的平均工资函数可以看出，在工作年限相同的条件下，式(8-4)的截距项 β_0 度量了在工作年限为零的条件下，高中及以下学历组(基准组)的平均工资；式(8-4)中虚拟变量 D_2 的系数 β_2 度量了在工作年限相同的条件下，本科学历与高中及以下学历(基准组)平均工资的差异；虚拟变量 D_3 的系数 β_3 表示在工作年限相同的条件下，硕士学历与高中及以下学历(基准组)平均工资的差异；虚拟变量 D_4 的系数 β_4 表示在工作年限相同的条件下，博士学历与高中及以下学历(基准组)平均工资的差异。

为了洞察其他组别与基准组平均工资的差异是否显著，可以运用前面介绍的单个变量的显著性检验方法来处理。对任何组别之间的平均工资差异进行的显著性检验，同样可以构造合适的 t 统计量来处理。

关于类别变量的具体分类。可以根据样本和特定的研究目的进行处理。例如，学历这个定性变量，还可以分成本科以下学历、本科学历、本科以上学历三个类别。

关于基准组的选择。式(8-4)选择高中及以下学历作为基准组，当然可以选择本科、硕士或者博士学历作为基准组，这可以根据自己具体的研究问题和研究目的来灵活设置。

一般地，在含有截距项的回归模型中，若一个定性因素有 m 个不同属性，则只能引入 $m-1$ 个虚拟变量；在不含有截距项的回归模型中，若一个定性因素有 m 个不同属性，则可以引入 m 个虚拟变量。

2. 多个因素多个属性

如果有 n 个定性因素，每个定性因素含有 m_i 个不同的属性状态，在含有截距项的回归模型中，则可以按照上述方式在模型中引入 $\sum_{i=1}^{n}(m_i-1)$ 个虚拟变量。

考虑到性别和学历差异对工资水平有重要的影响，我们可以将工资模型设为

$$\text{wage}_i=\beta_0+\beta_1D_{1i}+\beta_2D_{2i}+\beta_3D_{3i}+\beta_4D_{4i}+\beta_5\text{female}_i+\varepsilon_i \tag{8-5}$$

其中，虚拟变量 D_1、D_2、D_3、D_4 和虚拟变量 female 依次设为

$$D_1=\begin{cases}1 & \text{高中及以下}\\0 & \text{其他}\end{cases}\quad D_2=\begin{cases}1 & \text{本科}\\0 & \text{其他}\end{cases}\quad D_3=\begin{cases}1 & \text{硕士}\\0 & \text{其他}\end{cases}\quad D_4=\begin{cases}1 & \text{博士}\\0 & \text{其他}\end{cases}\quad \text{female}=\begin{cases}1 & \text{女性}\\0 & \text{男性}\end{cases}$$

8.1.3 虚拟解释变量的设置方式

1. 加法方式

在模型 $\text{housework}_i=\beta_0+\beta_1\text{female}_i+\beta_2\text{lnwage}_i+\varepsilon_i$ 中，在其余解释变量相同的情形下检验不同样本组别的截距项是否存在显著差异，即在各个组别的总体回归函数的斜率相同

时截距项有无差异，此时虚拟变量通过加法引入模型，可以自然地将样本分组。

男性：$housework_i = \beta_0 + \beta_2 \ln wage_i + \varepsilon_i$

女性：$housework_i = (\beta_0 + \beta_1) + \beta_2 \ln wage_i + \varepsilon_i$

图 8-2 表明，男性和女性组别家务劳动时间模型的斜率相同，但是截距不同。虚拟变量通过加法方式引入模型，反映定性因素对截距的影响，也就是两个群体平均水平的差异。在相同工资水平的情况下，女性群体承担家务劳动的平均时间要比男性群体高出 β_1 个单位。

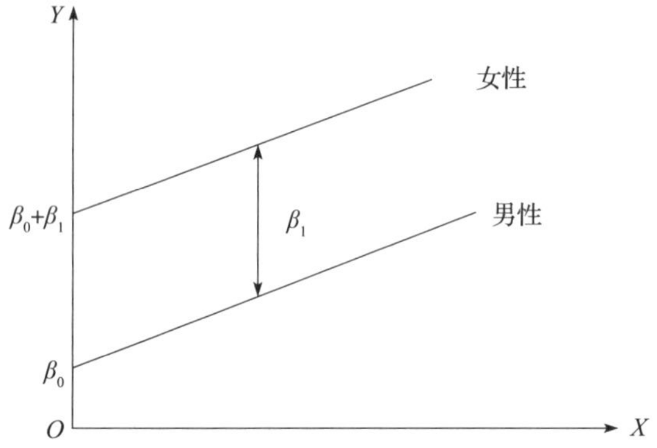

图 8-2 虚拟变量对截距的影响

2. 乘法方式

(1) 虚拟变量与定量变量的交互作用。

在模型式(8-1)中，假设无论男性还是女性，解释变量 lnwage 对家务劳动时间 housework 的边际效应是相同的。但在现实生活中，多数情况下相同的工作岗位往往女性的工资比男性的工资低，从比较利益来看，这也是女性相对于男性在家务劳动时间上花费较长的原因之一。现在检验 lnwage 对 housework 的边际效应有无性别差异，即性别变量是否影响模型式(8-1)对应不同组别的斜率。

$$housework_i = \beta_0 + \beta_1 \ln wage_i + \beta_2 \ln wage_i \times female_i + \varepsilon_i \qquad (8\text{-}6)$$

在模型式(8-6)中将性别虚拟变量通过乘法引入模型，加入虚拟变量 female 与 lnwage 的交互项 lnwage×female，那么如何解释该交互项的系数含义呢？

由此可以得到不同组别的平均家务劳动时间。

男性平均家务时间：$E(housework_i \mid \ln wage_i, female_i = 0) = \beta_0 + \beta_1 \ln wage_i$

女性平均家务时间：$E(housework_i \mid \ln wage_i, female_i = 1) = \beta_0 + (\beta_1 + \beta_2) \ln wage_i$

交互项 lnwage×female 的系数 β_2 度量了工资对家务劳动时间的边际效应在性别上的差异，具体来说，当 lnwage 增加一个单位时，男性平均家务劳动时间就增加 β_2 个单位，而女性平均家务劳动时间将增加$(\beta_1 + \beta_2)$个单位，那么 β_1 就度量了当 lnwage 增加一个单位，女性平均增加的家务劳动时间与男性的差异。假设不同组别的总体回归函数拥有不同的斜率，那么就可以增加虚拟变量与其他解释变量的交互项。

在模型式(8-6)中，增加的交互项 lnwage×female 是虚拟变量 female 与定量变量 lnwage 的乘积。

图 8-3 反映了定性因素对斜率的影响可以通过乘法方式引入虚拟变量，虚拟变量的系数度量了两个组别斜率的差异。

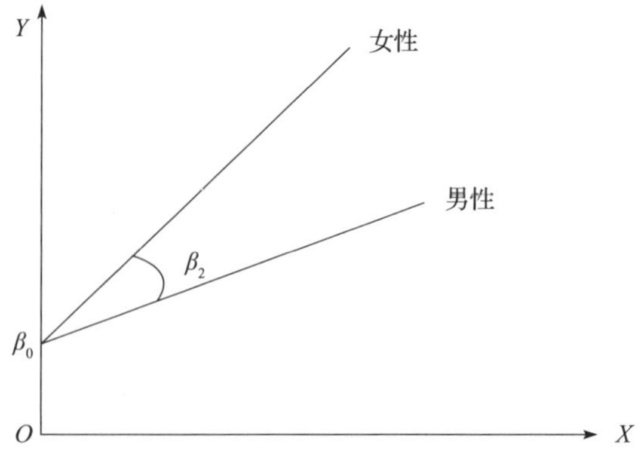

图 8-3 虚拟变量对斜率的影响

(2)虚拟变量与虚拟变量的交互作用。

虚拟变量以乘法的方式引入模型不仅会发生在虚拟变量与定量变量之间，还可能发生在虚拟变量与虚拟变量之间。

考虑下面模型：

$$\text{housework}_i=\beta_0+\beta_1\text{female}_i+\beta_2\text{lnwage}_i+\beta_3\text{married}_i+\beta_4\text{female}_i\times\text{married}_i+\varepsilon_i \quad (8\text{-}7)$$

其中，married 是婚姻状况的虚拟变量，定义为

$$\text{married}=\begin{cases}1 & 已婚\\0 & 未婚\end{cases}$$

同时，将虚拟变量 married 以加法和乘法的方式引入模型式(8-6)，这也意味着婚姻状态和性别一样是影响家务劳动时间的因素。根据前面的介绍，以加法进入模型的虚拟变量 married 的系数 β_3 影响各个组别对应的总体回归函数的截距，那么虚拟变量 female 与虚拟变量 married 的交互项 female×married 又起到什么作用？它的系数 β_4 的含义又该如何解释呢？

婚姻状态和性别都是具有两个类别的定性变量，因此式(8-7)含有这两个定性变量，就将整个样本分成了四个组别：未婚男性、未婚女性、已婚男性和已婚女性。各个组别的平均家务劳动时间如下。

未婚男性：$E(\text{housework}_i \mid \text{lnwage}_i,\ \text{female}_i=0,\ \text{married}=0)=\beta_0+\beta_2\text{lnwage}_i$

已婚男性：$E(\text{housework}_i \mid \text{lnwage}_i,\ \text{female}_i=0,\ \text{married}=1)=(\beta_0+\beta_3)+\beta_2\text{lnwage}_i$

未婚女性：$E(\text{housework}_i \mid \text{lnwage}_i,\ \text{female}_i=1,\ \text{married}=0)=(\beta_0+\beta_1)+\beta_2\text{lnwage}_i$

已婚女性：$E(\text{housework}_i \mid \text{lnwage}_i,\ \text{female}_i=1,\ \text{married}=1)=(\beta_0+\beta_1+\beta_3+\beta_4)+\beta_2\text{lnwage}_i$

虚拟变量 female 的系数 β_1 度量了在工资水平相同的条件下，未婚女性群体相对于男性平均家务劳动增加的时间(假设 $\beta_1>0$)；虚拟变量 married 的系数 β_3 则表示了在工资水平一致的情形下，已婚男性群体相较于未婚男性群体平均家务劳动增加的时间(假设 $\beta_3>0$)；交互项 female×married 的系数 β_4 的含义相对有点复杂，它包含两层含义：第一层表示在工资水平相同的条件下，性别因素带来的已婚群体与未婚群体对于平均家务劳动时间差异的影响，第二层表示在工资水平相同的条件下，婚姻状态带来的女性群体与男性群体对平均家务劳动时间差异的影响。

如果考察定性因素对被解释变量的全面影响，可以同时以加法和乘法的方式引入虚拟变量，那么此种引入形式就被称为混合方式或一般方式，对原有模型截距和斜率均产生影响。它可以提高模型对经济现实的描述准确性。

8.1.4　虚拟解释变量的应用

1. 检验模型结构的稳定性

模型结构的稳定性一般是指来自同一总体的不同样本所建立的同一形式回归模型的参数无显著差异。如果不同模型的回归函数存在差异，则认为模型结构不稳定或模型突变。

设来自同一总体的两个样本建立的回归模型如下。

样本 1：$Y_i=\alpha_0+\alpha_1X_i+\varepsilon_{1i}$

样本 2：$Y_i=\gamma_0+\gamma_1X_i+\varepsilon_{2i}$

定义虚拟变量 $D=\begin{cases}1 & 样本1\\0 & 样本2\end{cases}$

将两个样本合并后的总体模型如下所示。

$$全样本：Y_i=\beta_0+\beta_1X_i+\beta_2D_i+\beta_3X_iD_i+\varepsilon_i$$

利用单个变量的显著性 t 检验可以判断变量 D 和 XD 的系数显著性。如果 D 和 XD 的系数有一个是显著的，则意味着模型结构是不稳定的，否则说明模型结构具有稳定性。

在实际经济问题中，可能由于一些重要因素影响了被解释变量和解释变量，从而导致模型的结构发生了变化。例如，研究我国居民人均消费支出的影响因素问题，我国城市居民和农村居民这两个组别的消费模式是有区别的，因此应该考虑有无模型突变的问题。对于时间序列数据，考虑我国出口的影响因素，例如加入世界贸易组织等重要经济事件的发生会使模型的结构产生很大的变化，也应该考虑模型有无结构突变的问题。处理的方法是利用虚拟变量来检验模型的稳定性。

例 8-1　建立中国城镇居民人均消费支出模型。

表 8-1 为中国 1980—2019 年城镇家庭人均消费支出(C)和人均可支配收入(I)的数据。考虑到家庭住房支出是人均消费支出的重要部分，住房支出政策的变动必然对居民消费结构及总支出产生影响。1998 年 7 月 3 日，中国发布了《国务院关于进一步深化城镇住房制度改革加快住房建设的通知》，宣布从 1998 年下半年开始，全国城镇停止住房实物分配，实行住房分配货币化。因此以 1998 年为分界线，将 1980—1998 年的样本作为样本 1，将 1999—2019 年的样本作为样本 2。

表 8-1　中国 1980—2019 年城镇家庭人均消费支出和人均可支配收入数据

年份	人均可支配收入(元)	人均消费支出(元)	d1	年份	人均可支配收入(元)	人均消费支出(元)	d1
1980	477.6	412.4	0	2000	6 280.0	4 998.0	1
1981	500.4	456.8	0	2001	6 859.6	5 309.0	1
1982	535.3	471.0	0	2002	7 702.8	6 029.9	1
1983	564.6	505.9	0	2003	8 472.2	6 510.9	1
1984	652.1	559.4	0	2004	9 421.6	7 182.1	1
1985	739.1	673.2	0	2005	10 493.0	7 942.9	1
1986	900.9	799.0	0	2006	11 759.5	8 696.6	1
1987	1 002.1	884.4	0	2007	13 785.8	9 997.5	1
1988	1 180.2	1 104.0	0	2008	15 780.8	11 242.9	1
1989	1 373.9	1 211.0	0	2009	17 174.7	12 264.6	1
1990	1 510.2	1 278.9	0	2010	19 109.4	13 471.5	1
1991	1 700.6	1 453.8	0	2011	21 809.8	15 160.9	1
1992	2 026.6	1 671.7	0	2012	24 564.7	16 674.3	1
1993	2 577.4	2 110.8	0	2013	26 467.0	18 487.54	1
1994	3 496.2	2 851.3	0	2014	28 843.85	19 968.08	1
1995	4 283.0	3 537.6	0	2015	31 194.83	21 392.36	1
1996	4 838.9	3 919.5	0	2016	33 616.0	23 079.0	1
1997	5 160.3	4 185.6	0	2017	36 396.0	24 445.0	1
1998	5 425.1	4 331.6	0	2018	39 251.0	26 112.0	1
1999	5 854.0	4 615.9	1	2019	42 359.0	28 063.0	1

资料来源：国家统计局网站(http://www.stats.gov.cn/)。

首先，建立样本 1 的城镇家庭人均消费支出模型：

$$C=\alpha_0+\alpha_1I+\varepsilon$$

样本 2 对应的城镇家庭人均消费支出模型为

$$C=\gamma_0+\gamma_1 I+\varepsilon$$

根据表 8-1 的数据，分别估计上述两个模型，得到两个样本回归方程：

1980—1998 年样本回归方程　$\hat{C}=76.6732+0.7950I$

1999—2019 年样本回归方程　$\hat{C}=1062.0800+0.6456I$

根据上述估计结果，猜测模型结构不稳定，即在中国经济向市场化转变的过程中，人们的消费行为也随之发生了变化。为了验证这一怀疑的正确性，使用带有虚拟变量的回归模型。为此，设置虚拟变量：

$$D=\begin{cases}1 & 1999\text{—}2019\text{ 年}\\0 & 1980\text{—}1998\text{ 年}\end{cases}$$

建立城镇家庭人均消费支出的回归模型如下：

$$C=\beta_0+\beta_1 I+\beta_2 D+\varepsilon \tag{8-8}$$

利用 1980—2019 年数据，生成虚拟变量（D 是 EViews 软件中的保留字符，运算时可改为 d1）：在命令窗口输入 series d1=(year>=1999)即可，如图 8-4 所示。

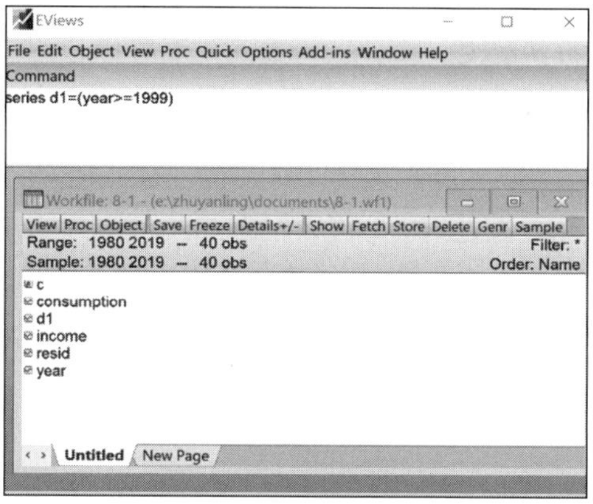

图 8-4　虚拟变量的生成

由图 8-5 显示的估计结果得到回归方程

$$\hat{C}=377.1462+0.6484I+628.9924D$$

$$t=(7.0958)(150.9120)(5.9719)$$

$$\overline{R}^2=0.9992\quad F=25565.04\quad \text{DW}=0.6305$$

接下来进行显著性检验，H_0：$\beta_2=0$，检验结果是拒绝原假设，即全样本模型结构不稳定。

进一步地，引入虚拟变量 D 与解释变量 income(I)的交互项，建立回归模型：

$$C=\beta_0+\beta_1 I+\beta_2 D+\beta_3 DI+\varepsilon \tag{8-9}$$

估计结果如图 8-6 所示。

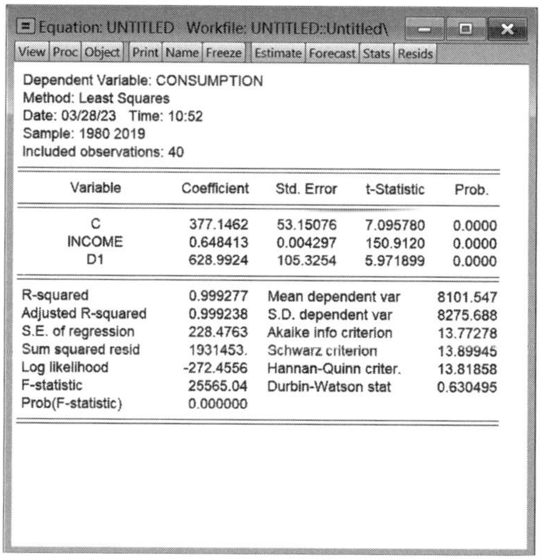

Equation: UNTITLED　Workfile: UNTITLED::Untitled\

Dependent Variable: CONSUMPTION
Method: Least Squares
Date: 03/28/23　Time: 10:52
Sample: 1980 2019
Included observations: 40

Variable	Coefficient	Std. Error	t-Statistic	Prob.
C	377.1462	53.15076	7.095780	0.0000
INCOME	0.648413	0.004297	150.9120	0.0000
D1	628.9924	105.3254	5.971899	0.0000

R-squared	0.999277	Mean dependent var	8101.547
Adjusted R-squared	0.999238	S.D. dependent var	8275.688
S.E. of regression	228.4763	Akaike info criterion	13.77278
Sum squared resid	1931453.	Schwarz criterion	13.89945
Log likelihood	-272.4556	Hannan-Quinn criter.	13.81858
F-statistic	25565.04	Durbin-Watson stat	0.630495
Prob(F-statistic)	0.000000		

图 8-5　虚拟变量仅通过加法进入模型的估计结果

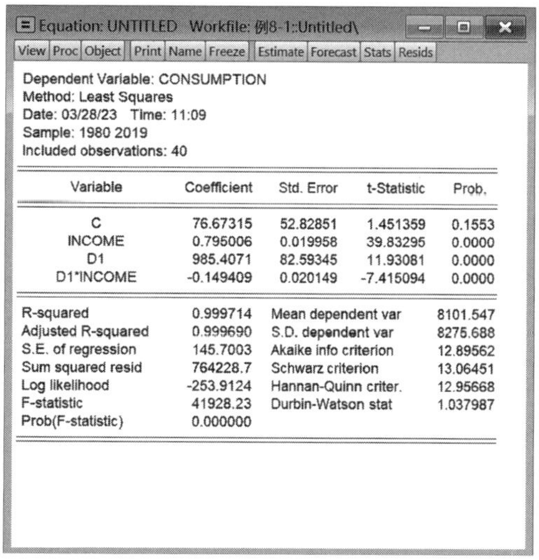

Equation: UNTITLED　Workfile: 例8-1::Untitled\

Dependent Variable: CONSUMPTION
Method: Least Squares
Date: 03/28/23　Time: 11:09
Sample: 1980 2019
Included observations: 40

Variable	Coefficient	Std. Error	t-Statistic	Prob.
C	76.67315	52.82851	1.451359	0.1553
INCOME	0.795006	0.019958	39.83295	0.0000
D1	985.4071	82.59345	11.93081	0.0000
D1*INCOME	-0.149409	0.020149	-7.415094	0.0000

R-squared	0.999714	Mean dependent var	8101.547
Adjusted R-squared	0.999690	S.D. dependent var	8275.688
S.E. of regression	145.7003	Akaike info criterion	12.89562
Sum squared resid	764228.7	Schwarz criterion	13.06451
Log likelihood	-253.9124	Hannan-Quinn criter.	12.95668
F-statistic	41928.23	Durbin-Watson stat	1.037987
Prob(F-statistic)	0.000000		

图 8-6　虚拟变量同时以加法和乘法进入模型的估计结果

由图 8-6 得回归方程：

$$\hat{C}=76.6732+0.7950I+985.4071D-0.1494DI$$
$$t=(1.4514)(39.8330)(11.9308)(-7.4151)$$
$$\overline{R}^2=0.9997 \quad F=41\,928.23 \quad DW=1.0380$$

下面做联合显著性检验，H_0：$\beta_2=\beta_3=0$，检验结果是拒绝原假设，即全样本模型结构不稳定。此外，由图 8-6 中的估计结果可以看出解释变量 D 以及交互项 DI 都是显著的，这说明 1980—1998 年与 1999—2019 年样本对应的模型不仅截距存在显著差异，而且斜率也存在显著差异。

通过例 8-1 可以看出，模型中虚拟变量的引入可以进行模型结构稳定性的检验，但关键之处在于能否找到样本明显的分界点，这需要对经济发展的历史进程有比较系统的认知。类似的问题还包括中国出口的影响因素分析、中国本科生入学率的影响因素研究以及中国农村转移支付的影响因素研究等。这种方法适用的数据类型不局限于时间序列数据，还可以是横截面数据。

2. 进行分段线性回归

在实际问题的建模过程中，被解释变量与解释变量在不同的解释变量数值变动区间均成线性变动关系，但线性回归方程参数的值存在差异，如果用一条线性回归线去模拟，则模型拟合程度必定不高；如果直接进行分段回归，又往往受制于分段样本量偏小。遇到此类问题时，可在模型中引入虚拟变量加以解决。例如，假若收入(Y)对消费(X)具有线性影响，在不同的收入水平下，消费与收入的具体数量关系可由如下 3 个子样本回归模型进行描述。

$$\text{样本 1：} Y_i=\alpha_0+\alpha_1X_i+\varepsilon_i \quad (X>X_2^*)$$
$$\text{样本 2：} Y_i=\beta_0+\beta_1X_i+\varepsilon_i \quad (X_1^*\leqslant X\leqslant X_2^*)$$
$$\text{样本 3：} Y_i=\gamma_0+\gamma_1X_i+\varepsilon_i \quad (X<X_1^*)$$

由于存在两个转折点 X_1^* 和 X_2^*，将全样本分为三段，因此设置两个虚拟变量为

$$D_1=\begin{cases}1 & X_1^*\leqslant X\leqslant X_2^* \\ 0 & \text{其他}\end{cases} \qquad D_2=\begin{cases}1 & X>X_2^* \\ 0 & \text{其他}\end{cases}$$

全样本回归模型可以设为

$$Y_i=\delta_0+\delta_1X_i+\delta_2D_{1i}+\delta_3X_iD_{1i}+\delta_4D_{2i}+\delta_5X_iD_{2i}+u_i \tag{8-10}$$

利用单个变量的显著性 t 检验可以判断变量系数显著性，类似于模型结构稳定性检验，根据检验的结果可以判断转折点($X=X_1^*$，$X=X_2^*$)是否为“结构突变点”。

全样本回归模型也可以设为

$$Y_i=\delta_0+\delta_1X_i+\delta_1(X_i-X_1^*)D_{1i}+\delta_2(X_i-X_2^*)D_{2i}+\varepsilon_i \tag{8-11}$$

3. 测度季节因素影响

假设 Y_i 是具有某种季节特征的消费行为(如啤酒、短袖衬衫等商品的消费)，这时需要对季节波动进行调整，下面介绍如何利用虚拟变量来调整季节变化。

设模型形式为

$$Y_t=\alpha+\beta X_t+u_t$$

季节为属性因素，按自然属性有 4 个不同的季节(春、夏、秋、冬，在统计上用季度近似)，即 4 个属性类型。因此，在有截距项的前提下，可引入 3 个虚拟变量，即

$$D_{1t}=\begin{cases}1 & 1\text{ 季度}\\0 & \text{其他}\end{cases}\quad D_{2t}=\begin{cases}1 & 2\text{ 季度}\\0 & \text{其他}\end{cases}\quad D_{3t}=\begin{cases}1 & 3\text{ 季度}\\0 & \text{其他}\end{cases}$$

引入季度虚拟变量的模型为

$$Y_t=\beta_0+\beta_1 D_{1t}+\beta_2 D_{2t}+\beta_3 D_{3t}+\beta_4 X_t+u_t$$

$$\text{第 1 季度 } \mathrm{E}(Y_t|X_t,\ D_{1t}=1,\ D_{2t}=D_{3t}=0)=(\beta_0+\beta_1)+\beta_4 X_t$$

$$\text{第 2 季度 } \mathrm{E}(Y_t|X_t,\ D_{2t}=1,\ D_{1t}=D_{3t}=0)=(\beta_0+\beta_2)+\beta_4 X_t$$

$$\text{第 3 季度 } \mathrm{E}(Y_t|X_t,\ D_{3t}=1,\ D_{1t}=D_{2t}=0)=(\beta_0+\beta_3)+\beta_4 X_t$$

$$\text{第 4 季度 } \mathrm{E}(Y_t|X_t,\ D_{1t}=D_{2t}=D_{3t}=0)=\beta_0+\beta_4 X_t$$

例 8-2　建立居民交通通信消费的计量经济模型。

考虑 2013—2019 年中国城镇居民人均交通通信消费支出和人均可支配收入的季节因素研究，使用 2013—2019 年连续 28 期的季度数据(见表 8-2)，以 Y 表示人均交通通信消费支出，X 表示人均可支配收入。

表 8-2　2013—2019 年中国城镇居民的季度人均交通通信消费支出和人均可支配收入

时间	城镇居民人均可支配收入(元)	城镇居民人均交通通信消费支出(元)	时间	城镇居民人均可支配收入(元)	城镇居民人均交通通信消费支出(元)
Q1/2013	7 203	559	Q3/2016	8 380	785
Q2/2013	6 044	535	Q4/2016	8 279	897
Q3/2013	6 598	577	Q1/2017	9 986	854
Q4/2013	6 622	647	Q2/2017	8 336	761
Q1/2014	7 912	646	Q3/2017	9 108	780
Q2/2014	6 608	621	Q4/2017	8 966	927
Q3/2014	7 177	637	Q1/2018	10 781	863
Q4/2014	7 147	733	Q2/2018	8 989	807
Q1/2015	8 572	717	Q3/2018	9 829	852
Q2/2015	7 127	683	Q4/2018	9 652	951
Q3/2015	7 813	715	Q1/2019	11 633	925
Q4/2015	7 683	780	Q2/2019	9 709	851
Q1/2016	9 255	760	Q3/2019	10 597	899
Q2/2016	7 702	732	Q4/2019	10 420	996

资料来源：国家统计局网站(http://www.stats.gov.cn/)。

图 8-7 显示，2013 年第 1 季度至 2019 年第 4 季度城镇居民的季度人均交通通信消费支出存在明显的季节波动，通常在第 2 季度达到最低，在第 3 季度不断增加，在第 4 季度达到峰值；另外，城镇居民的季度人均可支配收入也存在明显的季节因素，通常在第 1 季度达到高峰，在第 2 季度最低，在第 3、第 4 季度逐渐增加。

研究人均交通通信消费支出的影响因素，就必须调整原始数据所具有的季节性因素。加入季节虚拟变量后，被解释变量的季节性就被虚拟变量所反映，从而可以正确地分析人均交通通信消费支出与人均可支配收入之间的关系。

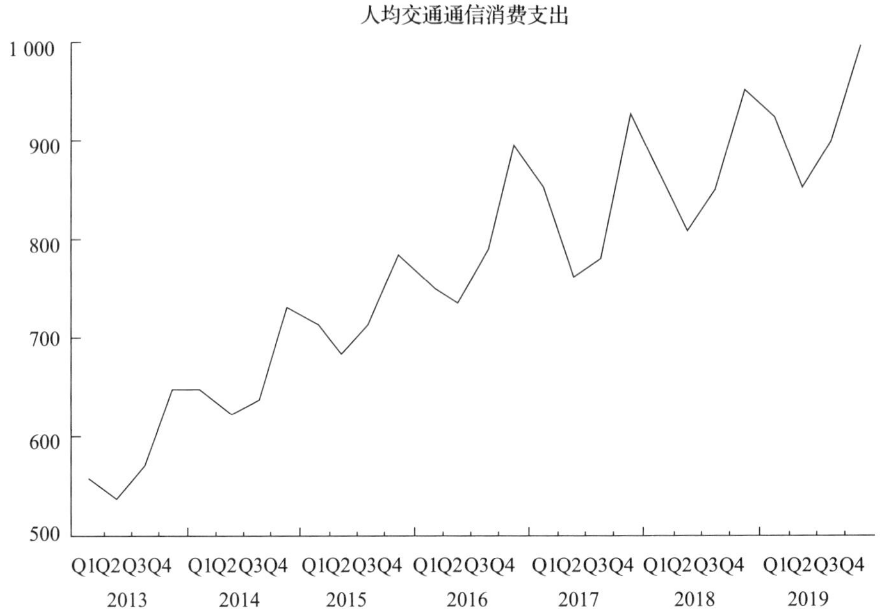

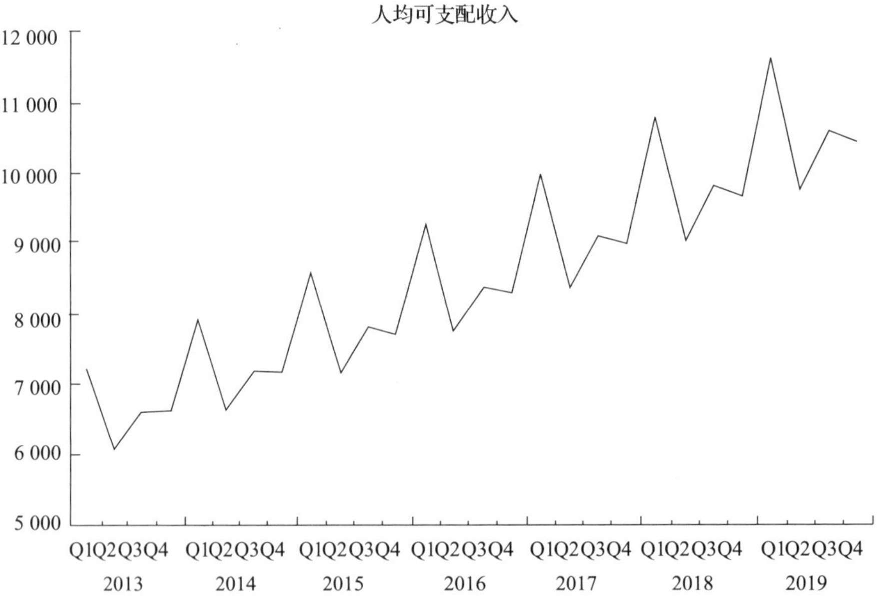

图 8-7 2013—2019 年中国城镇居民的季度人均交通通信消费支出和人均可支配收入趋势图

利用 2013 年第 1 季度至 2019 年第 4 季度的季度数据对人均交通通信消费支出与人均可支配收入进行回归分析。

为便于比较，首先建立不含有季度因素的回归模型：

$$Y_t = \alpha + \beta X_t + \varepsilon_t$$

利用表中数据和 OLS 法的 EViews 12.0 运算结果如图 8-8 所示。

估计的样本回归方程为

$$\hat{Y}_t = 143.625\,4 + 0.073\,4X_t$$
$$t = (1.931\,8)(8.509\,3)$$
$$\overline{R}^2 = 0.725\,6 \quad F = 72.407\,9 \quad \mathrm{DW} = 2.320\,5$$

接下来考虑带有季度虚拟变量的回归模型：

$$Y_t = \beta_0 + \beta_1 D_{1t} + \beta_2 D_{2t} + \beta_3 D_{3t} + \beta_4 X_t + \varepsilon_t$$

其中，Y 表示人均交通通信消费支出，X 表示人均可支配收入，D_{1t}、D_{2t}、D_{3t} 的定义同第 8.1.4 节中对季度虚拟变量的定义。

上述模型建立的前提条件是各个季度的人均可支配收入对人均交通通信消费支出的影响是相同的，4 个季度的总体回归方程的区别在于截距项的差异。其中，第 4 季度对应的总体回归方程的截距项为 β_0，第 1 季度、第 2 季度和第 3 季度对应的总体回归方程与第 4 季度的截距项的差异分别是 β_1、β_2 和 β_3。

对上述含有季度虚拟变量的模型进行估计，所得结果如图 8-9 所示。

Equation: UNTITLED Workfile: UNTITLED::Untitled\
View | Proc | Object | Print | Name | Freeze | Estimate | Forecast | Stats | Resids

Dependent Variable: CONSUMPTION
Method: Least Squares
Date: 03/28/23 Time: 11:38
Sample: 2013Q1 2019Q4
Included observations: 28

Variable	Coefficient	Std. Error	t-Statistic	Prob.
C	143.6254	74.34839	1.931788	0.0644
INCOME	0.073358	0.008621	8.509284	0.0000

R-squared	0.735794	Mean dependent var	767.5000
Adjusted R-squared	0.725632	S.D. dependent var	124.6739
S.E. of regression	65.30442	Akaike info criterion	11.26475
Sum squared resid	110881.3	Schwarz criterion	11.35990
Log likelihood	-155.7064	Hannan-Quinn criter.	11.29384
F-statistic	72.40792	Durbin-Watson stat	2.320495
Prob(F-statistic)	0.000000		

图 8-8　不使用季度虚拟变量的简单线性模型估计结果

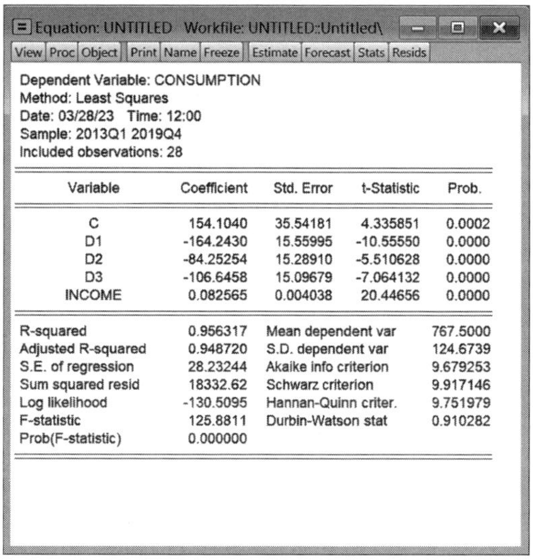
Equation: UNTITLED Workfile: UNTITLED::Untitled\
View | Proc | Object | Print | Name | Freeze | Estimate | Forecast | Stats | Resids

Dependent Variable: CONSUMPTION
Method: Least Squares
Date: 03/28/23 Time: 12:00
Sample: 2013Q1 2019Q4
Included observations: 28

Variable	Coefficient	Std. Error	t-Statistic	Prob.
C	154.1040	35.54181	4.335851	0.0002
D1	-164.2430	15.55995	-10.55550	0.0000
D2	-84.25254	15.28910	-5.510628	0.0000
D3	-106.6458	15.09679	-7.064132	0.0000
INCOME	0.082565	0.004038	20.44656	0.0000

R-squared	0.956317	Mean dependent var	767.5000
Adjusted R-squared	0.948720	S.D. dependent var	124.6739
S.E. of regression	28.23244	Akaike info criterion	9.679253
Sum squared resid	18332.62	Schwarz criterion	9.917146
Log likelihood	-130.5095	Hannan-Quinn criter.	9.751979
F-statistic	125.8811	Durbin-Watson stat	0.910282
Prob(F-statistic)	0.000000		

图 8-9　含有季度虚拟变量的模型估计结果

由图 8-9 可得全样本回归方程：

$$\hat{Y}_t = 154.104\,0 - 164.243\,0D_{1t} - 84.252\,5D_{2t} - 106.645\,8D_{3t} + 0.082\,6X_t$$
$$t = (4.335\,9)(-10.555\,5)(-5.510\,6)(-7.064\,1)(20.446\,6)$$
$$\overline{R}^2 = 0.948\,7 \quad F = 125.881\,1 \quad \mathrm{DW} = 0.910\,3$$

则第 1 季度至第 4 季度的样本回归方程分别为

第 1 季度：$\hat{Y}_t = 154.104\,0 - 164.243\,0D_{1t} + 0.082\,6X_t$

第 2 季度：$\hat{Y}_t = 154.104\,0 - 84.252\,5D_{2t} + 0.082\,6X_t$

第 3 季度：$\hat{Y}_t = 154.104\,0 - 106.645\,8D_{3t} + 0.082\,6X_t$

第 4 季度：$\hat{Y}_t = 154.104\,0 + 0.082\,6X_t$

从上述回归结果可以看出，包含季度虚拟变量的模型明显提高了拟合优度。另外，在个人可支配收入相同的条件下，第 1 季度、第 2 季度和第 3 季度的人均交通通信消费支出与第 4 季度相比分别减少了 164.243 0 元、84.252 5 元和 106.645 8 元，并且对应的 t 统计量的 p 值都小于 0.000 1，说明 D_{1t}、D_{2t}、D_{3t} 这 3 个季度虚拟变量在 0.01% 显著性水平下都是显著的。这也反映出第 4 季度临近年终，导致大家在出行方面支出最大，第 1 季度和第 3 季度的交通通信消费支出明显比第 4 季度低。

8.2 虚拟被解释变量模型

定性变量在模型中不仅可以作为解释变量，还可以作为被解释变量。虚拟被解释变量的出现的主要作用是对某一经济现象或活动做出选择或决策。这一类问题的特征是被研究对象在受到多因素影响时，决策结果是定性的。例如，大学生进行毕业规划时是继续深造还是马上就业？居民在进行投资渠道选择时是投资房地产还是购买股票、债券？影响决策的因素（解释变量）可以是定量的，也可以是定性的，而研究对象（被解释变量）则是定性的。把被解释变量作为虚拟变量的模型称为**定性选择模型**（qualitative choice model）。如果被解释变量仅有两种状态或属性则称为**二元选择模型**（binary choice model），如果被解释变量有三种及以上状态或属性则称为多元选择模型。本章讨论的是二元选择模型。

8.2.1 线性概率模型

1. 线性概率模型的含义

考虑对于住房的购买决策问题。假设家庭购买住房的选择主要受到家庭收入水平的影响，则用如下简单线性回归模型表示为

$$Y_i=\alpha+\beta X_i+\varepsilon_i \tag{8-12}$$

其中，X_i 为家庭的收入水平，Y_i 为家庭购买住房的选择，即

$$Y_i=\begin{cases}1 & \text{家庭购买了住房}\\ 0 & \text{家庭未购买住房}\end{cases}$$

由于 Y_i 是取值为 0 和 1 的随机变量，并且定义 Y_i 取值为 1 的概率是 p_i，则 Y_i 的分布为

$$\begin{pmatrix}0 & 1\\ 1-p_i & p_i\end{pmatrix}$$

显然有：

$$P(Y_i=1\,|\,X_i)=p_i=\mathrm{E}(Y_i\,|\,X_i) \tag{8-13}$$

从而：

$$\mathrm{E}(Y_i\,|\,X_i)=\alpha+\beta X_i=p_i \tag{8-14}$$

式(8-13)和式(8-14)两个表达式所代表的经济学含义是：第 i 个家庭购买房屋的概率 p_i 等于被解释变量的条件均值，而且可以用线性函数 $\alpha+\beta X_i$ 来表示。因此这一关系式又被称为线性概率函数，对应的简单回归模型被称为**线性概率模型**（linear probability model，LPM）。

2. 线性概率模型的特点

线性概率模型虽然在形式上与普通线性回归模型类似，但由于被解释变量是虚拟变量的特殊性，该模型则会出现违背经典回归基本假设的问题。主要表现在：

(1) 随机误差项的非正态性。当被解释变量 Y_i 取值为 0 和 1 时，那么随机误差项 $\varepsilon_i = Y_i - \alpha - \beta X_i$ 也成了只能取两个值的离散型随机变量。此时随机误差项的正态假设就不适用了。

(2) 随机误差项 ε_i 存在异方差性。考虑到随机误差项 ε_i 的分布：

$$\begin{pmatrix} -\alpha-\beta X_i & 1-\alpha-\beta X_i \\ 1-p_i & p_i \end{pmatrix}$$

从而，ε_i 的方差为

$$\mathrm{Var}(\varepsilon_i)=p_i(1-p_i)=(\alpha+\beta X_i)(1-\alpha-\beta X_i) \tag{8-15}$$

在式(8-15)中，p_i 随着 i 的变动是一个变动的量，则 ε_i 的方差不是一个固定的常数，所以出现了异方差性。

(3) 由于总体回归函数 $\mathrm{E}(Y_i|X_i)=\alpha+\beta X_i=p_i$ 受到条件 $0\leqslant \mathrm{E}(Y_i|X_i)\leqslant 1$ 的限制，因此在实际应用中，回归函数的期望值有可能超出这个限制范围。因此，使用线性概率模型是不合适的，需使用对任意解释变量都能保证总体条件均值 $\mathrm{E}(Y_i|X_i)$ 介于 0 和 1 之间的非线性模型。例如，如果关注的对象是某种现象发生的概率，如房价上涨的概率，贷款申请发放的概率等，显然此时用线性模型来解释概率是不可行的。

对于线性概率模型来说，存在的问题还表现在回归参数的经济意义不明确。在线性概率模型中，对于不满足 $0\leqslant \mathrm{E}(Y_i|X_i)\leqslant 1$ 的情况，可以用人工方法进行处理，如图 8-10 所示，即利用样本数据和有关方法对式(8-12)进行估计后，如果计算的估计值 $\hat{Y}_i>1$，则此时直接取 $\hat{Y}_i=1$；如果计算的估计值 $\hat{Y}_i<0$，则此时直接取 $\hat{Y}_i=0$。尽管能够在一定程度上弥补不足，但仍然具有较强的主观因素。

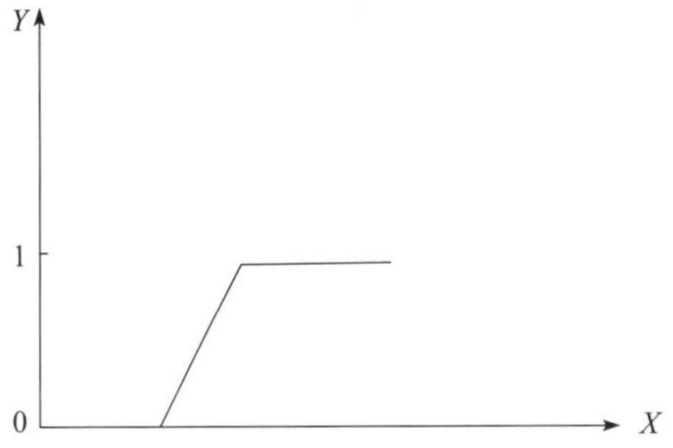

图 8-10　线性概率模型的简单纠正

鉴于线性概率模型的局限性，现实中应用较少，人们通常选用 Probit 模型和 Logit 模型研究二元选择问题。

8.2.2　Probit 模型

1. Probit 模型的意义

对于二元选择问题，通常设定 Y_i 取值为 1 的概率是 p_i。一个自然的想法是：p_i 应与 X_i 成非线性关系，具体表现是随着 X_i 的减小，p_i 趋近 0 的速度会越来越慢；反过来，随着 X_i 的增大，p_i 接近 1 的速度也越来越慢，并且 p_i 的变化始终在 0 和 1 之间。为此，采用的处理方法如图 8-11 所示。

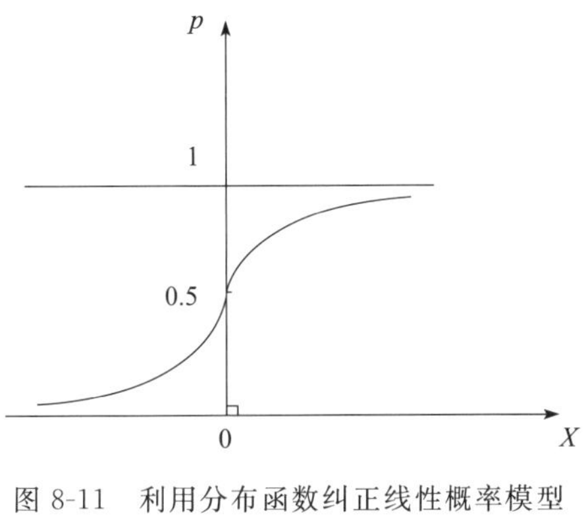

图 8-11　利用分布函数纠正线性概率模型

从图 8-11 中可看出，根据上述想法绘制的曲线具有 S 形特征，这与随机变量的分布函数曲线

的特征相似。因此，分布函数可作为研究这一类问题计量经济学模型的设定。依据不同的假定，分布函数可取相应的具体形式，Probit 模型是其中的一种，取分布函数为标准正态分布的累积分布函数。

最简单的 Probit 模型就是指被解释变量 Y 是一个取 0 或 1 的变量，事件发生的概率依赖于解释变量，即 $P(Y=1)=f(X)$，也就是说，$Y=1$ 的概率是一个关于 X 的函数，其中，$f(X)$服从标准正态分布。设：

$$p_i=\Phi(z_i)=\Phi(\alpha+\beta X_i) \tag{8-16}$$

在式(8-16)中，当 $z_i\rightarrow+\infty$时，$p_i\rightarrow1$；当 $z_i\rightarrow-\infty$时，$p_i\rightarrow0$；当 $z_i=0$ 时，$p_i=\frac{1}{2}$，符合分布函数的特征。

2. Probit 模型的估计

对于 Probit 模型 $p_i=\Phi(z_i)=\Phi(\alpha+\beta X_i)$，由于普通最小二乘法仅适用于线性模型参数的估计，因此对于 Probit 模型，如果仍然使用普通最小二乘法估计，则得不到估计量精确的形式，此时应选择使用最大似然法对未知参数进行估计。

假设有样本量为 n 的观测数据$(X_i，Y_i)$，$i=1，2，\cdots，n$，由于样本是随机抽取的，所以，在给定 X_i 的条件下得到的 $Y_i=1$ 和 $Y_i=0$ 的概率分别是 p_i 和 $1-p_i$。于是，一个观测值的概率为

$$P(Y=Y_i)=[\Phi(\alpha+\beta X_i)]^{Y_i}[1-\Phi(\alpha+\beta X_i)]^{1-Y_i}$$

其中，$Y_i=1$ 或 $Y_i=0$。由于各项观测相互独立，则 n 次观测所得的样本数据的联合分布可表示为各边际分布的连乘积：

$$L(Y_1，Y_2，\cdots，Y_n)=\prod_{i=1}^{n}P(Y=Y_i)=\prod_{i=1}^{n}[\Phi(\alpha+\beta X_i)]^{Y_i}[1-\Phi(\alpha+\beta X_i)]^{1-Y_i} \tag{8-17}$$

我们称式(8-17)为 n 次观测的似然函数。由最大似然估计法的原理可知，最大似然估计就是求解出具有最大可能获取所给定的样本观测数据的参数估计。于是，最大似然估计的关键是估计出 $\hat{\alpha}$ 和$\hat{\beta}$，使得上述表达式取得最大值。将上式两端取对数得：

$$\ln L=\sum_{i=1}^{n}Y_i\ln[\Phi(\alpha+\beta X_i)]+\sum_{i=1}^{n}(1-Y_i)\ln[1-\Phi(\alpha+\beta X_i)] \tag{8-18}$$

我们称式(8-18)为对数似然函数。为了估计能使 $\ln L$ 有最大的总体参数估计 $\hat{\alpha}$ 和$\hat{\beta}$，先分别对 α、β 求偏导数，得一阶条件，求解正规方程组即可得到未知参数估计量 $\hat{\alpha}$ 和$\hat{\beta}$。

3. Probit 模型的检验

(1) 拟合优度检验：McFadden-R^2。

常用的线性回归模型中的可决系数 R^2 不再适用于离散选择模型的拟合优度的度量，原因在于 Y 的观测值只取 0 或 1，而 Y 的预测值是概率，因此离散选择模型的 R^2 不可能接近 1。目前最常用的是 McFadden 于 1974 年提出的 McFadden-R^2，它是一种替代 R^2 的度量拟合优度的较好方法。McFadden-R^2 定义为

$$\rho=1-\frac{L(\hat{\beta})}{L(0)} \tag{8-19}$$

其中，$L(\hat{\beta})$是模型对数似然函数的最大值(log likelihood)，表示无约束模型的极大似然函数值；$L(0)$是仅包含常数项和误差项的零模型估计结果的对数似然函数的最大值(restr. log likelihood)，表示约束模型即 $\beta=0$ 时的极大似然函数值。McFadden-R^2 的取值为[0，1]。McFadden-R^2 总是介于 0 和 1 之间，其值越大，表明拟合优度越高。

(2)期望-预测表检验。

期望-预测表检验的原理为：选取适当的截断值 p，利用模型的预测值 $\hat{p}_i=\Phi(\hat{\alpha}+\hat{\beta}X_i)$，通过计算 $Y=1$ 或 $Y=0$ 的概率的正确性来判断模型拟合优度的高低。将 $\hat{p}_i$ 与实际观测值 Y_i 比较，就可以得到模型预测的正确率。例如，如果样本观测值 $Y_i=0$，同时 $\hat{p}_i<p$，那么拟合分组正确，否则分组错误。如果模型估计和实际观测数据一致，那么分组恰当。该方法通过利用分组是否恰当来检验模型的拟合优度。期望-预测表检验主要通过总体预测正确率指标来判断模型拟合优度的高低。

(3) 变量的显著性检验：z 检验。

对于二元选择模型，与经典模型中采用的变量显著性 t 检验类似，可以通过极大似然估计时给出的 z 统计量检验系数的显著性。

单个变量的显著性检验原假设和备择假设如下。

$$H_0：\beta=0，H_1：\beta\neq 0。$$

构造 z 统计量 $z=\dfrac{\hat{\beta}}{\mathrm{SE}(\hat{\beta})}$，$z$ 统计量渐近地服从标准正态分布，如果 $|z|$ 大于给定显著性水平的临界值，则拒绝原假设。

(4) 回归方程的显著性检验：似然比检验。

在大样本情况下，如果两个模型之间具有嵌套关系，那么它们的对数似然值的 -2 倍之差近似服从 χ^2 分布。我们称这一统计量为似然比统计量。

对于含有 k 个解释变量的 Probit 模型：

$$p_i=\Phi(\beta_0+\beta_1X_{1i}+\cdots+\beta_kX_{ki})$$

回归方程的显著性检验原假设和备择假设如下。

$$H_0：\beta_1=\beta_2=\cdots=\beta_k=0，H_1：\beta_i(i=1，2，\cdots，k)不全为零。$$

我们可以构造似然比统计量：

$$\mathrm{LR}=-2(L(0)-L(\hat{\beta}))$$

其中 $L(0)$指不包含解释变量 X 时的对数似然函数值，LR 渐近地服从自由度为 k 的 χ^2 分布，如果 LR 大于给定显著性水平的临界值，则拒绝原假设。

8.2.3 Logit 模型

1. Logit 模型的意义

Logit 模型与 Probit 模型建模的原理非常相似，区别在于分布函数选取的不同。Logit 模型选择的分布函数为 Logistic 分布函数，表达式为

$$p_i=F(z_i)=\frac{1}{1+\mathrm{e}^{-z_i}}=\frac{1}{1+\mathrm{e}^{-(\alpha+\beta X_i)}} \tag{8-20}$$

在式(8-20)中，$z_i=\beta_1+\beta_2X_i$。F 为 Logistic 分布函数，它也具有明显的 S 形分布特征。

可以由 Logistic 分布函数导出 Logit 模型。

由于 $p_i=F(z_i)=\dfrac{1}{1+e^{-z_i}}=\dfrac{1}{1+e^{-(\alpha+\beta X_i)}}$，则

$$\ln\left(\frac{p_i}{1-p_i}\right)=z_i=\alpha+\beta X_i \tag{8-21}$$

其中，$\dfrac{p_i}{1-p_i}$为机会概率比（简称机会比），即事件发生与不发生所对应的概率之比。如果将式(8-21)中的 $\ln\left(\dfrac{p_i}{1-p_i}\right)$整体看成一个变量，可以得到如下模型：

$$\ln\left(\frac{p_i}{1-p_i}\right)=z_i=\alpha+\beta X_i+\varepsilon_i \tag{8-22}$$

式(8-22)被称为 Logit 模型，形式上仍然是线性回归模型，因此可把 Logit 模型和 Probit 模型都归为广义线性模型的范畴。

另外，对于 Logit 模型也可以从机会比$\dfrac{p}{1-p}$的角度来解释回归系数。当解释变量 X 增加一个单位时，意味着机会比$\dfrac{p}{1-p}$从 $e^{\alpha+\beta X}$ 变到 $e^{\alpha+\beta(X+1)}$，扩大了 e^{β} 倍。

2. Logit 模型的特点

(1) 随着 p 从 0 变到 1，$\ln\left(\dfrac{p}{1-p}\right)$从$-\infty$变到$\infty$（即 z_i 从$-\infty$变到∞）。可以看出，在线性概率模型中概率必须在 0 与 1 之间，但 Logit 模型并不受此约束。

(2) $\ln\left(\dfrac{p}{1-p}\right)$对 X_i 为线性函数。

(3) 当 $\ln\left(\dfrac{p}{1-p}\right)$为正的时候，意味着随着 X_i 的增加，选择 1 的可能性也增大了。当 $\ln\left(\dfrac{p}{1-p}\right)$为负的时候，随着 X_i 的增加，选择 1 的可能性将减小。换言之，当机会比由 1 变到 0 时，$\ln\left(\dfrac{p}{1-p}\right)$会变负，并且在幅度上越来越大；当机会比由 1 变到无穷时，$\ln\left(\dfrac{p}{1-p}\right)$为正，并且会越来越大。

3. Logit 模型的估计

为了估计 Logit 模型，除了 X_i 外，还需要 $\ln\left(\dfrac{p}{1-p}\right)$的数值。由于 p_i 只取值为 1 和 0（即事件发生或不发生，如贷款发放或不发放），这样就使得 $\ln\left(\dfrac{p}{1-p}\right)$无意义，通常情况下，$p_i$ 没有具体的数据，所以直接对 Logit 模型进行估计有困难。这时，可以采用以下估计方法解决这一问题。

(1) 样本量较大，被解释变量在分组的情形下可以选用 OLS 法。

可通过市场调查获得分组或重复数据资料，用相对频数 $\hat{p}_i=\dfrac{r_i}{n_i}$ 作为 p_i 的估计。以购买住房为例，将购买住房的情况分组，假设第 i 组共有 n_i 个家庭，收入为 X_i，其中有 r_i 个家庭已购买住房，其余未购买，则收入为 X_i 的家庭，购买住房的频率为 $\hat{p}_i=\dfrac{r_i}{n_i}$，将它作为对 p_i 的估计，并代入对数机会比，则用 $\ln\left(\dfrac{\hat{p}_i}{1-\hat{p}_i}\right)$ 代替对数机会比 $\ln\left(\dfrac{p_i}{1-p_i}\right)$。于是，总体回归模型为

$$\ln\left(\frac{\hat{p}_i}{1-\hat{p}_i}\right)=\alpha+\beta X_i+\varepsilon_i \tag{8-23}$$

对式(8-23)可直接运用 OLS 法估计未知参数。

(2) 样本量不大时可以选用最大似然估计法。

如果样本量不是很大，我们可以选择最大似然估计法进行估计。

假设有样本量为 n 的观测数据(X_i，Y_i)，$i=1$，2，…，n，由于样本是随机抽取的，所以，在给定 X_i 的条件下得到的 $Y_i=1$ 和 $Y_i=0$ 的概率分别是 p_i 和 $1-p_i$。于是，一个观测值的概率为

$$P(Y=Y_i)=[F(\alpha+\beta X_i)]^{Y_i}[1-F(\alpha+\beta X_i)]^{1-Y_i} \tag{8-24}$$

其中，$Y_i=1$ 或 $Y_i=0$。因为各项观测相互独立，则 n 次观测所得的样本数据的联合分布可表示为各边际分布的连乘积：

$$L(Y_1, Y_2, \cdots, Y_n)=\prod_{i=1}^{n}P(Y=Y_i)=\prod_{i=1}^{n}[F(\alpha+\beta X_i)]^{Y_i}[1-F(\alpha+\beta X_i)]^{1-Y_i} \tag{8-25}$$

式(8-25)被称为 n 次观测的似然函数。由最大似然估计法的原理可知，最大似然估计就是求解出具有最大可能取得所给定的样本观测数据的参数估计。于是，最大似然估计的关键是估计出 $\hat{\alpha}$ 和 $\hat{\beta}$，使得上述表达式取得最大值。将上式两端取对数得：

$$\ln L=\sum_{i=1}^{n}Y_i\ln[F(\alpha+\beta X_i)]+\sum_{i=1}^{n}(1-Y_i)\ln[1-F(\alpha+\beta X_i)] \tag{8-26}$$

称式(8-26)为对数似然函数。为了估计能使 $\ln L$ 有最大的总体参数估计 $\hat{\alpha}$ 和 $\hat{\beta}$，先分别对 α、β 求偏导数，得到正规方程组。由于 $F(z_i)=\dfrac{1}{1+e^{-z_i}}=\dfrac{1}{1+e^{-(\alpha+\beta X_i)}}$ 是 α、β 的非线性函数，所以无法从正规方程组解出未知参数估计量 $\hat{\alpha}$ 和 $\hat{\beta}$，此时可以使用迭代法求出近似解。随着计算机技术的发展，最大似然法估计 Logit 模型的应用已经很成熟了，很多统计软件都有相应的命令可以实现。

4. Logit 模型检验

Logit 模型检验方法同 Probit 模型。

当被解释变量是名义变量(即取值只是名义代号，没有大小顺序的含义)时，Logit 和 Probit 没有本质的区别。两者的区别主要在于采用的分布函数不同，前者假设随机变量服从 Logistic 分布，而后者假设随机变量服从正态分布。其实，这两种分布函数的公式很相似，函数值相差也并不大，唯一的区别在于 Logistic 分布函数的尾巴比正态分布粗一些。

8.3 案例分析

例 8-3 建立工薪阶层群体出行选择模型。

现有一项针对工薪阶层群体关于公共交通工具的调查，主要目的是调查出行是选择乘坐公交车上下班还是骑自行车上下班。被解释变量 Y 设置如下：

$$Y=\begin{cases}1 & \text{主要乘公交车上下班}\\ 0 & \text{主要骑自行车上下班}\end{cases}$$

解释变量 X_1 是性别的虚拟变量，定义为 $X_1=\begin{cases}1 & \text{男性}\\ 0 & \text{女性}\end{cases}$；解释变量 X_2 表示年龄，看成连续型变量；解释变量 X_3 表示月收入，也是连续型变量。具体数据如表 8-3 所示。

表 8-3 工薪阶层群体关于公共交通工具的调查报告结果

序号	性别	年龄	月收入	Y	序号	性别	年龄	月收入	Y
1	0	18	850	0	15	1	20	1 000	0
2	0	21	1 200	0	16	1	25	1 200	0
3	0	23	850	1	17	1	27	1 300	0
4	0	23	950	1	18	1	28	1 500	0
5	0	28	1 200	1	19	1	30	950	1
6	0	31	850	0	20	1	32	1 000	0
7	0	36	1 500	1	21	1	33	1 800	0
8	0	42	1 000	1	22	1	33	1 000	0
9	0	46	950	1	23	1	38	1 200	0
10	0	48	1 200	0	24	1	41	1 500	0
11	0	55	1 800	1	25	1	45	1 800	1
12	0	56	2 100	1	26	1	48	1 000	0
13	0	58	1 800	1	27	1	52	1 500	1
14	1	18	850	0	28	1	56	1 800	1

资料来源：何晓群，刘文卿．应用回归分析[M]．北京：中国人民大学出版社，2007.

8.3.1 建立线性概率模型

在 EViews 12.0 中输入数据后，在主窗口依次单击 Object/New object/Equation/OK，估计方法选择默认的 Least Squares，估计结果如图 8-12 所示。可得线性概率模型的回归方程：

$$\hat{Y}_i=-0.034\,9-0.401\,1X_1+0.014\,1X_2+0.000\,2X_3$$

$$t=(-0.111\,9)(-2.438\,4)(1.612\,6)(0.542\,7)$$

$$\overline{R}^2=0.293\,4\quad F=4.737\,1\quad \mathrm{DW}=2.104\,1$$

发现该估计模型拟合优度为 0.371 9，拟合程度不高，但是 F 统计量在 1%的显著性水平下是显著的。此外，在其他因素保持不变的情形下，男性群体比女性群体乘坐公交车下班的概率低 0.401 1。

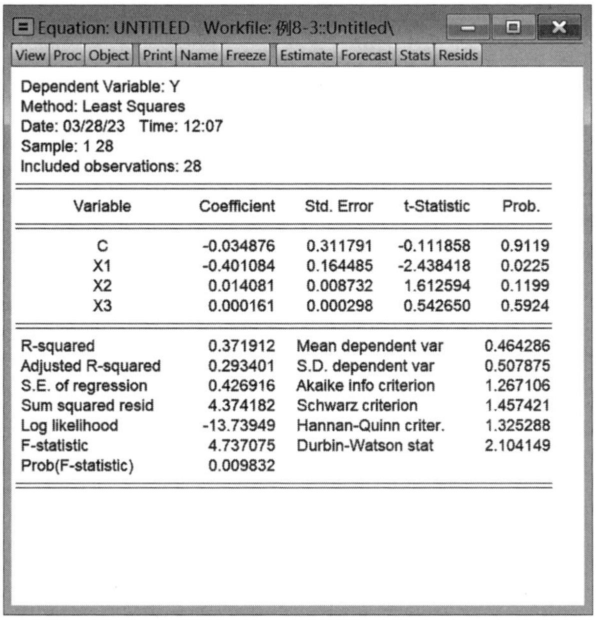
Equation: UNTITLED　Workfile: 例8-3::Untitled\

View | Proc | Object | Print | Name | Freeze | Estimate | Forecast | Stats | Resids

Dependent Variable: Y
Method: Least Squares
Date: 03/28/23　Time: 12:07
Sample: 1 28
Included observations: 28

Variable	Coefficient	Std. Error	t-Statistic	Prob.
C	-0.034876	0.311791	-0.111858	0.9119
X1	-0.401084	0.164485	-2.438418	0.0225
X2	0.014081	0.008732	1.612594	0.1199
X3	0.000161	0.000298	0.542650	0.5924

R-squared	0.371912	Mean dependent var	0.464286
Adjusted R-squared	0.293401	S.D. dependent var	0.507875
S.E. of regression	0.426916	Akaike info criterion	1.267106
Sum squared resid	4.374182	Schwarz criterion	1.457421
Log likelihood	-13.73949	Hannan-Quinn criter.	1.325288
F-statistic	4.737075	Durbin-Watson stat	2.104149
Prob(F-statistic)	0.009832		

图 8-12　线性概率模型估计结果

8.3.2　建立 Probit 模型

在 EViews 12.0 中输入数据后，依次单击 Object/New object/Equation/OK，在 Method 中选择需要的计算方法：BINARY-Binary Choice(Logit，Probit，Extreme Value)，在 Binary estimation method 中选择 Probit，在 Equation specification 中输入公式如 $y=c(1)+c(2)*x1+c(3)*x2+c(4)*x3$，如图 8-13 所示。

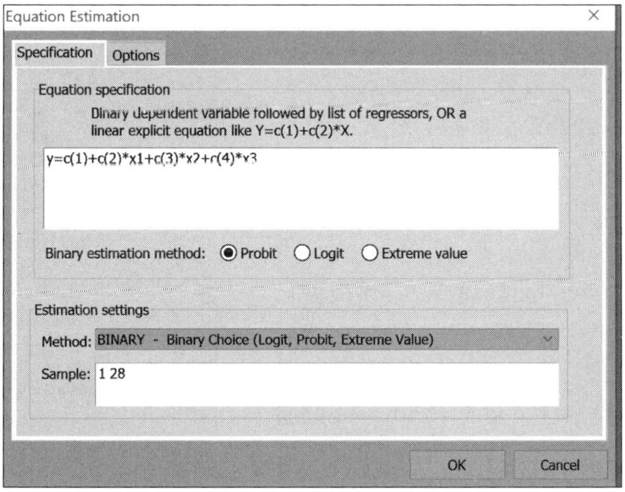

图 8-13　Probit 模型估计方程

Probit 模型估计结果如图 8-14 所示，最终得到的估计回归方程为

$$\hat{p}=\Phi(-2.0611-1.3975X_1+0.0470X_2+0.0008X_3)$$

$$z=(-1.7598)(-2.2798)(1.5737)(0.7514)$$

$$\text{McFadden-}R^2=0.3245 \quad \text{LR}=12.5477$$

从结果可以看出，解释变量 X_3 即月收入不显著，因此考虑将 X_3 剔除。下面将被解释变量 Y 对解释变量 X_1 和 X_2 做回归，结果如图 8-15 所示。

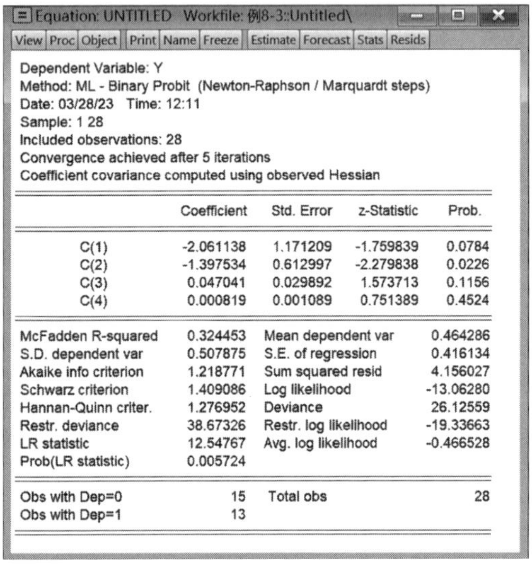

Equation: UNTITLED Workfile: 例8-3::Untitled\

View | Proc | Object | Print | Name | Freeze | Estimate | Forecast | Stats | Resids

Dependent Variable: Y
Method: ML - Binary Probit (Newton-Raphson / Marquardt steps)
Date: 03/28/23 Time: 12:11
Sample: 1 28
Included observations: 28
Convergence achieved after 5 iterations
Coefficient covariance computed using observed Hessian

	Coefficient	Std. Error	z-Statistic	Prob.
C(1)	-2.061138	1.171209	-1.759839	0.0784
C(2)	-1.397534	0.612997	-2.279838	0.0226
C(3)	0.047041	0.029892	1.573713	0.1156
C(4)	0.000819	0.001089	0.751389	0.4524

McFadden R-squared	0.324453	Mean dependent var	0.464286
S.D. dependent var	0.507875	S.E. of regression	0.416134
Akaike info criterion	1.218771	Sum squared resid	4.156027
Schwarz criterion	1.409086	Log likelihood	-13.06280
Hannan-Quinn criter.	1.276952	Deviance	26.12559
Restr. deviance	38.67326	Restr. log likelihood	-19.33663
LR statistic	12.54767	Avg. log likelihood	-0.466528
Prob(LR statistic)	0.005724		

Obs with Dep=0	15	Total obs	28
Obs with Dep=1	13		

图 8-14 Probit 模型估计结果

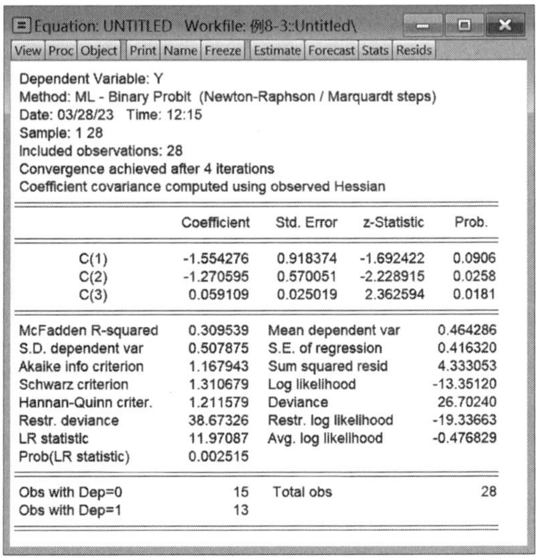

Equation: UNTITLED Workfile: 例8-3::Untitled\

View | Proc | Object | Print | Name | Freeze | Estimate | Forecast | Stats | Resids

Dependent Variable: Y
Method: ML - Binary Probit (Newton-Raphson / Marquardt steps)
Date: 03/28/23 Time: 12:15
Sample: 1 28
Included observations: 28
Convergence achieved after 4 iterations
Coefficient covariance computed using observed Hessian

	Coefficient	Std. Error	z-Statistic	Prob.
C(1)	-1.554276	0.918374	-1.692422	0.0906
C(2)	-1.270595	0.570051	-2.228915	0.0258
C(3)	0.059109	0.025019	2.362594	0.0181

McFadden R-squared	0.309539	Mean dependent var	0.464286
S.D. dependent var	0.507875	S.E. of regression	0.416320
Akaike info criterion	1.167943	Sum squared resid	4.333053
Schwarz criterion	1.310679	Log likelihood	-13.35120
Hannan-Quinn criter.	1.211579	Deviance	26.70240
Restr. deviance	38.67326	Restr. log likelihood	-19.33663
LR statistic	11.97087	Avg. log likelihood	-0.476829
Prob(LR statistic)	0.002515		

Obs with Dep=0	15	Total obs	28
Obs with Dep=1	13		

图 8-15 将 X_3 剔除后 Probit 模型估计结果

得到的回归方程为

$$\hat{p}=\Phi(-1.5543-1.2706X_1+0.0591X_2)$$

$$z=(-1.6924)(-2.2289)(2.3626)$$

$$\text{McFadden-}R^2=0.3095 \quad \text{LR}=11.9709$$

关于拟合优度检验。由结果可得 LR = 11.9709，在 1% 的显著性水平下，模型通过了回归方程的显著性检验。另外，McFadden-R^2 = 0.3095，直观上不好判断模型的拟合优度，可以使用 Hosmer-Lemeshow 检验和 Andrews 检验来检验拟合优度。

在方程窗口的菜单栏中单击 View/Goodness-of-Fit Test(Hosmer-Lemeshow)，弹出窗口如图 8-16 所示。

如果选择默认值，则表示检验结果包含 Hosmer-Lemeshow 检验统计量和 Andrews 检验统计量，同时选择了基于预测概率的十分位数进行分组。按照图 8-16 选择，所得结果如图 8-17 所示。

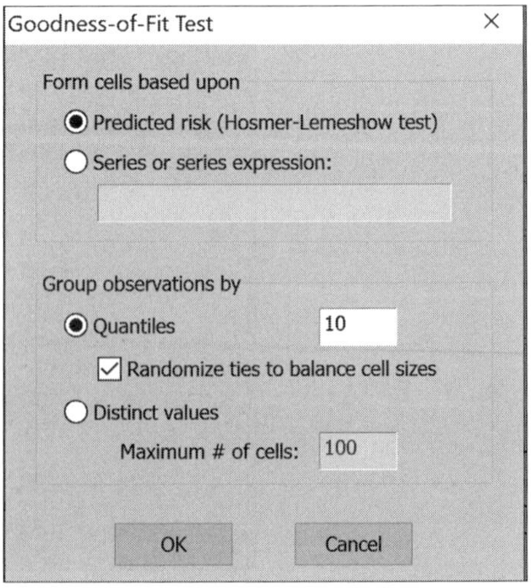

图 8-16 Probit 模型拟合优度检验操作

Equation: UNTITLED　Workfile: 例8-3::Untitled\

View | Proc | Object | Print | Name | Freeze | Estimate | Forecast | Stats | Resids

Goodness-of-Fit Evaluation for Binary Specification
Andrews and Hosmer-Lemeshow Tests
Equation: UNTITLED
Date: 03/28/23　Time: 12:17
Grouping based upon predicted risk (randomize ties)

	Quantile of Risk		Dep=0		Dep=1		Total	H-L
	Low	High	Actual	Expect	Actual	Expect	Obs	Value
1	0.0391	0.0502	2	1.91065	0	0.08935	2	0.09353
2	0.0890	0.1210	3	2.68044	0	0.31956	3	0.35765
3	0.1465	0.1910	2	2.48721	1	0.51279	3	0.55834
4	0.1910	0.3120	3	2.21567	0	0.78433	3	1.06198
5	0.3441	0.4228	2	1.85600	1	1.14400	3	0.02930
6	0.4228	0.4345	0	1.14272	2	0.85728	2	2.66593
7	0.5049	0.5982	1	1.35668	2	1.64332	3	0.17119
8	0.6095	0.7169	1	0.98732	2	2.01268	3	0.00024
9	0.8234	0.9002	1	0.39844	2	2.60156	3	1.04735
10	0.9551	0.9695	0	0.11489	3	2.88511	3	0.11947
		Total	15	15.1500	13	12.8500	28	6.10499

H-L Statistic	6.1050	Prob. Chi-Sq(8)	0.6355
Andrews Statistic	14.9205	Prob. Chi-Sq(10)	0.1350

图 8-17　Probit 模型拟合优度检验结果

Hosmer-Lemeshow 检验和 Andrews 检验原理是考察拟合值与观测值的吻合程度，如果拟合值和实际值差异很大，则拒绝原假设，即模型拟合效果不理想。由图 8-17 可以看出，Hosmer-Lemeshow 检验和 Andrews 检验虽然 p 值差异很大，但在 10%的显著性水平下结论是一致的，即回归函数的拟合效果较好。

关于回归系数的解释。如果估计量的系数是正的，则说明当解释变量越大时，被解释变量取 1 的概率越大，取 0 的概率越小；反过来，如果估计量的系数是负的，则说明当解释变量越大时，被解释变量取 1 的概率越小，取 0 的概率越大。对于不显著的解释变量，可以剔除后再次进行回归。由图 8-15 中给出的结果可以看出，性别虚拟变量和年龄都是在 5%显著性水平下表现显著的。解释变量 X_2 的系数估计值为正，这表明随着年龄的增大，被解释变量取值为 1 的概率越大，即年纪越大越倾向于选择公交出行。解释变量 X_1 的系数估计值为负，这表明在年龄相同的条件下，男性相较于女性来说选择公交出行的概率更低，比如 30 岁男性比 30 岁女性乘坐公交车下班的概率差异为

$$\Phi(\ 1.5543-1.2706\times1+0.0591\times30)-\Phi(-1.5543-1.2706\times0+0.0591\times30)$$
$$=-0.4401$$

也就是说，30 岁男性比 30 岁女性乘坐公交车下班的概率低 0.440 1，相比线性概率模型，这个结果表明 30 岁男性比 30 岁女性乘坐公交车下班的概率要更低一些。

8.3.3　建立 Logit 模型

EViews 操作：首先导入数据，接下来单击 Object/New object/Equation/OK，在 Method 中选择需要的计算方法：BINARY-Binary Choice(Logit，Probit，Extreme Value)，在 Binary estimation method 中选择 Logit，在 Equation specification 中输入公式如 y c x1 x2 x3，如图 8-18 所示。

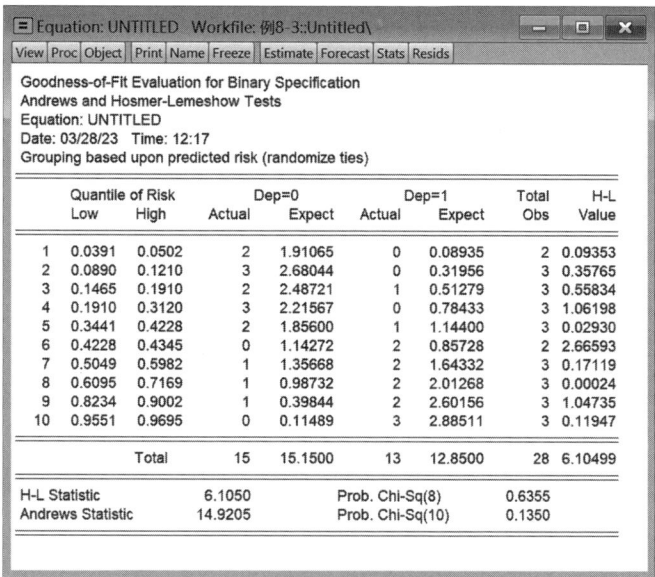

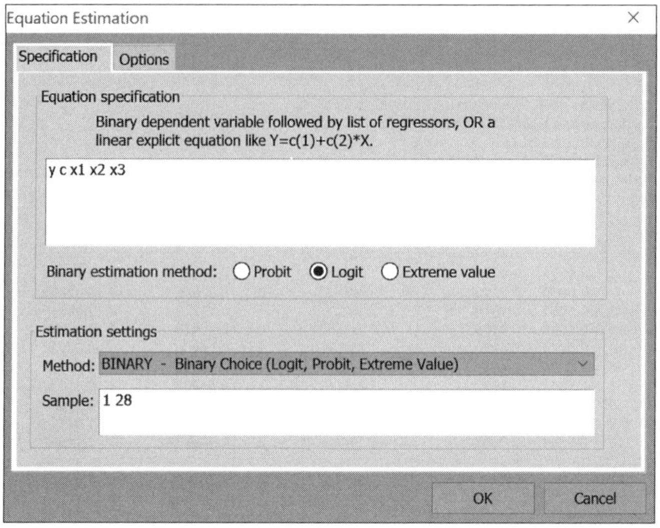

图 8-18 Logit 模型估计方程

Logit 模型估计结果如图 8-19 所示。

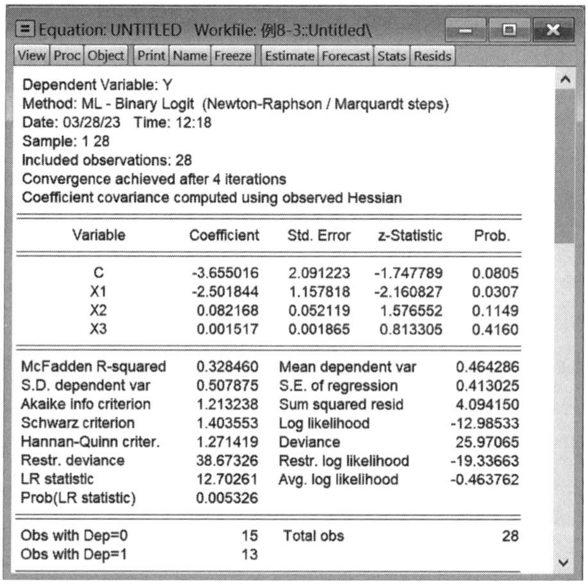

Equation: UNTITLED Workfile: 例8-3::Untitled\

View | Proc | Object | Print | Name | Freeze | Estimate | Forecast | Stats | Resids

Dependent Variable: Y
Method: ML - Binary Logit (Newton-Raphson / Marquardt steps)
Date: 03/28/23 Time: 12:18
Sample: 1 28
Included observations: 28
Convergence achieved after 4 iterations
Coefficient covariance computed using observed Hessian

Variable	Coefficient	Std. Error	z-Statistic	Prob.
C	-3.655016	2.091223	-1.747789	0.0805
X1	-2.501844	1.157818	-2.160827	0.0307
X2	0.082168	0.052119	1.576552	0.1149
X3	0.001517	0.001865	0.813305	0.4160

McFadden R-squared	0.328460	Mean dependent var	0.464286
S.D. dependent var	0.507875	S.E. of regression	0.413025
Akaike info criterion	1.213238	Sum squared resid	4.094150
Schwarz criterion	1.403553	Log likelihood	-12.98533
Hannan-Quinn criter.	1.271419	Deviance	25.97065
Restr. deviance	38.67326	Restr. log likelihood	-19.33663
LR statistic	12.70261	Avg. log likelihood	-0.463762
Prob(LR statistic)	0.005326		

Obs with Dep=0	15	Total obs	28
Obs with Dep=1	13		

图 8-19 Logit 模型估计结果

最终得到的 Logit 模型回归方程为

$$\hat{p}=\frac{\exp(-3.6550-2.5018X_1+0.0822X_2+0.0015X_3)}{1+\exp(-3.6550-2.5018X_1+0.0822X_2+0.0015X_3)}$$

$$z=(-1.7478)(-2.1608)(1.5766)(0.8133)$$

$$\text{McFadden-}R^2=0.3285 \quad \text{LR}=12.7026$$

从结果可以看出，解释变量的显著性与 Probit 模型差不多，月收入 X_3 仍然不显著，同样考虑将 X_3 剔除。下面将被解释变量 Y 对解释变量 X_1 和 X_2 做回归，结果如图 8-20 所示。

Equation: UNTITLED　Workfile: 例8-3::Untitled\

View | Proc | Object | Print | Name | Freeze | Estimate | Forecast | Stats | Resids

Dependent Variable: Y
Method: ML - Binary Logit (Newton-Raphson / Marquardt steps)
Date: 03/28/23　Time: 12:20
Sample: 1 28
Included observations: 28
Convergence achieved after 4 iterations
Coefficient covariance computed using observed Hessian

Variable	Coefficient	Std. Error	z-Statistic	Prob.
C	-2.628505	1.553707	-1.691763	0.0907
X1	-2.223879	1.047650	-2.122730	0.0338
X2	0.102265	0.045800	2.232850	0.0256

McFadden R-squared	0.310829	Mean dependent var	0.464286
S.D. dependent var	0.507875	S.E. of regression	0.414625
Akaike info criterion	1.166161	Sum squared resid	4.297856
Schwarz criterion	1.308897	Log likelihood	-13.32625
Hannan-Quinn criter.	1.209797	Deviance	26.65250
Restr. deviance	38.67326	Restr. log likelihood	-19.33663
LR statistic	12.02076	Avg. log likelihood	-0.475938
Prob(LR statistic)	0.002453		

Obs with Dep=0	15	Total obs	28
Obs with Dep=1	13		

图 8-20　被解释变量 Y 对解释变量 X_1 和 X_2 做 Logit 回归

由图 8-20 中给出的结果可以看出，性别虚拟变量和年龄都是在 5%显著性水平下显著的。与 Probit 模型相比，Logit 模型得出的性别虚拟变量和年龄变量的估计值的绝对值都比 Probit 模型高。

8.3.4　拟合优度检验

EViews 操作：在方程窗口的菜单栏单击 View/Goodness-of-Fit Test(Hosmer-Lemeshow)，弹出窗口中选择默认值，则可得如图 8-21 所示的结果。

Equation: UNTITLED　Workfile: 例8-3::Untitled\

View | Proc | Object | Print | Name | Freeze | Estimate | Forecast | Stats | Resids

Goodness-of-Fit Evaluation for Binary Specification
Andrews and Hosmer-Lemeshow Tests
Equation: UNTITLED
Date: 03/28/23　Time: 12:20
Grouping based upon predicted risk (randomize ties)

	Quantile of Risk		Dep=0		Dep=1		Total	H-L
	Low	High	Actual	Expect	Actual	Expect	Obs	Value
1	0.0469	0.0569	2	1.89615	0	0.10385	2	0.10953
2	0.0915	0.1204	3	2.67821	0	0.32179	3	0.36046
3	0.1438	0.1858	2	2.49965	1	0.50035	3	0.59882
4	0.1858	0.3127	3	2.22594	0	0.77406	3	1.04323
5	0.3408	0.4313	2	1.84579	1	1.15421	3	0.03349
6	0.4313	0.4377	0	1.13095	2	0.86905	2	2.60275
7	0.5141	0.6143	1	1.31316	2	1.68684	3	0.13282
8	0.6322	0.7414	1	0.92076	2	2.07924	3	0.00984
9	0.8411	0.9072	1	0.36313	2	2.63687	3	1.27078
10	0.9524	0.9645	0	0.12625	3	2.87375	3	0.13180
		Total	15	15.0000	13	13.0000	28	6.29352

H-L Statistic	6.2935	Prob. Chi-Sq(8)	0.6144
Andrews Statistic	16.2584	Prob. Chi-Sq(10)	0.0925

图 8-21　Logit 模型拟合优度检验结果

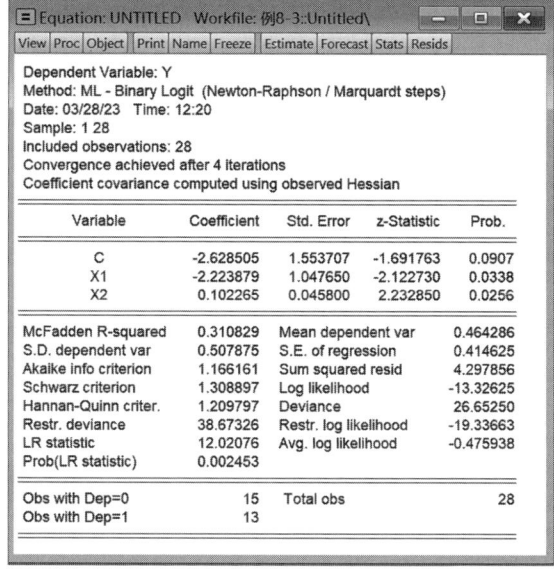

由图 8-21 可以看出，Hosmer-Lemeshow 检验和 Andrews 检验 p 值差异很大，两种检验的结果有很大的不同：Hosmer-Lemeshow 检验表明模型拟合情况较好，但在 10%的显著性水平下，Andrews 检验结论模型的拟合效果不太好，这很有可能是由于样本量不大造成的。

8.3.5 期望-预测检验

EViews 操作：在方程窗口的菜单栏选择 View/Expectation-Prediction Evaluation，会弹出窗口询问临界值的设定，默认为 0.5，即当拟合值大于 0.5 时，被解释变量真实观测值为 1，认为预测正确。对于被解释变量为 0-1 的二值变量来说，通过比较 Y 的真实值和拟合值，可以得到总体预测正确率。在本例中，如图 8-22 所示，总体预测正确率为 75%，考虑到样本量仅为 28，这个结果还是能够接受的。

Equation: UNTITLED Workfile: 例8-3::Untitled\

View | Proc | Object | Print | Name | Freeze | Estimate | Forecast | Stats | Resids

Expectation-Prediction Evaluation for Binary Specification
Equation: UNTITLED
Date: 03/28/23 Time: 12:23
Success cutoff: C = 0.5

	Estimated Equation			Constant Probability		
	Dep=0	Dep=1	Total	Dep=0	Dep=1	Total
P(Dep=1)<=C	12	4	16	15	13	28
P(Dep=1)>C	3	9	12	0	0	0
Total	15	13	28	15	13	28
Correct	12	9	21	15	0	15
% Correct	80.00	69.23	75.00	100.00	0.00	53.57
% Incorrect	20.00	30.77	25.00	0.00	100.00	46.43
Total Gain*	-20.00	69.23	21.43			
Percent Gai...	NA	69.23	46.15			

	Estimated Equation			Constant Probability		
	Dep=0	Dep=1	Total	Dep=0	Dep=1	Total
E(# of Dep=0)	10.67	4.33	15.00	8.04	6.96	15.00
E(# of Dep=1)	4.33	8.67	13.00	6.96	6.04	13.00
Total	15.00	13.00	28.00	15.00	13.00	28.00
Correct	10.67	8.67	19.33	8.04	6.04	14.07
% Correct	71.12	66.67	69.05	53.57	46.43	50.26
% Incorrect	28.88	33.33	30.95	46.43	53.57	49.74
Total Gain*	17.54	20.24	18.80			
Percent Gai...	37.79	37.79	37.79			

*Change in "% Correct" from default (constant probability) specification
**Percent of incorrect (default) prediction corrected by equation

图 8-22 Logit 模型期望-预测检验

思考与练习

一、简述题

1. 计量模型中引入虚拟变量的作用有哪些？
2. 将虚拟变量引入模型的基本原则是什么？它们各适用于什么情况？
3. 在二元 Logit 模型中，如何对解释变量的系数进行解释？
4. 简述 Logit 模型和 Probit 模型的区别与联系。
5. 将虚拟变量引入模型有几种基本的方式？

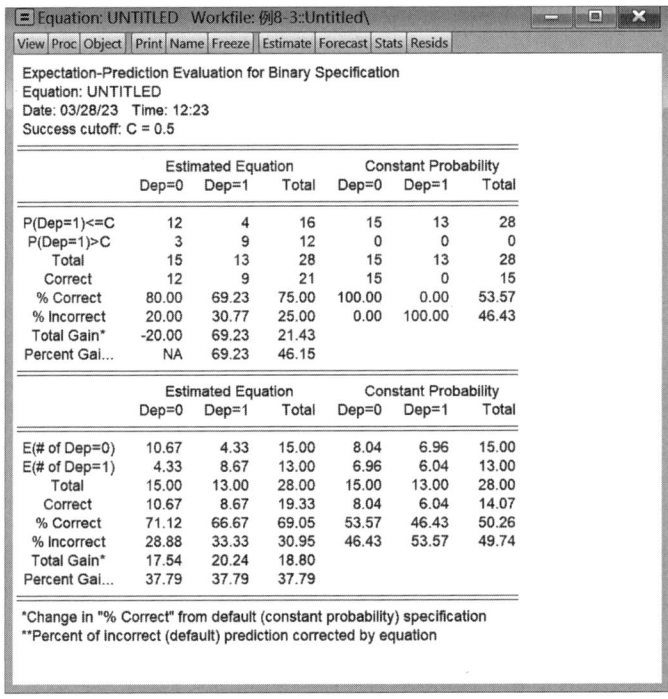

二、单选题

1. 虚拟变量(　　)。
   A. 只能代表定量因素
   B. 只能代表定性因素
   C. 不是人工构造的变量
   D. 主要代表定性因素，也可以代表某些非精确计量的定量因素
2. 对于模型 $Y_i=\beta_0+\beta_1X_i+\varepsilon_i$，若考虑季节因素的影响，则需要引入虚拟变量的个数为(　　)。
   A. 1　　B. 2　　C. 3　　D. 4
3. 对于模型 $Y_i=\beta_0+\beta_1X_i+\varepsilon_i$，若同时考虑季节因素和城乡差异的影响，则需要引入虚拟变量的个数为(　　)。
   A. 1　　B. 2　　C. 3　　D. 4
4. 当 k 元回归模型中不包含截距项时，若想将含有 m 个互斥类型的定性因素引入模型中，此时应该引入虚拟变量的个数为(　　)。
   A. m　　B. $m-1$　　C. $m+1$　　D. $m-k$
5. 当 k 元回归模型中包含截距项时，若想将含有 m 个互斥类型的定性因素引入模型中，此时应该引入虚拟变量的个数为(　　)。
   A. m　　B. $m-1$　　C. $m+1$　　D. $m-k$
6. 对于模型 $Y_i=\beta_0+\beta_1X_i+\varepsilon_i$，为了考虑季节因素的影响，引入 4 个虚拟变量，那么模型(　　)。
   A. 参数将无法估计　　B. 参数估计量为有偏估计量
   C. 参数估计量为非一致估计量　　D. 参数估计量为无偏有效估计量
7. 虚拟变量陷阱是指(　　)。
   A. 模型不可以引入虚拟变量
   B. 模型无法确定引入虚拟变量的个数
   C. 引入虚拟变量会导致模型出现异方差性
   D. 引入虚拟变量会导致模型产生完全多重共线性
8. 对于模型 $Y_i=\beta_0+\beta_1X_i+\varepsilon_i$，为了考虑城乡差异的影响，引入 2 个虚拟变量，则会产生(　　)。
   A. 异方差性　　B. 自相关性
   C. 不完全多重共线性　　D. 完全多重共线性
9. 对于模型 $Y_i=\beta_0+\beta_1D_i+\varepsilon_i$，其中 Y_i 是某大型集团的高级工程师年薪，$D_i=\begin{cases}1 & \text{男高级工程师}\\0 & \text{女高级工程师}\end{cases}$，则对于参数 β_0、β_1 的含义，下面解释不正确的是(　　)。
   A. β_0 表示女高级工程师的平均年薪
   B. β_1 表示男高级工程师的平均年薪
   C. $\beta_0+\beta_1$ 表示男高级工程师的平均年薪
   D. β_1 表示男、女高级工程师的平均年薪差额
10. 设消费函数模型为 $Y_i=\beta_0+\beta_1X_i+\beta_2D_i+\varepsilon_i$，其中 Y_i 是消费，X_i 是收入，$D_i=\begin{cases}1 & \text{北方}\\0 & \text{南方}\end{cases}$，

若统计推断检验 $\beta_2=0$ 成立，则南北方消费函数为(　　)。

A. 重合回归　　B. 平行回归

C. 共点回归　　D. 相异回归

11. 为研究大学生入校时间对消费的影响，设消费模型为 $Y_i=\beta_0+\beta_1 D_{1i}+\beta_2 D_{2i}+\beta_3 D_{3i}+\varepsilon_i$，其中 Y_i 是消费，$D_1=\begin{cases}1 & \text{大二学年}\\0 & \text{其他学年}\end{cases}$，$D_2=\begin{cases}1 & \text{大三学年}\\0 & \text{其他学年}\end{cases}$，$D_3=\begin{cases}1 & \text{大四学年}\\0 & \text{其他学年}\end{cases}$，则模型考虑了(　　)个定性因素的影响。

A. 1　　B. 2　　C. 3　　D. 4

12. 根据样本估计得到消费函数：$\hat{Y}_i=120.55+0.56X_i+86.72D_i$，其中 $\hat{Y}_i$ 是消费，X_i 是收入，$D_i=\begin{cases}1 & \text{城镇家庭}\\0 & \text{非城镇家庭}\end{cases}$，若所有参数统计检验均显著，则城镇家庭消费函数为(　　)。

A. $\hat{Y}_i=120.55+0.56X_i$　　B. $\hat{Y}_i=120.55+87.28X_i$

C. $\hat{Y}_i=207.27+0.56X_i$　　D. $\hat{Y}_i=120.55+86.72X_i$

13. 假定城镇居民人均可支配收入(X)在 8 000 元以内，私人汽车拥有量(Y)的回归系数维持在某一水平，当 $X\geqslant 8\,000$ 元时，回归系数的水平将明显上升，则 Y 随 X 变动的线性关系可采用如下哪种形式描述？(　　)

A. $Y_i=\beta_0+\beta_1 X_i+\beta_2 D_i+\varepsilon_i$，$D=\begin{cases}1 & X\geqslant 8\,000\\0 & X<8\,000\end{cases}$

B. $Y_i=\beta_0+\beta_1 X_i+\beta_2(X_i-X^*)D_i+\varepsilon_i$，$X^*=8\,000$，$D=\begin{cases}1 & X\geqslant 8\,000\\0 & X<8\,000\end{cases}$

C. $Y_i=\beta_0+\beta_1(X_i-X^*)+\varepsilon_i$，$X^*=8\,000$

D. $Y_i=\beta_0+\beta_1 X_i+\beta_2 D_i X_i+\varepsilon_i$，$D=\begin{cases}1 & X\geqslant 8\,000\\0 & X<8\,000\end{cases}$

14. 为研究性别对消费行为的影响，设消费函数的形式为：$Y_i=\beta_0+\beta_1 D_i+\beta_2 D_i X_i+\beta_3 X_i+\varepsilon_i$，其中，$D_i=\begin{cases}1 & \text{男}\\0 & \text{女}\end{cases}$，当下列哪项统计检验成立时，表明性别对于消费行为是没有影响的？(　　)

A. $\beta_1=0$，$\beta_2\neq 0$　　B. $\beta_1\neq 0$，$\beta_2=0$　　C. $\beta_1\neq 0$，$\beta_2\neq 0$　　D. $\beta_1=0$，$\beta_2=0$

15. 随着网络购物的兴起，人们的消费模式发生了很大的变化，以 2003 年淘宝网站的建立为转折点，设虚拟变量 $D_i=\begin{cases}1 & \text{2003 年以后}\\0 & \text{2003 年以前}\end{cases}$，消费函数发生了结构性变化：基本消费部分下降，而边际消费倾向增大了，则居民线性消费函数的理论模型可设定为(　　)。

A. $Y_i=\beta_0+\beta_1 X_i+\beta_2 D_i X_i+\varepsilon_i$　　B. $Y_i=\beta_0+\beta_1 X_i+\beta_2 D_i+\varepsilon_i$

C. $Y_i=\beta_0+\beta_1 X_i+\varepsilon_i$　　D. $Y_i=\beta_0+\beta_1 X_i+\beta_2 D_i+\beta_3 D_i X_i+\varepsilon_i$

三、多选题

1. 引入虚拟变量的基本方式有(　　)。

A. 加法方式　　B. 乘法方式　　C. 乘方方式　　D. 减法方式

2. 关于虚拟变量，下面表述正确的有(　　)。

A. 虚拟变量只能作为解释变量

B. 虚拟变量只能表示定性因素

C. 虚拟变量一般取值为 0 和 1

D. 虚拟变量既可以作为解释变量，也可以作为被解释变量

3. 引入虚拟变量的主要作用有(　　)。

A. 可以作为定性因素的代表

B. 可以作为某些偶然因素或者政策因素的代表

C. 可以作为时间序列分析中季节(月份)的代表

D. 可以实现分段回归

4. 计量模型中需考虑 m 个定性因素的影响，且每个定性因素有 2 个不同的属性类型，则(　　)虚拟变量。

A. 在包含截距项的模型中，应引入 m 个

B. 在包含截距项的模型中，应引入 $m-1$ 个

C. 在不包含截距项的模型中，应引入 $2m$ 个

D. 在不包含截距项的模型中，应引入 $2(m-1)$ 个

5. 在线性模型中引入虚拟变量，可以反映(　　)。

A. 斜率变动　　　　B. 截距变动

C. 斜率和截距变动　　　　D. 分段回归

6. 对于模型 $Y_i=\beta_0+\beta_1 X_i+\beta_2(X_i-X^*)D_i+\varepsilon_i$，下面表述正确的有(　　)。

A. 以 $X_i=X^*$ 为节点，前后两段线性回归直线的截距不同

B. 以 $X_i=X^*$ 为节点，前后两段线性回归直线的斜率不同

C. 可采用 OLS 法估计模型参数

D. 两条分段回归线在 $X_i=X^*$ 处不连续

7. 在进行模型结构分析时，对于如下两个模型 $Y_i=\alpha_0+\alpha_1 X_i+\varepsilon_i$，$Y_i=\beta_0+\beta_1 X_i+\varepsilon_i$，下面表述正确的有(　　)。

A. $\alpha_0=\beta_0$，$\alpha_1=\beta_1$ 表明两个模型没有差异

B. $\alpha_0=\beta_0$，$\alpha_1\neq\beta_1$ 时称为共点回归

C. $\alpha_0\neq\beta_0$，$\alpha_1=\beta_1$ 时称为平行回归

D. $\alpha_0\neq\beta_0$，$\alpha_1\neq\beta_1$ 时称为相异回归

8. 设通信消费支出模型为 $Y_i=\beta_0+\beta_1 X_i+\beta_2 D_{2i}+\beta_3 D_{3i}+\beta_4 D_{2i}D_{3i}+\varepsilon_i$，其中 Y_i 是通信消费的年度支出，X_i 是收入，$D_{2i}=\begin{cases}1 & \text{城镇家庭}\\0 & \text{非城镇家庭}\end{cases}$，$D_{3i}=\begin{cases}1 & \text{男}\\0 & \text{女}\end{cases}$，则下面表述正确的有(　　)。

A. β_4 表示性别和城乡差异对通信消费支出的交互影响

B. β_3 表示在保持其他条件不变时，男性与女性在通信消费支出上的差额

C. β_2 表示在保持其他条件不变时，城镇家庭与非城镇家庭在通信消费支出上的差额

D. β_4 表示在保持其他条件不变时，城镇家庭男性与非城镇家庭女性在通信消费支出上的差额

9. 关于分段回归模型，下面表述正确的有(　　)。

A. 若为两段回归，需设置 1 个虚拟变量

B. 若为 K 段回归，需设置 $K-1$ 个虚拟变量

C. 分段节点前后截距和斜率均不相同

D. 分段回归不可以使用 OLS 法估计模型参数

10. 设收入函数模型为 $Y_i=\beta_0+\beta_1 X_i+\varepsilon_i$，为反映学历(大专及以下、本科、研究生)对收入的

影响，引入3个虚拟变量，则(　　)。

A. 会导致虚拟变量陷阱　　B. 会引起不完全多重共线性

C. 模型参数将无法估计　　D. 参数估计量仍为BLUE估计量

11. 虚拟变量的交互效应(　　)。

A. 即“虚拟变量陷阱”

B. 只有在模型中引入两个及以上虚拟变量作为解释变量时才有可能出现

C. 通过虚拟变量相乘反映

D. 更符合实际的经济活动

12. 在模型 $Y_i=\beta_0+\beta_1X_i+\beta_2D_{2i}+\beta_3D_{3i}+\beta_4D_{2i}D_{3i}+u_i$ 中，Y_i 代表农副产品生产总收益，X_i 是农副产品生产投入，D_{2i} 代表油菜生产的虚拟变量($D_{2i}=1$ 为发展油菜生产，$D_{2i}=0$ 为其他)，D_{3i} 代表养蜂生产的虚拟变量($D_{3i}=1$ 为发展养蜂生产，$D_{3i}=0$ 为其他)，则下面表述正确的有(　　)。

A. β_2 为是否发展油菜生产对农副产品生产总收益的截距差异系数

B. β_3 为是否发展养蜂生产对农副产品生产总收益的截距差异系数

C. β_4 为同时发展油菜生产和养蜂生产对农副产品生产总收益的交互效应系数

D. $\beta_2\sim\beta_4$ 均反映截距水平的差异

13. 虚拟变量还可称为(　　)。

A. 二元变量　　B. 哑元变量　　C. 属性变量　　D. 双值变量

14. 模型1：$Y_i=\beta_0+\beta_1X_i+\beta_2D_{2i}+\beta_3D_{3i}+u_i$

模型2：$Y_i=\beta_0+\beta_1X_i+\beta_2D_{2i}+\beta_3D_{3i}+\beta_4D_{2i}X_i+\beta_5D_{3i}X_i+u_i$

其中：Y_i 为高校毕业生年薪，X_i 为工龄，$D_{2i}=\begin{cases}211\text{高校}\\ \text{其他}\end{cases}$，$D_{3i}=\begin{cases}\text{一线城市}\\ \text{其他}\end{cases}$，则下面表述正确的有(　　)。

A. 模型1和2均考虑毕业院校属性和工作城市级别这两个定性因素对年薪的影响

B. 模型1和2均以加法方式引入了虚拟变量

C. 若 β_4 和 β_5 均统计显著，此时仍选择模型1，则会造成模型设定偏误

D. 模型1和2均考虑了截距与斜率的问题

15. 关于虚拟变量，下面表述正确的有(　　)。

A. 设置虚拟变量时，基础类型、否定类型通常取值为0

B. 虚拟变量可以将定性因素的影响定量化

C. 虚拟变量不可以直接应用OLS法来估计参数

D. 引入越多的虚拟变量，模型的设定越好

四、判断题

1. 在含有虚拟变量的计量模型中，虚拟变量的取值通常为0和1。(　　)
2. 在计量模型中，虚拟变量只能作为解释变量。(　　)
3. 虚拟变量主要用来表示定性因素的影响。(　　)
4. 当计量模型不含截距项时，若有 m 个互斥的二值变量，则需引入 m 个虚拟变量。(　　)
5. “虚拟变量陷阱”的实质是由于引进虚拟变量个数不合适，而导致模型出现严重的自相关现象。(　　)
6. 以乘法方式引入虚拟变量，可以进行交互效应分析。(　　)

7. 虚拟变量模型不仅可以进行回归模型结构变化检验，还可以实现分段回归。(　　)
8. 虚拟变量参数的显著性检验与其他定量解释变量是一样的。(　　)
9. 含有虚拟变量的计量模型可以直接用 OLS 法来估计。(　　)
10. 若居民每月的食品消费支出不仅和收入水平有关，还需考虑性别属性的影响，由于性别有两个属性(男、女)，则需要引入两个虚拟变量。(　　)
11. 通过虚拟变量将定性因素引入计量模型中，虚拟变量的个数与定性因素的水平和样本量均有关系。(　　)
12. 若利润函数为 $\hat{Y}_i=\beta_0+\beta_1 X_i+\beta_2 D_{2i}+\beta_3 X_i D_{3i}$，其中，$Y$ 为销售利润，X 为销售收入，D 为考虑销售淡旺季影响的虚拟变量，若 β_2 不为 0，且统计检验显著，则说明销售利润不仅与销售收入有关，还与销售淡旺季有关。(　　)
13. 若认为定性因素会改变回归模型的斜率，则应当以加法方式把虚拟变量引入模型中。(　　)
14. 在线性计量模型中引入虚拟变量，既可以反映斜率的变化，也可以反映截距的变化。(　　)
15. 在计量模型中，被解释变量必须是连续变量。(　　)

五、填空题

1. 虚拟变量的引入方式有加法方式、________方式和混合方式。
2. 利用季度数据来建立含有截距项的模型时，需要引入________个虚拟变量。
3. 利用月度数据来建立不含有截距项的模型时，需要引入________个虚拟变量。
4. 若构建男女服装消费模型，两个模型在斜率上无差异，只在截距上有差异，则应该在模型中以________方式引入虚拟变量。
5. 若以混合方式引入虚拟变量，模型形式为 $Y_i=\beta_0+\beta_1 X_i+\beta_2 D_i+\beta_3 D_i X_i+\varepsilon_i$，仅有 β_3 未通过显著性检验，则说明两模型仅________(截距/斜率)存在差异。
6. 共点回归是指两模型仅________(截距/斜率)存在差异。
7. 设置虚拟变量进行分段线性回归时，如果分为 K 段，则需要引入________个虚拟变量。
8. 对于模型 $Y_i=\beta_0+\beta_1 X_i+\varepsilon_i$，若考虑两个定性因素的影响，其中一个因素有两个互斥水平，另一个因素有三个互斥水平，则需要引入虚拟变量的个数为________。
9. 某些经济现象的变动，会在解释变量达到某个临界值时发生突变，为了区分不同阶段的截距和斜率，可设置________进行分段回归。
10. 在模型 $Y_i=\beta_0+\beta_1 X_i+\beta_2 D_{2i}+\beta_3 D_{3i}+\beta_4 D_{2i} D_{3i}+u_i$ 中，$D_{2i}D_{3i}$ 被引入模型，这样做是为了描述两个虚拟变量的________作用。
11. 为考虑经济政策对消费函数的影响，可考虑引入虚拟变量，通常设置经济政策不变为________(填 0 或者 1)。
12. 若一个定性因素有 m 个互斥类型(或水平、属性)，在含有截距项的模型中，应引入________个虚拟变量。
13. 若研究东部、中部、西部的员工工资差异，模型中需要设置________个虚拟变量。
14. 定义一个二值变量或一个 0-1 变量来刻画定性信息，这个二值变量称为________。
15. 虚拟变量陷阱本质是模型发生________。

六、计算题

1. 利用表 8-4 的统计数据建立考虑季节因素的城镇居民人均消费支出(Y)与人均可支配收入(X)的具体数量关系模型，并分析季节因素对城镇居民消费支出的影响效应。

表 8-4 城镇居民人均消费支出与人均可支配收入的季度性数据 （单位：元）

时间	Y	X	时间	Y	X
2013 年一季度	4 725	7 203	2016 年三季度	5 612	8 380
2013 年二季度	4 132	6 044	2016 年四季度	6 282	8 279
2013 年三季度	4 631	6 598	2017 年一季度	6 387	9 986
2013 年四季度	5 000	6 622	2017 年二季度	5 544	8 336
2014 年一季度	5 193	7 912	2017 年三季度	5 915	9 108
2014 年二季度	4 478	6 608	2017 年四季度	6 599	8 966
2014 年三季度	4 936	7 177	2018 年一季度	6 749	10 781
2014 年四季度	5 361	7 147	2018 年二季度	5 996	8 989
2015 年一季度	5 534	8 572	2018 年三季度	6 269	9 829
2015 年二季度	4 867	7 127	2018 年四季度	7 098	9 652
2015 年三季度	5 235	7 813	2019 年一季度	7 160	11 633
2015 年四季度	5 756	7 683	2019 年二季度	6 405	9 709
2016 年一季度	5 970	9 255	2019 年三季度	6 814	10 597
2016 年二季度	5 215	7 702	2019 年四季度	7 684	10 420

资料来源：国家统计局网站(http://www.stats.gov.cn/)。

2. 现从 2005 年 4 月至 2005 年 9 月中国台湾信用卡客户数据中选取该 28 个客户的信息(见表 8-5)。被解释变量 Y 表示“是否逾期”，$Y=1$ 代表逾期，$Y=0$ 代表没有逾期。解释变量包含：X_1 表示性别(1 代表男性，0 代表女性)，X_2 表示婚姻状况(1 代表已婚，0 代表未婚)，X_3 表示 2005 年 9 月还款情况(−2 表示无消费，−1 表示全额支付，0 表示仅支付最低金额，1 表示延迟付款一个月，2 表示延迟付款两个月)。分别建立 Y 对 X_1、X_2 和 X_3 的 Logit 模型与 Probit 模型，并对模型估计结果进行分析说明。

表 8-5 中国台湾信用卡客户数据

序号	性别	婚姻状况	还款情况	Y	序号	性别	婚姻状况	还款情况	Y
1	0	0	2	1	15	1	1	0	0
2	0	0	−1	1	16	0	0	1	0
3	0	0	0	0	17	1	1	0	1
4	0	0	0	0	18	1	1	0	0
5	1	0	−1	0	19	0	1	1	0
6	1	1	0	0	20	0	1	1	0
7	1	1	0	0	21	0	0	0	0
8	0	0	0	0	22	0	0	−1	1
9	0	0	0	0	23	0	0	2	1
10	1	0	−2	0	24	0	1	−2	1
11	0	0	0	0	25	1	1	0	0
12	0	1	−1	0	26	1	0	0	0
13	0	0	−1	0	27	1	1	1	1
14	1	2	1	1	28	0	0	0	0

资料来源：http://archive.ics.uci.edu/ml/machine-learning-databases/00350/.

第 9 章
CHAPTER9

协整与误差修正模型

□ 案例导引

中国进口与出口之间存在均衡变动关系吗

进出口贸易是国民经济的重要组成部分，对一国的经济发展起着重要的作用，既可以提高国内生产效率，促进技术进步，又可以创造大量的就业机会，进而促进经济发展。进出口贸易差额是衡量一个国家对外贸易收支状况的一个重要标志，从一般意义上讲，贸易顺差反映了一个国家在对外贸易收支上处于有利地位，表明在世界市场的商品竞争中具有优势；而贸易逆差则反映了一国在对外贸易收支上处于不利地位，表明它在世界市场上的商品竞争中处于劣势。从长期趋势看，一国的进出口贸易额应该保持均衡变动关系。

中国的进口与出口之间存在长期均衡变动关系吗？如何利用计量经济模型加以测度反映？建立的模型是否存在伪回归现象？如何判定进口与出口之间是否存在因果关系？

时间序列回归分析通常借助于因果关系结构模型的建立，并且假定解释变量和被解释变量序列是平稳的。但在现实生活中，实际时间序列数据往往是非平稳的，利用它建立模型可能会导致虚假回归或伪回归问题。本章主要介绍序列平稳性检验的基本方法、协整模型和误差修正模型的建立方法，以及变量序列是否存在因果关系的定量分析方法。

9.1 平稳性检验

9.1.1 单位根过程

在一个随机过程中，若随机变量的任意子集的联合分布函数与时间无关，即

无论对 T 的任何时间子集$(t_1, t_2, \cdots, t_n)$以及任何实数 k，$(t_{i+k})\in T$，$i=1, 2, \cdots, n$ 都有 $F(x(t_1), x(t_2), \cdots, x(t_n))=F(x(t_{1+k}), x(t_{2+k}), \cdots, x(t_{n+k}))$成立，其中 $F(x)$表示 n 个随机变量的联合分布函数，则称之为严平稳过程或强平稳过程。

严平稳意味着随机过程所有存在的矩都不随时间的变化而变化。严平稳的条件是非常严格的，而且对于一个随机过程，上述联合分布函数不便于分析和使用。因此，我们希望给出不像严平稳那样严格的条件。若放松条件，则可以只要求分布的主要参数相同。如只要求从一阶到某阶的矩函数相同，这就引出了宽平稳概念。

假定某个时间序列是由某一随机过程生成的，即该时间序列$\{X_t\}(t=1, 2, \cdots,)$中的每个数值都是从一个概率分布中随机得到的，如果 X_t 满足下列条件：

(1) 期望 $\mathrm{E}(X_t)=\mu$ 是与时间 t 无关的常数；

(2) 方差 $\mathrm{Var}(X_t)=\sigma^2$ 是与时间 t 无关的常数；

(3) 协方差 $\mathrm{Cov}(X_t X_{t+k})=\gamma_k$，是只与时期间隔 k 有关，但与时间 t 无关的常数。

这时我们称该时间序列是平稳的，而该随机过程是一个 k 阶平稳过程。该过程属于宽平稳过程。

如果严平稳过程的二阶矩为有限常数值，则它一定是宽平稳过程。反之，一个宽平稳过程不一定是严平稳过程。但对于正态随机过程而言，严平稳过程与宽平稳过程是一致的。这是因为正态随机过程的联合分布函数完全由均值、方差和协方差确定。本书将二阶平稳过程简称为平稳过程。

下面介绍两种基本的随机过程。

1. 白噪声过程

白噪声(white noise)过程：对于随机过程$\{x_t, t\in T\}$，如果 $\mathrm{E}(x_t)=0$，$\mathrm{Var}(x_t)=\sigma^2<\infty$，$t\in T$；$\mathrm{Cov}(x_t, x_{t+k})=0$，$(t+k)\in T$，$k\neq 0$，则称$\{x_t\}$为白噪声过程。

白噪声是平稳的随机过程，因其均值为零，方差不变，随机变量之间非相关。显然上述白噪声是二阶宽平稳随机过程。如果$\{x_t\}$还服从正态分布，则它就是一个严平稳的随机过程。

2. 随机游走

一个简单的随机时间序列被称为随机游走，该序列由如下随机过程生成：

$$y_t=y_{t-1}+u_t, \quad y_0=0, \quad u_t\sim \mathrm{IN}(0, {\sigma_u}^2) \tag{9-1}$$

其中，IN 表示相互独立的正态分布。若$\{u_t\}$是一个白噪声序列，则称该随机过程为随机游走过程。

显然，$\mathrm{E}(y_t)=\mathrm{E}(y_{t-1})$。$\{y_t\}$序列的方差，根据递归方法，$y_1=y_0+u_1$，$y_2=y_1+u_2=y_0+u_1+u_2$，$\cdots$，$y_t=y_0+u_1+u_2+\cdots+u_t$，则 $\mathrm{Var}(y_t)=t\sigma^2$，即$\{y_t\}$的方差与时间 t 有关而不是常数，因此它是非平稳序列。

实际上，随机游走是一阶自回归 AR(1)模型 $y_t=\varphi y_{t-1}+u_t$ 的一个特例。当$|\varphi|>1$时，该随机过程的时间序列是分散的，表现为持续上升($\varphi>1$)或持续下降($\varphi<-1$)，序列非平稳；当 $\varphi=1$ 时，该序列是随机游走序列，也是非平稳过程；只有当$|\varphi|<1$ 时，该随机过程对应的序列才是平稳的。

由上述可知，随机游走序列 $y_t=y_{t-1}+u_t$ 是非平稳的，其中 u_t 是白噪声，该序列可以看成是随机模型式(9-2)中参数 $\varphi=1$ 的情形：

$$y_t=\varphi y_{t-1}+u_t \tag{9-2}$$

可以将式(9-2)改写为 $(1-\varphi L)y_t=u_t$，L 为后移算子，该式的特征方程为 $(1-\varphi L)=0$，有根 $1/\varphi$，当 $\varphi=1$ 时，特征方程的根为1，即随机变量 y_t 序列有一单位根。也就是说，一个有单位根的时间序列就是随机游走序列，而随机游走序列是非平稳的。

9.1.2 平稳性检验方法

1. 图示法

给出一个随机时间序列，首先可以通过绘制该序列的趋势图来初步判断它是否具有平稳性。平稳时间序列在图形上往往表现出一种围绕其均值不断波动的过程，如图9-1中的 x 序列；对于非平稳时间序列，如图9-1中的 z 序列则往往表现出在不同时间段具有不同的均值或者说随着时间推移表现为持续上升或持续下降趋势。

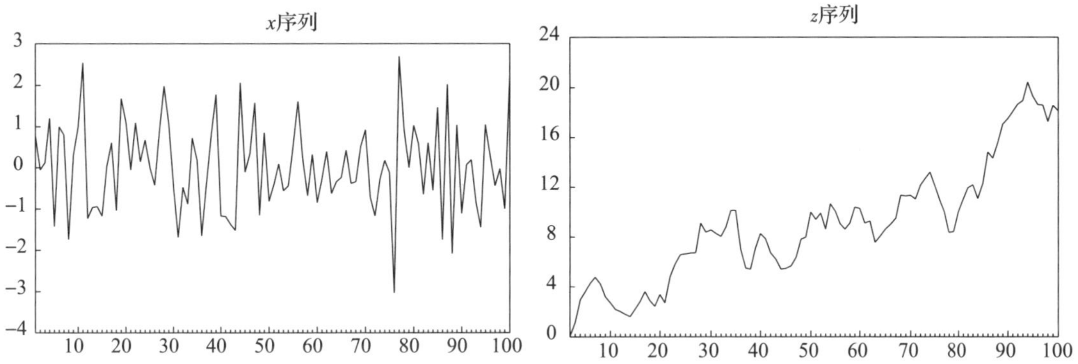

图9-1 平稳时间序列(x 序列)与非平稳时间序列(z 序列)

图示法虽然直观，但有时会产生判断偏差，尚需要利用自相关函数及其分布图做进一步判断。随机时间序列的自相关函数(auto correlation function，ACF)的计算公式为

$$\rho_k=\frac{\gamma_k}{\gamma_0} \tag{9-3}$$

γ_k 是时间序列滞后 k 期的协方差，γ_0 是方差，因此自相关函数是关于滞后期 k 的递减函数。

在实际应用中，由于现象总体的数据难以获取，通常利用样本自相关函数(sample auto correlation function)予以近似。样本自相关函数，又称为样本自相关系数，其计算公式为

$$r_k=\frac{\sum_{i=1}^{n-k}(y_t-\overline{y})(y_{t+k}-\overline{y})}{\sum_{i=1}^{n}(y_t-\overline{y})^2},\ k=1,2,\cdots \tag{9-4}$$

r_k 是样本 y_t 的自相关函数。当 k 增大时，r_k 的值下降速度较快，则认为该序列是平稳的；如果其下降速度十分缓慢，则预示该序列是非平稳的。根据前述方法，我们也可以

通过生成时间序列的样本自相关函数图来进一步判断，图 9-2 给出了图 9-1 中平稳序列(x 序列)和非平稳序列(z 序列)的样本自相关函数图。从样本自相关值看，序列 x 的样本自相关数值下降较快，而序列 z 的样本自相关数值下降较慢，因此序列 x 是平稳的，序列 z 是非平稳的。

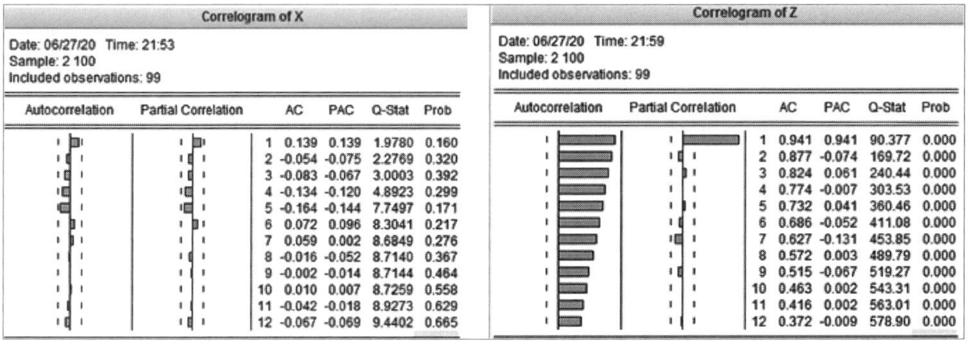

图 9-2 平稳序列(x 序列)与非平稳序列(z 序列)的样本自相关函数图

2. 单位根检验法

以上是利用序列的图示法来判断时间序列的平稳性，这种方法的判断比较粗糙。单位根检验法是检验时间序列平稳性的一种正式的方法。

(1) DF 检验。

DF 检验是迪基(Dickey)和福勒(Fuller)在 20 世纪 70 年代～20 世纪 80 年代提出的，它是通过判断时间序列是否存在单位根来说明其平稳性的。

如前所述，要判断时间序列是否平稳，可通过式(9-2)判断是否有单位根。将式(9-2)变形成差分形式：

$$\Delta y_t=(\varphi-1)y_{t-1}+u_t=\delta y_{t-1}+u_t \tag{9-5}$$

检验式(9-2)是否存在单位根，可通过式(9-5)中 δ 是否为 0 予以判断。

在原假设 H_0：$\delta=0$ 下，计算统计量：

$$t_\tau=\frac{\hat{\delta}}{S_{\hat{\delta}}} \tag{9-6}$$

其中，$\hat{\delta}$ 为 δ 的最小二乘估计值，$S_{\hat{\delta}}$ 为 δ 的标准误差；然而在原假设(序列平稳)条件下，即使在大样本下统计量也是有偏误的(向下偏倚)，t 检验无法使用。迪基和福勒于 1976 年提出了这一情形下 t 统计量服从的分布，即 DF 分布(见附录 E)。因此，检验仍采用普通最小二乘法估计。其在不同显著性水平和样本容量下的临界值见附录 E。

给定显著性水平，t_τ 统计量的值小于临界值，则拒绝原假设 H_0：$\delta=0$，认为时间序列不存在单位根，是平稳的；反之，时间序列存在单位根，是非平稳的。

(2) ADF 检验。

DF 检验存在的问题是，在检验所设定的模型时，假定随机误差项不存在自相关，但现实中大多数经济数据序列是不能满足此项假定的，当随机误差项存在自相关或者说检验模型存在高阶自相关性时，直接使用 DF 检验法会出现偏误。为保证 DF 检验中随机误差项的白噪声特性，迪基和福勒对 DF 检验进行了扩充，形成了 ADF 检验(augment Dickey-Fuller test，ADF)。ADF 检验是通过下面三个模型完成的：

$$\Delta y_t = \delta y_{t-1} + \sum_{i=1}^{m} \beta_i \Delta y_{t-i} + \varepsilon_t \tag{9-7}$$

$$\Delta y_t = \alpha + \delta y_{t-1} + \sum_{i=1}^{m} \beta_i \Delta y_{t-i} + \varepsilon_t \tag{9-8}$$

$$\Delta y_t = \alpha + \gamma t + \delta y_{t-1} + \sum_{i=1}^{m} \beta_i \Delta y_{t-i} + \varepsilon_t \tag{9-9}$$

式(9-9)中的 t 是时间变量，代表了时间序列随时间变化的某种趋势。式(9-7)与另外两个模型的差别在于是否包含常数项(α)和趋势项(γt)。

与 DF 检验不同，式(9-7)、式(9-8)和式(9-9)中都增加了 Δy_t 的滞后项，其目的是消除自相关性，保证随机误差项是白噪声。在进行实际检验时，一般采用拉格朗日乘数检验(LM 检验)确定滞后阶数 m，或者通过不断的实验调整，最终选择使 AIC 或 SC 较小的 m 值。

在检验过程中，检验首先从式(9-9)开始，然后是式(9-8)，最后是式(9-7)。检验原理与 DF 检验相同，只是对不同方程进行检验时，有各自相应的临界值表(见附录 E)。在利用 EViews 软件进行计算时，软件将自动给出 1%、5%、10%下的 ADF 临界值。

一个简单的检验是同时估计出上述三个方程的适当形式，然后通过 ADF 临界值表检验原假设 H_0：$\delta=0$。只要其中一个方程的检验结果拒绝了原假设，就可以认为时间序列是非平稳的。这里的方程适当形式是指在每个方程中选取适当的差分项，以使方程的残差项是一个白噪声(主要保证不存在自相关性)。

ADF 检验的 EViews 实现。在 EViews 12.0 主菜单中选择 Quick/Series Statistics/Unit Root Test，界面提示需输入待检验序列名，单击 OK 按钮后便进入单位根检验定义对话框；或者在工作文件窗口双击待检验的序列名，打开数据窗口，再单击 View/Unit Root Test 按钮，得到与上面相同的对话框，如图 9-3 所示。

在对话窗口有四个选择框。首先，单击 Test type(检验方法)，在下拉菜单中有 6 种单位根检验方法，系统默认为 ADF 检验法；其次，在 Test for unit root in 选项组中选择所要检验的序列类型，依次为原序列(Level)/一次差分序列(1st difference)和二次差分序列(2nd difference)；再次，在 Include in test equation 中选择检验方程的形式，有截距项(Intercept)、趋势项和截距项(Trend and intercept)与无趋势项和截距项(None)；最后，在 Lag length 中选择滞后期数，有自动(Automatic selection)和人工(User specified)两种方式，在自动选择中包括 6 种准则。

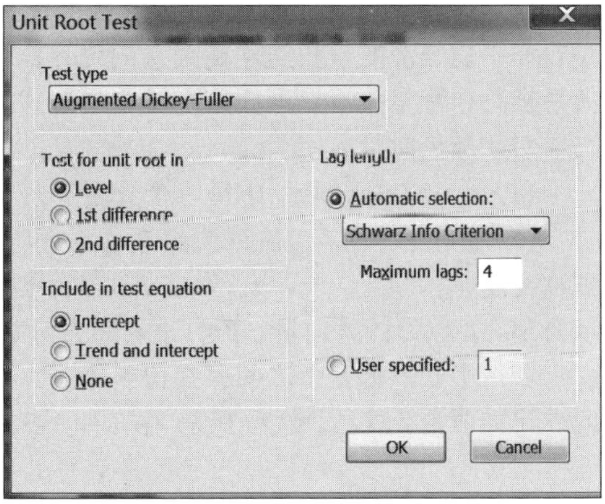

图 9-3　单位根检验

9.2 协整模型

如果将非平稳的时间序列数据直接纳入计量经济回归分析，那么将会影响回归结果的有效性，这也是进行平稳性检验的重要原因。两个非平稳序列的线性组合一般来说也是非平稳的。若 $x_t \sim I(c)$，$y_t \sim I(c)$，则 $z_t=(ax_t+by_t)\sim I(c)$。用非平稳变量建立回归模型会产生虚假回归问题。

多数经济变量都是非平稳的，一般具有一阶或二阶单整性。看起来这些变量很难存在长期均衡关系，而实际上某些经济变量的线性组合却有可能是平稳的。经济理论指出这些变量存在长期稳定的均衡关系，比如净收入与消费、政府支出与税收、工资与价格、进口与出口、货币供应量与价格水平、现货价格与期货价格，以及男性和女性人口数等都存在这种均衡关系。虽然经济变量在变化中经常会离开均衡点，但内在的均衡机制将不断地消除偏差以维持均衡关系。

9.2.1 协整的概念

1. 单整

$y_t=y_{t-1}+u_t$ 是一个随机游走序列，是非平稳的，经过一次差分后变为 $\Delta y_t=y_t-y_{t-1}=u_t$，$\Delta y_t$ 为一个新的时间序列，满足平稳性的条件，是一个平稳时间序列，此时原序列就定义为一阶单整序列，记为 $I(1)$。一般地，若一个非平稳序列 y_t 经过 d 阶差分后为平稳序列，那么此序列就称为 d 阶单整序列，记为 $I(d)$。若一个非平稳序列无论差分多少次，都无法变为一个平稳序列，那么这种序列就称为非单整序列。

2. 协整

所谓**协整**(cointegration)，是指多个非平稳经济变量的某种线性组合是平稳的。协整是对非平稳经济变量长期均衡关系的统计描述。非平稳经济变量间存在的长期稳定的均衡关系被称作协整关系。下面给出协整的正式定义：

对于随机向量 $\boldsymbol{x}_t=(x_{1t},\ x_{2t},\ \cdots,\ x_{nt})'$，如果已知：

(1) $\boldsymbol{x}_t \sim I(d)$(即 $\boldsymbol{x}_t$ 中每一个分量都是 d 阶单整的)；

(2) 存在一个 $n\times 1$ 阶列向量 $\boldsymbol{\beta}(\boldsymbol{\beta}\neq 0)$，使得 $\boldsymbol{\beta}'\boldsymbol{x}_t\sim I(d-b)$

则称变量 x_{1t}，x_{2t}，…，x_{nt} 存在$(d,\ b)$阶协整关系，记为：$\boldsymbol{x}_t\sim CI(d,\ b)$，其中 CI 表示协整，$\boldsymbol{\beta}$ 称为协整向量，$\boldsymbol{\beta}$ 的元素称为协整系数(或参数)。

若两个非平稳变量之间存在协整关系，则它们之间的线性离差，即非均衡误差是平稳的。比如两个 $I(1)$变量 y_t 和 $\boldsymbol{x}_t$ 存在如下关系：

$$y_t=\beta_0+\beta_1\boldsymbol{x}_t+u_t \tag{9-10}$$

其中，$u_t\sim I(0)$，则 $\mathrm{E}(y_t)=\beta_0+\beta_1 x_t$ 是长期均衡关系，$u_t=y_t-\beta_0-\beta_1\boldsymbol{x}_t$ 为非均衡误差。非均衡误差序列应该是在零值上下波动，不会离开零值太远，并以一个不太快的频率穿越零值水平线。此时，这种协整关系是 y_t，$\boldsymbol{x}_t\sim CI(1,\ 1)$，协整向量 $\boldsymbol{\beta}=(1,\ -\beta_1)'$，所以 $u_t=y_t-\beta_0-\beta_1\boldsymbol{x}_t\sim I(0)$。

9.2.2　协整检验

当协整关系未知时，常常需要检验所涉及的变量是否存在协整关系。协整检验主要有两种方法，一种是基于回归系数的协整检验，另一种是基于回归残差的协整检验。这里我们仅介绍回归残差的EG两步法协整检验。

EG两步法协整检验是恩格尔(Engle)和格兰杰(Granger)于1987年提出基于残差的协整检验方法。该方法的基本原理是：假设只有两个变量 y_t 和 x_t 序列，要求这两个变量的单整次数应该相同。

第一步，用OLS法做协整回归。用OLS法对式(9-11)的回归方程(也称为协整回归方程)进行估计，得到残差序列 e_t。

$$y_t=\beta_0+\beta_1 x_t+u_t \tag{9-11}$$

第二步，检验 e_t 的平稳性。计算残差序列 e_t，然后对 e_t 做如下平稳性检验：

$$\Delta e_t=\rho e_{t-1}+v_t \tag{9-12}$$

或

$$\Delta e_t=\rho e_{t-1}+\sum_{i=1}^{k}\gamma_i\Delta e_{t-1} \tag{9-13}$$

原假设与备择假设如下。

H_0：$\rho=0$，　y_t 和 x_t 不存在协整关系

H_1：$\rho\neq 0$，　y_t 和 x_t 存在协整关系

式(9-12)与式(9-13)分别称为EG和AEG(增广的EG)检验式，而所用统计量 $t(\hat{\rho})$ 分别被称作EG和AEG统计量。

注意：只有当 y_t 和 x_t 序列存在协整关系时，式(9-11)才能被称作协整回归式，协整系数 β_1 才能通过协整回归进行估计。

协整检验的EViews实现。首先，利用OLS法估计回归方程，进而得到残差序列，然后对残差序列进行ADF检验，若残差序列平稳，则所估计的回归方程可用于反映变量间的协整关系。

9.3　误差修正模型

误差修正模型是由动态分布滞后模型变换而来的，有效解决了计量经济建模过程中的虚假回归问题。

下面在解释变量和被解释变量都具有平稳性的条件下，利用动态分布滞后模型推导误差修正模型。假设下列自回归分布滞后模型为

$$y_t=\alpha_0+\alpha_1 y_{t-1}+\beta_0 x_t+\beta_1 x_{t-1}+u_t,\quad |\alpha_1|<1,\ u_t\sim \mathrm{IID}(0,\sigma^2) \tag{9-14}$$

其中，假定 y_t，$x_t\sim I(0)$。$|\alpha_1|<1$ 保证了 y_t 的平稳性。IID表示独立同分布。u_t 应不存在自相关性和异方差性。

从式(9-14)两侧同时减去 y_{t-1}，再在右侧同时加减 $-\beta_0 x_{t-1}$，整理得：

$$\Delta y_t=\alpha_0+\beta_0\Delta x_t+(\alpha_1-1)y_{t-1}+(\beta_0+\beta_1)x_{t-1}+u_t \tag{9-15}$$

在式(9-15)右侧同时加减 $(\alpha_1-1)x_{t-1}$，整理得：

$$\Delta y_t = \alpha_0 + \beta_0 \Delta x_t + (\alpha_1 - 1)(y_{t-1} - x_{t-1}) + (\alpha_1 + \beta_0 + \beta_1 - 1)x_{t-1} + u_t \tag{9-16}$$

从式(9-15)还可直接得到：

$$\Delta y_t = \alpha_0 + \beta_0 \Delta x_t + (\alpha_1 - 1)(y_{t-1} - k_1 x_{t-1}) + u_t \tag{9-17}$$

其中，$k_1 = (\beta_0 + \beta_1)/(1 - \alpha_1)$。

自回归分布滞后模型的一个重要特性就是可以改写成多种形式而不影响模型对样本数据的解释能力，也不会改变回归系数的 OLS 估计值。式(9-15)、式(9-16)和式(9-17)表示的是相同关系。因为每一个方程都可从另一个方程变换得到，同时不破坏等式关系。3 个模型的解释能力、长期系数的估计值以及检验用统计量的值完全相同。式(9-17)被称作**误差修正模型**(error correction model，ECM)。

式(9-17)中的$(\alpha_1 - 1)(y_{t-1} - k_1 x_{t-1})$被称作误差修正项。$(y_{t-1} - k_1 x_{t-1})$表示 $t-1$ 期非均衡误差。$(\alpha_1 - 1)$被称为修正系数，表示误差修正项对 Δy_t 的修正强度。根据式(9-17)，Δy_t 的值取决于 Δx_t 和前一期非均衡误差$(y_{t-1} - k_1 x_{t-1})$的值。类似地，也可以以 x_{t-1} 的变动做如上分析。

对式(9-17)进一步整理得：

$$\Delta y_t = \beta_0 \Delta x_t + (\alpha_1 - 1)(y_{t-1} - k_0 - k_1 x_{t-1}) + u_t \tag{9-18}$$

式(9-18)也是误差修正模型的一种表达形式。由式(9-18)可知，y_t 与 x_t 的长期关系是 $y_t = \beta_0 + \beta_1 x_t + u_t$，短期关系是 $\Delta y_t = \beta_0 \Delta x_t - (1 - \alpha_1)(\cdot)$，其中$(\cdot) = y_{t-1} - k_0 - k_1 x_{t-1}$。

当约束条件 $\alpha_1 + \beta_0 + \beta_1 = 1$ 成立时，式(9-15)变为

$$\Delta y_t = \alpha_0 + \beta_0 \Delta x_t + (\alpha_1 - 1)(y_{t-1} - x_{t-1}) + u_t \tag{9-19}$$

式(9-19)可变为

$$\Delta y_t = \alpha_0 + \beta_0 \Delta x_t + (\alpha_1 - 1)(y_{t-1} - k_0 - x_{t-1}) + u_t \tag{9-20}$$

式(9-19)和式(9-20)是 $k=1$ 的特殊误差修正模型。

最常用的 ECM 模型估计方法是恩格尔和格兰杰(1981)两步法，其基本思想如下。

第一步是求模型：

$$y_t = \beta_0 + \beta_1 x_t + u_t \tag{9-21}$$

的 OLS 估计，又称协整回归，得到残差序列 e_t，并用 AEG 法检验是否平稳。如果 e_t 是平稳的，可以用 e_{t-1} 代替 $y_{t-1} - \hat{\beta}_0 - \hat{\beta}_1 x_{t-1}$，即

$$\Delta y_t = \alpha_0 + \beta_0 \Delta x_t + \alpha e_{t-1} + v_t \tag{9-22}$$

第二步是用 OLS 法估计其参数。

9.4 格兰杰因果关系检验

在经济学分析中，判断一个变量的变化是不是另一个变量变化的原因，是计量经济学中常见的问题。格兰杰(Granger)于 1969 年从计量经济学的角度出发，提出了著名的因果关系检验，即格兰杰因果关系检验，用于分析时间序列经济变量之间的因果关系。

9.4.1 格兰杰因果关系

格兰杰因果关系检验要求估计以下回归模型：

$$y_t = \sum_{i=1}^{q} \alpha_i x_{t-i} + \sum_{j=1}^{q} \beta_j y_{t-j} + u_{1t} \tag{9-23}$$

$$x_t = \sum_{i=1}^{s} \gamma_i x_{t-i} + \sum_{j=1}^{s} \delta_j y_{t-j} + u_{2t} \tag{9-24}$$

其中，白噪声 u_{1t} 和 u_{2t} 假定为不相关的。

式(9-23)的原假设 H_0：$\alpha_1=\alpha_2=\cdots=\alpha_q=0$。

式(9-24)的原假设 H_0：$\delta_1=\delta_2=\cdots=\delta_s=0$。

如果不能拒绝式(9-23)的原假设，则说明有统计学的理由证明 x 是 y 的格兰杰原因，反之，则没有统计学的理由证明 x 是 y 的格兰杰原因。

如果不能拒绝式(9-24)的原假设，则说明有统计学的理由证明 y 是 x 的格兰杰原因，反之，则没有统计学的理由证明 y 是 x 的格兰杰原因。

9.4.2　格兰杰因果关系检验的实施

根据上述式(9-23)和式(9-24)的格兰杰因果关系模型，可以检验 x 对 y 是否存在格兰杰因果关系，其实施步骤如下。

第一步，做 y 关于 y 的滞后变量的回归：

$$y_t = \sum_{j=1}^{q} \beta_j y_{t-j} + u_{1t} \tag{9-25}$$

这是一个有约束回归，由此回归得到残差平方和 RSS_R。

第二步，做含有 x 滞后项作为解释变量的回归：

$$y_t = \sum_{j=1}^{q} \beta_j y_{t-j} + \sum_{j=1}^{m} \alpha_j x_{t-j} + u_{2t} \tag{9-26}$$

这是一个无约束回归，由此回归得到残差平方和 RSS_U。

第三步，设立原假设是 H_0：$\alpha_1=\alpha_2=\cdots=\alpha_m=0$，满足原假设的条件下，代表 x 滞后项不属于此回归。

第四步，利用上述有约束模型式(9-25)和无约束模型式(9-26)得到的残差平方和 RSS_R、RSS_U，构造 F 检验统计量：

$$F=\frac{(RSS_R - RSS_U)/m}{RSS_U/[n-(q+m)]} \tag{9-27}$$

式中，m 为约束条件的个数，$q+m$ 为无约束条件的回归系数个数，n 为样本容量。

第五步，给定显著性水平，如果 F 值超过临界值，则拒绝原假设，代表 x 滞后项属于此回归，即 x 是 y 的格兰杰原因。

第六步，如果要检验 y 是不是 x 的格兰杰原因，可将上述模型 x 和 y 的位置互换，重复上述步骤。

格兰杰因果关系检验对于式(9-25)和式(9-26)滞后期数的选择十分敏感，不同的滞后期可能会得到完全不同的检验结果。因此，一般而言，经常进行不同滞后长度的检验，以检验模型中随机误差项为白噪声过程的滞后长度来选取滞后期；在实际应用中，也可以通过 AIC 等检验来确定滞后期数。

9.5 案例分析

9.5.1 样本选取

随着改革开放的逐步深入和经济的迅速增长，中国的商品进口总额和出口总额不断扩大。现选取 1980—2018 年中国商品的进口总额(im)和出口总额(ex)的数据(见表 9-1)，建立时间序列计量经济模型来分析说明中国商品进口总额与出口总额之间是否存在长期均衡关系。

表 9-1 1980—2018 年中国商品的进口总额和出口总额 (单位：亿美元)

年份	进口总额(im_t)	出口总额(ex_t)	年份	进口总额(im_t)	出口总额(ex_t)
1980	200.2	181.2	2000	2 250.9	2 492.0
1981	220.2	220.1	2001	2 345.5	2 661.0
1982	192.9	223.2	2002	2 951.7	3 256.0
1983	213.9	222.3	2003	4 127.6	4 382.3
1984	274.1	261.4	2004	5 612.3	5 933.2
1985	422.5	273.5	2005	6 599.5	7 619.5
1986	429.1	309.4	2006	7 914.6	9 689.8
1987	432.1	394.4	2007	9 561.2	12 200.6
1988	552.7	475.2	2008	11 325.6	14 306.9
1989	591.4	525.4	2009	10 059.2	12 016.1
1990	533.5	620.9	2010	13 962.5	15 777.5
1991	637.9	718.4	2011	17 434.8	18 983.8
1992	805.9	849.4	2012	18 184.1	20 487.1
1993	1 039.6	917.4	2013	19 499.9	22 090.0
1994	1 156.1	1 210.1	2014	19 592.4	23 422.9
1995	1 320.8	1 487.8	2015	16 795.6	22 734.7
1996	1 388.3	1 510.5	2016	15 879.3	20 976.3
1997	1 423.7	1 827.9	2017	18 437.9	22 633.5
1998	1 402.4	1 837.1	2018	21 357.3	24 866.8
1999	1 657.0	1 949.3			

资料来源：国家统计局网站(http://www.stats.gov.cn/)。

9.5.2 变量序列的平稳性检验

在 EViews 中建立文档，录入进口总额(im)和出口总额(ex)序列的数据。为弱化模型中的异方差性和使时间序列易于收敛，现将进口总额与出口总额取自然对数，其操作如下：单击 Object 菜单，选择 Generate Series…，并输入 lnim=log(im)和 lnex=log(ex)，分别生成 lnim 和 lnex 序列。双击打开序列，单击 View/Graph…，可以直观地看到两个序列关于时间的变化(见图 9-4)。

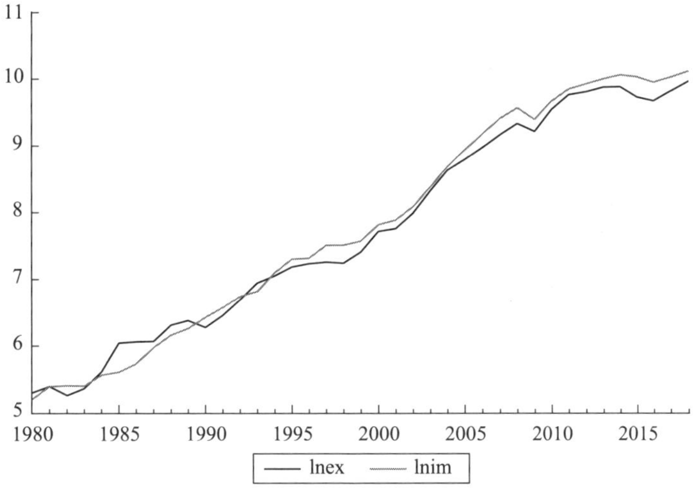

图 9-4　lnim_t 和 lnex_t 序列

根据协整关系的检验方法，回答 lnim 和 lnex 序列是否为非平稳序列，即考察其单整阶数。

首先，对 lnim 序列进行平稳性检验。为了保证 DF 检验中随机误差项的白噪声特性，现采用 ADF 检验。在 EViews 中的操作步骤为：双击打开 lnim 序列，并单击 View 打开下拉菜单，选择 Unit Root Test…，出现如图 9-5 所示的对话窗口。

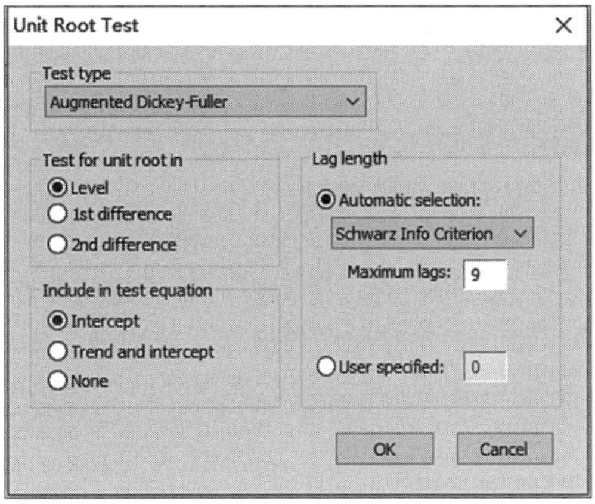

图 9-5　ADF 检验选项设定

在弹出的对话窗口的 Test type 中选择 Augmented Dickey-Fuller；在 Test for unit root in 中选择 Level，表示对原序列进行单位根检验；在 Include in test equation 中选择带截距项（Intercept）；在滞后阶数 Lag length 中选择 Automatic selection，并在下拉菜单中选择 Schwarz Info Criterion，即用 SIC 这种方法自动选择 ADF 中的修项的阶数。单击 OK 按钮，得到 ADF 检验的结果（见图 9-6）。

从检验结果看，在 1%、5%、10% 三个显著性水平下，单位根检验的临界值分别为 −3.615 6、−2.941 1、−2.609 1，ADF 检验统计量的值 −0.620 6 大于相应临界值，从而不能拒绝 H_0，表明 lnim 序列存在单位根，是非平稳序列。

为了确定序列的单整阶数，对 lnim 的一阶差分序列进行单位根检验，即在单位根检验的 Test for unit root in 中选择 1st difference，其他选项保持不变，检验结果如图 9-7 所示。

从检验结果看，在 1%、5%、10% 三个显著性水平下，单位根检验的临界值分别为 −3.621 0、−2.943 4、−2.610 3，ADF 检验统计量的值为 −4.856 8，小于相应临界值，从而拒绝 H_0，表明 lnim 的差分序列不存在单位根，是平稳序列，即 lnim 序列是一阶单整的，$\mathrm{lnim} \sim I(1)$。

Null Hypothesis: LNIM has a unit root
Exogenous: Constant
Lag Length: 0 (Automatic - based on SIC, maxlag=9)

		t-Statistic	Prob.*
Augmented Dickey-Fuller test statistic		-0.620583	0.8541
Test critical values:	1% level	-3.615588	
	5% level	-2.941145	
	10% level	-2.609066	

*MacKinnon (1996) one-sided p-values.

图 9-6 lnim 序列的 ADF 检验结果

Null Hypothesis: D(LNIM) has a unit root
Exogenous: Constant
Lag Length: 0 (Automatic - based on SIC, maxlag=9)

		t-Statistic	Prob.*
Augmented Dickey-Fuller test statistic		-4.856828	0.0003
Test critical values:	1% level	-3.621023	
	5% level	-2.943427	
	10% level	-2.610263	

*MacKinnon (1996) one-sided p-values.

图 9-7 lnim 一阶差分序列的 ADF 检验结果

然后，对 lnex 进行平稳性检验。操作同上，得到 lnex 序列存在单位根，是非平稳序列；对 lnex 的一阶差分序列进行单位根检验，其检验结果是平稳序列。lnex 序列也是一阶单整的。

9.5.3 变量的协整关系检验

利用 EG 两步法检验 lnex 和 lnim 序列之间是否存在协整关系，若存在协整关系，则可为建立误差修正模型奠定基础。使用 EG 两步法，先做两个序列之间的回归，然后检验回归残差的平稳性。

第一步，以 lnex 为被解释变量，以 lnim 为解释变量，用 OLS 法估计回归模型，结果如图 9-8 所示。

估计的回归模型为

$$\text{lnex}=-0.3780+1.0590\text{lnim}+e_t \tag{9-28}$$

第二步，对上述回归的残差进行平稳性检验。在命令窗口利用 Genr 命令将残差 resid 赋值给 e，并对此序列进行无截距项、无趋势项的 ADF 检验(即在单位根检验窗口中，Include in test equation 选择 None)，得到的单位根检验结果如图 9-9 所示。

Dependent Variable: LNEX
Method: Least Squares
Date: 03/23/21 Time: 21:28
Sample: 1980 2018
Included observations: 39

Variable	Coefficien...	Std. Error	t-Statistic	Prob.
C	-0.377955	0.103819	-3.640526	0.0008
LNIM	1.059008	0.013159	80.47662	0.0000

R-squared	0.994319	Mean dependent var	7.810825
Adjusted R-squared	0.994166	S.D. dependent var	1.684721
S.E. of regression	0.128681	Akaike info criterion	-1.213047
Sum squared resid	0.612671	Schwarz criterion	-1.127736
Log likelihood	25.65441	Hannan-Quinn criter.	-1.182438
F-statistic	6476.486	Durbin-Watson stat	0.914067
Prob(F-statistic)	0.000000		

图 9-8 lnex 对截距项和 lnim 的回归

Null Hypothesis: E has a unit root
Exogenous: None
Lag Length: 1 (Automatic - based on SIC, maxlag=9)

		t-Statistic	Prob.*
Augmented Dickey-Fuller test statistic		-4.113027	0.0001
Test critical values:	1% level	-2.628961	
	5% level	-1.950117	
	10% level	-1.611339	

*MacKinnon (1996) one-sided p-values.

图 9-9 单位根检验估计结果

图 9-9 中 ADF 统计量的值为 -4.1130，小于 5%显著性水平下的检验临界值 -1.9501，从而拒绝 H_0，表明残差序列不存在单位根，为平稳序列，因而 lnex 和 lnim 之间存在协整关系。

9.5.4　建立误差修正模型

两个序列之间存在协整关系，表明两个序列之间有长期的均衡关系，但从短期来看，可能会出现失衡。为了增强模型的精度，可以把协整回归式(9-28)中的残差 e 作为均衡误差，通过建立误差修正模型来把两个序列的短期行为与长期变化联系起来。误差修正模型的结构如下：

$$\Delta \text{lnex}_t = \alpha + \beta \Delta \text{lnim}_t + \gamma e_{t-1} + v_t \tag{9-29}$$

式中，e_{t-1} 代表残差序列。要估计 ECM，首先要生成 lnex 和 lnim 的一阶差分序列。利用 Genr 命令，输入“dlnex＝lnex－lnex(－1)”和“dlnim＝lnim－lnim(－1)”，以 dlnex 为被解释变量，dlnim 和 $e(-1)$为解释变量，估计回归式，结果如图 9-10 所示。

Dependent Variable: DLNEX
Method: Least Squares
Date: 03/23/21 Time: 21:10
Sample (adjusted): 1981 2018
Included observations: 38 after adjustments

Variable	Coefficien...	Std. Error	t-Statistic	Prob.
C	0.066855	0.017420	3.837779	0.0005
DLNIM	0.514337	0.095033	5.412193	0.0000
E(-1)	-0.355425	0.103821	-3.423438	0.0016

R-squared	0.504907	Mean dependent var	0.129518
Adjusted R-squared	0.476616	S.D. dependent var	0.110340
S.E. of regression	0.079826	Akaike info criterion	-2.142282
Sum squared resid	0.223026	Schwarz criterion	-2.012999
Log likelihood	43.70336	Hannan-Quinn criter.	-2.096284
F-statistic	17.84689	Durbin-Watson stat	1.720743
Prob(F-statistic)	0.000005		

图 9-10　式(9-29)的估计结果

最终得到误差修正模型的估计结果：

$$\Delta \widehat{\text{lnex}}_t = 0.066\,9 + 0.514\,3\Delta \text{lnim}_t - 0.355\,4 e_{t-1}$$

$$(3.837\,8)(5.412\,2)(-3.423\,4) \tag{9-30}$$

从回归结果中可以看到，误差修正项前的系数的估计值为－0.355 4，是显著的，符合误差修正模型机制，反映了上一期偏离平衡的数量将在下一期得到 36％的反向修正。经济含义是当我国进出口贸易偏离均衡点时，该经济系统将以这种偏离(误差)的－0.355 4 倍的强度在下一期朝着均衡点调整。

9.5.5　变量的格兰杰因果关系检验

进一步对两变量间可能存在的格兰杰因果关系进行检验。在 EViews 界面中创建变量 lnex 与 lnim 的变量组合，在 Group 对话框中依次单击 View/Granger Causality…，即可弹出对两个变量之间进行格兰杰因果关系检验的设定对话框(见图 9-11)。

在弹出的 Lag Specification 对话框中设定格兰杰因果关系检验的滞后期数为一阶，然后单击“OK”按钮，即可输出两个变量之间的检验结果(见图 9-12)。

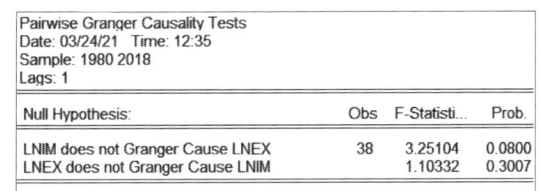

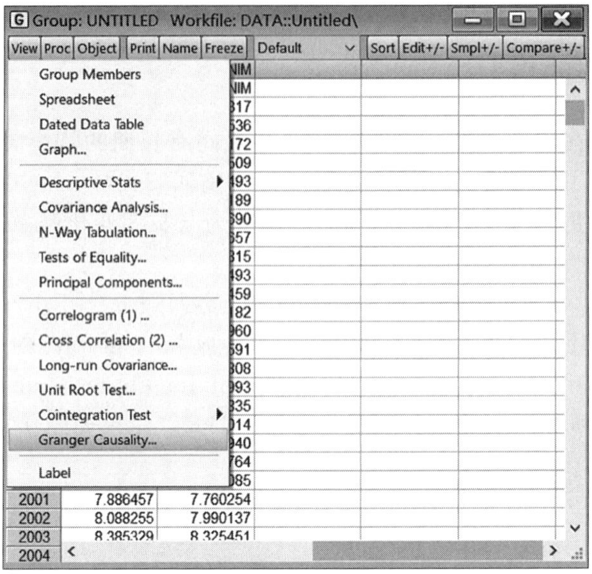

图 9-11 格兰杰因果关系检验

根据图 9-12，当原假设为“lnim 不是 lnex 的格兰杰原因”时，F 统计量为 3.251，P 值为 0.08，在 10%显著性水平下拒绝原假设，可以认为 lnim 是 lnex 的格兰杰原因。当原假设为“lnex 不是 lnim 的格兰杰原因”时，F 统计量为 1.103 3，P 值为 0.300 7，不能拒绝原假设。因此，lnex 与 lnim 之间仅存在单向格兰杰因果关系，也就是说在 lnim 与 lnex 中，只有 lnim 能够对 lnex 未来时期的变动做出预测。

Pairwise Granger Causality Tests
Date: 03/24/21 Time: 12:35
Sample: 1980 2018
Lags: 1

Null Hypothesis:	Obs	F-Statisti...	Prob.
LNIM does not Granger Cause LNEX	38	3.25104	0.0800
LNEX does not Granger Cause LNIM		1.10332	0.3007

图 9-12 lnex 与 lnim 的格兰杰因果关系检验结果

思考与练习

一、简述题

1. 什么是协整关系？试举例说明。
2. 平稳时间序列应满足什么条件？
3. 简述伪回归的含义。
4. 简要阐述协整关系的经济含义。
5. 协整检验方法有哪几种？
6. 什么是时间序列的单整性？试举例说明。
7. 简述建立误差修正模型的基本思路。
8. 简述 EG 两步法的检验过程。
9. 建立误差修正模型的前提条件有哪些？

二、单选题

1. 关于误差修正模型，下列表述正确的是(　　)。
   A. 误差修正模型只反映变量之间的短期变化关系
   B. 误差修正模型只反映变量之间的长期均衡关系
   C. 误差修正模型不仅反映变量之间的短期变化关系，还揭示了长期均衡关系
   D. 误差修正模型既不反映变量之间的短期变化关系，也不反映长期均衡关系
2. 如果两个变量是协整的，则(　　)。
   A. 这两个变量一定都是平稳的
   B. 这两个变量的一阶差分一定都是平稳的
   C. 这两个变量的协整回归方程一定有DW=0
   D. 这两个变量一定是同阶单整的
3. 检验两个变量是否协整的方法是(　　)。
   A. G-Q检验　　B. DW检验　　C. AR检验　　D. EG检验
4. 协整关系的检验与估计常用的方法是(　　)。
   A. EG检验　　B. Johansen检验　　C. DF检验　　D. ADF检验
5. 将非平稳时间序列转化为平稳时间序列的方法是(　　)。
   A. 差分平稳过程、趋势平稳过程　　B. 对模型进行对数变换
   C. 协整平稳　　D. 滞后平稳
6. 产生虚假回归的原因是(　　)。
   A. 自相关性　　B. 异方差性　　C. 序列相关性　　D. 随机解释变量
7. 当误差项存在自相关时，单位根检验采用的是(　　)。
   A. DF检验　　B. ADF检验　　C. EG检验　　D. DW检验
8. DF检验式 $Y_t=\beta Y_{t-1}+\varepsilon_t$ 的原假设 H_0 为(　　)。
   A. 序列 Y_t 没有单位根，$\beta=0$　　B. 序列 Y_t 没有单位根，$\beta=1$
   C. 序列 Y_t 有单位根，$\beta=0$　　D. 序列 Y_t 有单位根，$\beta=1$
9. 有关EG检验的说法，正确的是(　　)。
   A. 拒绝原假设说明被检验变量之间存在协整关系
   B. 接受原假设说明被检验变量之间存在协整关系
   C. 拒绝原假设说明被检验变量之间不存在协整关系
   D. 接受原假设说明被检验变量之间不存在协整关系
10. 设时间序列 $X_t \sim I(1)$ 和 $Y_t \sim I(2)$，则 X_t 和 Y_t 之间一般是(　　)。
    A. 零阶协整关系　　B. 一阶协整关系
    C. 二阶协整关系　　D. 不存在协整关系
11. 如果一个时间序列呈现上升趋势，则这个时间序列是(　　)。
    A. 平稳时间序列　　B. 非平稳时间序列
    C. 一阶单整序列　　D. 一阶协整序列
12. 若存在 $X_t \sim I(1)Y_t \sim I(2)W_t \sim I(2)$，$P_t=aY_t+bW_t \sim I(1)$，$Q_t=aX_t+bP_t \sim I(0)$，则认为(　　)。
    A. Y_t、$W_t \sim I(2,1)$，X_t、$P_t \sim I(1,1)$　　B. Y_t、$W_t \sim I(2,1)$，X_t、$P_t \sim I(1,0)$
    C. Y_t、$W_t \sim I(2,0)$，X_t、$P_t \sim I(1,1)$　　D. Y_t、$W_t \sim I(2,0)$，X_t、$P_t \sim I(1,0)$

13. 一阶误差修正模型 $\Delta Y_t=\beta\Delta X_t-\lambda\ ECM_{t-1}+\mu_t$ 中的 ECM 指的是(　　)。

A. $Y_t-a_0-a_1X_t$　　B. $Y_t-a_0-a_1X_{t-1}$　　C. $Y_{t-1}-a_0-a_1X_{t-1}$　　D. $Y_{t-1}-aX_{t-1}$

14. 已知 X 和 Y 具有协整关系，可将模型设为(　　)，直接得到其长期弹性和短期弹性。

A. $\Delta Y_t=\lambda a_0+\beta\Delta X_t-\lambda\Delta Y_{t-1}+\lambda a_1\Delta X_{t-1}+\mu_t$

B. $\Delta Y_t=a_0+\beta\Delta X_t-\lambda\Delta Y_{t-1}+a_1\Delta X_{t-1}+\mu_t$

C. $\Delta Y_t=\lambda a_0+\beta\Delta X_t-\lambda\Delta Y_{t-1}+\lambda a_1\Delta X_{t-1}$

D. $\Delta Y_t=\lambda a_0+\beta\Delta X_t-\lambda\Delta Y_{t-1}+a_1\Delta X_{t-1}+\mu_t$

15. 如果两个变量都是一阶单整的，则(　　)。

A. 这两个变量一定存在协整关系

B. 这两个变量一定不存在协整关系

C. 相应的误差修正模型一定成立

D. 还需对随机误差项进行检验

16. 对于非平稳的时间序列，下列说法不正确的是(　　)。

A. 序列均值是与时间无关的常数

B. 序列方差是与时间无关的常数

C. 序列的自协方差是与时间间隔和时间均无关的常数

D. 序列的自协方差是与时间间隔有关、与时间无关的常数

三、多选题

1. 误差修正模型的优点在于(　　)。

A. 一阶差分项的使用消除了变量可能存在的趋势因素，从而避免了虚假回归问题

B. 一阶差分项的使用消除了模型可能存在的多重共线性的问题

C. 误差修正项的引入保证了变量水平值的信息没有被忽视

D. 由于误差项本身的平稳性，模型可以用经典的回归方法进行估计

E. 误差修正模型可以既有描述变量间长期关系的参数，又有描述变量间短期关系的参数

2. 下列说法中正确的有(　　)。

A. 误差修正模型并不要求分析的变量之间存在协整(协积)关系

B. 误差修正模型可以克服传统计量经济模型忽视的伪回归问题

C. 误差修正模型不仅反映了变量之间的短期变化关系，还揭示了长期均衡关系

D. 若变量之间是协整的，则它们之间的短期非均衡关系总能由一个误差修正模型表述

E. 以上说法均正确

3. 有关协整检验，以下说法正确的有(　　)。

A. 只有当两个变量的时间序列$\{x\}$和$\{y\}$是同阶单整序列时，才可能存在协整关系

B. 3个以上的变量，如果具有不同的阶数，就不存在协整关系

C. 3个以上的变量，如果具有不同的阶数，有可能经过线性组合构成低阶单整变量

D. 在检验 X 和 Y 两个变量的协整关系之前，要先用 ADF 单位根检验对两时间序列$\{x\}$、$\{y\}$进行平稳性检验

E. 检验一组变量之间是否存在协整关系等价于检验回归方程的残差序列是否为平稳序列

4. 关于协整检验和模型，有哪些需要注意的地方？(　　)

A. 协整变量是唯一的

B. 协整变量是不唯一的

C. 协整变量必须具有相同的单阶整数
D. 若 Y_t 的维数是 k，那么最多可存在 k 个线性无关的协整向量
E. 协整变量之间具有共同的趋势成分，在数量上成比例

5. 检验变量之间是否存在协整关系的方法有(　　)。
A. DW检验法
B. Mackinnon检验法
C. EG两步检验法
D. DF检验法
E. ADF检验法

6. 以下序列为非平稳时间序列的有(　　)。
A. 随机游走序列
B. 带漂移的项的随机游走序列
C. 带趋势项的随机游走序列
D. 白噪声序列
E. 具有标准正态分布的序列

7. 以下有关DF检验的说法，正确的有(　　)。
A. DF检验的原假设是“被检验时间序列平稳”
B. DF检验的原假设是“被检验时间序列非平稳”
C. DF是单侧检验
D. DF是双侧检验
E. DF检验包括序列差分的滞后项

8. 检验自相关的DW检验和用于检验协整性的DW检验有哪些不同？(　　)
A. 检验自相关的DW检验的原假设为 H_0：DW＝2，而用于检验协整性的DW检验的原假设为 H_0：DW＝0
B. 检验自相关的DW检验的原假设为 H_0：DW＝0，而用于检验协整性的DW检验的原假设为 H_0：DW＝2
C. 用于检验自相关的DW检验是双侧检验，而用于检验协整性的DW检验为单侧检验
D. 用于检验自相关的DW检验是单侧检验，而用于检验协整性的DW检验为双侧检验
E. 两者都是单侧检验

9. 估计修正误差模型的估计方法有(　　)。
A. EG两步法
B. 直接估计法
C. Johansen检验法
D. Mackinnon检验法
E. 以上说法均正确

10. 协整理论的重要意义在于(　　)。
A. 避免伪回归
B. 估计量的“超一致性”
C. 区分变量之间的长期均衡关系和短期动态关系
D. 区分变量之间的长期动态关系和短期均衡关系
E. 上述说法均正确

11. EG两步法的优点有(　　)。
A. 每一步都对单方程进行OLS估计
B. 参数估计量都具有一致性
C. 计算简便
D. 在完成第一步协整回归的同时也得到了协整检验统计量所用的数据
E. 以上说法均正确

12. 检验时间序列平稳性的方法有（　　）。
    A. 分布图形检验　　B. 自相关图检验　　C. 单位根检验　　D. z 检验
    E. DW 检验
13. 下列表述正确的有（　　）。
    A. 协整理论的宗旨在于对于那些建模较为困难的非平稳序列，通过引入协整的差分变量，达到使模型成立并提高模型精度的目的
    B. 当且仅当若干个平稳变量具有协整性时，由这些变量建立的回归模型才有意义
    C. 经济变量的协整性是对非平稳经济变量长期均衡关系的统计描述
    D. 协整检验的思想在于：若某两个或多个同阶时间序列向量的某种线性组合可以得到一个平稳的误差序列，则这些非平稳时间序列存在长期的均衡关系，或者说这些序列具有协整性
    E. 协整检验分为两个变量之间的协整性检验和多变量之间的协整性检验
14. 修正误差模型的明确含义有（　　）。
    A. 均衡的偏差调整机制　　B. 协整与短期动态的关系
    C. 协整与长期均衡的关系　　D. 经济变量的长期与短期变化模型
15. 建立修正误差模型的具体步骤有（　　）。
    A. 检验被解释变量与解释变量之间的协整性
    B. 如果被解释变量与解释变量存在协整关系，估计协整回归方程，计算残差序列
    C. 将 e_{t-1} 作为一个解释变量，估计误差修正模型
    D. 检验模型的残差是否存在长期趋势和自相关性

四、判断题

1. DF 检验是原假设为“被检验时间序列非平稳”的双侧检验。（　　）
2. 任何一组相互协整的时间序列变量都存在误差修正机制。（　　）
3. 某一时间序列经过二次差分变换成平稳时间序列，此时间序列为二阶单整序列。（　　）
4. 若变量之间存在长期均衡关系，则表明这些变量间存在着协整关系。（　　）
5. 变量之间的长期均衡关系是在短期波动过程中的不断调整下得以实现的。（　　）
6. 传统的经济模型通常表述的是变量之间的一种“长期均衡”关系。（　　）
7. 建模时需要用数据的静态非均衡过程来逼近经济理论的长期均衡过程。（　　）
8. 格兰杰因在协整理论上的贡献而获得了诺贝尔经济学奖。（　　）
9. 平稳时间序列也称一阶单整序列。（　　）
10. 设定的模型的随机误差项存在自相关时，可以使用 DF 检验。（　　）
11. 任意两个单整变量之间都可能存在协整关系。（　　）
12. 随机游走序列是平稳时间序列。（　　）
13. 误差修正模型可以克服传统计量经济模型忽视伪回归的问题。（　　）
14. 所谓“伪回归”，是指变量间本来不存在有意义的关系，但回归结果却得出存在有意义关系的错误结论，造成“伪回归”的根本原因在于时间序列变量的非平稳性。（　　）
15. EViews 中的 ADF 检验中的 P 值仍然有效用。（　　）
16. $\Delta Y_t=\beta\Delta X_t-\lambda\ \mathrm{ECM}_{t-1}+\mu_t$，$\beta$ 可视为 Y 关于 X 的短期弹性。（　　）

五、填空题

1. 有些时间序列本身是________的，但其某种线性组合是________，这个线性组合反映了变量

之间长期稳定的均衡关系，称为协整。

2. 协整性的检验方法有：________、________。
3. 建立误差修正模型的步骤：第一步建立________，第二步建立________。
4. 误差修正模型又称为________模型。
5. 误差修正模型解释了因变量的短期波动是由________、________、________三个因素决定的。
6. 一阶差分项的使用消除了变量可能存在的趋势因素，从而避免了________问题。
7. 误差修正模型的估计方法有两个：________、________。
8. 用不同方法建立的误差修正模型结果是________的。
9. 计算EG统计量的值的公式为________。
10. 伪回归模型有很高的________和________。
11. 误差修正模型是一种具有特定形式的________模型。
12. EG两步法中的第一步：如果X、Y均为d阶单整序列，用________估计回归方程。
13. 如果时间序列X_t、Y_t不是协整的，则它们的任一线性组合都是________。
14. 对于e_t平稳性检验的DF检验值或ADF临界值比正常的DF检验值或ADF临界值________。
15. 对多个变量间的协整关系的检验要比双变量协整关系检验复杂，这是因为对于多变量而言，可能存在多种稳定的________。

六、计算题

1. 表9-2是1979—2018年中国财政收入(Y)和税收总额(X)的数据。

表9-2 1979—2018年中国财政收入和税收总额 （单位：亿元）

年份	财政收入	税收总额	年份	财政收入	税收总额
1979	1 146.40	537.82	1999	11 444.08	10 682.58
1980	1 159.93	571.70	2000	13 395.23	12 581.51
1981	1 175.80	629.89	2001	16 386.04	15 301.38
1982	1 212.30	700.02	2002	18 903.64	17 636.45
1983	1 367.00	775.59	2003	21 715.25	20 017.31
1984	1 642.90	947.35	2004	26 396.47	24 165.68
1985	2 004.82	2 040.79	2005	31 649.29	28 778.54
1986	2 122.00	2 090.73	2006	38 760.20	34 804.35
1987	2 199.40	2 140.36	2007	51 321.78	45 621.97
1988	2 357.20	2 390.47	2008	61 330.35	54 223.79
1989	2 664.90	2 727.4	2009	68 518.30	59 521.59
1990	2 937.10	2 821.86	2010	83 101.51	73 210.79
1991	3 149.48	2 990.17	2011	103 874.43	89 738.39
1992	3 483.37	3 296.91	2012	117 253.52	100 614.28
1993	4 348.95	4 255.3	2013	129 209.64	110 530.70
1994	5 218.10	5 126.88	2014	140 370.03	119 175.31
1995	6 242.20	6 038.04	2015	152 269.23	124 922.20
1996	7 407.99	6 909.82	2016	159 604.97	130 360.73
1997	8 651.14	8 234.04	2017	172 592.77	144 369.87
1998	9 875.95	9 262.8	2018	183 359.84	156 402.86

资料来源：国家统计局．中国统计年鉴2019[M]．北京：中国统计出版社，2019.

要求：

(1) 画出 $\ln Y$ 和 $\ln X$ 的时序图，考察这两个时间序列是不是平稳的。

(2) 取 $\ln Y$ 和 $\ln X$ 两个时间序列的一阶差分，确定一阶差分时间序列是不是平稳的。

2. 表 9-3 是 1992—2018 年中国货物出口总额(Y)和进口总额(X)的数据。

表 9-3 1992—2018 年中国货物出口总额和进口总额 (单位：亿元)

年份	出口总额	进口总额	年份	出口总额	进口总额
1992	4 676.3	4 443.3	2006	77 597.9	63 376.9
1993	5 284.8	5 986.2	2007	93 627.1	73 296.9
1994	10 421.8	9 960.1	2008	100 394.9	79 526.5
1995	12 451.8	11 048.1	2009	82 029.7	68 618.4
1996	12 576.4	11 557.4	2010	107 022.8	94 699.5
1997	15 160.7	11 806.6	2011	123 240.6	113 161.4
1998	15 223.5	11 626.1	2012	129 359.3	114 801
1999	16 159.8	13 736.5	2013	137 131.4	121 037.5
2000	20 634.4	18 638.8	2014	143 883.8	120 358
2001	22 024.4	20 159.2	2015	141 166.8	104 336.1
2002	26 947.9	24 430.3	2016	138 419.3	104 967.2
2003	36 287.9	34 195.6	2017	153 309.4	124 789.8
2004	49 103.3	46 435.8	2018	164 127.8	140 880.3
2005	62 648.1	54 273.7			

资料来源：国家统计局．中国统计年鉴 2019[M]. 北京：中国统计出版社，2019.

要求：

(1) 分别取对数得到 $\ln Y$ 和 $\ln X$，画出 $\ln Y$ 和 $\ln X$ 的时序图。对 $\ln Y$ 和 $\ln X$ 进行平稳性检验。

(2) 用 EG 两步检验法对 $\ln Y$ 和 $\ln X$ 进行协整性检验，如果存在协整关系，试建立误差修正模型并说明该模型的经济意义。

第 10 章
CHAPTER10

向量自回归模型

□ 案例导引

文化产业与经济增长存在相互促进关系吗

文化产业是第三产业的重要组成部分，具有知识密集性强、经济附加值高、资源消耗性低等特征。理论研究和发达国家的经验表明，大力发展文化产业，不仅可以直接拉动经济增长，而且它又可以通过优化产业结构、提高整体经济效率，间接促进经济增长；反过来，经济增长迅速、经济规模扩大，既可以为文化产业发展提供雄厚资金，又可以为文化产业发展提供需求动力。

目前，文化产业作为战略新兴产业，各地都在加快推进发展。在我国区域经济发展中，文化产业与经济增长之间是否存在相互促进、相互制约的关系？两者之间存在着怎样的动态联系？这些问题需要从定量角度进行测度分析，以便为政府制定相关政策提供依据。

前面各章主要讨论的是单方程计量经济模型，用于反映经济变量之间的单向随机因果关系。但在现实经济生活中，经济变量之间往往存在着复杂的内在联系，包括双向或多向因果关系，这就需要建立联立方程计量经济模型对其进行反映和测度。经典联立方程计量经济模型是以经济理论为导向进行模型设定，它不仅往往存在内生变量和外生变量区分困难、对模型需要先识别再选择估计方法等问题，而且模型还难以反映变量之间的动态变动特征，因此，经典联立方程计量经济模型在现实中的应用受到许多限制。本章将对现代联立方程计量经济模型的一种重要形式——向量自回归模型进行讨论，介绍向量自回归模型的建立条件、估计和检验方法，以及在反映变量间动态响应关系方面的应用。

10.1 向量自回归模型概述

向量自回归模型(vector autoregression model，简称 VAR 模型)是由美国计量

经济学家和宏观经济学家辛姆斯(Christopher A. Sims)于1980年在研究GDP、通货膨胀、就业和投资等宏观经济变量之间的因果关系时提出的。向量自回归模型是依据现实经济数据结构而不是经济理论来建立模型，并采用多方程联立形式描述经济变量之间的动态变化关系，用以反映当对某一经济变量施加冲击后，该变量自身及系统中其他变量所产生的响应路径及受影响程度。

10.1.1 基本形式

假设存在一个时序系统，系统内包含 k 个时序变量，分别为 y_{1t}，y_{2t}，…，y_{kt}。每个时序变量都受到其自身的滞后项以及系统内其他变量滞后项的影响，于是一个包含 k 元变量、滞后期为 p 阶的 VAR(p)模型的基本形式为

$$\begin{cases} y_{1t}=\gamma_{10}+\gamma_{111}y_{1,t-1}+\cdots+\gamma_{11p}y_{1,t-p}+\cdots+\gamma_{1k1}y_{k,t-1}+\cdots+\gamma_{1kp}y_{k,t-p}+\varepsilon_{1t} \\ y_{2t}=\gamma_{20}+\gamma_{211}y_{1,t-1}+\cdots+\gamma_{21p}y_{1,t-p}+\cdots+\gamma_{2k1}y_{k,t-1}+\cdots+\gamma_{2kp}y_{k,t-p}+\varepsilon_{2t} \\ \vdots \\ y_{kt}=\gamma_{k0}+\gamma_{k11}y_{1,t-1}+\cdots+\gamma_{k1p}y_{1,t-p}+\cdots+\gamma_{kk1}y_{k,t-1}+\cdots+\gamma_{kkp}y_{k,t-p}+\varepsilon_{kt} \end{cases} \tag{10-1}$$

其中，y_{kt} 表示第 k 个方程的内生变量，γ_{k0} 表示第 k 个方程的常数项，γ_{kkp} 表示第 k 个方程第 k 个内生变量滞后 p 期的系数，ε_{kt} 表示 VAR(p)模型中第 k 个方程的随机误差项且满足经典假定，但各个方程之间的随机误差项可以存在同期相关性，即当 $p=q$ 时，$\mathrm{Cov}(\varepsilon_q, \varepsilon_p)=\sigma$；当 $p\neq q$ 时，$\mathrm{Cov}(\varepsilon_q, \varepsilon_p)=0$。

进一步将式(10-1)改写成矩阵形式：

$$\begin{pmatrix} y_{1t} \\ y_{2t} \\ \vdots \\ y_{kt} \end{pmatrix} = \begin{pmatrix} \gamma_{10} \\ \gamma_{20} \\ \vdots \\ \gamma_{k0} \end{pmatrix} + \begin{pmatrix} \gamma_{111} \\ \gamma_{211} \\ \vdots \\ \gamma_{k11} \end{pmatrix} y_{1,t-1} + \cdots + \begin{pmatrix} \gamma_{11p} \\ \gamma_{21p} \\ \vdots \\ \gamma_{k1p} \end{pmatrix} y_{1,t-p} + \cdots + \begin{pmatrix} \varepsilon_{1t} \\ \varepsilon_{2t} \\ \vdots \\ \varepsilon_{kt} \end{pmatrix} \tag{10-2}$$

将同期的滞后内生变量用矩阵反映，则

$$\begin{pmatrix} y_{1t} \\ y_{2t} \\ \vdots \\ y_{kt} \end{pmatrix} = \begin{pmatrix} \gamma_{10} \\ \gamma_{20} \\ \vdots \\ \gamma_{k0} \end{pmatrix} + \begin{pmatrix} \gamma_{111} & \gamma_{121} & \cdots & \gamma_{1k1} \\ \gamma_{211} & \gamma_{221} & \cdots & \gamma_{2k1} \\ \vdots & \vdots & \ddots & \vdots \\ \gamma_{k11} & \gamma_{k21} & \cdots & \gamma_{kk1} \end{pmatrix} \begin{pmatrix} y_{1,t-1} \\ y_{2,t-1} \\ \vdots \\ y_{k,t-1} \end{pmatrix} + \cdots +$$

$$\begin{pmatrix} \gamma_{11p} & \gamma_{12p} & \cdots & \gamma_{1kp} \\ \gamma_{21p} & \gamma_{22p} & \cdots & \gamma_{2kp} \\ \vdots & \vdots & \ddots & \vdots \\ \gamma_{k1p} & \gamma_{k2p} & \cdots & \gamma_{kkp} \end{pmatrix} \begin{pmatrix} y_{1,t-p} \\ y_{2,t-p} \\ \vdots \\ y_{k,t-p} \end{pmatrix} + \begin{pmatrix} \varepsilon_{1t} \\ \varepsilon_{2t} \\ \vdots \\ \varepsilon_{kt} \end{pmatrix} \tag{10-3}$$

现记 $\boldsymbol{Y}$ 为内生变量列向量，$\boldsymbol{\Gamma}$ 为系数矩阵，$\boldsymbol{\varepsilon}$ 为随机误差项列向量，于是式(10-3)可以表示为

$$\boldsymbol{Y}_t=\boldsymbol{\Gamma}_0+\boldsymbol{\Gamma}_1\boldsymbol{Y}_{t-1}+\cdots+\boldsymbol{\Gamma}_p\boldsymbol{Y}_{t-p}+\boldsymbol{\varepsilon}_t \tag{10-4}$$

式(10-4)就是 VAR 模型的基本形式。

VAR 模型的特点：

(1) 它是基于时序变量的数据关系结构而不是基于经济理论为主导设定模型的，在模

型设定时主要考虑包含哪些变量和滞后期长度。

(2) 它将每一个内生变量视为系统中所有内生变量滞后期值的函数来构造模型，是将单变量自回归模型推广到多变量的情形，即一般自回归模型的联立形式，或者说相当于简化式的经典联立方程模型。

(3) 它对参数不施加零约束，即参数估计值无论显著与否均被保留在模型中(不进行 t 检验)。

(4) 它不存在模型识别问题，每个方程均可看作独立的方程进行估计。

(5) 由于假定 $\boldsymbol{\varepsilon}_t$ 不存在自相关，所以各个方程中的解释变量均可视为前定变量，从而可以直接利用 OLS 法得到每个方程参数的一致估计量；在实际应用中，我们可以通过增加滞后变量阶数来消除或弱化随机误差项的自相关性问题。

(6) 它反映变量之间的动态变化关系，可以方便地用于经济发展预测，避免利用一般回归模型进行预测时需事先确定解释变量在预测期数值的难题。

(7) 它可用以进行脉冲响应分析和方差贡献分析，以揭示当对某一内生变量施加冲击时系统内各内生变量响应的路径及程度。

(8) 当滞后阶数较高时，由于待估计参数个数较多，为保证模型估计的稳健性，所要求的样本容量较大。

式(10-4)中解释变量仅包含被解释变量的滞后项，即变量之间仅存在滞后影响关系，则它被称为简化 VAR 模型或者非限制性向量自回归模型。如果在式(10-1)每个方程中添加系统中其他内生变量的同期值作为解释变量，即变量之间不仅存在滞后影响关系，而且存在同期影响关系，此时该模型则被称为结构 VAR 模型，它是对 VAR 模型施加了基于经济理论的限制性条件。若 VAR 模型中内生变量之间存在协整关系，其每个方程都是一个自回归分布滞后模型，则据此导出的误差修正模型称为向量误差修正模型(vector error correction model，VEC)，VEC 模型就是含有协整约束的 VAR 模型，应用于具有协整关系的非平稳时间序列建模。本书仅介绍简化 VAR 模型及其应用。

10.1.2　VAR 模型建立的前提条件

从上述 VAR 模型的特点可以看出，相对于经典联立计量经济模型，VAR 模型具有较多的优势，但在建立模型时必须首先明确如下三个前提条件。

1. 变量平稳性

由于 VAR 模型是时间序列模型，为了避免出现伪回归问题，应该在建模之前考虑各个变量的平稳性，只有在各时序变量列具有平稳性时方可建立 VAR 模型。时序变量的平稳性可以在建立 VAR 模型之前利用 ADF 法进行单位根检验(具体参见第 9 章)，也可以在对 VAR 模型进行估计后再对时序变量进行平稳性检验。若时序变量非平稳，则需差分后再建立 VAR 模型。

2. 因果关系

在进行 VAR 模型设定时，虽然不是以经济理论为主导选择内生变量，但需要基于变量间的相关性并利用格兰杰因果关系检验法确定哪些变量可以作为内生变量，且要求各内生变量之间必须具有双向因果关系(即统计上的相关关系)。当然，在 VAR 模型的解释变量中也可以添加外生变量，但外生变量必须与相应方程中的内生变量存在单向因果关系。

3. 滞后阶数

确定恰当的内生变量滞后阶数 p 是建立 VAR 模型的重要条件之一。若滞后阶数过小，则随机误差项的自相关性就可能比较严重，这就会导致参数估计值缺乏有效性；若滞后阶数过大，则会产生较多的待估参数，在有限样本容量下就会产生较大的估计误差。

10.2　向量自回归模型的估计

当确定好 VAR 模型的滞后阶数 p 后(如何选择合适的 VAR 模型滞后阶数将在第 10.3.3 节中具体介绍)，就可以采用 OLS 法或极大似然估计法对每个方程的参数进行估计。

VAR 模型中的第 i 个方程为

$$y_{it}=\gamma_{i0}+\gamma_{i11}y_{1,t-1}+\cdots+\gamma_{ik1}y_{k,t-1}+\cdots+\gamma_{i1p}y_{1,t-p}+\cdots+\gamma_{ikp}y_{k,t-p}+\varepsilon_{it} \tag{10-5}$$

将其改写为矩阵形式为

$$\boldsymbol{Y}_i=(1\quad y_{1,t-1}\quad y_{2,t-1}\quad \cdots\quad y_{k,t-1}\quad \cdots\quad y_{k,t-p})\begin{pmatrix}\gamma_{i0}\\ \gamma_{i11}\\ \gamma_{i12}\\ \cdots\\ \gamma_{ik1}\\ \cdots\\ \gamma_{ikp}\end{pmatrix}+\varepsilon_{it}=\boldsymbol{X}_i\boldsymbol{\gamma}_i+\varepsilon_{it} \tag{10-6}$$

其中，$\boldsymbol{Y}_i$ 表示第 i 个方程的被解释变量，向量 $\boldsymbol{\gamma}_i$ 即为 VAR(p)模型第 i 个方程的待估计参数矩阵。对上述简化方程 $\boldsymbol{Y}_i=\boldsymbol{X}_i\boldsymbol{\gamma}_i+\varepsilon_{it}$ 采用 OLS 法进行估计，可得到一致的待估计参数：

$$\hat{\boldsymbol{\gamma}}_i=(\boldsymbol{X}_i'\boldsymbol{X}_i)^{-1}\boldsymbol{X}_i'\boldsymbol{Y}_i \tag{10-7}$$

当满足基本假设时，在大样本下，$\hat{\boldsymbol{\gamma}}_i$ 是 $\boldsymbol{\gamma}_i$ 的一致估计量(具体推导过程参见第 3 章)。利用单方程的简化形式，可以将 VAR(p)模型的数据形式表述为

$$\begin{cases}Y_1=\boldsymbol{X}_1\boldsymbol{\gamma}_1+\varepsilon_{1t}\\ Y_2=\boldsymbol{X}_2\boldsymbol{\gamma}_2+\varepsilon_{2t}\\ \vdots\\ Y_k=\boldsymbol{X}_k\boldsymbol{\gamma}_k+\varepsilon_{kt}\end{cases} \tag{10-8}$$

继续令 $\boldsymbol{Y}=[Y_1\quad Y_2\quad \cdots\quad Y_k]'$，$\boldsymbol{X}=\begin{pmatrix}X_1 & 0 & 0 & 0\\ 0 & X_2 & \cdots & 0\\ \vdots & \vdots & & \vdots\\ 0 & 0 & \cdots & X_k\end{pmatrix}$，$\boldsymbol{\Pi}=[\gamma_1\quad \gamma_2\quad \cdots\quad \gamma_k]'$；$\boldsymbol{\Theta}_t=[\varepsilon_{1t}\quad \varepsilon_{2t}\quad \cdots\quad \varepsilon_{kt}]'$，最终 VAR($p$)模型的简约形式可以表示为

$$\boldsymbol{Y}=\boldsymbol{X\Pi}+\boldsymbol{\Theta}_t \tag{10-9}$$

当样本容量足够大时，可以使用完全信息法对模型进行估计，最终得到参数的一致且有效估计量：

$$\hat{\boldsymbol{\Pi}}=(\boldsymbol{X}'\boldsymbol{X})^{-1}\boldsymbol{X}'\boldsymbol{Y} \tag{10-10}$$

对于包含 k 个内生变量 p 阶滞后的简约形式 VAR 模型而言，需要估计的参数个数为 $k+pk^2$ 个。

VAR 模型估计的 EViews 12.0 软件实现：①在数据录入之后，在主窗口单击 Quick/Estimate VAR，在对话框中进行模型定义后单击 OK 按钮(先初步设定滞后阶数)，得到初步 VAR 估计模型。②在确定最佳滞后阶数后，重新估计 VAR 模型。

10.3　向量自回归模型的检验

10.3.1　平稳性检验

变量序列的平稳性可以根据向量自回归过程的特征根进行判别。为便于说明问题，下面先对一阶向量自回归过程变量序列的平稳性检验原理进行介绍。

对于 VAR(1)模型：

$$\begin{pmatrix} y_{1t} \\ y_{2t} \\ \vdots \\ y_{kt} \end{pmatrix}=\begin{pmatrix} \gamma_{111} & \gamma_{121} & \cdots & \gamma_{1k1} \\ \gamma_{211} & \gamma_{221} & \cdots & \gamma_{2k1} \\ \vdots & \vdots & \ddots & \vdots \\ \gamma_{k11} & \gamma_{k21} & \cdots & \gamma_{kk1} \end{pmatrix}\begin{pmatrix} y_{1,t-1} \\ y_{2,t-1} \\ \vdots \\ y_{k,t-1} \end{pmatrix}+\begin{pmatrix} \varepsilon_{1t} \\ \varepsilon_{2t} \\ \vdots \\ \varepsilon_{kt} \end{pmatrix} \tag{10-11}$$

将上式用矩阵形式表示：

$$\boldsymbol{Y}_t=\boldsymbol{\Gamma}_1\boldsymbol{Y}_{t-1}+\boldsymbol{\varepsilon}_t \tag{10-12}$$

将式(10-12)进行移项并使用滞后算子(L)表达，则

$$(\boldsymbol{I}-\boldsymbol{\Gamma}_1 L)\boldsymbol{Y}_t=\boldsymbol{\varepsilon}_t \tag{10-13}$$

不难发现，$|\boldsymbol{I}-\boldsymbol{\Gamma}_1 L|=0$ 即为一阶向量自回归过程的特征方程，可根据其特征根的取值范围来判断变量序列的平稳性。若所有特征方程的特征根均大于 1(即所有特征根均位于单位圆外)，则该向量自回归过程的变量序列是平稳的，或者说 VAR 模型具有平稳性；反之，变量序列是不平稳的，或者说 VAR 模型不具有平稳性。

在实际应用中，通常特征方程 $|\boldsymbol{I}-\boldsymbol{\Gamma}_1 L|=0$ 转换为如下形式：

$$|\boldsymbol{\Gamma}_1-\lambda\boldsymbol{I}|=0 \tag{10-14}$$

此时，若特征方程的所有特征根均小于 1(即全在单位圆内)时，向量自回归过程的变量序列平稳；反之，变量序列不平稳。

将上述一阶向量自回归过程推广到高阶，VAR(p)模型用滞后算子的形式表示为

$$(\boldsymbol{I}-\boldsymbol{\Gamma}_1 L-\boldsymbol{\Gamma}_1 L^2-\cdots-\boldsymbol{\Gamma}_p L^p)\boldsymbol{Y}_t=\boldsymbol{\Gamma}_0+\varepsilon_t \tag{10-15}$$

令

$$\Phi(L)=\boldsymbol{I}-\boldsymbol{\Gamma}_1 L-\boldsymbol{\Gamma}_1 L^2-\cdots-\boldsymbol{\Gamma}_p L^p \tag{10-16}$$

若 $\Phi(L)$可逆，那么可以将向量自回归模型转换为向量移动平均过程 VMA(∞)：

$$\boldsymbol{Y}_t=\Phi^{-1}(L)\boldsymbol{\varepsilon}_t \tag{10-17}$$

此时暂时忽略 $\boldsymbol{\Gamma}_0$，向量自回归模型 VAR(p)简化为 $\Phi(L)\boldsymbol{Y}_t=\boldsymbol{\varepsilon}_t$，继续对 VAR($p$)模

型进行变换：

$$\begin{cases}\boldsymbol{Y}_t=\boldsymbol{\Gamma}_1\boldsymbol{Y}_{t-1}+\boldsymbol{\Gamma}_1\boldsymbol{Y}_{t-1}+\cdots+\boldsymbol{\Gamma}_1\boldsymbol{Y}_{t-1}+\boldsymbol{\varepsilon}_t\\ \boldsymbol{Y}_{t-1}=\boldsymbol{Y}_{t-1}\\ \vdots\\ \boldsymbol{Y}_{t-p+1}=\boldsymbol{Y}_{t-p+1}\end{cases}\tag{10-18}$$

将上面的方程组改写成矩阵形式：

$$\begin{pmatrix}\boldsymbol{Y}_t\\ \boldsymbol{Y}_{t-1}\\ \vdots\\ \boldsymbol{Y}_{t-p+1}\end{pmatrix}=\begin{pmatrix}\boldsymbol{\Gamma}_1 & \boldsymbol{\Gamma}_2 & \cdots & \boldsymbol{\Gamma}_p\\ \boldsymbol{I} & 0 & \cdots & 0\\ \vdots & \vdots & \vdots & \vdots\\ 0 & \cdots & \boldsymbol{I} & 0\end{pmatrix}\begin{pmatrix}\boldsymbol{Y}_{t-1}\\ \boldsymbol{Y}_{t-2}\\ \vdots\\ \boldsymbol{Y}_{t-p}\end{pmatrix}+\begin{pmatrix}\boldsymbol{\varepsilon}_t\\ 0\\ \vdots\\ 0\end{pmatrix}\tag{10-19}$$

这样可将 p 阶向量自回归模型转换成 VAR(1)模型：

$$\boldsymbol{Y}_t^*=\boldsymbol{\Pi}\boldsymbol{Y}_{t-1}^*+\boldsymbol{\Theta}_t^*\tag{10-20}$$

因此，检验 VAR(p)模型的平稳性就只相当于检验一个高维的一阶向量自回归过程的平稳性，此时只需要判断特征方程 $|\boldsymbol{\Pi}-\lambda\boldsymbol{I}|=0$ 的所有根的取值范围即可判断 VAR 过程的平稳性。

下面给出一个判断简单二元 VAR(1)过程平稳性的例子。假设 VAR(1)的表达式为

$$\begin{cases}y_t=\alpha_{10}+2y_{t-1}+z_{t-1}+\varepsilon_t\\ z_t=\alpha_{20}+y_{t-1}+2z_{t-1}+v_t\end{cases}\tag{10-21}$$

将其写成矩阵形式为

$$\begin{pmatrix}y_t\\ z_t\end{pmatrix}=\begin{pmatrix}\alpha_{10}\\ \alpha_{20}\end{pmatrix}+\begin{pmatrix}2 & 1\\ 1 & 2\end{pmatrix}\begin{pmatrix}y_{t-1}\\ z_{t-1}\end{pmatrix}+\begin{pmatrix}\varepsilon_t\\ v_t\end{pmatrix}\tag{10-22}$$

此时，特征方程 $|\boldsymbol{\Gamma}_1-\lambda\boldsymbol{I}|=\left|\begin{pmatrix}2 & 1\\ 1 & 2\end{pmatrix}-\begin{pmatrix}\lambda & 0\\ 0 & \lambda\end{pmatrix}\right|=0$，$3-4\lambda+\lambda^2=0$，解得 $\lambda=1$ 或 $\lambda=3$，所有特征根均在单位圆外，所以该向量自回归过程是非平稳的。

在实证研究中，对于向量自回归模型的平稳性检验，可以在参数估计前对每一个变量序列进行单位根检验(具体参见第 9 章)，也可以在 VAR 参数估计后观察特征方程的所有根是否落在单位圆内进行判断，实际应用中通常采用后者。

变量序列平稳性检验的 EViews 12.0 软件实现：在 VAR 模型估计方程窗口单击 View/Lag Structure/AR Roots Table 或 View/Lag Structure/AR Roots Graph，即可得到 VAR 模型的所有特征根或单位圆的分布图。

10.3.2 因果关系检验

无论是建立一般回归模型还是建立向量自回归模型，均要求解释变量的变化是导致被解释变量变化的原因。VAR 模型的设定形式可以用于检验这种因果关系。格兰杰(1969)提出一种判断变量间是否存在因果关系的检验方法——格兰杰因果检验，具体检验步骤见第 9 章；之后辛姆斯(1972)又进行了推广，并借助于 VAR 模型将“x 是否为 y 的格兰杰原因”的检验假设转换为“x 的滞后项是否可以引入 y 的方程中”的检验假设，两者实质上是一回事。

现以二元 p 阶的 VAR 模型为例说明因果关系检验的原理。对于二元 VAR(p)模型

$$\begin{pmatrix} y_t \\ x_t \end{pmatrix} = \begin{pmatrix} \gamma_{10} \\ \gamma_{20} \end{pmatrix} + \begin{pmatrix} \gamma_{111} & \gamma_{121} \\ \gamma_{211} & \gamma_{221} \end{pmatrix} \begin{pmatrix} y_{t-1} \\ x_{t-1} \end{pmatrix} + \begin{pmatrix} \gamma_{112} & \gamma_{122} \\ \gamma_{212} & \gamma_{222} \end{pmatrix} \begin{pmatrix} y_{t-2} \\ x_{t-2} \end{pmatrix} + \cdots + \begin{pmatrix} \gamma_{11p} & \gamma_{12p} \\ \gamma_{21p} & \gamma_{22p} \end{pmatrix} \begin{pmatrix} y_{t-p} \\ x_{t-p} \end{pmatrix} + \begin{pmatrix} \varepsilon_{1t} \\ \varepsilon_{2t} \end{pmatrix} \tag{10-23}$$

当且仅当系数矩阵中的系数 $\gamma_{12q}(q=1, 2, \cdots, p)$全部为 0 时，变量 X 就不是变量 Y 变化的格兰杰原因。因此，可以进行假设：

H_0：$\gamma_{12q}=0$，$q=1, 2, \cdots, p$

H_1：γ_{12q} 中至少有一个不为 0，$q=1, 2, \cdots, p$

可以证明，统计量：

$$F=\frac{(\mathrm{RSS_r}-\mathrm{RSS_u})/p}{\mathrm{RSS_u}/(n-2p-1)} \sim F(p, n-2p-1) \tag{10-24}$$

服从 F 分布；其中 n 为样本容量，$\mathrm{RSS_r}$ 为有约束条件回归方程式(10-25)的估计残差平方和，$\mathrm{RSS_u}$ 为无约束条件回归方程式(10-26)的估计残差平方和。

$$y_t=\gamma_{10}+\gamma_{111}y_{t-1}+\gamma_{112}y_{t-2}+\cdots+\gamma_{11p}y_{t-p}+v_t \tag{10-25}$$

$$y_t=\gamma_{10}+\gamma_{111}y_{t-1}+\gamma_{112}y_{t-2}+\cdots+\gamma_{11p}y_{t-p}+\gamma_{121}x_{t-1}+\gamma_{122}x_{t-2}+\cdots+\gamma_{12p}x_{t-p}+\varepsilon_{1t} \tag{10-26}$$

判断准则：在给定显著性水平 α 下，若 F 统计量大于临界值 $F(p, n-2p-1)$或者 F 统计量的伴随概率小于显著性水平，那么就拒绝原假设 H_0，X 是 Y 的格兰杰原因；反之，则接受原假设，X 不是 Y 的格兰杰原因。

同样原理，也可以检验 Y 是否为 X 的格兰杰原因。上述检验可以推广到多个内生变量的情形。

需要注意的是：①格兰杰因果关系检验的前提是变量序列必须具有平稳性。②格兰杰因果关系检验只能判断变量间在统计学意义上是否具有因果性(或者说相关性)，这与经济理论或经济实践中因果关系性质判断是存在差别的，实证研究中往往需将两者结合起来进行判断。③格兰杰因果关系检验结果对滞后期长度的选择比较敏感，在实际应用中最好多选几个不同的滞后期进行检验，当多种滞后期检验结果较为一致时，则所得出的结论较为可靠。④在 EViews 12.0 中给出的是两两变量序列及全部变量的检验结果，使用的是 χ^2 统计量(Wald 检验)，$\chi^2=\frac{(\mathrm{RSS_r}-\mathrm{RSS_u})}{\mathrm{RSS_u}/n}$服从自由度为 p 的 χ^2 分布，判别准则与 F 检验法相同。

因果关系检验的 EViews 12.0 软件实现：在利用最佳滞后阶数估计 VAR 模型的方程窗口中，选择 View/Lag Structure/Granger Causality Tests/Blok Exogeneity Tests，即可得到两两变量序列及全部变量序列的格兰杰因果检验结果。

10.3.3　滞后阶数选择

无论是利用 VAR 模型进行格兰杰因果关系检验还是利用 VAR 模型进行脉冲效应分析和预测误差方差分析，都要求事先确定适当的变量滞后阶数。若滞后阶数过大，虽然可以使模型完整反映变量的动态变化特征，但每增加一阶滞后期，包含 k 个内生变量的 VAR 模型就需要多估计 k^2 个参数，那么在样本容量不充足的情况下就会损失更多的自由度；若滞后阶数过小，则可能导致 VAR 模型各方程的随机误差项存在较强的自相关性。VAR 模型滞后阶数的选择主要有似然比法、最终预测误差检验和信息准则法三种方法。

1. 似然比法

似然比(likelihood ratio，LR)法就是根据似然比 LR 统计量的值判断最佳滞后阶数。似然比统计量的计算公式为

$$\mathrm{LR}=-2(\ln L_{(p)}-\ln L_{(p+1)})\sim\chi^2(k^2) \tag{10-27}$$

其中，k 为内生变量个数，LR 统计量服从 χ^2 分布；$\ln L_{(p)}$、$\ln L_{(p+1)}$ 分别表示 VAR(p)、VAR($p+1$)模型的极大对数似然函数值。

原假设 H_0：p 为最佳滞后阶数。选择最佳滞后阶数的原则是：滞后阶数从 1 开始逐阶增加，使 LR 值达到最大的阶数即为最佳滞后阶数。具体判断步骤为：给定显著性水平 α，当计算的 LR 统计量的值大于 χ^2 临界值时，拒绝原假设 H_0，接着应进一步增大滞后阶数，直至计算的 LR 统计量的值小于 χ^2 临界值时为止，此时的阶数 p 即为最佳滞后阶数。

2. 最终预测误差检验

最终预测误差(final prediction error，FPE)检验就是选择使 FPE 达到最小的阶数 p 为最佳滞后阶数。FPE 的计算公式为

$$\mathrm{FPE}(p)=\hat{\sigma}_p^2\frac{n+m}{n-m} \tag{10-28}$$

式中，$\hat{\sigma}_p^2$ 为滞后 p 阶时残差的方差估计值；n 为样本容量；m 为待估计参数个数。

3. 信息准则法

在实证研究中，常根据不同滞后阶数的信息准则来选取适合 VAR 模型的滞后阶数 p，这里的信息准则主要包括：AIC 信息准则(Akaike information criterion)、SC 信息准则(Schwarz criterion)和 HQ 准则(Hannan-Quinn criterion)。信息准则的作用是在模型的解释能力与自由度之间寻找到最优的平衡点。信息准则法选取适合 VAR 模型滞后阶数的思路是：从滞后一阶开始，按照式(10-29)、式(10-30)和式(10-31)分别计算不同滞后阶数的 AIC 值、SC 值和 HQ 值，以 AIC 值、SC 值或 HQ 值中数值最小的准则确定模型的滞后阶数。

$$\mathrm{AIC}=-2l/n+2m/n \tag{10-29}$$

$$\mathrm{SC}=-2l/n+m\ln n/n \tag{10-30}$$

$$\mathrm{HQ}=-2l/n+2m\ln(\ln(n))/n \tag{10-31}$$

$m=k(d+pk)$为 VAR 模型需要估计的系数总和，k 为内生变量个数，d 为外生变量个数，p 为滞后阶数，n 为样本容量，l 为对数似然值且

$$l=-nk(1+\ln 2\pi)/2-n\ln|\hat{\boldsymbol{\Sigma}}|/2 \tag{10-32}$$

其中，$\hat{\boldsymbol{\Sigma}}$ 为根据残差 $\hat{\boldsymbol{\varepsilon}}$ 计算的模型协方差矩阵的估计。

最佳滞后阶数选择的 EViews 12.0 软件实现：在 VAR 模型估计方程窗口中单击 View/Lag Structure/Lag Length Criteria，在出现的窗口中输入最大滞后阶数，单击 OK 按钮，得到不同滞后阶数下各准则的最优滞后阶数(带 * 的)，依据众数原则确定 VAR 模型的最优滞后阶数。

10.4　向量自回归模型的应用

建立 VAR 模型的目的，不是用于一般的经济结构分析，而是在于：一是基于变量间滞后数量关系进行变量的动态预测，二是分析当内生变量受到系统内部或外部冲击时响应的路径及程度。

10.4.1　脉冲响应分析

由于 VAR 模型反映的是变量间的动态变动关系，因而当对 VAR 模型中的一个内生变量随机误差项[又称为**新息**(innovation)]施加冲击时，必然会对整个 VAR 系统中所有内生变量的当期值与未来值产生影响，将这种影响路径和程度用数学方法加以刻画就被称为**脉冲响应函数**(impulse response function，IRF)。需注意的是，对随机误差项而言是**冲击**(impulse)，对内生变量而言则是对冲击的**响应**(response)。利用脉冲响应函数可以分析 VAR 模型受到某种冲击时对系统的动态影响。下面简要介绍脉冲响应函数的推导过程。

设 VAR(p)模型为

$$\boldsymbol{Y}_t=\boldsymbol{\Gamma}_0+\boldsymbol{\Gamma}_1\boldsymbol{Y}_{t-1}+\cdots+\boldsymbol{\Gamma}_p\boldsymbol{Y}_{t-p}+\boldsymbol{\varepsilon}_t \tag{10-33}$$

其中，$\boldsymbol{Y}_t$ 包含 k 维变量，$\boldsymbol{\varepsilon}_t$ 称为**向量白噪声过程**(vector white noise process)或者“新息向量”。我们可以将 VAR(p)改写成向量移动平均过程 VMA(∞)形式：

$$\boldsymbol{Y}_t=\boldsymbol{\psi}+\boldsymbol{\varepsilon}_t+\boldsymbol{\beta}_1\boldsymbol{\varepsilon}_{t-1}+\boldsymbol{\beta}_2\boldsymbol{\varepsilon}_{t-2}+\cdots=\boldsymbol{\psi}+\sum_{i=0}^{\infty}\boldsymbol{\beta}_i\boldsymbol{\varepsilon}_{t-i} \tag{10-34}$$

其中，$\boldsymbol{\beta}_i$ 为 n 维方阵。$\boldsymbol{\varepsilon}_t$ 对 $\boldsymbol{Y}_{t+s}$ 的边际效应可以表示为

$$\frac{\partial \boldsymbol{Y}_{t+s}}{\partial \boldsymbol{\varepsilon}_t'}=\boldsymbol{\beta}_s \tag{10-35}$$

$\boldsymbol{\beta}_s$ 表示相隔 s 期的动态乘子，其矩阵形式为

$$\boldsymbol{\beta}_s=\begin{pmatrix}\dfrac{\partial Y_{1,t+s}}{\partial \varepsilon_{1t}} & \dfrac{\partial Y_{1,t+s}}{\partial \varepsilon_{2t}} & \cdots & \dfrac{\partial Y_{1,t+s}}{\partial \varepsilon_{nt}}\\ \dfrac{\partial Y_{2,t+s}}{\partial \varepsilon_{1t}} & \dfrac{\partial Y_{2,t+s}}{\partial \varepsilon_{2t}} & \cdots & \dfrac{\partial Y_{2,t+s}}{\partial \varepsilon_{nt}}\\ \vdots & \vdots & \ddots & \vdots\\ \dfrac{\partial Y_{n,t+s}}{\partial \varepsilon_{1t}} & \dfrac{\partial Y_{n,t+s}}{\partial \varepsilon_{2t}} & \cdots & \dfrac{\partial Y_{n,t+s}}{\partial \varepsilon_{nt}}\end{pmatrix} \tag{10-36}$$

其中，$\boldsymbol{\beta}_s$ 第 i 行、j 列元素记为 β_{ijs}，即

$$\beta_{ijs}=\frac{\partial Y_{i,t+s}}{\partial \varepsilon_{jt}}\quad i,\ j=1,\ 2,\ \cdots,\ k \tag{10-37}$$

式(10-37)为脉冲响应函数，表示当其他随机误差项在任何时期都不变的条件下，当第 j 个内生变量对应的随机误差项在 t 期受到一个单位的冲击后，第 i 个内生变量在 $t+s$ 期所做出的响应。当向量自回归过程平稳时，随着时间的推移，脉冲响应函数的大小会逐渐衰减直至消失，即

$$\lim_{s\to\infty}\frac{\partial Y_{i,t+s}}{\partial \varepsilon_{jt}}=0 \quad i,\ j=1,\ 2,\ \cdots,\ k \tag{10-38}$$

对于含有 k 个内生变量的 VAR 模型，每个内生变量都对应着 k 个脉冲响应函数，因此一个 VAR 模型系统共含有 k^2 个脉冲响应函数。

式(10-37)的脉冲响应函数是以不同方程的随机误差项不存在同期相关性为前提的，但在实际经济生活中，不同方程的随机误差项往往存在同期相关性，为此需要使用 Cholesky 法将其进行正交化分解，分解过程为：以 VAR 模型第 1 个方程的随机误差项为基础，从第 2 个方程的随机误差项中剔除掉与第 1 个方程随机误差项的相关部分，得到正交化后的随机误差项；从第 3 个方程的随机误差项剔除掉与第 1 个和第 2 个方程随机误差项的相关部分，得到正交化后的随机误差项。以此类推，从第 k 个方程的随机误差项剔除掉与前 $k-1$ 个方程随机误差项的相关部分，得到正交化后的随机误差项。进行 Cholesky 分解后的脉冲响应函数称为**正交化的脉冲响应函数**(orthogonalized impulse response function，OIRF)，记为 $\widetilde{\beta}_{ijs}$。

$$\widetilde{\beta}_{ijs}=\frac{\partial Y_{t,t+s}}{\partial \widetilde{\varepsilon}_{jt}} \quad i,\ j=1,\ 2,\ \cdots,\ k \tag{10-39}$$

其中，$\widetilde{\varepsilon}$ 为正交化后的随机误差项，此时脉冲响应函数表示当其他随机误差项在任何时期都不变的条件下，当第 j 个内生变量对应的随机误差项在 t 期受到一个标准差的冲击后，第 i 个内生变量在 $t+s$ 期所做出的响应。

在利用正交化的脉冲响应函数分析变量间动态关系时需要注意：①脉冲响应函数依赖于 VAR 模型中内生变量的排序，变量顺序不同所得到的脉冲响应函数就不一样，实际应用中通常按照内生变量的外生性程度由强到弱进行排序，或者根据因果关系检验的结果进行排序。②VAR 模型平稳是进行脉冲响应函数分析的前提；若 VAR 模型非平稳，则正交化的脉冲响应函数就不收敛。

脉冲响应函数的 EViews 软件实现：在 VAR 模型估计方程窗口，单击 View/Impulse Responses，在对话框中选择显示形式和响应函数标准误差以及进行脉冲定义后，单击“确定”按钮即可得到以表或图形式的不同内生变量的脉冲响应函数，具体操作步骤见本章案例分析部分内容。

10.4.2 方差分解分析

VAR 模型的重要应用之一在于进行内生变量的动态预测。**方差分解**(variance decomposition)是指把 VAR 模型中每个内生变量(k 个)的 l 步预测均方误差按其成因分解为与各方程随机误差项相关联的 k 个组成部分，用以衡量每个内生变量的扰动(新息)或冲击对 VAR 模型系统中各内生变量产生影响的相对重要性程度。

对于 k 维 VAR(p)模型：

$$\boldsymbol{Y}_t=\hat{\boldsymbol{\Gamma}}_0+\hat{\boldsymbol{\Gamma}}_1\boldsymbol{Y}_{t-1}+\cdots+\hat{\boldsymbol{\Gamma}}_p\boldsymbol{Y}_{t-p}+\boldsymbol{\varepsilon}_t \tag{10-40}$$

根据估计得到系数矩阵 $\hat{\boldsymbol{\Gamma}}_i$，可以很容易得到被解释变量向前 l 期的预测值 $\hat{\boldsymbol{Y}}_{t+l}$，因此可以将向前 l 期的预测值 $\hat{\boldsymbol{Y}}_{t+l}$ 与真实值 $\boldsymbol{Y}_{t+l}$ 之差用 VMA(∞)表示为

$$\boldsymbol{Y}_{t+l}-\hat{\boldsymbol{Y}}_{t+l}=\sum_{i=0}^{l-1}\boldsymbol{\beta}_i\boldsymbol{\varepsilon}_{t+l-i} \tag{10-41}$$

与正交化的脉冲响应函数一样，需要分解出各个方程随机误差项对预测误差的单独贡献。因此，需将随机误差项 $\boldsymbol{\varepsilon}$ 分解为正交向量 $\boldsymbol{v}$，式(10-41)变为

$$\boldsymbol{Y}_{t+l}-\hat{\boldsymbol{Y}}_{t+l}=\sum_{q=0}^{l-1}\widetilde{\boldsymbol{\omega}}_q\boldsymbol{v}_{t+l-q} \tag{10-42}$$

此时，第 j 个内生变量在第 $t+l$ 期的预测误差为

$$y_{j,\ t+l}-\hat{y}_{j,\ t+l}=\sum_{q=0}^{l-1}(\widetilde{\omega}_{q,\ j1}v_{1,\ t+l-q}+\cdots+\widetilde{\omega}_{q,\ jk}v_{k,\ t+l-q}) \tag{10-43}$$

进一步整理得：

$$y_{j,\ t+l}-\hat{y}_{j,\ t+l}=\sum_{i=1}^{k}(\widetilde{\omega}_{0,\ ji}v_{i,\ t+l}+\cdots+\widetilde{\omega}_{l-1,\ ji}v_{i,\ t+1}) \tag{10-44}$$

由于正交向量 $\boldsymbol{v}$ 的方差为1，而且每个正交化随机误差项分量之间无关，因而可以计算出对 $y_{j,t+l}$ 预测的均方误差 $\sum_{i=1}^{k}(\widetilde{\omega}_{0,\ ji}^2+\cdots+\widetilde{\omega}_{l-1,\ ji}^2)$。

第 i 个内生变量的正交化冲击对 $y_{j,t+l}$ 预测误差的贡献比例为

$$\frac{\widetilde{\omega}_{0,\ ji}^2+\cdots+\widetilde{\omega}_{l-1,\ ji}^2}{\sum_{i=1}^{k}(\widetilde{\omega}_{0,\ ji}^2+\cdots+\widetilde{\omega}_{l-1,\ ji}^2)}\quad i,\ j=1,\ 2,\ \cdots,\ k \tag{10-45}$$

预测误差的贡献比例越大，说明内生变量 i 的变动或冲击对内生变量 j 变动的相对影响就越大；所有内生变量的冲击对每个内生变量预测误差的贡献比例之和等于1。

需要注意的是，由于上述过程涉及Cholesky分解，因而各内生变量的预测误差贡献比例与VAR模型内生变量的排序有关，不同的变量排序，所得到的预测误差的贡献比例往往存在较大差异。

方差分解的EViews 12.0软件实现：在VAR模型估计方程窗口，单击View/Variance decomposition，完成方差分解定义对话框后，单击“OK”按钮即可得到以表或图的形式给出的不同内生变量的预测误差方差分解，具体操作步骤见本章案例分析部分。

10.5　案例分析

10.5.1　样本选取

现选取2000—2019年某地区文化产业增加值(CI)和地区生产总值(GDP)数据，并以2000年为基期对它们进行价格平减，具体如表10-1所示，试建立VAR模型分析文化产业增加值和地区生产总值两者的动态变化关系。

表10-1　2000—2019年某地区文化产业增加值和地区生产总值　(单位：亿元)

年份	文化产业增加值(CI)	地区生产总值(GDP)	年份	文化产业增加值(CI)	地区生产总值(GDP)
2000	21.18	7 117.66	2004	20.60	9 921.46
2001	20.71	7 897.30	2005	21.07	10 965.52
2002	20.76	8 440.23	2006	25.00	12 033.27
2003	19.13	8 967.71	2007	30.72	13 582.28

（续）

年份	文化产业增加值(CI)	地区生产总值(GDP)	年份	文化产业增加值(CI)	地区生产总值(GDP)
2008	32.61	15 987.83	2014	128.88	40 120.20
2009	38.97	18 321.74	2015	160.07	47 156.40
2010	44.68	21 192.35	2016	188.06	52 789.06
2011	79.11	25 730.56	2017	218.78	57 588.93
2012	76.24	31 404.54	2018	256.89	63 422.23
2013	103.77	34 090.28	2019	298.19	71 582.63

10.5.2 模型估计与检验

1. 数据处理

打开 EViews 12.0，在建立工作文件、录入数据后，为了消除异方差问题，在建立模型之前需将两个时序变量进行自然对数处理。在命令栏里分别输入命令：

genr lnci=log(ci)

genr lngdp=log(gdp)

2. 创建 VAR 对象

在主菜单单击 Quick/Estimate VAR 或者 Object/New Object/VAR 后，EViews 便会弹出如图 10-1 所示的 VAR 模型定义对话框。

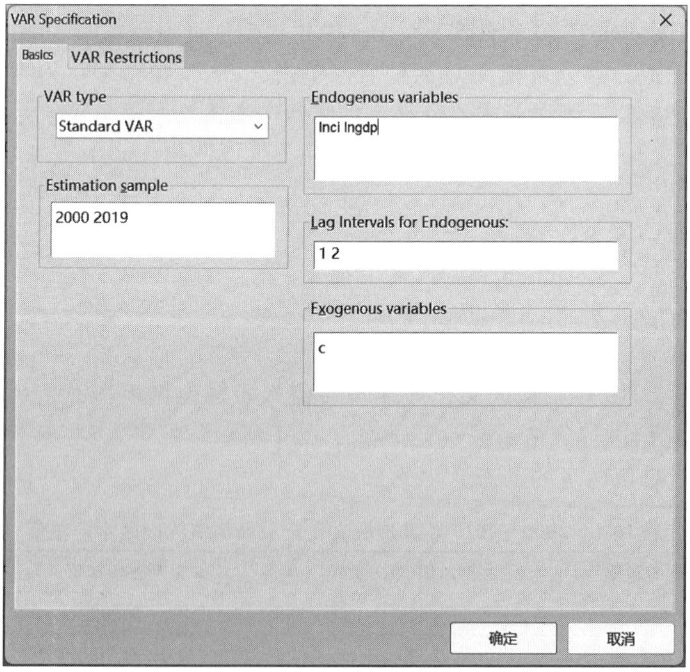

图 10-1 VAR 模型定义对话框

在定义对话框中，“VAR type”为选择 VAR 模型类型，其中“Standard VAR”选项为标准 VAR 模型，“Vector Error Correct”为向量误差模型，“Bayesian VAR”为贝叶斯 VAR 模型，系统默认为标准 VAR 模型。在“Estimation sample”文本框中要求输入估计的样本范围，这里输入“2000 2019”。在“Endogenous variables”文本框中输入 VAR 模型中的内生变量名称，这里输入“lnci lngdp”。“Lag Intervals for Endogenous”表示变量的滞后区间，需要成对输入，默认值“1　2”代表内生变量的一阶滞后与二阶滞后，这里暂时采用默认值。“Exogenous variables”表示模型中的外生变量，常数项“c”为默认值。

3. 初步估计 VAR 模型

在图 10-1 中完成有关定义后单击“确定”按钮，即可得到 VAR 模型的初步估计方程窗口，该窗口由三部分组成，分别如表 10-2、表 10-3 和表 10-4 所示。

表 10-2　VAR 模型参数估计值

	LNCI	LNGDP
LNCI(−1)	0.083 005 (0.243 84) [0.340 40]	0.100 686 (0.059 02) [1.706 01]
LNCI(−2)	0.174 789 (0.194 00) [0.900 96]	−0.231 853 (0.046 96) [−4.937 74]
LNGDP(−1)	0.791 929 (0.641 99) [1.233 56]	1.148 423 (0.155 38) [7.390 96]
LNGDP(−2)	0.253 718 (0.731 77) [0.346 72]	0.011 338 (0.177 11) [0.064 02]
c	−7.231 878 (1.799 08) [−4.019 77]	−0.973 097 (0.435 44) [−2.234 76]

表 10-3　VAR 模型各估计方程检验结果

R-squared	0.991 940	0.999 151
Adj. R-squared	0.989 460	0.998 889
Sum sq. resids	0.129 837	0.007 606
S. E. equation	0.099 937	0.024 188
F-statistic	399.983 2	3 823.021
Log likelihood	18.845 75	44.382 04
Akaike AIC	−1.538 417	−4.375 782
Schwarz SC	−1.291 092	−4.128 456
Mean dependent	4.155 598	10.077 50
S. D. dependent	0.973 443	0.725 762

表 10-4 VAR 模型整体检验结果

Determinant resid covariance (dof adj.)	4.09E-06
Determinant resid covariance	2.13E-06
Log likelihood	66.445 93
Akaike information criterion	−6.271 770
Schwarz criterion	−5.777 119

表 10-2 为估计方程窗口的上面部分，也是模型参数估计值，其中的每一列都对应着 VAR 模型中的一个方程，并且给出了各个变量的系数估计值及其标准差(圆括号内)与 t 统计量的值(方括号内)。

表 10-3 为估计方程窗口的中间部分，为 VAR 模型各估计方程检验结果，其项目与以前相同。

表 10-4 为估计方程窗口的最下部分，显示的是 VAR 模型整体的检验结果，包括决定性残差协方差(determinant residual covariance)、对数似然函数值和 AIC 与 SC 统计量的值。

4. 确定最优滞后阶数

在 VAR 模型初步估计方程窗口中，单击“View/Lag Structure/Lag Length Criteria”，出现如图 10-2 所示的对话框。

在对话框中输入最大的滞后阶数(一般不超过样本容量的 1/4)，如果输入“5”阶，单击“OK”按钮后，将出现滞后 0～5 阶各准则下各检验统计量的值，并用“*”标记在各类准则下选择的最优滞后阶数。具体结果见图 10-3。

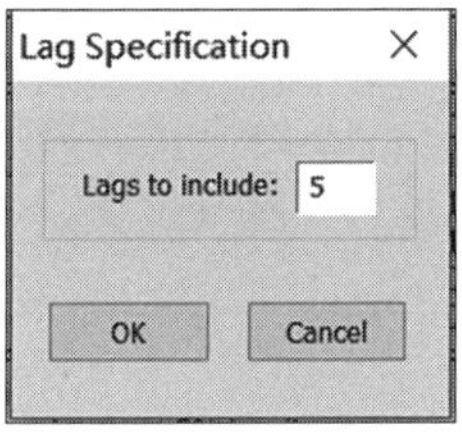

图 10-2 VAR 模型滞后阶数设定对话框

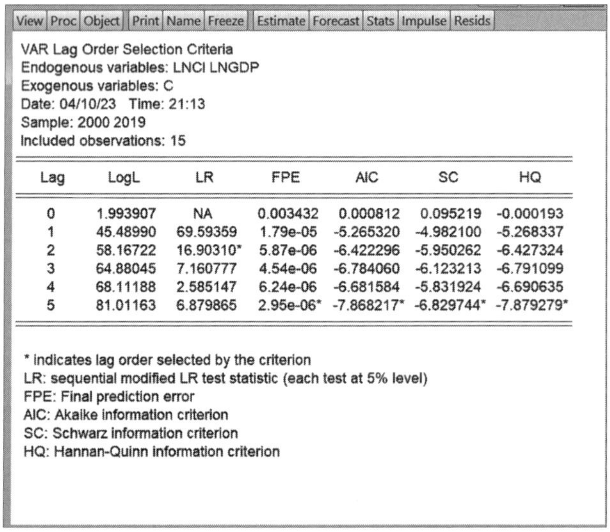

VAR Lag Order Selection Criteria
Endogenous variables: LNCI LNGDP
Exogenous variables: C
Date: 04/10/23 Time: 21:13
Sample: 2000 2019
Included observations: 15

Lag	LogL	LR	FPE	AIC	SC	HQ
0	1.993907	NA	0.003432	0.000812	0.095219	-0.000193
1	45.48990	69.59359	1.79e-05	-5.265320	-4.982100	-5.268337
2	58.16722	16.90310*	5.87e-06	-6.422296	-5.950262	-6.427324
3	64.88045	7.160777	4.54e-06	-6.784060	-6.123213	-6.791099
4	68.11188	2.585147	6.24e-06	-6.681584	-5.831924	-6.690635
5	81.01163	6.879865	2.95e-06*	-7.868217*	-6.829744*	-7.879279*

* indicates lag order selected by the criterion
LR: sequential modified LR test statistic (each test at 5% level)
FPE: Final prediction error
AIC: Akaike information criterion
SC: Schwarz information criterion
HQ: Hannan-Quinn information criterion

图 10-3 VAR 模型滞后阶数选择结果

本例按照“*”标最多的阶数来确定 VAR 模型的最佳滞后阶数，因此这里选取 5 为模型的最优滞后阶数。然后，再修改 VAR 模型滞后阶数，单击图 10-3 中的“Estimate”

选项，在 VAR 模型设定对话框中将“Lag Intervals for Endogenous”修改为“1 5”，单击“确定”按钮，从而得到在最优滞后阶数下的 VAR 模型的参数估计值。

5. 平稳性检验

在上述 VAR(5)估计窗口中，单击“View/Lag Structure/AR Roots Table”或者“View/Lag Structure/AR Roots Graph”，可得到各特征根以表格或者图形表现的 VAR 模型平稳性检验结果。具体见表 10-5 和图 10-4。

表 10-5 与图 10-4 显示，VAR 模型的特征多项式的根均小于 1，且均在单位圆内，表明估计的 VAR 模型满足平稳性条件。

表 10-5　VAR 模型平稳性检验结果

特征根	检验结果
0.911 222 − 0.057 301i	0.913 021
0.911 222+0.057 301i	0.913 021
−0.415 425	0.415 425
−0.175 590	0.175 590

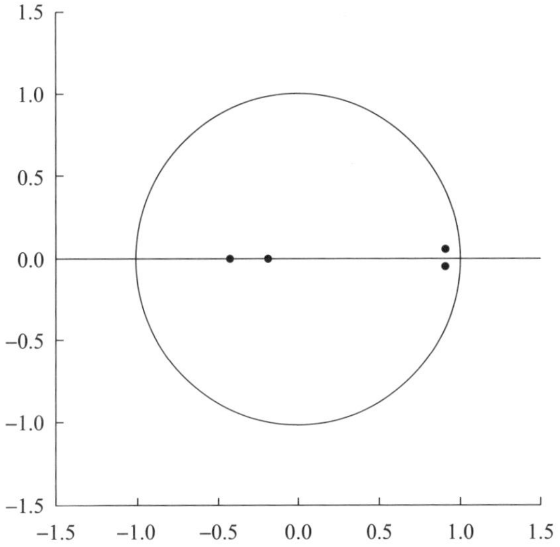

图 10-4　VAR 模型平稳性检验结果(图形形式)

6. 格兰杰因果关系检验

在 VAR(5)模型估计窗口中，单击“View/Lag Structure/Granger Causality/Block Exogeneity Test”选项，得到 lnci 与 lngdp 的格兰杰因果检验结果(见表 10-6)。

表 10-6　格兰杰因果检验结果

Dependent variable：LNCI			
Excluded	Chi-sq	df	Prob.
LNGDP	19.081 70	2	0.000 1
All	19.081 70	2	0.000 1
Dependent variable：LNGDP			
Excluded	Chi-sq	df	Prob.
LNCI	26.659 21	2	0.000 0
All	26.659 21	2	0.000 0

表 10-6 显示，在内生变量 lnci 的检验中，其相对于内生变量 lngdp 的 χ^2 统计量为 19.081 70，相应的伴随概率 p 值为 0.000 1，在 5%显著性水平上拒绝“内生变量 lngdp 不能引入内生变量 lnci 对应方程中”的原假设，即变量 lngdp 为变量 lnci 的格兰杰原因；在内生变量 lngdp 的检验中，其相对于内生变量 lnci 的 χ^2 统计量为 26.659 21，相应的伴随概率 p 值为 0.000 0，在 5%显著性水平上拒绝“内生变量 lnci 不能引入内生变量 lngdp 对应方程中”的原假设，即变量 lnci 为变量 lngdp 的格兰杰原因。由于变量 lnci 与变量 lngdp 互为格兰杰原因，因而两变量适合建立 VAR 模型。

10.5.3 模型应用

1. 脉冲响应分析

在 VAR(5)模型估计窗口单击“View/Impulse Response”或者窗口工具栏中的“Impulse”选项，得到脉冲响应函数设定对话框，其中包含两个菜单：Display(见图 10-5)以及 Impulse Definition(见图 10-6)。

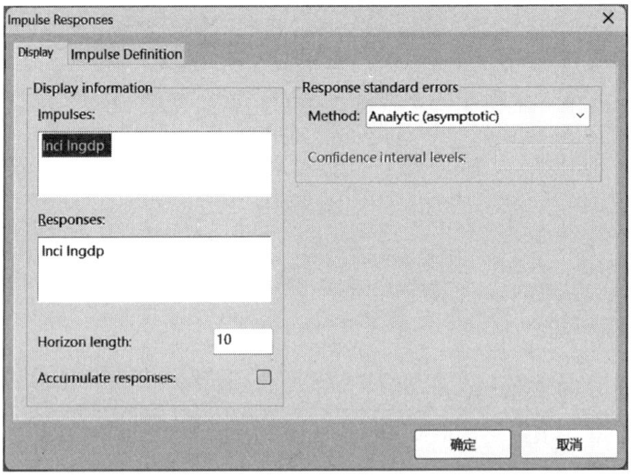

图 10-5 脉冲响应函数设定对话框 1

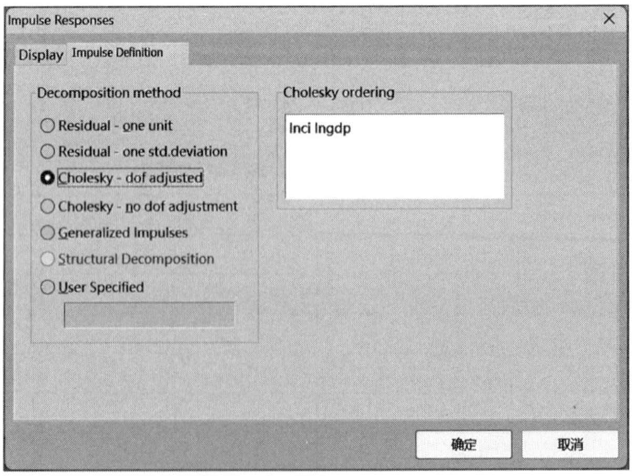

图 10-6 脉冲响应函数设定对话框 2

在图 10-5 中，脉冲响应函数的显示形式“Display Format”有三种：表“Table”、组图“Multiple Graphs”、合成图“Combined Graphs”，系统默认为组图。显示信息“Display information”部分，在冲击变量或脉冲变量“Impulses”框中输入“lnci”或者“lngdp”或者“lnci lngdp”；在响应变量“Responses”框中输入“lnci”或者“lngdp”或者“lnci lngdp”。计算脉冲响应函数标准误差(Response standard errors)(当显示形式为“Combined Graphs”时该选项不可选，选择“None”)方法的选择有：不计算“None”、渐进解析法(“Analytic”，系统默认方法)、蒙特卡罗法(Monte Carlo)，选择蒙特卡罗法需要指定迭代次数(repetitions)和考察的预测期数(“Periods”，系统默认 10 期)。如需计算累计响应，还应勾选 Accumulate responses 选项。

图 10-6 显示的是脉冲定义“Impulse Definition”对话框，分解方法(“Decomposition method”)有 7 种可供选择：①Residual-one unit 选项表示残差的一个单位冲击；②Residual-one std. deviation 选项表示残差的一个标准差的冲击，与 Residual-one unit 一样，该选项忽略了 VAR 模型残差间的相关性；③Cholesky-dof adjusted(默认)选项表示用残差协方差矩阵的 Cholesky 分解来进行正交化脉冲，选择该项需要指定内生变量在 VAR 模型中的次序(在 Cholesky Ordering 对话框中输入)，改变变量次序将明显改变响应结果；④Cholesky-no dof adjustment 选项与 Cholesky-dof adjusted 选项相比，仅在估计残差的协方差矩阵时进行了小样本自由度修正；⑤Generalized Impulses 选项表示广义脉冲，是一种不需要指定变量次序就能得到正交化新息的方法；⑥Structural Decomposition 选项表示结构分解，该选项只有在估计结构 VAR 模型后才可以使用；⑦User Specified 选项表示用户指定，需要在 User Specified 中自行输入包含脉冲响应的矩阵名称。

在本例中，选择“Multiple Graphs”和“Cholesky-dof adjusted”做正交化的脉冲响应分析。在完成如图 10-5、图 10-6 所示的有关设定后，单击“确定”按钮，可得到 lnci 和 lngdp 的脉冲响应图(见图 10-7)。

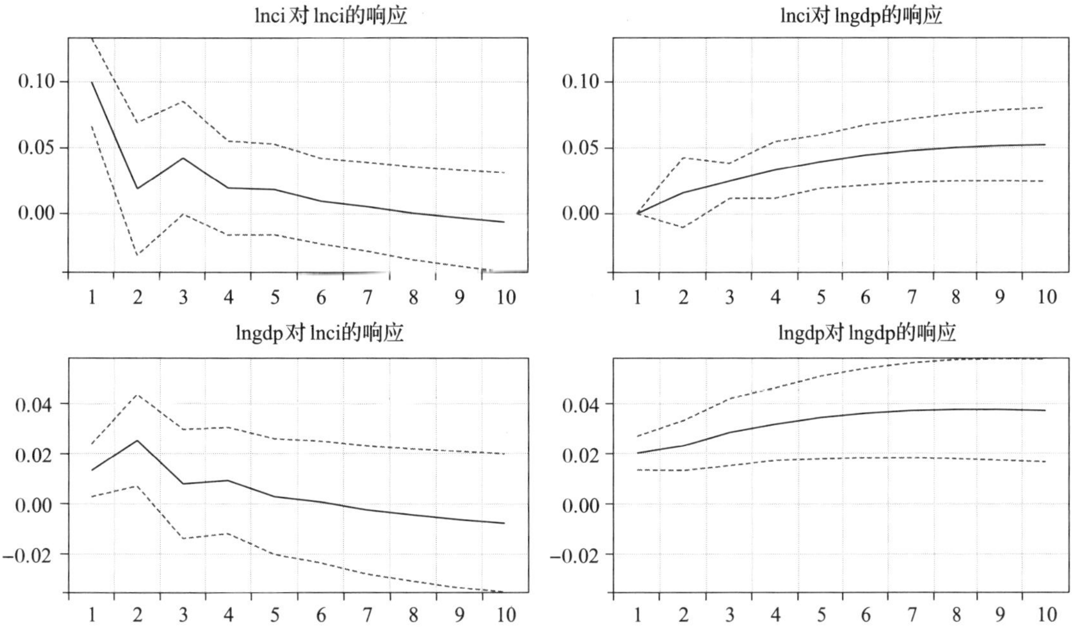

图 10-7　脉冲响应函数(组图形式)

在图 10-7 中，上面两个图的实线分别表示随着预测期数的增加，内生变量 lnci 对于自身及变量 lngdp 的一个标准差新息的响应；下面两个图的实线分别表示，随着预测期数的增加，内生变量 lngdp 对于变量 lnci 及自身的一个标准差新息的响应。图 10-7 中的虚线表示脉冲响应曲线加减两倍标准差的置信带。

我们还可以通过单击 Impulse Response 输出栏左侧的 Output Views/Table，以表格形式查看脉冲响应结果的具体数值(见表 10-7 和表 10-8)。

表 10-7 lnci 对 lnci、lngdp 的脉冲响应(表格形式)

Period	LNCI	LNGDP
1	0.099 937 (0.016 66)	0.000 000 (0.000 00)
2	0.018 798 (0.025 16)	0.016 019 (0.013 26)
3	0.042 423 (0.021 47)	0.024 859 (0.006 66)
4	0.019 496 (0.017 88)	0.033 344 (0.010 80)
5	0.018 403 (0.017 20)	0.039 537 (0.010 16)
6	0.009 583 (0.016 27)	0.044 457 (0.011 45)
7	0.005 346 (0.016 85)	0.047 981 (0.012 05)
8	0.000 411 (0.017 66)	0.050 416 (0.012 82)
9	−0.003 148 (0.018 25)	0.051 870 (0.013 45)
10	−0.006 312 (0.018 83)	0.052 508 (0.013 99)

表 10-8 lngdp 对 lnci、lngdp 的脉冲响应(表格形式)

Period	LNCI	LNGDP
1	0.013 262 (0.005 26)	0.020 228 (0.003 37)
2	0.025 293 (0.009 13)	0.023 230 (0.004 99)
3	0.007 919 (0.010 90)	0.028 521 (0.006 67)
4	0.009 295 (0.010 61)	0.031 806 (0.007 24)
5	0.002 891 (0.011 56)	0.034 444 (0.008 27)
6	0.000 758 (0.012 16)	0.036 167 (0.008 91)
7	−0.002 399 (0.012 80)	0.037 235 (0.009 48)
8	−0.004 430 (0.013 23)	0.037 695 (0.009 88)
9	−0.006 312 (0.013 61)	0.037 663 (0.010 14)
10	−0.007 712 (0.013 80)	0.037 214 (0.010 26)

由图 10-7 或表 10-7、表 10-8 可以看出：①lnci 对其自身的一个标准差冲击的响应在第 1 期表现非常强烈(产出增长约 0.099 9)，到第 2 期便迅速回落(为 0.018 798)，在第 8 期以后受新息的影响基本消失。②lnci 对 lngdp 的一个标准差冲击的响应逐渐增强，在第 8 期基本达到稳定状态(0.050 416)，各期响应值均为正数，意味着经济持续增长将对文化产业发展产生积极的促进作用。③lngdp 对 lnci 的一个标准差冲击的响应在第 1～2 期表现稍强，且文化产业的发展对地区经济增长有正向促进作用，第 3 期以后 lngdp 受lnci 冲击的影响逐渐变弱。④lngdp 对自身一个标准差冲击的响应呈逐期增强态势，第 7 期之后响应基本稳定，说明地区经济增长一直受到自身发展正向的影响。

2. 方差分解分析

在 VAR(5)模型估计窗口中单击“View/Variance decomposition”，弹出方差分解设定对话框(见图 10-8)。

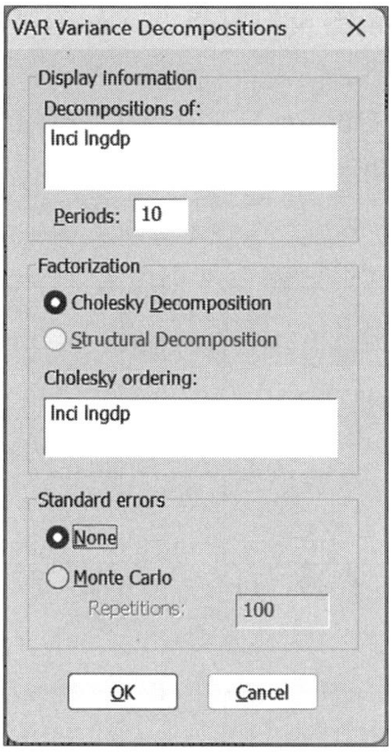

图 10-8　方差分解设定对话框

在图 10-8 上部的“Decompositions of:”中输入要进行方差分解的变量名称，可以是某一内生变量，也可以是全部内生变量，这里输入“lnci lngdp”；在预测期数“Periods”中输入期数(这里采用系统默认的 10 期)；在图 10-8 中部因子分解(Factorization)中选择 Cholesky 分解(Cholesky Decomposition)并在 Cholesky 变量排序(Cholesky ordering)中输入相关信息(注意这里的排序应与脉冲响应分析相一致)。单击“OK”按钮后可得到输出结果(见表 10-9 和表 10-10)。

表 10-9　lnci 的方差分解结果(表格形式)

Period	S. E.	LNCI	LNGDP
1	0.099 937	100.000 00	0.000 000
2	0.102 944	97.578 51	2.421 491
3	0.114 084	93.280 32	6.719 679
4	0.120 445	86.307 47	13.692 530
5	0.128 097	78.368 08	21.631 920
6	0.135 930	70.092 97	29.907 030
7	0.144 249	62.378 92	37.621 080
8	0.152 806	55.588 74	44.411 260
9	0.161 401	49.864 36	50.135 640
10	0.169 845	45.167 74	54.832 260

表 10-10　lngdp 的方差分解结果(表格形式)

Period	S. E.	LNCI	LNGDP
1	0.024 188	30.062 73	69.937 27
2	0.042 005	46.225 05	53.774 95
3	0.051 387	33.262 70	66.737 30
4	0.061 144	25.804 30	74.195 70
5	0.070 238	19.724 53	80.275 47
6	0.079 006	15.598 54	84.401 46
7	0.087 373	12.829 33	87.170 67
8	0.095 261	11.009 01	88.990 99
9	0.102 630	9.863 006	90.136 99
10	0.109 441	9.170 131	90.829 87

在输出表格(见表 10-9 和表 10-10)中，第一列为预测期，第二列 S. E. 表示变量的各期预测标准误差，后两列分别为各内生变量方程的新息对方差分解变量各期预测误差的贡献度，每行结果相加为 100%。

在表 10-9 中，由于在 VAR 模型设定时将 lnci 作为第一个内生变量，因而 lnci 在第 1 期的预测误差全部来自自身的新息。

我们还可以单击结果界面的 Output Views/Multiple Graphs 给出单变量和两变量图形形式的方差分解结果(见图 10-9 和图 10-10)。

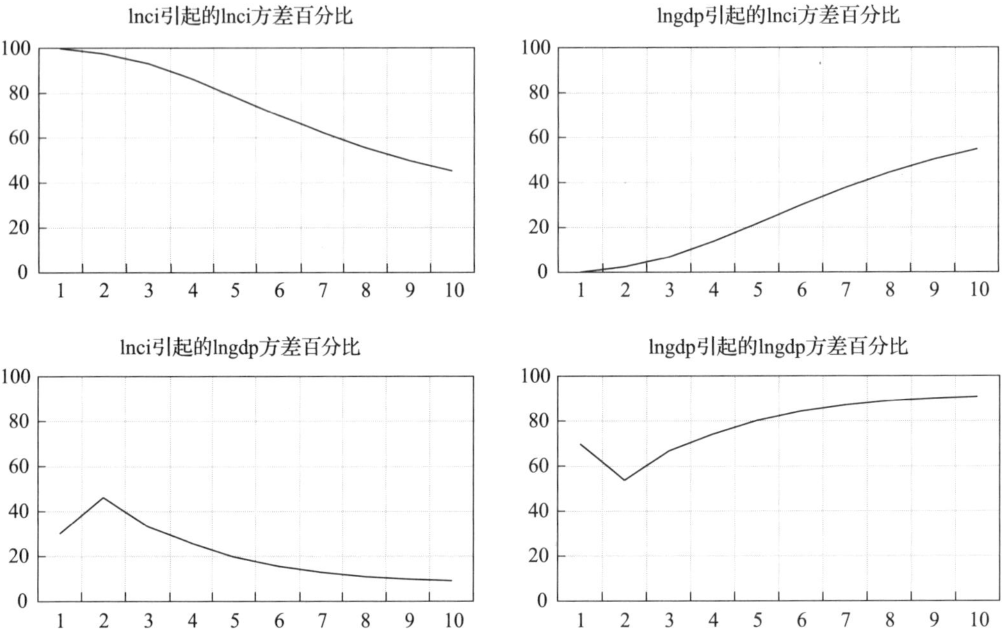

图 10-9　VAR 模型的方差分解结果(组图形式)

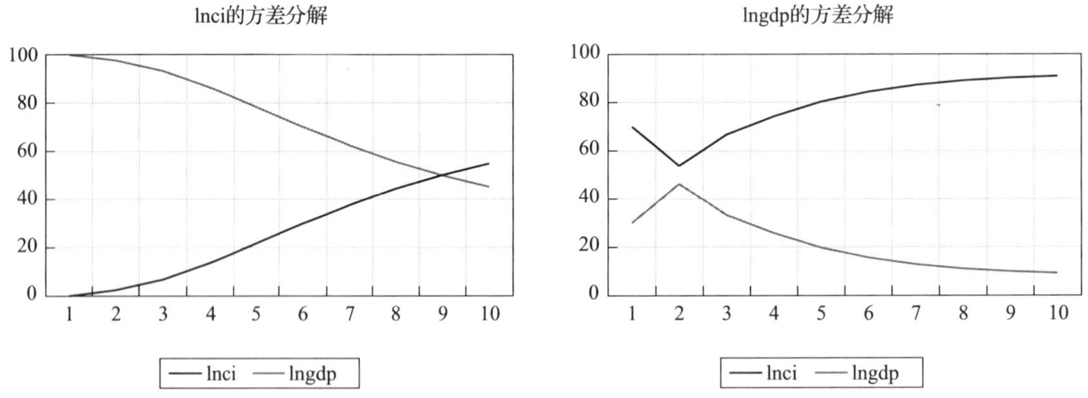

图 10-10　VAR 模型的方差分解结果(合成图形式)

由表 10-9、表 10-10、图 10-9 和图 10-10 可见，随着时间的推移，lnci 来自自身新息的相对影响逐渐减弱，并在第 8 期以后贡献度下降到 50%以下，而来自 lngdp 新息的相对影响则逐渐提高，在第 10 期达到 54.83%左右，lngdp 自身新息对 lngdp 预测误差的贡献度在各期均占绝大比重，并呈现逐渐上升的趋势，在第 10 期达到 90.83%。

思考与练习

一、简述题

1. 简述VAR模型的基本形式与前提条件。
2. 简述VAR模型最优滞后阶数选择的方法。
3. 简述用VAR模型平稳性和格兰杰因果检验的原理。
4. 简述如何利用VAR模型进行脉冲响应和方差分解分析。

二、单选题

1. VAR模型属于(　　)。
   A. 单方程模型　　B. 联立方程模型
   C. 时间序列模型　　D. 分布自回归模型
2. VAR模型设定是以(　　)为主导的。
   A. 经济理论　　B. 数据关系结构
   C. 数学方法　　D. 经济理论和统计方法
3. 对于VAR模型，下列说法不正确的是(　　)。
   A. 为无约束模型　　B. 需要进行t检验
   C. 不需要对模型进行识别　　D. 可直接利用OLS法估计每个方程
4. 对于VAR模型，下列说法不正确的是(　　)。
   A. 不能用于检验变量间的因果关系　　B. 可用于进行一般经济结构分析
   C. 可用于反映变量间的静态关系　　D. 相当于结构式的经典联立方程模型
5. 在VAR模型中，下列说法正确的是(　　)。
   A. 每个方程中包含其他内生变量的同期值
   B. 每个方程不包含其他内生变量的同期值
   C. 每个方程的随机误差项允许存在自相关性
   D. 不同方程的随机误差项不可以同期相关
6. 对于VAR模型，下列说法不正确的是(　　)。
   A. 时序变量均需具有平稳性
   B. 内生变量间不需要存在格兰杰因果关系
   C. 解释变量中可以添加外生变量
   D. 滞后阶数过小易导致随机误差项存在自相关性
7. 对于VAR模型变量因果关系检验的方法，通常采用(　　)。
   A. 经济理论分析　　B. 实践检验判别
   C. 格兰杰因果关系检验　　D. 定性与定量分析相结合
8. 对于包含k个内生变量p阶滞后的VAR模型，需要估计的参数个数为(　　)。
   A. k　　B. p　　C. $k+p$　　D. $k+pk^2$
9. 对VAR模型平稳性检验，下列说法不正确的是(　　)。
   A. 可以在估计VAR模型之前进行
   B. 可以在估计VAR模型之后进行
   C. 若特征方程$|\boldsymbol{\Gamma}_1-\lambda\boldsymbol{I}|=0$所有特征根均小于1，则模型平稳

D. 若特征方程 $|\boldsymbol{\Gamma}_1-\lambda\boldsymbol{I}|=0$ 所有特征根均小于 1，则模型不平稳

10. 对于 VAR 模型格兰杰因果关系检验，下列说法不正确的是(　　)。

A. 可以在估计 VAR 模型之前进行　　B. 可以在估计 VAR 模型之后进行

C. 对变量序列平稳性不做要求　　D. 对滞后期长度的选择比较敏感

三、多选题

1. VAR 模型中任意两个方程的随机误差项应当满足什么条件？(　　)

A. 同期相关　　B. 相互独立

C. 异期相关　　D. 无限制

2. 以下哪些方法可以用来确定 VAR 模型的滞后阶数？(　　)

A. ADF 单位根检验　　B. 信息准则法

C. 似然比　　D. 最终预测残差

3. 建立 VAR 模型的前提条件包括(　　)。

A. 适当的滞后阶数　　B. 变量序列平稳

C. 变量间存在格兰杰因果关系　　D. 无异方差性

4. 对于 VAR 模型，下列说法正确的有(　　)。

A. 为无约束模型

B. 不需要进行 t 检验

C. 需要对模型进行识别

D. 可直接利用 OLS 法或极大似然法估计每个方程

5. 对于 VAR 模型，下列说法正确的有(　　)。

A. 可以直接用于检验变量间的因果关系　　B. 可用于进行一般经济结构分析

C. 可用于反映变量间的动态变化过程　　D. 相当于简化的经典联立方程模型

6. 对于 VAR 模型，下列说法不正确的有(　　)。

A. 每个方程解释变量仅含有其他内生变量的滞后值

B. 每个方程解释变量中包含其他内生变量的同期值

C. 每个方程的随机误差项不能存在自相关性

D. 不同方程的随机误差项不可以同期相关

7. 对于 VAR 模型，下列说法正确的有(　　)。

A. 时序变量均需具有平稳性　　B. 内生变量间要求存在格兰杰因果关系

C. 解释变量中不可以添加外生变量　　D. 滞后阶数过大易导致模型损失自由度

8. 对于包含 k 个内生变量 p 阶滞后的 VAR 模型，下列说法正确的有(　　)。

A. 需要估计的参数个数为 k　　B. 需要估计的参数个数为 $k+pk^2$

C. 有 $k+p$ 个脉冲响应函数　　D. 有 k^2 个脉冲响应函数

9. 对 VAR 模型进行格兰杰因果关系检验，正确的说法有(　　)。

A. 可以在估计 VAR 模型之前进行　　B. 可以在估计 VAR 模型之后进行

C. 要求 VAR 模型具有平稳性　　D. 对滞后期长度选择比较敏感

10. VAR 模型主要应用于如下(　　)方面。

A. 动态预测　　B. 脉冲响应分析

C. 方差分析分析　　D. 结构分析

四、判断题

1. 向量自回归模型通过现实经济数据，主要用于分析和预测相互联系的多变量时序系统，描述和解释经济对各种动态冲击产生的响应。(　　)
2. VAR 模型平稳性是预测误差方差分解分析的前提条件。(　　)
3. 当向量自回归过程平稳时，随着时间的推移，VAR 模型的脉冲响应函数值会逐渐增大。(　　)
4. 当设定的向量自回归模型的滞后阶数小于最优阶数时，系数估计结果会有偏。(　　)
5. 假设一阶向量自回归过程的特征方程为 $|\boldsymbol{\Gamma}_1-\lambda\boldsymbol{I}|=0$，那么当特征方程的根均大于 1 时，该向量自回归过程是非平稳的。(　　)
6. 若 VAR 模型的被解释变量为非平稳过程，则会出现伪回归问题。(　　)
7. VAR 模型不同方程的随机误差项不能存在同期相关。(　　)
8. VAR 模型把系统中每一个内生变量作为系统中所有内生变量的滞后期值的函数来构造模型。(　　)
9. 格兰杰因果检验可以用于判断序列变量间的真实因果关系。(　　)
10. 按照信息准则法，当 AIC 或 SC 统计量值达到最大的滞后阶数时，应选择该阶数作为 VAR 模型的最优滞后阶数。(　　)

五、填空题

1. 正交化的脉冲响应函数随变量的________不同而改变。
2. VAR 模型的脉冲响应函数与预测误差方差分解通常需要采用________分解法从随机误差项中分离出相互正交的部分。
3. 变量的预测误差方差贡献比例越大，则该变量的重要性________。
4. 若 VAR 模型的解释变量中包含同期被解释变量，那么该 VAR 模型被称为________。
5. 对于包含 k 个变量 p 阶滞后期简约式 VAR 模型而言，需要估计的参数个数为________个。
6. 若想通过 VAR 模型获取一个变量与其他变量之间全面的动态影响情况，需要采用________法。
7. 在 VAR 模型应用中，若想度量一个变量对任何一个变量的影响重要性，需要采用________法。
8. 若采用 OLS 法对 VAR 模型进行估计，那么随机误差项________是保证系数估计一致性的最重要的条件。
9. 对于 VAR 模型进行格兰杰因果检验，采用的是________统计量。
10. VAR 模型________是进行脉冲响应函数分析的前提。

六、计算题

表 10-11 为 1995—2019 年中国货币供应量与实际国内生产总值的数据，其中，M1 表示货币供应量，GDP 表示实际国内生产总值。

表 10-11　1995—2019 年中国货币供应量与实际国内生产总值　(单位：亿元)

年份	M1	GDP	年份	M1	GDP
1995	23 987.10	33 642.9	1998	38 953.70	43 566.6
1996	28 514.80	36 981.2	1999	45 837.30	46 904.5
1997	34 826.30	40 397.1	2000	53 147.20	100 280.1

（续）

年份	M1	GDP	年份	M1	GDP
2001	59 871.59	108 639.2	2011	289 847.7	451 480.1
2002	70 881.79	118 561.9	2012	308 664.2	486 983.3
2003	84 118.57	130 463.2	2013	337 291.1	524 803.1
2004	95 969.70	143 657.8	2014	348 056.4	563 773.8
2005	107 278.80	187 318.9	2015	400 953.4	688 858.2
2006	126 028.10	211 147.7	2016	486 557.2	736 036.5
2007	152 560.10	241 195.8	2017	543 790.2	787 170.4
2008	166 217.1	264 472.8	2018	551 685.9	840 302.6
2009	221 445.8	289 329.9	2019	576 009.2	891 646.1
2010	266 621.5	412 119.3			

资料来源：国家统计局网站（http://www.stats.gov.cn/）。

要求：

建立VAR模型分析货币供应量变动对中国经济增长（实际国内生产总值增长）的长期和短期影响。

第 11 章
CHAPTER11

面板数据模型

□ 案例导引

居民消费水平和收入水平之间的关系存在区域或动态差异性吗

居民消费水平和收入水平不仅是国民经济与社会发展的重要表征指标，而且也是政府相关部门制定宏观经济政策的重要依据，两者之间存在着一定的内在联系。改革开放以来，随着经济发展，我国居民消费水平和收入水平均获得了显著提高，但两者之间的数量依存关系是否随着时间推移而发生动态变化？同时，由于我国区域间的资源禀赋、经济发展水平、交通区位、历史文化等存在着非均衡性，那么区域间居民消费水平和收入水平之间的数量依存关系是否也具有差异性？在建立计量经济模型测度居民消费与收入之间的数量关系时，传统上无论是采用时序数据还是截面数据均不能反映两者关系在时间上或空间上的差异，如何采用一种新的建模方法实现对上述两种差异的度量，从而可以利用建立的模型更为全面、系统地分析信息？本章介绍的面板数据模型可以达到上述目的。

面板数据模型是现代计量经济学发展的一个新领域。面板数据模型是利用时序数据和截面数据建立的模型，可用于对经济变量之间数量依存关系的时空变化特征进行分析研究，它比传统利用单一类型(时序或截面)数据建模更具优越性。本章将对面板数据模型进行讨论，介绍面板数据模型的概念和类型，以及面板数据模型的选择、估计、检验及应用等内容。

11.1 面板数据模型概述

11.1.1 面板数据

面板数据又称平行数据，是由时序数据(time series data)和截面数据(cross

section data)混合而成的数据(pool data)。面板数据是具有三维(个体、指标、时期)信息的数据结构。从横截面(cross section)看，它是由若干个体(entity，unit，individual)在某时刻构成的截面观测值。从纵剖面(longitudinal section)看，它是由若干时间序列(个体)所构成的。

面板数据用双下标变量表示：y_{it}，$i=1, 2, \cdots, N$；$t=1, 2, \cdots, T$。它又分成如下两种类型：

(1) 平衡面板数据(balanced panel data)。不同截面个体的每个解释变量的时间长度 T 相同。数据组数$=NT$，当 $N=1$ 时，为时序数据；当 $T=1$ 时，为截面数据。

(2) 非平衡面板数据(unbalanced panel data)。不同截面个体的每个解释变量的时间长度不相同。

例如，2014—2019 年我国 31 个省、自治区和直辖市(不包括港澳台地区)人均国内生产总值(元)数据(见表 11-1)为平衡面板数据。

表 11-1 2014—2019 年我国 31 个省、自治区和直辖市(不包括港澳台地区)人均国内生产总值

(单位：元)

地区	2014 年	2015 年	2016 年	2017 年	2018 年	2019 年
北京市	99 995	106 497	118 198	128 994.116 3	140 211.241 9	164 220
天津市	105 231	107 960.088 3	115 053	118 943.568 3	120 710.801 9	90 370.63
河北省	39 984	40 255	43 062	45 387	47 772.220 7	46 347.89
山西省	35 070	34 918.71	35 532	42 060	45 328	45 724
内蒙古自治区	71 046	71 100.544 2	72 064	63 764	68 302	67 852.13
辽宁省	65 201	65 354.412 2	50 791	53 526.654 4	58 007.515 8	57 191
吉林省	50 160	51 086	53 868	54 838	55 610.924	43 475
黑龙江省	39 226	39 461.564 4	40 432	41 916	43 274.405 6	36 182.77
上海市	97 370	103 795.536	116 562	126 634.15	134 982	157 279
江苏省	81 874	87 995	96 887	107 150	115 168.408	123 607
浙江省	73 002	77 643.686 1	84 916	92 057.010 8	98 643.408 8	107 623.61
安徽省	34 425	35 996.564 1	39 561	43 401.363 8	47 711.664 4	58 495.57
福建省	63 472	67 965.52	74 707	82 677	91 197.249 1	107 139.25
江西省	34 674	36 724	40 400	43 424.370 3	47 433.945 7	53 164
山东省	60 879	64 168.300 1	68 733	72 807.138 9	76 267.256 7	70 652.62
河南省	37 072	39 122.61	42 575	46 674	50 152.222 9	56 387.84
湖北省	47 145	50 653.85	55 665	60 199	66 615.703 5	77 386.54
湖南省	40 271	42 753.86	46 382	49 558	52 948.603 5	57 540.26
广东省	63 469	67 503	74 016	80 932	86 412	94 172
广西壮族自治区	33 090	35 190	38 027	38 102	41 489.165 2	42 964
海南省	38 924	40 818	44 347	48 430	51 955.292 2	56 506.83
重庆市	47 850	52 321	58 502	63 442	65 932.724 2	75 828
四川省	35 128	36 775	40 003	44 651.32	48 883.170 1	55 774
贵州省	26 437	29 847.247 8	33 246	37 956.063 3	41 243.593 3	46 433
云南省	27 264	28 806	31 093	34 221	37 136.282 4	47 944
西藏自治区	29 252	31 999	35 184	39 267	43 398	48 902
陕西省	46 929	47 626	51 015	57 266.31	63 477.474 9	66 649.02
甘肃省	26 433	26 165.260 8	27 643	28 496.501	31 336.125 2	32 994.56
青海省	39 671	41 252	43 531	44 047	47 689.452 6	48 981.46
宁夏回族自治区	41 834	43 805	47 194	50 765	54 094.167 5	54 217
新疆维吾尔自治区	40 648	40 036	40 564	44 941	49 474.717 3	54 280

资料来源：国家统计局网站(http://www.stats.gov.cn/)。

11.1.2　面板数据模型的一般形式

面板数据模型就是利用面板数据建立的计量经济模型。设 y_{it} 为被解释变量在横截面 i 和时间 t 上的数值，x_{jit} 为第 j 个解释变量在横截面(个体) i 和时间 t 上的数值，u_{it} 为横截面 i 和时间 t 上的随机误差项，b_{ji} 为第 i 截面上的第 j 个解释变量的模型参数，a_i 为常数项或截距项，代表第 i 个横截面(第 i 个个体)的影响，解释变量数为 $j=1, 2, \cdots, k$，截面数为 $i=1, 2, \cdots, N$；时间长度为 $t=1, 2, \cdots, T$。其中，N 表示个体截面成员的个数，T 表示每个截面成员的观测时期总数，k 表示解释变量的个数。单方程面板数据模型的一般形式为

$$y_{it}=a_i+b_{1t}x_{1it}+b_{2t}x_{2it}+\cdots+b_{kt}x_{kit}+u_{it}\quad(i=1, 2, \cdots, N;\ t=1, 2, \cdots, T) \tag{11-1}$$

若记：$\boldsymbol{x}_{it}=(x_{1it}, x_{2it}, \cdots, x_{kit})$ 为 $1\times k$ 解释变量向量，$\boldsymbol{b}_i=(b_{1t}, b_{2t}, \cdots, b_{kt})'$ 为 $k\times1$ 系数向量，u_{it} 为随机误差项，满足相互独立、零均值、同方差为 σ_u^2 的假设，则式(11-1)可以改写成：

$$y_{it}=a_i+\boldsymbol{x}_{it}\boldsymbol{b}_i+u_{it}\quad(i=1, 2, \cdots, N;\ t=1, 2, \cdots, T) \tag{11-2}$$

11.1.3　面板数据模型的分类

对于面板数据模型的类型，通常按以下三个标志进行划分。

1. 按方程的截距和系数是否改变划分

(1) 混合回归模型(pooled regression model)。

$$y_{it}=a+\boldsymbol{x}_{it}\boldsymbol{b}+u_{it}\quad(a_i=a_j=a;\ b_i=b_j=b,\ j=1, 2, \cdots, N;\ t=1, 2, \cdots, T) \tag{11-3}$$

在混合回归模型中，无论对于不同的个体还是时间，模型的截距、变量系数均保持不变。

(2) 变截距模型(individual-mean corrected regression model)。

$$y_{it}=a_i+\boldsymbol{x}_{it}\boldsymbol{b}+u_{it} \tag{11-4}$$

其中，$\boldsymbol{x}_{it}$ 为 $1\times k$ 的向量，$\boldsymbol{b}$ 为 $k\times1$ 的向量，该模型表示在不同的个体之间存在个体影响，不存在结构影响。

(3) 变系数模型(unrestricted model)。

$$y_{it}=a_i+\boldsymbol{x}_{it}\boldsymbol{b}_i+u_{it} \tag{11-5}$$

在式(11-5)中，不同的个体之间既存在个体影响，也存在结构影响。

2. 按反映个体或者时点差异的随机变量是否与解释变量 x 相关划分

(1) 固定效应模型(fixed effects model)。

$$y_{it}=\boldsymbol{x}_{it}\boldsymbol{b}+a_i+u_{it}\quad(i=1, 2, \cdots, N;\ t=1, 2, \cdots, T) \tag{11-6}$$

其中，$\boldsymbol{b}=(b_{1t}, b_{2t}, \cdots, b_{kt})'$，$a_i$ 独立于 u_{it} 并与 $\boldsymbol{x}_{it}$ 相关。

即 $\mathrm{Cov}(a_i, u_{it})=0$，$\mathrm{Cov}(a_i, \boldsymbol{x}_{it})\neq0$

(2) 随机效应模型(random effects model)。

$$y_{it}=\boldsymbol{x}_{it}\boldsymbol{b}+e_{it} \tag{11-7}$$

$$e_{it}=a_i+u_{it}(i=1, 2, \cdots, N; T=1, 2, \cdots, T) \tag{11-8}$$

其中，a_i 是随机的，独立于 u_{it} 和 $\boldsymbol{x}_{it}$，$\mathrm{Cov}(a_i, u_{it})=0$，$\mathrm{Cov}(a_i, \boldsymbol{x}_{it})=0$，$\mathrm{Cov}(u_{it}, \boldsymbol{x}_{it})=0$。

面板数据模型的详细分类可以用如下框图进行直观反映。

- 变截距模型
  - 个体变截距模型
    - 个体固定效应模型
      $y_{it}=a_i+\boldsymbol{x}_{it}\boldsymbol{b}+u_{it}$，$a_i=a_0+\varepsilon_{it}$，且 ε_{it} 与 x_{it} 相关
    - 个体随机效应模型
      $y_{it}=a_i+\boldsymbol{x}_{it}\boldsymbol{b}+u_{it}$，$a_i=a_0+\varepsilon_{it}$，且 ε_{it} 与 x_{it} 无关
  - 时点变截距模型
    - 时点固定效应模型
      $y_{it}=r_t+\boldsymbol{x}_{it}\boldsymbol{b}+u_{it}$，$r_t=r_0+\varepsilon_{it}$，且 ε_{it} 与 x_{it} 相关
    - 时点随机效应模型
      $y_{it}=r_t+\boldsymbol{x}_{it}\boldsymbol{b}+u_{it}$，$r_t=r_0+\varepsilon_{it}$，且 ε_{it} 与 x_{it} 无关
  - 个体时点变截距模型
    - 个体时点固定效应模型
      $y_{it}=a_0+a_i+r_t+\boldsymbol{x}_{it}\boldsymbol{b}+u_{it}$
    - 个体时点随机效应模型
      $y_{it}=a_0+a_i+r_t+\boldsymbol{x}_{it}\boldsymbol{b}+u_{it}$
- 变系数模型
  - 个体变系数模型：$y_{it}=a_i+\boldsymbol{x}_{it}\boldsymbol{b}_i+u_{it}$
  - 时点变系数模型：$y_{it}=a_t+\boldsymbol{x}_{it}\boldsymbol{b}_t+u_{it}$
  - 个体时点变系数模型：$y_{it}=a_i+\boldsymbol{x}_{it}\boldsymbol{b}_{it}+u_{it}$，$\boldsymbol{b}_{it}=\bar{\boldsymbol{b}}+\xi_i+\lambda_t$，$\xi_i$ 表示个体效应，λ_t 表示时点效应

3. 按模型中是否包括滞后被解释变量划分

面板数据模型进一步可以划分为静态面板模型和动态面板模型，其中动态面板模型是相对于静态面板模型而言的。动态面板模型是包含滞后被解释变量作为解释变量的模型。动态面板数据是在静态面板模型的基础上建立的，应用较为广泛。本书仅介绍静态面板模型的相关知识。

11.1.4 面板数据模型的特点

与传统利用单一类型数据建立模型相比，面板数据模型具有如下特点。

第一，它可以解决样本容量不足的问题。将不同横截面单元的不同时间观察值结合应用，可以增加样本的容量和自由度。

第二，它有助于正确地分析经济变量之间的关系，减少了解释变量之间的多重共线性，从而有利于得到更为有效的估计量。

第三，它是对同一截面单元集的重复观察，能更好地研究经济行为变化的动态性。

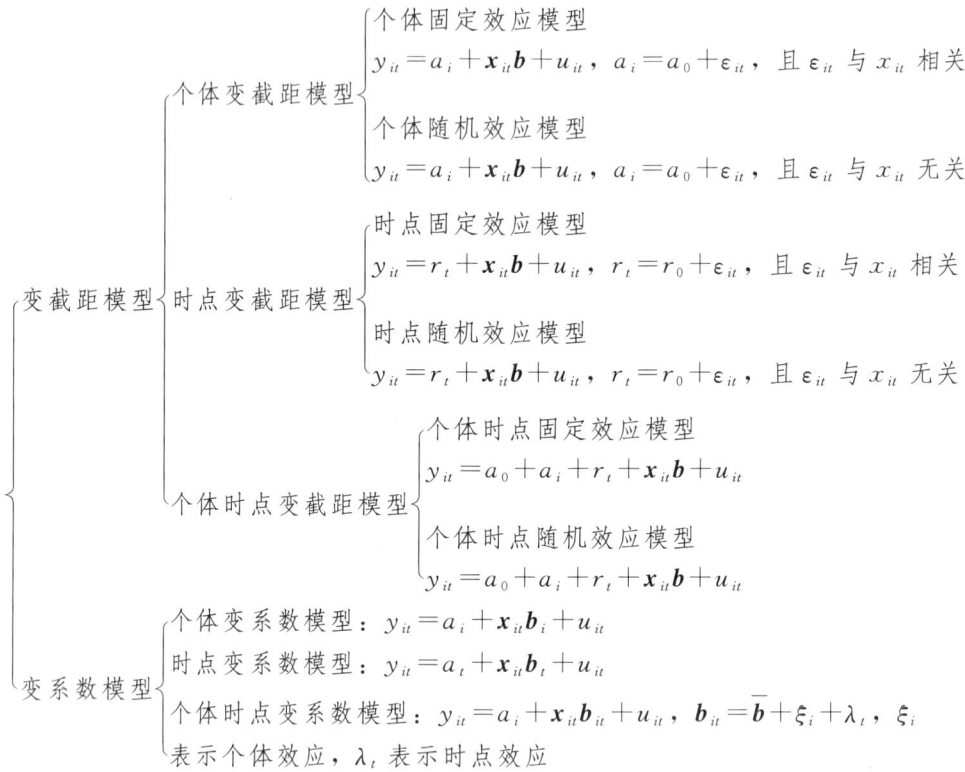

第四，它可以估计某些难以度量的因素对被解释变量的影响。通过设置虚拟变量对个别差异(非观测效应)进行控制，有效处理遗漏变量(omitted variable)的模型错误设定问题。

11.2　面板数据模型的选择与估计

11.2.1　面板数据模型的选择

面板数据模型有多种类型，不同的样本有着不同的数据结构，在实际应用中，需要根据样本的数据结构特征选用恰当的面板数据模型形式。

1. 混合模型、变截距模型和变系数模型的选择

对上述三种模型的选择性检验通常采用的是 F 检验法。

首先，进行假设检验。主要对以下两个假设进行检验。

假设 1，H_1：$\boldsymbol{b}_1=\boldsymbol{b}_2=\cdots=\boldsymbol{b}_n$。

假设 1 的含义在于：变量系数在不同横截面(个体)上都相同，截距项是不相同的，实际上就是检验模型 $y_{it}=a_i+\boldsymbol{x}_{it}\boldsymbol{b}+u_{it}$ 是否成立。

假设 2，H_2：$a_1=a_2=\cdots=a_n$，$\boldsymbol{b}_1=\boldsymbol{b}_2=\cdots=\boldsymbol{b}_n$。

假设 2 的含义在于：变量系数和截距项在不同的截面个体上都是相同的。实际上就是检验模型 $y_{it}=a+\boldsymbol{x}_{it}\boldsymbol{b}+u_{it}$ 是否成立。

其次，构建检验统计量。

H_1 的检验统计量为 F_1：

$$F_1=\frac{\dfrac{(s_2-s_1)}{[(N-1)k]}}{\dfrac{s_1}{[NT-N(k+1)]}}\sim F[(N-1)k,\ N(T-k-1)] \tag{11-9}$$

H_2 的检验统计量是 F_2：

$$F_2=\frac{\dfrac{(s_3-s_1)}{[(N-1)(k+1)]}}{\dfrac{s_1}{[NT-N(k+1)]}}\sim F[(N-1)(k+1),\ N(T-k-1)] \tag{11-10}$$

其中，s_1 为变系数模型的残差平方和，s_2 为变截距模型的残差平方和，s_3 为混合模型的残差平方和，T 为时期长度，N 为截面个体的个数，k 为模型中的解释变量个数。

最后，进行判断。根据检验统计量的值和一定显著性水平下的临界值进行假设检验的判断。

(1) 若 $F_2\leqslant F_\alpha$ 或者 $p\geqslant\alpha$，则接受 H_2。此时 s_3-s_1 的值较小，说明混合回归模型和变系数模型的残差平方和的差异性较小，F_2 的值小于其临界值 F_α，则不拒绝 H_2，应该选择设置混合回归模型。

(2) 若 $F_2>F_\alpha$ 或者 $p<\alpha$，则拒绝 H_2。此时 s_3-s_1 的值较大，说明变系数模型和混合回归模型的残差平方和的差异性较大，F_2 的值也会较大。当 F_2 大于临界值 F_α 时，不能接受 H_2，需要进一步检验判断 H_1 是否成立。

(3) 若 $F_1\leqslant F_\alpha$ 或者 $p\geqslant\alpha$，则接受 H_1。此时 s_2-s_1 的值较小，说明变截距和变系数模

型间的残差平方和差异较小，F_1 的值也会较小。当 F_1 的值小于等于临界值 F_α 时，应接受假设 H_1，选择设置为变截距模型。

(4) 若 $F_1 > F_\alpha$ 或者 $p < \alpha$，则拒绝 H_1。此时 $s_2 - s_1$ 的值较大，说明变截距模型和变系数模型的残差平方和较大，两者间的差异性较大。当 F_1 的值大于临界值 F_α 时，应拒绝假设 H_1，选择设置为变系数模型。

2. 固定效应模型、随机效应模型的选择

对于固定效应模型、随机效应模型的选择性检验，通常采用的是似然比检验和 Hausman 检验。

(1) 似然比(likelihood ratio，LR)检验。

似然比检验的思路是：首先假设对一般模型加上约束条件，然后对无约束的模型进行极大似然估计，最后对满足约束条件的模型进行估计。假设模型参数为 β，参数的极大似然估计为 $\hat{\beta}$，对应的似然函数值为 $L(\hat{\beta})$。对加上约束条件的模型的参数进行估计得到估计量 $\widetilde{\beta}$，对应的似然函数值为 $L(\widetilde{\beta})$。两个似然函数值差的检验就是对假设的检验。在构造统计量的时候采用两个估计值之间比值的形式。

在随机效应和固定效应的选择上采用似然比检验，主要是为了检验是否存在固定效应。

检验的原假设和备择假设如下。

H_0：存在随机效应；H_1：存在固定效应。

检验统计量为：$\mathrm{LR} \sim \chi^2(k)$。

进行判断：若 $\mathrm{LR} > \chi^2_\alpha$ 或者 $p < \alpha$，拒绝 H_0，选择采用固定效应模型；若 $\mathrm{LR} \leqslant \chi^2_\alpha$ 或者 $p \geqslant \alpha$，接受 H_0，选择采用随机效应模型。

(2) Hausman 检验。

Hausman 检验是 Hausman 在 1978 年提出的，检验的实质在于检验个体的随机效应和解释变量之间的正交性。Hausman 检验主要用于检验个体是否存在随机效应。

Hausman 检验的原假设与备择假设如下。

H_0：个体影响与回归变量无关(即选择随机效应模型)。

H_1：个体影响与回归变量相关(即选择固定效应模型)。

检验统计量为 Wald 统计量 W：

$$W = [b - \hat{\beta}]' \hat{\Sigma}^{-1} [b - \hat{\beta}] \sim \chi^2(k) \tag{11-11}$$

其中，b 为固定影响模型中回归系数的估计结果，$\hat{\beta}$ 为随机影响模型中回归系数的估计结果。$\hat{\Sigma}$ 为两类模型中回归系数估计结果之差的方差，即 $\hat{\Sigma} = \mathrm{Var}[b - \hat{\beta}]$。

进行判断：若 $W > \chi^2_\alpha$ 或者 $p < \alpha$，则拒绝 H_0，选用固定效应模型；若 $W \leqslant \chi^2_\alpha$ 或者 $p \geqslant \alpha$，则接受 H_0，选用随机效应模型。

11.2.2 面板数据模型的估计

不同的面板数据模型需要采用不同的模型参数估计的方法。由于混合模型的截距和变量系数均保持不变，因此可以采用 OLS 法估计其模型参数。下面介绍变截距模型和变系数模型的参数估计方法。

1. 变截距模型的估计

变截距模型表明个体之间存在个体影响，不存在结构上的不同，并且用截距项 a_i 来反映个体间的差异性模型的形式如式(11-4)所示。变截距模型又可细分为固定效应变截距模型和随机效应变截距模型。固定效应变截距模型截距的差异实质上是说不同截面的个体之间存在着实际意义上的不同；随机效应变截距模型实际上是截距项的不同，反映的是不同截面个体存在的随机误差项的差异。

(1) 固定效应变截距模型。

$$y_{it}=a_i+\boldsymbol{x}_{it}\boldsymbol{b}+u_{it}(i=1，2，\cdots，N；t=1，2，\cdots，T) \tag{11-12}$$

其中，$\boldsymbol{x}_{it}$ 为 $1\times k$ 的向量，$\boldsymbol{b}$ 为 $k\times 1$ 的向量。a_i 反映个体影响，u_{it} 为随机误差项，表示的是忽略截面和时间等因素的影响，并且假定 $\mathrm{E}(u_{it})=0$，$\mathrm{Var}(u_{it})=\sigma_u^2$，$\mathrm{Cov}(u_{it},\boldsymbol{x}_{it})=0$。

固定效应变截距模型式(11-12)可以写成向量的形式。如果截面个体影响可以通过截距项 a_i 的不同来反映，且在每个截面的个体的截距项前加上虚拟变量，则截距项 a_i 就可当作是虚拟变量的系数。

$$\boldsymbol{Y}=\begin{pmatrix}\boldsymbol{y}_1\\\boldsymbol{y}_2\\\vdots\\\boldsymbol{y}_N\end{pmatrix}=\begin{pmatrix}\boldsymbol{e}\\0\\\vdots\\0\end{pmatrix}a_1+\begin{pmatrix}0\\\boldsymbol{e}\\\vdots\\0\end{pmatrix}a_2+\cdots+\begin{pmatrix}0\\0\\\vdots\\\boldsymbol{e}\end{pmatrix}a_N+\begin{pmatrix}\boldsymbol{x}_1\\\boldsymbol{x}_2\\\vdots\\\boldsymbol{x}_N\end{pmatrix}\boldsymbol{b}+\begin{pmatrix}\boldsymbol{u}_1\\\boldsymbol{u}_2\\\vdots\\\boldsymbol{u}_N\end{pmatrix} \tag{11-13}$$

将其改写为

$$\boldsymbol{y}_i=\boldsymbol{e}a_i+\boldsymbol{x}_i\boldsymbol{b}+\boldsymbol{u}_i \tag{11-14}$$

模型式(11-14)也被称为最小二乘虚拟变量模型(LSDV)。

其中，$\boldsymbol{y}_i=\begin{pmatrix}y_{i1}\\y_{i2}\\\vdots\\y_{iT}\end{pmatrix}_{T\times 1}$，$\boldsymbol{e}=\begin{pmatrix}1\\1\\\vdots\\1\end{pmatrix}_{T\times 1}$，$\boldsymbol{x}_i=\begin{pmatrix}x_{i,11}&x_{i,12}&\cdots&x_{i,1k}\\x_{i,21}&x_{i,22}&\cdots&x_{i,2k}\\\vdots&\vdots&\ddots&\vdots\\x_{i,T1}&x_{i,T2}&\cdots&x_{i,Tk}\end{pmatrix}_{T\times k}$，

$\boldsymbol{u}_i=\begin{pmatrix}u_{i1}\\u_{i2}\\\vdots\\u_{iT}\end{pmatrix}_{T\times 1}$，且 $\mathrm{E}(\boldsymbol{u}_i)=\boldsymbol{0}_{T\times 1}$，$\mathrm{E}(\boldsymbol{u}_i\boldsymbol{u}_i')=\sigma_u^2\boldsymbol{I}_T$，$\mathrm{E}(\boldsymbol{u}_i\boldsymbol{u}_j')=\boldsymbol{0}_{T\times T}(i\neq j)$。

利用普通最小二乘法可以得到参数 a_i 和 $\boldsymbol{b}$ 的最优线性无偏估计为

$$\hat{\boldsymbol{b}}_{cv}=\left(\sum_{i=1}^{N}\sum_{i=1}^{T}(\boldsymbol{x}_{it}-\overline{\boldsymbol{x}}_i)'(\boldsymbol{x}_{it}-\overline{\boldsymbol{x}}_i)\right)^{-1}\left(\sum_{i=1}^{N}\sum_{i=1}^{T}(\boldsymbol{x}_{it}-\overline{\boldsymbol{x}})'(y_{it}\quad\overline{y}_i)\right) \tag{11-15}$$

$$\hat{a}_i=\overline{y}_i-\hat{\boldsymbol{b}}_{cv}\overline{\boldsymbol{x}}_i \tag{11-16}$$

其中，$\overline{\boldsymbol{x}}_i=\dfrac{1}{T}\sum\limits_{i=1}^{T}\boldsymbol{x}_{it}$，$\overline{y}_i=\dfrac{1}{T}\sum\limits_{i=1}^{T}y_{it}$，$\boldsymbol{x}_{it}=(x_{i,t1},x_{i,t2},\cdots,x_{i,tk})_{1\times k}$。

(2) 随机效应变截距模型。

随机效应变截距模型的基本形式为

$$y_{it}=a+\boldsymbol{x}_{it}\boldsymbol{b}+v_i+u_{it}\quad(i=1，2，\cdots，N；t=1，2，\cdots，T) \tag{11-17}$$

其中，v_i 表示个体的随机影响。对于模型式(11-17)采取如下的假定：

(1) v_i 和 $\boldsymbol{x}_{it}$ 不相关；　(11-18)

(2) $\mathrm{E}(u_{it})=\mathrm{E}(v_i)=0$；　(11-19)

(3) $\mathrm{E}(u_{it}v_j)=0(i,\ j=1,\ 2,\ \cdots,\ N)$；　(11-20)

(4) $\mathrm{E}(u_{it}u_{js})=0(i\neq j,\ t\neq s)$；　(11-21)

(5) $\mathrm{E}(v_iv_j)=0(i\neq j)$；　(11-22)

(6) $\mathrm{E}(u_{it}^2)=\sigma_u^2$，$\mathrm{E}(v_i^2)=\sigma_v^2$。　(11-23)

为了分析简便，可以将模型式(11-17)改写成如下形式：

$$y_{it}=\hat{\boldsymbol{x}}_{it}\boldsymbol{\delta}+w_{it} \tag{11-24}$$

其中，$\hat{\boldsymbol{x}}_{it}=(1,\ \boldsymbol{x}_{it})_{1\times(k+1)}$，$\boldsymbol{\delta}=(a,\ \boldsymbol{b}')'$，$w_{it}=v_i+u_{it}$。

若令 $\boldsymbol{w}_i=(w_{i1},\ w_{i2},\ \cdots,\ w_{iT})$，$\boldsymbol{w}=(\boldsymbol{w}_1,\ \boldsymbol{w}_2,\ \cdots,\ \boldsymbol{w}_N)$，则：

(1) w_{it} 与 $\boldsymbol{x}_{it}$ 不相关；　(11-25)

(2) $\mathrm{E}(w_{it})=0$；　(11-26)

(3) $\mathrm{E}(w_{it}^2)=\sigma_u^2+\sigma_v^2$，$\mathrm{E}(w_{it}w_{is})=\sigma_v^2(t\neq s)$；　(11-27)

(4) $\mathrm{E}(\boldsymbol{w}_i'\boldsymbol{w}_i)=\sigma_u^2\boldsymbol{I}_T+\sigma_v^2\boldsymbol{ee}'=\boldsymbol{\Omega}$；　(11-28)

(5) $\mathrm{E}(\boldsymbol{w}'\boldsymbol{w})_{NT\times NT}=\boldsymbol{I}_N\otimes\boldsymbol{\Omega}=\mathbf{V}$。　(11-29)

根据以上的假定条件可以得到，在 $\boldsymbol{x}_{it}$ 确定时，y_{it} 的方差为 $\sigma_y^2=\sigma_u^2+\sigma_v^2$，$\sigma_u^2$ 和 σ_v^2 也称为成分方差，相应的随机效应变截距模型也称为方差成分模型。模型式(11-24)中随机误差项与解释变量不相关，但是同一个体不同时点的随机误差项之间存在一定的相关性，利用普通最小二乘估计虽然无偏、一致，但不是有效的估计量，因此可以采用广义最小二乘法(GLS)对随机效应模型进行估计。当成分方差已知时，模型式(11-24)中参数的 GLS 估计量为

$$\hat{\boldsymbol{\delta}}_{\mathrm{GLS}}=\left(\sum_{i=1}^{N}\widetilde{\boldsymbol{X}}_i'\boldsymbol{\Omega}^{-1}\widetilde{\boldsymbol{X}}_i\right)^{-1}\left(\sum_{i=1}^{N}\widetilde{\boldsymbol{X}}_i'\boldsymbol{\Omega}^{-1}y_i\right) \tag{11-30}$$

其中，$\widetilde{\boldsymbol{X}}_i=(\hat{\boldsymbol{x}}_{i1},\ \hat{\boldsymbol{x}}_{i2},\ \cdots,\ \hat{\boldsymbol{x}}_{iT})'$。$\boldsymbol{\Omega}^{-1}=\dfrac{1}{\sigma_u^2}(\boldsymbol{I}_T-\theta^2\boldsymbol{ee}')$，$\theta=1-\dfrac{\sigma_u^2}{(T\sigma_v^2+\sigma_u^2)^{\frac{1}{2}}}$。

但在实际分析中，成分方差通常是未知的，因此，需要采用可行广义最小二乘估计法(FGLS)对模型进行估计，估计的步骤首先是求出成分方差的无偏估计，然后进行 OLS 估计。

首先，在式(11-17)两边同时对时间求均值，得：

$$\overline{y}_i=a+\overline{\boldsymbol{x}}_i\boldsymbol{b}+v_i+\overline{u}_i \tag{11-31}$$

将式(11-31)与式(11-17)相减，得：

$$y_{it}-\overline{y}=(\boldsymbol{x}_{it}-\overline{\boldsymbol{x}}_i)\boldsymbol{b}+(u_{it}-\overline{u}_i) \tag{11-32}$$

采用 Greene(1997)的 σ_u^2 和 σ_v^2 的无偏估计：

$$\hat{\sigma}_u^2=\frac{\sum_i\sum_t\left[(y_{it}-\overline{y}_i)-(\boldsymbol{x}_{it}-\overline{\boldsymbol{x}}_i)\widetilde{\boldsymbol{b}}\right]^2}{(NT-N-k)} \tag{11-33}$$

$$\hat{\sigma}_v^2=\frac{\sum_{i=1}^{N}(\overline{y}_i-\widetilde{a}-\overline{\boldsymbol{x}}_i\widetilde{\boldsymbol{b}})^2}{N-(k+1)}-\frac{\sigma_u^2}{T} \tag{11-34}$$

得到成分误差的无偏估计以后，进而可以得到 θ 和矩阵 $\boldsymbol{\Omega}^{-\frac{1}{2}}$ 的估计。

$$\hat{\theta}=1-\frac{\hat{\sigma}_u}{(T\hat{\sigma}_v^2+\hat{\sigma}_u^2)^{\frac{1}{2}}};\quad \hat{\boldsymbol{\Omega}}^{-\frac{1}{2}}=\frac{1}{\hat{\sigma}_u}\left(\boldsymbol{I}_T-\frac{\hat{\theta}}{T}\boldsymbol{ee}'\right) \tag{11-35}$$

在式(11-24)的基础上将式(11-24)改写为

$$\boldsymbol{y}_i=\widetilde{\boldsymbol{x}}_i\boldsymbol{\delta}+\boldsymbol{w}_i' \tag{11-36}$$

其中，$\widetilde{\boldsymbol{x}}_i=(e,\ x_i)$。在式(11-36)两边左乘 $\hat{\boldsymbol{\Omega}}^{-\frac{1}{2}}$ 得到：

$$\hat{\boldsymbol{\Omega}}^{-\frac{1}{2}}\boldsymbol{y}_i=\hat{\boldsymbol{\Omega}}^{-\frac{1}{2}}ea+\hat{\boldsymbol{\Omega}}^{-\frac{1}{2}}\boldsymbol{x}_i\boldsymbol{b}+\hat{\boldsymbol{\Omega}}^{-\frac{1}{2}}\boldsymbol{v}_i \tag{11-37}$$

对式(11-37)进行 OLS 估计即可得到待估参数的 FGLS 估计。

2. 变系数模型的估计

变系数模型又可以细分为固定效应变系数模型和随机效应变系数模型，下面分别介绍其参数估计方法。

(1) 固定效应变系数模型。

①不同个体之间随机误差项不相关的模型。

在固定效应变系数模型中，当不同横截面个体之间的随机误差项不相关时，即

$$\mathrm{E}(\boldsymbol{u}_i\boldsymbol{u}_j')=0(i\neq j),\ \text{且 } \mathrm{E}(\boldsymbol{u}_i\boldsymbol{u}_i')=\sigma_i^2\boldsymbol{I} \tag{11-38}$$

此时，可以将模型分成对应于横截面个体的 N 个单方程，然后利用各横截面个体时间序列数据采用 OLS 估计分别估计出单方程中的参数。

②不同个体之间随机误差项相关的模型。

当不同横截面个体的随机误差项之间相关时，即

$$\mathrm{E}(\boldsymbol{u}_i\boldsymbol{u}_j')=\boldsymbol{\Omega}_{ij}\neq 0(i\neq j) \tag{11-39}$$

此时，采用 GLS 方法估计会比 OLS 估计更有效，在式(11-39)的条件下得到的 OLS 估计量是一致、无偏、非有效的。当协方差矩阵 $\boldsymbol{\Omega}_{ij}$ 已知时，可直接得到参数的 GLS 估计。若协方差矩阵 $\boldsymbol{\Omega}_{ij}$ 未知时，随机误差项协方差矩阵的构造较为困难，可以采用较为简单的方法：首先进行横截面上的单方程的 OLS 估计，用相应的残差估计值构造协方差矩阵的估计量，然后进行 GLS 估计。

(2) 随机效应变系数模型。

变系数模型的形式为

$$y_{it}=\widetilde{\boldsymbol{x}}_{it}\boldsymbol{\delta}_i+u_{it},\quad i=1,\ 2,\ \cdots,\ N,\ t=1,\ 2,\ \cdots,\ T \tag{11 40}$$

其中，$\widetilde{\boldsymbol{x}}_{it}=(1,\ \boldsymbol{x}_{it})$，$\boldsymbol{\delta}_i=(a_i,\ \boldsymbol{b}_i')$。

在随机效应变系数模型中，系数向量 $\boldsymbol{\delta}_i$ 为跨截面变化的随机向量，基本的模型设定为

$$\boldsymbol{\delta}_i=\bar{\boldsymbol{\delta}}+\boldsymbol{v}_i,\quad i=1,\ 2,\ \cdots,\ N \tag{11-41}$$

其中，$\bar{\boldsymbol{\delta}}$ 为截面变化的系数均值部分，$\boldsymbol{v}_i$ 为随机变量，表示变化系数的随机部分，它服从如下假设(Swamy，1970)：

$$① \ \mathrm{E}(\boldsymbol{v}_i)=\boldsymbol{0}_{k+1} \tag{11-42}$$

$$② \ \mathrm{E}(\underset{(k+1)\times(k+1)}{\boldsymbol{v}_i\boldsymbol{v}_j'})=\begin{cases}\lambda\boldsymbol{I}_{k+1}, & i=j\\ \boldsymbol{0}_{(k+1)\times(k+1)}, & i\neq j\end{cases} \tag{11-43}$$

$$③ \ \mathrm{E}(\widetilde{\boldsymbol{x}}_{it}'\boldsymbol{v}_j')=\boldsymbol{0}_{(k+1)\times(k+1)},\ \mathrm{E}(\boldsymbol{v}_i\boldsymbol{u}_j')=\boldsymbol{0}_{(k+1)\times T} \tag{11-44}$$

④ $\mathrm{E}(\boldsymbol{u}_i\boldsymbol{u}_j')=\begin{cases}\sigma_i^2\boldsymbol{I}_T, & i=j\\ \boldsymbol{0}_{T\times T}, & i\neq j\end{cases}$ (11-45)

此时，模型的矩阵形式可以改写为

$$\boldsymbol{y}=\widetilde{\boldsymbol{X}}\bar{\boldsymbol{\delta}}+\boldsymbol{D}\boldsymbol{v}+\boldsymbol{u} \tag{11-46}$$

其中，$\boldsymbol{v}=(\boldsymbol{v}_1, \boldsymbol{v}_2, \cdots, \boldsymbol{v}_N)'$，$\widetilde{\boldsymbol{X}}=(\widetilde{\boldsymbol{X}}_1, \widetilde{\boldsymbol{X}}_2, \cdots, \widetilde{\boldsymbol{X}}_N)'_{NT\times(k+1)}$，$\boldsymbol{D}=\mathrm{diag}(\widetilde{\boldsymbol{X}}_1, \widetilde{\boldsymbol{X}}_2, \cdots, \widetilde{\boldsymbol{X}}_N)_{NT\times N(k+1)}$。

同随机效应变截距模型类似，在 Swamy(1970)假设下，如果$\left(\frac{1}{NT}\right)\widetilde{\boldsymbol{X}}\widetilde{\boldsymbol{X}}'$收敛于非零常数矩阵，则参数的$\bar{\delta}$的最优线性无偏估计是由式(11-47)给出的 GLS 估计。

$$\hat{\bar{\boldsymbol{\delta}}}_{\mathrm{GLS}}=\left[\sum_{i=1}^{N}\widetilde{\boldsymbol{X}}'_i\boldsymbol{\Phi}_i^{-1}\widetilde{\boldsymbol{X}}_i\right]^{-1}\left[\sum_{i=1}^{N}\widetilde{\boldsymbol{X}}'_i\boldsymbol{\Phi}_i^{-1}\boldsymbol{y}_i\right]=\sum_{i=1}^{N}\boldsymbol{W}_i\hat{\boldsymbol{\delta}}_i \tag{11-47}$$

其中，$\boldsymbol{W}_i=\{\boldsymbol{H}+\sigma_i^2(\widetilde{\boldsymbol{X}}'_i\widetilde{\boldsymbol{X}}_i)^{-1}\}^{-1}/\sum_{i=1}^{N}\{\boldsymbol{H}+\sigma_i^2(\widetilde{\boldsymbol{X}}'_i\widetilde{\boldsymbol{X}}_i)^{-1}\}^{-1}$，$\hat{\boldsymbol{\delta}}_i=(\widetilde{\boldsymbol{X}}'_i\widetilde{\boldsymbol{X}}_i)^{-1}\widetilde{\boldsymbol{X}}'_iy_i$，$\boldsymbol{\Phi}_i=\widetilde{\boldsymbol{X}}_i\boldsymbol{H}\widetilde{\boldsymbol{X}}'_i+\sigma_i^2\boldsymbol{I}_T$，$\boldsymbol{H}=\lambda\boldsymbol{I}_{k+1}$。

在 $\boldsymbol{H}$ 和σ_i^2 已知的情况下，根据式(11-47)可以很容易地计算出参数的 GLS 估计量，然而在实际分析中，这两项方差几乎都是未知的，因此需要采用 FGLS 估计法对模型进行估计，即先利用数据求出未知方差的无偏估计，再进行 GLS 估计。

11.3　面板数据模型的检验

面板数据模型的检验可以分为面板数据模型形式的选择性检验、面板数据的单位根检验和面板数据模型的协整检验。本节仅介绍后两种检验。

11.3.1　面板数据的单位根检验

面板数据的单位根检验主要是用于检验面板数据的平稳性，以防止利用面板数据建模可能会出现伪回归的情况。面板数据的单位根检验又分为两种：同质单位根检验和异质单位根检验。

面板数据存在单位根的情形可以用如下表达式进行描述：

$$y_{it}=\rho_i y_{it-1}+\boldsymbol{X}_{it}\boldsymbol{\delta}_i+u_{it}\quad (i=1, 2, \cdots, N; t=1, 2, \cdots, T_i) \tag{11-48}$$

在式(11-48)中，$\boldsymbol{X}_{it}$ 表示外生变量，其中包含每个个体的固定的影响和时间趋势。T_i 表示第 i 个截面个体的观测时期数，ρ_i 表示自回归系数。式(11-48)中表示 AR(1)过程，如果$|\rho_i|<1$，则对应的序列 y_i 为平稳序列；如果$|\rho_i|=1$，则对应的序列 y_i 为非平稳序列。

1. 同质单位根检验

所谓同质单位根，是指面板数据中各个横截面序列具有相同的单位根过程。同质单位根的检验方法有三种：LLC 检验、Breitung 检验和 Hadri 检验。

LLC 检验的基本步骤如下所示。

首先，建立检验假设。

H_0：面板数据中各截面数据序列具有一个相同的单位根，也就是 $\alpha=0$。

H_1：各截面数据序列没有单位根，也就是 $\alpha<0$。

其次，采用 ADF 检验法检验如下方程：

$$\Delta y_{it}=\alpha y_{it-1}+\sum_{j=1}^{\rho_i}\beta_{ij}\Delta y_{it-j}+\boldsymbol{X}'_{it}\boldsymbol{\delta}+u_{it}\quad(i=1,2,\cdots,N;\ t=1,2,\cdots,T)\tag{11-49}$$

在式(11-49)中，$\alpha=\rho-1$，ρ_i 为第 i 个截面个体的滞后阶数。检验的第一步是确定好各个截面个体的滞后阶数 ρ_i；然后从 Δy_{it} 和 y_{it-1} 中剔除 y_{it-j} 与外生变量的影响，通过标准化求出代理变量。第二步利用求出的代理变量 $\Delta\widetilde{y}_{it}$，$\widetilde{y}_{it-1}$ 分别代表 Δy_{it} 和 y_{it-1}，然后用 $\Delta\widetilde{y}_{it}=\alpha\widetilde{y}_{it-1}+\varepsilon_{it}$ 去估计参数 α。最后根据参数 α 的值进行判别。

Breitung 检验和 LLC 检验的思路相似，原假设都是面板数据中的各个截面序列数据存在一个单位根。检验步骤也相似，采用 ADF 的形式并利用代理变量来估计参数 α，进而对单位根进行检验，不同的地方在于 Breitung 检验和 LLC 检验中 Δy_{it} 与 y_{it-1} 的代理变量的形式不同。Breitung 检验是从 Δy_{it} 和 y_{it-1} 中剔除动态项 Δy_{it-j} 的影响，然后通过标准化再采用退势的方法获得代理变量，最后按照 LLC 中的步骤进行单位根检验的判别。

Hadri 检验中，原假设是面板数据中各个截面序列数据都不含有单位根，与 Breitung 检验和 LLC 检验有所区别。

EViews 12.0 软件实现。在 EViews Pool 对象的工具栏中，选择 View/Unit Root Test/Test Type，然后选择相应的 LLC 检验、Breitung 检验以及 Hadri 检验。

2. 异质单位根检验

异质单位根检验方法允许面板数据中的各截面序列具有不同的单位根过程，也就是允许参数 ρ_i 跨截面变化。在这种情况下，就需要对每个截面的序列进行单位根检验，并且根据各个截面检验的结果来构造相应的统计量。常用的方法有 Im-Pesaran-Skin 检验、Fisher-ADF 检验和 Fisher-PP 检验。这三种方法的原假设和备择假设均相同。原假设 H_0：各个截面数据序列均含有单位根；备择假设 H_1：某些截面数据序列不含有单位根。

EViews 12.0 软件实现。在 EViews Pool 对象的工具栏中，选择 View/Unit Root Test，并输入相应的 Pool 序列名，可以实现上述多种方法下的 Pool 序列的单位根检验。

11.3.2 面板数据模型的协整检验

协整检验考虑的是变量间长期均衡的关系。如果两个或者多个非平稳变量序列的线性组合后的序列呈平稳性，则认为这些变量序列之间存在协整关系。面板数据的协整检验方法可以分为两大类：一类是建立在 EG 两步法检验基础上的面板协整检验，具体方法主要有 Pedroni 检验和 Kao 检验；另一类是建立在 Johansen 协整检验基础上的面板协整检验。下面对每种检验方法进行简单的介绍。

1. Pedroni 检验

Pedroni 检验从允许不同截面之间存在不同个体效应和趋势的协整检验出发，并考虑如下的回归形式：

$$y_{it}=\alpha_i+\gamma_i t+b_{1i}x_{1it}+b_{2i}x_{2it}+\cdots+b_{ki}x_{kit}+\cdots+b_{Ki}x_{Kit}+\varepsilon_{it} \tag{11-50}$$

$$t=1,\ 2,\ \cdots,\ T;\ i=1,\ 2,\ \cdots,\ N$$

t 表示时期，i 表示截面；假定 y 与 x 满足一阶协整，表示为 $I(1)$。α_i、γ_i 分别表示各截面的确定效应和趋势效应。Pedroni 检验的原假设是不存在协整关系的，在原假设下 ε_{it} 应为 $I(1)$过程。然后通过辅助回归的方式来判断 ε_{it} 是否为 $I(1)$过程。

$$\varepsilon_{it}=\rho_i\varepsilon_{it-1}+u_{it}\quad(t=1,\ 2,\ \cdots,\ T;\ i=1,\ 2,\ \cdots,\ N) \tag{11-51}$$

Pedroni 检验利用一系列方法构建不同的统计量来检验同一个原假设，H_0：不存在协整，即 $\rho_i=1$。基于该原假设下的备择假设有两个：一个是所有的截面 i 都有 $\rho_i=\rho<1$，另一个是假设在所有的截面 i 下 $\rho_i<1$。在原假设下，Pedroni 检验构造的统计量渐近服从正态分布。

EViews 12.0 软件实现。在 Pool 对象以及 Panel 工作环境组中进行检验，在 Pool 对象的对话框中，单击 Views/Cointegration Test/Test Type/Pedroni(Engle-Granger Based)可以实现 Pedroni 检验。

2. Kao 检验

Kao 检验的思路和 Pedroni 检验较为相似，也是先构造回归，然后利用辅助回归的方法进行检验，不同之处在于 Kao 检验在第一步模型回归时不同。Kao 检验模型中只允许包含个体效应，且要求模型中外生变量的系数满足齐性的要求，也就是不同的截面个体外生变量的系数是一样的。

以两变量模型为例，上述条件可表示如下：

$$y_{it}=\alpha_i+bx_{it}+\varepsilon_{it} \tag{11-52}$$

$$y_{it}=y_{it-1}+u_{it} \tag{11-53}$$

$$x_{it}=x_{it-1}+v_{it} \tag{11-54}$$

进行辅助回归：

$$\varepsilon_{it}=\rho_i\varepsilon_{it-1}+r_{it} \tag{11-55}$$

EViews 12.0 软件实现。在 Pool 对象的对话框中，单击 Views/Cointegration Test/Test Type/Kao(Engle-Granger Based)，和 Pedroni 检验的区别在于第一阶段回归中的外生回归变量只允许包含个体固定效应采用默认设置，然后单击 OK 按钮。

3. 面板协整检验

此方法将 Fisher 采用多个个体独立检验结果进行整体的联合检验的方法应用到面板数据的联合检验中，并与 Johansen 检验结合起来，即先整合单个截面的 Johansen 检验结果，然后得到检验整个面板数据的统计量。

在不存在协整关系的原假设下，构造的检验统计量为

$$p=-2\sum_{i=1}^{N}\log p_i\rightarrow\chi^2(2N) \tag{11-56}$$

其中，N 表示截面的个数。

EViews 12.0 软件实现。在 Pool 对象的对话框中，通过选择 Views/Cointegration Test/Test Type/Fisher(Combined Johansen)来实现 Johansen 协整检验。

11.4　案例分析

11.4.1　样本选取

现选取 2013—2019 年中国东北、华北、华东地区 15 个省、自治区、直辖市居民人均消费支出和人均可支配收入的数据(已进行价格平减)(见表 11-2 和表 11-3)，试建立居民人均消费支出关于人均可支配收入的面板数据模型，并据此进行分析。

表 11-2　2013—2019 年中国 15 个省、自治区、直辖市的居民人均消费支出

(单位：元)

地区	2013 年	2014 年	2015 年	2016 年	2017 年	2018 年	2019 年
CP-AH(安徽省)	10 544.1	11 727.0	12 840.1	14 711.5	15 751.7	17 044.6	19 137.4
CP-BJ(北京市)	29 175.6	31 102.9	33 802.8	35 415.7	37 425.3	39 842.7	43 038.3
CP-FJ(福建省)	16 176.6	17 644.5	18 850.2	20 167.5	21 249.3	22 996.0	25 314.5
CP-HB(河北省)	10 872.2	11 931.5	13 030.7	14 247.5	15 437.0	16 722.0	17 987.2
CP-HLJ(黑龙江省)	12 037.2	12 768.8	13 402.5	14 445.8	15 577.5	16 994.0	18 111.5
CP-JL(吉林省)	12 054.3	13 026.0	13 763.9	14 772.6	15 631.9	17 200.4	18 075.4
CP-JS(江苏省)	17 925.8	19 163.6	20 555.6	22 129.9	23 468.6	25 007.4	26 697.3
CP-JX(江西省)	10 052.8	11 088.9	12 403.4	13 258.6	14 459.0	15 792.0	17 650.5
CP-LN(辽宁省)	14 950.2	16 068.0	17 199.8	19 852.8	20 463.4	21 398.3	22 202.8
CP-NMG(内蒙古自治区)	14 877.7	16 258.1	17 178.5	18 072.3	18 945.5	19 665.2	20 743.4
CP-SD(山东省)	11 896.8	13 328.9	14 578.4	15 926.4	17 280.7	18 779.8	20 427.5
CP-SH(上海市)	30 399.9	33 046.8	34 783.6	37 458.3	39 791.9	43 351.3	45 605.1
CP-SX(山西省)	10 118.3	10 863.8	11 729.1	12 682.9	13 664.4	14 810.1	15 862.6
CP-TJ(天津市)	20 418.7	22 343.0	24 162.5	26 129.3	27 841.4	29 902.9	31 853.6
CP-ZJ(浙江省)	20 610.1	22 552.0	24 116.9	25 526.6	27 079.1	29 470.7	32 025.8

资料来源：根据 2013—2019 年《中国统计年鉴》相关数据进行整理。

表 11-3　2013—2019 年中国 15 个省、自治区、直辖市的居民人均可支配收入

(单位：元)

地区	2013 年	2014 年	2015 年	2016 年	2017 年	2018 年	2019 年
IP-AH(安徽省)	15 154.3	16 795.5	18 362.6	19 998.1	21 863.3	23 983.6	26 415.1
IP-BJ(北京市)	40 830.0	44 488.6	48 458.0	52 530.4	57 229.8	62 361.2	67 755.9
IP-FJ(福建省)	21 217.9	23 330.9	25 404.4	27 607.9	30 047.7	32 643.9	35 616.1
IP-HB(河北省)	15 189.6	16 647.4	18 118.1	19 725.4	21 484.1	23 445.7	25 664.7
IP-HLJ(黑龙江省)	15 903.4	17 404.4	18 592.7	19 838.5	21 205.8	22 725.8	24 253.6
IP-JL(吉林省)	15 998.1	17 520.4	18 683.7	19 967.0	21 368.3	22 798.4	24 562.5
IP-JS(江苏省)	24 775.5	27 127.8	29 538.9	32 070.1	35 024.1	38 095.8	41 399.7
IP-JX(江西省)	15 099.7	16 734.2	18 437.1	20 109.6	22 031.4	24 079.7	26 262.4
IP-LN(辽宁省)	20 817.8	22 820.2	24 575.6	26 039.7	27 835.4	29 701.4	31 819.7
IP-NMG(内蒙古自治区)	18 692.9	20 559.3	22 310.1	24 126.6	26 212.2	28 375.7	30 555.0
IP-SD(山东省)	19 008.3	20 864.2	22 703.2	24 685.3	26 929.9	29 204.6	31 597.0
IP-SH(上海市)	42 173.6	45 965.8	49 867.2	54 305.3	58 988.0	64 182.6	69 441.6
IP-SX(山西省)	15 119.7	16 538.3	17 853.7	19 048.9	20 420.0	21 990.1	23 828.5
IP-TJ(天津市)	26 359.2	28 832.3	31 291.4	34 074.5	37 022.3	39 506.1	42 404.1
IP-ZJ(浙江省)	29 775.0	32 657.6	35 537.1	38 529.0	42 045.7	45 839.8	49 898.8

资料来源：根据 2013—2019 年《中国统计年鉴》相关数据进行整理。

在模型建立前，需要将上述数据录入 EViews 12.0 中，具体操作如下。

1. 建立工作文件

在 EViews 中单击 File→New→Workfile，弹出 Workfile Create 对话框，在 Workfile structure type 下选择 Dated-regular frequency，在 Date specification 框中 Frequency 的下拉箭头中选择 Annual，接着输入 Start date 和 End date 的信息后得到如图 11-1 所示的界面内容，单击 OK 按钮后得到如图 11-2 所示的窗口，可以对工作文件进行命名。

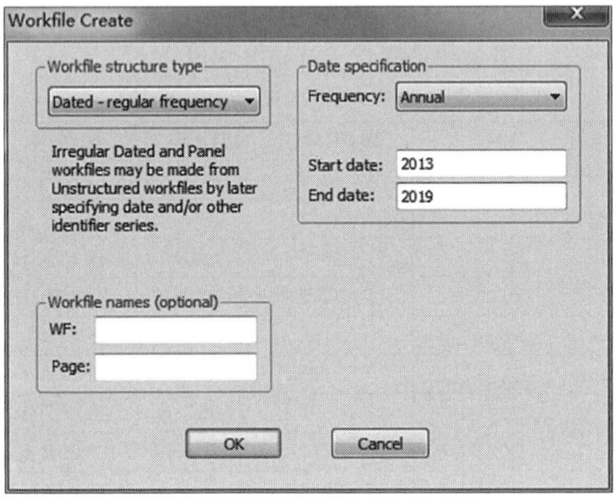

图 11-1 建立工作文件窗口

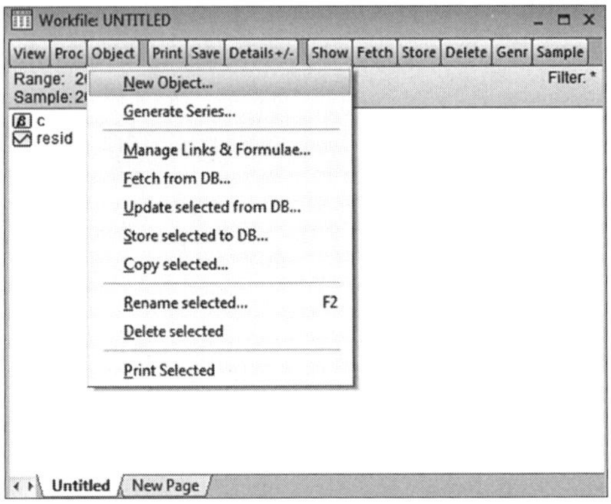

图 11-2 创建合成数据库窗口

2. 建立合成数据库对象

在如图 11-2 所示的 Workfile 对话框中单击 Object→New Object→Pool 便可得到如图 11-3 所示的窗口，在选择区将新对象命名为 CS(用英文或拼音，初始显示为 Untitled)(见图 11-4)，单击 OK 按钮。

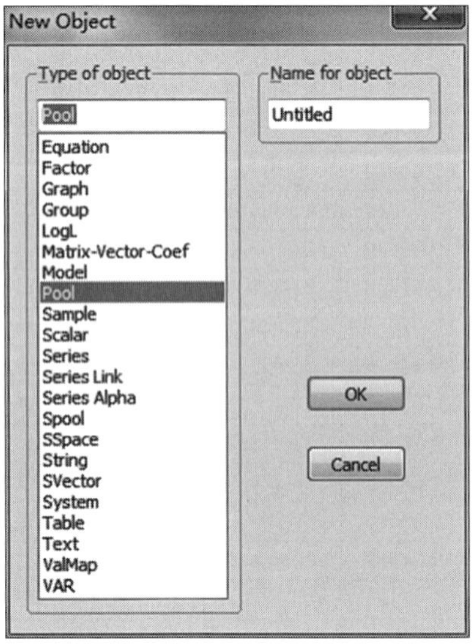

图 11-3 创建 Pool 对象

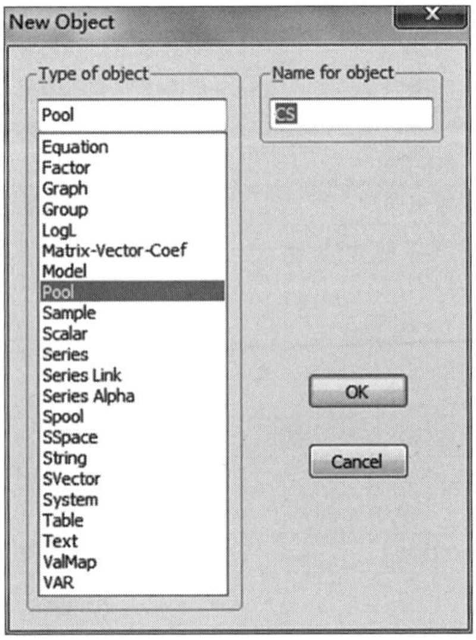

图 11-4 完成 Pool 对象命名

在如图 11-5 所示的窗口中输入截面个体标识，本案例的截面个体标识为 15 个省、自治区、直辖市名称的拼音首字母大写。

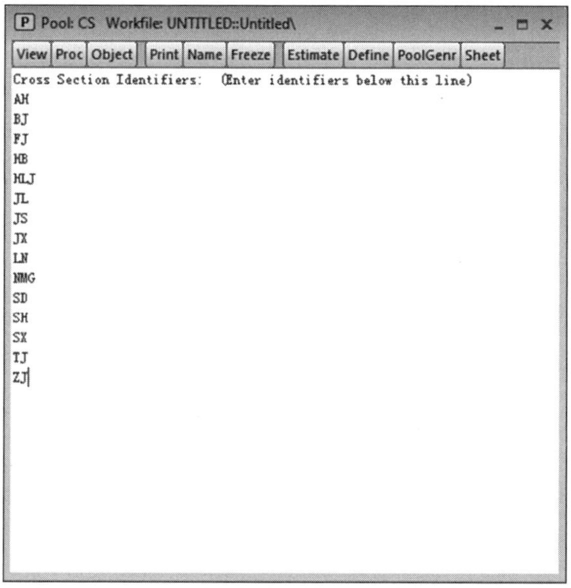

图 11-5　截面个体标识输入窗口

3. 录入、编辑和调用数据

（1）录入数据。

输入变量序列名并在如图 11-5 所示的 Pool 窗口单击 Sheet，出现 Series List 对话框，在文本框中输入变量名，每个变量后都要加个“?”（占位符，表示截面个体），而且两个变量名之间用空格隔开。本案例应该在文本框中输入人均消费支出和人均可支配收入两个变量，分别用 CP 和 IP 表示，如图 11-6 所示。然后单击 OK 按钮便会出现名称为 CS 的 Pool Workfile 窗口，单击 Edit+/—进行编辑，将 Excel 表格中的面板数据录入 EViews 中。最终录入数据的结果如图 11-7 所示。

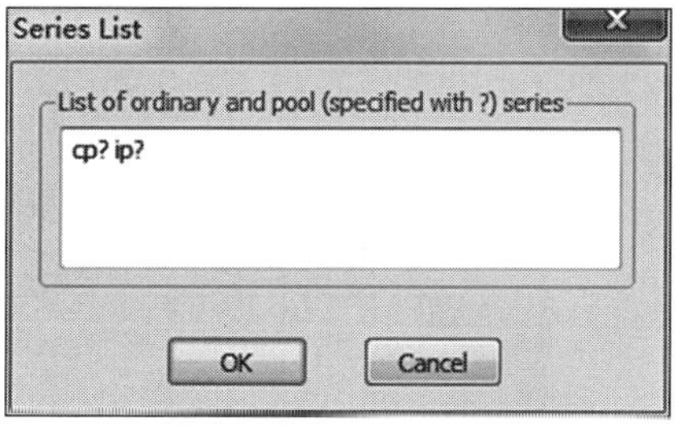

图 11-6　变量名输入窗口

（2）数据转换。

用“Order+/—”可进行堆栈数据和非堆栈数据转换。堆栈数据是指数据以截面个体为主体堆积，如图 11-7 所示，数据按照省、自治区、直辖市进行堆积，总计 15 个省、自治区、直辖市进行 15 次堆积；非堆栈数据是指数据以时间为主体堆积，如图 11-8 所示，数据按照年份进行堆积，2013—2019 以年为单位总计 7 年，进行 7 次堆积。

（3）冻结或编辑数据。

当数据录入后，为防止不小心触碰到鼠标或键盘导致数据改变，需单击“Edit+/—”选项进行冻结。冻结后，数据的显示背景为灰色，而且数据不能进行编辑，如果需要对数据进行再次编辑，应再次单击“Edit+/—”进行解冻。

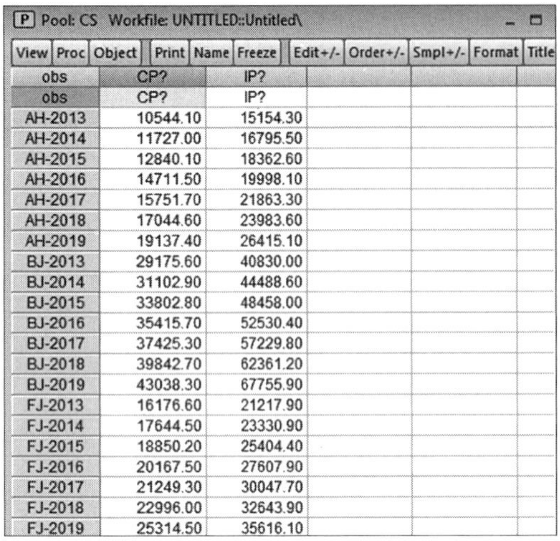

obs	CP?	IP?
obs	CP?	IP?
AH-2013	10544.10	15154.30
AH-2014	11727.00	16795.50
AH-2015	12840.10	18362.60
AH-2016	14711.50	19998.10
AH-2017	15751.70	21863.30
AH-2018	17044.60	23983.60
AH-2019	19137.40	26415.10
BJ-2013	29175.60	40830.00
BJ-2014	31102.90	44488.60
BJ-2015	33802.80	48458.00
BJ-2016	35415.70	52530.40
BJ-2017	37425.30	57229.80
BJ-2018	39842.70	62361.20
BJ-2019	43038.30	67755.90
FJ-2013	16176.60	21217.90
FJ-2014	17644.50	23330.90
FJ-2015	18850.20	25404.40
FJ-2016	20167.50	27607.90
FJ-2017	21249.30	30047.70
FJ-2018	22996.00	32643.90
FJ-2019	25314.50	35616.10

图 11-7 堆栈数据展示窗口

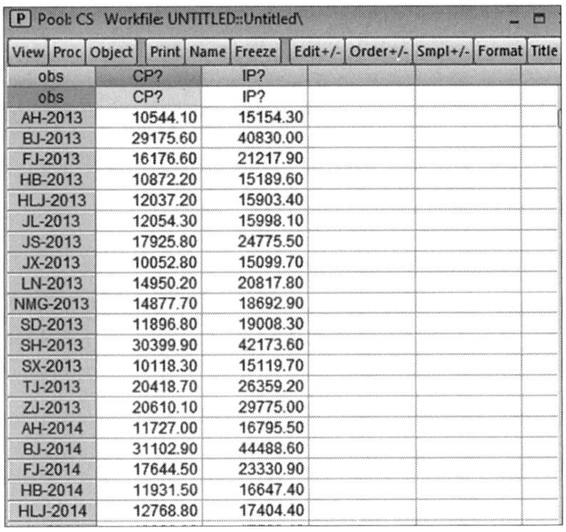

obs	CP?	IP?
obs	CP?	IP?
AH-2013	10544.10	15154.30
BJ-2013	29175.60	40830.00
FJ-2013	16176.60	21217.90
HB-2013	10872.20	15189.60
HLJ-2013	12037.20	15903.40
JL-2013	12054.30	15998.10
JS-2013	17925.80	24775.50
JX-2013	10052.80	15099.70
LN-2013	14950.20	20817.80
NMG-2013	14877.70	18692.90
SD-2013	11896.80	19008.30
SH-2013	30399.90	42173.60
SX-2013	10118.30	15119.70
TJ-2013	20418.70	26359.20
ZJ-2013	20610.10	29775.00
AH-2014	11727.00	16795.50
BJ-2014	31102.90	44488.60
FJ-2014	17644.50	23330.90
HB-2014	11931.50	16647.40
HLJ-2014	12768.80	17404.40

图 11-8 非堆栈数据展示窗口

（4）数据保存。

数据录入后应马上保存，单击 Pool 窗口下工具栏中的“Name”选项，在对话框中输入文件名(用英文或拼音表示)。

（5）数据调取。

先在工作文件主窗口单击合成数据对象名(如 CS)，再在 Pool 窗口单击 View/Spreadsheet (stacked data)，在新的对话框中输入要读取的变量名，如图 11-9 所示。其中在图 11-10 中，单击不同选项，还可以完成如下任务：Cross Section Identifiers(查看或修改截面个体名)、Descriptive Statistics(描述统计分析)、Unit Root Test(单位根检验)、Cointegration Test(协整检验)。

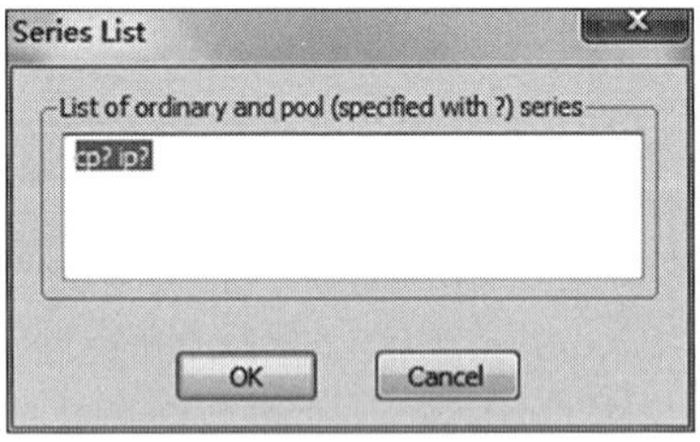

图 11-9 变量名读取窗口

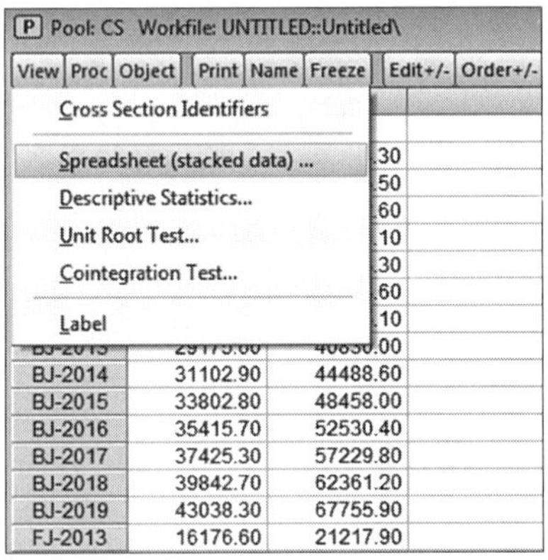

图 11-10 EViews 功能展示窗口

11.4.2 模型估计

1. 估计混合模型

基本形式：$CP_{it}=a+bIP_{it}+\mu_{it}$ ($i=1, 2, \cdots, 15$; $t=2013, 2014, \cdots, 2019$)

(11-57)

其中，a 为 15 个省、自治区、直辖市的平均自发消费倾向，b 为边际消费倾向。

在 Pool 窗口的工具栏中单击 Estimate 键，打开 Pool Estimation(混合估计)窗口，如图 11-11 所示，在 Dependent variable 文本框中放入被解释变量；在 Regressors and AR() terms 框下三个空白处填入相应的解释变量和 AR 序列名，其中，Common coefficients(代表共同系数)、Cross-section specific(代表截面个体系数)、Period specific(代表时间系数)不同时采用。Estimation method(估计方式)框下的 Fixed and Random(固定效应和随机效应)分为 Cross-section(个体)、Period(时间)和 Weights(权数)三个下拉列表框。其中，个体和时间下拉项又分三种情况：None 表示混合模型，Fixed 表示固定效应模型，Random 表示随机效应模型。权数选择 No weights(等权重估计)，Method(方法)下拉列表框有两个选项：LS-Least Squares(and AR)(最小二乘法)、TSLS-TwoStage Least Squares(and AR)(二阶段最小二乘法)，这里选择 LS-Least Squares(and AR)项。完成混合模型对话框后，单击确定按钮，得出输出结果如图 11-12 所示。

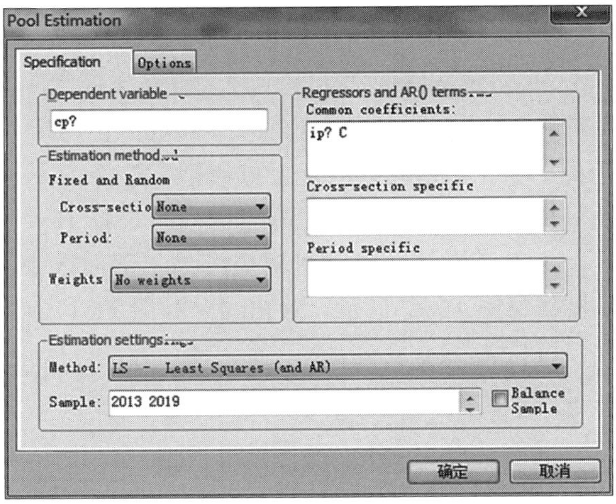

图 11-11　创建混合模型窗口

Dependent Variable: CP?
Method: Pooled Least Squares
Date: 04/05/23　Time: 20:28
Sample: 2013 2019
Included observations: 7
Cross-sections included: 15
Total pool (balanced) observations: 105

Variable	Coefficient	Std. Error	t-Statistic	Prob.
IP?	0.649606	0.009018	72.03092	0.0000
C	1406.691	286.5055	4.909822	0.0000

Root MSE	1143.505	R-squared	0.980535
Mean dependent var	20381.09	Adjusted R-squared	0.980346
S.D. dependent var	8235.403	S.E. of regression	1154.553
Akaike info criterion	16.95968	Sum squared resid	1.37E+08
Schwarz criterion	17.01023	Log likelihood	-888.3831
Hannan-Quinn criter.	16.98016	F-statistic	5188.453
Durbin-Watson stat	0.131958	Prob(F-statistic)	0.000000

图 11-12　混合模型输出结果

由图 11-12 可知，a 的估计值为 1 406. 691，b 的估计值为 0. 649 606，并且它们对应的概率 P 值均为 0. 000 0，在 1%的显著性水平下均拒绝原假设，所以参数估计显著。相应的表达式为

$$\hat{CP}_{it}=1\ 406.691+0.649\ 606IP_{it} \tag{11-58}$$

$$(t=4.909\ 822)(72.030\ 92)$$

$$\overline{R}^2=0.980\ 535 \quad F=5\ 188.453 \quad S_3=1.37\times 10^8$$

2. 估计变截距模型

基本形式：$CP_{it}=a_i+bIP_{it}+\mu_{it}$ （$i=1, 2, \cdots, 15$；$t=2013, 2014, \cdots, 2019$）

(11-59)

其中，a_i 为 15 个省、自治区、直辖市的平均自发消费倾向，用来反映不同地区之间的消费结构差异；b 为边际消费倾向。

变截距模型又可以分为六种，在 Pool 窗口的工具栏中单击 Estimate 键，打开 Pool Estimation 窗口，在 Dependent variable 文本框中放入被解释变量“cp?”，在 Regressors and AR()terms 框下的 Common coefficients 文本框中放入解释变量“ip?”，在 Cross-section 下拉列表框中选择 Fixed 表示个体固定效应模型，选择 Random 表示个体随机效应模型，在 Period 下拉列表框中选择 Fixed 表示时点固定效应模型，选择 Random 表示时点随机效应模型，Period 下拉列表框和 Cross-section 下拉列表框同时选择 Fixed 表示个体时点固定效应模型，同时选择 Random 表示个体时点随机效应模型。下面以个体固定效应模型为例，估计变截距模型。具体操作如图 11-13 所示，输出结果如图 11-14 所示。

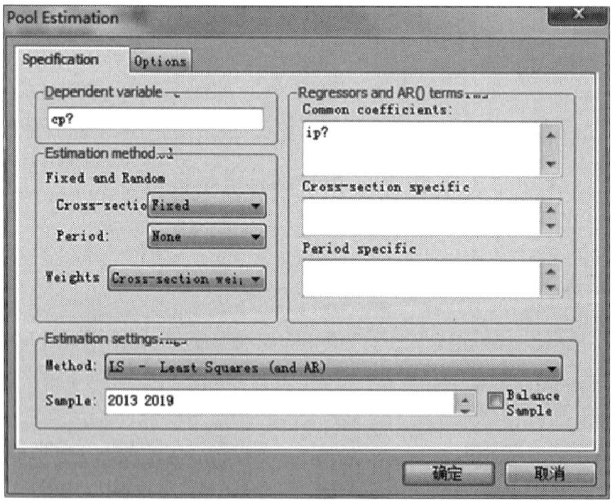

图 11-13 创建变截距模型窗口

由图 11-14 可知，a 的估计值为 3 085. 38，b 的估计值为 0. 592 135，并且它们对应的概率 P 值均为 0. 000 0，在 0. 01 的显著性水平下均拒绝原假设，所以参数估计显著。因为估计的是变截距模型，所以斜率的值保持不变，截距项根据不同省、自治区、直辖市的数据发生改变，则相应的表达式为

Variable	Coefficient	Std. Error	t-Statistic	Prob.
IP?	0.592135	0.008151	72.64894	0.0000
C	3085.380	241.4910	12.77638	0.0000
Fixed Effects (Cross)				
AH--C	-609.0517			
BJ--C	993.1796			
FJ--C	688.5797			
HB--C	-633.0332			
HLJ--C	-159.1874			
JL--C	-72.02942			
JS--C	-243.0959			
JX--C	-1631.728			
LN--C	259.4193			
NMG--C	426.8044			
SD--C	-1856.895			
SH--C	2132.912			
SX--C	-1669.389			
TJ--C	2749.071			
ZJ--C	-375.5570			

Effects Specification

Cross-section fixed (dummy variables)

Weighted Statistics

Root MSE	490.1411	R-squared	0.997410
Mean dependent var	24084.81	Adjusted R-squared	0.996974
S.D. dependent var	11779.01	S.E. of regression	532.3789
Sum squared resid	25225025	F-statistic	2285.066
Durbin-Watson stat	0.692750	Prob(F-statistic)	0.000000

Unweighted Statistics

R-squared	0.996397	Mean dependent var	20381.09
Sum squared resid	25416835	Durbin-Watson stat	0.615521

图 11-14　变截距模型输出结果

$$
\begin{cases}
\hat{CP}\_AH=-609.051+3\,145.304+0.592\times IP\_AH \\
\hat{CP}\_BJ=993.180+3\,145.304+0.592\times IP\_BJ \\
\hat{CP}\_FJ=688.580+3\,145.304+0.592\times IP\_FJ \\
\hat{CP}\_HB=-633.033+3\,145.304+0.592\times IP\_HB \\
\hat{CP}\_HLJ=-159.187+3\,145.304+0.592\times IP\_HLJ \\
\hat{CP}\_JL=-72.029+3\,145.304+0.592\times IP\_JL \\
\hat{CP}\_JS=-243.096+3\,145.304+0.592\times IP\_JS \\
\hat{CP}\_JX=-1\,631.728+3\,085.380+0.592\times IP\_JX \\
\hat{CP}\_LN=259.419+3\,085.380+0.592\times IP\_LN \\
\hat{CP}\_NMG=426.804+3\,085.380+0.592\times IP\_NMG \\
\hat{CP}\_SD=-1\,856.895+3\,085.380+0.592\times IP\_SD \\
\hat{CP}\_SH=2\,132.912+3\,085.380+0.592\times IP\_SH \\
\hat{CP}\_SX=-1\,669.389+3\,085.380+0.592\times IP\_SX \\
\hat{CP}\_TJ=2\,749.071+3\,085.380+0.592\times IP\_TJ \\
\hat{CP}\_ZJ=-375.557+3\,085.380+0.592\times IP\_ZJ
\end{cases}
\tag{11-60}
$$

$$(t=12.776\,38)(72.648\,94)$$

$$\overline{R}^2=0.996\,974 \quad F=2\,285.066 \quad S_2=25\,225\,025$$

3. 估计变系数模型

基本形式：$CP_{it}=a_i+b_i IP_{it}+\mu_{it}(i=1, 2, \cdots, 15; t=2013, 2014, \cdots, 2019)$

(11-61)

其中，a_i 为15个省、自治区、直辖市的平均自发消费倾向，b_i 为边际消费倾向，两者用来反映各地区之间的消费结构差异。

变系数模型也分为固定效应变系数模型和随机效应变系数模型两种类型。其中固定效应变系数模型又分为：不同个体之间随机误差项不相关的固定效应变系数模型和不同个体之间随机误差项相关的固定效应变系数模型。与变截距模型的操作不同的是在 Regressors and AR() terms 框下的 Cross-section specific 文本框中放入解释变量“ip?”，再根据要求选择 Fixed 或者 Random 选项。对于不同个体之间随机误差项不相关的固定效应变系数模型，权数直接选择默认的 No weights，对于不同个体之间随机误差项相关的固定效应变系数模型，权数选项选择 Cross-section-weights，目的是通过加权克服异方差。以不同个体之间随机误差项不相关的固定影响变系数模型为例，具体操作如图 11-15 所示。

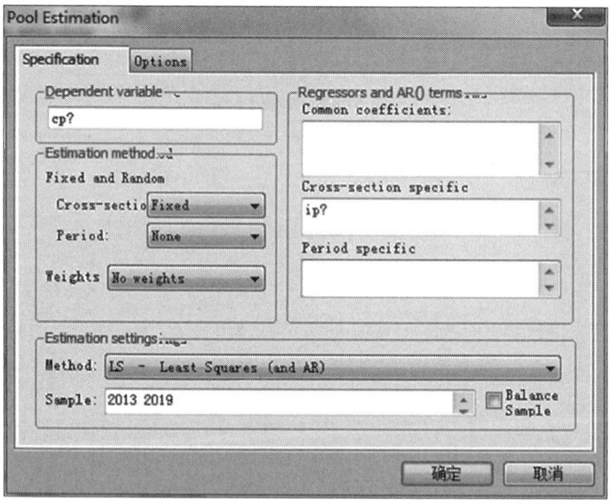

图 11-15 创建变系数模型窗口

由表 11-4 可知，a 的估计值为 2 401.276，表格的第 2 列是每个省、自治区、直辖市对应的斜率 b 估计值，表格的第 4 列为对应的 t 值，并且由第 5 列可知，它们对应的概率 P 值全部都为 0.000 0，在 0.01 的显著性水平下均拒绝原假设，所以参数估计显著。因为估计的是变系数模型，所以斜率的值会发生改变，而且截距项也会根据不同地区的数据发生相应的改变，则相应的表达式为

$$
\begin{cases}
\hat{CP}\_AH=-3\,333.801+2\,401.276+0.760\times IP\_AH\\
\hat{CP}\_BJ=6\,609.542+2\,401.276+0.500\times IP\_BJ\\
\hat{CP}\_FJ=840.344\,3+2\,401.276+0.612\times IP\_FJ\\
\hat{CP}\_HB=-1\,834.812+2\,401.276+0.686\times IP\_HB\\
\hat{CP}\_HLJ=-2\,721.481+2\,401.276+0.755\times IP\_HLJ\\
\hat{CP}\_JL=-2\,085.422+2\,401.276+0.726\times IP\_JL\\
\hat{CP}\_JS=2\,506.831+2\,401.276+0.529\times IP\_JS\\
\hat{CP}\_JX=-2\,390.918+2\,401.276+0.663\times IP\_JX\\
\hat{CP}\_LN=-2\,065.628+2\,401.276+0.707\times IP\_LN\\
\hat{CP}\_NMG=4\,019.740+2\,401.276+0.473\times IP\_NMG\\
\hat{CP}\_SD=-3\,053.541+2\,401.276+0.667\times IP\_SD\\
\hat{CP}\_SH=4\,652.705+2\,401.276+0.559\times IP\_SH\\
\hat{CP}\_SX=-2\,725.664+2\,141.713+0.683\times IP\_SX\\
\hat{CP}\_TJ=-444.458\,6+2\,141.713\,6+0.705\times IP\_TJ\\
\hat{CP}\_ZJ=2\,026.563+2\,141.713+0.548\times IP\_ZJ
\end{cases}
\tag{11-62}
$$

表 11-4　随机误差项不相关的固定效应变系数模型相关参数估计

变量	C②	误差	*t* 统计	概率 *P* 值	固定影响	C③
C①	2 401.276 000	170.548 500	14.079 72	0.000 0	—	—
AH - IPAH	0.759 502	0.028 105	27.024 04	0.000 0	AH - C	−3 333.801 0
BJ - IPBJ	0.499 734	0.011 597	43.090 13	0.000 0	BJ - C	6 609.542 0
FJ - IPFJ	0.611 159	0.021 874	27.940 34	0.000 0	FJ - C	840.344 3
HB - IPHB	0.686 244	0.030 015	22.863 23	0.000 0	HB - C	−1 834.812 0
HLJ - IPHLJ	0.754 542	0.038 000	19.856 53	0.000 0	HLJ - C	−2 721.481 0
JL - IPJL	0.726 149	0.037 363	19.434 72	0.000 0	JL - C	−2 085.422 0
JS - IPJS	0.528 732	0.018 829	28.080 98	0.000 0	JS - C	2 506.831 0
JX - IPJX	0.662 907	0.028 096	23.594 18	0.000 0	JX - C	−2 390.918 0
LN - IPLN	0.706 856	0.029 094	24.295 78	0.000 0	LN - C	−2 065.628 0
NMG - IPNMG	0.472 942	0.026 404	17.911 48	0.000 0	NMG - C	4 019.740 0
SD - IPSD	0.667 368	0.024 796	26.914 35	0.000 0	SD - C	−3 053.541 0
SH - IPSH	0.558 752	0.011 416	48.945 94	0.000 0	SH - C	4 652.705 0
SX - IPSX	0.682 511	0.036 714	18.589 69	0.000 0	SX - C	−2 725.664 0
TJ - IPTJ	0.705 473	0.019 364	36.432 94	0.000 0	TJ - C	−444.458 6
ZJ - IPZJ	0.548 289	0.015 584	35.182 06	0.000 0	ZJ - C	2 026.563 0

①截距项。

②系数。

③固定效应。

由图 11-16 的结果可知，估计的固定效应变系数模型的调整后的 R^2 值、F 值以及 S. E. 残差平方和分别为

$$\overline{R}^2=0.998\,882 \quad F=3\,205.662 \quad S_1=5\,685\,887$$

Effects Specification			
Cross-section fixed (dummy variables)			
Root MSE	232.7043	R-squared	0.999194
Mean dependent var	20381.09	Adjusted R-squared	0.998882
S.D. dependent var	8235.403	S.E. of regression	275.3395
Akaike info criterion	14.30884	Sum squared resid	5685887.
Schwarz criterion	15.06712	Log likelihood	-721.2143
Hannan-Quinn criter.	14.61611	F-statistic	3205.662
Durbin-Watson stat	2.086041	Prob(F-statistic)	0.000000

图 11-16 变系数模型结果

11.4.3 模型选择性检验

1. 混合模型、变截距模型、变系数模型的选择

用上式计算可知：$S_1=5\,685\,887$，$S_2=25\,225\,025$，$S_3=137\,000\,000$

$$F_2=\frac{(S_3-S_1)/[(N-1)(k+1)]}{S_1/[NT-N(k+1)]}$$

$$F_2=\frac{(137\,000\,000-5\,685\,887)/[(15-1)(1+1)]}{5\,685\,887/[15\times7-15\times(1+1)]}=\frac{4\,689\,789.75}{75\,811.827}=61.86 \tag{11-63}$$

$F_{0.05}(28，75)=1.63$

因为 $F_2=61.86>F_{0.05}(28，75)=1.63$，所以拒绝假设 H_2，继续检验假设 H_1。

$$F_1=\frac{(S_2-S_1)/[(N-1)k]}{S_1/[NT-N(k+1)]}$$

$$F_1=\frac{(25\,225\,025-5\,685\,887)/[(15-1)\times1]}{5\,685\,887/[15\times7-15\times(1+1)]}=\frac{1\,395\,652.714}{75\,811.827}=18.41 \tag{11-64}$$

$F_{0.05}(14，75)=1.83$

由于 $F_1=18.41>F_{0.05}(14，75)=1.83$，所以拒绝假设 H_1，应选择变系数模型。

2. 固定效应模型、随机效应模型的选择

(1) 似然比检验。

由于似然比检验主要用于检验是否存在固定效应，所以在估计固定效应方程窗口中单击：View→Fixed/Random Effects Testing→Redundant Fixed Effects-Likelihood Ratio，具体操作如图 11-17 所示，输出结果如图 11-18 所示。

由于 LR 统计量的伴随概率 $P=0.0000$，小于显著性水平 0.05，拒绝原假设，故应该建立(个体)固定效应模型。

(2) Hausman 检验。

如果 $W\leqslant\chi_\alpha^2$ 或者 $p\geqslant\alpha$，那么接受 H_0，采用随机效应模型。

由于 Hausman 检验主要用于检验是否存在随机效应，所以在估计随机效应方程窗口中单击：View→Fixed/Random Effects Testing→Correlated Random Effects-Hausman

Test，结果如图 11-19 所示。

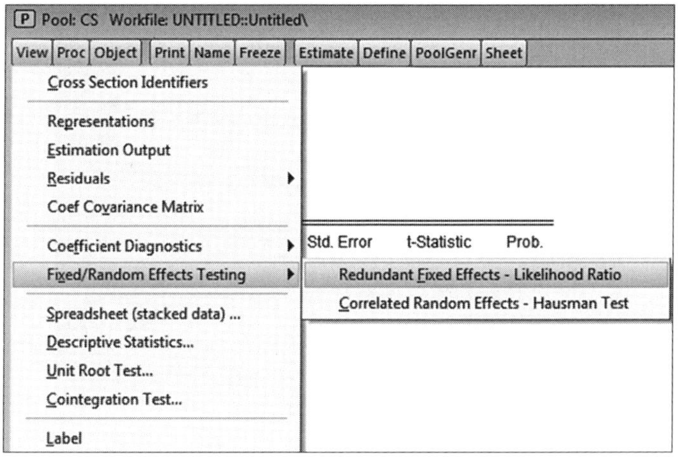

图 11-17　似然比检验窗口

Redundant Fixed Effects Tests
Pool: CS
Test cross-section fixed effects

Effects Test	Statistic	d.f.	Prob.
Cross-section F	25.372144	(14,75)	0.0000
Cross-section Chi-square	183.412465	14	0.0000

图 11-18　似然比检验结果

Correlated Random Effects - Hausman Test
Pool: CS
Test cross-section random effects

Test Summary	Chi-Sq. Statistic	Chi-Sq. d.f.	Prob.
Cross-section random	8.643678	1	0.0033

Cross-section random effects test comparisons:

Variable	Fixed	Random	Var(Diff.)	Prob.
IP?	0.586922	0.598584	0.000016	0.0033

图 11-19　Hausman 检验结果

Hausman 检验的原假设是“个体效应与回归变量无关”，应该建立随机效应模型，由于 Hausman 值较大，且其对应的 P 值为 0.003 3，小于显著性水平 0.05，所以拒绝原假设，应该建立个体固定效应模型。

似然比和 Hausman 两个检验结果都表明要建立个体固定效应模型，因此，该组数据应该建立个体固定效应模型。

11.4.4　结果说明

首先，建立变系数模型，在 Pool 窗口的工具栏中单击 Estimate 键，打开 Pool Estimation 窗口，在 Dependent variable 文本框中放入被解释变量“cp?”，在 Regressors and AR()terms 框下的 Cross-section specific 文本框中放入解释变量“ip?”，由似然比检验和 Hausman 检验可知应该建立个体固定效应模型，所以在 Cross-section 下拉列表框中选择 Fixed 表示个体固定效应模型，又因为个体固定效应模型的 ε_{it} 与 IP_{it} 相关，所以权数选项选择 Cross-section-weights，通过加权克服异方差。最终确定不同个体之间随机误差项相关的固定效应变系数模型，具体操作如图 11-20 所示。

由表 11-5 可知，a 的估计值为 2 401.276，表格的第 2 列是每个省、自治区、直辖市对应的斜率 b 估计值，由第 5 列可知，它们对应的概率 P 值全部都为 0.000 0，在 0.01 的

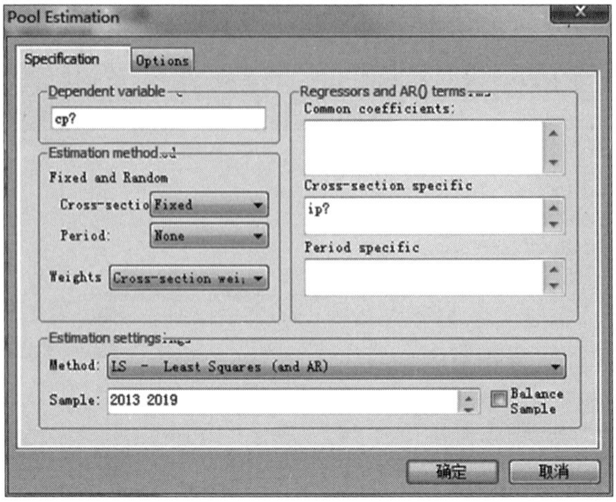

图 11-20 创建随机误差项相关的固定效应变系数模型

显著性水平下均拒绝原假设，参数估计显著。变系数模型的斜率的值和截距项的值都会根据不同省、自治区、直辖市的数据发生相应的改变。在 Pool 窗口的工具栏中单击 View→Representation 可以显示具体的回归方程式。根据表 11-5 也可以写出估计的变系数模型方程式，相应的表达式为

$$\begin{cases}\hat{CP}\_AH=-3\,333.801+2\,401.276+0.760\times IP\_AH\\ \hat{CP}\_BJ=6\,609.542+2\,401.276+0.500\times IP\_BJ\\ \hat{CP}\_FJ=840.344\,3+2\,401.276+0.612\times IP\_FJ\\ \hat{CP}\_HB=-1\,834.812+2\,401.276+0.686\times IP\_HB\\ \hat{CP}\_HLJ=-2\,721.481+2\,401.276+0.755\times IP\_HLJ\\ \hat{CP}\_JL=-2\,085.422+2\,401.276+0.726\times IP\_JL\\ \hat{CP}\_JS=2\,506.831+2\,401.276+0.529\times IP\_JS\\ \hat{CP}\_JX=-2\,390.918+2\,401.276+0.663\times IP\_JX\\ \hat{CP}\_LN=-2\,065.628+2\,401.276+0.707\times IP\_LN\\ \hat{CP}\_NMG=4\,019.740+2\,401.276+0.473\times IP\_NMG\\ \hat{CP}\_SD=-3\,053.541+2\,401.276+0.667\times IP\_SD\\ \hat{CP}\_SH=4\,652.705+2\,401.276+0.559\times IP\_SH\\ \hat{CP}\_SX=-2\,725.664+2\,401.276+0.683\times IP\_SX\\ \hat{CP}\_TJ=-444.458\,6+2\,401.276+0.705\times IP\_TJ\\ \hat{CP}\_ZJ=2\,026.563+2\,401.276+0.548\times IP\_ZJ\end{cases} \tag{11-65}$$

表 11-5 随机误差项相关的固定效应变系数模型相关参数估计

变量	C②	误差	t 统计	概率 P 值	固定影响	C③
C①	2 401.276 000	179.410 000	13.384 29	0.000 0	—	—
AH - IPAH	0.759 502	0.025 466	29.823 61	0.000 0	AH - C	−3 333.801
BJ - IPBJ	0.499 734	0.014 651	34.110 05	0.000 0	BJ - C	6 609.542
FJ - IPFJ	0.611 159	0.019 139	31.932 72	0.000 0	FJ - C	840.344 3

（续）

变量	C②	误差	t 统计	概率 P 值	固定影响	C③
HB-IPHB	0.686 244	0.015 145	45.311 48	0.000 0	HB-C	−1 834.812
HLJ-IPHLJ	0.754 542	0.034 936	21.598 14	0.000 0	HLJ-C	−2 721.481
JL-IPJL	0.726 149	0.026 141	27.777 77	0.000 0	JL-C	−2 085.422
JS-IPJS	0.528 732	0.009 867	53.587 73	0.000 0	JS-C	2 506.831
JX-IPJX	0.662 907	0.017 534	37.806 36	0.000 0	JX-C	−2 390.918
LN-IPLN	0.706 856	0.071 030	9.951 464	0.000 0	LN-C	−2 065.628
NMG-IPNMG	0.472 942	0.024 432	19.357 83	0.000 0	NMG-C	4 019.740
SD-IPSD	0.667 368	0.008 453	78.953 59	0.000 0	SD-C	−3 053.541
SH-IPSH	0.558 752	0.012 811	43.614 75	0.000 0	SH-C	4 652.705
SX-IPSX	0.682 511	0.015 423	44.251 99	0.000 0	SX-C	−2 725.664
TJ-IPTJ	0.705 473	0.010 692	65.981 86	0.000 0	TJ-C	−444.458 6
ZJ-IPZJ	0.548 289	0.014 706	37.284 53	0.000 0	ZJ-C	2 026.563

①截距项。

②系数。

③固定效应。

根据最终确定的不同个体之间随机误差项相关的固定效应变系数模型的回归结果可知，15 个省、自治区、直辖市的固定常数项值为 2 401.276，通过加减各个省、自治区、直辖市各自的常数项值可确定最终的常数项值，且每个回归方程的回归系数值和常数值均不相同。以安徽省为例，回归系数值为 0.760，表示安徽省居民人均可支配收入每增加 1 元，人均消费支出增加 0.760 元；居民人均可支配收入每减少 1 元，人均消费支出便减少 0.760 元。

思考与练习

一、简述题

1. 简述时间序列数据、截面数据和面板数据的区别，并举出实际的例子。
2. 面板数据模型的一般形式为：$y_{it}=\alpha_{it}+X_{k.it}\beta_{k.it}+\mu_{it}$，其中 $i=1, 2, \cdots, N$，表示个体数，$t=1, 2, \cdots, T$，表示时点数，$X_{k.it}$ 为解释变量，y_{it} 为被解释变量，μ_{it} 为随机误差项，请对面板数据模型进行分类。
3. 简述面板数据模型的优点和局限性。
4. 简述面板数据模型选择的思想。
5. 简述面板数据模型的建模过程。

二、单选题

1. 面板数据是指(　　)。
   A. 相同时点上不同统计单位相同统计指标组成的数据
   B. 相同时点上相同统计单位不同统计指标组成的数据
   C. 不同时点上不同统计单位相同统计指标组成的数据
   D. 不同时点上相同统计单位不同统计指标组成的数据

2. 对于给定的面板数据模型，若模型在不同个体之间存在个体影响，又存在结构影响，应该估计哪种模型？(　　)

A. 混合模型　　B. 变截距模型　　C. 变系数模型　　D. 固定效应模型

3. 混合模型、变截距模型以及变系数模型在模型形式的选择上至少要进行(　　)次检验。

A. 0　　B. 1　　C. 2　　D. 3

4. 在进行面板数据模型形式的选择检验时，若有 $F_2>F_\alpha$，则应(　　)。

A. 选择混合模型　　B. 选择变截距模型

C. 选择变系数模型　　D. 进一步检验 H_1 是否成立

5. 以下哪种检验方法用于检验是否为随机效应？(　　)

A. 似然比检验　　B. Hausman 检验　　C. Pedroni 检验　　D. Johansen 检验

6. 以下哪种检验方法的原假设设定不同？(　　)

A. LLC 检验　　B. Fisher-PP 检验　　C. Hadri 检验　　D. Breitung 检验

7. Hausman 检验的原假设成立应建立(　　)。

A. 变截距模型　　B. 变系数模型　　C. 固定效应模型　　D. 随机效应模型

8. 对面板模型：$y_{it}=\alpha_{it}+X_{k.it}\beta_{k.it}+\mu_{it}$ 进行估计时，通常假定 μ_{it} 服从(　　)。

A. $N(0,\sigma_i^2)$　　B. $N(0,\sigma^2)$　　C. $t(n-2)$　　D. $t(n)$

9. 下列各面板数据模型，哪一个是错误的？(　　)

A. $y_{it}=\alpha+X_{k.it}\beta+\mu_{it}$　　B. $y_{it}=\alpha_{it}+X_{k.it}\beta_{k.it}+\mu_{it}$

C. $y_{it}=\alpha_{it}+X_{k.it}\beta+\mu_{it}$　　D. $y_{it}=\alpha+X_{k.it}\beta_{it}+\mu_{it}$

10. 对于随机误差项 μ_{it}，$E(\mu_{it})=\sigma_u^2$ 的内涵是指(　　)。

A. 随机误差项的均值为零　　B. 所有随机误差项有相同方差

C. 两个随机误差项互不相关　　D. 随机误差项服从正态分布

三、多选题

1. 计量经济学中数据的类别主要有(　　)。

A. 短面板数据　　B. 时间序列数据　　C. 长面板数据

D. 截面数据　　E. 面板数据

2. 下面属于面板数据的有(　　)。

A. 某年华东地区各省市 GDP 平均值数据

B. 2013—2019 年华东地区各省级行政区 GDP 数据

C. 2013—2019 年华东地区各省级行政区 GDP 平均值数据

D. 1991—2007 年某地区 20 个乡镇的平均工业产值

E. 1991—2007 年某地区 20 个乡镇的各镇工业产值

3. 面板模型按模型中是否包含滞后解释变量可分为(　　)。

A. 变截距模型　　B. 变系数模型　　C. 固定效应模型

D. 随机效应模型　　E. 静态面板模型　　F. 动态面板模型

4. 面板数据模型具有哪些特点？(　　)

A. 增加自由度，解决样本容量不足的问题

B. 对不同截面单元集重复观察，能更好地研究经济行为变化的动态性

C. 有效处理遗漏变量模型错误设定问题

D. 增大了解释变量之间的多重共线性，不利于得到更为有效的估计量

E. 有助于正确地分析经济变量之间的关系

5. 异质单位根检验的检验方法有(　　)。

A. Breitung 检验　B. Im-Pesaran-Skin 检验　C. Fisher-PP 检验　D. Fisher-ADF 检验　E. Hadri 检验

6. 协整检验的方法主要有(　　)。

A. LLC 检验　B. Kao 检验　C. Pedroni 检验　D. KPSS 检验　E. Johansen 检验

7. 建立在 EG 两步法检验基础上的面板协整检验方法有(　　)。

A. Johansen 检验　B. KPSS 检验　C. Kao 检验　D. LLC 检验　E. Pedroni 检验

8. 随机效应变截距模型 $y_{it}=\alpha+X_{k.it}\beta_{k.it}+v_i+\mu_{it}$，$i=1, 2, \cdots N$，$t=1, 2, \cdots, T$ 的假定有(　　)。

A. v_i 和 X_{it} 不相关　B. $E(\mu_{it})=E(v_i)=0$　C. $E(v_i, v_j)\neq 0$　D. $E(\mu_{it})^2=\sigma_\mu^2$，$E(v_i)^2=\sigma_v^2$　E. $E(\mu_{it}, v_j)=0(j=1, 2, \cdots, N)$

9. 固定效应变截距模型 $y_{it}=\alpha_{it}+X_{k.it}\beta+\mu_{it}$，$i=1, 2, \cdots, N$，$t=1, 2, \cdots, T$ 的随机误差项的假定有(　　)。

A. μ_{it} 和 X_{it} 不相关　B. $E(\mu_{it})=0$　C. $E(\mu_{it}^2)=\sigma^2$　D. $Cov(\mu_{it}, \mu_{jt})=0$　E. $Var(\mu_{it})=0$

10. 面板数据模型的检验主要包括(　　)。

A. 变量的显著性检验　B. 平稳性检验　C. 变量的选择检验　D. 方程的显著性检验　E. 协整检验

四、判断题

1. Pedroni 检验的备择假设有两个，一个是所有的截面 i 都有 $\rho_i=\rho>1$，另一个是假设在所有的截面 i 下 $\rho_i<1$。(　　)
2. Kao 检验模型中只允许包含固定效应且要求模型中的外生变量的系数满足齐性的要求。(　　)
3. 面板数据中去失若干观测值，可以说该面板数据是非平衡面板数据。(　　)
4. 动态面板模型和静态面板模型的主要区别在于动态面板模型包含滞后被解释变量作为解释变量。(　　)
5. 变系数模型是在变截距模型的基础上叠加了结构效应的影响。(　　)
6. 在模型选择性检验的 F 检验中，如果检验统计量 F_1 的值大于检验临界值，此时应该将模型设置为混合回归模型。(　　)
7. Hausman 检验的主要目的是检验是否存在固定效应。(　　)
8. 固定效应变截距模型截距的差异从实质上说是不同截面的个体之间存在着实际意义上的不同。(　　)
9. 随机效应变截距模型估计时假设个体的随机影响和解释变量之间存在相关关系。(　　)
10. 固定效应变系数模型不同的截面个体之间的随机误差项不相关时通常采用经典的 OLS 对模型参数进行估计。(　　)

五、填空题

1. 平衡面板数据是指不同截面个体的每个解释变量的________相同。
2. 面板数据模型按照方程的截距和系数是否改变划分为________、________、________。
3. 变截距模型表示不同的个体之间存在________，不存在________。
4. 面板数据可以通过设置虚拟变量对个别差异进行控制，用来有效处理________模型错误设定问题。
5. 混合模型、变截距模型以及变系数模型在模型形式的选择上常用________检验。
6. 固定效应模型和随机效应模型选择性检验的LR检验的原假设是________。
7. Hausman检验的原假设是________。
8. 随机效应变截距模型也称为________。
9. 成分方差模型中的成分方差未知时通常采用________方法对模型参数进行估计。
10. 面板数据的单位根检验的目的是________。

六、计算题

利用表11-6、表11-7中2014—2019年中国31个省、自治区、直辖市(不包括港澳台地区)居民人均可支配收入和人均食品消费支出的数据，建立面板数据模型并据此进行分析。

表11-6 2014—2019年中国31个省、自治区、直辖市居民人均可支配收入

(单位：元)

地区	2014年	2015年	2016年	2017年	2018年	2019年
北京市	44 488.57	48 457.99	52 530.38	57 229.83	62 361.22	67 755.91
天津市	28 832.29	31 291.36	34 074.46	37 022.33	39 506.15	42 404.14
河北省	16 647.4	18 118.09	19 725.42	21 484.13	23 445.65	25 664.71
山西省	16 538.32	17 853.67	19 048.88	20 420.01	21 990.14	23 828.46
内蒙古自治区	20 559.34	22 310.09	24 126.64	26 212.23	28 375.65	30 555.03
辽宁省	22 820.15	24 575.58	26 039.7	27 835.44	29 701.45	31 819.75
吉林省	17 520.39	18 683.7	19 966.99	21 368.32	22 798.37	24 562.91
黑龙江省	17 404.39	18 592.65	19 838.5	21 205.79	22 725.85	24 253.59
上海市	45 965.83	49 867.17	54 305.35	58 987.96	64 182.65	69 441.56
江苏省	27 172.77	29 538.85	32 070.1	35 024.09	38 095.79	41 399.71
浙江省	32 657.57	35 537.09	38 529	42 045.69	45 839.84	49 898.84
安徽省	16 795.52	18 362.57	19 998.1	21 863.3	23 983.58	26 415.09
福建省	23 330.85	25 404.36	27 607.93	30 047.75	32 643.93	35 616.09
江西省	16 734.17	18 437.11	20 109.56	22 031.45	24 079.68	26 262.45
山东省	20 864.21	22 703.19	24 685.27	26 929.94	29 204.61	31 596.98
河南省	15 695.18	17 124.75	18 443.08	20 170.03	21 963.54	23 902.68
湖北省	18 283.23	20 025.56	21 786.64	23 757.17	25 814.54	28 319.46
湖南省	17 621.74	19 317.49	21 114.79	23 102.71	25 240.75	27 679.71
广东省	25 684.96	27 858.86	30 295.8	33 003.29	35 809.9	39 014.28
广西壮族自治区	15 557.08	16 873.42	18 305.08	19 904.76	21 485.03	23 328.21
海南省	17 476.46	18 978.97	20 653.44	22 553.24	24 579.04	26 679.48
重庆市	18 351.9	20 110.11	22 034.14	24 152.99	26 385.84	28 920.41
四川省	15 749.01	17 220.96	18 808.26	20 579.82	22 460.55	24 703.15
贵州省	12 371.06	13 696.61	15 121.15	16 703.65	18 430.18	20 397.36

（续）

地区	2014 年	2015 年	2016 年	2017 年	2018 年	2019 年
云南省	13 772.21	15 222.57	16 719.9	18 348.34	20 084.19	22 082.43
西藏自治区	10 730.22	12 254.3	13 639.24	15 457.3	17 286.06	19 501.3
陕西省	15 836.75	17 394.98	18 873.74	20 635.21	22 528.26	24 666.26
甘肃省	12 184.71	13 466.59	14 670.31	16 011	17 488.39	19 139.02
青海省	14 373.98	15 812.7	17 301.76	19 001.02	20 757.26	22 617.68
宁夏回族自治区	15 906.78	17 329.09	18 832.28	20 561.66	22 400.42	24 411.89
新疆维吾尔自治区	15 096.62	16 859.11	18 354.65	19 975.1	21 500.24	23 103.38

资料来源：国家统计局网站(http://www.stats.gov.cn/)。

表 11-7　2014—2019 年中国 31 个省、自治区、直辖市居民人均食品消费支出

（单位：元）

地区	2014 年	2015 年	2016 年	2017 年	2018 年	2019 年
北京市	7 467.8	7 584.211	7 608.544	7 548.897	8 064.95	8 488.549
天津市	7 376.6	7 709.868	8 020.6	8 647.013	8 647.455	8 983.743
河北省	3 263.7	3 515.501	3 819.116	3 912.822	4 271.261	4 675.742
山西省	2 940.5	3 089.438	3 098.143	3 324.817	3 688.249	3 997.214
内蒙古自治区	4 746.4	4 919.829	5 169.05	5 205.269	5 324.291	5 517.262
辽宁省	4 554.8	4 858.037	5 457.806	5 605.376	5 727.827	5 956.589
吉林省	3 531.6	3 683.457	3 948.974	4 144.083	4 417.378	4 675.41
黑龙江省	3 537.9	3 704.053	3 996.953	4 209.022	4 573.168	4 781.056
上海市	9 011.6	9 271.492	9 563.953	10 005.95	10 728.15	10 952.61
江苏省	5 591.7	5 935.969	6 265.658	6 524.793	6 529.803	6 847.007
浙江省	6 569.2	6 975.761	7 414.244	7 750.824	8 198.267	8 928.88
安徽省	4 003.1	4 424.155	4 880.215	5 143.367	5 414.672	6 080.816
福建省	6 081.9	6 439.956	6 907.015	7 212.72	7 572.907	8 095.605
江西省	3 785.8	4 181.671	4 400.809	4 626.08	4 809.014	5 215.176
山东省	3 932.3	4 166.152	4 489.511	4 715.074	5 030.928	5 416.82
河南省	3 202.4	3 373.713	3 585.163	3 686.996	3 959.766	4 186.813
湖北省	4 139.7	4 499.903	4 926.408	5 098.392	5 491.296	5 946.817
湖南省	4 240.5	4 535.525	4 811.963	5 003.635	5 259.986	5 770.966
广东省	6 589.8	7 236.654	8 015.092	8 317.044	8 480.76	9 369.206
广西壮族自治区	3 680.1	3 960.802	4 232.345	4 409.852	4 545.726	5 031.153
海南省	4 915	5 364.147	5 745.452	5 935.911	6 552.173	7 122.268
重庆市	4 971.9	5 325.498	5 611.583	5 943.484	6 220.752	6 666.657
四川省	4 548.2	5 001.395	5 321.223	5 632.234	5 937.883	6 466.801
贵州省	3 151.9	3 375.754	3 708.862	3 953.977	3 792.926	4 110.177
云南省	3 211.5	3 587.687	3 742.398	3 838.419	3 983.391	4 558.403
西藏自治区	3 370.2	3 919.845	4 530.377	4 788.613	4 330.454	4 792.544
陕西省	3 405.1	3 646.408	3 857.221	4 124.032	4 292.521	4 671.929
甘肃省	3 218.2	3 447.607	3 701.202	3 886.93	4 253.286	4 574.012
青海省	3 854.4	3 958.182	4 271.838	4 453.007	4 671.56	5 130.941
宁夏回族自治区	3 555.6	3 694.752	3 701.267	3 796.426	4 234.089	4 605.223
新疆维吾尔自治区	3 855	4 092.75	4 213.422	4 338.487	4 691.57	5 042.743

资料来源：国家统计局网站(http://www.stats.gov.cn/)。

第 12 章
CHAPTER12

空间计量模型

□ 案例导引

能源与环境对我国经济增长具有约束效应吗

统计数据表明，1978—2018 年，我国一次能源消耗总量由 5.7 亿吨标准煤增加到 49.8 亿吨标准煤，增长了约 8 倍，而且煤炭、石油、天然气等化石燃料占一次能源消费的比重一直保持在 80%以上，从而导致二氧化碳排放量增长了约 7 倍。为此，我国政府要求全面贯彻新发展理念，转变经济发展方式，建立健全绿色低碳循环发展经济体系，并要求到 2035 年我国的能源资源利用效率达到国际先进水平，碳排放达峰后稳中有降，生态环境根本好转；努力争取 2060 年前实现碳中和。

理论研究表明：经济、能源、环境等因素通常具有一定的空间关联性，经济增长在获得能源与环境要素支撑的同时，也会受到能源与环境的制约。现在我国已开启现代化建设新征程，要在 2020—2035 年基本实现社会主义现代化，从 2035 年到 21 世纪中叶把我国建成富强民主文明和谐美丽的社会主义现代化强国。要想实现这种战略安排，经济必须保持一定的增长速度，那么能源与环境对我国经济增长是否具有一定的约束效应呢？

12.1 空间计量模型概述

传统计量经济学忽略了经济现象的空间相关性和空间异质性，往往导致经济研究的结果和推论出现偏差。空间计量经济学是现代计量经济学的一个分支，主要用于处理计量模型中的空间效应问题。空间计量模型主要解决回归模型中复杂的空间依赖性问题。

空间计量模型与时间序列模型均是处理经济现象“依赖”关系的方法，但两者的区别在于：前者主要阐明解释变量在空间上的依赖，而后者主要阐明解释变量在时间上的依赖。

空间计量经济学起源于 20 世纪 70 年代，随着计算机技术与地理信息技术的进步，空间计量经济学得到蓬勃发展，逐渐成为经济实证分析的主流研究方法。按照演进脉络，空间计量模型主要分为截面数据空间计量模型、静态空间面板数据模型、动态空间面板数据模型以及具有共同因子的动态空间面板模型等类型。本书仅介绍较为基础的空间计量模型，主要包括截面数据空间计量模型和静态空间面板数据模型。

目前，用于计算空间计量模型的软件主要有 ArcGIS 软件、Geoda 软件、Matlab 软件和 Stata 软件等。本章将对 Stata 16 软件应用于空间计量模型的实现做简单介绍。

12.2 空间权重矩阵与空间自相关

空间计量模型建模的前提是经济变量必须存在空间依赖性或空间自相关。下面介绍空间自相关分析中的相关概念和检验方法。

12.2.1 空间权重矩阵

空间权重矩阵就是区域或样本空间距离所构成的矩阵。假设有一截面数据记为 x_i，i 代表区域，区域 i 与区域 j 的空间距离记为 w_{ij}，则空间权重矩阵记为 $\boldsymbol{W}$

$$\boldsymbol{W}=\begin{pmatrix} w_{11} & \cdots & w_{1n} \\ \vdots & & \vdots \\ w_{n1} & \cdots & w_{nn} \end{pmatrix} \tag{12-1}$$

需要指出的是，空间权重矩阵 $\boldsymbol{W}$ 的主对角线元素全部为 0，代表同一区域之间的空间距离为 0。

由于对空间距离 w_{ij} 的定义不同，空间权重矩阵通常被划分为相邻空间权重矩阵、地理距离空间权重矩阵、经济距离空间权重矩阵和嵌套空间权重矩阵。

1. 相邻空间权重矩阵

相邻空间权重矩阵是以“空间相邻”为依据构造的矩阵。空间相邻将两个相邻区域的空间距离 w_{ij} 记为 1，不相邻区域的空间距离 w_{ij} 记为 0。空间相邻可按照相邻关系分为车相邻、象相邻和后相邻。车相邻是指两个相邻区域有共同的边；象相邻是指两个相邻区域有共同的顶点但没有共同的边；后相邻是指两个相邻区域有共同的边或顶点。图 12-1 从左至右依次是车相邻、象相邻和后相邻。

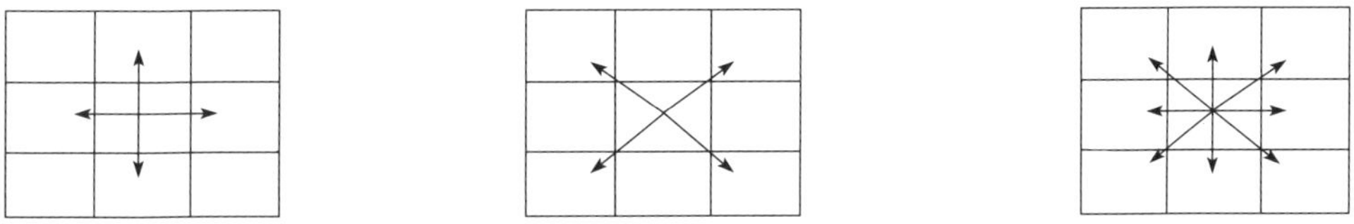

图 12-1　车相邻、象相邻和后相邻

下面举一个关于车相邻关系定义空间权重矩阵的例子。现有长三角区域四个地区，江苏省、上海市、浙江省、安徽省的经济变量数据序列为 $x_i=\{x_1, x_2, x_3, x_4\}$。

上述四个省、直辖市的车相邻空间权重矩阵可以记为

$$\boldsymbol{W}=\begin{pmatrix}0 & 1 & 1 & 1\\ 1 & 0 & 1 & 0\\ 1 & 1 & 0 & 1\\ 1 & 0 & 1 & 0\end{pmatrix} \tag{12-2}$$

式(12-2)中，矩阵第一行的四个元素从左到右分别表示，江苏省与江苏省的空间距离为 0，江苏省与上海市空间相邻，江苏省与浙江省空间相邻，江苏省与安徽省空间相邻。

在实际应用中，通常需要对空间权重矩阵进行行标准化，即将矩阵中的每个元素除以其所在行的元素之和，行标准化后的空间权重矩阵记为 $\widetilde{\boldsymbol{W}}$，行标准化后的元素记为 $\widetilde{w}_{ij}$。行标准化的优点在于，将空间权重矩阵 $\widetilde{\boldsymbol{W}}$ 与经济变量数据相乘后，$\widetilde{\boldsymbol{W}}\boldsymbol{x}$ 可以得到每个区域邻居的平均值。

$$\widetilde{w}_{ij}=w_{ij}/\sum_j w_{ij} \tag{12-3}$$

此时，式(12-2)可改写为行标准形式：

$$\widetilde{\boldsymbol{W}}=\begin{pmatrix}0 & 1/3 & 1/3 & 1/3\\ 1/2 & 0 & 1/2 & 0\\ 1/3 & 1/3 & 0 & 1/3\\ 1/2 & 0 & 1/2 & 0\end{pmatrix} \tag{12-4}$$

此时，$\widetilde{\boldsymbol{W}}\boldsymbol{x}$ 为

$$\widetilde{\boldsymbol{W}}\boldsymbol{x}=\begin{pmatrix}0 & 1/3 & 1/3 & 1/3\\ 1/2 & 0 & 1/2 & 0\\ 1/3 & 1/3 & 0 & 1/3\\ 1/2 & 0 & 1/2 & 0\end{pmatrix}\cdot\begin{pmatrix}x_1\\ x_2\\ x_3\\ x_4\end{pmatrix}=\begin{pmatrix}(x_2+x_3+x_4)/3\\ (x_1+x_3)/2\\ (x_1+x_2+x_4)/3\\ (x_1+x_3)/2\end{pmatrix} \tag{12-5}$$

对空间权重矩阵进行行标准化的局限性在于：由于每行元素之和为 1，这意味着某一地区 i 所受其邻居的影响一定等于地区 j 所受其邻居影响之和。这种假定往往与现实存在较大偏差。

2. 地理距离空间权重矩阵

地理距离空间权重矩阵是采用区域间的地理距离来定义空间权重矩阵。设 d_{ij} 为两区域间的地理距离(如直线距离或大圆距离)，那么空间权重矩阵元素 w_{ij} 可以表示为

$$w_{ij}=\begin{cases}\dfrac{1}{|d_{ij}|}, & i\neq j\\ 0, & i=j\end{cases} \tag{12-6}$$

3. 经济距离空间权重矩阵

区域间不仅可能存在空间相邻或地理空间上的联系，还可能存在经济上的联系，由此，一些学者试图以经济距离为基础来构造空间权重矩阵，经济距离 d_{ij} 的计算公式为

$$d_{ij}=|z_i-z_j| \tag{12-7}$$

z_i 或 z_j 一般用区域 i 或 j 的人均地区生产总值、居民人均可支配收入等变量表示。

4. 嵌套空间权重矩阵

相邻空间权重矩阵、地理距离空间权重矩阵以及经济距离空间权重矩阵等单一空间权重矩阵无法从多个维度考察区域间的相互关系，可以把上述单一空间距离用来构建嵌套空间权重矩阵，其中地理距离和经济距离的构建更为普遍。地理距离与经济距离嵌套的空间权重矩阵 $\boldsymbol{W}_C$ 可由式(12-8)计算得出：

$$\boldsymbol{W}_C = \boldsymbol{W}_D \mathrm{diag}(Y_1/\overline{Y}, \ Y_2/\overline{Y}, \ \cdots, \ Y_N/\overline{Y}) \tag{12-8}$$

式(12-8)中，$\boldsymbol{W}_D$ 为地理距离空间权重矩阵，Y 代表地区的经济变量，$\overline{Y}$ 为经济变量所有样本的均值。

12.2.2　空间自相关

空间自相关可以理解为位置相近的区域具有相似的变量取值。若某区域及其位置相近区域是高值与高值集聚在一起，或低值与低值集聚在一起，则认为存在正的空间自相关；若高值与低值集聚或低值与高值集聚，则认为存在负的空间自相关；若高值与低值呈完全随机的分布，则认为不存在空间自相关。常用的空间自相关检验方法包括莫兰指数(Moran's I)、吉尔里指数(Geary's C)和 Getis-Ord's G 指数等。

空间相关性的度量分为全局相关性与局部相关性两个方面。全局相关性用来考察整个区域整体的空间相关程度，而局部相关性用来考察每个局部区域与周围区域的空间相关程度。

1. 全局空间自相关检验

莫兰指数是目前文献中最流行的空间自相关检验方法。假设有经济变量 x_i，z_i 记为 x_i 与其预期平均值 $\bar{x}$ 之差，z_j 记为 x_j 与其预期平均值 $\bar{x}$ 之差。那么，全局莫兰指数的计算公式为

$$I = \frac{n}{s_0} \frac{\sum_{i=1}^{n} \sum_{j=1}^{n} w_{ij} z_i z_j}{\sum_{i=1}^{n} z_i^2} \tag{12-9}$$

其中，n 为样本量，w_{ij} 为空间权重，s_0 为所有空间权重矩阵元素之和。

$$s_0 = \sum_{i=1}^{n} \sum_{j=1}^{n} w_{ij} \tag{12-10}$$

全局莫兰指数 I 的取值一般介于 $-1 \sim 1$，大于 0 则表示正自相关，其值越大，空间相关性越明显；小于 0 则表示负自相关，其值越小，空间差异越大。若 I 接近 0，则表明空间分布是接近随机的。

莫兰指数的统计检验。当假设变量数据服从正态分布时，设原假设 H_0 为 $\mathrm{Cov}(x_i, \ x_j) = 0$，$\forall i \neq j$，即不存在空间自相关。莫兰指数的期望值 E_n 与方差 VAR_n 可以表示为

$$\mathrm{E}_n(I) = -\frac{1}{n-1}$$

$$\mathrm{VAR}_n(I)=\frac{n^2s_1-ns_2+3s_0^2}{s_0^2(n^2-1)}-\mathrm{E}_n^2(I) \tag{12-11}$$

其中，$s_0=\sum_{i=1}^{n}\sum_{j=1}^{n}w_{ij}$，$s_1=\frac{1}{2}\sum_{i=1}^{n}\sum_{j=1}^{n}(w_{ij}+w_{ji})^2$，$s_2=\sum_{i=1}^{n}(w_i+w_{-i})^2$，$w_i=\sum_{j=1}^{n}w_{ij}$，$w_{-i}=\sum_{j=1}^{n}w_{ji}$。

可以证明，标准化的莫兰指数服从渐近标准正态分布：

$$z_I=\frac{I-\mathrm{E}_n(I)}{\sqrt{\mathrm{VAR}_n(I)}}\xrightarrow{d}N(0,\ 1) \tag{12-12}$$

因此，可以在一定显著性水平下根据标准正态分布的临界值或统计量的伴随概率进行统计检验。

使用莫兰指数进行空间自相关检验时，需要注意以下问题：①若空间权重矩阵未进行行标准化，会导致莫兰指数位于区间[－1，1]之外；②莫兰指数取决于空间矩阵，若空间矩阵设定不正确，则可能导致错误的结果。

吉尔里指数也是一种常用的空间自相关统计量，其计算公式为

$$C=\frac{n-1}{2s_0}\cdot\frac{\sum_{i=1}^{n}\sum_{j=1}^{n}w_{ij}(x_i-x_j)^2}{\sum_{i=1}^{n}(x_i-\overline{x})^2},\ i\neq j \tag{12-13}$$

在正态分布的假设下，C 的期望值和方差分别为

$$\mathrm{E}_n(C)=1$$

$$\mathrm{VAR}_n(C)=\frac{1}{2(n+1)s_0^2}\cdot((2s_1+s_2)(n-1)-4s_0^2) \tag{12-14}$$

在不存在空间自相关的原假设下，C 的期望值等于 1。可以证明，标准化的吉尔里指数服从渐近标准正态分布：

$$z_C=\frac{C-1}{\sqrt{\mathrm{VAR}_n(C)}}\xrightarrow{d}N(0,\ 1) \tag{12-15}$$

因此，可以使用标准化的吉尔里指数检验空间自相关。

莫兰指数和吉尔里指数的统计量均可以用来表明空间上的分布模式，但它们不能区分是高值的空间集聚(热点)还是低值的空间集聚(冷点)，有可能掩盖不同的空间集聚类型。Getis-Ord's G(以下用 G 表示)统计量可以用来识别这两种不同模式的空间集聚。G 统计量的计算公式如下：

$$G=\frac{\sum_{i=1}^{n}\sum_{j=1}^{n}w_{ij}x_ix_j}{\sum_{i=1}^{n}\sum_{j\neq i}^{n}x_ix_j} \tag{12-16}$$

类似地，可以证明标准化的 G 统计量也服从渐近标准正态分布：

$$z_G=\frac{G-\mathrm{E}(G)}{\sqrt{\mathrm{VAR}(G)}}\xrightarrow{d}N(0,\ 1) \tag{12-17}$$

当 G 值低于 $\mathrm{E}(G)$，且 z_G 值显著时，观测值之间呈现低值集聚，即表示存在冷点地

区。当 G 值高于 $E(G)$，且 z_G 值显著时，观测值之间呈现高值集聚，即表示存在热点地区。当 G 值趋于 $E(G)$时，观测值在空间上呈随机分布。

2. 局部空间自相关检验

全局空间自相关检验是基于全部研究区域的统计检验，但由于空间异质性的存在，不同研究区域通常具有不同的空间自相关特征。为考察不同区域的空间集聚情况，需要进行局部空间自相关检验。

区域 i 的局部空间莫兰指数的计算公式为

$$I_i = \frac{(z_i - \bar{z})\sum_{j=1}^{n} w_{ij}(z_j - \bar{z})}{\frac{1}{n}\sum_{i=1}^{n}(z_i - \bar{z})^2},\ j \neq i \tag{12-18}$$

I_i 为正值时表示区域 i 的高(低)值的周围同样为高(低)值；I_i 为负值时表示区域 i 的高(低)值的周围为低(高)值。

区域 i 局部空间吉尔里指数的计算公式为

$$C_i = \frac{\sum_{j \neq i}^{n} w_{ij}(z_i - z_j)^2}{\frac{1}{n}\sum_{i=1}^{n}(z_i - \bar{z})^2} \tag{12-19}$$

若局部 C_i 统计量的伪显著水平 p 值较大(如 $p>0.95$)，表明 C_i 值异常小，说明区域 i 的观测值与周围邻居的观测值之间是正向的空间关系(即相似)；若 p 值比较小(如 $p<0.05$)，表明 C_i 值异常大，说明区域 i 的观测值与周围邻居的观测值之间是负的空间相关关系，即差异较大。

若需要考察某区域 i 是否为冷点或热点，则需要使用局部 G 指数的 G_i 统计量来进行统计检验，其计算公式为

$$G_i = \frac{\sum_{i=1}^{n} w_{ij} x_j}{\sum_{j=1}^{n} x_j} \tag{12-20}$$

Stata 的非官方命令包 sg162 提供了建立空间权重矩阵以及进行各种空间自相关检验的命令：spatwmat、spatgsa 和 spatlsa。如何使用这些命令，将在后面的案例分析中进行说明。

12.3 空间计量模型设定

本节是空间计量模型的入门，主要介绍经典的截面数据空间计量模型和静态面板数据空间计量模型的设定、参数估计方法和模型选择检验。上述两种模型分别针对不同的数据结构进行，即截面数据和面板数据(静态面板数据是指被解释变量的时间滞后项不包含在解释变量中)，其按照不同的模型设定又可细分为空间自回归模型、空间误差模型和空间

杜宾模型，这三个模型各自有针对性的假设，但这些假设相互之间并不排斥，可以在同一个模型中存在。

12.3.1 空间自回归模型

由于空间自回归的形式复杂，其空间滞后的影响来自不同方向，因此不能直接使用传统的线性方式进行参数估计，需要对空间依赖性的模式做出假设。为便于理解，这里先将空间自回归与时间序列计量经济学的自回归模型进行对应说明。

经典的一阶自回归 AR(1)过程的表达式可写为

$$y_t=\beta y_{t-1}+\varepsilon_t \tag{12-21}$$

为了方便，这里假设 $t=4$，$\varepsilon_1=y_1$。此时，式(12-21)可以改写为以下矩阵形式：

$$y=\begin{pmatrix}y_1\\y_2\\y_3\\y_4\end{pmatrix}=\beta\underbrace{\begin{pmatrix}0&0&0&0\\1&0&0&0\\0&1&0&0\\0&0&1&0\end{pmatrix}}_{\boldsymbol{W}}\begin{pmatrix}y_1\\y_2\\y_3\\y_4\end{pmatrix}+\begin{pmatrix}\varepsilon_1\\\varepsilon_2\\\varepsilon_3\\\varepsilon_4\end{pmatrix}\equiv\beta\boldsymbol{W}y+\varepsilon \tag{12-22}$$

其中，矩阵 $\boldsymbol{W}$ 可被称为时间滞后矩阵。可见，一阶自回归过程的时间滞后矩阵有明显的规律性：只有次对角线的元素为 1，其余元素为 0。空间权重矩阵的元素排列较为复杂，其元素排列方式表现出多样性。定义空间自回归模型（spatial auto regression，简记为 SAR)的回归公式为

$$y=\lambda\boldsymbol{W}y+\varepsilon \tag{12-23}$$

其中，$\boldsymbol{W}$ 为已知的空间权重矩阵。对空间自回归模型做出这种设定其实是进行了模型的简化工作：空间自回归模型假设不同区域与不同方向的空间依赖性全部由单一参数 λ 来刻画。进行这种简化是因为如果假设空间自回归的形式类似式(12-21)为线性方程，那么待估计参数可多达 $n(n-1)$个，即 n 个区域，每个区域又可能受到其余 $n-1$ 个区域的影响。这显然远超出样本量的许可范围，使模型参数不可估计。

在式(12-23)中还可以加入其他解释变量，被称为 SAR 模型：

$$y=\lambda\boldsymbol{W}y+\boldsymbol{X\beta}+\varepsilon \tag{12-24}$$

对于 SAR 模型，通常采用最大似然估计法进行参数估计，并假设 ε 服从正态分布。关于空间自回归模型的最大似然估计过程，感兴趣的读者可以参阅相关教材，在此不做说明。

需要注意的是，在式(12-24)中，参数 $\boldsymbol{\beta}$ 的估计结果并不能直接等同于解释变量 $\boldsymbol{X}$ 对被解释变量的边际效应。这是因为，当 $\boldsymbol{X}$ 对 y 产生影响后，y 由于空间效应的存在，其 y 之间还会产生相互影响，直到达到均衡。因此，有必要进一步对参数 $\boldsymbol{\beta}$ 进行直接效应与间接效应分解。

首先，将式(12-24)移项，得：

$$\boldsymbol{y}=(\boldsymbol{I}-\lambda\boldsymbol{W})^{-1}\boldsymbol{X\beta}+(\boldsymbol{I}-\lambda\boldsymbol{W})^{-1}\varepsilon \tag{12-25}$$

假设 $\boldsymbol{X}$ 中包含 K 个解释变量，并记第 k 个解释变量序列为 $\boldsymbol{x}_k=(x_1, x_2, \cdots, x_n)'$，则 $\boldsymbol{X\beta}$ 可写为向量形式：$(x_1\cdots x_K)(\beta_1\cdots\beta_K)'=\sum_{k=1}^{K}\beta_k x_k$。此时，式(12-25)可以写为

$$\boldsymbol{y}=\sum_{k=1}^{K}\beta_k(\boldsymbol{I}-\lambda\boldsymbol{W})^{-1}x_k+(\boldsymbol{I}-\lambda\boldsymbol{W})^{-1}\varepsilon \tag{12-26}$$

其中，将 $\beta_k(\boldsymbol{I}-\lambda\boldsymbol{W})^{-1}$ 记为 $S_k(\boldsymbol{W})$。此时，便可以考察某个解释变量 x_k 对 y 的直接效应与间接效应。记 $S_k(\boldsymbol{W})_{ij}$ 为 $S_k(\boldsymbol{W})$的第 i 行 j 列元素，式(12-26)的矩阵形式为

$$\begin{pmatrix} y_1 \\ y_2 \\ \vdots \\ y_n \end{pmatrix}=\begin{pmatrix} S_k(\boldsymbol{W})_{11} & S_k(\boldsymbol{W})_{12} & \cdots & S_k(\boldsymbol{W})_{1n} \\ S_k(\boldsymbol{W})_{21} & S_k(\boldsymbol{W})_{22} & \cdots & S_k(\boldsymbol{W})_{2n} \\ \vdots & \vdots & & \vdots \\ S_k(\boldsymbol{W})_{n1} & S_k(\boldsymbol{W})_{n2} & \cdots & S_k(\boldsymbol{W})_{nn} \end{pmatrix}\begin{pmatrix} x_{1k} \\ x_{2k} \\ \vdots \\ x_{nk} \end{pmatrix}+(\boldsymbol{I}-\lambda\boldsymbol{W})^{-1}\varepsilon \tag{12-27}$$

根据式(12-27)可得：

$$\frac{\partial y_i}{\partial x_{jk}}=S_k(\boldsymbol{W})_{ij} \tag{12-28}$$

$S_k(\boldsymbol{W})_{ij}$ 为区域 j 的解释变量 x_{jk} 对区域 i 的被解释变量 y 产生的边际效应。当 $i=j$ 时，则有：

$$\frac{\partial y_i}{\partial x_{ik}}=S_k(\boldsymbol{W})_{ii} \tag{12-29}$$

$S_k(\boldsymbol{W})_{ii}$ 即为本区域 i 的解释变量 x_{ik} 对本区域被解释变量 y 产生的直接效应。因此，将矩阵 $S_k(\boldsymbol{W})$的所有主对角线元素进行平均，即可得到解释变量 x_k 对被解释变量 y 产生的平均直接效应。另外，矩阵 $S_k(\boldsymbol{W})$的第 i 行元素之和代表了所有区域解释变量 x_k 对区域 i 被解释变量产生的总效应，因此对所有区域的总效应进行平均即可得到解释变量 x_k 的平均总效应。平均总效应减直接效应即可得到解释变量 x_k 对解释变量 y 产生的平均间接效应。平均间接效应的经济含义是指其他邻近区域的解释变量 x_k 对本区域的被解释变量 y 的平均影响。平均总效应、平均间接效应和平均直接效应的关系见式(12-30)。

$$\text{平均间接效应}=\underbrace{\frac{1}{n}\sum_{i=1}^{n}\sum_{j=1}^{n}S_k(\boldsymbol{W})_{ij}}_{\text{平均总效应}}-\underbrace{\frac{1}{n}\operatorname{trace}(S_k(\boldsymbol{W}))}_{\text{平均直接效应}} \tag{12-30}$$

12.3.2　空间误差模型

空间误差模型(spatial errors model，SEM)是空间计量模型的另一种形式，它是假定空间依赖性是通过误差项生成的：

$$\begin{cases} y=\boldsymbol{X\beta}+\boldsymbol{\mu} \\ \boldsymbol{\mu}=\rho\boldsymbol{M\mu}+\boldsymbol{\varepsilon} \\ \boldsymbol{\varepsilon}\sim N(0,\ \sigma^2\boldsymbol{I}_n) \end{cases} \tag{12-31}$$

根据式(12-31)，解释变量 $\boldsymbol{X}$ 不存在空间依赖性，而在除解释变量 $\boldsymbol{X}$ 之外的其他未观测的因素中(如遗漏的解释变量、随机冲击等)。所以，对于空间误差模型，尽管误差项存在自相关，但只要模型设定是正确的，由于不存在内生性问题，所以使用 OLS 方法估计仍然能够得到系数的一致估计，但为了使估计更有效率，空间误差模型一般使用最大似然估计法进行参数估计。

12.3.3　空间杜宾模型

空间杜宾模型(spatial durbin model，SDM)是实证研究中应用较多的空间计量模型形

式，它是一个通过加入解释变量的空间滞后变量而增强的空间自回归模型(SAR)。该模型假设被解释变量不仅与被解释变量的空间滞后项相关，还与解释变量的空间滞后项相关，其形式为

$$y=\lambda \boldsymbol{W}y+\boldsymbol{X\beta}+\boldsymbol{WX\theta}+\varepsilon \tag{12-32}$$

Stata 软件的 spatreg 命令可以实现对空间自回归模型、空间误差模型和空间杜宾模型的估计。

对于特定的样本空间数据，如何选择上述恰当的空间计量模型形式呢？这通常需要借助空间滞后(spatial lag)和空间误差(spatial error)的拉格朗日乘数检验(LM)或稳健的拉格朗日乘数检验(robust-LM)进行选择确定。进行模型选择 LM 检验的基本步骤为：第一步，进行 OLS 估计；第二步，得到两种模型的 LM 统计量，包括空间自回归模型的 LM-lag 检验和空间误差模型的 LM-err 检验；第三步，比较 LM-lag 统计量和 LM-err 统计量，若两者均不显著则表明不存在空间依赖性，不需要选用空间计量模型；若两者中有一者显著则选用显著统计量对应的模型；若两者均显著则倾向于使用空间杜宾模型。Stata 软件的 spatdiag 命令可同时报告空间自回归模型和空间误差模型的 LM 检验和 robust-LM 检验结果。

12.3.4 面板数据空间计量模型

截面数据空间计量模型亦可推广至面板数据(panel data)的情形。一般形式的面板数据空间计量模型为

$$\begin{cases} y_{it}=\rho \boldsymbol{w}_i'\boldsymbol{y}_t+\boldsymbol{x}_{it}'\boldsymbol{\beta}+\boldsymbol{d}_i'\boldsymbol{X}_t\boldsymbol{\delta}+u_i+\gamma_t+\varepsilon_{it} \\ \varepsilon_{it}=\lambda \boldsymbol{e}_i'\varepsilon_t+v_{it} \end{cases} \tag{12-33}$$

其中，下标 i 表示面板数据的第 i 个个体($i=1$，…，n)，下标 t 为该个体第 t 年的观测($t=1$，…，T)。$\boldsymbol{w}_i'$ 为被解释变量对应的空间权重矩阵的第 i 行，$\boldsymbol{d}_i'$ 为解释变量对应的空间权重矩阵的第 i 行，$\boldsymbol{e}_i'$ 为误差项对应的空间权重矩阵的第 i 行。$\rho \boldsymbol{w}_i'\boldsymbol{y}_t$ 和 $\boldsymbol{d}_i'\boldsymbol{X}_t\boldsymbol{\delta}$ 分别代表被解释变量和解释变量的空间滞后项。u_i、γ_t 分别为个体固定效应和时间固定效应。

式(12-33)是静态面板数据空间计量模型的一种通用形式，在实际应用中需要考虑其特殊形式。参考前面介绍的几种空间计量模型设定，改变式(12-33)中的特定参数即可得到相应的面板数据形式的空间计量模型：若 $\lambda=0$，式(12-33)退化为空间杜宾模型；若 $\lambda=\boldsymbol{\delta}=0$，式(12-33)退化为空间自回归模型；若 $\rho=\boldsymbol{\delta}=0$，式(12-33)退化为空间误差模型。对于具体模型的选择，参考前面介绍的 LM 检验。面板数据空间计量模型通常使用最大似然估计法进行参数估计(具体推导见 Lesage 和 Pace(2009))。进一步，若假设 u_i、γ_t 与解释变量相关，则使用固定效应模型；若假设 u_i、γ_t 与解释变量无关，则使用随机效应模型。检验假设可以使用常见的豪斯曼检验(参见第 11 章)。

面板数据空间计量模型可以使用 Stata 软件的 xsmle 命令进行估计。

12.4 案例分析

Romer(2001)提出了增长尾效(growth-drag)的理论模型，该模型能够通过经典的 Solow 增长模型得出能源与环境因素对增长的“约束”效应。参考 Zhang 等(2022)的研究，

本节将使用面板数据空间计量模型测度能源和二氧化碳排放对中国经济增长产生的增长尾效效应，并分析增长尾效效应的空间特征㊀。

12.4.1　模型构建

1. 理论模型

为了研究中国在能源消费与环境约束下经济增长产生的增长尾效效应，Zhang 等(2022)的研究对 Romer(2001)提出的理论模型进行了拓展，将能源消耗与环境污染纳入 Solow 增长模型中，并释放规模报酬不变的假设。首先假设产出的 Cobb-Douglas 生产函数满足下述形式：

$$Y(t)=K(t)^{\alpha}(A(t)L(t))^{\beta}E(t)^{e}C(t)^{c} \tag{12-34}$$

式(12-34)中，$Y(t)$代表第 t 年的经济产出，$K(t)$代表第 t 年的资本投入，$A(t)$代表第 t 年的技术进步，$L(t)$代表第 t 年的劳动投入，$A(t)L(t)$代表第 t 年的有效劳动投入，$E(t)$和 $C(t)$分别代表第 t 年的能源消耗与二氧化碳排放。α、β、e 和 c 分别代表资本、有效劳动、能源消耗与二氧化碳排放的弹性系数。

对式(12-34)等号两边进行对数变换可得：

$$\ln Y(t)=\alpha\ln K(t)+\beta\ln(A(t)L(t))+e\ln E(t)+c\ln C(t) \tag{12-35}$$

若式(12-35)的等式两边分别对 t 求导可得经济增长率的核算方程：

$$g_Y(t)=\alpha g_K(t)+\beta(g_A(t)+g_L(t))+eg_E(t)+cg_C(t) \tag{12-36}$$

式(12-36)中，$g_Y(t)$、$g_K(t)$、$g_A(t)+g_L(t)$、$g_E(t)$和 $g_C(t)$分别表示产出、资本、有效劳动、能源消耗与二氧化碳排放在第 t 年的增长率。设劳动要素的增长率为 n，技术进步增长率为 g。假设经济处于平衡增长路径，此时产出与资本的增长率可以被认为是相等的(Solow，1956)，即 $g_Y(t)=g_K(t)$。

鉴于能源的稀缺与不可再生性，可以假设在短期内经济的能源总体储备是固定的，因此尽管能源消费量在提高，但短期内能源消耗的增长率是下降的。同理，二氧化碳排放作为能源消耗的直接结果，其增长速度在短期内也会下降。这里假设在能源稀缺性的约束下，能源消耗速度和二氧化碳排放增长速度分别为 τ_e 和 τ_c，并满足下述表达式：

$$\begin{cases}\dot{E}(t)=-\tau_e E(t), & \tau_e>0\\ \dot{C}(t)=-\tau_c C(t), & \tau_c>0\end{cases} \tag{12-37}$$

将式(12-37)代入式(12-36)中可得：

$$g_Y(t)=\frac{\beta(g+n)-e\tau_e-c\tau_c}{1-\alpha} \tag{12-38}$$

考察经济增长更有意义的变量是人均产出的增长率。由于劳动力单位产出 y 可表示为 Y/L，因此可根据式(12-38)得到在平衡增长路径上人均产出增长率的表达式为

$$g_y(t)=g_Y(t)-g_L(t)=\frac{\beta(g+n)-e\tau_e-c\tau_c}{1-\alpha}-n=\frac{\beta(g+n)-e\tau_e-c\tau_c+n\alpha-n}{1-\alpha} \tag{12-39}$$

㊀ ZHANG H M，MA R Q，CUI L B，et al. Exploring the impacts of energy and environmental constraints on China's urbanization process[J]. Computers & industrial engineering，2022，169(2)：108-170.

若能源消耗和二氧化碳排放不存在式(12-37)的约束时，按照 Romer(2001)的假设，能源消耗增长速度与二氧化碳排放增长速度和劳动要素的增长速度 n 相等。这时我们可以得到不存在能源与二氧化碳排放约束下的人均产出增长率。将参数 n 代入式(12-36)后，得到无约束时平衡路径上的人均产出增速：

$$\hat{g}_y(t)=\frac{\beta(g+n)+ne+nc+n\alpha-n}{1-\alpha} \tag{12-40}$$

根据经济增长"尾效"的定义可知，能源消耗与二氧化碳排放对经济增长的尾效实际上是在存在能源消耗和二氧化碳排放约束与不存在约束时，对经济增长影响的差额。因此这里将式(12-40)与式(12-39)相减，得出经济增长尾效值 Drag_y 的表达式：

$$\mathrm{Drag}_y=\hat{g}_y(t)-g_y(t)=\frac{(n+\tau_e)}{1-\alpha}e+\frac{(n+\tau_c)}{1-\alpha}c \tag{12-41}$$

根据式(12-41)可知，能源消耗与二氧化碳排放约束下的增长尾效由两部分组成：一部分是能源消费约束下的尾效，用 $\frac{(n+\tau_e)}{1-\alpha}e$ 表示；另一部分为二氧化碳排放约束下的尾效，用 $\frac{(n+\tau_c)}{1-\alpha}c$ 表示。这说明，如果经济过度依赖能源消耗与二氧化碳排放，那么增长也必将受到限制，即经济的城市化尾效增强。技术进步对城市化尾效的影响起中性作用，即技术进步能够抵消能源消耗与二氧化碳排放对增长产生的负面效应，但不能消除能源消耗与二氧化碳排放对增长产生的尾效。因此粗放型的发展方式并不利于增长，要想摆脱对能源和二氧化碳排放的束缚，就必须转变经济发展方式，实行低碳经济与可持续发展。

2. 实证模型

对增长尾效值的测度，需要先对上述模型中涉及的参数进行估计，包括劳动要素增长率 n、能源消耗增长率 τ_e、二氧化碳排放增长率 τ_c、资本弹性系数 α、能源消耗弹性系数 e 以及二氧化碳排放弹性系数 c。根据式(12-35)，我们先设定如下面板数据回归模型：

$$\ln Y_{it}=\mathrm{cons}+\alpha\ln K_{it}+\beta(\ln A_{it}+\ln L_{it})+e\ln E_{it}+c\ln C_{it}+\lambda_i+v_t+\mu_{it} \tag{12-42}$$

式(12-42)中，$\ln Y_{it}$ 表示某省份第 t 年产出水平的对数；cons 为常数项；$\ln K_{it}$ 表示某省份第 t 年物质资本存量的对数；$(\ln A_{it}+\ln L_{it})$表示某省份第 t 年有效劳动的对数；$\ln E_{it}$ 表示某省份第 t 年能源消耗水平的对数；$\ln C_{it}$ 表示某省份第 t 年二氧化碳排放量的对数；λ_i 代表地区固定效应；v_t 代表时间固定效应；μ_{it} 代表随机误差项。但式(12-42)的面板数据回归模型假设各省份之间的变量是相互独立的，但根据地理学第一定律，某一地区的发展通常还受到相邻地区发展的影响。若仅使用传统的面板数据回归方法来估计参数，很有可能会忽略空间效应，从而导致估计值的偏差。因此，我们设定一个一般化的模型，即包含时间-空间双向固定效应的空间杜宾模型：

$$\begin{aligned}\ln Y_{it}=&\mathrm{cons}+\alpha\ln K_{it}+\beta(\ln A_{it}+\ln L_{it})+e\ln E_{it}+c\ln C_{it}+\alpha' W\cdot\ln K_{it}+\\&\beta' W\cdot(\ln A_{it}+\ln L_{it})+e' W\cdot\ln E_{it}+c' W\cdot\ln C_{it}+\rho W\cdot\ln Y_{it}+\lambda_i+v_t+\mu_{it}\end{aligned} \tag{12-43}$$

与式(12-42)相比，式(12-43)中还加入了解释变量与被解释变量的空间滞后项：$W\cdot\ln K_{it}$、$W\cdot(\ln A_{it}+\ln L_{it})$、$W\cdot\ln E_{it}$、$W\cdot\ln C_{it}$ 和 $W\cdot\ln Y_{it}$。解释变量的空间滞后项的

系数为 α'、β'、e'和 c'，被解释变量的空间滞后项的系数为 ρ。

12.4.2　实证分析

为了测度中国经济增长的尾效值，这里使用 Zhang 等(2022)研究所使用的面板数据并采用 Stata 软件进行计算。

1. 导入数据

本节的案例分析所使用的数据包含两部分，一部分包含了中国 30 个省级行政区(西藏自治区的数据缺失严重，因此未纳入考察范围；未包括港澳台地区的相关数据)2000—2019 年各变量的面板数据，另一部分反映了这 30 个省级行政区空间特征的空间权重矩阵。

首先导入 30 个省级行政区 2000—2019 年各变量的面板数据：

```
cd 自定义工作路径    * 自定义工作路径
use data_spat.dta, clear
describe
```

样本数据描述如图 12-2 所示。

variable name	storage type	display format	value label	variable label
region	str9	%9s		region
year	int	%10.0g		year
id	byte	%10.0g		id
K	double	%10.0g		K3
A	double	%10.0g		A
labor	double	%10.0g		labor
rst_gdp	double	%10.0g		rst_gdp
E	double	%10.0g		E
CO2	double	%10.0g		CO2_1
lny	double	%10.0g		
lnAL	double	%10.0g		
lnL	double	%10.0g		
lnK	double	%10.0g		
lnE	double	%10.0g		
lnCO2	double	%10.0g		

图 12-2　样本数据描述

xtset 命令可以向 Stata 软件声明当前数据为面板数据。xtset 命令的第一个参数为地区编码，第二个参数为时间变量，相关命令如下所示。

```
xtset id year
```

xtset 命令声明面板数据如图 12-3 所示。

```
. xtset id year
       panel variable:  id (strongly balanced)
        time variable:  year, 2000 to 2019
                delta:  1 unit
```

图 12-3　xtset 命令声明面板数据

根据图 12-3，当前数据已经被 Stata 识别为平衡面板数据，时间范围为 2000—2019 年。本数据集中包含变量有：省级行政区名称(region)、年份(year)、省级行政区编码(id)、物质资本存量(K)、人力资本(A)、劳动力(labor)、实际地区生产总值(rst _ gdp)、能源消耗量(E)、二氧化碳排放量(CO2)，lny、lnAL、lnL、lnK、lnE 和 lnCO2 分别为 rst _ gdp、AL、labor、K、E、CO2 的自然对数。有关具体变量的定义和说明请参考 Zhang 等(2022)的文献。

Stata 软件可以根据 shp 文件(一种地理栅格文件，感兴趣的读者可以根据需求自行搜索下载不同区域、层面的 shp 文件)轻松地生成各种类型的空间权重矩阵(领接、逆距离等)。首先，使用 spshape2dta 命令(首次使用需要在 Stata 中安装，下同)将 shp 文件转换为 Stata 可识别的 dta 数据集；其次，使用 use 命令导入该数据集并使用 spset 命令定义当前数据为空间数据集；最后，使用 spwmatrix 命令将当前数据转换为不同类型的空间权重矩阵。

```
spshape2dta Export_Output.shp, replace
* 将得到的图层文件 Export_Output.shp 转为 dta 格式
use Export_Output.dta, clear    * 导入转换格式后的数据集
```

```
spset                      * 定义当前数据为空间数据集
drop if NAME == "西藏"     * 由于分析中剔除西藏,需要将其在 shp 文件中剔除
spwmatrix gecon Y X, wname(WINV) wtype(inv)
* spwmatrix gecon 根据 shp 文件中提供的经纬度(Y 和 X)生成空间权重矩阵
* wname 为定义空间权重矩阵的名称
* wtype 选项为定义空间权重矩阵的类型,这里 inv 为逆距离空间权重矩阵
* 输入上述命令后,名为 WINV 的空间权重矩阵会以矩阵的形式储存在 Stata 中
clear
* 清空内存数据
svmat WINV
* 将空间权重矩阵 WINV 转换为 Stata 数据集
br
* 查看数据
save WINV.dta, replace * 保存空间权重矩阵
```

由于我们所研究的省级行政区为 30 个，因此空间权重矩阵为 30×30 的矩阵。需要特别说明的是，空间权重矩阵需要与样本数据匹配，因此 shp 文件的省级行政区编号必须要与样本数据中的省级行政区编码(id)保持一致。在实际应用中，若两者之间的编码不一致，最好根据 shp 文件的省级行政区编码对样本数据的省级行政区编码(id)进行修改。例如，使用 replace 修改样本数据中省级行政区编码：

```
replace id = 1 if region = = "浙江"
```

2. 空间自相关检验

在实证分析之前，一般需要先利用莫兰指数检验等方法对样本变量的空间自相关性进行初步判断。若变量存在空间自相关性，则需要考虑使用空间计量模型，spatgsa 命令可以进行多种空间自相关检验。假设对 2010 年各省级行政区的 $\ln(y)$ 进行莫兰指数检验：

```
use data_spat.dta, clear
spatwmat using WINV.dta, name(W)  * spatwmat 命令导入空间权重矩阵,并命名为 W
preserve
* 代码首尾添加 preserve 和 restore 后,这两者间的代码运行不会改变内存中的数据
* 当用户希望根据部分样本计算结果,但又不想改变数据时,这一命令组就能发挥作用
keep if year == 2010
* 保留年份为 2010 年的样本
spatgsa lny, weights(W) moran
* spatgsa 命令后为需要检验的变量
* weights 为指定空间权重矩阵
* moran 为使用莫兰指数检验
```

莫兰指数空间自相关检验如图 12-4 所示。

```
Weights matrix
--------------------------------------------------
Name: W
Type: Imported (non-binary)
Row-standardized: No
--------------------------------------------------

Moran's I
```

Variables	I	E(I)	sd(I)	z	p-value*
lny	0.080	-0.034	0.032	3.603	0.000

*1-tail test

图 12-4 莫兰指数空间自相关检验

图 12-4 为结果输出，I 为莫兰指数，z 为 z 统计量，p-value 为相应的 p 值。可见，实际地区生产总值存在显著的正空间自相关。因此可以使用空间计量模型。

3. 空间计量模型估计

在进行空间计量模型估计之前，需要先使用 spatdiag 命令进行 LM 检验，以选择合适

的空间计量模型形式。在运行 spatdiag 命令之前需要先进行一次 OLS 回归。由于之前生成的空间权重矩阵为 30×30 的截面数据样本的空间权重矩阵，而运用 spatdiag 命令进行面板数据的 LM 检验时需要将截面数据样本的空间权重矩阵拓展至其面板数据形式(面板数据形式的空间权重矩阵并不复杂，只需要记住同一地区即使时间不同，其空间距离也为 0，本例中年份跨度为 20 年，因此面板数据形式的空间权重矩阵为 600×600)，spcs2xt 命令可以实现这一操作。

```
clear all  * 清除内存
set matsize 5000  * 设置矩阵最大行数
useWINV.dta, clear  * 导入截面空间权重矩阵
spcs2xt WINV1-WINV30, matrix(WINV) time(20)
* spcs2xt 命令的 time 选项设置面板的时间跨度
* spcs2xt 自动生成 WINV 的面板空间权重矩阵，并增加后缀 xt 保存在当前工作路径下
spatwmat using WINVxt, name(W_T)
* 使用面板空间权重矩阵 WINVxt.dta，命名为 W_T
use data_spat.dta, clear
    xtset id year
qui reg lny lnK lnAL lnE lnCO2  * 增加 qui 命令可以使屏幕上不输出结果
spatdiag, weights(W_T)  * weights 选项设置空间权重矩阵
```

LM 检验结果如图 12-5 所示。

```
Fitted model
------------------------------------------------------------
lny = lnK + lnAL + lnE + lnCO2
------------------------------------------------------------

Weights matrix
------------------------------------------------------------
Name: W_T
Type: Imported (non-binary)
Row-standardized: No
------------------------------------------------------------

Diagnostics
------------------------------------------------------------
Test                           |  Statistic    df   p-value
-------------------------------+----------------------------
Spatial error:                 |
  Moran's I                    |    438.671     1     0.000
  Lagrange multiplier          |    151.436     1     0.000
  Robust Lagrange multiplier   |    145.927     1     0.000
                               |
Spatial lag:                   |
  Lagrange multiplier          |     52.478     1     0.000
  Robust Lagrange multiplier   |     46.970     1     0.000
------------------------------------------------------------
```

图 12-5　LM 检验结果

根据图 12-5 的 LM 检验结果，可以发现 LM-err 和 LM-lag 以及其对应的稳健 LM 检验均显著。因此，需要使用空间杜宾模型进行参数估计。对于究竟是使用固定效应模型还是随机效应模型，还需要进行豪斯曼检验。

xsmle 命令不仅可以估计不同形式的面板数据空间计量模型，还可以进行豪斯曼检验。xsmle 命令后紧跟的第一变量为被解释变量，其后是解释变量。xsmle 命令的选项主要包括：wmat 指定空间权重矩阵，emat 指定扰动项的空间权重矩阵，dmat 指定解释变量的空间权重矩阵(默认为 wmat 指定的空间权重矩阵)；durbin 指定存在空间滞后的解释变量，默认为全部解释变量；model 指定估计模型，model(sar)表示估计 SAR 模型，model(sem)表示估计 SEM 模型，model(sdm)表示估计 SDM 模型；type 选项选择不同的效应，type(ind)表明只存在个体效应，type(time)表明只存在时间效应，type(both)表明存在个体-时间双向效应，type(both，leeyu)表示根据 Lee 和 Yu(2010)的研究进行偏差校正；re 表示选择使用随机效应模型，fe 表示选择使用固定效应模型；豪斯曼表示进行豪斯曼检验；nolog 表示不展示 MLE 的迭代次数。

参考式(12-43)，先进行豪斯曼检验：

```
use data_spat.dta,clear
    xtset id year
    spatwmat using $root/outfiles/WINV.dta, name(W)
    xsmle lny lnK lnAL lnE lnCO2, wmat(W) model(sdm) type(both) hausman nolog
```

豪斯曼检验结果如图 12-6 所示。

```
Ho: difference in coeffs not systematic chi2(9) = 109.49    Prob>=chi2 = 0.0000
```

图 12-6 豪斯曼检验结果

豪斯曼检验的卡方统计量显著为正，应该选用固定效应模型。因此，最终使用双向固定效应的 SDM 模型进行参数估计。参数估计的相关命令如下所示。

```
xsmle lny lnK lnAL lnE lnCO2, fe wmat(W) model(sdm) type(both,leeyu) nolog
```

SDM 模型的参数估计结果如图 12-7 所示。

```
SDM with spatial fixed-effects                    Number of obs =        570

Group variable: id                             Number of groups =         30
Time variable: year                                Panel length =         19

R-sq:     within  = 0.9824
          between = 0.8744
          overall = 0.9203

Mean of fixed-effects = -0.7971

Log-likelihood =    484.0320
```

lny	Coef.	Std. Err.	z	P>|z|	[95% Conf.	Interval]
Main						
lnK	0.356	0.019	18.61	0.000	0.319	0.394
lnAL	0.382	0.037	10.23	0.000	0.309	0.455
lnE	0.192	0.033	5.77	0.000	0.127	0.257
lnCO2	0.088	0.022	3.94	0.000	0.044	0.132
Wx						
lnK	-0.499	1.716	-0.29	0.771	-3.863	2.865
lnAL	-8.832	2.436	-3.63	0.000	-13.606	-4.058
lnE	1.331	1.950	0.68	0.495	-2.490	5.152
lnCO2	-2.280	0.775	-2.94	0.003	-3.800	-0.761
Spatial						
rho	12.085	2.629	4.60	0.000	6.933	17.237
Variance						
sigma2_e	0.011	0.001	16.84	0.000	0.009	0.012
Direct						
lnK	0.359	0.019	18.98	0.000	0.322	0.397
lnAL	0.375	0.031	11.99	0.000	0.314	0.436
lnE	0.198	0.032	6.14	0.000	0.134	0.261
lnCO2	0.088	0.025	3.53	0.000	0.039	0.136
Indirect						
lnK	0.172	0.049	3.49	0.000	0.075	0.268
lnAL	-0.181	0.106	-1.71	0.088	-0.390	0.027
lnE	0.181	0.087	2.08	0.037	0.011	0.350
lnCO2	-0.060	0.027	-2.20	0.028	-0.113	-0.006
Total						
lnK	0.531	0.047	11.19	0.000	0.438	0.624
lnAL	0.194	0.101	1.92	0.055	-0.004	0.392
lnE	0.378	0.083	4.55	0.000	0.215	0.541
lnCO2	0.028	0.014	2.04	0.041	0.001	0.055

图 12-7 SDM 模型的参数估计结果

根据图 12-7，Main 一栏中显示了式(12-42)中各解释变量的系数估计值；Wx 一栏中汇报了解释变量空间滞后项的系数估计值；Spatial 一栏中的 rho 为被解释变量空间滞后的系数估计值。根据第 12.3 节的相关介绍，需要对估计系数进行分解才能得到真正具有经济含义的系数估计值。Direct、Indirect和Total分别为解释变量系数的直接效应、间接效应和总效应。不难发现，本地区资本存量、有效劳动力、能源消耗和二氧化碳排放均对本地区产出(直接效应)有十分显著的正向影响，邻近地区资本存量和能源消耗对本地区产出同样有显著的正向影响，而邻近地区有效劳动和二氧化碳排放则对本地区产出同样有显著的负向影响，原因可能在于：一是高人力资本存量的地区对其他地区产生集聚效应和虹吸效应，使得其对周边地区的产出产生负向影响；二是二氧化碳排放是一种具有外部性的产品，周边地区污染排放会降低本地区的产出。

目前已经通过面板数据空间杜宾模型计算了直接效应和间接效应下的资本弹性系数 α、能源消耗弹性系数 e 以及二氧化碳排放弹性系数 c，可以根据样本进一步计算剩余参数劳动要素增长率 n、能源消耗增长率 τ_e、二氧化碳排放增长率 τ_c：

首先，使用egen命令生成每一年所有省级行政区劳动力、能源消耗和二氧化碳排放的总和：

```
bysort year :egen L_all = sum(labor)
bysort year :egen E_all = sum(E)
bysort year :egen C_all = sum(CO2)
```

其次，在不改变内存数据的情况下，计算30个省级行政区劳动力、能源消耗和二氧化碳排放的增长率：

```
preserve
duplicates drop year, force  * duplicates drop 命令可以剔除某一变量中的重复样本
replace L_all = ln(L_all)
replace E_all = ln(E_all)
replace C_all = ln(C_all)
tsset year  * 设定 year 变量为时间变量
qui sum D.L_all  * D.为差分算子,能够将时间变量转换为差分变量
    scalar g_total_L = r(mean)  * scalar 能将某一数值储存为单值
qui sum D.E_all
    scalar g_total_E = r(mean)
qui sum D.C_all
    scalar g_total_C = r(mean)
restore
```

最后，输出已经储存为单值的增长率：

```
dis scalar g_total_L
dis scalar g_total_E
dis scalar g_total_C
```

根据计算结果，我们得到了计算能源与环境增长尾效的全部参数，并根据式(12-41)，我们可以得到中国经济增长中能源消耗与二氧化碳排放造成的直接尾效和间接尾效。参数与尾效值如表12-1所示。

根据表12-1，能源消耗的直接尾效为2.6%，说明在能源消耗的限制下，地区的经济增长平均直接降低了2.6%，也可以说，若能源消耗不受限制，地区的产出能够平均直接增长2.6%。能源和环境的直接总尾效为3.7%，说明地区的能源消耗和二氧化碳排放直接限制了本地区的经济增长。

表 12-1 参数与尾效值

参数	n 0.023	τ_e 0.061	τ_c 0.058
直接效应	α 0.359	e 0.198	c 0.088
间接效应	α 0.172	e 0.181	c −0.060
直接尾效	能源尾效 0.026	环境尾效 0.011	总尾效 0.037
间接尾效	能源尾效 0.018	环境尾效 −0.006	总尾效 0.012

根据式(12-41)，可以得出能源和环境约束下的总直接尾效和总间接尾效的拖累效应分别为3.7%和1.2%，说明本地区能源消费和二氧化碳排放的约束会使本地区产出的年平均增长率降低3.7%，周边地区降低1.2%。

将总增长尾效的效应分解为能源消费增长尾效效应和二氧化碳排放增长尾效效应后，发现能源消费的直接和间接增长尾效效应分别为2.6%和1.8%，二氧化碳排放的直接和间接增长尾效效应分别为1.1%和−0.6%。这意味着在能源稀缺约束的假设下，某地区及其周边地区的增长将受到正向限制，产出的年平均增长率将分别下降2.6%和1.8%。然而，二氧化碳排放的增长尾效效应特征与能源消费不同。二氧化碳排放对当地产出有正向限制，对邻近地区有负向限制。与一个地区的二氧化碳排放不受限制的情况相比，限制该地区的二氧化碳排放会使该地区的产出年均增长率降低1.1%，但同时会改善邻近地区的环境，使周边地区的增长率提高0.6%。因此，政策制定者应认识到增长尾效的空间溢出效应，并从区域整体性和协调性的角度制定能源消耗与碳排放政策。

思考与练习

一、简述题

1. 请简述空间计量模型的建模思想与应用情景。
2. 请简述经典截面计量模型与空间截面计量模型的异同。
3. 请简述空间权重矩阵的构建思想，并列举几种常见的空间权重矩阵。
4. 请简述莫兰指数、吉尔里指数和Getis-Ord's G 指数。

二、单选题

1. 下面关于空间计量经济学的说法正确的是(　　)。
   A. 空间计量经济学方法是一种时间序列计量方法
   B. 空间计量经济学方法能够检验空间变量间的相关影响关系
   C. 空间计量经济学忽视经济资源和经济活动对地理空间的依赖

D. 空间计量经济学假设个体相互独立

2. 下面哪种矩阵是地理距离空间权重矩阵？(　　)

A. $d_{ij}=|z_i-z_j|^2$

B. $d_{ij}=|z_i-z_j|$

C. $W_C=W_D\mathrm{diag}(Y_1/\overline{Y},\ Y_2/\overline{Y},\ \cdots,\ Y_N/\overline{Y})$

D. $w_{ij}=\begin{cases}\dfrac{1}{|d_{ij}|}, & i\neq j\\ 0, & i=j\end{cases}$

3. 莫兰指数越接近 0，越说明：(　　)。

A. 空间依赖性存在正相关　　B. 空间依赖性存在负相关

C. 空间分布是接近随机的　　D. 存在显著空间依赖性

4. 标准化的莫兰指数 $z_I=\dfrac{I-\mathrm{E}_n(I)}{\sqrt{\mathrm{VAR}_n(I)}}$ 渐近服从(　　)。

A. F 分布　　B. t 分布

C. 标准正态分布　　D. 卡方分布

5. 全局空间莫兰指数是指(　　)。

A. $\dfrac{n}{s_0}\dfrac{\sum\limits_{i=1}^{n}\sum\limits_{j=1}^{n}w_{ij}z_iz_j}{\sum\limits_{i=1}^{n}z_i^2}$

B. $\dfrac{n-1}{2s_0}\cdot\dfrac{\sum\limits_{i=1}^{n}\sum\limits_{j=1}^{n}w_{ij}(x_i-x_j)^2}{\sum\limits_{i=1}^{n}(x_i-\overline{x})^2}$

C. $\dfrac{\sum\sum w_{ij}x_ix_j}{\sum\sum x_ix_j}$

D. $\dfrac{(z_i-\overline{z})\sum\limits_{j=1}^{n}w_{ij}(z_j-\overline{z})}{\dfrac{1}{n}\sum\limits_{j=1}^{n}(z_i-\overline{z})^2}$

6. 若需要考察某区域 i 是否为冷点或热点，则需要使用(　　)来进行统计检验。

A. 局部莫兰指数统计量　　B. 全局莫兰指数统计量

C. 全局 Getis-Ord's G 统计量　　D. 局部 Getis-Ord's G 统计量

7. 空间自回归模型的回归式为(　　)。

A. $y=\lambda\boldsymbol{W}y+\varepsilon$

B. $\begin{cases}y=\boldsymbol{X\beta}+\boldsymbol{\mu}\\ \boldsymbol{\mu}=\rho\boldsymbol{M\mu}+\boldsymbol{\varepsilon}\\ \boldsymbol{\varepsilon}\sim N(0,\ \sigma^2\boldsymbol{I}_n)\end{cases}$

C. $y=\boldsymbol{X\beta}+\boldsymbol{WX\theta}+\varepsilon$

D. $\begin{cases}y=\boldsymbol{X\beta}+\boldsymbol{WX\theta}+\boldsymbol{\mu}\\ \boldsymbol{\mu}=\rho\boldsymbol{M\mu}+\boldsymbol{\varepsilon}\\ \boldsymbol{\varepsilon}\sim N(0,\ \sigma^2\boldsymbol{I}_n)\end{cases}$

8. 经典的截面空间自回归模型使用(　　)来进行参数估计。

A. 最小二乘法　　B. 最大似然估计法

C. 广义矩估计法　　D. 最大后验估计

9. 下列关于空间杜宾模型的说法错误的是(　　)。

A. 空间杜宾模型加入了解释变量的空间滞后变量

B. 空间杜宾是增强的空间自回归模型

C. 该模型假设被解释变量不仅与被解释变量的空间滞后项相关，还与解释变量的空间滞后项相关

D. 该模型假设被解释变量不仅与被解释变量的空间滞后项相关，还与误差项的空间滞后项相关

10. 关于空间计量模型选择的说法错误的是(　　)。

A. 若 LM-lag 统计量和 LM-err 统计量均不显著则表明不存在空间依赖性

B. 若 LM-lag 统计量和 LM-err 统计量中有一者显著则使用显著统计量对应的模型

C. 若 LM-lag 统计量和 LM-err 统计量均不显著则表明需要使用空间杜宾模型

D. 若 LM-lag 统计量和 LM-err 统计量两者均显著则倾向于使用空间杜宾模型

三、多选题

1. Tobler(1970)所提出的“地理学第一定律”是指(　　)。

A. 所有事物都与其他事物相互关联　　B. 所有事物都与其他事物无关

C. 较近的事物比较远的事物关联性更强　　D. 较近的事物比较远的事物关联性更弱

2. 空间计量经济学方法的演变脉络包括哪些阶段(　　)?

A. 截面数据空间计量经济学　　B. 静态空间面板数据模型

C. 动态空间面板数据模型　　D. 具有共同因子的动态空间面板模型

3. 目前传统的计量经济学分析的重点是考虑时间序列或面板数据的计量方法，它忽略了地理空间邻近所带来的(　　)。

A. 空间相关性　　B. 空间异质性

C. 时间相关性　　D. 个体异质性

4. 常见的空间权重矩阵形式包括(　　)。

A. 相邻空间权重矩阵　　B. 地理距离空间权重矩阵

C. 经济距离空间权重矩阵　　D. 嵌套空间权重矩阵

5. 下列说法正确的是(　　)。

A. 当 Getis-Ord's G 值低于 E(G)，且 z_G 值显著时，即表示存在冷点地区

B. 当 Getis-Ord's G 值高于 E(G)，且 z_G 值显著时，即表示存在热点地区

C. 当 Getis-Ord's G 值趋于 E(G)，观测值在空间上是随机分布的

D. 当 Getis-Ord's G 值趋于 E(G)，观测值在空间上趋于均等

6. 下列关于局部空间莫兰指数的说法正确的是(　　)。

A. 负的 I_i 表示区域 i 的高值的周围为低值

B. 负的 I_i 表示区域 i 的低值的周围为低值

C. 正的 I_i 表示区域 i 的高值的周围为低值

D. 正的 I_i 表示区域 i 的高值的周围为高值

7. 下列关于空间自回归模型的模型设定正确的是(　　)。

A. $y=\lambda \boldsymbol{W}y+\varepsilon$　　B. $y=(\boldsymbol{I}-\lambda \boldsymbol{W})^{-1}\boldsymbol{X\beta}+(\boldsymbol{I}-\lambda \boldsymbol{W})^{-1}\varepsilon$

C. $y=\lambda \boldsymbol{W}y+\boldsymbol{X\beta}+\varepsilon$　　D. $y=\lambda \boldsymbol{W}y+\boldsymbol{X\beta}+\boldsymbol{WX\theta}+\varepsilon$

8. 空间计量模型选择主要包括的步骤有(　　)。

A. 进行 OLS 估计　　B. 得到 LM-lag 检验统计量

C. 得到 LM-err 检验统计量　　D. 比较 LM-lag 统计量和 LM-err 统计量

9. 关于通用形式的面板数据空间计量模型如下所示。

$$\begin{cases} y_{it}=\rho \boldsymbol{w}_i'\boldsymbol{y}_t+\boldsymbol{x}_{it}'\boldsymbol{\beta}+\boldsymbol{d}_i'\boldsymbol{X}_t\boldsymbol{\delta}+u_i+\gamma_t+\varepsilon_{it} \\ \varepsilon_{it}=\lambda \boldsymbol{e}_i'\varepsilon_t+v_{it} \end{cases}$$

下列说法正确的是(　　)。

A. 若 $\lambda=0$，上式退化为空间杜宾模型

B. 若 $\lambda=\boldsymbol{\delta}=0$，上式退化为空间自回归模型

C. 若 $\rho=\boldsymbol{\delta}=0$，上式退化为空间误差模型

D. 使用豪斯曼检验来确定使用固定效应模型还是随机效应模型

10. Stata软件的功能包括(　　)。

A. 统计功能　　B. 做图功能　　C. 程序设计　　D. 复现运行结果

四、判断题

1. Tobler(1970)所提出的“地理学第一定律”是指：所有事物都与其他事物相互关联，但较近的事物比较远的事物的关联性更强。(　　)
2. 空间计量经济学模型主要解释经济变量在时间上的依赖。(　　)
3. 空间计量经济学模型主要使用空间权重矩阵区分空间单位。(　　)
4. 空间相邻将两相邻区域的空间距离 w_{ij} 记为0，不相邻区域的空间距离 w_{ij} 记为1。(　　)
5. 地理距离空间权重矩阵中元素 w_{ij} 值越大说明区域 i 与区域 j 的地理距离越远。(　　)
6. 邻接或地理距离空间权重矩阵的缺点在于忽略了空间观测单位间相互作用的经济因素或社会因素。(　　)
7. 空间自回归模型的最大似然估计系数对应的估计结果可以直接进行经济解释。(　　)
8. 全局相关性用来考察整个区域整体的空间相关性程度，而局部相关性用于单独考察各个局部区域与周围区域的相关性程度。(　　)
9. 平均直接效应的经济含义是指其他邻近区域的解释变量 x_k 对本区域的被解释变量 y 的平均影响。(　　)
10. 即使模型设定正确，使用OLS估计空间误差模型仍然会得到有偏差的结果。(　　)

五、填空题

1. 请填写下列相邻空间矩阵示意图分别对应的矩阵名称。

A. 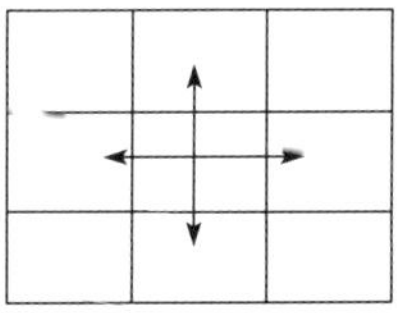 ________

B. 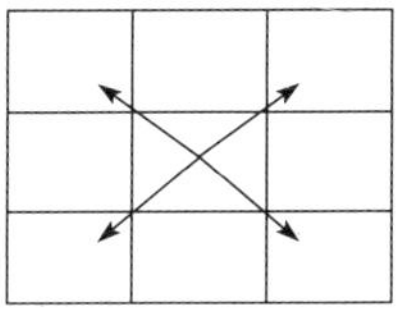 ________

C. 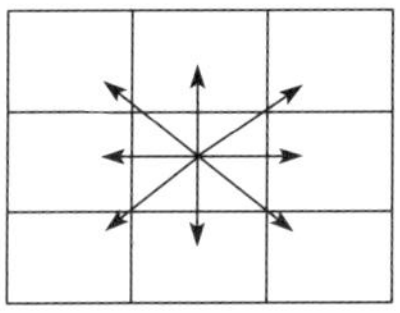 ________

2. 在具体实践中，通常需要对空间权重矩阵进行行标准化，设矩阵中的元素为 w_{ij}，那么空间权重矩阵的行标准化公式为________。
3. 假设 W_D 为地理距离空间权重矩阵，Y 为地区生产总值，$\overline{Y}$ 为地区生产总值的样本均值，那

么地理距离与经济距离嵌套的空间权重矩阵 $\boldsymbol{W}_C$ 可由________计算得出。

4. 在不存在空间自相关的原假设下，吉尔里指数(C)的期望值等于________。
5. 标准化的 Getis-Ord's G 指数的 G 统计量服从渐近________。
6. 空间杜宾模型假设被解释变量分别与________的空间滞后项和________的空间滞后项相关。
7. SAR 模型的表达式为________；SEM 模型的表达式为________；SDM 模型的表达式为________。
8. 在空间自回归模型中，假设 $S_k(\boldsymbol{W})_{ii}$ 即为本区域 i 的解释变量 x_{ik} 对本区域被解释变量 y 产生的直接效应。将矩阵 $S_k(\boldsymbol{W})$ 的所有________进行平均，即可得到解释变量 x_k 对被解释变量 y 产生的平均直接效应。
9. 在进行空间计量模型选择时，常使用________检验和________检验。
10. 在 Stata 软件中，通常使用________命令来直接获取该命令的帮助文档。

六、计算题

2008 年金融危机后，经济困局之下，我国政府制定的经济刺激计划应运而生，以刺激社会需求从而促进经济增长。同时，随着我国城市化进程的加快和建设规模的增加，财政缺口扩大，各地方政府对资金的需求不断上升，因而加大举债力度，导致债务规模不断扩张，财政负担越来越重。另外，自 2012 年起，我国进入经济中高速增长的新常态，过度举债使得部分地方政府财政缺口也越来越大，出现了一些亟待解决的问题。虽然我国地方政府债务目前相对比较安全，但是许多研究表明，由于我国部分地方政府的一些债务数据公开度相对较低，且存在一些隐性债务，加上融资渠道的增多，债务规模在一定程度上是被低估的，其中的潜在债务风险不可忽视，因而有必要根据我国的实际情况，深入研究地方政府债务与经济增长之间的关系（马昭君，2021）。请使用地方政府负债率面板数据集（debt. dta）和地理距离空间权重矩阵（w291. spmat）[㊀]，并使用 Stata 软件构建空间面板数据模型，探讨地方政府负债率对经济增长的影响及空间效应。

㊀ . spmat 格式数据是 Stata 软件储存空间权重矩阵的一种格式，可使用 . spmat 命令导入 . spmat 格式的空间权重矩阵。

第13章
CHAPTER13

政策评估模型

□ 案例导引

碳排放权交易政策促进了中国的碳减排吗

当前，全球气候变化已经成为人类发展的最大挑战和威胁之一。通过减排减碳以应对全球气候变化，已成为国际社会的共识。中国是世界上最大的碳排放国，率先于2020年向世界做出了“碳达峰与碳中和”目标的政治承诺，既体现了中国的负责任大国担当，也是我国实现高质量经济发展的必然要求与根本出路。为保障“双碳”目标达成，中国需要充分运用各类政策实现高效减排，碳排放权交易市场即是有效的市场型环境政策工具之一。近年来，中国积极探索建立碳排放交易体系。2011年，中国在北京市、天津市、上海市、重庆市、湖北省、广东省(不包括深圳市)及深圳市7个地区启动了碳排放权交易试点工作，并于2013年陆续开始上线交易。2016年年底，非试点地区四川省、福建省也相继建立碳排放权交易市场。2021年中国进一步启动了发电行业的全国碳市场，覆盖了全国约44%的二氧化碳排放量。未来，碳排放权交易全国统一市场将成为新时代控制污染、保护环境和应对气候变化的重要政策工具。那么，碳排放权交易政策在实际运行中的减排效果究竟如何呢？对这一问题的回答不仅可以为市场型环境政策工具实施的进程和效果提供经验证据，而且可以为“双碳”目标的实现提供决策参考，而基于“因果推断”的政策评估计量经济学方法可以帮助我们回答这一问题。

政策评估又称为项目评估(program evaluation)，是20世纪90年代以来计量经济学因果推断方向衍生出的最重要的前沿分支之一。通过引入潜在结果框架去定义因果关系，利用随机化实验思想作为有效识别因果关系的基础。本章将简要介绍政策评估模型概述、匹配方法以及双重差分法等政策评估模型与方法。

13.1　政策评估模型概述

13.1.1　政策评估

政策评估是使用计量经济学的方法与工具，量化分析政策对一组个体某些结果变量的影响。这里的政策通常是指公共政策，例如就业政策、扶贫项目、环境政策等，既可以看作是对其作用对象的干预，也可以更一般地理解为是对公共或个体单位相关事项的干预，例如教育项目。在政策评估中，受到政策干预的个体单位组成的总体称为"干预组"或"处理组"，而未受到政策干预的个体单位组成的总体则构成"控制组"或"对照组"。一项政策干预对处理组的结果变量产生的影响通常称为该政策的因果效应(causal effect)或处理效应(treatment effect)。政策评估的难点在于识别干预与结果变量之间的"因果关系"以及测量政策效应的大小或强弱。

在进行政策评估时，随机实验是进行因果推断的黄金标准。随机实验是指将实验参与个体随机分配到处理组或者控制组，并且分配过程与实验参与者的特征无关。根据大数定律，当抽样对象被随机划分为处理组和控制组时，由于它们都来自同一个总体，因此，当样本规模足够大时，随机抽取的处理组和控制组的初始状态与平均特征是类似的。例如，关于就业培训对收入影响的政策评估，如果一群人被随机分配到处理组(接受培训)和控制组(未接受培训)中，那么我们预期两组在性别比例、年龄结构、平均受教育水平、平均收入等可观测的方面以及其他难以观测的方面(如平均智商等)都是相似或相近的。此时，接受培训人群(处理组)和未接受培训人群(控制组)的平均收入(结果变量)之差即为平均因果效应的估计。随机实验方法在因果推断方面具有无可比拟的优势。然而，在现实中，出于研究成本、法律和道德约束、实施难度等方面的原因，社会科学研究通常难以获得随机实验数据。

用于经济政策评估的样本数据大多是由非随机抽样得到的观测性数据，即政策实施之后收集到的数据，此时个体是否进入处理组并不是随机分配的。处理组和控制组在初始状态存在差异，这一差异使得处理组即使不接受处理，二者的结果变量也会不同，这就是所谓的选择性偏差(selection bias)。并且，还可能存在与政策处理变量和结果变量都相关的混杂因素(confounder)的干扰，此时因果推断就成了难题。仍以就业培训对收入影响的政策评估为例，如果是否参加就业培训是自我选择(self selection)的结果，工作条件好、收入高的人群不需要参加就业培训，而就业培训的参加者多为失业者、低收入者等，处理组和控制组的初始条件并不完全相同，因而存在选择偏差。如果直接将处理组和控制组的未来平均收入进行相减，就会发现参加就业培训者的未来的平均收入比未参加者更低，显然，这并不是就业培训对收入影响因果效应的良好估计。另外，也不能简单地将就业培训前后处理组的平均收入进行差分作为因果效应的估计，因为此时得到的估计量往往混杂了政策效应之外其他因素的干扰，例如其他影响收入增长的政策、收入的自然增长等，很难将这些混杂因素的影响从中剥离出来。传统的计量经济学方法虽然可以通过"控制"混杂因素的方法来考察经济变量之间的因果关系，但在现实经济问题中，传统的计量经济方法很难控制所有的混杂因素。

现实中，随机实验往往并不能够实现，这使得越来越多的学者开始探索准实验设计。准实验又称非随机实验或观测研究，其与一般的随机实验最大的区别在于，无法将个体进行随机分配，只能在干预已经实现的情况之下，通过研究设计来更好地评估干预效果。从 20 世纪 70 年代开始，唐纳德・鲁宾(Donald B. Rubin)的一系列研究构建了观测性研究的潜在结果理论框架，又称鲁宾因果模型，其核心是比较同一时间同一个体在接受干预和不接受干预时结果的差异，该理论框架认为这一结果差异就是政策干预的效果即因果效应。对于同一时间同一个体，其要么受政策影响，要么不受政策影响，只能处在这两种状态之一，观测不到的状态下的结果便是“反事实”。对于处理组的个体而言，不接受政策干预时的潜在结果是一种“反事实”状态；对于控制组的个体而言，接受政策干预时的潜在结果也是一种“反事实”状态，所以鲁宾因果模型又被某些研究者称为反事实框架(counter factual framework)。在此基础上，20 世纪 90 年代以来，计量经济学领域逐步发展出了一套基于潜在结果框架下估计、识别经济因果关系的计量经济学理论与方法，如倾向得分匹配法、断点回归法、双重差分法、工具变量方法等。这些方法的基本思想是，在给定其他条件都相同的条件下，估算对一组个体实施某项政策(干预)后的结果和假设没有实施该政策的结果(反事实)的差异，这一差异便是政策的因果效应。应用这些方法的关键在于政策已实施的条件下，如何准确估计假设政策没有实施时的潜在结果。

13.1.2　潜在结果模型

潜在结果模型主要包括两个方面：潜在结果和分配机制。

1. 潜在结果

假定用随机变量 D 表示政策干预(处理状态)的取值，并且 $D\in\{0, 1\}$，我们的研究目的是处理状态的改变对某些可以观测到的结果变量 Y 的因果效应，因果效应的定义取决于潜在结果。对于总体中某个特定的个体 i，当 $D_i=1$ 时，表示个体 i 受政策的干预(接受处理)，当 $D_i=0$ 时，表示个体 i 不受政策的干预(未接受处理)。在政策实施前，每个个体都有两种可能的处理状态：受到政策干预和不受政策干预。每个状态下都对应一个潜在结果，Y_{1i} 表示个体 i 在状态 $D_i=1$ 时的潜在结果，Y_{0i} 表示个体 i 在状态 $D_i=0$ 时的潜在结果。当政策干预实现后，仅能观测到实现状态下的潜在结果，没有实现状态下的潜在结果是无法观测的，无法观测到的潜在结果即为反事实结果。无法同时观测到个体所有的潜在结果的现象称为因果推断的基本问题，鲁宾(1974)认为这一问题实质上就是一个缺失数据的问题。因果推断的基本问题如表 13-1 所示。

表 13-1　因果推断的基本问题

组	Y_{1i}	Y_{0i}
处理组($D_i=1$)	作为 Y_i 可观测到	反事实(潜在结果)
控制组($D_i=0$)	反事实(潜在结果)	作为 Y_i 可观测到

对于总体中某个特定的个体 i，观测到的结果 Y_i 与潜在结果之间的关系，可以用下面的公式表示：

$$Y_i=D_iY_{1i}+(1-D_i)Y_{0i} \tag{13-1}$$

显然，在式(13-1)中，当 $D_i=1$ 时，实际观测到的结果 $Y_i=Y_{1i}$，如果 $D_i=0$，实际观测到的结果 $Y_i=Y_{0i}$。

式(13-1)隐含了一个很重要的假设，即每个个体观测到的结果仅依赖于自身的处理状态(即是否接受处理)，而与其他个体的处理状态或潜在结果无关，这就是个体处理效应稳定性假设(stable unit treatment value assumption，以下简称为 SUTVA)。SUTVA 是使用潜在结果模型进行因果推断的关键假设条件，这一假设包含两层含义：一是不同个体的潜在结果间不会有相互影响；二是处理被良好地定义，对所有个体的处理水平是相同的，一个个体要么接受政策干预，要么不接受政策干预，没有不同种类和层次的干预㊀。在实际应用中，通常更加关注稳定性假设的第一个要求。如果不同个体的潜在结果间存在相互影响，且相互影响难以确定，那么对因果效应的估计将存在偏差，例如，教育研究中存在的同伴效应问题㊁、劳动力培训规模的扩大导致的一般均衡效应㊂等。由于在 SUTVA 成立的条件下，因果推断更加容易，因此，本书假设不同个体间不存在相互影响。

在 SUTVA 成立的条件下，对于个体 i，政策干预 D 的因果效应(或处理效应)即为两种状态下潜在结果的差异，即

$$\tau_i=Y_{1i}-Y_{0i} \tag{13-2}$$

对于特定的个体而言，只能观测到一个状态下的潜在结果，总有一个潜在结果是缺失的。因此，如果只有一个个体，是无法得到处理效应的。在实际中，人们感兴趣的并不是特定个体本身的处理效应，而是多个个体处理效应分布的某些特征。显然，在一般情况下，不同个体的处理效应可能不同。由于个体处理效应($Y_{1i}-Y_{0i}$)为随机变量，因此人们关心总体的期望值，即总体平均处理效应或总体平均因果效应(average treatment effect 或 average causal effect，ATE 或 ACE)，平均处理效应定义为所有个体因果效应的平均值，而无论个体是否受到政策干预。平均处理效应的公式为

$$\tau_{\text{ATE}}=\mathrm{E}(Y_{1i}-Y_{0i}) \tag{13-3}$$

在政策评估中，人们通常更关心那些受政策影响的个体的平均处理效应，称为处理组的平均处理效应(average treatment effect on the treated，以下简称为 ATT)，公式表示为

$$\tau_{\text{ATT}}=\mathrm{E}(Y_{1i}-Y_{0i}\mid D_i=1) \tag{13-4}$$

类似地，如果关注的是那些没有受到政策影响的个体如果受到政策干预的平均因果效应，则可以定义控制组平均处理效应(average treatment effect on the untreated，ATU)，公式表示为

$$\tau_{\text{ATU}}=\mathrm{E}(Y_{1i}-Y_{0i}\mid D_i=0) \tag{13-5}$$

在政策评估中，通常处理组的平均处理效应(ATT)要比控制组的平均处理效应(ATU)重要得多，因为 ATT 涉及的是真正接受了处理的个体，而 ATU 涉及的是根本没有接受处理的个体。

由平均因果效应的定义可见，在进行因果推断时，无法同时观测到个体所有的潜在结果，这时应该如何估计 ATT 呢？传统的做法是直接用控制组观测到的结果 $\mathrm{E}(Y_{0i}\mid D_i=0)$代替处

㊀ 例如，考察就业培训对个人收入的影响，那么，每个人要么接受就业培训，要么没有接受就业培训。对于每个接受就业培训的人，其培训的内容、培训时间的长短等都应该完全相同。

㊁ 学生同伴的背景、行为及成绩对学生自己行为或成绩的影响。

㊂ 如果接受就业培训的人数非常多，会使得具有相似技能劳动力的供给很多，以至于在有限的岗位中产生激烈竞争，那么会使得个体接受培训的好处被激烈的竞争抵消。

理组在不接受处理时的不可观测的潜在结果 $E(Y_{0i}|D_i=1)$，从而用观测效应 $E(Y_{1i}|D_i=1)-E(Y_{0i}|D_i=0)$来估计 ATT，但这样做会带来选择偏差，这是因为：

$$\underbrace{E(Y_{1i}|D_i=1)-E(Y_{0i}|D_i=0)}_{\text{观测效应}}=\underbrace{E(Y_{1i}|D_i=1)-E(Y_{0i}|D_i=1)}_{\text{ATT}} \tag{13-6}$$
$$+\underbrace{E(Y_{0i}|D_i=1)-E(Y_{0i}|D_i=0)}_{\text{选择偏差}}$$

选择偏差是处理组在不接受处理时的潜在结果与控制组结果的差异，由式(13-6)可见，当选择偏差不为 0 时，传统的做法会高估或低估政策的因果效应。在实际中，由于 $E(Y_{0i}|D_i=1)$在真实环境下无法观测到，通常来说评估选择偏差的大小是不太可能的，因此，需要消除这种选择偏差，从而得到有效的因果效应识别。

2. 分配机制

进行因果分析所面临的最根本的问题是潜在结果不能全都被观测到，因此，为了正确地进行因果推断，需要通过适当的方法消除选择偏差或对无法观测到的潜在结果(即反事实结果)进行预测或估计，这涉及对分配机制的了解。

分配机制又称选择机制，是决定哪些个体接受处理组处理，哪些个体接受控制组处理，从而哪些潜在结果可以被观测到的过程。为了搞清楚分配机制，往往需要一些个体的属性特征即协变量或处理前变量，这些变量有些是可以直接观测到的(通常用向量 X 表示，如性别、体重、年龄等)，有些是不可直接观测的(如性格、智商等)，协变量不受政策干预变量的影响，但往往能决定个体选择进入处理组还是进入控制组。

根据分配机制是否已知，可分为随机实验和观测研究。随机实验的核心思想是，把参与者随机地分配到处理组和控制组，从而得到统计意义上相等的比较组(即处理组和反事实的控制组)，进而消除选择偏差。因而通过比较不同组别的平均结果，就能准确地(无偏)得到政策干预的处理效应。在大样本情况下，将参与者个体随机分配到处理组和控制组，这使得处理变量 D_i 的取值与个体特征无关，从而独立于潜在结果$\{Y_{0i}, Y_{1i}\}$，即有：

$$\{Y_{0i}, Y_{1i}\}\perp D_i \tag{13-7}$$

其中$\perp$表示相互独立。因此有：

$$E(Y_{1i}|D_i=1)=E(Y_{1i}|D_i=0)=E(Y_{1i}) \tag{13-8}$$

$$E(Y_{0i}|D_i=1)=E(Y_{0i}|D_i=0)=E(Y_{0i}) \tag{13-9}$$

从而使得式(13-6)中的选择偏差为 0，于是有：

$$\underbrace{E(Y_i|D_i=1)-E(Y_i|D_i=0)}_{\text{观测效应}}=\underbrace{E(Y_{1i}-Y_{0i}|D_i=1)}_{\text{ATT}}=\underbrace{E(Y_{1i})-E(Y_{0i})}_{\text{ATE}} \tag{13-10}$$

可见，在随机实验的条件下，可以直接通过观测效应来评估政策的因果效应，并且，此时 ATT＝ATE。

进一步，因果效应与回归分析之间的联系可通过以下公式说明。

$$Y_i=\alpha+\beta D_i+\varepsilon_i \tag{13-11}$$

式(13-11)中，Y_i 为观测到的结果，ε_i 是随机误差项，根据处理变量 D_i 的取值不同，有：

$$E(Y_i|D_i=1)=\alpha+\beta+E(\varepsilon_i|D_i=1) \tag{13-12}$$

$$E(Y_i|D_i=0)=\alpha+E(\varepsilon_i|D_i=0) \tag{13-13}$$

因此，

$$\underbrace{E(Y_i|D_i=1)-E(Y_i|D_i=0)}_{\text{观测效应}}=\underbrace{\beta}_{\text{处理效应}}+\underbrace{E(\varepsilon_i|D_i=1)-E(\varepsilon_i|D_i=0)}_{\text{选择偏差}} \tag{13-14}$$

选择偏差意味着随机误差与解释变量 D_i 具有相关性，此时模型存在内生性问题，解释变量 D_i 为内生解释变量。但是，在随机分配的条件下，随机误差与解释变量 D_i 是相互独立的，此时，$E(\varepsilon_i|D_i=1)-E(\varepsilon_i|D_i=0)=0$，这意味着选择偏差消失。此时，$E(Y_i|D_i=1)-E(Y_i|D_i=0)=\beta$，因此，回归系数 β 就是我们所要关心的因果效应。

在现实中，由于政策实施成本、伦理约束等限制，通常难以获得随机实验数据，对于大多数社会科学研究而言，所从事的都是观测研究。观测研究即基于调查资料的研究，由于在观测研究中，分配机制是未知的，观测研究的目的是想办法将未知的分配机制识别出来，从而估计因果效应。使用观测数据进行政策评估也需要特别注意选择偏差问题，研究人员为了解决这一问题，开发了一系列研究工具如匹配法、双重差分、工具变量法、断点回归等，这些工具可以统称为准实验方法。准实验方法与随机实验方法消除选择偏差的方法不同，但在本质上都是一样的：都是在鲁宾因果模型的框架下，为处理组得到可比的控制组，进而通过比较两组的差异得到政策的干预效应。不同的准实验方法有不同的识别假设和使用条件，有些方法适用于依据可观测变量选择是否接受处理，如匹配法等，有些方法则适用于依据不可观测变量选择是否接受处理，如双重差分法、工具变量法、断点回归法等，不同的方法也有各自的优缺点。本章将主要介绍匹配法和双重差分法的基本原理及其软件实现。

13.2 匹配法

13.2.1 匹配法的基本思想和假设条件

匹配法的基本思想是，利用可观测的协变量来构造与处理组在可观测变量上无统计差异的控制组，进而解决由非随机化带来的选择偏差问题。具体而言，对于处理组个体，在控制组中找到一个或者多个与其最大程度相似的(可观测的协变量意义上的)个体进行匹配，从而用控制组个体的结果来估计处理组个体的反事实结果，进而通过比较两组的差异得到政策的因果效应。

匹配法通常适用于截面数据，其运用需要满足两个假设条件：一是条件独立性假设(conditional independence assumption，CIA)，二是共同区间假设(common support assumption，CSA)。条件独立性假设又称非混杂性(unconfoundedness)或依据可观测变量选择(selection on observable)，是指如果个体对 D_i 的选择完全取决于可观测的协变量 X_i(也意味着不可观测变量对个体是否接受处理没有影响)，则在给定 X_i 的情况下，潜在结果 $\{Y_{0i}, Y_{1i}\}$ 将独立于 D_i。条件独立性假设也可表示为

$$\{Y_{0i}, Y_{1i}\}\perp D_i|X_i \tag{13-15}$$

式(13-15)中，X_i 表示协变量向量。如果 CIA 成立，意味着对于每种类型的个体(即协变量的每层取值对应的个体)，我们都可以匹配被处理的个体和控制的个体，以便后者充当前者的反事实，从而可以识别因果效应参数。

如果条件独立性假设成立，则有以下等式成立：

$$E(Y_{1i}|X_i)=E(Y_{1i}|D_i=1,\ X_i)=E(Y_i|D_i=1,\ X_i) \tag{13-16}$$

$$E(Y_{0i}|X_i)=E(Y_{0i}|D_i=0,\ X_i)=E(Y_i|D_i=0,\ X_i) \tag{13-17}$$

$$E(Y_{0i}|D_i=0,\ X_i)=E(Y_{0i}|X_i)=E(Y_{0i}|D_i=1,\ X_i) \tag{13-18}$$

式(13-18)表示，在相同的 X_i 层内，处理组的反事实结果 $E(Y_{0i}|D_i=1,\ X_i)$ 可以用控制组的观测结果 $E(Y_{0i}|D_i=0,\ X_i)$ 来进行估计，于是可以得到处理组的平均因果效应：

$$\begin{aligned}\tau_{ATT}&=E(Y_{1i}-Y_{0i}|D_i=1)\\&=E[E(Y_{1i}-Y_{0i}|D_i=1,\ X_i)|D_i=1]\\&=E\{[E(Y_{1i}|D_i=1,\ X_i)-E(Y_{0i}|D_i=1,\ X_i)]|D_i=1\}\\&=E\{[E(Y_{1i}|D_i=1,\ X_i)-E(Y_{0i}|D_i=0,\ X_i)]|D_i=1\}\\&=E\{[E(Y_i|D_i=1,\ X_i)-E(Y_i|D_i=0,\ X_i)]|D_i=1\}\\&=E[\tau_X|D_i=1]\end{aligned} \tag{13-19}$$

式(13-19)中，

$$\tau_X=E(Y_i|D_i=1,\ X_i)-E(Y_i|D_i=0,\ X_i) \tag{13-20}$$

τ_X 是相同的 X_i 层内处理组和控制组结果变量平均值之差，反映了根据协变量匹配后层内的因果效应。处理组的平均因果效应是利用协变量在控制组中的分布 $P(X_i=x|D_i=1)$ 对 τ_X 进行加权得到的，如果 X_i 是离散变量，则有：

$$\tau_{ATT}=E[\tau_X|D_i=1]=\sum_x \tau_X P(X_i=x|D_i=1) \tag{13-21}$$

类似地，总体平均因果效应的测度为

$$\tau_{ATE}=E(\tau_X)=\sum_x \tau_X P(X_i=x) \tag{13-22}$$

由于 τ_X 是具有相同特征的 X_i 的处理组和控制组观测结果均值之差，要估计出 τ_X 就要求具有相同特征的 X_i 在处理组和控制组都有个体存在。

为了保证能够实施匹配，匹配法还需要共同区间假设或重叠假设(overlap assumption)：

$$0<P(D_i=1|X_i)<1 \tag{13-23}$$

式(13-23)中，$P(D_i=1|X_i)$ 即为个体 i 的倾向得分，反映了给定 X_i 的条件下，个体 i 进入处理组的条件概率，通常简记为 $p(X_i)$。共同区间假设意味着，在观测变量的每一层取值 X_i 内都存在处理组个体和控制组个体，以便在每一层都能得到该层内平均因果效应的估计。共同区间假设是进行匹配的前提。

13.2.2　匹配法的基本步骤

在实际中，通过匹配法计算平均处理效应可以分为以下几个基本步骤：①选择协变量；②计算个体之间的距离(或相似性)；③实施匹配；④评价匹配样本的匹配效果；⑤计算因果效应。下面分别予以说明。

1. 选择协变量

选择协变量的主要依据是条件独立性假设，该假设要求控制了协变量向量 X_i 后，潜在结果 $\{Y_{0i},\ Y_{1i}\}$ 与处理变量 D_i 无关。这就需要依据经济理论和经验证据，尽量把可能影响 $\{Y_{0i},\ Y_{1i}\}$ 和 D_i 的相关变量包括进来，以保证条件独立性假设成立。

2. 计算个体之间的距离（或相似性）

匹配法是为每个处理组个体(或控制组个体)寻找特征相似的控制组个体(或处理组个体)，因此，测度不同个体间的相似性或距离是匹配法实施的基础。根据距离测度的依据不同，匹配法主要有协变量匹配和倾向得分匹配两种形式。

(1) 协变量匹配。

通过协变量的某个距离函数进行匹配的方法统称为协变量匹配。协变量匹配又包括精确匹配和非精确匹配两种方法。精确匹配方法就是将所有协变量都相等的个体归为一组，此时，不同个体之间的距离要么为0，要么为无穷大，即个体 i 和个体 j 的距离定义为

$$d(i,\ j)=\begin{cases}0 & \text{当 } X_i=X_j \text{ 时}\\ +\infty & \text{当 } X_i\neq X_j \text{ 时}\end{cases} \tag{13-24}$$

精确匹配的思想简单，但该方法仅适用于协变量较少且均为离散变量的情形，而在协变量较多且包含有连续变量的情况下，会使得很多个体无法找到匹配对象，从而使得匹配后的样本容量极大减少。因此，在现实中，大多数研究使用匹配法的时候采用的是非精确匹配方法。

非精确匹配方法通常采用马氏距离匹配。处理组个体 i 和控制组个体 j 之间的马氏距离为

$$d(i,\ j)=\sqrt{(X_i-X_j)'\boldsymbol{\Sigma}^{-1}(X_i-X_j)} \tag{13-25}$$

式(13-25)中，$\boldsymbol{\Sigma}^{-1}$ 为协变量协差阵的逆矩阵，在实际中可用样本协差阵的逆矩阵代替，其作用相当于“权重矩阵”，一方面将各变量标准化处理，以消除因不同变量量纲不同而对距离测度的影响，另一方面可排除变量之间相关性的干扰。马氏距离将高维向量 X 的信息压缩到一维，两组个体间的马氏距离越小，表示个体间越相似，匹配的效果越好。马氏距离匹配方法的缺点是不适合协变量较多且样本容量较少的场合，因为此时不容易找到好的匹配，而倾向得分可以解决这一“维度诅咒”问题。

(2)倾向得分匹配。

倾向得分匹配(propensity score matching，PSM)是使用倾向得分作为个体间距离计算的标准匹配方法。罗森鲍姆和鲁宾(1983)提出了 PSM 方法，并证明了著名的倾向得分定理，该定理表明如果协变量 X_i 能使得条件独立假设成立，那么协变量倾向得分函数 $P(D_i=1\mid X_i)$ 也能保证条件独立假设成立，用公式表示如下：

$$\{Y_{0i},\ Y_{1i}\}\perp D_i\mid p(X_i) \tag{13-26}$$

使用倾向得分匹配时，可以直接利用倾向得分来定义个体间的距离。在实际中，一般使用 logit 回归估计倾向得分，logit 模型如下所示。

$$p(X_i)=P(D_i=1\mid X_i)=\frac{\exp(X'_i\beta)}{1+\exp(X'_i\beta)} \tag{13-27}$$

可以直接利用不同个体倾向得分大小来衡量二者之间的距离：

$$d(i,\ j)=\mid p(X_i)-p(X_j)\mid \tag{13-28}$$

由于倾向得分本身是一维的数值，使得不同个体间距离的计算变得更简单了。此外，由于倾向得分的取值在0到1之间，因此，不同个体倾向得分间距离的取值范围就很窄，从而会使得后面的匹配效果不太好。

为解决这一问题，在实际应用中往往采用线性化倾向得分计算个体间的距离。线性化

倾向得分即对数或然率(log odds ratio)为

$$l_i=\ln\left(\frac{p(X_i)}{1-p(X_i)}\right)=X_i'\beta \tag{13-29}$$

线性化倾向得分是协变量的线性函数，并且其取值范围在负无穷大到无穷大之间。此时，不同个体间的距离定义如下：

$$d(i,\ j)=|l_i-l_j| \tag{13-30}$$

基于线性化倾向得分定义的距离进行匹配的方法又称线性倾向得分匹配方法。

3. 匹配法实施

在计算出个体间的距离以后，还需要通过选用合适的匹配方法，从控制组(或处理组)选出与处理组(或控制组)得分相近的个体实施配对。根据匹配的观测单位的个数(或不同观测单位所被赋予的权重)可将匹配算法区分为最近邻匹配、核匹配等，其中，最近邻匹配仅利用了部分样本信息，而核匹配则利用了全部样本的信息。不管采用何种匹配算法，对于处理组($D_i=1$)中的样本，反事实状态下的匹配都可用式(13-31)表示：

$$\hat{Y}_{0i}=\sum_{j\in c(i)}w_{ij}Y_j \tag{13-31}$$

式中，$c(i)$表示处理组中第 i 个单元在控制组中匹配到的个体 j 的集合；w_{ij} 为适用于配对$(i,\ j)$的权重，且有 $w_{ij}\in[0,\ 1]$，$\sum_{j\in c(i)}w_{ij}=1$。

最近邻匹配(nearest neighbor matching)是为处理组(或控制组)中的每个个体寻找 k 个和其距离最近的控制组(或处理组)中的个体与其匹配。如果 $k=1$，则为“一对一匹配”，如果 $k>1$，则为“一对多匹配”。在最近邻匹配中，$c(i)$为 k 个距离最近的匹配邻居，$w_{ij}=1/k$。一对一匹配选择得分最接近的邻居进行匹配，虽然“偏差”较小，但可能“方差”较大。因此，在实际应用中，一般使用一对多匹配，以便在偏差与方差之间取得较好的“权衡”。

最近邻匹配的缺点是距离最接近的邻居也可能相差甚远，从而会导致估计偏差比较大。为克服这一缺点，可以采用在最近邻匹配法的基础上发展的卡尺匹配(caliper matching)或半径匹配(radius matching)方法。卡尺匹配法要求近邻匹配得分差异在一定容忍度(“卡尺”)内，在卡尺范围内寻找与处理组个体距离最近的 k 个控制组个体相匹配。该方法的缺点是对于如何界定容忍度没有标准的方法。半径匹配法是指设定一个半径 r(可理解为区间或范围，一般设定为小于倾向得分标准差的1/4)，将处理组中得分值与控制组得分值的差异在 r 内的所有个体进行配对。

核匹配(kernel matching)是一种整体匹配法。整体匹配法是指处理组(或控制组)每个个体 i 的匹配结果 $c(i)$为控制组(或处理组)的全部个体$\{D=0\}$(通常要将共同区间范围外的个体去掉)，只是根据个体间距离不同给予不同的权重 w_{ij}，与个体 i 距离近者赋予的权重大，如果距离超出一定范围，那么权重可为0。核匹配使用核函数来计算权重 w_{ij}，以倾向得分匹配为例，核函数表达式为

$$w_{ij}=\frac{K[(p_j-p_i)/h]}{\sum_{m\in\{D=0\}}K[(p_m-p_i)/h]} \tag{13-32}$$

式(13-32)中，h 为指定带宽，$K()$为核函数，通常是一个非负、对称且只有单一最大值的密度核函数。当控制组的个体 j 的倾向得分 p_j 与处理组的个体 i 的倾向得分 p_i 相同即

$p_j-p_i=0$ 时，K 值最大，$|p_j-p_i|$ 越大，K 值越小。在应用工作中，常见的核函数有高斯(Gaussian)核和伊番科尼可夫(Epanechnikov)核等。核匹配的主要缺点是带宽 h 的选择比较困难，在实际应用中，需要检验匹配结果对不同带宽选择是否敏感。

4. 匹配效果诊断

根据上述匹配实施方法，找到与处理组个体对应的控制组匹配个体后，还需要检验匹配后处理组和控制组的协变量的差异是否变小了，即协变量特征是否均衡。如果协变量特征比较均衡，说明匹配完成后形成的两组个体具有比较好的可比性，达到了通过控制可观测的协变量得到近似于随机化实验的目的。反之，如果匹配后两组协变量仍然存在显著差异，说明匹配没有达到均衡观测特征的目的，需要重新进行匹配。

为了衡量匹配前后协变量在处理组和控制组之间的差异变化，可以采用标准化均值差(standardized difference in average)统计量。对于某个协变量 X，匹配后标准化均值差定义为

$$\text{标准化均值差}=\frac{|\overline{X}_{\text{处理组}}-\overline{X}_{\text{控制组}}|}{\sqrt{(s_{\text{处理组}}^2+s_{\text{控制组}}^2)/2} \tag{13-33}$$

其中，$\overline{X}_{\text{处理组}}$、$\overline{X}_{\text{控制组}}$ 分别表示处理组和控制组的某个协变量 X 在匹配后的均值，$s_{\text{处理组}}^2$、$s_{\text{控制组}}^2$ 分别表示两组的某个协变量 X 在匹配后的方差。可以看到，如果匹配后两组个体的某个协变量完全均衡，标准化均值差将接近于 0。因此，标准化均值差的值越接近于 0，说明两组样本越有可能均衡。一般认为，当匹配后标准化均值差小于 10%时，可以认为匹配后两组协变量特征是均衡的。

5. 因果效应估计

如果通过匹配效果诊断，匹配后两组协变量特征是均衡的，可以进一步计算平均处理效应。处理组平均因果效应的匹配估计量的一般表达式为

$$\hat{\tau}_{\mathrm{ATT}}=\frac{1}{N_1}\sum_{i\in\{D=1\}}(Y_{1i}-\hat{Y}_{0i}) \tag{13-34}$$

其中，N_1 是处理组个体数，$\sum\limits_{i\in\{D=1\}}$ 表示仅对处理组个体进行加总，$\hat{Y}_{0i}$ 即为前面所述的处理组个体 i 在控制组(即反事实状态下)的匹配估计。

类似地，也可为控制组的每个个体 j 寻找处理组的相应匹配，控制组平均处理效应的匹配估计量的一般表达式为

$$\hat{\tau}_{\mathrm{ATU}}=\frac{1}{N_0}\sum_{j\in\{D=0\}}(\hat{Y}_{1j}-Y_{0j}) \tag{13-35}$$

其中，N_0 是控制组个体数，$\sum\limits_{j\in\{D=0\}}$ 表示仅对控制组个体进行加总。

整个样本平均处理效应的匹配估计量的一般表达式为

$$\hat{\tau}_{\mathrm{ATE}}=\frac{1}{N}\sum_{i=1}^{N}(\hat{Y}_{1i}-\hat{Y}_{0i}) \tag{13-36}$$

其中，$N=N_1+N_0$ 为样本容量；如果 $D_i=1$，则 $\hat{Y}_{1i}=Y_i$，如果 $D_i=0$，则 $\hat{Y}_{0i}=Y_i$。

13.2.3　匹配法的优点及局限性

在条件独立性假设成立的条件下，也可以通过回归方法估计处理效应，即将观测到的结果变量 Y_i 对可观测的协变量 X_i 和是否接受处理的虚拟变量 D_i 进行回归，回归方程如下所示。

$$Y_i=\alpha+\beta D_i+X_i'\gamma+\varepsilon_i \tag{13-37}$$

显然，在条件独立性假设成立的条件下，在控制了协变量 X_i 后，处理变量 D_i 与随机误差项 ε_i 条件独立，此时，D_i 的系数 β 是对平均处理效应 τ_{ATE} 的一致估计。因此，可以通过与回归法进行比较来说明匹配法的优缺点。

匹配法与回归法的相同点是，只有在条件独立性假设成立的条件下，两种方法才是适用的。与回归法相比，匹配法的优势主要表现在以下两个方面：一是回归法容易受模型设定方式的限制，如果回归法的模型函数形式设定不正确，就会导致有偏估计，而匹配法是非参数模型，避免了回归法受模型函数形式设定的限制；二是回归法不需要共同区间假设条件成立，进行回归分析时，由于抽样的随机性，可能使得某些变量进行分层后，层内只有处理组或控制组的个体，从而使得回归系数不能解释为因果效应，而采用匹配法可以很直观地观察到处理组和控制组在协变量上的可比性，把得到的估计结果解释为哪些群体的因果效应也非常清楚。

当然，匹配法也有局限性。匹配法假设不同群体的因果效应是同质的，而回归法则可以通过交叉项等方法(这本质上也属于回归模型函数形式的设定问题)允许存在异质因果效应，因此，如果知道真实的模型函数设定形式，基于回归的估计量将更有效(即方差更小)，当然，这种情况在实际中还是比较少见的。此外，匹配法仅能处理基于可观测特征自选择造成的偏差，而不能解决基于不可观测特征自选择造成的偏差；匹配法特别是倾向得分匹配方法需要比较大的样本容量才能实现高质量的匹配；匹配法得到的因果效应的结论仅适用于共同区间范围内的样本，而不适用于所有样本；匹配法是两步估计，即先将样本根据可观测特征进行匹配，再求处理效应，需要选择的参数也较多，因而需要研究人员的主观判断也较多。

13.3　双重差分法

13.3.1　双重差分法的基本思想和假设条件

匹配法仅能处理基于可观测特征自选择造成的偏差，而不能解决基于不可观测特征自选择造成的偏差。当遇到不可观测变量驱动处理的非随机分配时，仅依靠可观测变量(即协变量向量 X)将无法得到平均处理效应的一致估计，此时基于条件独立性假设(CIA)的计量经济学方法(如匹配法)不再适用于估算政策干预的因果效应。而双重差分法可以在一定程度上通过控制不可观测变量的影响从而得到因果效应的估计。

双重差分法(difference in difference，DID)适用于政策实施前后处理组个体观测数据和控制组个体观测数据都可获得的场景，显然，这种场景的数据结构是面板数据以及重复截面数据。双重差分法将政策实施看作自然实验或准自然实验，即假设处理组和控制组的选择以及政策实施的时间都是随机的，其基本原理是：首先，根据政策实施前后分别对两组观测数据的结果变量进行第一次差分得到两组的增量，以消除不随时间变化的个体异质效应的影响；其次，对两组增量再进行一次差分，以消除不随个体变化的时间异质效应的影响，最终得到政策干预的因果效应。

对于经典的双重差分模型，我们可以利用潜在结果模型来展现其内在逻辑。

假设个体 i 所处的组别为 $G_i \in \{0, 1\}$，其中，$G_i=0$ 表示控制组，$G_i=1$ 表示处理组；时间 $t \in \{1, 2\}$，其中，$t=1$ 表示政策实施前，$t=2$ 表示政策实施后；D_{it} 为处理状态，$D_{it} \in \{0, 1\}$，显然，如果 $t=2$ 且 $G_i=1$，则 $D_{it}=1$，否则 $D_{it}=0$；Y_{it} 为个体 i 在时间 t 观测到的结果，则有：

$$Y_{it}=D_{it}Y_{it}(1)+(1-D_{it})Y_{it}(0) \tag{13-38}$$

式(13-38)中，$Y_{it}(1)$表示个体 i 在时间 t 接受处理(即 $D_{it}=1$)时的潜在结果，$Y_{it}(0)$表示个体 i 在时间 t 未接受处理(即 $D_{it}=0$)时的潜在结果。

基于上述定义，可以得到处理组和控制组政策实施前后四组群体的处理状态及观测结果，处理状态及观测结果如表 13-2 所示。

表 13-2 处理状态及观测结果

	政策实施前 $t=1$	政策实施后 $t=2$
处理组 $G_i=1$	$D_{it}=0$ $Y_{it}(0)$	$D_{it}=1$ $Y_{it}(1)$
控制组 $G_i=0$	$D_{it}=0$ $Y_{it}(0)$	$D_{it}=0$ $Y_{it}(0)$

进一步分析，我们可以得到四组群体的平均观测结果，如表 13-3 所示。

表 13-3 平均观测结果

	政策实施前 $t=1$	政策实施后 $t=2$
处理组 $G_i=1$	$\mathrm{E}[Y_{i1}(0) \mid G_i=1]$	$\mathrm{E}[Y_{i2}(1) \mid G_i=1]$
控制组 $G_i=0$	$\mathrm{E}[Y_{i1}(0) \mid G_i=0]$	$\mathrm{E}[Y_{i2}(0) \mid G_i=0]$

在政策评估中，人们关心的因果效应参数往往是处理组的平均处理效应 ATT，即政策干预对受到处理的个体的影响为

$$\begin{aligned}\tau_{\mathrm{ATT}} &=\mathrm{E}[Y_{it}(1)-Y_{it}(0) \mid D_{it}=1] \\ &=\mathrm{E}[Y_{i2}(1)-Y_{i2}(0) \mid G_i=1] \\ &=\mathrm{E}[Y_{i2}(1) \mid G_i=1]-\underbrace{\mathrm{E}[Y_{i2}(0) \mid G_i=1]}_{\text{反事实结果}}\end{aligned} \tag{13-39}$$

式(13-39)中，$\mathrm{E}[Y_{i2}(0) \mid G_i=1]$为处理组个体在 $t=2$ 时没有受到政策干预的平均潜在结果，这是观测不到的反事实结果。

为了对式(13-39)进行估计，需要用到平行趋势假设。平行趋势(parallel trend)又称共同趋势(common trend)，其基本内容是，处理组个体如果没有接受政策干预，其结果的变动趋势将与控制组的变动趋势相同，相关公式如下所示。

$$\begin{aligned}&\mathrm{E}[Y_{i2}(0)\mid G_i=1]-\mathrm{E}[Y_{i1}(0)\mid G_i=1]\\&=\mathrm{E}[Y_{i2}(0)\mid G_i=0]-\mathrm{E}[Y_{i1}(0)\mid G_i=0]\end{aligned}\tag{13-40}$$

或者写为

$$\mathrm{E}[\Delta Y_{it}(0)\mid G_i=1]=\mathrm{E}[\Delta Y_{it}(0)\mid G_i=0]\tag{13-41}$$

当然，平行趋势假设这一要求总体上不一定满足，一个更弱的平行趋势假设是要求控制可观测的协变量向量 $\boldsymbol{X}$ 后满足平行趋势假设，即有：

$$\mathrm{E}[\Delta Y_{it}(0)\mid \boldsymbol{X},\ G_i=1]=\mathrm{E}[\Delta Y_{it}(0)\mid \boldsymbol{X},\ G_i=0]\tag{13-42}$$

式(13-42)中，通常要求可观测的协变量向量 $\boldsymbol{X}$ 必须是在政策实施前的取值或不受政策干预影响的变量，受政策影响的观测变量将会造成样本选择偏差。

在满足平行趋势假设的条件下，进一步可得到处理组的平均处理效应，相关公式如下所示。

$$\begin{aligned}\tau_{\mathrm{ATT}}^{\mathrm{DID}}&=\mathrm{E}[Y_{i2}(1)\mid X,\ G_i=1]-\mathrm{E}[Y_{i2}(0)\mid X,\ G_i=1]\\&=\mathrm{E}[Y_{i2}(1)\mid X,\ G_i=1]-\mathrm{E}[Y_{i1}(0)\mid X,\ G_i=1]-\\&\quad\underbrace{(\mathrm{E}[Y_{i2}(0)\mid X,\ G_i=1]-\mathrm{E}[Y_{i1}(0)\mid X,\ G_i=1])}_{=\mathrm{E}[Y_{i2}(0)\mid X,G_i=0]-\mathrm{E}[Y_{i1}(0)\mid X,G_i=0]\text{(平行趋势假设)}}\\&=\underbrace{\mathrm{E}[Y_{i2}(1)\mid X,\ G_i=1]-\mathrm{E}[Y_{i1}(0)\mid X,\ G_i=1]}_{\text{处理组结果增量}}-\\&\quad\underbrace{(\mathrm{E}[Y_{i2}(0)\mid X,\ G_i=0]-\mathrm{E}[Y_{i1}(0)\mid X,\ G_i=0])}_{\text{控制组结果增量}}\end{aligned}\tag{13-43}$$

为了更好地理解式(13-43)，图 13-1 给出了双重差分法示意图。

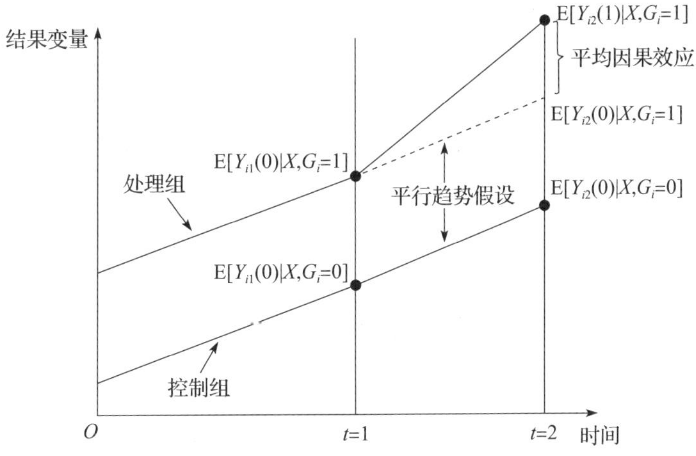

图 13-1　双重差分法示意图

图 13-1 中，$\mathrm{E}[Y_{i1}(0)\mid X,\ G_i=1]$、$\mathrm{E}[Y_{i2}(1)\mid X,\ G_i=1]$分别为处理组政策实施前后的平均观测结果，$\mathrm{E}[Y_{i1}(0)\mid X,\ G_i=0]$、$\mathrm{E}[Y_{i2}(0)\mid X,\ G_i=0]$分别为控制组政策实施前后的平均观测结果，$\mathrm{E}[Y_{i2}(0)\mid X,\ G_i=1]$为处理组的反事实结果。平行趋势假设是指，如果没有政策干预，两组结果变量的变动趋势应该相同，即图 13-1 中虚线与连接控制组两期观测结果的线段应该平行，这说明不可观测的时间异质性对两组个体的影响是相同的。

由图 13-1 可见，在政策实施前，即使控制了可观测的协变量向量 $\boldsymbol{X}$ 后，处理组和控制组个体的结果变量仍然存在差异，这种差异主要是由不可观测的个体效应 U_i 造成的。显然，处理组结果变量的反事实结果无法直接进行估计，但在平行趋势假设成立的条件下，可以用控制组结果变化作为处理组结果变化的反事实结果，进而得到因果效应。具体做法是，第一，分别对政策实施前后两组观测数据的结果变量进行第一次差分，由于 U_i 不随时间发生变化，因此，第一次差分得到的结果增量可以消除 U_i 的影响；第二，对两组平均结果增量进行第二次差分，第一次差分后，处理组结果增量既包含有政策的影响，也包含有不可观测的时间效应（即共同趋势）的影响，而控制组结果增量仅受不可观测的时间效应的影响，对两组结果增量再进行第二次差分，可以消除不随个体变化的时间效应，最终得到如图 13-1 中所示的政策干预的因果效应。

13.3.2 双重差分的估计

在实际中，如果假设前述的条件期望函数为线性函数形式，那么，可以利用回归方法得到双重差分估计量。基本的双重差分回归模型可设定为

$$Y_{it}=\beta_0+\beta_1 G_i+\beta_2 \mathrm{Post}_t+\boldsymbol{X}'_{it}\delta+\theta D_{it}+\varepsilon_{it} \tag{13-44}$$

式(13-44)中，Y_{it} 为个体 i 在时间 t 的结果变量，$i=1, 2, \cdots, N$，$t=1, 2, \cdots, T$；G_i 为分组虚拟变量，如果个体 i 处于处理组，$G_i=1$，否则 $G_i=0$；Post_t 为政策实施时间虚拟变量，如果时间 t 为政策实施后，那么 $\mathrm{Post}_t=1$，否则 $\mathrm{Post}_t=0$；$\boldsymbol{X}_{it}$ 为具有严格外生性的可观测协变量向量；$D_{it}=G_i\times \mathrm{Post}_t$ 为处理状态虚拟变量，如果个体 i 在时间 t 接受处理，那么定义为 $D_{it}=1$，否则 $D_{it}=0$；β_0、β_1、β_2、δ、θ 为各项系数；ε_{it} 为随机误差项，且有 $\mathrm{E}(\varepsilon_{it}|X_{it}, G_i, \mathrm{Post}_t)=0$。

以下通过条件期望来理解各项系数的含义。

$$\mathrm{E}(Y_{it}|G_i, \mathrm{Post}_t, X_{it})=\beta_0+\beta_1 G_i+\beta_2 \mathrm{Post}_t+\theta D_{it}+X'_{it}\delta \tag{13-45}$$

$$\mathrm{E}(Y_{it}|G_i=0, \mathrm{Post}_t=0, X_{it})=\beta_0+X'_{it}\delta \tag{13-46}$$

$$\mathrm{E}(Y_{it}|G_i=0, \mathrm{Post}_t=1, X_{it})=\beta_0+\beta_2+X'_{it}\delta \tag{13-47}$$

$$\mathrm{E}(Y_{it}|G_i=1, \mathrm{Post}_t=0, X_{it})=\beta_0+\beta_1+X'_{it}\delta \tag{13-48}$$

$$\mathrm{E}(Y_{it}|G_i=1, \mathrm{Post}_t=1, X_{it})=\beta_0+\beta_1+\beta_2+\theta+X'_{it}\delta \tag{13-49}$$

可见，在控制了可观测变量 X_{it} 后，处理组政策实施前后的平均结果变化为

$$\mathrm{E}(Y_{it}|G_i=1, \mathrm{Post}_t=1, X_{it})-\mathrm{E}(Y_{it}|G_i=1, \mathrm{Post}_t=0, X_{it})=\beta_2+\theta \tag{13-50}$$

在控制了可观测变量 X_{it} 后，控制组政策实施前后的平均结果变化为

$$\mathrm{E}(Y_{it}|G_i=0, \mathrm{Post}_t=1, X_{it})-\mathrm{E}(Y_{it}|G_i=0, \mathrm{Post}_t=0, X_{it})=\beta_2 \tag{13-51}$$

两组平均结果变化中包含共同趋势的影响 β_2，将共同趋势的影响剔除，最终的政策影响为 θ，即有：

$$\begin{aligned}\theta=&[\mathrm{E}(Y_{it}|G_i=1, \mathrm{Post}_t=1, X_{it})-\mathrm{E}(Y_{it}|G_i=1, \mathrm{Post}_t=0, X_{it})]-\\&[\mathrm{E}(Y_{it}|G_i=0, \mathrm{Post}_t=1, X_{it})-\mathrm{E}(Y_{it}|G_i=0, \mathrm{Post}_t=0, X_{it})]\end{aligned} \tag{13-52}$$

可见，系数 θ 的估计量 $\hat{\theta}$ 为标准的双重差分模型估计量，即所谓的处理效应。假设在给定 X_{i1}，X_{i2}，…，X_{iT} 的条件下，对于任意的 t 和 s，处理状态 D_{it} 条件独立于 ε_{is}，此时普通最小二乘估计量 $\hat{\theta}$ 是因果效应 θ 的一致估计。判断是否存在因果效应，只需要对原假设 H_0：$\theta=0$ 进行检验即可，如果拒绝原假设，则说明存在处理效应。

式(13-44)也可以看作是一种固定效应模型，其中，β_0 看作是控制组的个体效应，β_1

是处理组个体效应与控制组个体效应的差异，β_2 是政策实施后的时间效应。模型中如果没有协变量向量 $\boldsymbol{X}_{it}$，则各系数的含义更加容易理解。其中，β_0 即为政策实施前控制组结果变量的均值，β_1 为政策实施前处理组结果变量均值与控制组结果变量均值的差异，β_2 为政策实施后控制组结果变量均值与政策实施前控制组结果变量均值的差异，θ 为政策实施前后处理组结果变量均值增量与控制组结果变量均值增量的差，即处理效应。

在实际应用中，也可以通过如下形式的双向固定效应模型来估计处理效应：

$$Y_{it}=\theta D_{it}+X_{it}'\delta+u_i+v_t+\varepsilon_{it} \tag{13-53}$$

式(13-53)中，u_i 为个体 i 不可观测的个体效应，u_i 不随时间发生变化，但在不同个体间存在异质性；v_t 为每个时间 t 不可观测的时间效应，v_t 不随个体发生变化，但在不同时间存在异质性，反映了不同个体存在共同趋势。u_i 相当于将不同组的个体效应进一步细化，v_t 相当于将政策实施前后的时间效应进一步细化，因此，使用 u_i 和 v_t 替代 G_i 和 Post_t，包含了更多的信息，有助于提高模型的估计精度。

由于式(13-45)包含不可直接观测的个体效应和时间效应，因此，不能直接对其进行估计。当 N 较小时，可以采用最小二乘虚拟变量(LSDV)估计。然而，当 N 很大时，由于计算工作量变得很大，此时，一般采用组内估计(within estimator)方法。具体来讲，组内估计首先对模型两端各变量进行双向组内变换，以消除个体效应和时间效应。以 Y_{it} 的双向组内变换 $\ddot{Y}_{it}$ 为例，说明如下：

$$\ddot{Y}_{it}=Y_{it}-\overline{Y}_i-\widetilde{Y}_t+\overline{Y} \tag{13-54}$$

其中：$\overline{Y}_i=\dfrac{1}{T}\sum\limits_{t=1}^{T}Y_{it}$，$\widetilde{Y}_t=\dfrac{1}{N}\sum\limits_{i=1}^{N}Y_{it}$，$\overline{Y}=\dfrac{1}{NT}\sum\limits_{i=1}^{N}\sum\limits_{t=1}^{T}Y_{it}$

如果 Y_{it} 满足如下简单的双向固定效应模型：

$$Y_{it}=u_i+v_t+\varepsilon_{it} \tag{13-55}$$

则有：$\overline{Y}_i=u_i+\overline{v}+\overline{\varepsilon}_i$，$\widetilde{Y}_t=\overline{u}+v_t+\widetilde{\varepsilon}_t$，$\overline{Y}=\overline{u}+\overline{v}+\overline{\varepsilon}$，于是：

$$\begin{aligned}\ddot{Y}_{it}&=(u_i+v_t+\varepsilon_{it})-(u_i+\overline{v}+\overline{\varepsilon}_i)-(\overline{u}+v_t+\widetilde{\varepsilon}_t)+(\overline{u}+\overline{v}+\overline{\varepsilon})\\&=\varepsilon_{it}-\overline{\varepsilon}_i-\widetilde{\varepsilon}_t+\overline{\varepsilon}=\ddot{\varepsilon}_{it}\end{aligned} \tag{13-56}$$

这样就消除了个体效应和时间效应。

类似地，将双向组内变换应用于式(13-53)，则有：

$$\ddot{Y}_{it}=\theta\ddot{D}_{it}+\ddot{\boldsymbol{X}}_{it}'\delta+\ddot{\varepsilon}_{it} \tag{13-57}$$

对式(13-57)运用普通最小二乘法进行估计，即可得到双向组内估计量。显然，处理状态虚拟变量 D_{it} 和可观测变量向量 $\boldsymbol{X}_{it}$ 必须既随时间发生变化，也随个体发生变化，否则，将会由于双向组内变换被消除掉。

另外，需要注意的是双重差分模型的统计推断问题。由于双重差分回归通常应用于面板数据结构，其中包含有组别分类和时间结构，因而同一类别的观察值之间通常存在序列相关或组内相关等相关性问题。当模型中的因变量存在这种相关性时，回归模型的残差也往往存在相关，这二者结合在一起，会改变计算估计量标准误差的公式，从而对统计推断产生重要影响。如果忽略这种相关性而使用简单的标准误差的公式，往往会夸大回归估计结果的精度。在这种情况下，可以使用聚类标准误差(clustered standard error)来缓解这一问题。

13.3.3 平行趋势假设检验

平行趋势假设是使用双重差分法估计处理效应的关键假设，是指在没有政策干预发生的情况下，处理组结果变量的均值与控制组结果变量的均值有相同的时间变动趋势，也意味着两组均值的差异在不同时间保持一致。由于在政策实施后处理组个体的反事实结果无法观察到，因此，平行趋势假设本质上是无法被完全检验的。在实际中，通常使用间接检验的方法来检验平行趋势假设是否成立。这些方法包括两种，一种是事前平行趋势检验，另一种是安慰剂检验。

1. 事前平行趋势检验

事前平行趋势检验是通过检验政策实施前，可观测的处理组和控制组的趋势是否相同来间接地检验平行趋势假设。这一检验方法的基本观点是：如果两组政策实施之前的趋势是一致的，那么，人们也更有信心认为，在政策实施的时间点之后处理组个体如果没有接受政策干预，其结果的变动趋势也将与控制组的变动趋势相同。

在标准的双重差分模型中，处理组个体接受政策干预的时点相同，当拥有的数据超过两期时，可以分析处理组和控制组在政策实施前每期的差异，如果平行趋势成立，两组之间每期的差异应该没有显著变化。具体地，可以通过如下模型对事前平行趋势进行检验。

$$Y_{it}=\sum_{s=1}^{\tau-2}\beta_s^{\text{pre}}(G_i\times \text{Time}_s)+\beta^{\text{post}}(G_i\times \text{Post}_t)+X'_{it}\delta+u_i+v_t+\varepsilon_{it} \quad (13\text{-}58)$$

式(13-58)中，G_i 表示处理组虚拟变量，Time_s 表示第 s 期的虚拟变量，如果个体 i 属于处理组且处于时期 s，则 $G_i\times \text{Time}_s=1$，$\tau$ 为政策实施时间。模型中之所以未放入政策实施前一期即 $\tau-1$ 期的虚拟变量，一方面是为了避免完全多重共线性问题，另一方面是将 $\tau-1$ 期处理组和控制组的差异作为基准差异，这一差异被归入了不可观测的个体效应中。β_s^{pre} 反映了政策实施前的 s 期处理组与控制组的差异相较于它们在 $\tau-1$ 期差异的变化，因此，可以对政策发生前各期 β_s^{pre} 同时为 0 的原假设进行联合检验，如果不能拒绝这一联合检验，则可以认为事前平行趋势假设得到满足。

对式(13-58)进一步拓展，还可以观察处理效应的动态变化，具体如下：

$$Y_{it}=\sum_{s=1}^{\tau-2}\beta_s^{\text{pre}}(G_i\times \text{Time}_s)+\sum_{s=\tau}^{T}\beta_s^{\text{post}}(G_i\times \text{Time}_s)+X'_{it}\delta+u_i+v_t+\varepsilon_{it} \quad (13\text{-}59)$$

式(13-59)中，β_s^{post} 反映政策实施后的 s 期处理组与控制组的差异相较于它们在 $\tau-1$ 期差异的变化，对原假设 H_0：$\beta_s^{\text{post}}=0$ 进行检验，如果拒绝原假设，说明处理效应确实存在。通过对政策实施后不同时期处理效应的比较，还可以观察政策效果随时间的动态变化。

2. 安慰剂检验

安慰剂检验(placebo test)是指用“假”的处理组或结果变量执行额外的双重差分估计，以检验能否得到显著的处理效应。如果从理论上讲，“假”的处理组或结果变量不受政策干预的影响，但实际检验结果表明存在显著的政策效应，则表明基准的双重差分估计所得到的处理效应是不可靠的，估计结果还包含了其他不可观测因素，而不是所关注的政策干预所产生的因素。这也说明即使没有发生关注的政策干预事件，也会有其他不可观测的因素对结果变量产生影响，因此，平行趋势假设是不成立的。

事实上，前面所介绍的事前平行趋势检验也可以看作是一种安慰剂检验。用安慰剂检验的思路来理解就是：将事件发生前的时间作为“假设”的政策干预发生时间，如果发现“假设”的政策干预有显著的作用，这就说明即使没有我们所关注的政策干预的发生，处理组和控制组也不存在平行趋势，双重差分模型所得到的结果是不可靠的。

13.3.4　双重差分法的拓展

与匹配法相比，双重差分法有诸多优点。双重差分计量模型设定简单易用，回归估计方法成熟，既能控制不可观测的个体异质性，也能控制不随个体变化的时间异质性，因而能得到政策效应的无偏估计。但双重差分法存在一些局限，在实际应用中，需要满足比较严格的条件，一般情况下这些条件无法完全满足对政策评估的研究，因此，人们根据实际情况对双重差分法进行了诸多拓展。下面简要介绍三种拓展形式。

1. 交错双重差分法

经典双重差分模型涉及的政策实施时点为同一时间，然而，现实中诸多政策实施未必发生在同一时间，而是先有试点再有推广，对于这种情形可以使用交错双重差分法（staggered DID）。当个体接受政策干预的时间不同时，式(13-44)中的政策实施时间虚拟变量 Post_t 就变为 Post_{it}，如果个体 i 在时间 t 受到政策干预，则 $\text{Post}_{it}=1$，否则 $\text{Post}_{it}=0$，于是处理状态虚拟变量则为 $D_{it}=G_i\times\text{Post}_{it}=\text{Post}_{it}$。因此，交错双重差分法的模型可设定如下：

$$Y_{it}=\theta\text{Post}_{it}+X'_{it}\delta+u_i+v_t+\varepsilon_{it} \tag{13-60}$$

在实际应用中，交错双重差分法会遇到异质性处理效应问题，即交错双重差分法估计系数识别的并不是受处理个体的平均处理效应，而是多个平均处理效应的加权平均，当存在异质性处理效应时，估计系数是有偏的。有关异质性处理效应问题及相关解决措施的详细讨论可查阅相关文献。

2. 三重差分法

双重差分法的关键假设是平行趋势假设。在实际应用中，当平行趋势不能满足时，可以理解为存在不可观测且随时间变化的混杂因素 U_{it}，使得即使没有政策干预，处理组和控制组两组的结果变量也不会平行变化。这时，可以利用三重差分法（difference-in-difference-in-difference，DDD），通过引入新的控制组来控制趋势差异对处理效应识别的干扰。三重差分估计可以被视为两个双重差分估计之间的差异，但不需要两个单独的平行趋势假设(parallel trend assumption)。实际上，当两个双重差分估计间的偏差趋势相同(相平行)时，三重差分的估计就将是无偏的。可以通过一个容易理解的假设案例来介绍三重差分法的基本思想：假设某省针对民营企业实行了一项经济改革实验，将会影响到该省民营企业的业绩水平，若将引入经济改革实验的省份视为处理组、其他省份视为控制组，这就变成了一个标准的双重差分问题。然而，实行经济改革实验省份的民营企业业绩的变化趋势在政策实施前可能就与其他省份不同，这将使平行趋势假设不成立。因此，可以考虑引入不同省份的央企作为新的控制组，采用三重差分估计，即将处理组省份的民营企业和央企的相对业绩差异与控制组省份的民营企业和央企的相对业绩差异进行比较，以规避差异趋势上的偏差。

3. 基于倾向得分匹配的双重差分法

在运用双重差分法时，如果平行趋势假设不成立，还可以将匹配法和双重差分法结合起来，即使用倾向得分匹配的双重差分法(PSM-DID)。倾向得分匹配双重差分法的应用前提是“条件平行趋势假设”，即假设给定相同的协变量，处理组和控制组的个体更容易拥有相同的时间趋势。倾向得分匹配的双重差分法的基本做法是，首先在政策实施前一期使用倾向得分匹配法将处理组和控制组个体进行匹配；然后，根据匹配结果，对得到的具有相似特征的个体进行双重差分。在实际应用中，处理组和控制组所包含的样本量越大，通过该方法所估计的处理效应就越精确。

13.4 案例分析

13.4.1 样本选取

本案例旨在以 2013 年中国启动碳排放权交易试点政策这一准自然实验为例，来探讨碳排放权交易政策的减排有效性。为此，收集了 2009—2016 年中国 30 个省级行政区(西藏自治区，港澳台地区除外)的二氧化碳排放面板数据，共 8×30=240 个观测值，如表 13-4 所示，其中，北京、天津、上海、重庆、湖北、广东(作为试点的深圳不再单独列出)6 个省级行政区为试点地区即处理组，2013—2016 年为政策实施之后的年份。试运用标准的双重差分模型检验我国碳排放权交易试点政策的减排效应。

表 13-4 2009—2016 年 30 个省级行政区的二氧化碳排放量 (单位：百万吨)

序号	省级行政区	2009 年	2010 年	2011 年	2012 年	2013 年	2014 年	2015 年	2016 年
1	北京	95.58	96.84	94.73	95.94	86.69	88.98	83.39	74.94
2	天津	98.05	134.29	149.14	143.14	151.03	143.93	135.11	130.35
3	河北	511.06	569.37	623.46	642.31	657.72	624.59	639.37	614.57
4	山西	589.84	654.05	766.12	854.67	1 499.06	1 552.01	1 474.50	1 433.11
5	内蒙古	476.99	562.50	740.52	788.69	783.74	806.00	753.80	754.62
6	辽宁	456.76	494.59	524.47	543.27	529.86	520.81	502.37	508.94
7	吉林	201.98	225.77	264.67	265.30	237.29	234.97	218.85	214.18
8	黑龙江	274.61	351.54	381.24	393.33	363.48	350.35	347.80	365.37
9	上海	142.48	161.42	170.60	168.52	181.78	156.55	161.65	158.23
10	江苏	485.97	546.29	613.11	619.99	638.44	621.07	634.16	653.12
11	浙江	351.97	375.77	398.62	383.59	387.56	380.79	381.50	379.18
12	安徽	273.21	282.90	315.39	355.91	387.18	401.80	392.85	380.18
13	福建	161.89	179.64	210.15	208.53	203.57	229.16	234.47	217.15
14	江西	117.13	134.19	144.75	146.46	162.19	165.47	170.41	176.67
15	山东	879.82	929.12	976.56	1 007.56	944.49	997.83	1 052.18	1 096.72

（续）

序号	省级行政区	2009 年	2010 年	2011 年	2012 年	2013 年	2014 年	2015 年	2016 年
16	河南	471.89	573.13	654.10	545.87	594.42	557.53	537.07	536.84
17	湖北	232.69	279.61	321.88	311.39	252.92	251.82	252.88	253.98
18	湖南	212.12	231.70	269.56	275.30	266.33	255.97	250.52	265.51
19	广东	394.88	445.06	501.36	486.70	493.09	500.65	497.95	506.86
20	广西	109.70	134.28	173.34	192.85	189.77	183.50	173.23	182.48
21	海南	37.79	44.91	52.97	54.24	51.97	58.85	65.35	62.26
22	重庆	136.37	138.38	150.71	149.36	134.28	139.12	139.19	142.18
23	四川	271.05	283.57	280.38	289.71	277.51	298.40	253.58	250.14
24	贵州	227.16	246.76	268.69	287.21	314.25	319.61	327.57	348.36
25	云南	165.45	176.26	187.81	195.47	195.78	187.77	178.65	184.54
26	陕西	262.34	308.25	344.52	405.13	482.84	502.04	529.36	590.05
27	甘肃	124.38	145.09	169.69	173.75	181.47	180.47	176.58	169.72
28	青海	35.46	37.14	50.10	58.56	70.83	62.53	44.05	53.15
29	宁夏	140.23	151.54	190.95	188.57	187.76	195.22	193.38	189.72
30	新疆	214.55	240.82	286.31	333.44	336.34	366.26	379.09	410.85

资料来源：中国碳核算数据库(CEADs)。

在运用 EViews 软件估计双重差分模型之前，首先进行面板数据整理并将其录入 EViews 12.0 工作文件。具体操作如下。

1. 在 Excel 工作表中输入长格式面板数据

表 13-4 提供的是宽格式(wide format)的面板数据，为方便将数据录入 EViews 工作文件中，需将其转化为长格式(long format)面板数据。将表 13-4 中的面板数据整理为长格式，并输入 Excel 软件工作表中，部分数据示例如图 13-2 所示。

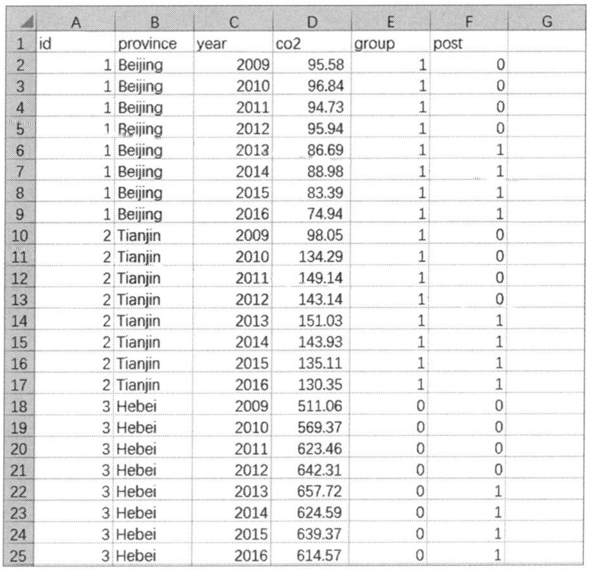

	A	B	C	D	E	F	G
1	id	province	year	co2	group	post	
2	1	Beijing	2009	95.58	1	0	
3	1	Beijing	2010	96.84	1	0	
4	1	Beijing	2011	94.73	1	0	
5	1	Beijing	2012	95.94	1	0	
6	1	Beijing	2013	86.69	1	1	
7	1	Beijing	2014	88.98	1	1	
8	1	Beijing	2015	83.39	1	1	
9	1	Beijing	2016	74.94	1	1	
10	2	Tianjin	2009	98.05	1	0	
11	2	Tianjin	2010	134.29	1	0	
12	2	Tianjin	2011	149.14	1	0	
13	2	Tianjin	2012	143.14	1	0	
14	2	Tianjin	2013	151.03	1	1	
15	2	Tianjin	2014	143.93	1	1	
16	2	Tianjin	2015	135.11	1	1	
17	2	Tianjin	2016	130.35	1	1	
18	3	Hebei	2009	511.06	0	0	
19	3	Hebei	2010	569.37	0	0	
20	3	Hebei	2011	623.46	0	0	
21	3	Hebei	2012	642.31	0	0	
22	3	Hebei	2013	657.72	0	1	
23	3	Hebei	2014	624.59	0	1	
24	3	Hebei	2015	639.37	0	1	
25	3	Hebei	2016	614.57	0	1	

图 13-2　长格式面板数据示例(部分)

图 13-2 中，变量 id 和变量 province 均可用来识别不同个体（此处为不同地区），变量 year 用来识别不同年份，变量 co2 为二氧化碳排放量，变量 group 为是否属于处理组的虚拟变量，变量 post 为是否为政策实施后时间的虚拟变量，显然，group 与 post 相乘，即表示是否接受处理的虚拟变量。将 Excel 工作表保存为 D：\ co2. xlsx。

2. 建立 EViews 工作文件并导入数据

在 EViews 软件中，有多种建立面板数据工作文件及录入数据的方法，此处使用命令的方式直接读取已保存在 Excel 工作表中的长格式面板数据。打开 EViews 软件，在命令窗口输入以下命令并按回车键：wfopen D：\ co2. xlsx，此时出现数据读取向导窗口，共分为三步，分别见图 13-3a、图 13-3b、图 13-3c。

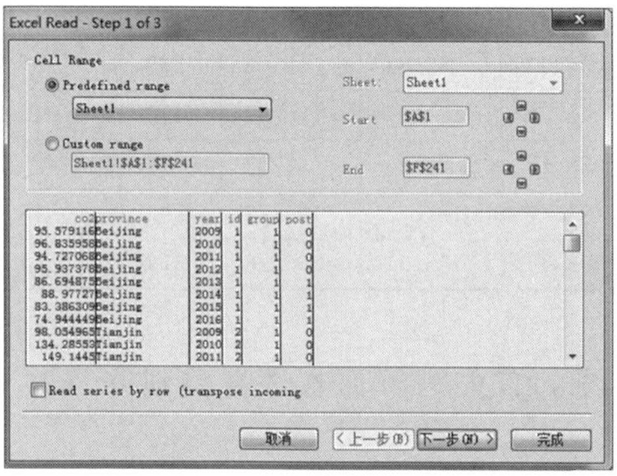

a）第一步

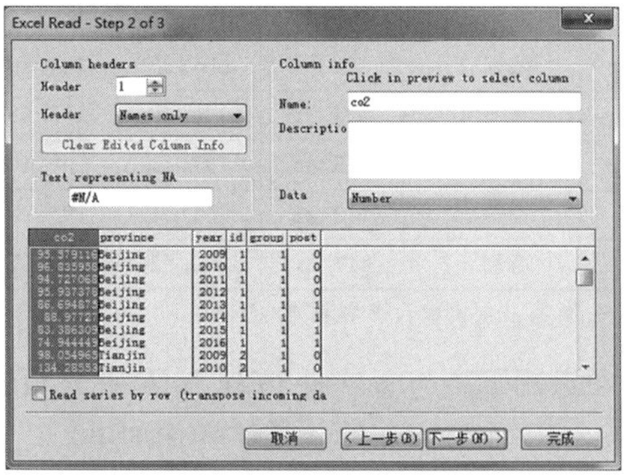

b）第二步

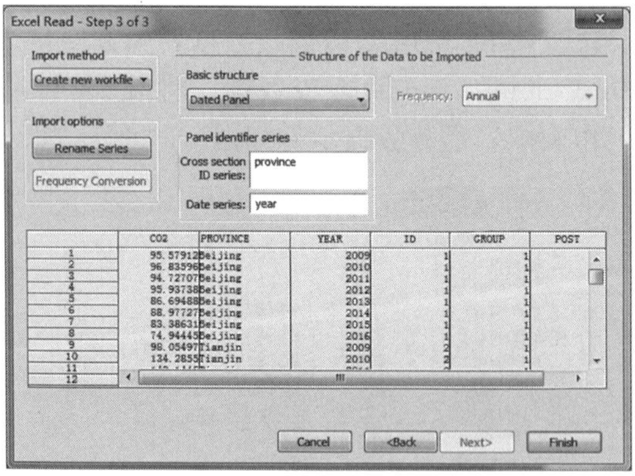

c）第三步

图 13-3 数据读取向导步骤

图 13-3a、图 13-3b、图 13-3c 分别给出了数据读取向导的各个步骤。其中，第一步用来设定数据读取范围，第二步用来设定变量名称及数据类型，第三步用来设定 EViews 工作文件类型及相关选项，各步骤中的具体设定不再详细介绍。本例中，直接选取数据读取向导各个步骤自动设定的选项，单击“Finish”完成后，最终建立一个面板数据工作文件，其中，变量 province 用来识别截面个体，变量 year 用来识别不同年份。最终建立了包含 8×30＝240 个观测值的面板数据工作文件，如图 13-4 所示。

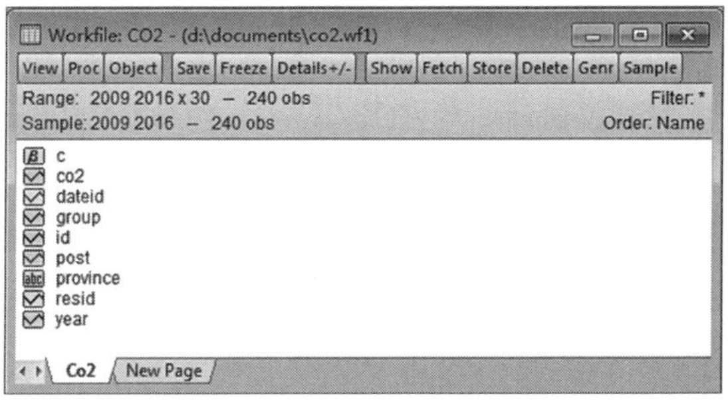

图 13-4　面板数据工作文件

为查看双重差分模型用到的主要变量的取值，可在命令窗口输入以下命令“show co2 group post group * post”，按回车键得到组窗口，各变量的部分取值如图 13-5 所示。

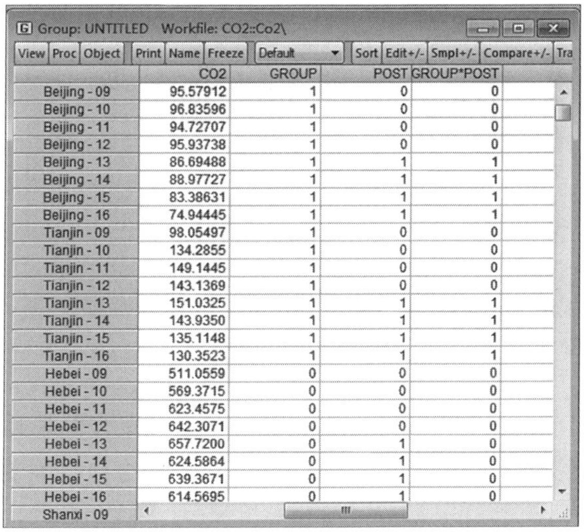

图 13-5　各变量的部分取值

13.4.2　模型估计

1. 基本的双重差分回归模型

建立工作文件之后，便可运用双重差分模型估计我国碳排放权交易试点政策的碳减排效应。参考式(13-44)，可将基本的双重差分模型设定如下：

$$\ln Co2_{it}=\beta_0+\beta_1 Group_i+\beta_2 Post_t+\theta Group_i\times Post_t+\varepsilon_{it}$$

模型中，被解释变量 $\ln Co2_{it}$ 为地区 i（$i=1$，2，…，30），t 年（$t=2009$，2010，…，2016）的二氧化碳排放总量自然对数。需要说明的是，碳市场的总量设定包括数量及强度两种思路，中国的地方与全国碳市场均采用了基于强度的总量设定方式，即先设定单位产出的碳排放量，再根据实际产出确定碳排放总量。在本案例的模型中，出于简化的目的，结果变量（被解释变量）没有选取碳强度，而是直接使用了二氧化碳排放总量。由于不同地区间碳排放量存在着巨大差异，对其取对数可以缓解可能存在的异方差性对统计推断的影响。另外，同样出于简化的目的，模型中未添加影响碳排放量的其他重要外生控制变量，这可能会影响模型的估计结果。

为对基本双重差分模型进行估计，可在 EViews 软件命令窗口输入“ls log(co2) c group post group * post”并按回车键，即得到基本的双重差分模型估计结果，如图 13-6 所示。

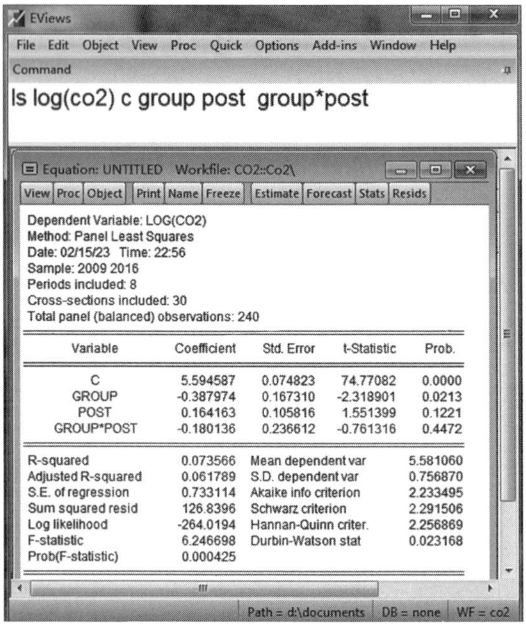

图 13-6 基本的双重差分模型估计结果

根据图 13-6，基本的双重差分模型中各系数的估计结果及其解释分别如下：

$\hat{\beta}_0=5.595$，表示在碳交易权市场试点启动的 2013 年之前，控制组（非试点地区）的平均碳排放量对数为 5.595。

$\hat{\beta}_1=-0.388$，表示在 2013 年之前，处理组（试点地区）的平均碳排放量对数比控制组低 0.388。

$\hat{\beta}_2=0.164$，表示在 2013 年之后，控制组（非试点地区）的平均碳排放量对数比 2013 年之前提高了 0.164。

$\hat{\theta}=-0.180$，表示在 2013 年前后，处理组平均碳排放量对数的增量比控制组的增量低 0.180，也可以说，2013 年以后处理组与控制组平均碳排放量对数的差异比 2013 年以前减少了 0.180。这也反映了碳排放交易权试点政策对碳排放的处理效应。

进一步对处理效应进行显著性检验。如图 13-6 所示，估计量 $\hat{\theta}$ 的标准差为 0.237，对应的 t 统计量为 -0.761，伴随概率为 0.447，因此，不能拒绝 $\theta=0$ 的原假设，说明处理效应不显著。但这一结果也可能是由于碳排放的影响因素众多，而我们的模型设定过于简单，未添加其他重要控制变量而造成的。

2. 使用双向固定效应模型

正如第 13.3 节所介绍的，使用双向固定效应模型包含了更多的信息，在很大程度上可以减轻遗漏重要变量的问题，从而有助于提高双重差分模型的估计精度。参考式(13-53)，设定的双向固定效应模型如下所示。

$$\ln Co2_{it}=\theta Group_i \times Post_t + u_i + v_t + \varepsilon_{it}$$

要估计上述模型，可在 EViews 主菜单栏中，单击 Quick→Estimate Equation，出现 Equation Estimation 对话框。首先单击 Specification 选项卡，在 Equation specification 文本框中输入“log(co2) c group * post”(见图 13-7a)。然后单击 Panel Options 选项卡，分别在“Cross-section”下拉菜单和“Period”下拉菜单中选择“Fixed”(见图 13-7b)。最后单击“确定”按钮，得到双向固定效应模型估计结果，见图 13-7c。

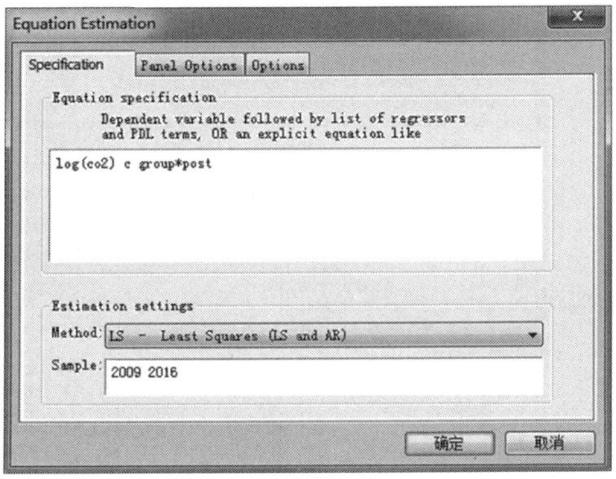

a）方程设定

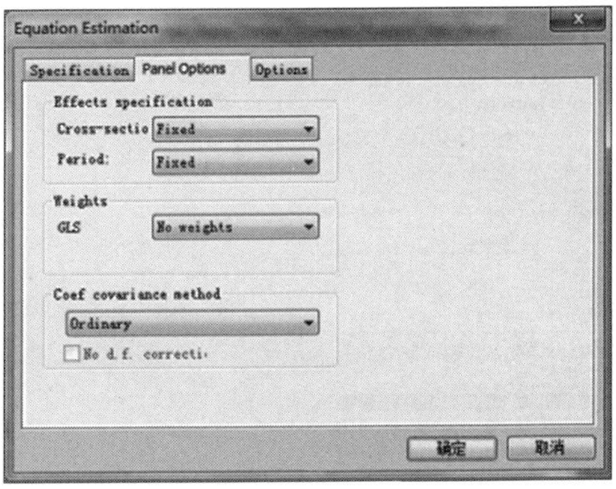

b）面板数据模型选项

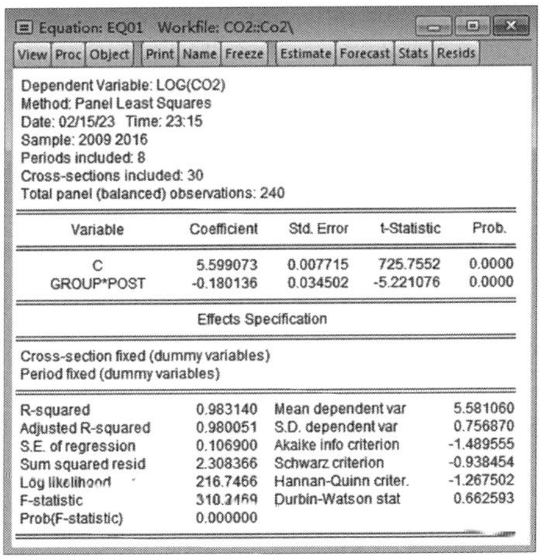
Equation: EQ01 Workfile: CO2::Co2\

View Proc Object Print Name Freeze Estimate Forecast Stats Resids

Dependent Variable: LOG(CO2)
Method: Panel Least Squares
Date: 02/15/23 Time: 23:15
Sample: 2009 2016
Periods included: 8
Cross-sections included: 30
Total panel (balanced) observations: 240

Variable	Coefficient	Std. Error	t-Statistic	Prob.
C	5.599073	0.007715	725.7552	0.0000
GROUP*POST	-0.180136	0.034502	-5.221076	0.0000

Effects Specification

Cross-section fixed (dummy variables)
Period fixed (dummy variables)

R-squared	0.983140	Mean dependent var	5.581060
Adjusted R-squared	0.980051	S.D. dependent var	0.756870
S.E. of regression	0.106900	Akaike info criterion	-1.489555
Sum squared resid	2.308366	Schwarz criterion	-0.938454
Log likelihood	216.7466	Hannan-Quinn criter.	-1.267502
F-statistic	310.3169	Durbin-Watson stat	0.662593
Prob(F-statistic)	0.000000		

c）估计结果

图 13-7　双向固定效应模型估计

由图 13-7c 可见，由双向固定效应模型估计得到处理效应的估计值为 $\hat{\theta}=-0.180$，与图 13-6 中的基本双差分模型的估计结果完全一致。然而，双向固定效应模型估计量 $\hat{\theta}$ 的标准差为 0.034，明显小于基本双重差分模型中的标准差 0.237，并且，对 H_0：$\theta=0$ 的原假设进行检验，伴随概率为 0.000，可在 1%的显著性水平上拒绝原假设，从而可以认为我国碳排放交易权试点政策具有显著的碳减排效应。

由于面板数据结构中同一类别的观察值之间通常存在序列相关或组内相关等相关性问题，往往会夸大回归估计结果的精度，而使用聚类标准误差可以缓解这一问题。使用 EViews 软件得到聚类标准误差的操作为，在前述双向固定效应模型估计结果窗口中，单击 Estimate 菜单，在出现的 Equation Estimation 对话框中，单击 Panel Options 选项卡(见图 13-8a)，在 Coef covariance method 下拉菜单中选择“White period”，当个体残差存在序列相关性时，该方法可以给出稳健的标准误差，单击“确定”按钮，可以得到聚类稳健标准误差结果，见图 13-8b。

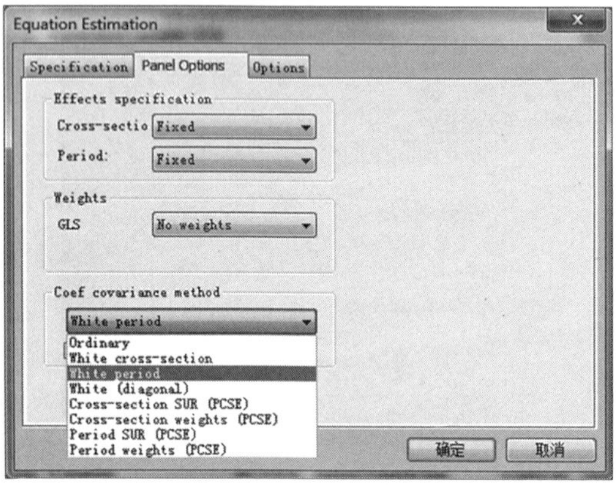

a）聚类稳健标准误差选项

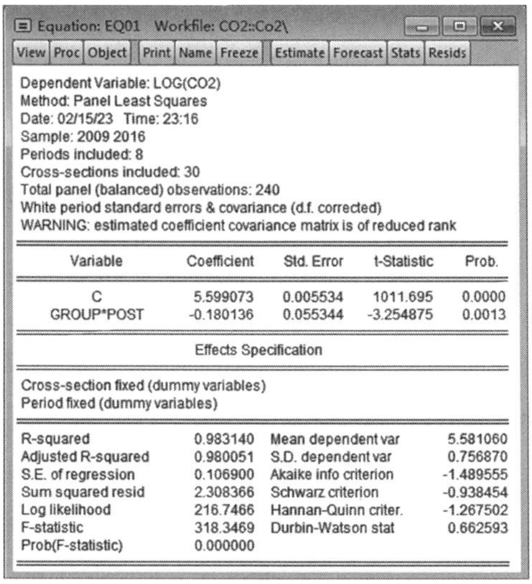

b）聚类稳健标准误差结果

图 13-8 聚类稳健标准误差

由图 13-8b 可见，估计量 $\hat{\theta}$ 的聚类稳健标准误差为 0.055，要大于未考虑序列相关性问题时的标准误差 0.035。尽管如此，该系数在 1%的显著性水平上依然是显著非零的，说明我国碳排放交易权试点政策具有显著的碳减排效应。

13.4.3 事前平行趋势检验

应用双重差分法的前提是平行趋势假设，在实际中，通常需要对事前平行趋势进行检验。参考式(13-58)，事前平行趋势检验的模型设定如下所示。

$$\ln \mathrm{Co2}_{it} = \sum_{s=2009}^{2011} \beta_s^{\mathrm{pre}} (\mathrm{Group}_i \times \mathrm{Time}_s) + \beta^{\mathrm{post}} (\mathrm{Group}_i \times \mathrm{Post}_t) + u_i + v_t + \varepsilon_{it}$$

上式中，Time_s 表示碳交易试点政策启动的 2013 年之前的第 $s(s=2009, 2010, 2011)$ 年的虚拟变量，模型中未放入政策实施前一年即 2012 年的虚拟变量，是将 2012 年处理组和控制组的差异作为基准差异，β_s^{pre} 反映了政策实施前的第 s 年处理组与控制组平均碳排放对数的差异相较于它们在 2012 年差异的变化。

为了对上述模型进行估计，首先，在 EViews 软件中分别生成第 $s(s=2009, 2010, 2011)$ 年的虚拟变量，在命令窗口逐个输入以下命令并按回车键。

```
SERIES time09=(@year=2009)
SERIES time10=(@year=2010)
SERIES time11=(@year=2011)
```

生成的序列 time09、time10、time11 分别为 2009 年、2010 年和 2011 年的虚拟变量。

然后，在 EViews 主菜单栏中单击 Quick→Estimate Equation，出现 Equation Estimation 对话框。在 Specification 选项卡的 Equation specification 文本框中输入“log(co2) c group * time09 group * time10 group * time11 group * post”(见图 13-9a)。在 Panel Options 选项卡的“Cross-section”下拉菜单和“Period”下拉菜单中分别选择“Fixed”(见图 13-9b)。最后单击“确定”按钮，得到事前平行趋势检验的模型估计结果(见图 13-9c)。

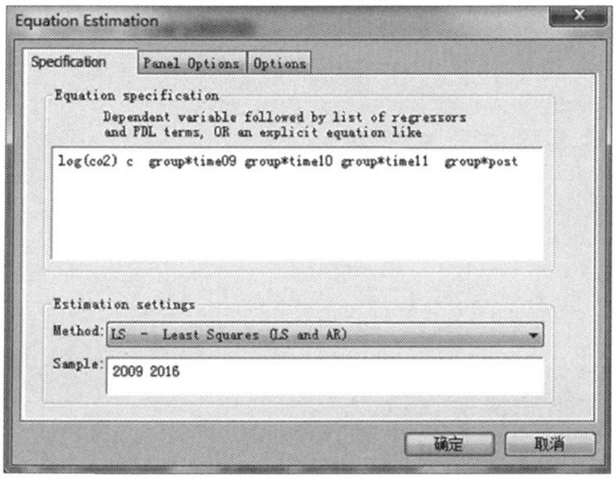

a）方程设定

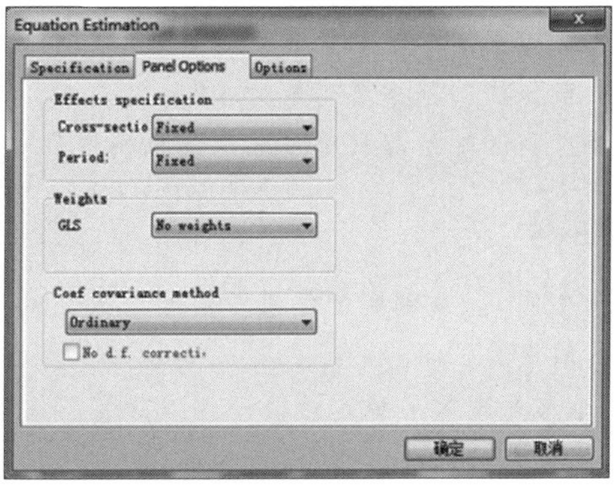

b）面板数据模型选项

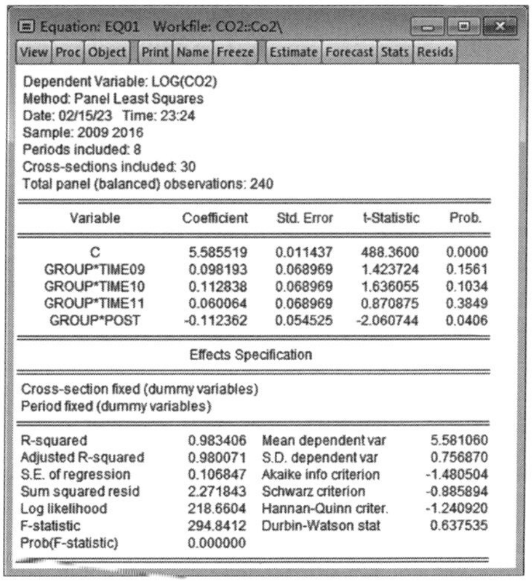

Dependent Variable: LOG(CO2)
Method: Panel Least Squares
Date: 02/15/23 Time: 23:24
Sample: 2009 2016
Periods included: 8
Cross-sections included: 30
Total panel (balanced) observations: 240

Variable	Coefficient	Std. Error	t-Statistic	Prob.
C	5.585519	0.011437	488.3600	0.0000
GROUP*TIME09	0.098193	0.068969	1.423724	0.1561
GROUP*TIME10	0.112838	0.068969	1.636055	0.1034
GROUP*TIME11	0.060064	0.068969	0.870875	0.3849
GROUP*POST	-0.112362	0.054525	-2.060744	0.0406

Effects Specification

Cross-section fixed (dummy variables)
Period fixed (dummy variables)

R-squared	0.983406	Mean dependent var	5.581060
Adjusted R-squared	0.980071	S.D. dependent var	0.756870
S.E. of regression	0.106847	Akaike info criterion	-1.480504
Sum squared resid	2.271843	Schwarz criterion	-0.885894
Log likelihood	218.6604	Hannan-Quinn criter.	-1.240920
F-statistic	294.8412	Durbin-Watson stat	0.637535
Prob(F-statistic)	0.000000		

c）估计结果

图 13-9　事前平行趋势检验模型估计

由图 13-9c 可见，$\hat{\beta}_{2009}^{\text{pre}}=0.098$，$\hat{\beta}_{2010}^{\text{pre}}=0.113$，$\hat{\beta}_{2011}^{\text{pre}}=0.060$，分别反映了政策实施年份(2013 年)之前的 2009 年、2010 年和 2011 年，处理组和控制组平均结果变量的差异分别比 2012 年的差异(基准差异)多 0.098、0.113 和 0.060，但对这些系数进行显著性检验，结果不能拒绝这些系数为 0 的原假设，说明 2013 年之前不同年份处理组和控制组结果变量的差异是相等的，事前平行趋势假设成立，因此，我们有足够的理由认为平行趋势假设很有可能是成立的，双重差分模型的估计结果是可靠的。此外，$\hat{\beta}^{\text{post}}=-0.112$，说明政策实施之后处理组与控制组结果变量均值的差异比政策实施前的 2012 年的差异要低 0.112，并且这一系数在 5%的显著性水平上是显著的，也说明了我国碳排放交易权试点政策具有显著的碳减排效应。类似地，参考式(13-59)，还可以估计处理效应的动态变化，此处不再详细展开。

思考与练习

一、简述题

1. 简要说明因果分析所面临的根本问题是什么。
2. 简述运用随机实验方法进行因果推断的基本思想。
3. 匹配法的基本思想是什么？其与回归法相比有什么优点？
4. 双重差分法的基本思想是什么？
5. 简要说明匹配法与双重差分法的识别假设和应用条件有什么不同？

二、单选题

1. 对于个体 i，观测到的结果与潜在结果之间的关系为：$Y_i=D_iY_{1i}+(1-D_i)Y_{0i}$，这一关系隐含的假设为(　　)。
   A. 个体处理效应稳定性假设　　B. 条件独立性假设
   C. 共同区间假设　　D. 平行趋势假设
2. 以下哪项反映的是处理组的平均处理效应(ATT)(　　)?
   A. $E(Y_{1i})-E(Y_{0i})$　　B. $E(Y_{1i}|D_i=1)-E(Y_{0i}|D_i=1)$
   C. $E(Y_{1i}|D_i=0)-E(Y_{0i}|D_i=0)$　　D. $E(Y_{0i}|D_i=1)-E(Y_{0i}|D_i=0)$
3. 以下哪项反映的是选择偏差(　　)?
   A. $E(Y_{1i}|D_i=1)-E(Y_{0i}|D_i=0)$　　B. $E(Y_{1i}|D_i=1)-E(Y_{0i}|D_i=1)$
   C. $E(Y_{1i}|D_i=0)-E(Y_{0i}|D_i=0)$　　D. $E(Y_{0i}|D_i=1)-E(Y_{0i}|D_i=0)$
4. 不适用于依据不可观测变量选择情形的准实验方法是(　　)。
   A. 匹配法　　B. 双重差分法
   C. 工具变量法　　D. 断点回归法
5. 关于条件独立性假设，以下说法错误的是(　　)。
   A. 意味着个体是否接受处理完全取决于可观测的协变量
   B. 意味着不可观测变量对个体是否接受处理存在影响
   C. 这一假设是没有办法被完全检验的
   D. 只有条件独立性假设成立，才能运用匹配法和回归法估计处理效应
6. 关于匹配法，以下说法错误的是(　　)。
   A. 应用前提是需要满足条件独立性假设和共同区间假设
   B. 利用可观测的协变量来构造与处理组在可观测变量上无统计差异的控制组
   C. 可应用于个体依据不可观测变量选择是否接受处理的场合
   D. 主要适用于截面数据
7. 以下哪种匹配实施方法对匹配到的对象按距离“近大远小”的方式赋予不同的权重(　　)?
   A. 核匹配　　B. 卡尺匹配
   C. 半径匹配　　D. 最近邻匹配
8. 使用双向固定效应模型估计双重差分模型 $Y_{it}=\theta D_{it}+u_i+v_t+\varepsilon_{it}$，以下哪项假设条件满足时，$\theta$ 是处理效应的一致估计(　　)?
   A. $E(\varepsilon_{it})=0$　　B. $\text{Cov}(D_{it},\varepsilon_{is})=0,\ \forall t,s$
   C. $\text{Cov}(\varepsilon_{it},\varepsilon_{is})=0,\ \forall t\neq s$　　D. $\text{Cov}(\varepsilon_{it},\varepsilon_{js})=0,\ \forall i\neq j$

9. 使用双向固定效应模型估计双重差分模型 $Y_{it}=\theta D_{it}+X'_{it}\delta+u_i+v_t+\varepsilon_{it}$，关于协变量向量 $\boldsymbol{X}$ 的选取，以下哪项说法是错误的(　　)?
   A. $\boldsymbol{X}$ 必须是严格外生的变量
   B. 要依据经济理论和经验证据，尽量把可能影响 Y_{it} 和 D_{it} 的相关变量包括进来
   C. $\boldsymbol{X}$ 必须是不受政策干预变量 D_{it} 影响的变量
   D. $\boldsymbol{X}$ 中可以包含不随时间发生变化的变量
10. 对于基本的双重差分模型 $Y_{it}=\beta_0+\beta_1 G_i+\beta_2 \text{Post}_t+\theta D_{it}+\varepsilon_{it}$，系数 β_1 的含义是(　　)。
   A. 政策实施前控制组结果变量的均值
   B. 政策实施前处理组结果变量的均值
   C. 政策实施前处理组结果变量均值与控制组的差异
   D. 政策实施后控制组结果变量均值与政策实施前的差异

三、多选题

1. 关于处理效应的估计，以下说法正确的是(　　)。
   A. 随机实验随机分配个体到处理组和控制组，两组观测结果的差异就是处理效应
   B. 在观测研究中，分配机制是未知的，观测研究的目的就是想办法将未知的分配机制识别出来，从而估计因果效应
   C. 各种准实验方法的本质都是在鲁宾因果模型的框架下，为处理组得到可比的控制组，进而通过比较两组的差异得到政策的处理效应
   D. 准实验需要处理组和控制组满足一定的条件并使用正确的方法，才能估计出政策干预的处理效应
   E. 不同政策评估方法的关键是在政策已实施的条件下，如何准确估计假设政策没有实施时的反事实结果
2. 以下表示不可观测的反事实结果的有(　　)。
   A. $\mathrm{E}(Y_{0i}|D_i=0)$　　B. $\mathrm{E}(Y_{1i}|D_i=0)$
   C. $\mathrm{E}(Y_{0i}|D_i=1)$　　D. $\mathrm{E}(Y_{1i}|D_i=1)$
   E. $\mathrm{E}(Y_{1i}|D_i=1)-\mathrm{E}(Y_{1i}|D_i=0)$
3. 关于随机实验，以下表述正确的有(　　)。
   A. 随机实验是进行因果推断的黄金标准
   B. 处理变量 D_i 的取值与个体特征无关，从而独立于潜在结果$\{Y_{0i}, Y_{1i}\}$
   C. 直接比较处理组和控制组的平均观测结果，就能准确地得到政策干预的处理效应
   D. 处理组的平均处理效应与总体平均处理效果应相等
   E. 以上都正确
4. 运用匹配法需要满足的假设条件有(　　)。
   A. 个体处理稳定性假设　　B. 条件独立性假设
   C. 共同区间假设　　D. 平行趋势假设
   E. 线性关系假设
5. 运用双重差分法需要满足的假设条件有(　　)。
   A. 个体处理稳定性假设　　B. 条件独立性假设
   C. 共同区间假设　　D. 平行趋势假设
   E. 线性关系假设

6. 通过匹配法计算平均处理效应的基本步骤有(　　)。

A. 选择协变量　　B. 计算个体之间的距离(或相似性)

C. 实施匹配　　D. 评价匹配样本的匹配效果

E. 计算因果效应

7. 关于倾向得分匹配，以下说法正确的有(　　)。

A. 倾向得分匹配利用不同个体倾向得分大小来衡量个体之间的距离

B. 是将高维协变量转化为一维距离的匹配法

C. 是一种精确匹配法

D. 如果协变量能使得条件独立性假设成立，那么倾向得分函数也能保证该假设成立

E. 处理组个体与控制组个体的倾向得分必须有取值范围相同的部分，这是进行匹配的前提

8. 以下关于回归法估计处理效应的说法，正确的有(　　)。

A. 需要满足条件独立性假设

B. 需要满足共同区间假设

C. 回归法直接利用观测结果估计处理效应

D. 如果模型函数形式设定不正确，就会导致有偏估计

E. 处理变量的回归系数总能清楚地反映因果关系

9. 关于双重差分法，以下说法正确的有(　　)。

A. 双重差分法适用于面板数据以及重复截面数据

B. 双重差分法用控制组结果变量的变化作为处理组结果变量变化的反事实结果，并用二者之差作为平均处理效应的估计

C. 如果平行趋势假设不满足，则无法使用双重差分法来识别政策冲击的因果效应

D. 只要是不可观测的协变量驱动个体选择是否接受处理，就可以运用双重差分法消除其影响，并得到因果效应的估计

E. 当处理组个体接受政策干预的时间不相同时可以使用交错双重差分法

10. 关于平行趋势假设，以下说法正确的有(　　)。

A. 如果没有政策干预，处理组结果变量均值的增量等于控制组个体结果变量均值的增量

B. 如果没有政策干预，两组均值的差异在不同时间保持一致

C. 平行趋势假设本质上是无法被完全检验的

D. 事前平行趋势检验是检验平行趋势假设是否成立的间接方法

E. 安慰剂检验是检验平行趋势假设是否成立的间接方法

四、判断题

1. 政策干预实现后，潜在结果不能被全部观测到，这是进行因果分析所面临的最根本的问题。(　　)
2. 如果只有一个个体，也能得到个体的处理效应。(　　)
3. 对于随机实验，直接比较不同组别观测到的平均结果，就能准确地得到政策干预的处理效应。(　　)
4. 匹配法是为每个处理组个体寻找所有可观测方面和不可观测方面的特征都相似的控制组个体，用后者充当前者的反事实，并进一步估计处理效应。(　　)
5. 匹配法得到的因果效应的结论仅适用于共同区间范围内的样本。(　　)
6. 双重差分法用控制组结果变量的变化作为处理组结果变量变化的反事实结果，并进一步估计

平均处理效应。(　　)

7. 在进行双重差分估计时，如果选取一个理论上完全不受政策干预影响的变量作为被解释变量进行回归，如果双重差分估计量的回归结果依然显著，说明平行趋势假设成立。(　　)

8. 即使事前平行趋势假设成立，平行趋势假设也未必成立。(　　)

9. 双重差分法可用于截面数据。(　　)

10. 在进行双重差分回归时，使用聚类标准误差可以缓解由于模型残差存在的相关性而对统计推断产生的影响。(　　)

五、填空题

1. 政策评估计量经济学是计量经济学________方向衍生出的最重要的前沿分支之一。

2. 鲁宾因果模型的核心是比较同一时间同一个个体在接受干预和不接受干预时结果的差异，认为这一结果差异就是政策干预的效果即________。

3. 在进行政策评估时，________是进行因果推断的黄金标准。

4. 观测数据的处理组和控制组在初始状态存在差异，这一差异使得处理组即使不接受处理，二者的结果变量也会不同，这就是所谓的________。

5. 如果要评估接受大学教育对收入的处理效应，假设一个大学毕业生没有接受大学教育时的收入被称为________结果。

6. ________是决定哪些个体接受处理组处理，哪些个体接受控制组处理，从而哪些潜在结果可以被观测到的过程。

7. 给定协变量向量 $\boldsymbol{X}_i$ 的条件下，个体 i 进入处理组的条件概率，称为个体 i 的________。

8. ________假设是指个体 i 对是否接受处理的选择完全取决于可观测的协变量 $\boldsymbol{X}_i$，也意味着不可观测变量对个体是否接受处理没有影响。

9. ________假设是指处理组个体如果没有接受政策干预，其结果的变动趋势将与控制组的变动趋势相同。

10. 平行趋势假设本质上是无法被完全检验的。在实际中，通常使用间接检验的方法来检验平行趋势假设是否成立，这些方法包括两种，________和________。

六、计算题

假设 A 省在 2014 年进行了税法改革，B 省没有进行税法改革。现研究税法改革对企业经营业绩的影响，现分别收集 A 省和 B 省各两个企业的样本数据，具体数据如表 13-5 所示。

表 13-5　税法改革和企业经营业绩数据

id	year	q	group	post	id	year	q	group	post
1	2010	7.00	1	0	2	2010	6.50	1	0
1	2011	7.02	1	0	2	2011	6.52	1	0
1	2012	7.04	1	0	2	2012	6.54	1	0
1	2013	7.06	1	0	2	2013	6.56	1	0
1	2014	7.60	1	1	2	2014	7.20	1	1
1	2015	7.50	1	1	2	2015	7.10	1	1
1	2016	7.60	1	1	2	2016	7.10	1	1
1	2017	7.70	1	1	2	2017	7.00	1	1

（续）

id	year	q	group	post	id	year	q	group	post
3	2010	6.00	0	0	4	2010	5.50	0	0
3	2011	6.02	0	0	4	2011	5.52	0	0
3	2012	6.04	0	0	4	2012	5.54	0	0
3	2013	6.06	0	0	4	2013	5.56	0	0
3	2014	6.20	0	1	4	2014	5.70	0	1
3	2015	6.20	0	1	4	2015	5.70	0	1
3	2016	6.20	0	1	4	2016	5.70	0	1
3	2017	6.20	0	1	4	2017	5.70	0	1

资料来源：邱嘉平．因果推断实用计量方法[M]．上海：上海财经大学出版社，2020.

表 13-5 中的数据包含 5 个变量，其中：id 为企业代码，year 为年份，q 为企业业绩指标托宾 Q 值，该指标越大说明企业业绩越好，group 表示是否处于处理组的虚拟变量(是否在进行了税法改革的 A 省)，post 表示是否为税法改革实施后的年份的虚拟变量。

现运用双重差分模型来估计税法改革对企业业绩的处理效应，具体要求如下所示。

1. 运用基本双重差分模型估计税法改革对企业业绩的处理效应。
2. 运用双向固定效应模型估计税法改革对企业业绩的处理效应。
3. 进行事前平行趋势检验。
4. 如果处理效应存在，估计税法改革对企业业绩影响的动态变化。

附录 A　t 分布临界值表

$$P(|t(n)|>t_{\alpha/2}(n))=\alpha$$

自由度	$\alpha=0.01$	$\alpha=0.02$	$\alpha=0.05$	$\alpha=0.10$	$\alpha=0.20$
1	63.656 7	31.820 5	12.706 2	6.313 8	3.077 7
2	9.924 8	6.964 6	4.302 7	2.920 0	1.885 6
3	5.840 9	4.540 7	3.182 4	2.353 4	1.637 7
4	4.604 1	3.746 9	2.776 4	2.131 8	1.533 2
5	4.032 1	3.364 9	2.570 6	2.015 0	1.475 9
6	3.707 4	3.142 7	2.446 9	1.943 2	1.439 8
7	3.499 5	2.998 0	2.364 6	1.894 6	1.414 9
8	3.355 4	2.896 5	2.306 0	1.859 5	1.396 8
9	3.249 8	2.821 4	2.262 2	1.833 1	1.383 0
10	3.169 3	2.763 8	2.228 1	1.812 5	1.372 2
11	3.105 8	2.718 1	2.201 0	1.795 9	1.363 4
12	3.054 5	2.681 0	2.178 8	1.782 3	1.356 2
13	3.012 3	2.650 3	2.160 4	1.770 9	1.350 2
14	2.976 8	2.624 5	2.144 8	1.761 3	1.345 0
15	2.946 7	2.602 5	2.131 4	1.753 1	1.340 6
16	2.920 8	2.583 5	2.119 9	1.745 9	1.336 8
17	2.898 2	2.566 9	2.109 8	1.739 6	1.333 4
18	2.878 4	2.552 4	2.100 9	1.734 1	1.330 4
19	2.860 9	2.539 5	2.093 0	1.729 1	1.327 7
20	2.845 3	2.528 0	2.086 0	1.724 7	1.325 3
21	2.831 4	2.517 6	2.079 6	1.720 7	1.323 2
22	2.818 8	2.508 3	2.073 9	1.717 1	1.321 2
23	2.807 3	2.499 9	2.068 7	1.713 9	1.319 5
24	2.796 9	2.492 2	2.063 9	1.710 9	1.317 8
25	2.787 4	2.485 1	2.059 5	1.708 1	1.316 3
26	2.778 7	2.478 6	2.055 5	1.705 6	1.315 0
27	2.770 7	2.472 7	2.051 8	1.703 3	1.313 7
28	2.763 3	2.467 1	2.048 4	1.701 1	1.312 5
29	2.756 4	2.462 0	2.045 2	1.699 1	1.311 4
30	2.750 0	2.457 3	2.042 3	1.697 3	1.310 4
31	2.744 0	2.452 8	2.039 5	1.695 5	1.309 5
32	2.738 5	2.448 7	2.036 9	1.693 9	1.308 6
33	2.733 3	2.444 8	2.034 5	1.692 4	1.307 7
34	2.728 4	2.441 1	2.032 2	1.690 9	1.307 0
35	2.723 8	2.437 7	2.030 1	1.689 6	1.306 2
36	2.719 5	2.434 5	2.028 1	1.688 3	1.305 5

（续）

自由度	α=0.01	α=0.02	α=0.05	α=0.10	α=0.20
37	2.715 4	2.431 4	2.026 2	1.687 1	1.304 9
38	2.711 6	2.428 6	2.024 4	1.686 0	1.304 2
39	2.707 9	2.425 8	2.022 7	1.684 9	1.303 6
40	2.704 5	2.423 3	2.021 1	1.683 9	1.303 1
41	2.701 2	2.420 8	2.019 5	1.682 9	1.302 5
42	2.698 1	2.418 5	2.018 1	1.682 0	1.302 0
43	2.695 1	2.416 3	2.016 7	1.681 1	1.301 6
44	2.692 3	2.414 1	2.015 4	1.680 2	1.301 1
45	2.689 6	2.412 1	2.014 1	1.679 4	1.300 6
46	2.687 0	2.410 2	2.012 9	1.678 7	1.300 2
47	2.684 6	2.408 3	2.011 7	1.677 9	1.299 8
48	2.682 2	2.406 6	2.010 6	1.677 2	1.299 4
49	2.680 0	2.404 9	2.009 6	1.676 6	1.299 1
50	2.677 8	2.403 3	2.008 6	1.675 9	1.298 7
51	2.675 7	2.401 7	2.007 6	1.675 3	1.298 4
52	2.673 7	2.400 2	2.006 6	1.674 7	1.298 0
53	2.671 8	2.398 8	2.005 7	1.674 1	1.297 7
54	2.670 0	2.397 4	2.004 9	1.673 6	1.297 4
55	2.668 2	2.396 1	2.004 0	1.673 0	1.297 1
56	2.666 5	2.394 8	2.003 2	1.672 5	1.296 9
57	2.664 9	2.393 6	2.002 5	1.672 0	1.296 6
58	2.663 3	2.392 4	2.001 7	1.671 6	1.296 3
59	2.661 8	2.391 2	2.001 0	1.671 1	1.296 1
60	2.660 3	2.390 1	2.000 3	1.670 6	1.295 8
61	2.658 9	2.389 0	1.999 6	1.670 2	1.295 6
62	2.657 5	2.388 0	1.999 0	1.669 8	1.295 4
63	2.656 1	2.387 0	1.998 3	1.669 4	1.295 1
64	2.654 9	2.386 0	1.997 7	1.669 0	1.294 9
65	2.653 6	2.385 1	1.997 1	1.668 6	1.294 7
66	2.652 4	2.384 2	1.996 6	1.668 3	1.294 5
67	2.651 2	2.383 3	1.996 0	1.667 9	1.294 3
68	2.650 1	2.382 4	1.995 5	1.667 6	1.294 1
69	2.649 0	2.381 6	1.994 9	1.667 2	1.293 9
70	2.647 9	2.380 8	1.994 4	1.666 9	1.293 8
71	2.646 9	2.380 0	1.993 9	1.666 6	1.293 6
72	2.645 9	2.379 3	1.993 5	1.666 3	1.293 4
73	2.644 9	2.378 5	1.993 0	1.666 0	1.293 3
74	2.643 9	2.377 8	1.992 5	1.665 7	1.293 1
75	2.643 0	2.377 1	1.992 1	1.665 4	1.292 9
76	2.642 1	2.376 4	1.991 7	1.665 2	1.292 8

（续）

自由度	**α=0.01**	**α=0.02**	**α=0.05**	**α=0.10**	**α=0.20**
77	2.641 2	2.375 8	1.991 3	1.664 9	1.292 6
78	2.640 3	2.375 1	1.990 8	1.664 6	1.292 5
79	2.639 5	2.374 5	1.990 5	1.664 4	1.292 4
80	2.638 7	2.373 9	1.990 1	1.664 1	1.292 2
81	2.637 9	2.373 3	1.989 7	1.663 9	1.292 1
82	2.637 1	2.372 7	1.989 3	1.663 6	1.292 0
83	2.636 4	2.372 1	1.989 0	1.663 4	1.291 8
84	2.635 6	2.371 6	1.988 6	1.663 2	1.291 7
85	2.634 9	2.371 0	1.988 3	1.663 0	1.291 6
86	2.634 2	2.370 5	1.987 9	1.662 8	1.291 5
87	2.633 5	2.370 0	1.987 6	1.662 6	1.291 4
88	2.632 9	2.369 5	1.987 3	1.662 4	1.291 2
89	2.632 2	2.369 0	1.987 0	1.662 2	1.291 1
90	2.631 6	2.368 5	1.986 7	1.662 0	1.291 0
91	2.630 9	2.368 0	1.986 4	1.661 8	1.290 9
92	2.630 3	2.367 6	1.986 1	1.661 6	1.290 8
93	2.629 7	2.367 1	1.985 8	1.661 4	1.290 7
94	2.629 1	2.366 7	1.985 5	1.661 2	1.290 6
95	2.628 6	2.366 2	1.985 3	1.661 1	1.290 5
96	2.628 0	2.365 8	1.985 0	1.660 9	1.290 4
97	2.627 5	2.365 4	1.984 7	1.660 7	1.290 3
98	2.626 9	2.365 0	1.984 5	1.660 6	1.290 2
99	2.626 4	2.364 6	1.984 2	1.660 4	1.290 2
100	2.625 9	2.364 2	1.984 0	1.660 2	1.290 1
110	2.621 3	2.360 7	1.981 8	1.658 8	1.289 3
125	2.615 7	2.356 6	1.979 1	1.657 1	1.288 4
150	2.609 0	2.351 5	1.975 9	1.655 1	1.287 2
200	2.600 6	2.345 1	1.971 9	1.652 5	1.285 8

附录B χ^2 分布临界值表

$$P(\chi^2(n) > \chi^2_\alpha) = \alpha$$

自由度 n	$\alpha=0.01$	$\alpha=0.025$	$\alpha=0.05$	$\alpha=0.10$	$\alpha=0.25$	$\alpha=0.75$	$\alpha=0.90$	$\alpha=0.95$	$\alpha=0.975$	$\alpha=0.99$
1	6.635	5.024	3.841	2.706	1.323	0.102	0.016	0.004	0.001	0.000
2	9.210	7.378	5.991	4.605	2.773	0.575	0.211	0.103	0.051	0.020
3	11.345	9.348	7.815	6.251	4.108	1.213	0.584	0.352	0.216	0.115
4	13.277	11.143	9.488	7.779	5.385	1.923	1.064	0.711	0.484	0.297
5	15.086	12.833	11.070	9.236	6.626	2.675	1.610	1.145	0.831	0.554
6	16.812	14.449	12.592	10.645	7.841	3.455	2.204	1.635	1.237	0.872
7	18.475	16.013	14.067	12.017	9.037	4.255	2.833	2.167	1.690	1.239
8	20.090	17.535	15.507	13.362	10.219	5.071	3.490	2.733	2.180	1.646
9	21.666	19.023	16.919	14.684	11.389	5.899	4.168	3.325	2.700	2.088
10	23.209	20.483	18.307	15.987	12.549	6.737	4.865	3.940	3.247	2.558
11	24.725	21.920	19.675	17.275	13.701	7.584	5.578	4.575	3.816	3.053
12	26.217	23.337	21.026	18.549	14.845	8.438	6.304	5.226	4.404	3.571
13	27.688	24.736	22.362	19.812	15.984	9.299	7.042	5.892	5.009	4.107
14	29.141	26.119	23.685	21.064	17.117	10.165	7.790	6.571	5.629	4.660
15	30.578	27.488	24.996	22.307	18.245	11.037	8.547	7.261	6.262	5.229
16	32.000	28.845	26.296	23.542	19.369	11.912	9.312	7.962	6.908	5.812
17	33.409	30.191	27.587	24.769	20.489	12.792	10.085	8.672	7.564	6.408
18	34.805	31.526	28.869	25.989	21.605	13.675	10.865	9.390	8.231	7.015
19	36.191	32.852	30.144	27.204	22.718	14.562	11.651	10.117	8.907	7.633
20	37.566	34.170	31.410	28.412	23.828	15.452	12.443	10.851	9.591	8.260
21	38.932	35.479	32.671	29.615	24.935	16.344	13.240	11.591	10.283	8.897
22	40.289	36.781	33.924	30.813	26.039	17.240	14.041	12.338	10.982	9.542
23	41.638	38.076	35.172	32.007	27.141	18.137	14.848	13.091	11.689	10.196
24	42.980	39.364	36.415	33.196	28.241	19.037	15.659	13.848	12.401	10.856
25	44.314	40.646	37.652	34.382	29.339	19.939	16.473	14.611	13.120	11.524
26	45.642	41.923	38.885	35.563	30.435	20.843	17.292	15.379	13.844	12.198
27	46.963	43.195	40.113	36.741	31.528	21.749	18.114	16.151	14.573	12.879
28	48.278	44.461	41.337	37.916	32.620	22.657	18.939	16.928	15.308	13.565
29	49.588	45.722	42.557	39.087	33.711	23.567	19.768	17.708	16.047	14.256
30	50.892	46.979	43.773	40.256	34.800	24.478	20.599	18.493	16.791	14.953
31	52.191	48.232	44.985	41.422	35.887	25.390	21.434	19.281	17.539	15.655
32	53.486	49.480	46.194	42.585	36.973	26.304	22.271	20.072	18.291	16.362
33	54.776	50.725	47.400	43.745	38.058	27.219	23.110	20.867	19.047	17.074
34	56.061	51.966	48.602	44.903	39.141	28.136	23.952	21.664	19.806	17.789
35	57.342	53.203	49.802	46.059	40.223	29.054	24.797	22.465	20.569	18.509
36	58.619	54.437	50.998	47.212	41.304	29.973	25.643	23.269	21.336	19.233

（续）

自由度 n	$\alpha=0.01$	$\alpha=0.025$	$\alpha=0.05$	$\alpha=0.10$	$\alpha=0.25$	$\alpha=0.75$	$\alpha=0.90$	$\alpha=0.95$	$\alpha=0.975$	$\alpha=0.99$
37	59.893	55.668	52.192	48.363	42.383	30.893	26.492	24.075	22.106	19.960
38	61.162	56.896	53.384	49.513	43.462	31.815	27.343	24.884	22.878	20.691
39	62.428	58.120	54.572	50.660	44.539	32.737	28.196	25.695	23.654	21.426
40	63.691	59.342	55.758	51.805	45.616	33.660	29.051	26.509	24.433	22.164
41	64.950	60.561	56.942	52.949	46.692	34.585	29.907	27.326	25.215	22.906
42	66.206	61.777	58.124	54.090	47.766	35.510	30.765	28.144	25.999	23.650
43	67.459	62.990	59.304	55.230	48.840	36.436	31.625	28.965	26.785	24.398
44	68.710	64.201	60.481	56.369	49.913	37.363	32.487	29.787	27.575	25.148
45	69.957	65.410	61.656	57.505	50.985	38.291	33.350	30.612	28.366	25.901
46	71.201	66.617	62.830	58.641	52.056	39.220	34.215	31.439	29.160	26.657
47	72.443	67.821	64.001	59.774	53.127	40.149	35.081	32.268	29.956	27.416
48	73.683	69.023	65.171	60.907	54.196	41.079	35.949	33.098	30.755	28.177
49	74.919	70.222	66.339	62.038	55.265	42.010	36.818	33.930	31.555	28.941
50	76.154	71.420	67.505	63.167	56.334	42.942	37.689	34.764	32.357	29.707

附录C　F 分布临界值表

$$P(F(n_1,\ n_2)>F_\alpha(n_1,\ n_2))=\alpha$$

$(\alpha=0.05)$

n_1	n_2														
	1	**2**	**3**	**4**	**5**	**6**	**7**	**8**	**9**	**10**	**11**	**12**	**13**	**14**	**15**
1	161.45	18.51	10.13	7.71	6.61	5.99	5.59	5.32	5.12	4.96	4.84	4.75	4.67	4.60	4.54
2	199.50	19.00	9.55	6.94	5.79	5.14	4.74	4.46	4.26	4.10	3.98	3.89	3.81	3.74	3.68
3	215.71	19.16	9.28	6.59	5.41	4.76	4.35	4.07	3.86	3.71	3.59	3.49	3.41	3.34	3.29
4	224.58	19.25	9.12	6.39	5.19	4.53	4.12	3.84	3.63	3.48	3.36	3.26	3.18	3.11	3.06
5	230.16	19.30	9.01	6.26	5.05	4.39	3.97	3.69	3.48	3.33	3.20	3.11	3.03	2.96	2.90
6	233.99	19.33	8.94	6.16	4.95	4.28	3.87	3.58	3.37	3.22	3.09	3.00	2.92	2.85	2.79
7	236.77	19.35	8.89	6.09	4.88	4.21	3.79	3.50	3.29	3.14	3.01	2.91	2.83	2.76	2.71
8	238.88	19.37	8.85	6.04	4.82	4.15	3.73	3.44	3.23	3.07	2.95	2.85	2.77	2.70	2.64
9	240.54	19.38	8.81	6.00	4.77	4.10	3.68	3.39	3.18	3.02	2.90	2.80	2.71	2.65	2.59
10	241.88	19.40	8.79	5.96	4.74	4.06	3.64	3.35	3.14	2.98	2.85	2.75	2.67	2.60	2.54
11	242.98	19.40	8.76	5.94	4.70	4.03	3.60	3.31	3.10	2.94	2.82	2.72	2.63	2.57	2.51
12	243.91	19.41	8.74	5.91	4.68	4.00	3.57	3.28	3.07	2.91	2.79	2.69	2.60	2.53	2.48
13	244.69	19.42	8.73	5.89	4.66	3.98	3.55	3.26	3.05	2.89	2.76	2.66	2.58	2.51	2.45
14	245.36	19.42	8.71	5.87	4.64	3.96	3.53	3.24	3.03	2.86	2.74	2.64	2.55	2.48	2.42
15	245.95	19.43	8.70	5.86	4.62	3.94	3.51	3.22	3.01	2.85	2.72	2.62	2.53	2.46	2.40

n_1	n_2														
	16	**17**	**18**	**19**	**20**	**21**	**22**	**23**	**24**	**25**	**26**	**27**	**28**	**29**	**30**
1	4.49	4.45	4.41	4.38	4.35	4.32	4.30	4.28	4.26	4.24	4.23	4.21	4.20	4.18	4.17
2	3.63	3.59	3.55	3.52	3.49	3.47	3.44	3.42	3.40	3.39	3.37	3.35	3.34	3.33	3.32
3	3.24	3.20	3.16	3.13	3.10	3.07	3.05	3.03	3.01	2.99	2.98	2.96	2.95	2.93	2.92
4	3.01	2.96	2.93	2.90	2.87	2.84	2.82	2.80	2.78	2.76	2.74	2.73	2.71	2.70	2.69
5	2.85	2.81	2.77	2.74	2.71	2.68	2.66	2.64	2.62	2.60	2.59	2.57	2.56	2.55	2.53
6	2.74	2.70	2.66	2.63	2.60	2.57	2.55	2.53	2.51	2.49	2.47	2.46	2.45	2.43	2.42
7	2.66	2.61	2.58	2.54	2.51	2.49	2.46	2.44	2.42	2.40	2.39	2.37	2.36	2.35	2.33
8	2.59	2.55	2.51	2.48	2.45	2.42	2.40	2.37	2.36	2.34	2.32	2.31	2.29	2.28	2.27
9	2.54	2.49	2.46	2.42	2.39	2.37	2.34	2.32	2.30	2.28	2.27	2.25	2.24	2.22	2.21
10	2.49	2.45	2.41	2.38	2.35	2.32	2.30	2.27	2.25	2.24	2.22	2.20	2.19	2.18	2.16
11	2.46	2.41	2.37	2.34	2.31	2.28	2.26	2.24	2.22	2.20	2.18	2.17	2.15	2.14	2.13
12	2.42	2.38	2.34	2.31	2.28	2.25	2.23	2.20	2.18	2.16	2.15	2.13	2.12	2.10	2.09
13	2.40	2.35	2.31	2.28	2.25	2.22	2.20	2.18	2.15	2.14	2.12	2.10	2.09	2.08	2.06
14	2.37	2.33	2.29	2.26	2.22	2.20	2.17	2.15	2.13	2.11	2.09	2.08	2.06	2.05	2.04
15	2.35	2.31	2.27	2.23	2.20	2.18	2.15	2.13	2.11	2.09	2.07	2.06	2.04	2.03	2.01

附录 D　DW 检验临界值表

（α＝0.05）

n	k＝1		k＝2		k＝3		k＝4		k＝5	
	d_L	d_U	d_L	d_U	d_L	d_U	d_L	d_U	d_L	d_U
6	0.610	1.400	—	—	—	—	—	—	—	—
7	0.700	1.356	0.467	1.896	—	—	—	—	—	—
8	0.763	1.332	0.559	1.777	0.367	2.287	—	—	—	—
9	0.824	1.320	0.629	1.699	0.455	2.128	0.296	2.588	—	—
10	0.879	1.320	0.697	1.641	0.525	2.016	0.376	2.414	0.243	2.822
11	0.927	1.324	0.758	1.604	0.595	1.928	0.444	2.283	0.315	2.645
12	0.971	1.331	0.812	1.579	0.658	1.864	0.512	2.177	0.380	2.506
13	1.010	1.340	0.861	1.562	0.715	1.816	0.574	2.094	0.444	2.390
14	1.045	1.350	0.905	1.551	0.767	1.779	0.632	2.030	0.505	2.296
15	1.077	1.361	0.946	1.543	0.814	1.750	0.685	1.977	0.562	2.220
16	1.106	1.371	0.982	1.539	0.857	1.728	0.734	1.935	0.615	2.157
17	1.133	1.381	1.015	1.536	0.897	1.710	0.779	1.900	0.664	2.104
18	1.158	1.391	1.046	1.535	0.933	1.696	0.820	1.872	0.710	2.060
19	1.180	1.401	1.074	1.536	0.967	1.685	0.859	1.848	0.752	2.023
20	1.201	1.411	1.100	1.537	0.998	1.676	0.894	1.828	0.792	1.991
21	1.221	1.420	1.125	1.538	1.026	1.669	0.927	1.812	0.829	1.964
22	1.239	1.429	1.147	1.541	1.053	1.664	0.958	1.797	0.863	1.940
23	1.257	1.437	1.168	1.543	1.078	1.660	0.986	1.785	0.895	1.920
24	1.273	1.446	1.188	1.546	1.101	1.656	1.013	1.775	0.925	1.902
25	1.288	1.454	1.206	1.550	1.123	1.654	1.038	1.767	0.953	1.886
26	1.302	1.461	1.224	1.553	1.143	1.652	1.062	1.759	0.979	1.873
27	1.316	1.469	1.240	1.556	1.162	1.651	1.084	1.753	1.004	1.861
28	1.328	1.476	1.255	1.560	1.181	1.650	1.104	1.747	1.028	1.850
29	1.341	1.483	1.270	1.563	1.198	1.650	1.124	1.743	1.050	1.841
30	1.352	1.489	1.284	1.567	1.214	1.650	1.143	1.739	1.071	1.833
31	1.363	1.496	1.297	1.570	1.229	1.650	1.160	1.735	1.090	1.825
32	1.373	1.502	1.309	1.574	1.244	1.650	1.177	1.732	1.109	1.819
33	1.383	1.508	1.321	1.577	1.258	1.651	1.193	1.730	1.127	1.813
34	1.393	1.514	1.333	1.580	1.271	1.652	1.208	1.728	1.144	1.808
35	1.402	1.519	1.343	1.584	1.283	1.653	1.222	1.726	1.160	1.803
36	1.411	1.525	1.354	1.587	1.295	1.654	1.236	1.724	1.175	1.799
37	1.419	1.530	1.364	1.590	1.307	1.655	1.249	1.723	1.190	1.795
38	1.427	1.535	1.373	1.594	1.318	1.656	1.261	1.722	1.204	1.792
39	1.435	1.540	1.382	1.597	1.328	1.658	1.273	1.722	1.218	1.789
40	1.442	1.544	1.391	1.600	1.338	1.659	1.285	1.721	1.230	1.786

（续）

n	$k=1$		$k=2$		$k=3$		$k=4$		$k=5$	
	d_L	d_U	d_L	d_U	d_L	d_U	d_L	d_U	d_L	d_U
45	1.475	1.566	1.430	1.615	1.383	1.666	1.336	1.720	1.287	1.776
50	1.503	1.585	1.462	1.628	1.421	1.674	1.378	1.721	1.335	1.771
55	1.528	1.601	1.490	1.641	1.452	1.681	1.414	1.724	1.374	1.768
60	1.549	1.616	1.514	1.652	1.480	1.689	1.444	1.727	1.408	1.767
65	1.567	1.629	1.536	1.662	1.503	1.696	1.471	1.731	1.438	1.767
70	1.583	1.641	1.554	1.672	1.525	1.703	1.494	1.735	1.464	1.768
75	1.598	1.652	1.571	1.680	1.543	1.709	1.515	1.739	1.487	1.770
80	1.611	1.662	1.586	1.688	1.560	1.715	1.534	1.743	1.507	1.772
85	1.624	1.671	1.600	1.696	1.575	1.721	1.550	1.747	1.525	1.774
90	1.635	1.679	1.612	1.703	1.589	1.726	1.566	1.751	1.542	1.776
95	1.645	1.687	1.623	1.709	1.602	1.732	1.579	1.755	1.557	1.778
100	1.654	1.694	1.634	1.715	1.613	1.736	1.592	1.758	1.571	1.780
150	1.720	1.747	1.706	1.760	1.693	1.774	1.679	1.788	1.665	1.802
200	1.758	1.779	1.748	1.789	1.738	1.799	1.728	1.809	1.718	1.820

注：本表中 n 为样本容量，k 为解释变量个数。

附录 E　ADF 分布临界值表

模型	统计量	样本容量	0.01	0.05	0.10
无常数项无趋势项	τ_δ	25	−2.635	−1.953	−1.620
		50	−2.533	−1.950	−1.627
		100	−2.602	−1.942	−1.595
		250	−2.635	−1.968	−1.630
		500	−2.584	−1.957	−1.631
		>500	−2.584	−1.957	−1.631
有常数项无趋势项	τ_δ	25	−3.640	−2.949	−2.616
		50	−3.566	−2.937	−2.615
		100	−3.439	−2.915	−2.584
		250	−3.446	−2.842	−2.573
		500	−3.458	−2.871	−2.594
		>500	−3.458	−2.871	−2.594
	τ_α	25	3.41	2.61	2.20
		50	3.28	2.56	2.18
		100	3.22	2.54	2.17
		250	3.19	2.53	2.16
		500	3.18	2.52	2.16
		>500	3.18	2.52	2.16
有常数项有趋势项	τ_δ	25	−4.200	−3.545	−3.215
		50	−4.089	−3.461	−3.171
		100	−4.005	−3.461	−3.155
		250	−3.991	−3.415	−3.136
		500	−3.998	−3.432	−3.162
		>500	−3.998	−3.432	−3.162
	τ_α	25	4.05	3.20	2.77
		50	3.87	3.14	2.75
		100	3.78	3.11	2.73
		250	3.74	3.09	2.73
		500	3.72	3.08	2.72
		>500	3.71	3.08	2.72
	τ_γ	25	3.74	2.85	2.39
		50	3.60	2.81	2.38
		100	3.53	2.79	2.38
		250	3.49	2.79	2.38
		500	3.48	2.78	2.38
		>500	3.46	2.78	2.38

参考文献

[1] 李子奈，潘文卿．计量经济学[M].5 版．北京：高等教育出版社，2020.

[2] 李子奈，叶阿忠．高级应用计量经济学[M]．北京：清华大学出版社，2012.

[3] 陈强．高级计量经济学及 Stata 应用[M].2 版．北京：高等教育出版社，2014.

[4] 张晓峒．计量经济学[M].2 版．北京：清华大学出版社，2022.

[5] 高铁梅，陈飞，孔宪丽，等．计量经济分析方法与建模：EViews 应用及实例：中高级[M].4 版．北京：清华大学出版社，2020.

[6] 庞皓．计量经济学[M].4 版．北京：科学出版社，2019.

[7] 潘省初．计量经济学中级教程[M].2 版．北京：清华大学出版社，2013.

[8] 赵国庆，范红岗．计量经济学[M].6 版．北京：中国人民大学出版社，2021.

[9] 易丹辉．数据分析与 EViews 应用[M].3 版．北京：中国人民大学出版社，2020.

[10] 赵卫亚，彭寿康，朱晋．应用计量经济学[M]．北京：机械工业出版社，2008.

[11] 郭存芝，杜延军，李春吉．计量经济学：理论·方法·EViews 应用[M].4 版．北京：科学出版社，2022.

[12] 孙敬水，马淑琴．计量经济学[M].5 版．北京：清华大学出版社，2022.

[13] 叶阿忠，吴相波，陈婷，等．计量经济学软件 EViews 操作和建模实例[M]．北京：经济科学出版社，2017.

[14] 马薇．计量经济学：理论与应用[M]．北京：清华大学出版社，2017.

[15] 吴建民．计量经济学理论与应用：基于 EViews 的应用分析[M]．北京：人民邮电出版社，2017.

[16] 王爱民．计量经济学实验教程：EViews 分析与应用[M]．北京：北京大学出版社，2018.

[17] 陈昭，刘巍，欧阳秋珍．计量经济学软件 EViews 9.0 简明操作教程[M]．北京：中国人民大学出版社，2017.

[18] 白仲林．面板数据计量经济学[M]．北京：清华大学出版社，2019.

[19] 李占风，孟德峰．计量经济学[M]．北京：北京大学出版社，2016.

[20] 熊义杰，孙赵勇．计量经济学[M].3 版．北京：中国人民大学出版社，2017.

[21] 曾康华．计量经济学[M]．北京：清华大学出版社，2016.

[22] 贺铿．经济计量学教程[M]．北京：中国统计出版社，2000.

[23] 古扎拉蒂，波特．计量经济学基础[M]．费剑平，译．北京：中国人民大学出版社，2011.

[24] 斯托克，沃森．计量经济学：升级版[M]．王立勇，译．北京：机械工业出版社，2018.

[25] 伍德里奇．计量经济学导论：现代观点[M]．费剑平，译．北京：中国人民大学出版社，2018.

[26] 古亚拉提．经济计量学精要[M]．张涛，译．北京：机械工业出版社，2007.

[27] 莫瑞．现代计量经济学[M]．费剑平，译．北京：机械工业出版社，2009.

[28] 安格里斯特，皮施克．基本无害的计量经济学：实证研究者指南[M]．郎金焕，李井奎，译．上海：格致出版社，上海人民出版社，2021.

[29] 安格里斯特，皮瑞克．精通计量：因果之道[M]．郎金焕，译．上海：格致出版社，上海人民出版社，2021.

[30] 邱嘉平．因果推断实用计量方法[M]．上海：上海财经大学出版社，2020.

[31] 赵西亮．基本有用的计量经济学[M]. 北京：北京大学出版社，2017.

[32] ELHORST J P. Spatial econometrics：from cross-sectional data to spatial panels[M]. Berlin：Springer，2014.

[33] LEE L F，YU J H. Estimation of spatial autoregressive panel data models with fixed effects[J]. Journal of econometrics，2010，154(2)：165-185.

[34] LESAGE J P，Pace R K. Introduction to spatial econometrics[M]. London：Chapman&Hall，2009.

[35] TOBLER W R. A computer movie simulating urban growth in the Detroit region[J]. Economic geography，1970，46(2)：234-240.

[36] ZHANG H M，MA R Q，CUI L B，et al. Exploring the impacts of energy and environmental constraints on China's urbanization process[J]. Computers & industrial engineering，2022，169(2)：108-170.

[37] ABADIE A，CATTANEO M D. Econometric methods for program evaluation[J]. Annual review of economics，2018，10 (1)：465-503.

[38] CERULLI G. Econometric evaluation of socio-economic programs：theory and applications[M]. Berlin：Springer，2015.